KB232205

2009

한국문헌정보학

교과과정

2009

한국문헌정보학

교과과정

노영회 · 안인자 · 최원태 공저

한국학술정보㈜

서 언

지식정보사회에서 경쟁력을 확보하기 위해 현재 대학들이 학과명을 변경하고 또 그에 맞는 교과과정을 개설하는 등 많은 노력을 기울이고 있다. 다른 대학과의 차별화를 위한 특성화를 모색하면서도 대학의 교과과정은 그 대학 특유의 배경과 인적자원을 바탕으로 구성되며, 학교마다 자율적으로 개설된다. 특히 문헌정보학은 지식정보사회의 변화와 정보기술의 발달을 반영하여 교과과정을 끊임없이 변화하고 개발하여 왔으며 그 갱신주기는 2~3년으로 단축되고 있는 것이 현실이다.

그 결과 1957년 이후 교과목은 엄청나게 변화를 하였고, 1996년 학부제 도입을 계기로 체제변경에 따른 새로운 교과과정의 틀 구성과 학부 내의 학과 경쟁력을 갖추기 위해 대부분의 대학이 교과과정을 개선하였다. 그 과정에서 정보학 및 정보조사제공학이 강세를 보이고 기록관리학 관련 과목이 새로 개설되기도 하였다. 그러나 학부제의 문제점이 드러나면서 2005년부터 학과제로 회귀하는 대학이 상당수 발생하였으며, 그에 따라 다시 교과과정이 변화되는 현상이 나타났다.

특히 문헌정보학계에서 2008년은 주제전문사서체제에 대한 도입 논의가 뜨겁게 이루어졌던 해이기도 하다. 물론 국내에서 주제전문사서체제에 대한 논의는 1986년 한상완의 연구로부터 출발하여 20여 년에 걸쳐 여러 학자들에 의해 다양한 도입방법론들이 제안되어 왔으며, 2008년에 국가프로젝트로 주제전문사서체제의 도입 방안을 논의하였으며, 그 외 기능별 전문사서, 대상별 전문사서도 양성이 되어야 한다는 주장이 일기도 했다. 그러나 이와 같이 다양한 유형의 전문사서 양성을 위한 교육과정과 전혀 없는 것이 현실이다.

이에 본서에는 교과과정을 체계적으로 연구할 수 있는 기초적인 자료를 제공하고, 교과과정의 흐름을 읽고 문제점을 분석하여 개선방향을 제시하며, 이를 기반으로 세계적인 경쟁력을 갖춘 정보전문가를 양성하는 데 활용되도록 기초 정보를 제공하고자 한다.

한국문헌정보학 교과과정 연구를 위한 기본적인 자료가 되기 위하여 초석을 놓는 마음으로 2004년판 교과과정현황을 출판하게 되었으며, 매년 변화된 교과과정을 반영하기 위한 후속 연구로서 2005년과 2006년, 2007년에 이어 2009년도 판을 내게 된 것이다. 다만 2004년부터 2007년까지 매년 발간하던 것을 2009년부터는 격년으로 발간하기로 하였는데, 이는 교과과정이 1년 단위로 변화되기보다는 2, 3년 주기로 변동하는 경향이 있기 때문이다.

본서는 개정될 때마다 제1장의 주제를 바꾸어 문헌정보학 분야의 새로운 경향을 보이는 교과목 내용을 수록하고자 한다. 2006년도에는 기록관리학 관련 내용을, 2007년에는 서지학에 대한 내용을 간단하게 살펴보았고, 2009년도에는 도서관문화프로그램에 대하여 간략하게 다루고 있다. 즉 도서관문화프로그램의 의의 및 발전과정, 문화프로그램의 유형, 공공도서관문화프로그램의 현황, 도서관문화프로그램의 구조, 도서관문화프로그램 운영 12단계 등에 대해서 다루고 있다.

본서가 한국문헌정보학의 교과과정 분석 및 발전에 밑거름이 되길 바라는 마음에서 졸저(拙著)나마 출간하게 되었으며, 이 책을 쓰기까지 현황조사를 통한 교과과정 분석 및 현황파악에 많은 도움을 준 건국대학교 김경연, 이은이연구조교에게 깊은 감사를 드린다.

2009년 4월 30일
노영희, 안인자, 최원태

I

도서관
문화프로그램의
개요

1.1 도서관문화프로그램의 의의 및 발전과정

　도서관에 대한 지역주민들의 문화적 요구가 증가하고, 도서관 또한 지역주민에 대한 서비스를 강화하기 위하여 다양한 전략을 수립하는 과정에서 도서관의 문화적 기능은 자연스럽게 강조되었다. 특히 공공도서관에서는 지역사회 구성원의 정보이용, 문화활동, 독서활동 및 평생교육의 증진이라는 네 가지 목표를 실천하는 측면에서 문화서비스에 대한 관심이 최근 들어 더욱 고조되고 있다. 실제 공공도서관 업무현장의 실태분석을 통하여 보면 전체의 50% 이상의 도서관에서 도서관문화프로그램의 업무비중이 30% 이상이라고 답하고 있어 새롭게 떠오르는 사서의 핵심 업무가 되고 있다. 최근 대학도서관에서도 간헐적으로 문화프로그램이 시도되고 있는 상황이다. 반면 대학교에서는 아직 본 업무를 위한 교과과정이 시도되고 있는 곳이 없다. 이에 본 연구에서는 도서관문화프로그램에 대한 간략한 소개를 통하여 교육현장에서 교육적 활동이 시작되는 단초가 되기를 희망한다.

　본 내용은 문화관광부(2007) 발행의 "도서관문화프로그램 지원방안 연구", 2008년의 "도서관문화프로그램 매뉴얼 모형 및 운영매뉴얼에 관한 연구"의 일부를 수정, 편집한 것이다.

1.1.1 용어 정의

1) 도서관서비스

　'도서관서비스'라 함은 도서관이 자료와 시설을 활용하여 국민에게 제공하거나 지원하는 대출·열람·참고서비스, 각종 시설과 정보기기의 이용서비스, 자료 입수 및 정보해득력 강화를 위한 이용지도교육, 국민독서활동 지원 등 일체의 유·무형의 서비스를 말한다.

2) 도서관문화프로그램

　도서관문화프로그램은 자료중심 봉사에 대칭되는 개념으로 도서관의 문화적 기능을 수행하기 위한 일련의 프로그램을 말한다. 이러한 문화프로그램의 범주로는 '문화학교', '문화교실'

등 문화예술 및 교양강좌, 혹은 지역문화강좌 등 문화(예술)강좌, '도서관한마당' 등 문화예술 관련 각종 강연, 전시, 공연, 감상 등 문화(예술)행사, 독서회, 겨울·여름 독서교실, 북스타트, 원북원시티, 한책한도서관, 가족독서캠프, 독서퀴즈 등 독서교육 및 독서문화 진흥 관련 활동 및 행사, 그 외 도서관에서 자체적으로 주관한 프로그램뿐 아니라 다른 기관 및 단체와 공동 으로 주최한 프로그램이나 단지 공간만을 대여하는 것 등의 활동을 말한다.

3) 평생교육프로그램

평생교육이라 함은 학교교육을 제외한 모든 형태의 조직적인 교육활동을 말한다. 평생교육 프로그램 범주로는 1) 기초 및 교양강좌 영역, 2) 직업기술 및 전문교육 영역, 3) 취미, 오락, 여가생활 영역, 4) 가족 및 생활공동체 영역, 5) 건강, 보건, 스포츠 영역, 6) 전통문화 이해교 육 영역, 7) 지역사회봉사활동 영역 등이 있다.

1.1.2 문화프로그램의 의의

공공도서관의 문화적인 기능의 확대는 국민들의 소득수준의 향상으로 인한 문화적 욕구를 해소하고 문화복지에 대한 지역주민들의 다양한 요구를 해결하는 데 필수적인 사항이다. 통계 에 의하면 우리나라 국민들이 가장 많이 이용하는 문화시설은 도서관이며 또한 문화행사 참여 횟수도 문화예술회관 다음으로 많이 차지하고 있기 때문이다(한국문화관광정책연구원, 2006, iv).

국내외 연구를 바탕으로 도서관에서 실시하고 있는 문화프로그램들이 어떤 의미와 가치를 가지고 있는지를 검토해 보면 다음과 같은 네 가지 사안이라고 할 수 있다.

1) 문화공공성과 시민들의 문화적 권리 확장

문화공공성은 모든 사람들이 계급, 연령, 성과 지역적인 불평등으로 인하여 차별받지 않고 평등하게 문화생산물에 접근하고 문화활동에 참여할 수 있는 권리이다. 시민들이 문화향수를 위해 필요한 각종 문화적 생산수단을 공적으로 확보하고, 문화적 활동에 쉽게 접근할 수 있는 환경을 요구하는 것이다. 접근과 참여로서의 문화권은 경제적 평등분배와는 다르게 자기 삶의 활성화와 연관되어 있다.

2) 문화적 감수성의 활성화

문화프로그램의 중요한 목적은 참여자들의 감성을 활성화하는 데 있다. 문화프로그램은 특정한 문화프로그램의 기술 연마를 목적으로 하기보다는 그 도구의 활용을 통한 개인의 자율적인 표현과 상상력을 극대화하는 기회를 제공한다.

3) 문화예술교육 실현

모든 어린이는 글자를 배울 권리가 있는 것처럼 그림, 연극, 영화를 즐길 권리가 있으며 예술교육이라는 진정한 공공서비스를 필요로 하고 있다. 이러한 예술교육정책의 목적과 방향은 학교교육의 상당부분이 학생들의 문화적 감수성을 발전시키는 데 기여하고 있으며, 일반 시민들에게 일상적인 문화향수와 참여를 위한 교육이라 할 수 있다.

현재 문화관광부에서는 2005년 문화예술교육지원법의 제정, 2004년 한국문화예술교육진흥원 설립 등으로 기본적인 법과 지원기구를 정비하고 다양한 지원사업을 통하여 문화예술교육정책을 실시하고 있다. 학교 문화예술교육사업의 하나로 예술강사사업을 통하여 4,000개가 넘는 학교에 지원하고 있고, 학교와 지역의 문화기반시설을 연계하는 사업이나 학교의 문화교육을 지원하기 위한 다양한 프로그램을 실시하고 있다.

시민들의 일상공간에 가장 가까이 있는 도서관에서 다양한 문화프로그램들이 제공된다면, 도서관은 가장 중요한 문화예술교육의 장소가 될 수 있다. 실제로 도서관은 문화예술교육이 일상적으로 실현되기 위한 가장 적절한 장소이다.

4) 창의적 잠재력의 확대

창의성에 대해서 오랫동안 연구를 해 온 교육학자 캔 로빈슨(Ken Robinson)은 "창의성은 특정한 사람만이 할 수 있는 분리된 능력이 아니라 다양한 능력들을 도출해 내는 지성의 한 기능으로서 특정한 사람들에게 국한된 특별한 자질이라기보다는 일반 사람들도 교육을 통해서 겸비할 수 있는 능력"이라고 정의한다.

인간의 지성이 가지는 가장 뚜렷한 특징은 바로 상상력과 상징적 사유의 힘인데, 창의력은 바로 새로운 사유를 가능케 하는 상상력을 의미한다. 캔 로빈슨은 창의력이 향상되기 위해서는 "매개체의 중요성, 매개체와 조화를 이룰 수 있는 능력, 즐기면서도 도전할 수 있는 능력, 비판적 판단을 할 수 있는 욕구 등과 같은 창의적인 과정을 수용하는 것이 필수적"이라고 말한다.[1] 도서관에서 실시할 수 있는 창의적인 문화프로그램들은 책과 지식, 문화와 감성의 복합적인 경험을 통해서 창의적인 인간을 만들 수 있는 단초를 제공해 줄 것이다.

1.1.3 문화프로그램의 목적

공공도서관문화프로그램의 목적은 공공도서관 본연의 기능인 문화적 기능에서 살펴볼 필요가 있다. 공공도서관은 대표적인 지역문화기관이므로 지역사회의 역사 및 사회문화적 특성에 따른 특화된 문화수요를 창출하여 지역사회문화 창달에 기여할 의무를 갖고 있으며, 또한 사라져 가는 공동체를 재건하고 고유의 문화를 전승, 발전시킬 의무가 있다(Marcum, 1996, 195 - 205). 또한 공공도서관의 문화적 기능은 인간의 감정적, 도덕적 성숙을 가져다줄 수 있는 독서활동의 역할과 더불어, 다원화 사회에서 주민들이 문화에 대한 이해를 넓히게 하는 것 등이라 할 수 있다(Lynch, 1978, 477).

먼로(Margaret E. Monroe, 1981, 11 - 14)는 미국 내 여러 공공도서관의 사례를 조사하여 공공도서관의 문화적 기능을 분석한 후 6가지 모델을 제시하였는데 그 주요 내용은 다음과 같다.[2]

첫째, 지역사회 주민들이 요구하는 문화예술정보를 제공한다. 예술가, 비평가, 학생 등 전문가의 정보요구를 충족시키고, 예술에 관심을 갖는 지역주민들의 정보요구 및 독서욕구에 봉사한다. 또한 개인이나 단체를 위해 아마추어 예술활동을 뒷받침할 수 있는 도서 및 기타 자료들을 제공한다.

둘째, 지역사회에 예술을 위한 공연 및 전시시설과 장소를 제공한다. 무용, 연극, 음악, 시, 미술 등의 분야에서 지방의 의욕 있는 예술가를 위한 장을 마련해 준다. 일반적으로 예술 접촉기회가 드문 지역사회에서 주민들의 심미안을 높이고 예술에 대한 이해를 넓히는 기능을 한다. 또한 지역사회 내의 여러 예술 관련 네트워크 속에서 사회적, 전문적인 커뮤니케이션을 위한 중심적인 회합장소를 제공한다.

---

1) Ken Robinson, *Out of our Mind*, Capstone: London, 2001, p.111.
2) Margaret E. Monroe, "The Cultural Role of the Public Library", Advances in Librarianship, Vol.11(New York: Academic Press, 1981), pp.11 - 14.

셋째, 지역사회의 여러 기관 또는 단체 속에서 예술프로그램의 조정을 돕는다. 도서관자료, 정보 및 프로그램의 전문지식을 지역사회의 예술단체에 제공하고, 지역사회의 다른 문화단체에 공공도서관의 커뮤니케이션 네트워크를 제공한다. 이를 통해 문화활동에 대한 중심적인 정보원과 지역사회를 위한 자료를 공급한다.

넷째, 지역사회를 위한 여러 다른 문화센터와 네트워크를 형성한다. 분관과 지역사회도서관은 미술품 전시, 음악 행사 또는 각종 박물관 전시의 공동 주최자로 봉사하며, 지역사회에 다양한 예술형태를 소개한다.

다섯째, 인본주의적 관점에서 공공의 문제를 사고하도록 지역사회 주민들을 자극한다. 특정한 공공문제에 대해 철학, 종교, 문화작품의 인간성과 문화적 가치를 결합시키는 강좌, 토론, 전시를 제공하고, 사회문제에 대한 주제를 인간적 가치에 결합시키거나 인간적 경험을 사회배경에 연결시키는 독서토론이나 영화토론 등을 후원한다.

여섯째, 지역주민들의 예술경험에 필요한 기초적인 감상 및 이해능력(Cultural Literacy)을 발전시킨다. 각종 예술 및 창작활동에 참여시킴으로써 결핍된 독서능력과 예술경험능력을 보강한다. 또한 지방에서의 접근성 제공, 여가시간을 예술프로그램과 일치시키도록 하는 계획, 그리고 특정 이용자 집단의 기호에 적합한 프로그램을 선택하거나 개발하여 이용자들의 예술감상에 대한 장애를 제거한다.

한편 윌슨(Wilson, 1977, 15-16)은 홍보의 목적으로 프로그램을 정당화하면서도 그 시각을 약간 달리하고 있는데, 도서관의 노력이 어떻게 받아들여지고 있는가, 도서관의 정책이 올바른 방향으로 향하고 있는가, 그리고 이용자의 요구를 충족시키고 있는가 등을 파악하기 위한 일종의 모니터 역할로서 문화프로그램을 활용할 것을 권하고 있다.

이러한 문화프로그램의 목적에 대하여 여러 학자들의 의견을 종합하면 다음과 같다.

첫째, 지역주민들에 대한 도서관 홍보의 수단과 그들에게 다양한 형식의 경험을 통해 자료 이외의 매체로 교육, 정보, 여가 및 문화향수의 기회를 제공, 주민들의 요구를 수렴하는 채널로서의 역할을 하는 데 목적이 있다.

둘째, 지역주민들로 하여금 독서회, 독서토론 등 각종 독서 관련 활동 및 행사를 통해 독서문화활동을 장려하는 데 목적이 있다.

셋째, 지역주민을 도서관으로 유인하여 도서관 이용을 증진시키고, 프로그램에 필요한 자료를 제공함으로써 지역주민의 요구에 부합한 광범위한 자료를 확충하는 데에도 목적이 있다.

넷째, 각종 문화프로그램을 개최함으로써 지역주민들에게 질적인 삶을 영위할 수 있는 기회를 제공하는 한편, 그 지역 내의 아마추어 문화예술가에게 재능을 발휘할 수 있는 장을 제공하는 것이다.

다섯째, 지역주민을 위한 평생교육의 장으로서 지역주민에게 언제 어디서나 다양한 형태의 자료를 활용하여 학습하게끔 조력하는 목표가 있다.

1.1.4 공공도서관문화프로그램의 발전과정

1) 국외 문화프로그램 발전

도서관의 각종 문화프로그램은 공공도서관 초창기부터 비롯되었다. 영국의 경우 19세기 중반 캔터베리(Canterbury), 버밍엄(Birmingham), 브래드포드(Bradford) 등지에서부터 공공도서관은 박물관·미술관 등과 동일 기관으로 설치·운영되기 시작하였다. 미국의 경우는 1870년대에 프리즈(H. Frieze) 교수가 도서관에 미술박물관의 부설을 강력히 주장하고, 도서관의 문화적 기여를 강조하는 윈저와 그린(J. Winsor, S. Green)의 글을 전문지에 실으면서 문화프로그램을 통한 도서관의 문화센터로서의 기능이 부각되었다. 그 후 1920~1930년대의 도서관 성인교육 운동도 시민의 '흥미를 심화시키고 기호를 향상시킴으로써 문화적 생활'을 영위토록 하자는 공공도서관의 기능을 강조함으로써 그 분위기가 강화되기 시작하였다. 그리고 1970년대에 이르러서는 '예술과 인문학을 위한 국가재단(NFAH: National Foundation of Art and Humanity)'의 기금 지원에 힘입어 도서관의 문화적 프로그램은 더욱 활성화되었다.

위와 같이 이미 선진국에서는 1970년대에 접어들면서부터 독서 및 영화감상 토론, 전시회 위주의 전통적인 문화행사 수준의 운영에서 벗어나 지역사회 주민들의 지식 향상과 생활 향상을 위한 새롭고 다양한 프로그램 개발에 더욱 관심을 높이고 있고, 도서관계 전문지를 통해 각 도서관에서 실행하고 있는 각종 문화행사의 소개[3] 등 적극적인 활동을 전개하고 있다.

현재 미국의 공공도서관이 실시하고 있는 문화행사 중심의 봉사활동처럼 각국의 모든 도서관이 공공도서관의 본질적이고 고유한 기능인 자료 중심의 봉사활동 및 문화서비스뿐만 아니라 직접적으로 자료와는 전혀 관련이 없는 도서관 시설 및 설비를 이용시킬 수 있는 정보문화센터로의 기능적 발전에도 노력하고 있다.[4]

1990년에 이미 미국 인디아나 주의 경우를 보면 3만 인구 이상의 공공도서관 중 82%가 각

---

3) Library Journal지는 1970년부터 'Program' 소식란(1976년 5월부터 'Program Alert'로 개칭됨)을 두고 각 도서관에서 실시하는 프로그램을 소개하고 있다.
4) Davis D. W., Public Libraries as Culture and Social Center: The Origin of the Concept(Metuchen, N.J.; scarecrow Press, 1974), p.24.

종 프로그램 봉사를 실시하고 있으며, 이웃 일본의 경우는 87%에 달하고 있다.[5]

2) 국내 문화프로그램 발전과정: 법 및 담당기관

한편 우리나라에서도 1963년 제정·공포된 '도서관법' 제15조 2항에 "독서회, 연구회, 감상회, 전시회, 기타 행사를 주최하거나 장려하는 일"을 공공도서관에서 수행하여야 할 기능의 하나로 명문화해 놓았으며, 이후에 1994년 개정·공포된 '도서관 및 독서진흥법' 제20조에서 공공도서관업무를 규정하면서 제5호에 "강연회, 감상회, 전시회, 독서회 기타 문화활동 및 평생교육의 주최 또는 장려"를 강조하고 있다. 즉 공공도서관으로 하여금 지역사회 주민을 위한 '평생교육의 장'으로서의 역할과 '지역사회문화활동의 장'으로서의 역할을 수행할 수 있도록 그 기틀을 마련해 놓고 있다. 이러한 공공도서관의 문화적 기능에 대한 강조는 도서관정책이 과거 문교부에서 문화부로 이관되는 데 있어서 중요한 명분의 하나로 적용되게도 하였다.[6]

2006년 개정된 '도서관법' 제2조(정의)에 "공공도서관이라 함은 공중의 정보이용·문화활동·독서활동 및 평생교육을 위하여 설립한 도서관을 말한다."[7]라고 명시되어 있으며, 제28조 공공도서관업무를 규정하면서도 공공도서관은 정보 및 문화, 교육센터로서 수행하여야 할 기능을 발휘할 수 있도록 '강연회, 전시회, 독서회, 문화행사 및 평생교육 관련 행사의 주최 또는 장려'의 업무를 명시하여 공공도서관이 지역사회 주민들의 지역문화활동의 장으로서의 역할을 수행할 수 있도록 그 기틀을 마련해 놓고 있다.

그러나 우리나라 공공도서관의 실정을 보면 1970년대에 12개 공공도서관에서 국립중앙도서관과 제휴하여 1971년부터 여름·겨울방학기간 동안 '독서학교'를 운영해 오고 있다가 1980년대에 들어서면서 1981년 남산도서관이 여성을 대상으로 사회교육프로그램을 실시한 것을 시작으로 이 분야의 프로그램 개발에 관심을 갖기 시작하였다.

그 외에도 초기에 일선 공공도서관에서 문화프로그램을 활발하게 운영하게 된 배경은 공공도서관이 단순히 공부방으로 이용되는 것을 탈피하고자 시작되었으며, 또한 도서관으로 이용자들을 유인하는 방법으로 시작되었다. 그래서 문화프로그램을 운영하여 참여하는 이용자들을 도서관 이용자로 흡수하고, 또 열람석을 줄일 명분을 찾기 위해 문화프로그램 공간으로 대치하겠다는 발상에서 시작되었다.[8]

---

5) 이용남, 문화매체로서의 공공도서관, 월간 문화예술, 통권 128호, 1990. 3, pp.5 - 6.
6) 한국문화예술진흥원 문화발전연구소. 도서관발전정책 및 행정체계 개선방안 연구, 1993, p.99.
7) 도서관법 2006. 12. 20. 법률 제8069호.
8) 허선, 도서관은 왜 문화프로그램을 개설하는가, 시민과 도서관, 제3권, 제2호, 통권27호, 2002, pp.37 -
   38.

한편 외부적인 요인으로 사회적 분위기를 들 수 있다. 교육과학기술부는 도서관이 평생교육이라는 목적으로 운영하는 도서관의 프로그램을 도서관의 성격으로 규정하여 도서관을 아예 평생학습관화하려고 하고 있다. 그래서 2002년 1월 29일 발표한 '평생학습정책의 5년 청사진'을 발표하면서 출판한 "국가 인적자원개발 기본계획의 실행을 위한 평생학습 진흥 종합계획" 자료에 평생교육 전용 공간의 확보 및 주민자치센터의 평생학습 습관화라는 항목으로 '도서관을 평생학습관으로 개편 확충'하는 항목과 평생학습관 항목에 '주민자치센터와 공공도서관을 평생학습관으로 개편하여 전국의 읍·면·동에 평생학습관 설치 운영' 항목을 두고 있다.[9]

또한 문화예술진흥법[10] 제14조에 따르면 "국가 및 지방자치단체는 국민이 질 높은 문화예술생활을 누리도록 문화강좌 설치기관 또는 단체를 지원하여 문화예술프로그램을 보급하는 문화강좌를 개설하고, 소요 경비를 지원할 수 있다."라고 명시되어 있는데, 이것은 국가가 정책적으로 문화시설을 평생교육의 장으로 적극 활용하려는 의도를 반영한 것이라 할 수 있다.

어떠한 형태로든, 여러 사회교육기관에서 일반 대중을 대상으로 강연회나 취미교실 등의 교육프로그램을 실시하여 왔으나 이것이 본격적으로 정부의 지원을 받아 그 사업이 확대 추진된 것은 1990년대 초부터라고 볼 수 있다.

③ 국내 문화프로그램 발전과정: 문화학교

'모든 국민에게 문화를'이라는 표어 아래 1990년대 문화부 '한국문화학교'라는 문화운동이 일어나면서 국민 전체의 문화감수성을 향상시키는 일이 기존의 학교교육뿐 아니라 문화예술에 관련된 기타 사회교육기관에도 그 역할이 극대화되어야 한다는 정책이 시도되었으며, 이것이 모든 국민들에게 올바른 가치관과 도덕성을 회복시키기 위해 국민정서 함양에 터전을 만들겠다는 문화운동인 것이다.

1991년 5월 17일 '한국문화학교'라는 이름으로 개설된 문화프로그램은 시대적 배경과 사회적 필요성에 의해 시작된 문화예술의 사회교육 기능을 담당하는 범국민적 문화운동이라고 할 수 있다. 그리고 이러한 '문화학교운동'의 발전은 전 국민이 1인 1문화를 체득하고 생활화하도록 하는 것으로, 한국문화학교의 설립 취지이기도 하다.

문화학교의 발전방향은 다음의 3단계 계획으로 추진되고 있다.

1단계로는 문화소외지역에 문화학교를 개설하는 것이다. 또한 업무에 따라 위원회를 구성하

---

9) 허선, 전게서, 2002, p.38.
10) 문화예술진흥법, 2002. 1. 12. 법률 제6132호, 제14조.

여 운영재원을 확보하고 기존 프로그램을 평가, 분석하여 새로운 문화프로그램을 개발, 보급하는 것이다. 이에 따라 각 운영학교에 필요한 강사진을 확보하고 기존 문화교육을 내실화하여 국민들의 교양과 문화적 수준을 맞추는 기본을 토대로 문화학교 총괄운영체계를 수립한다.

2단계로는 문화교육의 효율적 지원을 위한 프로그램, 교재, 각종 자료 등을 개발, 보급하는 프로그램은행을 개설하고 각종 단체 등의 문화프로그램의 개설을 지원하거나 기존의 문화강좌를 재정적으로 도와준다.

3단계로는 이를 적극적으로 확대하여 문화보급 운동에 범국민적인 참여를 유도하기 위해 전국 시, 도에 지원하는 확산사업을 전개한다. 각 지방마다의 특성을 살리는 향토문화강좌를 장려하고 전국적으로 이를 연계하도록 한다. 이러한 배경 속에서 1991년부터 지금까지 많은 어려움 속에서 문화교육, 사회교육의 발전은 계속되어 왔다.

이러한 취지하에 운영되어 온 문화프로그램은 최초 1991년 5월 문화체육부의 소속기관과 산하 단체 등 13개 중앙문화학교를 개설한 이래 1996년 말까지 한국문화학교의 수는 총 129개교에 이르렀다. 각각의 지역주민들과 아동 및 청소년들을 위해 운영해 온 한국문화학교는 점차로 여러 지역의 공공기관에 많은 영향을 미쳐 문화예술교육의 확산에 기여하게 되었고 주민들로부터도 많은 인식의 변화와 호응을 얻고 있었다.

그 이후 지방자치제가 자리 잡아가고, 국가경쟁력이 향상됨에 따라 삶의 질에 대한 관심도 고조되어 중앙정부 및 지자체 단위에서 다양한 문화 및 복지시설이 건립되고 있으며, 이에 따라 도서관의 문화프로그램도 다양하게 전개되고 있다.

또한 전 국민의 지식정보 활용능력을 한 차원 높이고 균등한 정보접근의 기회 제공으로 정보격차를 해소하여 문화복지 평생교육시대에 국민들의 자발적인 문화체험 학습공간으로서 도서관의 기능을 확대해 가고 있다.[11]

예) 부산 시립시민도서관
- 개괄

1986년 서예교실(18회 차, 58명 수강)에 이어 1987년 시민교양교실이란 이름하에 서예교실을 운영하였고, 연차적으로 한문, 예절, 꽃꽂이, 중국어, 일본어 등 다양한 강좌를 개설해 그 규모가 확대되었으며, 1992년 6월에는 문화부로부터 도서관문화학교로 지정받아 본격적인 도서관의 문화센터시대가 개막됨으로써 현재에 이름

---

11) 문화관광부, 2003 문화정책백서, 2004, p.158.

- 운영 목표
  - 국민의 문화향수 기회 확대로 문화복지 실현
  - 문화예술에 대한 지식습득 및 감상능력 제고
  - 지역 간 문화 불균형 최소화로 문화 균형화 도모
  - 지역주민들의 폭넓은 문화교육 혜택 향유
  - 개개인 정서순화 및 교양함양 증진에 기여
  - 지역사회의 문화교육센터로서의 충실한 역할 수행

1.2 문화프로그램의 유형

'도서관법(2006년 개정)' 제28조에서 공공도서관업무를 규정하는데, 제4항에 "강연회, 전시회, 독서회, 문화행사 및 평생교육 관련 행사의 주최 또는 장려"라고 명시하고 있으며, 도서관문화프로그램의 유형을 예시하고 있다.

한국도서관협회에서는 공공도서관의 문화프로그램의 유형을 주제별, 봉사대상별, 미디어 형태별, 도서관 지원방법별로 체계화시켰다. 문화프로그램의 유형은 다음 <표 Ⅰ-1>과 같다.12)

〈표 Ⅰ-1〉 공공도서관의 문화프로그램 유형

구분	프로그램
주제별 프로그램	- 독서지도, 문학, 어학, 음악, 미술, 공예, 서예, 요리, 건강, 취미, 향토문화, 예절, 스포츠 등
봉사대상별 프로그램	- 유년, 초·중·고교생 근로청소년, 성인, 주부, 노인, 장애자 등
사용하는 미디어 형태별 프로그램	- 도서자료: 자료전시회, 독서회, 북토크(book talk) - 구두 커뮤니케이션: 강연회, 강좌, 세미나 등 - 비도서자료: 전시회, 영화상영, 영사회, 레코드콘서트, 전람회 등 - 실연·실기·실습: 연주회, 합창회, 연극, 강습회, 무용 등 - 소집단 활동: 토론회, 좌담회, 창작 및 비평활동, 소회의 등 - 관외 사물 대상 프로그램: 문화 산책, 사전답사 견학 등
도서관지원 방법별 프로그램	- 도서관이 직접 주최하는 것 - 도서관이 지역의 각종 단체와 공동 주최하는 것 - 주민의 자주적 활동에 대해서 도서관 측이 강사, 조언자, 참고자료 또는 시설만 지원하는 것

---

12) 한국도서관협회, 지역문화 발전을 위한 공공도서관의 역할 및 육성방안에 관한 연구, 서울, 문화부, 1990, p.34.

박미영은 도서관문화예술의 유형을 다음 <표 Ⅰ-2>와 같이 구분하고 있다.[13]

〈표 Ⅰ-2〉 도서관문화예술의 유형

구분	유형	도서관 적용내용
문학예술	시, 소설, 희곡	도서관장서
전시예술	회화, 조각, 공예, 사진, 유물, 미디어아트	사진 및 회화 전시, 작품전시회 등
공연예술	국악, 오페라, 뮤지컬, 발레, 무용, 클래식 음악	클래식 음악공연, 작품발표, 연극공연 등
영상예술	영화, 애니메이션	영화상영, 애니메이션상영 등

이렇듯 국내외 여러 학자들은 다양한 구분기준에 따라 다양한 명칭으로 도서관문화프로그램의 유형을 제시하고 있지만, 일반적으로 전국에서 실시하고 있는 공공도서관의 문화프로그램의 유형을 살펴보면 다음 <표 Ⅰ-3>과 같이 크게 문화(예술)강좌, 독서교육 및 독서문화 진흥 관련 활동, 문화행사로 구분할 수 있다.

〈표 Ⅰ-3〉 도서관문화프로그램 유형

구분	유형
문화(예술)강좌	'문화학교', '문화교실' 등 문화예술 및 교양강좌 또는 지역문화강좌
독서교육 및 독서문화 관련 활동	독서회, 겨울·여름 독서교실, 북스타트, 원북원시티, 한책한도서관, 가족독서캠프, 독서퀴즈 등 독서교육 및 독서문화 진흥 관련 활동
문화행사	'도서관주간 행사', '독서의 달 행사', '도서관한마당' 등 문화예술 관련 각종 강연, 전시, 공연, 감상

---

13) 박미영, "Library 2.0시대의 문화콘텐츠 개발과 문화마케팅", 경기도청 강의자료(2007), p.17.

1.3 공공도서관문화프로그램 현황

　공공도서관문화프로그램의 현황을 살펴보면 공공도서관 간의 지역적 차이가 많으며, 지역 내 타 기관에서 시행하는 프로그램과의 유사성, 차별성 면에서 차이가 있다. 전자는 도서관문화프로그램이 지역의 특성과 주민의 요구를 반영하여 이루어지는 것이기 때문에 차이가 나는 것이며, 후자는 동일한 이용자를 대상으로 문화프로그램을 실시하는 기관이 각기 정체성을 달리하기 때문에 차이가 있는 것이다. 따라서 실태조사는 지역적 특성을 알기 위하여 대도시, 종소도시, 농어촌으로 구분하는 것이 필요하며, 타 기관과의 유형별, 내용별 조사를 하는 것도 필요하다.

　현황조사는 문화관광부(2007) 『도서관문화프로그램 지원방안 연구』의 일부로서 조사대상기관은 서울시 소재 공공도서관 37개 기관과 서울을 제외한 전국의 공공도서관 중 지역별(대도시, 중소도시, 농산어촌)로 임의로 선별한 90개 기관의 문화프로그램을 2개의 운영주제별(교육청, 지자체 및 민간위탁), 3개의 봉사대상별(어린이, 청소년, 성인), 3개의 유형별(독서교육 및 독서활동, 문화행사, 문화강좌)로 나누어 분석하였다. 지역적인 특성으로 보면 대도시 도서관은 근처에 다양한 문화시설이 있고, 비슷한 프로그램을 실시하는 곳도 많아서 독서 관련 행사가 평생교육프로그램보다 많이 시행된다. 반면 중소도시 혹은 농어촌 도서관의 경우 외국어, 컴퓨터교육 등 다양한 문화행사를 더 많이 시행하는 것으로 파악되고 있다.

　이상의 기본 틀에서 도서관문화프로그램 현황을 분석하여 정리하자면 다음 <표 Ⅰ-4>와 같다.

　독서 및 독서활동: 이용자의 프로그램 참여 면에서 볼 때 대도시, 중소도시, 농산어촌 모두 어린이 프로그램이 활발하게 운영되고 있는 것을 알 수 있다. 특히 대도시에서 어린이 프로그램이 다양하게 운영되고 있음을 알 수 있다. 반면 청소년 대상 프로그램은 모든 지역에서 그다지 활발하지 않다. 강사 구성 면에서 교육청 소속 도서관이 주로 외부 강사에 의해 독서활동을 실시하는 데 반해 지자체 소속 도서관은 도서관 이용자들이 자원봉사 형태로 자발적으로 독서클럽 운영에 참여하거나 외부 강사 대신 도서관 사서가 직접 독서활동을 기획, 참여하는 비율이 높았다.

　문화행사: 4월 도서관 주간행사, 9월 독서의 달, 6월 과학의 달, 5월 가정의 달, 10월 문화의 달 등과 같은 월별·테마별 문화행사를 실시하고 있으며, 서울광역시의 경우, 서울시와 서울문화재단, 한국도서관협회가 공동으로 주관하는 '한도서관 한책읽기(One Library One Book)' 행사를 실시하고 있다. 또한 서산, 부산, 춘천 등에서는 '한도시 한책읽기(One Book One City)'

행사를 도서관에서 주관하여 실시하고 있다.

특화 문화프로그램은 각 도서관만의 특화된 분야를 선정하여 차별화된 문화서비스를 제공함으로써 이용자의 요구를 충족하고 만족도를 극대화하는 프로그램이다(박미영, 2007. 320). 공공도서관은 전통적인 도서관의 기능과 함께 지역주민에게 다양한 문화프로그램을 개설하여 문화에 대한 욕구를 해소해 주는 평생교육 기능에 대한 비중이 점점 늘어나고 있다.

그러나 이러한 현상에 대해 데이비스(D. W. Davies, 1982, 61)는 도서관문화프로그램이 지역사회의 다른 전문단체와 업무의 중복, 충돌 및 전문성의 결여로 효율성이 떨어질 수 있다는 한계를 지적하면서 "독서욕구를 자극, 지원한다는 바탕 위에서만 문화프로그램의 활동은 정당하고, 오직 도서관의 고유기능인 자료와 정보제공을 활발하게 하는 촉진제 역할을 할 때 그 가치는 인정된다."라고 주장하고 있다.

교육청 소속 도서관들의 특화 문화프로그램으로는 찾아가는 독서교실, 사회소외계층 평생학습프로그램과 같이 지역연계 프로그램 시도가 많으며, 내용으로는 독서치료 프로그램과 노인, 특수장애인, 병원환자, 저소득층 자녀 등을 대상으로 하는 소외계층 프로그램을 대다수 실시하고 있다. 비문해자를 위한 문해교육과 종이접기·비즈공예·한지공예 등과 같은 취미성 프로그램도 실시하고 있다. 반면 지자체 소속 도서관들의 특화 문화프로그램으로는 친구야 도서관과 놀자, 수요인문학, 독서심리교실, 도서관학교, 시민대학, 직장인을 위한 야간강좌 운영, 누리천문대, 도서관과 함께하는 행복한 노년, 장애시설 및 보육원 순회문고 등의 각 도서관별로 다양성을 시도하는 프로그램이 많다.

향후 특화 문화프로그램으로는 지역의 역사·문화·지리적 특성을 살린 안동(지역특성화강좌: 서경, 논어, 예기, 한지공예, 서예/서화), 보성(소외계층 아동을 위한 프로그램 운영: 미술치료, 종이공예), 군포대야도서관(누리천문대)과 같은 지역문화를 반영한 특성화된 프로그램, 신체적·지리적·연령 특성상 도서관 접근이 용이하지 못한 이용자를 위해 성남도립도서관(레인보우프로젝트(병원환자 연계)), 방과후도서관(저소득층자녀대상), 용인시립도서관처럼 찾아가는 서비스 프로그램 개발, 기존 도서관자료를 재가공·재조직한 콘텐츠 개발을 통한 인문학강좌, 도서관학교, 독서치료 등 콘텐츠 중심 프로그램, 디지털기술 발달에 따른 도서관문화프로그램 서비스에 대한 접근성을 높이고 이용자의 형편과 이용행태를 고려한 온라인 문화 콘텐츠 개발을 통한 문화프로그램을 개발할 필요가 있다.

이용자 요구 조사를 적극적으로 수렴하기 위해 새롭게 실시하고 싶은 문화프로그램은 유아, 아동프로그램, 소외계층프로그램, 독서치료, 청소년과 직장인을 위한 인문학프로그램, 놀이형, 체험형 독서프로그램, 주부독서회, 문해교육 등이다. 반면 축소하고 싶은 프로그램으로는 대규모 1회성 행사, 어학강좌, 문화센터용 취미프로그램, 독서와 관련되지 않는 프로그램이다.

<표 Ⅰ-4> 공공도서관문화프로그램 현황 분석

구분		교육청	지자체
문화행사		■ 독서의 달 행사, 도서관주간행사, 가정의 달 행사, 문화의 달 행사 및 한도서관 한책읽기 등이 주류 　- 어린이: 공연, 전시, 독후활동(독후감상문, 독후감상화, 만들기 등)이 주류 　- 청소년: 행사 적음, 학교연계 현장학습 또는 영화상영 등	
		독서활동에 주력	다양한 테마로 접근
문화강좌	대도시	■ 다양한 독서프로그램, 문화강좌 운영 및 어학강좌 확장, 문화, 취미여가 　- 어린이강좌 강세 　- 청소년 강좌 미흡	
		전통적 강좌형태의 평생학습 강세	문화/취미 여가 강세
	중소도시	■ 문화강좌 각 분야의 다양화를 통한 문화센터로서의 기능 　- 청소년 강좌의 다양화 모색/전통문화 부문 활성화	
			어학 부문 강세
	농산어촌	■ 성인강좌 활성화/문화강좌 전반적으로 도시에 비해 비활성화	
특화 프로그램		- 장애우 음악교실, 공예교실 - 독서치료 - 안동의 사서삼경 고전강좌 - 어르신학교 - 찾아가는 독서교실 - 사회소외계층 평생학습프로그램 - 도서관 방과 후 학교 - 학교연계프로그램[장애우 동화교실, 조형미술치료] - 병원환자연계[레인보우프로젝트] - 문해교육 - 환경 관련 프로그램 - 실버독서프로그램 - 청소년연계 즐거운 영어나라 - 소외계층 아동을 위한 프로그램	- 친구야, 도서관과 놀자 - 도서관학교 - 역사교실 - 수요인문학 - 수리력교실 - 누리천문대 - 장애 및 보육원순회프로그램 - 노인교육프로그램 - 도서관과 함께하는 행복한 노년 - 온 고을 시민대학 - 성인동화구연 - 스토리텔링 - 경로당 찾아가는 도서관 운영 - 장애인을 찾아가는 도서관 경영
		■ 지역연계 프로그램 시도	■ 특화프로그램 다양성 시도
선호 프로그램		- 논술프로그램 - 부모와 아이가 함께 책 만들기 - NIE - 성인문해교실 - 종이접기 - 컴퓨터활용프로그램 - 북아트 - 어학 분야	- 독서교육특강 - 인문학프로그램 - 부모역할교육, 대화법 - 서예한문 - 체험형 독서교실 - 유아·어린이대상 체험프로그램 - 독서논술프로그램 - 유아동화구연 - 독서클리닉
확대하려는 프로그램		- 유아, 아동프로그램 - 소외계층프로그램 - 독서치료 - 청소년과 직장인을 위한 인문학 - 놀이형, 체험형 독서프로그램 - 주부독서회 - 문해교육	
축소하려는 프로그램		- 대규모 1회성 행사 - 어학강좌 - 문화센터용 취미프로그램 - 독서와 관련되지 않는 프로그램	

지역적으로는 대도시는 어학 관련 프로그램, 작가와의 만남 또는 강연, 시민대학, 야간강좌, 취업준비생을 위한 프로그램 등 직업생활과 관련된 프로그램이나 보다 지적 수준을 높일 수 있는 프로그램을 희망하고 있다. 중소도시의 경우는 각종 다양한 형태의 독서모임이나 독서활동 등 독서프로그램의 전문화와 실생활에 도움이 되는 실용적인 프로그램을 희망하고 있다. 농산어촌 도서관의 경우는 대도시와 중소도시에 비해 지역문화기반시설이 취약하므로 도서관이 지역의 유일한 문화기반시설로서 역할이 좀 더 강화되기를 희망한다.

도서관문화프로그램이 시대의 흐름, 정책의 변화에 따라 도서관 내에서도 많은 변화와 도전을 맞고 있다. 이에 문화프로그램 담당자들이 문화프로그램 정체성과 지원방안에 대해 구체적인 제안을 해 줄 것을 당부하였다. 문화프로그램 담당자들의 요구와 의견을 내용별로 분석해 보면 크게 6가지 세부 의견으로 나누어진다. 순서는 의견이 많은 순으로 기술하였다. 1) 타기관과 차별화되는 도서관문화프로그램의 정체성 확립, 2) 강사 정보 및 확보, 3) 운영인력 확보 및 전문성 개발, 4) 문화프로그램 개발 및 보급, 5) 예산지원 및 시설 확충, 6) 기타 의견으로 나눌 수 있다. 기타 의견에는 문화강좌의 지속적인 참여율을 높이기 위해 수강료 징수, 농산어촌의 경우 문화프로그램 활성화에 앞서 도서관 활성화를 우선 해결해야 한다는 의견이 여럿 있다.

각 의견에 대해 구체적으로 살펴보면 다음 <표 Ⅰ-5>와 같다.

<표 Ⅰ-5> 문화프로그램 정체성 및 지원방안에 관한 문화프로그램 담당자의 의견

의견
(1) 타 기관과 차별화되는 도서관 정체성 확립
▶ 현재 각 도서관에서 실시하는 문화강좌는 여타 기관에서 운영하는 강좌와 차별화되어 있지 않아서 도서관 환경에 적합한 강좌 개설이 아쉬운 실정이며……(부산시민) ▶ 문화강좌의 필요성을 느끼나, 도서관 본연의 자료수집과 정리 제공에 투여되는 인원은 물론 예산도 현저히 적어지고 있는 형편이다. 도서관 본연의 자료 제공과 문화강좌 업무의 비중이 적정수준에서 유지되어야 할 것이나 요즘 같아서는 도서관은 폐업하고 문화강좌의 비중이 커져 여러 면에서 걱정이 되는 바이다(광주중앙). ▶ 문화프로그램 자체가 도서관의 기능이 되어 지역문화를 선도하고 새로운 문화를 창출할 수 있는 창구가 되어야 한다고 생각한다. 또한 분열화된 사회에서 문화프로그램을 통해 소통이 원활히 될 수 있는 공동체적 모임을 구성할 수 있도록 지원하는 것이 바람직하다고 본다(서울 동대문구 정보화). ▶ 도서관이 외부에 드러나는 행사 위주(평생학습, 평생축제 등)로 많이 흘러가고 있다는 생각임. 차라리 그 돈으로 도서관을 더 짓고, 책을 더 많이 사고, 사서를 더 채용하고, 학교도서관을 살리는 등 정책이 더 나을 것이라고 생각됨(울산중부).

▶ 도서관문화프로그램은 도서관 이용률과 상대적인 개념이 아니라 상호 연계되어 있다고 생각한다. 평생학습에 대한 사회적인 인식이 보편화되어 있는 만큼 도서관이 지역사회의 지식정보기관으로서 비영리적인 문화프로그램 운영을 통해 시민들의 교양을 높이는 역할을 수행해야 한다. 그리고 이를 통해 도서관 이용률도 높일 수 있는 전략적인 방안을 수립할 필요가 있다. 이와 같은 결과를 위해 문화프로그램의 질적 향상을 위하여 적극적인 예산지원과 최고경영자의 지속적인 관심이 필요하다(김해도서관).

▶ 요즘 공공도서관이 문화 및 교양강좌 프로그램 등의 운영에 치중하다 보니 시민들도 도서관이라는 인식보다는 백화점 같은 문화센터로 인식하는 경우가 많다. 도서관 본래의 기능이 많이 없어지는 것 같아 조금 안타깝다. 문화교양프로그램은 동사무소의 주민자치센터 및 각종 기관에서도 많이 운영하고 있으므로 이제는 공공도서관은 도서관으로서의 본래의 기능을 수행해야 한다고 본다(창원시립).

▶ 공공도서관은 시민의 독서증진에 주목적이 있지만 문화프로그램은 이용자들에게 다양한 정보제공은 물론 평생학습기능을 제대로 수행한다고 본다. 과거 도서관은 정숙한 것만을 최고의 미덕으로 여겼지만 정보의 급속한 변화로 인하여 도서관도 동적인 분위기로 거듭 나아가야 될 것 같다. 시민과 함께하고 시민의 쉼터 같은 기능을 할 수 있는 도서관으로서 말이다. 그래서 문화프로그램은 시민의 정서함양 및 책과의 생활화에 있어서는 필수적인 항목이라 할 수 있겠다(구미시청).

▶ 도서관문화프로그램은 독서 연관 강좌에 중점을 두는 것이 옳다고 생각한다(김천시청).

▶ 도서관규모와 소재위치와의 특성을 감안한 문화프로그램운영으로 지역문화 수준 향상(천안시청 성거분관)

▶ 복지회관, 주민자치센터 등 많은 장소에서 문화프로그램을 진행하고 있으나 도서관은 도서관만의 특화프로그램이 필요하다(부천시립).

▶ 우리 대야도서관은 복합문화센터로 자치센터에서 하는 문화행사를 한 건물에서 같이 진행하고 있다. 그런 까닭에 도서관만의 특성이 있는 프로그램이 중요하다고 생각하고 또한 그렇게 운영하려고 노력하고 있다. 제 소견으로는 어디서나 다 할 수 있는 특성 없는 프로그램의 운영은 지양해야 되지 않을까 생각한다(군포 대야).

▶ '평생학습'이 나라 정책에 이슈가 되고 빠른 시간 속에 확산되고 있음은 물론 행·재정상의 지원 또한 크게 증가되면서 평생교육사란 직의 위치 또한 견고해지고 있는 것이 사실이다. 조만간에 평생학습센터가 읍면 작은 지역까지 스며들고 있을 때 우리 도서관은 평생학습기관으로 지정되면서 평생교육을 강조하다 보니 도서관 고유의 역할은 점점 약해져 가고 있다. 이제는 정말 도서관만이 할 수 있는 역할증대를 위해 도서관 관계 기관과 관계자 모두 긴장감과 단결됨이 절실하다고 본다. 남의집살이하던 '평생학습'은 크고 좋은 새집을 지어 나가려고 하는데 도서관은 남 좋은 일 하다가 지붕만 쳐다보는 꼴이 되지나 않을까 주위 도서관 동료들은 걱정의 소리를 모으고 있다. 우리 공공도서관 입장에서는 평생학습축제도 좋지만 '도서관축제'를 활성화시켜야 되며 도서관 직원의 재교육 확대는 물론 도서관자료 이용 확대에 필요한 강좌를 증대시켜 지역주민에게 정말 필요한 정보센터장, 자료센터장으로서의 도서관을 만들어 나가는 것이 시급하다고 본다(경북외동).

(2) 강사 정보 및 확보

▶ 강사진이나 운영프로그램에 대한 정보공유가 없어 업무처리에 어려움이 있다(대전한밭).
▶ 현재 각 도서관에서 실시하는 문화강좌는 여타 기관에서 운영하는 강좌와 차별화되어 있지 않아서 도서관 환경에 적합한 강좌 개설이 아쉬운 실정이며, 또한 이에 적합한 강사확보가 쉽지 않다(부산시민).
▶ 지역에 거주하고 있는 각 분야의 전문강사 지원(서울 성북정보)
▶ 공유 가능한 프로그램 리스트 및 강사 리스트(강릉시립)
▶ 지방도시의 경우 우수한 강사확보에 어려움이 많으며, ……(제천시립)
▶ 강사자료가 필요하다(양양).
▶ 강사풀제의 확대로 강사 확보의 어려움 해소(양산).
▶ 지역 내 평생학습기관과의 강사뱅크 공유(전주시립)
▶ 다양한 프로그램에 따른 강사부족(대야)
▶ 독서 관련 다양한 강좌의 강사 수급이 지방이다 보니 제약(강사 수급, 자질 등)이 있다. 월 강좌뿐만 아니라 단기강좌의 강사 수급에 지원을 해 주었으면 한다. 독서치료 등 강좌를 개설하고 싶으나 강사 수급이 불가능하여 개설하지 못하는 실정이다(김천시청).
▶ 문화로부터 소외된 읍소재 분관도서 위한 각종 문화활동지원 및 지역별 강사 발굴 데이터베이스화로 문화센터기능발휘에 도움 제공(낮은 강사료로는 전문 분야의 강사 초빙의 어려움 초래 및 분관체제는 운영의 주종관계로 독립적이며 활발한 운영이 어려움)(천안시청 성거분관)

(3) 운영인력 확보 및 전문성 개발

▶ 문화프로그램 운영과 관련하여 담당직원의 전문교육이 아쉽다. 업무를 담당하며 직무에 직결되는 교육을 받지 못하였다. 전문교육을 통하여 타 기관 담당자들과 의견을 나눌 수 있는 기회 마련과 시대에 유행하는 시기적절한 강좌개설의 필요성이 아쉽다(부산시민).
▶ 사서가 시대의 문화를 읽기에는 어려움이 많다. 담당사서의 문화적 역량을 키우기 위한 다양한 교육이 필요하다. 예를 들면 타 도서관의 사례도 중요하지만 시대적 이슈가 되고 있는 문화(뮤지컬, 현대미술 등)의 흐름에 대한 교육이 필요하다. 담당사서가 다양한 문화를 접할 수 있도록 배려해 주면 좋겠다(서울 동대문구정보화).
▶ 문화프로그램 담당자에 대한 전문교육이 부족하고, 운영인력에 대한 지원이 미흡하다. 또한 문화행사만 담당하는 것이 아니라 다른 업무처리를 병행해야 하기 때문에 창의적인 아이템을 생각할 새도 없이 전년도 실시한 행사를 그대로 답습하기도 바쁠 때가 많아 업무를 하면서도 회의를 느낄 때가 있다(제천시립).
▶ 중앙정부 차원의 문화프로그램 교육(전주시립)
▶ 최고 경영자가 바뀔 때마다 타 도서관과의 차별화된 신선한 프로그램 개발을 요구하고 있지만 대다수가 예산이 소요되지 않는 프로그램을 원하고 있으며, 주 5일 근무제의 시행과 변화 및 현재와 같이 도서관운영 전반에 대한 과중한 업무수행으로는 진행하고 있는 프로그램 운영 자체도 매우 어려운 실정으로 한계점에 도달하고 있어 예산·전담인력의 지원 방안과 다양한 프로그램을 개발하여 제시했으면 한다. 예로 탄력 있는 도서관운영에 전년도까지만 해도 우리 회관에서도 노동부에서 지원하여 운영하는 청소년직장체험프로그램을 활용하여 부족한 도서관 보조요원 및 행사운영에 많은 도움을 받아 왔으나 2007년 1월부터 예산의 일부를 자부담하도록 하여 금년 들어서는 단 1명도 활용하지 못하고 있다(남원교육문화회관).
▶ 문화행사운영에 대해 갖는 간단 단편적 사고를 탈피할 수 있는 행사 운영 업무의 일정한 절차와 흐름을 알게 하는 전문 이론의 배경과 실무 교육 지원으로 문화행사 운영 및 올바른 문화프로그램의 운영에 대한 전문성을 지니도록 교육(천안시청 성거분관).

▶ 평생교육의 기능 확대에 따른 도서관 구조의 개편으로 인력의 확보 및 담당 직원의 계속적인 전문교육의 실시(성남도립)
▶ 전문 문화행사 기획 및 운영을 위한 팀이 필요함(용인시립).
▶ 충실한 프로그램 관리를 위해 적정한 운영인력 확보도 이루어져야 할 것이다(충북중앙).
▶ 적은 예산 때문에 외부 강사에 의존할 수도 없는 실정이어서 도서관 직원들의 전문교육이 가장 필요한 것 같고, 참여가 저조하다고 지레 겁먹고 문화프로그램을 하지 않으려고 하는 몇몇 직원들의 의식수준도 바로잡아야 할 듯하다(평창대화).
▶ 프로그램 담당자에 대한 교육이 필요하다(영동).

(4) 문화프로그램 개발 및 보급

▶ 공유 가능한 프로그램 리스트 및 강사 리스트(강릉시립)
▶ 중앙기관에서도 지원방안을 도서관 본래의 기능을 다할 수 있도록 공공도서관에 지원해 주었으면 한다(독서지도 등과 관련된 다양한 지원이 필요하다)(창원시립).
▶ 각종 문화프로그램 운영사례 및 구체적 방법에 대한 정보제공(양양)
▶ 지역 내 평생학습기관과의 연계를 통한 프로그램 개발 및 공유(전주시립)
▶ 다양하고 수준 높은 독서 관련 프로그램을 개발하여 보급하는 형태의 지원이 있었으면 한다. 현재 대부분의 도서관은 강사를 채용하고 채용된 강사에게 프로그램 전반을 맡기는 형태로 프로그램이 진행되는데, 좀 더 수준 높은 프로그램을 위해서는 중앙 단위의 도서관에서 일정 부분의 예산을 들여 전문가들에 의해 개발된 전문 독서프로그램을 보급하여 준다면 많은 도움이 되겠다(성남중앙).
▶ 개별도서관에서 실시하기에는 예산 및 인력 부족에 따른 어려움, 행정력 중복투입 등의 문제점이 있으니 국립중앙도서관이나 기타 전문기관에서 프로그램을 발굴해 공공도서관에 접목시킬 수 있도록 했으면 함(부천시립).
▶ 도서관 및 지역의 특수성을 살린 차별화된 프로그램의 개발, 독서진흥을 위한 다양한 프로그램의 개발(성남도립)
▶ 도서관문화프로그램에 대한 체계적인 운영 및 사례를 모아 책자를 만들어 배포(영동)

(5) 예산지원 및 시설 확충

▶ 공공도서관에서 실시하는 프로그램이 거의 비슷하고 한정된 예산으로 실력 있는 강사를 영입하는 데 어려움이 있으며 …… 강사료와 프로그램 운영비 그리고 프로그램개발비 등에 대한 예산과 시설확충에 대한 예산이 지원되었으면 한다(대전한밭).
▶ 수익에 대한 목표율 등, 부담감을 줄여야만 공공기관에선 강사료 지원을 따로 문화교실 프로그램, 문화행사 강사수당으로만 줄 수 있는 예산지원시스템이 필요함(서울중랑구립정보).
▶ 예산확보(대야)
▶ 가장 근본적인 예산 확보 문제가 해결되어야만, 정말 이용자 구미에 맞는 다양하고 실속 있는 프로그램들을 개설하여 운영할 수 있을 거라 생각된다(충북중앙).
▶ 강사료 및 시설비 지원(강진군립)
▶ 도서관의 정체성에 적합하지 않은 단순 취미 강좌 위주의 평생학습 프로그램은 관련 예산이 확보되어 있으나 정작 독서교육 및 독서진흥프로그램 관련 예산은 매우 적다. 만약 지원이 된다면 그쪽 분야 위주로 지원하는 것이 타당하다고 본다(충남서천).
▶ 도서관시설 투자와 문화프로그램에 대한 예산 지원이 필요함(전남보성).

<table>
<tr><td>(6) 기타</td></tr>
</table>

- ▶ 도서관에서 운영하는 문화프로그램의 수강료가 무료이고 특별한 제재 조치가 없어 접수 시 개인사정과 상관없이 무분별하게 수강신청을 하는 경우가 많다. 강좌가 시작되는 시기에는 많은 사람들이 관심을 보이다가 수업이 진행되면서 결석률이 높아진다. 종강 즈음에는 수강생이 현저하게 줄어드는 현상이 두드러지고 있다. 수강생들이 좀 더 적극적인 관심을 보일 수 있도록 수강료를 징수하자는 의견이 있으나 아직 결정된 사항은 아니다(부산시민).
- ▶ 적극적인 홍보 및 다른 문화기관과의 연계(성남도립)
- ▶ 농어촌 도서관인 경우, 현실적으로 많은 이용자가 없으며, 교통편 때문에 제한된 지역에 접근성을 두고 있습니다. 프로그램보단 실질적인 이용을 높일 수 있는 과제를 해결하는 것이 필요하다고 생각됨(고성동부).
- ▶ 우리 같은 시골 군립도서관은 농번기를 피해 농한기에 많은 문화프로그램을 계획해서 운영해야 하는데, 농한기에도 생각처럼 군민들의 문화프로그램 참여가 높지 못하다(평창대화).
- ▶ 우리 도서관은 신안군립이지만 1,004개의 섬으로 이루어진 신안군민 전체를 대상으로 하는 도서관으로는 지리적 여건상 어렵다. 현재는 1개 면(압해면)에 위치해서 압해면 관내 8,000여 명의 주민을 대상으로 서비스를 제공하나 주민 대다수가 고령자로 이용률이 저조하여 신안군에서도 인력 및 예산투입이 힘든 상태로 도서관 활성화에 애로사항이 많은 것이 사실이다. 인력 또한 관장 포함 총 3명으로 사서직은 없는 실정이고 나 또한 행정직렬이다. 지자체의 열악한 지방재정으로는 지자체에서는 이용률이 저조한 도서관 운영 자체가 명분, 예산성립 자체가 버거운 상태로, 군단위 도서관은 중앙정부 차원에서 지원 운영하면 바람직하다고 생각한다(신안군립).

1.4 도서관문화프로그램 구조

1.4.1 기본 구조

공공도서관의 문화프로그램을 기획, 운영하기 위한 절차는 대체적으로 다음의 구조로 모형화할 수 있는데, 구조를 보면 시행 도서관 내부에서 지향하는 프로그램의 목적과 도서관이 가지고 있는 도구(장서, 공간 등)가 내적 요소가 될 수 있으며, 개발하고자 하는 문화프로그램의 주제 분야 및 형식이 외적 요소가 된다. 내적 요소는 문화프로그램의 밑바탕이 되는 틀에 해당되는 부분이다. 내적 요소에 해당하는 프로그램 목적은 공공도서관에서 문화프로그램이 운영되어야 하는 당위성을 제시하며, 프로그램 도구는 프로그램 목적을 달성하기 위해 활용하여야 할 수단을 나타낸다. 외적 요소는 개개의 문화프로그램의 외형을 나타내는 요소로 각 프로그램의 주제 분야와 형식이 포함된다. 즉 문화프로그램은 내적 요소가 되는 프로그램 목적과 프로그램 도구를 가지고 문화프로그램의 존재의 이유가 결정이 되고, 이러한 내적 요소를 바탕으로 외적 요소, 즉 프로그램의 주제와 형식이 고려되어 개개의 문화프로그램으로 탄생된다.

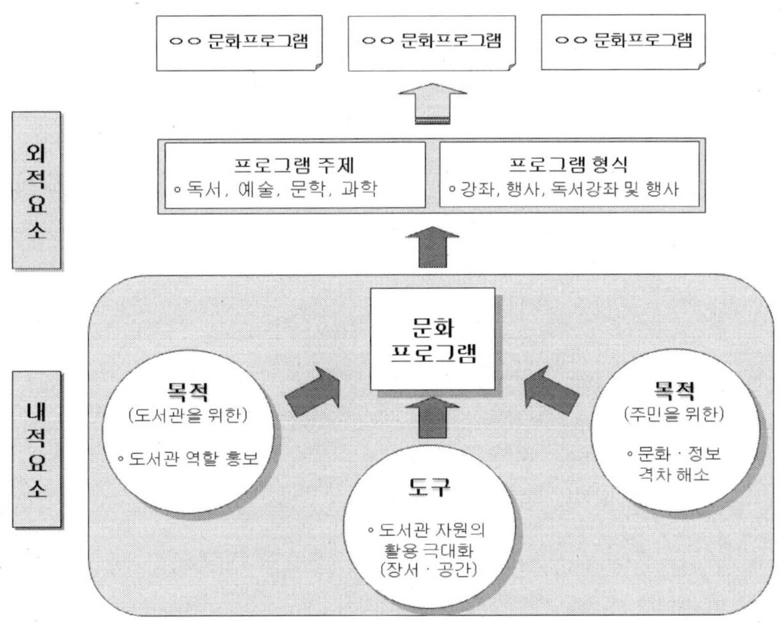

〈그림 Ⅰ-1〉 문화프로그램 모형

1.4.2 내적 요소

1) 문화프로그램 목적

도서관에는 다양한 프로그램이 있으며, 문화프로그램은 그 중의 주가 되는 프로그램의 한 유형이다. 이러한 문화프로그램의 실시 목적은 도서관의 다양한 기능과 역할을 위한 목적과도 부합되며, 문화프로그램의 궁극적인 목적은 크게 2가지로 구분될 수 있다.

① 도서관 역할 홍보

현대의 도서관은 장서를 보관하는 장소, 학생들이 공부를 위해 활용하는 학습공간이라는 개념에서 벗어나 다양한 여가 및 문화생활, 정보의 활용을 통한 자아발견 및 인간의 가치를 확장시키는 지역사회문화공간으로 자리매김하게 되었다. 이러한 역할을 수행하기 위해 공공도서관은 지역사회 주민들에게 정보, 교육 및 문화 콘텐츠를 제공하는 여러 프로그램을 실시하고 있는데 그 중 주가 되는 것이 문화프로그램이다. 문화프로그램을 실시할 때, 도서관은 그 프로그램들에 대해 지역사회 주민들에게 도서관 외벽의 플래카드, 팸플릿, 지역사회 신문, 지역사회 케이블방송 등 다양한 형태로 홍보를 하는데 이와 같은 프로그램 홍보를 통해 도서관은 자신의 '존재성'을 쉽게 알릴 수 있게 되고, 도서관은 이로 인해 생명력을 얻게 되고, 지역사회 주민들은 마음에 드는 혹은 자신에게 필요한 문화프로그램에 참여하고자 도서관을 찾게 되고, 이는 자연스럽게 도서관 이용을 높이는 효과를 가져오게 된다.

특히 문화프로그램의 홍보는 도서관의 다양한 역할에 대해 홍보하는 효과를 가져오며, 이로 인해 많은 지역사회 주민들은 도서관을 다양한 문화의 공간으로 인식하게 되고, 활용하게 되며, 더불어 도서관자료 이용률 및 자료 대출 빈도를 높이는 효과를 부수적으로 가져올 수 있게 된다.

② 문화 및 정보격차 해소

경제적으로 열악한 상황에 놓여 있는 저소득층, 물리적 혹은 경제적으로 문화와 정보의 접근이 어려운 장애인, 다문화 가정 및 노인 가정 등 사회적으로 쉽게 소외받기 쉬운 계층들을 위해 지역사회 깊숙이 자리를 잡은 도서관은 문화 및 정보격차 해소에 도움이 될 수 있는 중요 공간이다. 특히 도서관에서 무료 혹은 저렴한 비용으로 제공하는 다양한 문화프로그램은 위치적으로도 쉽게 접근 가능하여 누구나가 쉽게 접할 수 있는 장점을 가지고 있다. 이를 통해 사회적으로 쉽게 소외받기 쉬운 다양한 계층의 사람들도 함께 문화를 즐기고, 건전한 여가 생활을 즐길 수 있으며, 정보의 접근을 통해 지식을 쌓아 생활의 질을 높일 수 있는 계기를 마련할 수도 있을 것이다. 예를 들면 지방의 공공도서관에서 '책으로 사과나무 심기'라는 문화프로그램을 저소득층 가정의 청소년들에게 제공하고 있는데, 이 프로그램의 기본 취지는 방학 동안에 학교를 가지 않아, 학업뿐만 아니라 식사 문제마저도 어려움이 있는 청소년들에게 독서 및 교과를 포함한 문화프로그램을 제공하고, 식사도 무료로 제공하는 데 있었다. 이러한 프로그램은 쉽게 방치되기 쉬운 청소년을 도서관이라는 공간에서 다양한 문화생활 및 정보와 지식을 경험하게 하여 성장의 발판으로까지 연결시키게 하는 효과적인 프로그램이며, 현대의 도서관은 사회 속에서 이러한 기능과 역할을 할 수 있도록 요구되고 있다.

② 프로그램 도구

지역사회 주민들의 요구와 필요성, 사회적 흐름과 양상 등에 맞추어 문화프로그램을 기획하고, 운영·실시하기 위하여 도서관은 다양한 모습으로 변화 발전해야 한다. 도서관의 시설 측면에서 보면, 주어진 시설을 좀 더 효과적으로 사용할 수 있는 방안을 마련하거나 필요에 따라서는 시설확충을 해야 하기도 한다. 예를 들면 도서관 로비 한쪽에 있는 어수선한 휴게공간을 미술품을 전시하기 위해 한쪽 벽면에 조명등을 설치하고, 벽면을 전시 가능한 공간으로 만든 다음 그 공간을 전시공간 그리고 문화휴식공간으로 재탄생시킬 수 있다.

또한 이러한 미술품 전시로 인해 그것을 감상한 사람들은 이에 대한 관심이 높아져 관련 서적을 대출하고자 할 경우, 도서관은 이에 대한 장서 및 비도서 등을 다양하게 확보하게 되어 도서관의 역량 강화 측면에서도 기여할 수 있게 된다.

① 도서관 인적자원의 활용

도서관은 문화프로그램을 효과적으로 실시할 수 있는 인적자원을 갖추고 있다. 그리고 사서는 프로그램 기획자 및 주도적인 제공자의 역할은 물론 코디네이팅까지 다양한 기능을 할 수 있는데 예를 들어 직접적으로 사서는 프로그램 기획력과 독서지도방법에 대한 노하우를 가지고 있어, 독서캠프와 같은 문화프로그램을 개최하여 어린이 청소년들에게 긍정적인 독서 습관을 형성시킬 수 있으며, 간접적으로는 도서관이 확보하고 있는 강사에 대한 인력풀을 활용하여 특강이나 문화강좌 등을 개최하여 지역사회 주민들에게 다양한 문화 접근의 기회를 확보시켜 줄 수 있다.

② 도서관 물적자원의 활용

도서관은 다양한 주제의 수많은 장서뿐만 아니라, 비도서류로서 영화, 음악, 교육용 CD 등을 비치하고 있어, 많은 사람들이 이러한 정보를 쉽게 활용할 수 있도록 지원해 준다. 도서관에서 제공하는 문화프로그램을 통해 지역사회 주민들은 다양한 주제에 대한 관심과 요구가 생길 수 있으며, 결과적으로는 도서관의 자료 확충 및 활용에 도움이 될 수 있다. 또한 도서관은 장서의 활용뿐 아니라 강의나 전시, 또는 다양한 문화활동을 제공할 수 있는 문화공간으로서의 역할을 수행할 수 있는 물리적 장소를 가지고 있는 경우가 많으므로 문화프로그램을 통해, 이러한 물적자원을 활용하는 데 용이해진다.

1.4.3 외적 요소

문화프로그램의 내적 요소인 프로그램의 개설 목적과 도구적인 측면이 고려되면, 각각의 문화프로그램을 설계하기 위해 주제와 형식을 고려하여야 한다.

1) 프로그램 주제

① 예술프로그램: 다양한 문화 및 예술 관련 프로그램으로 세부적으로 미술 전시, 음악 및 연극 공연, 영화 상영, 문학 관련 강좌 및 행사(주제별 문학 소개 및 토론) 등으로 구분된다.

② 독서프로그램: 독서활동 및 독서 관련 행사를 포함하는데, 크게 성인을 위한 프로그램은 독서토론, 북토크, 작가와의 만남이 있고, 청소년을 위한 프로그램으로는 청소년 독서지도 및 독서캠프, 논술지도 등이 있다. 영유아와 어린이를 위한 프로그램에는 동화 구연, 스토리텔링, 독후활동 등이 포함된다.

③ 주제별 강좌/행사 프로그램: 주제별 특강 프로그램은 특정 주제에 대한 일회성 강의 및 행사 프로그램이다. 이는 1인 강사의 강의 형식, 발표자와 패널 토론자를 갖춘 패널 토론 세미나 형식이 가능하다. 지역사회 요구에 부합하는 주제나 시사 문제 등과 관련하여 웃음치료, 분노 관리, 온라인 창업 등이 포함될 수 있다. 시사문제로서는 정치, 경제, 사회, 문화, 역사 등 다양한 주제가 가능하며, 이라크 전쟁, 엘니뇨현상, 아프리카 기아 대책, 독도 문제 등을 포함할 수 있다. 특히 기념일, 예를 들면 어버이날, 과학의 날, 환경의 날, 노인의 날, 도서관 주간, 장애인 주간 등에 맞추어 관련 주제의 특강을 실시하여 효과와 의미를 상승시킬 수 있다.

④ 교육 강좌 프로그램: 도서관 장서 및 시설을 활용하여 지역주민들의 평생교육을 위해 제공되는 프로그램으로 성인용, 청소년 및 어린이를 대상으로 하는 프로그램으로 구분된다. 성인을 위한 강좌에는 외국어 회화, 컴퓨터 활용법과 같은 프로그램이 있으며, 어린이와 청소년을 위한 교육용 프로그램에는 SAT준비 교육, 방과 후 프로그램, 컴퓨터 관련 프로그램 등이 있다.

⑤ 취미·문화강좌 프로그램: 취미·문화강좌 프로그램은 지역주민들의 여가활용을 위한 프로그램으로 성인용, 청소년용, 어린이용, 유아용 등으로 구분할 수 있으며, 종이접기, 댄스, 스포츠 등이 포함된다. 취미·문화강좌 프로그램은 대부분 도서관에서 프로그램을 계획하고 강사들이 프로그램을 진행하는 형식을 따른다. 여가생활 관련 강좌에는 퀼트, 낚시, 꽃꽂이, 사진, 비누공예, 스포츠 등이 포함된다.

2) 프로그램 형식

프로그램의 주제가 일단 결정이 되면 프로그램을 어떠한 형식으로 진행하여야 하는지에 관하여 생각하여야 한다. 프로그램의 주제를 선정할 때는 지역사회 주민들의 요구, 시대적인 요구, 우수 문화프로그램 사례 등을 고려하여 반영한다. 우선 지역사회 주민들의 요구를 알아보기 위해서는 설문과 같은 형식적인 프로그램을 활용할 수도 있겠으나 간편한 방법으로는 대출 빈도가 높은 책과 관련한 주제, 안내데스크에서 문의 빈도가 높은 분야, 이용자들의 주문 빈도가 높은 책과 관련한 주제 등을 생각해 볼 수 있는데, 예를 들면 대체 의학, 컴퓨터 살 때 요령, 요리 등이 큰 주제로 채택될 수 있다. 그러므로 직접적으로 이용자들에게 서비스를 제공하는 대출계나 안내데스크 담당 직원들에게도 문화프로그램에 대한 좋은 아이디어들을 제시할 수 있는 기회를 주는 것이 좋은데 좋은 아이디어를 제시하고, 문화프로그램 주제로 채택될 경우에는 소정의 상금을 지급하는 즐겁고 창의적인 분위기도 요구된다.

프로그램의 형식에는 문화강좌에 특강/패널토론, 지도강좌, 워크숍, 시범강좌 등이 있으며, 문화행사에 공연, 토론회, 영화상영 등이 있다. 동시에 목적과 내용에 따라 다양한 형식으로 문화프로그램을 진행할 수 있다.

① 특강/패널 토론: 한 주제에 대해 전문가가 강의하는 프로그램으로 일반적으로 외부 강사가 도서관에 와서 해당 주제에 대해 강의하고 청중으로부터 질문을 받아 답을 하는 형식을 취한다. 장점은 작가와 같이 그 분야의 전문가를 초빙하여 이야기를 듣고자 할 때 효과가 있다. 논란의 여지가 있는 주제에 대해서는 패널토론 형식을 통하여 공정성을 확보하는 것도 의미가 있다. 단점은 강사가 매우 뛰어난 강의기법을 가지고 있지 않으면 청중들이 쉽게 지루해

진다는 것이다. 또한 패널토론 형식은 패널에 참가할 전문가를 모으는 데 많은 시간이 필요하다는 점이다.

② 지도강좌: 특강/패널 토론과 비슷하지만, 더 능동적인 강좌이다. 도서관에 있어서 지도강좌의 목적은 청중에게 '어떻게 하는가에 대한 방법'을 지도하는 데 있다. 지도강좌는 유인물을 배포하기도 하고, PPT자료를 사용하기도 하고, 직접 실연하기도 하며, 가끔 청중이 참여하는 활동을 하기도 한다. 이 형식은 짧은 시간에 많은 정보를 전달하는 뛰어난 장점을 가지고 있다. 단점으로 지도강좌를 위해 사전에 유인물을 만들거나 PPT자료를 만드는 데 많은 시간이 소요된다. 때때로 청중들의 해당 주제에 대한 지식격차가 커서 무엇을 기준으로 강좌를 진행해야 할지 어려움이 있을 수 있다.

③ 워크숍: 지도강좌와 마찬가지로 청중들에게 유인물을 배포, PPT자료 사용, 실연, 청중 참여 등이 이루어진다. 하지만 지도강좌와의 차이점은 '활동'이다. 예를 들면 '문예창작 워크숍'의 경우, 참가자들은 무엇인가를 쓸 수 있는 기회를 가질 수 있다. 워크숍은 일반적으로 최소 2~3시간, 경우에 따라 여러 회에 걸쳐서 진행되기도 한다. 장점은 참가자들에게 새로운 방법을 배울 수 있는 기회를 제공한다. 예를 들어 파워포인트 워크숍의 경우, 참가자는 스스로 PPT자료를 만들게 된다. 반대로 단점은 워크숍 발표자가 성인들의 학습 행태에 대한 지식이 있어야 하는 것으로 이는 지도강좌의 단점과 유사하다.

④ 시범강좌: 보여주고-이야기하는 프로그램이다. 종이접기 프로그램이 시범강좌의 한 예인데, 강사가 다양한 동물의 모습을 만들면서 이야기하는 프로그램이다. 장점으로는 시범강좌는 재미있어서 도서관에 한 번도 오지 않은 주민들을 도서관으로 모으는 프로그램 역할을 담당한다. 예를 들면 요리법, 강아지 훈련법, 살사(salsa) 추는 법 등은 참가자들에게 즐거움을 주기 때문에, 도서관을 모르는 주민들에게 도서관에 첫발을 내딛는 기회를 제공한다. 단점으로는 강사료가 상대적으로 비싸다. 예를 들면 요리사인 경우, 재료도 준비해야 하기 때문에 비용이 많이 든다. 때로는 시범강좌를 통해 만든 요리를 먹은 후에 발생할 수 있는 문제점에 대해서도 프로그램 규정에 포함시켜야 하는 것이 필요하다.

⑤ 공연: 공연은 이야기 없이 직접 악기를 연주하거나 무용을 보여주는 프로그램이다. 공연은 즐거움을 제공하기 때문에 많은 사람들을 모을 수 있으며, 특정 주제에 대한 소개로 이용할 수 있다. 공연에서 더욱 중요한 것은 공연자를 통하여 저자가 의도하는 방법대로 자료를 보여줄 수가 있다. 도서관에서는 이러한 공연을 통해, 도서관에 소장된 관련 자료의 이용을 촉진시킬 수 있다. 단점으로는 공연자들의 출연료가 비싸며, 도서관에 소음을 유발할 수 있다.

⑥ 토론회: 독서토론회와 같이 특정 주제에 대해 탐구하기 위해 모인 사람들로 구성된 집단이다. 토론회의 장점은 구성원이 지역사회의 다른 구성원으로부터 특정 주제에 대해 배울

수 있는 귀중한 기회로 이용되고 있다. 단점으로는 계획과정에서 많은 시간이 요구된다. 독서 토론회의 경우, 책이 선정되어야 하고, 토론회 주관 사서는 그 책을 다 읽고, 토론에서 나올 질문과 토론 핵심 내용을 사전에 추정하여야 한다.

1.5 도서관문화프로그램 운영 12단계

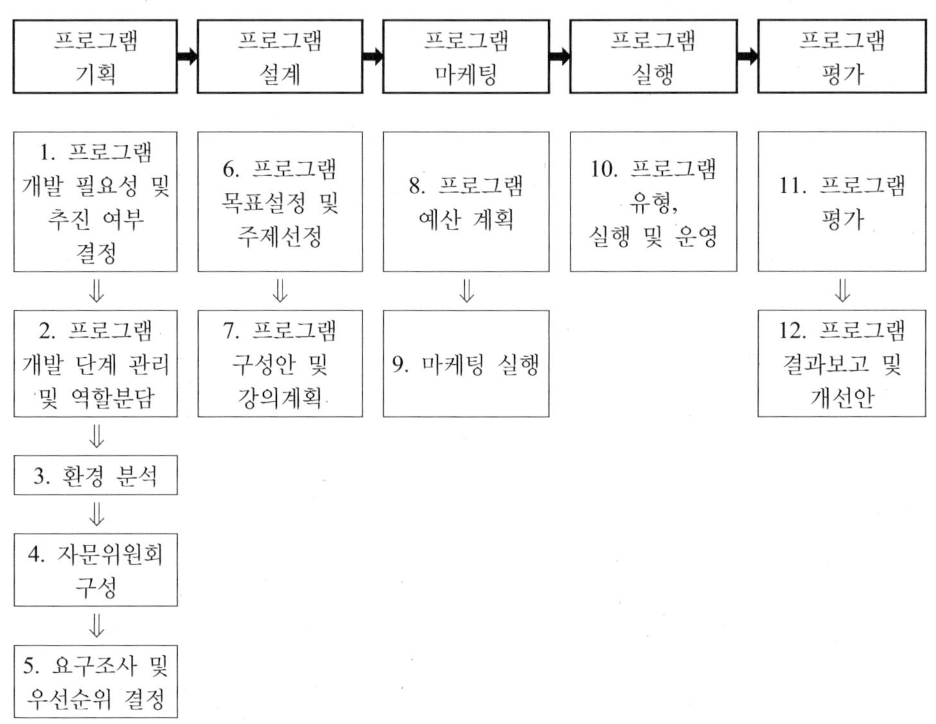

〈그림 Ⅰ-2〉 문화프로그램 운영 12단계

문화프로그램이 효과적이고 효율적으로 운영되기 위해서는 문화프로그램의 기획에서부터 평가까지 크게 5가지 과정으로 구분할 수 있다. 각 과정마다 수행하여야 할 중요한 단계는 12가지 단계로 세분화할 수 있으며, 각 단계마다 목적과 수행하여야 할 활동은 다음과 같다.[14]

(1) 1단계: 문화프로그램 개발 필요성 및 추진 여부 결정

이 단계에서는 왜 문화프로그램을 개발해야 하는가? 어떻게 효과적으로 문화프로그램을 개발할 것인가? 문화프로그램을 통해 얻으려는 궁극적인 목적은 무엇인가? 이와 같은 질문을

---

14) 곽철완 외, 2008, "도서관문화프로그램 모형 및 운영매뉴얼에 관한 연구", 비블리아학회지.

통하여 새로운 문화프로그램 개발의 필요성을 확인하고 현재 진행 중인 문화프로그램 점검을 통해 효과적인 운영을 위한 문화프로그램을 기획한다. 여기에서 수행하여야 할 활동은 두 가지다.

첫째, 타 도서관의 유사 문화프로그램을 분석한다.

둘째, 문화프로그램 개발을 위한 지원체제를 구축한다.

(2) 2단계: 문화프로그램 개발 단계 관리 및 역할 분담

이 단계에서는 문화프로그램을 효율적, 효과적으로 실행하기 위하여 일정 계획표를 작성 및 관리하고 도서관 조직 내 역할 분담을 통해 원활한 운영이 이루어지도록 하여야 한다. 여기에 필요한 활동은 세 가지로 구분된다.

첫째, 문화프로그램 일정 계획표를 작성한다.

둘째, 문화프로그램 개발을 위한 담당자의 역할을 분담한다.

셋째, 세부 일정표를 만든다.

(3) 3단계: 환경 분석

문화프로그램을 계획하기 위해 도서관을 둘러싸고 있는 지역사회의 상황과 도서관 내부 상황을 파악하고 분석해야 한다. 여기에 필요한 활동은 두 가지로 구분된다.

첫째, 도서관의 외부 환경을 평가한다.

둘째, 도서관의 내부 상황을 분석한다.

(4) 4단계: 자문위원회 구성

문화프로그램 개발은 협력적인 과정이므로 다양한 영역의 전문가와 프로그램 개발자와의 협력적인 작업이 요구된다. 프로그램 개발자 혼자만의 노력으로 성공적인 프로그램 개발을 기대하기는 어렵다. 프로그램 개발은 잠재된 많은 다양한 변수를 가진 잠재적 이용자들을 대상으로 이루어지며, 프로그램이 개발되는 전 과정이 다양한 변수들 간의 관계 속에서 이루어지기 때문이다. 따라서 프로그램 개발을 보다 효과적으로 이끌어 가기 위해서는 자문위원회를 활용하여야 한다.

(5) 5단계: 요구조사 및 우선순위 결정

문화프로그램의 주요 고객집단을 확인하고, 각 집단의 요구를 분석하고, 각 집단의 잠재적 요구를 평가하고, 무엇을 왜 원하는지 요구평가를 수행하는 것이다. 도서관의 문화프로그램을 위해 명확하게 정의된 목적과 목표는 지역사회의 요구분석을 통해 제시되어야 하며, 그렇게 함으로써 효과적인 문화프로그램 개발을 보증할 수 있다. 여기에는 세 가지 활동이 있다.

첫째, 적절한 요구조사방법을 선택하고 자료수집방법을 결정한다.

둘째, 수집된 자료를 기록하고 분석하는 방법을 결정해야 한다.

셋째, 단계적 우선순위 결정과정을 정한다.

(6) 6단계: 프로그램 목표 설정 및 주제 선정

프로그램 목표는 정해진 기간 동안 전체 프로그램이 지향하는 교육적 결과를 의미한다. 이는 프로그램을 통하여 참가자들의 무엇을 개발할 것인가에 초점을 두며, 동시에 프로그램 개발을 지도 및 안내하고 전체 프로그램의 목적과 다양한 활동 간에 균형을 이루도록 한다. 여기에는 두 가지 활동이 포함된다.

첫째, 프로그램 목표를 설정한다.

둘째, 프로그램의 주제를 선정한다. 프로그램 주제(토픽)는 그 지역사회의 도서관의 사명과 역할을 반영하여야 한다(RUSA 1997).

(7) 7단계: 프로그램 구성안 및 강의계획

강의계획은 정해진 시간 내에 다룰 수 있는 강의내용과 범위, 강의방법을 구체적으로 정하는 것이다. 어떤 내용을 어떤 방법으로 전달할 것인지 구조화하는 효과적인 교수계획을 위하여 필수적이다. 여기에는 8가지 활동이 포함된다.

첫째, 프로그램 구성안을 개발한다. 프로그램 형식, 시간, 장소 등을 파악하고, 프로그램의 원활한 수행을 위한 자료 등을 고려하여야 한다(RUSA 1997).[15]

둘째, 강의계획서를 작성한다.

셋째, 강의방법을 결정한다.

넷째, 프로그램 내용을 간략하게 한다.

---

15) RUSA, ALA. 1997, *Adult Programming: A Manual for Libraries*. Chicago: ALA.

다섯째, 일상생활의 문제가 프로그램 내용의 주제가 되도록 한다.

여섯째, 다양한 교수방법을 입체적으로 활용한다.

일곱째, 활동을 수반하는 교수방법을 선택한다.

여덟째, 자원봉사자를 적극 활용한다.

(8) 8단계: 프로그램 예산 계획

프로그램 예산은 프로그램을 개발하는 데 소요되는 비용, 프로그램 진행에 필요한 비용, 평가비용 등이 포함된다. 개발비용은 외부에서 프로그램 진행을 위해 강사를 초빙하는 경우와 프로그램 진행을 외부에 아웃소싱하는 경우로 구분된다. 진행비용이란 프로그램을 실시하는 과정에서 소요되는 비용으로 인건비, 참가자비용, 시설비, 수업자료비 등이 여기에 속한다. 일반적으로 프로그램 진행비용이 높으면 참가자들의 만족도도 높은 결과를 가져온다. 여기에는 2가지의 활동이 포함된다.

첫째, 적정 예산을 수립한다.

둘째, 프로그램 예산을 확보한다.

(9) 9단계: 마케팅 실행

문화프로그램 마케팅에 있어서 광고와 선전은 중요한 요소이다. 광고는 주로 홍보를 지칭할 때 사용되는 용어로 신문의 광고나 문화프로그램을 위해 직접 보내는 홍보물 광고 등을 말한다. 선전은 무료홍보의 형태를 표시할 때 사용되는 용어로 신문의 특집기사, 지방 텔레비전의 프로그램을 말한다. 광고와 선전은 둘 다 마케팅의 중요한 요소인 데 반해 마케팅은 어떤 기관과 대중들 사이의 상호 작용을 가리키는 포괄적인 용어이다. 여기에는 2가지 활동이 포함된다.

첫째, 많은 참가자가 프로그램에 참여하기 위해서 확실한 마케팅 전략을 수립한다(홍보와 광고).

둘째, 이용자의 시선을 집중시키기 위해서 적극적인 홍보를 한다.

(10) 10단계: 프로그램 형식·실행 및 운영

프로그램의 실제 운영을 위해서는 이용 가능한 시설, 장비, 공간, 강사, 참가자, 강의자료 및 재료 등에 관한 사항을 고려해서 프로그램을 운영해야 한다. 여기에는 5가지 활동이 포함된다.

첫째, 적절한 프로그램 형식을 선택한다. 프로그램 형식에는 특강/패널토론, 지도강좌, 워크숍, 시범강좌, 공연, 토론회, 영화상영 등이 있다(Lear 2002).[16]

둘째, 좋은 강사를 섭외한다.

셋째, 프로그램 진행을 위해 사전준비를 한다.

넷째, 문화프로그램 실행 장소 선정에 신중을 기한다.

다섯째, 프로그램 실행을 위한 매뉴얼을 제작한다.

(11) 11단계: 프로그램 평가

프로그램 평가는 프로그램의 효과성이나 목적달성 여부에 대해 판단하고, 참가자의 프로그램 평가, 이해 여부, 시기 적절성 등을 판단하고, 목적달성에 대한 참가자의 응답을 바탕으로 프로그램의 질과 적합성을 판단하는 것을 의미한다(이화정 2003).[17] 여기에는 3가지의 활동이 포함된다.

첫째, 평가계획을 세운다. 프로그램 평가는 참가자 평가와 프로그램 관계자 평가로 구분된다.

둘째, 평가목적에 맞는 평가지를 만든다. 평가지에 포함되는 주요 평가항목은 계획 및 목표, 운영, 산출, 효과 등이 있다.

셋째, 프로그램 실패 원인을 진단한다.

(12) 12단계: 프로그램 결과보고 및 개선안

결과보고는 프로그램의 효과성을 보고함으로써 미래의 더 나은 프로그램 개발과 개선을 위한 기반을 마련하는 데 중요한 의미가 있다. 여기에는 2가지 활동이 포함된다.

첫째, 관계자들에게 프로그램 결과를 보고한다. 보고서에 포함되어야 할 주요 내용은 프로그램 목적, 참가자 현황 및 특성, 참가자 활동과 프로그램에 대한 반응, 프로그램 결과, 소요경비, 향후 계획 등이 있다.

둘째, 프로그램 개선사항을 반영한다. 여기에는 개선사항을 항목별로 구분하고, 세부적인 개선사항을 기술한다.

---

16) Lear, Brett W. 2002, *Adult Programs in the Library*. Chicago: ALA.
17) 이화정, 양병찬, 변종임, 2003 『평생교육프로그램 교육의 실제』, 서울: 학지사.

Ⅱ

문헌정보학 교과과정의 변화비교

2.1 문헌정보학과 설치현황

2009년 현재 한국의 문헌정보학과는 32개 4년제 대학교, 6개 2년제 대학에 설치되어 있다. 전문대학 중 동부산대학에는 1979년에 설립되어 2005년에 폐지되었고, 계명문화대학에는 1974년에 설립되어 2004년에 폐지되었다. 32개 대학교 중 석사과정이 설치되어 있는 곳은 27개교이고, 박사과정이 설치되어 있는 곳은 13개교이다. 또한 현재 사서교육 관련 교육대학원이 설치되어 있는 곳은 16곳이고 숙명여자대학교와 이화여자대학교에서는 1999년에 폐지되었으며, 연세대학교에서는 1979년에 폐지되었다가 2003년에 다시 설치되었다. 한양대학교는 학부나 석·박사과정이 없으나 교육대학원만 설치되어 운영되고 있다. 전국 문헌정보학과 현황을 요약해 보면 <표 Ⅱ-1>과 같다.

<표 Ⅱ-1> 2009년 전국 문헌정보학과 현황

| 대학(교)명 | 창설연도 | 소속대학 | 구성학부 | 학과제 운영 | 대학원설치연도 | | 교육대학원 설치연도 |
					석사	박사	
강남대학교	1978	인문대학		2009	2005		
건국대학교	1984	인문과학대학	인문학부				
경기대학교	1983	인문대학		2009	1999	2001	1998
경북대학교	1974	사회과학대학			1978	1999	
경성대학교	1981	문과대학		2003	2006		
계명대학교	1980	사회과학대학	사회과학부	2010 (예정)	1997	1999	1998
공주대학교	1983	사범대학					1987
광주대학교	1981	인문사회대학					
대구대학교	1981	사회과학대학		2006	1997		2001
대구가톨릭대학교	1976	사회과학대학		2005	1997		2003
대진대학교	1991	인문과학대학			2001		1997
덕성여자대학교	1980	사회과학대학	사회과학부				
동덕여자대학교	1982	사회대학		2006	1996		
동의대학교	1982	인문대학		2006	2009 (신설)		
명지대학교	1980	인문대학			1989		1994
부산대학교	1984	사회과학대학			1989	1993	2000
상명대학교	1980	인문사회과학대학		2009	1980	1993	1994
서울여자대학교	1980	사회과학대학		2006	1988		

대학(교)명	창설연도	소속대학	구성학부	학과제 운영	대학원설치연도		교육대학원 설치연도
					석사	박사	
성균관대학교	1964	문과대학		2005	1971	1974	1999
숙명여자대학교	1976	문과대학	인문학부		1983	2006	1999(폐지)
신라대학교	1979	인문사회과학대학		2006			1998
연세대학교	1957	문과대학	인문학부		1957	1980	1979(폐지) 2003(신설)
이화여자대학교	1959	사회과학대학	사회과학부		1959	1987	1999(폐지)
전남대학교	1980	사회과학대학			1992	1998	
전북대학교	1980	인문대학			1999	2003	1999
전주대학교	1983	사회과학대학	사회과학부		1994		
중부대학교	1994	사회과학대학		2006	2001		2007(폐지)
중앙대학교	1963	문과대학			1972	1983	1997
청주대학교	1979	인문대학	인문학부		1984		1995
충남대학교	1979	사회과학대학		2009	1991		
한남대학교	1980	문과대학			1997		
한성대학교	1981	인문대학	지식정보학부		1998	2006	
한양대학교							1980
계명문화대학	1979 2004(폐지)	인문사회계열 문헌정보과					
대림대학	1994	인문사회계역 문헌정보과					
동부산대학	1974 2005(폐지)	–					
동원대학	1997	복지계열 아동문헌정보과					
부산여자대학	1970	아동계열 교육서비스 문헌정보과					
숭의여자대학	1972	인문사회계 문헌정보과					
인천전문대학	1981	인문사회학부 문헌정보과					
창원전문대학	1980	인문사회계 문헌정보과(교육서비스)					

   소속대학을 보면 인문(과학)대학/문과대학에 소속되어 있는 학교는 16개교이고 사회과학대학에 12개교, 인문사회(과학)대학에 3개교가 소속되어 있으며, 공주대학교는 사범대학에 소속되어 있다.

   한편 학부제에서 학과제로 다시 전환한 대학이 상당히 있는 것으로 조사되었다. 학부제는 1995년 교육과학기술부(교육인적자원부)가 '학과통합으로의 정책전화 추진계획'과 '교육법 시행령'의 개정을 통하여, 복수전공제와 최소학점인정제 등으로 대표되는 제도이다. 이 제도에 근거하여 1995년과 1996년의 두 차례에 걸친 고등교육개혁안으로 각 대학은 자체적으로 교육체제를 바꾸게 되었고, 1996년 입학생부터 학부제를 적용하였다. 문헌정보학과의 경우 연세대학교, 이화여자대학교, 성균관대학교를 필두로 경기대학교, 계명대학교, 덕성여자대학교가 전문적으로 학부제를 실시하였으며 1998년에는 총 9개 대학이, 1999년에는 25개 대학이, 그리고 2004년에는 문헌정보학과가 설치된 거의 대부분의 대학이 학부제를 도입한 것으로 나타났다(노영희 2005).

그러나 학부제 도입으로 전공이수 학점의 축소로 인한 전문성 결여, 학부제 학생의 관리문제, 학생의 소속감의 결여로 인하여 대학생활 전반에 걸쳐 참여도가 낮아지고 관심이 멀어져 수업참여도가 현저히 줄어드는 문제 등이 발생하면서 학과제로 전환하려는 대학이 나오기 시작했다. 학부제 도입 후 14년이 지난 지금, 즉 2009년 4월 조사에 의하면 학과제로 회귀하거나 학과제를 운영해 오고 있는 학교는 32개 문헌정보학과 중 23개 대학으로 나타났다.

2.2 전공과목 개설현황

지식정보사회에서 경쟁력을 확보하기 위해 현재 대학들이 학과명을 변경하고 또 그에 맞는 교과과정을 개설하는 등 많은 노력을 기울이고 있다. 다른 대학과의 차별화를 위한 특성화를 모색하면서도 대학의 교과과정 편성은 그 대학 특유의 배경과 자원을 바탕으로 구성되며, 학교마다 자율적으로 개설된다. 특히 문헌정보학은 지식정보사회의 변화와 정보기술의 발달을 반영하여 교과과정은 끊임없이 변화되고 개발되어 왔으며 그 갱신주기는 2~3년으로 단축되고 있는 것이 현실이다.

특히 문헌정보학계에서 2008년은 주제전문사서체제에 대한 도입 논의가 뜨겁게 이루어졌던 해이기도 하다. 물론 국내에서 주제전문사서체제에 대한 논의는 1986년 한상완의 연구로부터 출발하여(한상완 1986) 20여 년에 걸쳐 여러 학자들에 의해 다양한 도입방법론들이 제안되어 왔으며, 2008년에 국가프로젝트로 주제전문사서체제의 도입 방안을 논의하였다(노동조·안인자·노영희·김성진 2008). 이에 문헌정보학 교과과정도 주제전문사서를 양성하기 위한 교과목을 설치하는 대학이 나타나기도 했으며, 대표적으로 상명대학교의 경우 의학주제 분야의 전문사서 양성을 위해 '의학 및 과학정보원', '의학용어학', '의학도서관' 등의 과목을 개설하여 운영하고 있다.

<표 Ⅱ-3>~<표 Ⅱ-8>은 각각 1997년, 2004에서 2009년까지의 전국 문헌정보학과의 전공 교과목의 형태와 개설과목 수를 보여주고 있으며, <표 Ⅱ-2>는 <표 Ⅱ-3>~<표 Ⅱ-8>을 참조로 연도별로 교과목의 개설과목 수의 변동 현황을 비교한 것이다. 특히 <표 Ⅱ-3>은 1997년 김성수가 수행한 연구[18]결과를 그 이후의 연구결과와 비교하기 위해 그 형식을 변형한 것이다. 6개 연도를 비교한 결과는 다음과 같다(<그림 Ⅱ-1> 참조).

첫째, <표 Ⅱ-2>에서 보는 바와 같이 총 개설과목 수에 있어서 2004년에는 996과목으로 1997년에 비해 42과목이나 줄었으나 2005년에는 다시 9과목이 늘고 2006년에는 34과목, 2007년에는 5과목, 2009년에는 30과목이 늘어난 것을 볼 수 있다.

둘째, 학부기초과목의 개설과목 수는 60과목으로 1997년, 2004년, 2005년에는 모두 60과목이었으나 2006년에는 61과목, 2007년에는 67과목, 2009년에는 85과목으로 그 수가 증가한 것으로 나타났다. 학부기초과목이 총 개설과목 수에서 차지하는 평균과목 비율을 연도별로 살펴

---

18) 김성수, 1998, "문헌정보학의 교육목적 및 교과과정에 관한 연구", **한국도서관·정보학회 하계학술발표회**, 40-80.

보면 각각 5.78%(1997), 6.02%(2004), 5.97%(2005), 5.87%(2006), 6.42%(2007), 7.91%(2009) 등으로 나타났다. 개설학교 수는 그다지 큰 변화가 없는 것으로 나타났다.

셋째, 학부제 시행 초기인 1997년에는 핵심(전공필수) 과목이 183과목이나 되던 것이 2004년에는 68과목으로 115과목이나 줄어들었고 심화(전공선택)과목으로 바뀌는 현상이 나타났으며, 개설학교 수도 1997년에는 25개교나 되었으나 2004년 이후 11~13개교로 그 숫자가 줄어들었다. 핵심(전공필수)과목이 총 개설과목 수에서 차지하는 평균과목 비율을 연도별로 살펴보면 각각 17.63%(1997), 6.83%(2004), 6.77%(2005), 5.97%(2006), 5.56%(2007), 6.05%(2009) 등으로 나타났다.

넷째, 심화 또는 전공선택과목은 32개 문헌정보학과에 전부 개설되어 있으며 1997년에 796 과목이던 것이 2004년에는 868과목, 2005년에는 877과목, 2006년에는 916과목, 2007년에는 919과목으로 계속 늘어났으며, 선택과목이 총 개설과목 수에서 차지하는 평균과목 비율은 각각 76.69%(1997), 87.15%(2004), 87.26%(2005), 88.16%(2006), 88.03%(2007), 86.03%(2009)로 나타났다.

다섯째, 1997년 통계에서는 32개 학교가 거의 학부기초, 전공필수, 전공선택을 구분하였었으나 2004년 11개교, 2005년 13개교, 2006년 9개교, 2007년 9개교, 2009년 7개교가 전공구분을 하고 있지 않는 것으로 나타났다.

〈표 Ⅱ-2〉 전국 문헌정보학과 교과과정 개설교과목 수 변동현황(1997, 2004~2007, 2009)

연도	총 개설과목 수	학부기초		핵심(= 전공필수)		심화(= 전공선택)	
		개설 과목 수	개설 학교 수	개설 과목 수	개설 학교 수	개설 과목 수	개설 학교 수
1997	1,038	60	17	183	25	796	32
2004	996	60	14	68	11	868	32
2005	1,005	60	13	68	11	877	32
2006	1,039	61	17	62	13	916	32
2007	1,044	67	16	58	11	919	32
2009	1,074	85	18	65	13	924	32

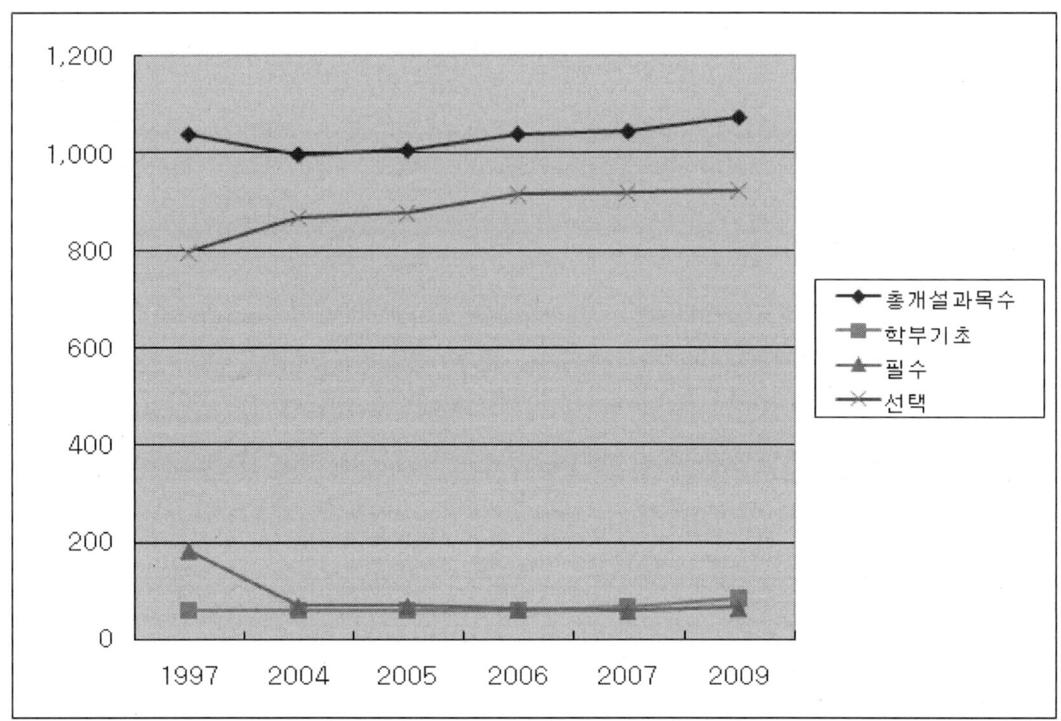

〈그림 Ⅱ-1〉 전국 문헌정보학과 교과과정 개설교과목 수 변동현황(1997~2009)

<표 Ⅱ-8>의 2009년 통계에 따르면, 2009년 현재 전국 문헌정보학과 중 25개 대학교가 학부기초, 핵심 또는 전공필수, 심화 또는 전공선택으로 구분하고 있었다. 학부기초과목이 개설되어 있는 학교는 18개교이고 보통 1과목에서 14과목까지 분포가 다양하며 전체 과목비율의 평균 7.91% 정도를 차지하고 있으며 성균관대학교는 14과목으로 다소 많았다.

또한 전공필수과목 또는 핵심과목을 지정하고 있는 학교는 2009년에는 13개교로 나타났다. 일반적으로 2과목에서 9과목이고 전체 과목비율의 평균은 6.05% 정도로 2007년의 5.56%보다 증가한 것으로 나타났다.

전공선택과목 또는 심화과정과목은 모든 대학에 설치되어 있으며 전체 과목비율의 약 86.03%를 차지하고 있다. 2009년에 선택과목 수가 2007년보다 5과목이 늘었음에도 불구하고 2007년의 88.0.3%에 비해 비율이 줄어든 것은 전체 과목 수가 30과목이나 늘어났기 때문이다. 그 외 학부기초는 구분하되 필수과목과 선택과목을 구분하지 않는 학교는 11개교인데, 본 서에서는 이러한 학교의 개설과목은 전공선택으로 분류하고 있다. 교과과목의 영역구분을 하지 않는 이유로는 학부제 이후 학생들의 다전공·부전공 선택의 기회를 높이기 위해 필수(핵심)과목의 폐지가 권장되고 있었기 때문이었으나 학과제 회귀학과가 늘어나면서 필수과목을 지정하는 학교가 다소 늘어난 것으로 보인다.

〈표 Ⅱ－3〉 1997년 전국 문헌정보학과 교과과정 개설교과목 수

전공구분 개설대학교명	총 개설과목 수	학부기초	핵심 (＝전공필수)	심화 (＝전공선택)	비고
강남대학교	25	4		21	
건국대학교	30	5	5	20	
경기대학교	33		10	23	
경북대학교	25	2		23	
경성대학교	30	2	7	21	
계명대학교	33		5	28	
공주대학교	34	6	13	15	
광주대학교	33	4		29	
대구가톨릭대학교	29		4	25	
대구대학교	29		15	14	
대진대학교	36		10	26	
덕성여자대학교	24		8	16	
동덕여자대학교	35	4	9	22	
동의대학교	32	6	4	22	
명지대학교	36		14	22	
부산대학교	39	4		35	
상명대학교	26		7	19	
서울여자대학교	22		4	18	
성균관대학교	36	2		34	
숙명여자대학교	30		8	22	
신라대학교	34		8	26	
연세대학교	38	2		36	
이화여자대학교	27	1		26	
전남대학교	30	4		26	
전북대학교	34		4	31	
전주대학교	37	2	4	31	
중부대학교	34	3	9	22	
중앙대학교	42	5	4	33	
청주대학교	30		4	26	
충남대학교	43		8	35	
한남대학교	35		11	24	
한성대학교	37	4	8	25	
	1,038	60	183	796	

〈표 Ⅱ-4〉 2004년 전국 문헌정보학과 교과과정 개설교과목 수

전공구분 개설대학교명	총 개설과목 수	학부기초	핵심 (=전공필수)	심화 (=전공선택)	비고
강남대학교	27	7		20	
건국대학교	30	3	2	25	
경기대학교	26	8		18	
경북대학교	27			27	구분 없음
경성대학교	24			24	구분 없음
계명대학교	48			48	구분 없음
공주대학교	33		9	24	
광주대학교	29			29	구분 없음
대구가톨릭대학교	23			23	구분 없음
대구대학교	25		4	21	
대진대학교	32		3	29	
덕성여자대학교	20			20	구분 없음
동덕여자대학교	25	1	1	23	
동의대학교	34	4	20	10	
명지대학교	30			30	구분 없음
부산대학교	38	4	6	28	
상명대학교	28	3		25	
서울여자대학교	24	4		20	
성균관대학교	41	13		28	
숙명여자대학교	31			31	구분 없음
신라대학교	34	4		30	
연세대학교	38	2		36	
이화여자대학교	34			34	구분 없음
전남대학교	38	1		37	
전북대학교	36		5	31	
전주대학교	27		5	22	
중부대학교	32			32	구분 없음
중앙대학교	35	2		33	
청주대학교	26	4		22	
충남대학교	32		6	26	
한남대학교	34		7	27	
한성대학교	35			35	구분 없음
총 과목 수	996	60	68	868	

〈표 Ⅱ-5〉 2005년 전국 문헌정보학과 교과과정 개설교과목 수

전공구분 개설대학교명	총 개설과목 수	학부기초	핵심 (=전공필수)	심화 (=전공선택)	비고
강남대학교	27	6		21	
건국대학교	30	3	2	25	
경기대학교	28	2		26	
경북대학교	29			29	구분 없음
경성대학교	28	4		24	
계명대학교	46			46	구분 없음
공주대학교	33		9	24	
광주대학교	27			27	구분 없음
대구가톨릭대학교	23			23	구분 없음
대구대학교	36		2	34	
대진대학교	32	3		29	
덕성여자대학교	21			21	구분 없음
동덕여자대학교	25	1	1	23	
동의대학교	34	4	20	10	
명지대학교	30			30	구분 없음
부산대학교	40	4	4	32	
상명대학교	25			25	구분 없음
서울여자대학교	24		4	20	
성균관대학교	41	13		28	
숙명여자대학교	31			31	구분 없음
신라대학교	29			29	구분 없음
연세대학교	38	2		36	
이화여자대학교	34			34	구분 없음
전남대학교	39			39	구분 없음
전북대학교	36		5	31	
전주대학교	27	9	8	10	
중부대학교	32			32	구분 없음
중앙대학교	33	5		28	
청주대학교	26	4		22	
충남대학교	32		6	26	
한남대학교	34		7	27	
한성대학교	35			35	구분 없음
총 과목 수	1,005	60	68	877	

<표 Ⅱ-6> 2006년 전국 문헌정보학과 교과과정 개설교과목 수

전공구분 개설대학교명	총 개설과목 수	학부기초	핵심 (=전공필수)	심화 (=전공선택)	비고
강남대학교	28	2		26	
건국대학교	31	3	2	26	
경기대학교	29	2	8	19	
경북대학교	29			29	구분 없음
경성대학교	28	4		24	
계명대학교	48			48	구분 없음
공주대학교	34		9	25	
광주대학교	27	2		25	
대구가톨릭대학교	24			24	구분 없음
대구대학교	38	2	2	34	
대진대학교	35	5		30	
덕성여자대학교	21			21	구분 없음
동덕여자대학교	30	1	1	28	
동의대학교	39	9		30	
명지대학교	30			30	구분 없음
부산대학교	40	4	4	32	
상명대학교	26	1		25	
서울여자대학교	24		4	20	
성균관대학교	41	13		28	
숙명여자대학교	32			32	구분 없음
신라대학교	28			28	구분 없음
연세대학교	39	2		37	
이화여자대학교	34			34	구분 없음
전남대학교	42		2	40	
전북대학교	35		4	31	
전주대학교	27	1	8	18	
중부대학교	32			32	구분 없음
중앙대학교	33	5		28	
청주대학교	26	4		22	
충남대학교	36		6	30	
한남대학교	37		5	32	
한성대학교	36	1	7	28	
총 과목 수	1,039	61	62	916	

〈표 Ⅱ-7〉 2007년 전국 문헌정보학과 교과과정 개설교과목 수

전공구분 개설대학교명	총 개설과목 수	학부기초	핵심 (=전공필수)	심화 (=전공선택)	비고
강남대학교	27	2		25	
건국대학교	31	3	2	26	
경기대학교	28	10		18	
경북대학교	29			29	구분 없음
경성대학교	28	4		24	
계명대학교	48			48	구분 없음
공주대학교	34		6	28	
광주대학교	28			28	구분 없음
대구가톨릭대학교	24			24	구분 없음
대구대학교	40	2		38	
대진대학교	31		3	28	
덕성여자대학교	21			21	구분 없음
동덕여자대학교	29	2		27	
동의대학교	39	9		30	
명지대학교	31			31	구분 없음
부산대학교	40	4	4	32	
상명대학교	26	1		25	
서울여자대학교	23		4	19	
성균관대학교	47	14		33	
숙명여자대학교	32			32	구분 없음
신라대학교	32		9	23	
연세대학교	38	2		36	
이화여자대학교	34			34	구분 없음
전남대학교	41	1		40	
전북대학교	36		4	32	
전주대학교	27	2	8	17	
중부대학교	32			32	구분 없음
중앙대학교	35	5		30	
청주대학교	26	4		22	
충남대학교	37		6	31	
한남대학교	34		6	28	
한성대학교	36	2	6	28	
총 과목 수	1,044	67	58	919	

〈표 Ⅱ-8〉 2009년 전국 문헌정보학과 교과과정 개설교과목 수

전공구분 개설대학교명	총 개설과목 수	학부기초	핵심 (=전공필수)	심화 (=전공선택)	비고
강남대학교	33	4		29	
건국대학교	32	3	2	27	
경기대학교	24	11		13	
경북대학교	30	1		29	
경성대학교	26	4		22	
계명대학교	51			51	구분 없음
공주대학교	30	6	8	16	
광주대학교	30	3		27	
대구가톨릭대학교	24			24	구분 없음
대구대학교	43	4	2	37	
대진대학교	33		5	28	
덕성여자대학교	23			23	구분 없음
동덕여자대학교	31	2		29	
동의대학교	39	9		30	
명지대학교	30	2		28	
부산대학교	39	4	4	31	
상명대학교	25			25	구분 없음
서울여자대학교	23		4	19	
성균관대학교	47	14		33	
숙명여자대학교	32			32	구분 없음
신라대학교	32		9	23	
연세대학교	42	2		40	
이화여자대학교	34			34	구분 없음
전남대학교	43		2	41	(교직 1)
전북대학교	36		4	32	
전주대학교	31	4	7	20	
중부대학교	29			29	구분 없음
중앙대학교	36	5		31	
청주대학교	30	4		26	
충남대학교	45		7	38	
한남대학교	34		6	28	
한성대학교	37	3	5	29	
총 과목 수	1,074	85	65	924	

2.3 교과과정의 영역별 개설현황

전국 32개 문헌정보학과의 교과과정을 문헌정보학일반, 정보조직학, 정보조사제공학, 도서관·정보센터경영학, 정보학, 서지학, 기록관리학, 어학으로 구분하여 각 학교의 영역별 분포도를 조사하였는데 1997년과 2004~2007, 2009년의 각 내용은 <표 Ⅱ-9>~<표 Ⅱ-14>와 같다. 교과과정의 영역을 구분함에 있어서는 학자마다 다른 견해를 보이고 있는 것으로 보인다.

1989년 대교협[19]이 발간한 '도서관학과 교육프로그램 개발연구'에서는 문헌정보학 분야의 교과과정을 7개 영역으로 구분하였는데, 입문(이론), 기술업무, 참고봉사/서지, 도서관 경영, 정보시스템, 어학, 기타이다.

김명옥[20]은 문헌정보학의 교육 영역을 문헌정보학기초, 자료조직, 도서관 경영, 참고봉사, 서지학, 정보학 등 6개 영역으로 구분하였다.

김성수[21]는 정보조직, 서지/정보서비스, 도서관/정보센터 경영, 정보학, 문헌정보학 일반 등의 5개 영역으로 구분하였다.

본서에서는 한국문헌정보학 교과과정의 영역별 변화를 조사하기 위해 1997년에 분석되고 1998년에 발표된 김성수의 교과과정에 관한 연구자료와 비교하였다. 본서의 교과과정 영역구분은 1997년에 분석된 김성수의 교육 영역과는 정확히 일치하지는 않는다. 정보조직, 도서관·정보센터경영, 정보학, 문헌정보학일반 등은 동일하나 서지학과 정보조사제공학을 구분하고 문헌정보학일반과 어학을 구분한 것이 다르다. 또한 기록관리학을 새로운 학문 영역으로 구분한 것이 다르다. 여기에서 문헌정보학일반은 정보조직학, 도서관·도서관정보센터경영학, 정보학, 정보조사제공학, 서지학, 기록관리학, 어학 등의 영역에 포함되지 않는 과목을 모두 포함하고 있다. 즉 문헌정보학 일반에는 문헌정보학의 개요 과목, 전자출판 및 저작권 관련 과목, 실습 관련 과목, 졸업논문 및 진로지도 관련 과목, 문헌정보학특강 관련 과목 등이 포함된다.

기록관리학을 제외하고 1997년 자료를 본서의 영역 구분에 맞추어 <표 Ⅱ-9>와 같이 재구분하고, 영역별 설치과목 및 영역별 분포 변화를 분석하였으며, 그 결과를 기술하면 다음과 같다.

---

19) 한국대학교육협의회, 1989, 『도서관학과 교육프로그램 개발 연구』, 서울: 한국대학교육협의회.
20) 김명옥, 1997, "문헌정보학의 교육방향에 관한 고찰", 『한국문헌정보학회지』, 31(2): 121-138.
21) 김성수, 1998, "문헌정보학의 교육목적 및 교과과정에 관한 연구", 한국도서관 정보학회 하계학술발표회, 40-80.

1) 교과과정의 영역별 변화

첫째, 영역별 변화를 보면, 1997년의 자료를 2004~2009년과 비교해 보았을 때, 2006년까지는 정보조사제공학과 정보학 분야를 제외한 대부분의 영역에서 그 교과과목 수가 줄어들었다. 그 현황을 구체적으로 나타내면 <표 Ⅱ-9>~<표 Ⅱ-14>와 같다.

〈표 Ⅱ-9〉 1997년 전국 문헌정보학과 개설교과목의 영역별 분석

전공영역 / 개설대학교명	문헌정보학 일반	정보 조직학	정보조사 제공학	도서관·정 보센터 경영학	정보학	서지학	어학	총
강남대학교	5	4	3	4	4	5		25
건국대학교	5	4	5	6	7	1	2	30
경기대학교	6	4	7	7	4	3	2	33
경북대학교	4	4	4	7	4	1	1	25
경성대학교	6	4	3	5	3	3	6	30
계명대학교	5	3	4	9	10	1	1	33
공주대학교	7	4	6	6	8	3		34
광주대학교	4	4	4	8	8	1	4	33
대구가톨릭대학교	4	3	3	7	9	3		29
대구대학교	6	4	5	7	5	1	1	29
대진대학교	7	5	7	7	5	3	4	38
덕성여자대학교	5	4	3	7	3	1	1	24
동덕여자대학교	5	4	4	7	7	3	5	35
동의대학교	6	4	4	7	6	3	1	31
명지대학교	10	6	4	6	5	3	2	36
부산대학교	8	5	9	9	6	2		39
상명대학교	2	4	5	7	7	1		26
서울여자대학교	3	4	5	4	5	1		22
성균관대학교	4	5	5	8	9	3	2	36
숙명여자대학교	5	3	5	6	8	2		29
신라대학교	7	5	6	7	6	1	2	34
연세대학교	3	4	10	7	11	1		36
이화여자대학교	7	2	5	5	5	3		27
전남대학교	7	4	5	6	7	1		30
전북대학교	6	4	6	9	6	3		34
전주대학교	6	4	6	8	7	2	4	37
중부대학교	4	5	3	7	8	2	5	34
중앙대학교	6	5	8	8	7	2	6	42
청주대학교	3	4	5	7	6	4	1	30
충남대학교	4	5	6	12	9	2	5	43
한남대학교	6	4	3	8	11	2	3	37
한성대학교	5	5	4	7	9	2	5	37
총 과목 수	171	133	162	225	215	69	63	1,038

〈표 Ⅱ-10〉 2004년 전국 문헌정보학과 개설교과목의 영역별 분석

전공영역 개설대학교명	문헌 정보학 일반	정보 조직학	정보 조사 제공학	도서관· 정보센터 경영학	정보학	서지학	기록 관리학	어학	총
강남대학교	5	4	4	3	6	3	1	1	27
건국대학교	3	4	5	6	9	2	1		30
경기대학교	3	1	7	6	8	1			26
경북대학교	3	3	4	7	6	2	1	1	27
경성대학교	1	5	5	5	6	1		1	24
계명대학교	7	5	7	10	16	1	1	1	48
공주대학교	8	4	6	5	8	2			33
광주대학교	5	3	5	6	6	2		2	29
대구가톨릭대학교	5	4	3	6	3	1	1		23
대구대학교	4	3	3	5	6	2	1	1	25
대진대학교	4	3	6	5	5	5		4	32
덕성여자대학교	3	3	5	3	6				20
동덕여자대학교	7	3	1	2	11	1			25
동의대학교	5	5	4	6	10	2		2	34
명지대학교	4	5	5	5	8	3			30
부산대학교	9	4	7	7	5	5	1		38
상명대학교	7	3	4	6	6	1		1	28
서울여자대학교	3	3	5	4	7	1	1		24
성균관대학교	5	5	4	9	13	5			41
숙명여자대학교	8	2	5	5	10		1		31
신라대학교	5	5	8	6	8	1	1		34
연세대학교	3	4	8	9	12	1	1		38
이화여자대학교	5	2	7	6	8	3	3		34
전남대학교	7	3	9	9	6	3	1		38
전북대학교	8	5	10	5	7	1			36
전주대학교	4	2	5	7	6			3	27
중부대학교	5	5	3	8	6	1		4	32
중앙대학교	4	2	6	6	8	2	1	6	35
청주대학교	5	4	3	5	5	3	1		26
충남대학교	4	4	4	6	8	2	2	2	32
한남대학교	6	4	7	6	9	2			34
한성대학교	3	4	6	4	8	2	8		35
총 과목 수	158	116	171	188	246	61	27	29	996

〈표 II-11〉 2005년 전국 문헌정보학과 개설교과목의 영역별 분석

전공영역 개설대학교명	문헌 정보학 일반	정보 조직학	정보 조사 제공학	도서관· 정보센터 경영학	정보학	서지학	기록 관리학	어학	총
강남대학교	7	4	4	3	5	2	1	1	27
건국대학교	4	4	6	4	10	1	1		30
경기대학교	4	2	9	5	7		1		28
경북대학교	2	3	3	8	9	2	2		29
경성대학교	3	4	8	3	9	1			28
계명대학교	8	5	7	6	17	1	1	1	46
공주대학교	10	4	6	4	7	2			33
광주대학교	4	3	3	7	6	2		2	27
대구가톨릭대학교	4	4	4	5	4	1	1		23
대구대학교	4	3	7	8	11	2	1		36
대진대학교	4	3	6	5	5	6		3	32
덕성여자대학교	3	3	4	4	5		1	1	21
동덕여자대학교	5	2	2	3	13				25
동의대학교	4	4	4	6	12	3		1	34
명지대학교	5	4	5	5	9	2			30
부산대학교	9	3	11	6	8	1	2		40
상명대학교	4	3	4	6	6	1		1	25
서울여자대학교	3	3	5	4	7	1	1		24
성균관대학교	5	5	4	8	13	5	1		41
숙명여자대학교	8	2	6	3	11		1		31
신라대학교	3	5	6	6	8	1			29
연세대학교	3	4	8	7	14	1	1		38
이화여자대학교	5	2	6	7	8	3	3		34
전남대학교	9	4	8	9	6	2	1		39
전북대학교	7	5	10	6	7	1			36
전주대학교	4	4	8	4	5		1	1	27
중부대학교	5	5	3	7	7	1		4	32
중앙대학교	3	2	6	4	9	2	1	6	33
청주대학교	5	4	3	5	5	3	1		26
충남대학교	4	4	4	6	8	2	2	2	32
한남대학교	6	4	5	5	12	2			34
한성대학교	2	4	5	5	8	2	9		35
총 과목 수	156	115	180	174	271	53	33	23	1,005

〈표 Ⅱ-12〉 2006년 전국 문헌정보학과 개설교과목의 영역별 분석

전공영역 개설대학교명	문헌 정보학 일반	정보 조직학	정보 조사 제공학	도서관 정보센터 경영학	정보학	서지학	기록 관리학	어학	총
강남대학교	6	4	5	2	6	3	1	1	28
건국대학교	3	3	8	4	11	1	1		31
경기대학교	6	3	8	5	6		1		29
경북대학교	2	3	4	6	10	2	2		29
경성대학교	3	3	8	3	9	2			28
계명대학교	7	5	9	8	16	1	1	1	48
공주대학교	7	5	7	5	7	2	1		34
광주대학교	3	4	6	5	4	2	1	2	27
대구가톨릭대학교	4	5	6	4	3	1	1		24
대구대학교	5	4	7	8	11	2	1		38
대진대학교	5	3	6	5	7	5		4	35
덕성여자대학교	3	3	4	4	5		1	1	21
동덕여자대학교	7	3	4	2	11	2	1		30
동의대학교	3	4	6	5	13	3	1	4	39
명지대학교	5	4	5	5	9	2			30
부산대학교	8	3	10	7	8	2	2		40
상명대학교	5	3	4	6	6	1		1	26
서울여자대학교	3	2	6	3	8	1	1		24
성균관대학교	5	5	4	7	13	5	2		41
숙명여자대학교	7	2	8	2	12		1		32
신라대학교	3	6	5	4	9		1		28
연세대학교	3	4	9	7	14	1	1		39
이화여자대학교	5	2	6	7	8	3	3		34
전남대학교	11	4	9	8	6	3	1		42
전북대학교	3	5	8	5	12	1	1		35
전주대학교	4	4	7	4	6		1	1	27
중부대학교	6	5	4	6	6	1		4	32
중앙대학교	3	2	6	4	9	2	1	6	33
청주대학교	5	4	3	5	5	3	1		26
충남대학교	4	4	6	6	10	1	3	2	36
한남대학교	8	4	6	5	13	1			37
한성대학교	3	4	5	7	8	1	8		36
총 과목 수	155	119	199	164	281	54	40	27	1,039

〈표 Ⅱ-13〉 2007년 전국 문헌정보학과 개설교과목의 영역별 분석

전공영역 개설대학교명	문헌 정보학 일반	정보 조직학	정보 조사 제공학	도서관 정보센터 경영학	정보학	서지학	기록 관리학	어학	총
강남대학교	6	4	3	4	5	3	1	1	27
건국대학교	4	3	5	6	11	1	1		31
경기대학교	4	2	9	5	7		1		28
경북대학교	2	3	3	7	10	2	2		29
경성대학교	3	4	8	3	8	2			28
계명대학교	7	4	8	9	17	1	1	1	48
공주대학교	7	5	7	6	6	2	1		34
광주대학교	4	3	3	8	6	2		2	28
대구가톨릭대학교	2	5	3	8	4	1	1		24
대구대학교	6	4	8	9	9	2	2		40
대진대학교	4	2	6	5	5	6		3	31
덕성여자대학교	4	3	5	4	3		1	1	21
동덕여자대학교	6	3	3	4	10	2	1		29
동의대학교	3	5	7	6	10	3	1	4	39
명지대학교	4	5	5	5	9	3			31
부산대학교	9	4	9	7	7	2	2		40
상명대학교	5	3	3	5	6	3		1	26
서울여자대학교	3	3	3	5	7	1	1		23
성균관대학교	5	5	6	9	14	6	2		47
숙명여자대학교	8	2	8	2	11		1		32
신라대학교	7	5	5	5	9		1		32
연세대학교	3	4	9	8	12	1	1		38
이화여자대학교	5	2	6	7	8	3	3		34
전남대학교	9	4	9	8	6	3	2		41
전북대학교	4	5	8	5	12	1	1		36
전주대학교	4	4	8	4	5		1	1	27
중부대학교	5	5	3	7	7	1		4	32
중앙대학교	4	3	6	4	9	2	1	6	35
청주대학교	5	4	3	5	5	3	1		26
충남대학교	4	5	7	6	8	1	4	2	37
한남대학교	6	4	6	6	10	2			34
한성대학교	3	5	6	6	7	1	8		36
총 과목 수	155	122	188	188	263	60	42	26	1,044

〈표 Ⅱ-14〉 2009년 전국 문헌정보학과 개설교과목의 영역별 분석

전공영역 개설대학교명	문헌 정보학 일반	정보 조직학	정보 조사 제공학	도서관 정보센터 경영학	정보학	서지학	기록 관리학	어학	총
강남대학교	12	4	3	5	4	3	1	1	33
건국대학교	5	3	5	6	11	1	1	0	32
경기대학교	4	2	8	4	5	0	1	0	24
경북대학교	2	3	4	7	10	2	2	0	30
경성대학교	6	3	2	7	6	1	1	0	26
계명대학교	7	4	10	10	15	1	1	3	51
공주대학교	5	4	8	6	7	0	0	0	30
광주대학교	5	6	5	7	5	1	1	0	30
대구가톨릭대학교	2	5	4	7	4	1	1	0	24
대구대학교	7	5	9	10	8	2	2	0	43
대진대학교	4	4	5	6	5	6	0	3	33
덕성여자대학교	4	4	5	4	4	0	1	1	23
동덕여자대학교	6	3	3	4	12	2	1	0	31
동의대학교	4	5	7	6	9	3	1	4	39
명지대학교	4	5	7	5	8	1	0	0	30
부산대학교	9	4	6	8	7	3	2	0	39
상명대학교	4	2	4	6	6	2	0	1	25
서울여자대학교	4	4	1	6	6	0	2	0	23
성균관대학교	5	5	6	9	14	6	2	0	47
숙명여자대학교	8	2	8	2	11	0	1	0	32
신라대학교	7	5	5	6	8	0	1	0	32
연세대학교	3	4	10	8	14	1	2	0	42
이화여자대학교	3	2	6	8	9	3	3	0	34
전남대학교	10	4	9	8	6	3	2	1	43
전북대학교	4	5	7	6	11	2	1	0	36
전주대학교	9	3	9	3	4	0	1	2	31
중부대학교	4	5	3	5	7	1	0	4	29
중앙대학교	5	3	6	4	9	2	1	6	36
청주대학교	4	4	5	6	5	5	1	0	30
충남대학교	6	4	8	8	12	2	5	0	45
한남대학교	6	4	7	6	9	2	0	0	34
한성대학교	4	6	6	7	7	1	6	0	37
총 과목 수	172	126	191	200	258	57	44	26	1,074

1997년과 2004년을 비교한 <표 Ⅱ-15>에서 보면 문헌정보학 일반은 7.60%, 정보조직학은 12.78%, 도서관·정보센터 경영학은 16.44%, 서지학은 11.59%, 그리고 어학 분야는 53.97%씩 각각 줄어들었다. 반면에 정보조사제공학은 5.56%, 정보학은 14.42% 정도 증가하였으며, 기록관리학 분야에는 27개 과목이 새로 개설된 것을 알 수 있다.

<표 Ⅱ-15> 전국 문헌정보학과 교과과정의 영역별 변동 현황(1997, 2004)

전공영역 / 연도별	문헌정보학 일반	정보조직학	정보조사제공학	도서관·정보센터 경영학	정보학	서지학	기록관리학	어학	총
1997년도	171	133	162	225	215	69	0	63	1,038
2004년도	158	116	171	188	246	61	27	29	996
변동된 과목 수	-13	-17	9	-37	31	-8	27	-34	-42
변동 비율(%)	-7.60	-12.78	5.56	-16.44	14.42	-11.59	-	-53.97	-4.05

또한 2004년과 2005년을 비교한 <표 Ⅱ-16>에서 보면 총 개설과목 수에 있어서는 9과목이 새로 개설되어 0.90%가 증가했으나 과목 수가 늘어난 분야는 정보조사제공학 5.26%(9과목), 정보학 10.16%(25과목), 그리고 기록관리학 22.22%(6과목)이다. 나머지 분야는 모두 감소추세를 보였는데, 특히 도서관·정보센터경영학 7.45%(14과목), 서지학은 13.11%(8과목), 어학 관련 과목은 20.69%(6과목)나 줄어든 것으로 나타났다.

<표 Ⅱ-16> 전국 문헌정보학과 교과과정의 영역별 변동 현황(2004, 2005)

	문헌정보학 일반	정보조직학	정보조사제공학	도서관·정보센터 경영학	정보학	서지학	기록관리학	어학	총
2004년도	158	116	171	188	246	61	27	29	996
2005년도	156	115	180	174	271	53	33	23	1,005
변동된 과목 수	-2	-1	9	-14	25	-8	6	-6	9
변동 비율(%)	-1.27	-0.86	5.26	-7.45	10.16	-13.11	22.22	-20.69	0.90

또한 2005년과 2006년을 비교한 <표 Ⅱ-17>에서 보면 총 개설과목 수에 있어서는 34과목이 새로 개설되어 3.38%가 증가했으며, 과목 수가 늘어난 분야는 정보조사제공학 10.56%(19과목), 정보학 3.69%(10과목), 그리고 기록관리학 21.21%(7과목)이다. 도서관·정보센터경영학은 5.75%(10과목), 문헌정보학 일반은 0.64%(1과목) 줄어들었고, 나머지 분야는 모

두 증가추세를 보였는데, 이는 전체 개설과목 수가 증가하면서 각 분야별로 한두 과목씩 증설되었기 때문인 것으로 보인다.

〈표 Ⅱ-17〉 전국 문헌정보학과 교과과정의 영역별 변동 현황(2005, 2006)

	문헌 정보학 일반	정보 조직학	정보 조사 제공학	도서관· 정보센터 경영학	정보학	서지학	기록 관리학	어학	총
2005년도	156	115	180	174	271	53	33	23	1,005
2006년도	155	119	199	164	281	54	40	27	1,039
변동된 과목 수	-1	4	19	-10	10	1	7	4	34
변동 비율(%)	-0.64	3.48	10.56	-5.75	3.69	1.89	21.21	17.39	3.38

2006년과 2007년을 비교한 <표 Ⅱ-18>에서 보면 총 개설과목 수에 있어서 2007년에 5과목이 새로 개설되어 0.48%가 증가했으나 과목 수가 늘어난 분야는 도서관·정보센터경영학 14.63%(24과목), 서지학 11.11%(6과목), 그리고 기록관리학 5.00%(2과목), 정보조직학 2.52%(3과목)이다. 반면 정보조사제공학은 5.53%(11과목), 정보학은 6.41%(18과목), 어학은 3.70%(1과목)가 줄어들었다.

〈표 Ⅱ-18〉 전국 문헌정보학과 교과과정의 영역별 변동 현황(2006, 2007)

	문헌 정보학 일반	정보 조직학	정보 조사 제공학	도서관· 정보센터 경영학	정보학	서지학	기록 관리학	어학	총
2006년도	155	119	199	164	281	54	40	27	1,039
2007년도	155	122	188	188	263	60	42	26	1,044
변동된 과목 수	0	3	-11	24	-18	6	2	-1	5
변동 비율(%)	0.00	2.52	-5.53	14.63	-6.41	11.11	5.00	-3.70	0.48

2007년과 2009년을 비교한 <표 Ⅱ-19>에서 보면 총 개설과목 수에 있어서 2009년에 30과목이 새로 개설되어 2.87%가 증가한 것으로 나타났고, 정보학과 서지학을 제외한 전 분야가 과목 수가 늘어난 것으로 나타났다. 과목 수가 늘어난 분야는 정보조직학 3.28%(4과목), 정보조사제공학 1.60%(3과목), 도서관·정보센터경영학 6.38%(12과목), 기록관리학 4.76%(2과목)이다. 반면 정보학은 1.90%(5과목), 서지학 5.00%(3과목)가 줄어들었으며, 어학은 변동이 없는 것으로 나타났다.

66

〈표 Ⅱ-19〉 전국 문헌정보학과 교과과정의 영역별 변동 현황(2007, 2009)

	문헌정보학 일반	정보조직학	정보조사제공학	도서관·정보센터경영학	정보학	서지학	기록관리학	어학	총
2007년도	155	122	188	188	263	60	42	26	1,044
2009년도	172	126	191	200	258	57	44	26	1,074
변동된 과목 수	17	4	3	12	−5	−3	2	0	30
변동 비율(%)	10.97	3.28	1.60	6.38	−1.90	−5.00	4.76	0.00	2.87

<표 Ⅱ-20>, <그림 Ⅱ-2>는 교과과정의 영역별 분포도를 1997년과 2004~2007년, 2009년을 비교한 것이다.

첫째, 문헌정보학 일반은 전체 과목에서 차지하는 비율이 1997년 16.47%에서 2004년에 15.86%로, 2005년에 15.52%로, 2006년에 14.92%로, 2007년에 14.85%로 계속 감소하는 추세를 보였으며, 과목 수에 있어서도 감소 추세를 보였다. 그러나 2009년에는 16.01%로 증가하였는데, 이는 2008년, 2009년에 진로지도과목, 실습과목, 출판 관련 과목, 저작 관련 과목, 정보윤리과목 등이 대폭 개설되었기 때문이며, 이러한 과목들은 특정 영역으로 분류하는 것이 어려워 일반 영역으로 포함시켰기 때문이다.

둘째, 정보조직학은 전체 과목에서 차지하는 비율이 1997년 12.81%에서 2004년 11.65%로, 2005년 11.44%로 감소하다가 2006년 11.45%, 2007년 11.69%, 2009년 11.73%로 전체 과목에서 차지하는 비율이 약간씩 증가하였다. 과목 수에 있어서도 2006년도에 4과목, 2007년도에 3과목, 2009년도에 4과목이 각각 증가하였다.

셋째, 정보조사제공학은 전체 과목에서 차지하는 비율이 1997년 15.61%에서 2004년에는 17.17%로, 2005년에는 17.91%로, 그리고 2006년에는 19.15%까지 증가함으로써 도서관·정보센터경영학보다 높은 과목 수가 이 분야에 개설되는 현상을 보였으며, 1997년 대비 37과목(18.6%)이나 늘어나는 현상을 보였다. 그러나 2007년에는 5.9% 감소하여 전체 교과목에서 차지하는 비율이 도서관·정보센터경영학과 마찬가지로 18.1%로 나타났고, 2009년에는 3과목이 늘어났으나 전체 과목 수에서 차지하는 비율은 17.78%로 나타났다.

넷째, 특히 도서관·정보센터경영학은 전체 과목에서 차지하는 비율이 1997년 21.68%에서 2004년 18.88%로, 2005년에는 17.31%로, 그리고 2006년에는 15.78%까지 계속 감소하였으며 과목 수도 2005년에 2004년보다 14과목이 줄고 다시 2006년 10과목이 줄어듦으로써 1997년보다 무려 61과목(27.1% 감소)이나 줄어들었다. 그러나 2007년에는 24과목 증가하여 전체 과목에서 차지하는 비율이 2006년 비해 14.6% 정도 증가한 것으로 나타나 정보조사제공학과 동일한 비중을 차지하게 된 것으로 나타났다.

다섯째, 정보학은 전체 과목에서 차지하는 비율이 1997년 20.71%에서 2004년 24.70%로, 2005년에는 26.97%, 그리고 2006년에는 27.05%까지 증가함으로써 개설과목 4과목 중 1과목 이상이 정보학 과목인 것으로 나타났고, 2006년에는 1997년 대비 66과목(30.7%)이나 더 증설되었다. 2007년에는 18과목이 줄어 전체 교과목에서 차지하는 비율이 25.19%로 낮아졌고 2009년 다시 5과목이 줄어 24.02%로 낮아진 것을 알 수 있다. 그러나 여전히 전체 과목에서 가장 높은 비중을 차지하고 있는 것을 알 수 있다.

여섯째, 서지학은 전체 과목에서 차지하는 비율이 1997년 6.65%에서 2004년 6.12%로, 2005년에 5.27%까지 감소하였고 2006년에는 다시 5.20%로 약 0.07% 정도 감소하였으며 과목 수에 있어서는 1과목이 증가하였으며, 2007년에는 60과목으로 2006년에 비해 약 11.1% 증가한 것으로 나타났다. 그러나 2009년에는 2007년보다 3과목이 줄어 전체 과목에서 차지하는 비율이 5.31%로 낮아진 것을 알 수 있다.

일곱째, 어학 분야는 전체 과목에서 차지하는 비율이 1997년 6.07%에서 2004년에 2.91%로 2005년에는 2.29%까지 감소하다 2006년에 2.60%로 4과목 정도가 더 개설되었으나 2007년에는 다시 3.7% 감소한 것으로 나타났다. 2009년 조사에서는 과목 수에 있어서는 변동이 없으나 전체 과목에서 차지하는 비율은 2.42%로 낮아진 것으로 나타났다.

〈표 Ⅱ-20〉 전국 문헌정보학과 교과과정의 영역별 분포 비교(1997, 2004~2007, 2009)

연도	구분	문헌정보학일반	정보조직학	정보조사제공학	도서관·정보센터경영학	정보학	서지학	기록관리학	어학	총
1997년도	개설과목 수	171	133	162	225	215	69	0	63	1,038
	분포비율(%)	16.47	12.81	15.61	21.68	20.71	6.65	0.00	6.07	100.00
2004년도	개설과목 수	158	116	171	188	246	61	27	29	996
	분포비율(%)	15.86	11.65	17.17	18.88	24.70	6.12	2.71	2.91	100.00
2005년도	개설과목 수	156	115	180	174	271	53	33	23	1,005
	분포비율(%)	15.52	11.44	17.91	17.31	26.97	5.27	3.28	2.29	100.00
2006년도	개설과목 수	155	119	199	164	281	54	40	27	1,039
	분포비율(%)	14.92	11.45	19.15	15.78	27.05	5.20	3.85	2.60	100.00
2007년도	개설과목 수	155	122	188	188	263	60	42	26	1,044
	분포비율(%)	14.85	11.69	18.01	18.01	25.19	5.75	4.02	2.49	100.00
2009년도	개설과목 수	172	126	191	200	258	57	44	26	1,074
	분포비율(%)	16.01	11.73	17.78	18.62	24.02	5.31	4.10	2.42	100.00

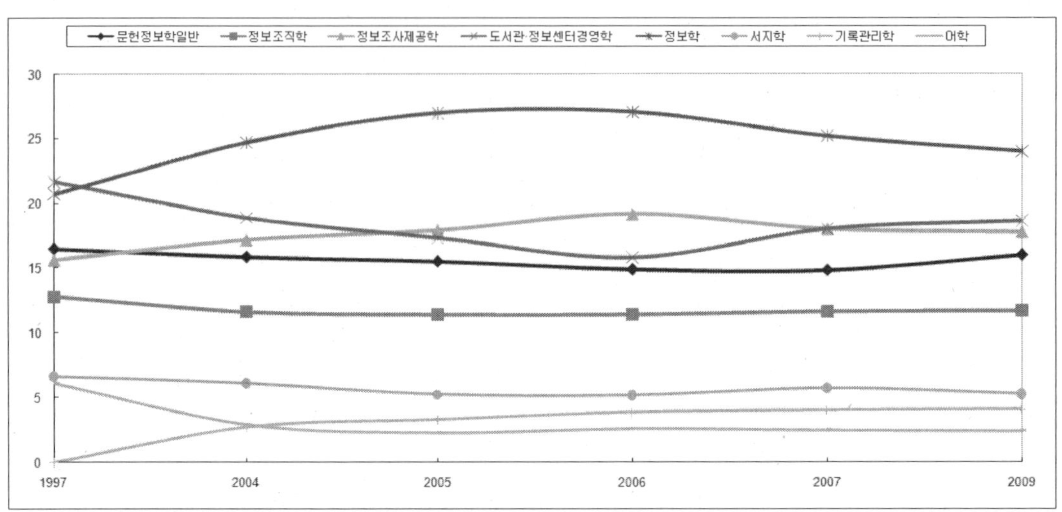

〈그림 Ⅱ-2〉 전국 문헌정보학과 교과과정의 영역별 분포 비교(1997, 2004~2007, 2009)

　　종합적인 개설비율을 연도별로 보면, 1997년에는 도서관·정보센터경영학, 정보학, 문헌정보일반, 정보조사제공학, 정보조직학, 서지학, 어학 순이었고, 2004년에는 정보학, 도서관·정보센터경영학, 정보조사제공학, 문헌정보학일반, 정보조직학, 서지학, 어학, 기록관리학 순으로 나타나, 1997년에 전체과목에서 차지하는 개설비율이 가장 높았던 도서관·정보센터경영학이 정보학 다음 순위가 되었다. 2005년에는 정보학, 정보조사제공학, 도서관·정보센터경영학, 문헌정보학일반, 정보조직학, 서지학, 기록관리학, 언어학 순으로 나타나 정보조사제공학의 비중이 상당히 커졌음을 알 수 있고, 언어학의 비중이 상당히 낮아져서 기록관리학보다 낮아졌음을 알 수 있다. 2006년에는 정보학, 정보조사제공학, 도서관·정보센터경영학, 문헌정보학일반, 정보조직학, 서지학, 기록관리학, 언어학 순으로 나타나 영역별 비중에는 약간씩 차이가 있으나 그 순위에 있어서는 2005년도와 동일함을 알 수 있다. 2007년도는 2006년과 순위에 있어 거의 변동이 없으나 다만 정보조사제공학과 도서관·정보센터경영학의 비율이 같아진 것이 특징적이다. 2009년 조사에서는 정보학, 정보조사제공학, 도서관·정보센터경영학, 문헌정보학일반, 정보조직학, 서지학, 기록관리학, 언어학 순으로 나타났다.

2) 기록관리학의 교과목 현황

　　새롭게 등장한 영역으로서 기록관리학은 1999년 '공공기관의기록물관리에관한법률'의 제정에 의해 국내 9개 대학에 대학원 중심제로 역사학과, 사학과, 문헌정보학과, 행정학과에 개설되었다.

그 이후 문헌정보학과 학부에도 기록관리학 과목이 개설되기 시작했으며, 2005년에는 20개교에 33과목, 2007년에는 25개교에 42과목, 2009년에는 26개교에 44과목이 개설된 것으로 나타났다. 즉 개설학교 비율은 2007년에는 2005년에 비해 25.00%, 2009년에는 비해 2007년에 4.00% 증가했으며, 개설과목 증가비율은 2007년에는 2005년에 비해 27.27%, 2009년에는 비해 2007년에 4.76% 증가한 것으로 나타났다.

또한 개설학교 비율을 전체 32개 문헌정보학과와 비교해 보았을 때, 2005년에는 62.50%, 2007년에는 78.1%, 2009년에는 81.25%인 것으로 나타났다.

2005년 현황을 보면, 경기대학교, 덕성여자대학교, 성균관대학교, 전주대학교가 새로 이 분야 과목을 개설하였다. 또한 과목 수에 있어서 대부분의 대학이 1과목씩 개설하고 있으며, 2과목 이상 개설한 학교는 경북대학교(2과목), 부산대학교(2과목), 이화여자대학교(3과목), 충남대학교(2과목), 그리고 한성대학교(9과목)이다.

2007년에는 공주대학교, 광주대학교, 동덕여자대학교, 동의대학교, 전북대학교가 각각 1과목씩 추가로 기록관리학 과목을 개설함으로써 총 25개교가 기록관리학 과목을 개설하고 있는 것으로 나타났다. 2009년은 2007년과 유사하다.

특히 한성대학교에는 기록관리학 관련 과목이 다른 대학에 비해 많이 개설되어 있는 것으로 보아 이 분야에 대한 교육 및 연구가 활발한 것으로 보인다.

〈표 Ⅱ-21〉 문헌정보학과 학부과정에 개설된 기록관리학 교과목 현황(2005, 2007, 2009)

	2005년		2007년		2009년	
	과목명	과목 수	과목명	과목 수	과목명	과목 수
강남대학교	기록관리학	1	기록관리학	1	기록관리학	1
건국대학교	기록관리 및 정부자료	1	기록관리학개론	1	기록관리학개론	1
경기대학교	기록보존학	1	기록보전학	1	기록관리론	1
경북대학교	기록관리론 기록관리제도론	2	기록관리론 기록관리제도론	2	기록과 인간 기록관리제도론	2
경성대학교					기록관리학	1
계명대학교	정부간행물	1	정부간행물	1	정부간행물	1
공주대학교			기록관리학	1		
광주대학교					기록관리학	1
대구가톨릭대학교	정부간행물과 기록관리	1	정부간행물과 기록관리	1	정부간행물과 기록관리	1
대구대학교	기록보존론	1	기록보존론 문서자료	2	기록보존론 문서자료	2
덕성여자대학교	기록관리	1	기록관리	1	기록관리	1

	2005년		2007년		2009년	
	과목명	과목수	과목명	과목수	과목명	과목수
동덕여자대학교			기록관리론	1	기록관리론	1
동의대학교			문서관리론	1	문서관리론	1
부산대학교	기록관리론 정부간행물	2	기록관리론 정부간행물	2	공문서관리론 기록관리론	2
서울여자대학교	정부간행물	1	정부간행물/기록관리	1	기록관리개론 기록정보실습	2
성균관대학교	문서관리	1	문서관리 문헌보존법	2	문서관리 문헌보존법	2
숙명여자대학교	보존기록관리	1	보존기록관리	1	보존기록관리	1
신라대학교			기록관리의 이해	1	기록관리의 이해	1
연세대학교	정부자료론	1	정부자료론	1	기록관리론 정부자료론	2
이화여자대학교	기록관리학의 이해 기록정보관리 정부기록문관리	3	기록관리학의 이해 기록정보관리 정부기록물관리	3	기록관리학의 이해 기록정보관리 정부기록물관리	3
전남대학교	기록물의 보존관리	1	기록관리실습 기록관리학개론	2	기록관리실습 기록관리학개론	2
전북대학교			기록정보관리	1	기록정보관리	1
전주대학교	기록물관리	1	기록물관리	1	기록물관리	1
중앙대학교	기록보존자료관리론	1	기록관리론	1	기록관리론	1
청주대학교	기록관리와 정보매체	1	기록관리와 정보매체	1	기록관리와 정보매체	1
충남대학교	기록보존학특강 정부간행물	2	기록의 이해 기록관리제도 기록관리학특강 정부자료론	4	기록의 이해 기록관리제도 기록관리시스템 기록관리학특강 정부자료	5
한성대학교	기록관리개론 기록관리의 역사 기록정보조직론 기록정보수집 및 평가 기록관경영론 기록정보봉사론 전자기록관리론 기록보존처리론 기록관리시스템론	9	기록관리시스템론 기록관리의 이해 기록관리정책과제도 기록보존론 기록정보수집 및 평가 기록정보조직론 특수기록물관리론 한국사료관리론	8	기록관리개론 기록관리시스템론 기록보존론 기록정보수집 및 평가 기록정보조직론 특수기록물관리론	6
개설학교 수	총 20개교	33	총 25개교	42	총 26개교	44

3) 서지학 분야의 교과목 현황

　서지학 분야의 과목 수는 1997년에 69과목이던 것이 2005년에는 53과목으로 줄어든 것으로 나타났다. 2005년에는 27개교에 53과목, 2007년에는 27개교에 60과목, 2009년에는 25개교에 57과목이 개설된 것으로 나타났다. 즉 개설학교 비율은 2007년은 2005년과 비교해 변화가 없고, 2009년에는 2007년에 비해 7.41% 감소했으며, 개설과목 증가비율은 2007년에는 2005년에 비해 13.21% 증가했으나, 2009년에는 비해 2007년에 5.00% 감소한 것으로 나타났다.

또한 개설학교 비율을 전체 32개 문헌정보학과와 비교해 보았을 때, 2005년과 2007년에는 각각 84.38%였으나, 2009년에는 78.13%%인 것으로 나타났다.

서지학과목이 많이 개설되어 있는 학교는 대진대학교, 성균관대학교, 청주대학교로 5과목 이상을 개설하고 있는 학교이다. <표 Ⅱ-22>에서 보는 바와 같이 2009년 현재 7개교를 제외하고 거의 모든 문헌정보학과에 서지학 과목이 개설되어 있는 것으로 조사되었다.

〈표 Ⅱ-22〉 문헌정보학과 학부과정에 개설된 서지학 교과목 현황(2005, 2007, 2009)

	2005년		2007년		2009년	
	과목명	과목수	과목명	과목수	과목명	과목수
강남대학교	전통문헌분석 서지학개론	2	동양학기본문헌 서지학개론 전통문헌분석	3	동양학기본문헌 서지학개론 전통문헌분석	3
건국대학교	서지학개론	1	서지학개론	1	서지학개론	1
경기대학교						
경북대학교	한국고서의 이해 고전적 자료론	2	한국고서의 이해 고전적 자료론	2	한국고서의 이해 고전적 자료론	2
경성대학교	유적문헌론	1	유적문헌론 문헌형태분석론	2	서지학개론	1
계명대학교	서지학	1	서지학	1	서지학	1
공주대학교	동양서지 서지학	2	동양서지 서지학	2		
광주대학교	서지학의 이해 고문헌의 접근	2	서지학의 이해 고문헌의 접근	2	서지학의 이해	1
대구가톨릭대학교	서지학개론	1	서지학개론	1	서지학개론	1
대구대학교	서지학 고전자료	2	고전자료 서지학	2	고전자료 서지학	2
대진대학교	고전자료의 이해 서지학개론 고서감정법 고전자료강독 고서정리법 고전자료이용법	6	고서감정법 고서정리법 고전자료강독 고전자료의 이해 고전자료이용법 서지학개론	6	고서감정법 고서정리법 고전자료강독 고전자료의 이해 고전자료이용법 서지학개론	6
덕성여자대학교						
동덕여자대학교			서지학의 이해 한국서지	2	서지학의 이해 한국서지	2

	2005년		2007년		2009년	
	과목명	과목 수	과목명	과목 수	과목명	과목 수
동의대학교	서지학 한국서지학 고문헌강독	3	고문헌강독 서지학개론 한국서지학	3	고문헌강독 서지학개론 한국서지학	3
명지대학교	동양서지정보 한국서지정보	2	동양서지정보 한국서지정보 서지정보학입문	3	서지정보학입문	1
부산대학교	서지학입문	1	서지학입문 한국학자료	2	고문헌학입문 서지학입문 한국학자료	3
상명대학교	서지학의 이해	1	고서정리법 동양문헌의 이해 서지학의 이해	3	동양문헌의 이해 서지학의 이해	2
서울여자대학교	서지학개론	1	서지학개론	1		
성균관대학교	서지학개론 고전자료의 이해 고전자료의 이해 Ⅱ 한국서지 중국서지	5	고전자료의 이해 고전자료의 이해 Ⅱ 서지학개론 중국서지 한국서지 자료로 보는 한국고중세사	6	고전자료의 이해 고전자료의 이해 Ⅱ 서지학개론 중국서지 한국서지 자료로 보는 한국고중세사	6
숙명여자대학교						
신라대학교	서지학개론	1				
연세대학교	서지학개론	1	서지학개론	1	서지학개론	1
이화여자대학교	서지학의 이해 동양고전해제 고문헌관리	3	고문헌관리 동양고전해제 서지학의 이해	3	고문헌관리 동양고전해제 서지학의 이해	3
전남대학교	서지학개론 동양전적의 이해	2	동양전적의 이해 서지학개론 우리의 옛 책	3	동양전적의 이해 서지학개론 우리의 옛 책	3
전북대학교	서지학개론	1	서지학개론	1	서지학개론 한국고전자료의 이해	2
전주대학교						
중부대학교	한국전적	1	한국전적	1	한국전적	1
중앙대학교	서지학 한중서지	2	서지학 한중서지	2	서지학 한중서지	2
청주대학교	서지학개론 동양서지학 한국서지학	3	동양서지학 서지학개론 한국서지학	3	동양서지학 서지학개론 한국서지학 서양고전의 이해 동양고전의 이해	5
충남대학교	서지학개론 한국서지	2	서지학개론	1	서지학개론 고문헌의 이해	2

	2005년		2007년		2009년	
	과목명	과목수	과목명	과목수	과목명	과목수
한남대학교	서지학개론 한국서지	2	서지학개론 한국서지	2	서지학개론 한국서지	2
한성대학교	서지학 고문서관리론	2	서지학	1	서지학	1
총 과목 수	총 27개교	53	총 27개교	60	총 25개교	57

④) 어학 분야의 교과목 현황

어학 분야의 과목 수는 1997년에 63과목이던 것이 2004년에 29과목으로 줄어들어 약 54% 감소한 것으로 나타났다. <표 Ⅱ-23>에서 보는 바와 같이 2005년에는 11개교에 23과목, 2007년에는 11개교에 26과목, 2009년에는 10개교에 26과목이 개설된 것으로 나타났다. 즉 개설학교 비율은 2007년에는 2005년에 비해 13.04% 증가했고, 2009년에는 2007년에 비해 변화가 없으며, 개설과목 증가비율은 2007년에는 2005년에 비해 변화가 없으나, 2009년에는 2007년에 비해 9.09% 감소한 것으로 나타났다.

또한 개설학교 비율을 전체 32개 문헌정보학과와 비교해 보았을 때, 2005년과 2007년에는 각각 34.38%였으나, 2009년에는 31.25%인 것으로 나타났다.

언어학과목이 많이 개설되어 있는 학교는 중앙대학교로 총 6과목이 개설되어 있고 다음으로 중부대학교는 4과목이 개설되어 있는 것으로 나타나 다른 학교에 비해 많이 개설되어 있는 것을 알 수 있다.

2005년에서 2009년까지의 현황을 2년 단위로 보여주는 <표 Ⅱ-23>을 보면, 어학 영역에 설치된 과목들이 주로 전공영어나 한문 또는 일어를 중심으로 한 과목들이다. 언어별 비중을 보면 2005년에 총 23개 과목 중 영어 관련 과목은 11과목이나 한자 관련 과목은 7과목, 일어 관련 과목은 5과목이었으나 2007년에는 총 26개 과목 중 영어 관련 과목이 12과목, 한자 관련 과목이 8과목, 일어 관련 과목은 6과목이었다. 2009년에는 총 26과목 중 영어 관련 과목 15과목, 한자 관련 과목 6과목, 일어 관련 과목 5과목으로 변화된 것을 알 수 있으며, 영어 관련 과목의 비중이 높아진 것을 알 수 있다.

2009년의 경우 언어학과목이 가장 많이 개설되어 있는 대학교는 중앙대학교로 6과목이 개설되어 있었고, 다음으로 동의대학교와 중부대학교가 각각 4과목씩 개설되어 있어 다른 대학에 비해 상대적으로 많은 언어 관련 과목이 개설되어 있는 것을 알 수 있다.

〈표 Ⅱ-23〉 문헌정보학과 학부과정에 개설된 언어 관련 교과목 현황(2005, 2007, 2009)

	2005년		2007년		2009년	
	과목명	과목 수	과목명	과목 수	과목명	과목 수
강남대학교	문헌정보학영서특강	1	문헌정보학영서특강	1	문헌정보학영서특강	1
계명대학교	영서강독	1	영서강독	1	영서강독 문헌정보학영어 정보학영어	3
광주대학교	고전강독 Ⅰ 고전강독 Ⅱ	2	고전강독 Ⅰ 고전강독 Ⅱ	2		0
대진대학교	원서특강 Ⅰ 원서특강 Ⅱ 일본자료 강독	3	원서특강 Ⅰ 원서특강 Ⅱ 일본자료강독	3	원서특강 Ⅰ 원서특강 Ⅱ 일본자료강독	3
덕성여자대학교	문헌정보영어특강	1	문헌정보학영어특강	1	문헌정보학영어특강	1
동의대학교	인터넷영어	1	기초한문 영서강독 일본어 전산영어	4	기초한문 영서강독 일본어 전산영어	4
상명대학교	한문문헌 읽는 법	1	한문문헌 읽는 법	1	한문문헌 읽는 법	1
전남대학교					졸업자격인정영어	1
전주대학교	도서관 실무영어	1	도서관실무영어	1	도서관실무영어 영어자료강독	2
중부대학교	한자의 이해 일서강독 한문의 이해 영서강독	4	한자의 이해 한문의 이해 영서강독 일서강독	4	한자의 이해 한문의 이해 영서강독 일서강독	4
중앙대학교	전공영어선독 Ⅰ 전공일어 Ⅰ 전공한문강독 Ⅰ 전공영어선독 Ⅱ 전공일어 Ⅱ 전공한문강독 Ⅱ	6	전공영어선독 Ⅰ 전공영어선독 Ⅱ 전공일서선독 Ⅰ 전공일서선독 Ⅱ 전공한문강독 Ⅰ 전공한문강독 Ⅱ	6	전공영어선독 Ⅰ 전공영어선독 Ⅱ 전공일서선독 Ⅰ 전공일서선독 Ⅱ 전공한문강독 Ⅰ 전공한문강독 Ⅱ	6
충남대학교	영서강독 일서강독	2	영서강독 일서강독	2		
개설학교 수	총 11개교	23	총 11개교	26	총 10개교	26

5) 문헌정보학일반의 교과목 분석

문헌정보학일반 분야의 과목은 지속적으로 변화해 온 것을 알 수 있는데, 즉 문헌정보학일반에는 문헌정보학의 개요 과목, 전자출판 및 저작권 관련 과목, 실습 관련 과목, 졸업논문 및 진로지도 관련 과목, 문헌정보학특강 관련 과목 등 새롭게 시도되는 과목 등을 포함시켰다. 따라서 이 영역의 과목들을 시간차를 두고 보다 깊이 있게 살펴본다면, 문헌정보학의 트렌드를 읽어 낼 수 있을 것으로 보인다.

<표 Ⅱ-24>는 문헌정보학일반의 1991년부터 2009년까지의 교과목을 나열한 것이다. 개요, 실습과목, 사서교사 관련 과목, 출판과 저작권, 기타(진로 및 졸업 등)로 구분하여 대략적으로 분석해 보면 2009년으로 가까워 올수록 출판과 저작권 관련 교과목과 사서교사 관련 교과목, 그리고 진로지도와 관련된 교과목의 수가 대폭 늘어난 것을 알 수 있다.

<표 Ⅱ-24> 문헌정보학 일반의 교과목 현황(2009)

	1991	1997	2004	2009
강남대학교	도서관학개론 도서관과 사회 도서관사 도서 및 인쇄사 도서관학연구방법론	도서관사 도서와 인쇄사 독서교육론 문헌정보학연구방법론 실무실습	문헌정보학의 이해 도서 및 도서관사 문헌정보학연구방법론 실무연습 현대출판의 이해	도서관사 문헌정보학연구방법론 문헌정보학의 이해 실무실습 졸업종합평가 현대출판의 이해 지식정보사회와 도서관 진로지도 Ⅰ 진로지도 Ⅱ 진로지도 Ⅲ 진로지도 Ⅳ World Libraries
건국대학교	도서관사	문예사조 문헌정보학개론 문헌정보학연습 정보리터러시 정보미디어의 역사	문헌정보학연습 정보리터러시 정보미디어역사	문헌정보학개론 문헌정보학세미나 인턴십 정보미디어역사
경기대학교	도서관학개론 도서관사 도서 및 인쇄사 도서관학연구방법론 도서관실습	도서·인쇄사 도서관사 도서관실습 도서관학개론 도서관학연구방법론 정보와 사회	도서관문화사 도서관실습 출판커뮤니케이션	도서관문화사 도서관실습 문헌정보학의 이해 Ⅰ 문헌정보학의 이해 Ⅱ
경북대학교		도서관과 커뮤니케이션 문헌정보학개론 사서실습 출판과 도서관사	문헌정보학개론 사서실습 출판 및 도서관사	문헌정보학개론 출판 및 도서관사

	1991	1997	2004	2009
경성대학교	도서관학개론 도서관정보학특강 정보와 사회 도서관사	도서관사 도서관실습 문헌정보학개론 문헌정보학연구법 문헌정보학특강 정보와 사회	문헌정보학특강	도서관정보센터실습 문헌정보학개론 문헌정보학특강 정보문화사 정보사회론 지식재산권
계명대학교	도서관학특강 도서관사 사서실습	도서관사 도서관실습 문헌정보학개론 정보와 사회 학술커뮤니케이션이론	도서관사 문헌정보학개론 도서관현장실습 문헌정보학세미나 저작권론 전자출판 학술커뮤니케이션이론	도서관사 도서관현장실습 문헌정보학개론 문헌정보학세미나 저작권론 전자출판 최신문헌정보학특강
공주대학교	교육공학개론 도서관사 도서관실무실습 도서관학개론 도서관학연구방법론 정보와 사회 타자실습	교육공학 도서관사 도서관실무실습 문헌정보학개론1 문헌정보학개론2 정보와 사회 커뮤니케이션이론	문헌정보학원론 정보문화사 정보사회론 도서관실무실습 문헌정보학과교육론 교육공학 교육정보론 교재연구 및 지도법	교재연구 및 지도법 문헌정보교육과 교육론 문헌정보학원론 정보문화사 정보윤리와 저작권
광주대학교	도서관학개론 도서관사 도서관실무용어 타자	도서관사 문헌정보학개론 사서실습 커뮤니케이션론	문헌정보학개론 도서관사 문헌정보학원전의 이해 사서실습 정보와 사회	도서관사 문헌정보학개론 문헌정보학원전의 이해 사서실습 정보와 사회
대구가톨릭대학교	도서관학개론 도서관학특강 도서관사 도서관학연구법 사서실습	도서관사 도서관학개론 사서실습 저작권과 출판	도서관학개론 도서관과 사회 도서관이용교육 도서관문화사 저작권과 출판	도서관학개론 저작권과 출판
대구대학교	논문(지도) 도서 및 도서관사 문헌정보학특강 사서교사실무론(Ⅰ·Ⅱ) 연구방법론 졸업논문 출판학	독서지도론 문헌정보학특강 정보센터현장실습 출판학 커뮤니케이션	문헌정보학개론 정보센터현장실습 문헌정보학특강 출판학	도서관과 저작권 도서관문화사 도서관정보사회론 문헌정보학의 이해 문헌정보학특강 문헌출판론 정보센터현장실습
대진대학교		도서관사 도서관실습 문헌정보학개론1 문헌정보학개론2 문헌정보학연구방법론 정보사회론 출판과 저작권	문헌정보학개론 도서관문화사 도서관실습 정보사회론	도서관문화사 도서관실습 문헌정보학개론 문헌정보학연구방법론

	1991	1997	2004	2009
덕성여자 대학교	논문(지도) 도서관연구법 도서관통계학 사회와 도서관 인쇄도서관사 정보도서관학개론 타자	논문 도서관사 도서관학연구법 사회와 도서관 정보도서관학개론	문헌정보학의 기초 영상정보문화사 문헌정보학연구법	도서 및 도서관사 문헌정보학연구법 문헌정보학의 기초 웹퍼블리싱
동덕여자 대학교	도서관학개론 도서관학특강 도서관사 도서관학연구법 도서관실습 타자실습	도서관사 도서관실습 문헌정보학개론 문헌정보학연구법 정보와 사회	문헌정보학개론 정보와 사회 정보문화사 문헌정보학연구방법론 정보커뮤니케이션론 도서관 및 정보센터현 장실습 전자출판	도서관 및 정보센터현장 실습 문헌정보학개론 문헌정보학연구방법론 전자출판 정보문화사 정보와 사회
동의대학교	도서관사 도서관실습 도서관학개론 도서관학특강 도서 및 인쇄사 정보와 사회 졸업논문	문헌정보학개론 사서실습 사회봉사급현장실습 졸업논문 커뮤니케이션론	책읽기와 삶 정보원발달사 정보와 사회 사서실습 졸업논문	문헌정보학입문 문헌정보학특강 사서실습 정보사회론
명지대학교	도서관사 도서관실습 도서관학개론 도서관학연구법 정보와 사회	논문연구 도서관사 도서관실습 도서 및 인쇄사 문헌정보학사사상 문헌정보학연구법 문헌정보학통론1 문헌정보학통론2 정보사회론 졸업논문	문헌정보학통론 정보문화사 문헌정보학사상사 도서관정보센터실습	도서관정보센터실습 문헌정보학사상사 문헌정보학통론 정보문화사
부산대학교	도서관사 도서관학개론 도서관학특강 도서 및 인쇄사 사서실습 사회학개론 연구방법론 졸업논문	도서관과 사회 도서관문화사 도서관운동론 문헌정보학개론 문헌정보학사 사서실습 종합시험 출판문화론	문헌정보학개론 도서관문화사 정보기술과 사회 정보커뮤니케이션론 문헌정보학사 현장실습 연구방법론 도서관학특강 출판문화론	공공도서관실습 교육매체론 대학도서관실습 문헌정보학개론 문헌정보학특강 연구방법론 전문도서관실습 정보문화사 학교도서관실습
상명대학교	도서관문화사 도서관학연구방법론 문헌정보학개론	문헌정보학개론 문헌정보학연구방법론	정보문화사 문헌정보학연구방법론 문헌정보학세미나 전자출판	문헌정보학세미나 문헌정보학연구방법론 전자출판 정보문화사

	1991	1997	2004	2009
서울여자 대학교	도서 및 도서관사 문헌정보학개론 사서실습 실기교육방법론 연구방법론 정보도서관학개론 정보와 뉴미디어 정보와 사회 졸업논문	도서관문화사 문헌정보학개론 졸업논문	문헌정보학개론 디지털커뮤니케이션전 자출판과 웹디자인	도서관·정보센터인턴십 디지털커뮤니케이션윤리 와 정보가치론 사서교사제도와 교육론 정보사회콘텐츠문화론
성균관대학교	도서관학개론 도서관사 도서관연구법	도서관사 문헌정보학개론 정보사회론 출판과 저작권	정보문화론 문헌정보학개론 정보사회론 도서 및 도서관사 출판과 저작권	도서 및 도서관사 문헌정보학개론 정보문화론 정보사회론 출판과 저작권
숙명여자대학 교	교과교재 및 지도법 도서·인쇄 및 도서관사 도서관실습 도서관학 및 정보학원강 정보와 매스미디어 정보와 사회	도서관사 도서관실습 도서인쇄사 문헌정보학개론 정보와 사회	문헌정보학개론 정보와 사회커뮤니케이션 정보센터·도서관·출 판실습 현장실습 I 현장실습 II 현장실습 III 현장실습 IV 전자출판	문헌정보학개론 전자출판 정보센터·도서관·출판 실습 정보와 사회커뮤니케이션 현장실습 I 현장실습 II 현장실습 III 현장실습 IV
신라대학교	도서관과 사회 도서관사 도서관실습 도서관학개론 도서관학연구법 졸업논문 타자	도서·도서관사 문헌정보학개론1 문헌정보학개론2 문헌정보학연구법 사서실습 정보사회론 졸업시험	문헌정보학의 이해 문헌정보학개론 도서 및 도서관사 사서실습 졸업시험	도서관문화사 문헌정보학의 사서실습 이해 진로지도 I −1 진로지도 I −2 진로지도 II −1 진로지도 II −2
연세대학교	도서 및 인쇄사 문헌정보학개론 졸업논문	문헌정보통계 문헌정보학입문 출판유통론	문헌정보학입문 졸업논문 출판유통론	문헌정보학입문 사회정보학 졸업논문
이화여자 대학교	도서관/정보학서설 도서관사 도서관실습 출판과 저작권	도서관문화사 도서관실습 문헌정보조사방법 문헌정보학개론 정보사회론 정보커뮤니케이션론 출판·저작권	문헌정보학의 이해 문헌정보학의 이해 정보와 사회 도서관문화사 도서유통과 저작권	도서관문화 문헌정보학의 이해 정보와 사회

	1991	1997	2004	2009
전남대학교	도서 및 도서관사 목록타자실습 문헌정보학개론 전문업무실습 정보와 사회 출판학개론	도서·인쇄사 문헌정보학개론 전문업무실습 정보문화사 정보사회론 출판학개론 커뮤니케이션론	문헌정보학개론 정보사회론 정보문화사 전문업무실습 문헌정보학연구방법 출판문화론 웹출판기획	글쓰기 문헌정보학개론 문헌정보학연구방법 사서교사교육실습 웹출판기획 웹출판실무 전문업무실습 정보문화사 정보사회론 출판문화론
전북대학교	도서관조사통계론 도서 및 도서관사 문헌조사연구법 사서실습	도서·도서관사 문헌정보학개론 문헌정보학연구법 사서실습 정보와 사회 출판·저작권	문헌정보학입문 도서관문화사 지식정보화사회 사서실습 정보커뮤니케이션 문헌정보학연구법 출판·저작권의 이해 한지와인쇄사	문헌정보학입문 사서실습 출판 및 도서관사 출판저작권의 이해
전주대학교		도서관문화사 도서관사상사 문헌정보학개론 사서실습 저작권 커뮤니케이션론	문헌정보의 이해 정보센터현장실습 매스미디어와 커뮤니케이션 인터넷출판정보론	도서관실무실습 문헌정보학원론 사서교사지도론 사회과학강독 사회의 이해 역사와 국가 인간의 이해 정보와 지적재산 책의 이해
중부대학교		도서관교육실습 도서관사 문헌정보학개론 정보사회론	문헌정보학의 이해 정보사회와 정보활용 도서관문화사 도서관교육실습 책의 역사와 문화	도서관교육실습 문헌정보학의 이해 정보사회와 정보활용 책의 역사와 문화
중앙대학교	도서관사 문헌정보학원론 연구방법론 정보와 사회론	도서관문화사 문헌정보학연구방법론 문헌정보학원론 전공문헌선독1 전공문헌선독2 정보사회론	정보사회론 문헌정보학원론 도서관문화사 문헌정보학연구방법론	도서관문화사 도서관실습 문헌정보학연구방법론 문헌정보학원론 정보사회론
청주대학교	도서관교육실습 도서관사 문헌정보학개론 정보사회론	문헌정보학개론 문헌정보학사 문헌정보학연구방법론	문헌정보학의 이해 도서관교육실습 문헌정보학연구방법론 문헌정보학사상사 고인쇄출판문화의 이해	고인쇄출판문화의 이해 도서관교육실습 문헌정보학연구방법론 문헌정보학의 이해

	1991	1997	2004	2009
충남대학교	도서 및 인쇄사 문헌정보관사 문헌정보학개론 문헌정보학특강 사서실습 출판커뮤니케이션 타자실습	문헌정보학개론 문헌정보학특강 사서실습 정보매체발달사	문헌정보학개론 정보매체발달사 사서실습 문헌정보학특강	문헌정보학개론 문헌정보학특강 사서실습 전자출판 정보문해 정보문화사
한남대학교	도서관과 사회 도서관사 도서관실무실습 도서관조사통계론 도서관학연구방법론 문헌정보학개론 출판커뮤니케이션 타자	도서관과 사회 도서관문화사 도서관실무실습 문헌정보학개론 문헌정보학연구방법론 출판과커뮤니케이션	문헌정보학개론 도서관문화사 도서관실무실습 문헌정보학연구방법론 도서관과 사회특강 출판유통과 저작권	도서관과 사회특강 도서관문화사 도서관실무실습 문헌정보학개론 문헌정보학연구방법론 출판유통과 저작권
한성대학교	도서관학개론 정보와 사회 도서관문화사 출판커뮤니케이션 도서관실무실습 타자	도서관문화사 도서관학개론 문헌정보학세미나 정보와 사회 커뮤니케이션론	도서관과문화 지식정보사회론 정보커뮤니케이션론	문헌정보학연구 문헌정보학의 이해 지식정보사회론 지적재산권론

다음 <표 Ⅱ-25>는 위의 표의 2009년의 문헌정보학 일반을 문헌정보학개요, 실습과목, 출판과 저작권, 사서교사 관련, 기타로 분류하여 본 것이다.

<표 Ⅱ-25> 문헌정보학 일반의 교과목 현황(2009)

	개요	과목수	실습과목	과목수	사서교사 관련	과목수	출판과 저작권	과목수	기타	과목수
강남대학교	도서관사 문헌정보학연구방법론 문헌정보학의 이해 지식정보사회와 도서관	4	실무실습	1			현대출판의 이해	1	졸업종합평가 진로지도 Ⅰ 진로지도 Ⅱ 진로지도 Ⅲ 진로지도 Ⅳ World Libraries	6
건국대학교	문헌정보학개론 정보미디어의 역사	2	인턴십	1					문헌정보학세미나	1

	개요	과목수	실습과목	과목수	사서교사 관련	과목수	출판과 저작권	과목수	기타	과목수
경기대학교	도서관문화사 문헌정보학의 이해 Ⅰ 문헌정보학의 이해 Ⅱ	3	도서관실습	1						
경북대학교	문헌정보학개론	1					출판 및 도서관사	1		
경성대학교	문헌정보학개론 정보문화사 정보사회론	3	도서관정보 센터실습	1			지식재산권	1	문헌정보학 특강	1
계명대학교	도서관사 문헌정보학개론	2	도서관현장 실습	1			저작권론 전자출판	2	문헌정보학세 미나 최신문헌정보 학특강	2
공주대학교	문헌정보학원론 정보문화사	2			교재연구 및 지도법 문헌정보교육과 교육론	2	정보윤리와 저작권	1		
광주대학교	문헌정보학개론 도서관사 문헌정보학원전 의 이해 정보와 사회	4	사서실습	1						
대구가톨릭 대학교	도서관학개론	1					저작권과 출판	1		
대구대학교	도서관문화사 문헌정보학의 이해 도서관정보 사회론	3	정보센터현 장실습	1			문헌출판론 도서관과 저작권	2	문헌정보학 특강	1
대진대학교	도서관문화사 문헌정보학개론 무헌정보학연구 방법론	3	도서관실습	1						
덕성여자대 학교	도서관 및 도서관사 문헌정보학연구 방법론 문헌정보학의 기초	3					웹퍼블리싱	1		

	개요	과목수	실습과목	과목수	사서교사 관련	과목수	출판과 저작권	과목수	기타	과목수
동덕여자대학교	문헌정보학개론 문헌정보학연구방법론 정보문화사 정보와 사회	4	도서관 및 정보센터현장실습	1			전자출판	1		
동의대학교	문헌정보학입문 정보사회론	2	사서실습	1					문헌정보학특강	1
명지대학교	문헌정보학사상사 문헌정보학통론 정보문화사	3	도서관정보센터실습	1						
부산대학교	문헌정보학개론 연구방법론 정보문화사	3	공공도서관실습 대학도서관실습 전문도서관실습 학교도서관실습	4	교육매체론	1			문헌정보학특강	1
상명대학교	문헌정보학연구방법론 정보문화사	2					전자출판	1	문헌정보학세미나	1
서울여자대학교	정보사회콘텐츠문화론	1	도서관·정보센터인턴십	1	사서교사제도와교육론	1	디지털커뮤니케이션윤리와정보가치론	1		
성균관대학교	도서 및 도서관사 문헌정보학개론 정보문화론 정보사회론	4					출판과 저작권	1		
숙명여자대학교	문헌정보학개론 정보와 사회커뮤니케이션	2	정보센터·도서관·출판실습 현장실습 Ⅰ 현장실습 Ⅱ 현장실습 Ⅲ 현장실습 Ⅳ	5			전자출판	1		

	개요	과목수	실습과목	과목수	사서교사 관련	과목수	출판과 저작권	과목수	기타	과목수
신라대학교	도서관문화사 문헌정보학의 이해	2	사서실습	1					진로지도 Ⅰ-1 진로지도 Ⅰ-2 진로지도 Ⅱ-1 진로지도 Ⅱ-2	4
연세대학교	문헌정보학입문 사회정보학	2							졸업논문	1
이화여자대학교	도서관문화 문헌정보학의 이해 정보와 사회	3								
전남대학교	문헌정보학개론 문헌정보학연구 방법론 정보문화사 정보사회론	4	전문업무 실습	1	사서교사교육 실습	1	웹출판기획 웹출판실무 출판문화론	3	글쓰기	1
전북대학교	문헌정보학입문	1	사서실습	1			출판 및 도서관사 출판저작권의 이해	2		
전주대학교	문헌정보학원론	1	도서관실무 실습	1	사서교사지도론	1	정보와 지적재산권 책의 이해	2	사회의 이해 사회과학강독 인간의 이해 역사와 국가	4
중부대학교	문헌정보학의 이해 정보사회와 정보활용 책의 역사와 문화	3			도서관교육실습	1				
중앙대학교	도서관문화사 문헌정보학연구 방법론 문헌정보학원론 정보사회론	4	도서관실습	1						
청주대학교	문헌정보학연구 방법론 문헌정보학의 이해	2			도서관교육실습	1	고인쇄출판문화 의 이해	1		

	개요	과목수	실습과목	과목수	사서교사 관련	과목수	출판과 저작권	과목수	기타	과목수
충남대학교	문헌정보학개론 정보문화사 정보문해	3	사서실습	1			전자출판	1	문헌정보학 특강	1
한남대학교	도서관과 사회특강 도서관문화사 문헌정보학개론 문헌정보학연구 방법론	4	도서관실무 실습	1			출판유통과 저작권	1		
한성대학교	지식정보사회론 문헌정보학연구 문헌정보학의 이해	3					지적재산권론	1		
총 과목 수		84		27		8		26		25

2.4. 전국 문헌정보학과 교과과정현황

다음 <표 Ⅱ-26>은 2009년에 전국 문헌정보학과에 개설된 교과목 현황을 각 학교별로 구체적으로 기술한 것이다.

〈표 Ⅱ-26〉 2009년 전국 문헌정보학과 학부의 교과과정현황

학교	문헌정보학일반	정보조직학	정보조사제공학	도서관·정보센터 경영학	정보학	서지학	기록관리학	어학
강남대학교	World Libraries 도서관사 문헌정보학연구방법론 문헌정보학의 이해 실무실습 졸업종합평가 지식정보사회와 도서관 진로지도Ⅰ 진로지도Ⅱ 진로지도Ⅲ 진로지도Ⅳ 현대출판의 이해	고문헌조직 목록조직론 문헌분류법 자료조직론	독서교육론 정보봉사론 주제별문헌론	관종별도서관정책론 도서관조직경영론 도서관프로그램론 정보선택론 학교도서관정보매체론	디지털도서관시스템론 정보처리론 정보학의 이해 정보검색론	동양학기본문헌 서지학개론 전통문헌분석	기록관리학	문헌정보학 영서특강
건국대학교	문헌정보학개론 문헌정보학세미나 인턴십 정보미디어역사	자료조직(목록) 자료조직(분류) 정보자원조직론	과학기술정보원 독서지도론 아동 및 청소년자료 인문사회정보원 정보조사제공론 정보리터러시	관종별도서관운영 도서관운영론 정보자료수집론 정보자원관리연습 특수자료론 학교도서관매체센터운영	데이터베이스운영론 도서관시스템자동화 도서관정보시스템운영연습 디지털도서관 디지털콘텐츠 색인초록 인터넷정보처리 정보검색론 정보통신네트워크 컴퓨터정보처리 프로그래밍언어론	서지학개론	기록관리학개론	

학교	문헌정보학일반	정보조직학	정보조사제공학	도서관·정보센터 경영학	정보학	서지학	기록관리학	어학
경기대학교	도서관문화사 도서관실습 문헌정보학의 이해 Ⅰ 문헌정보학의 이해 Ⅱ	자료조직론 Ⅰ 자료조직론 Ⅱ	과학기술정보 독서지도 어린이청소년자료 인문과학정보 정보매체론 참고정보서비스론 참고정보자료 학술정보네트워크	공공도서관경영 대학도서관경영 도서관정보센터경영 학교도서관경영	데이터베이스론 디지털도서관 인터넷응용 인터넷정보관리 정보검색론		기록관리론	
경북대학교	문헌정보학개론 출판 및 도서관사	자료조직 정보자료목록법 정보자료분류법	독서지도론 정보봉사론 정보이용자론 주제별정보자료	대학 및 전문도서관경영 도서관경영총론 미디어센터경영 비도서자료 연속간행물관리론 장서관리론 지식정보센터경영	데이터베이스활용론 도서관과 인터넷기술 디지털도서관론 디지털콘텐츠개발 멀티미디어론 색인 및 초록법 온라인정보탐색 이용자인터페이스론 정보시스템론 지식정보검색론	고전적 자료론 한국고서의 이해	기록과 인간 기록관리제도론	
경성대학교	도서관정보센터실습 문헌정보학개론 문헌정보학특강 정보문화사 정보사회론 지식재산권	정보자료분류론 정보자료조직론 Ⅰ 정보자료조직론 Ⅱ	독서교육론 독서학개론	공공도서관운영론 교수학습매체론 도서관정보센터경영론 미디어센터론 정보매체론 정보자원관리론 학교도서관운영론	계량정보학 디지털도서관 정보기술론 정보서비스론 정보의 표현과 검색 정보학개론	서지학개론	기록관리학	

학교	문헌정보학일반	정보조직학	정보조사제공학	도서관·정보센터 경영학	정보학	서지학	기록관리학	어학
계명대학교	도서관사 도서관현장실습 문헌정보학개론 문헌정보학세미나 저작권론 전자출판 최신문헌정보학특강	분류표의 이해 자료분류론 자료편목론 편목규칙의 이해	과학기술문헌 독서지도론 어린이청소년서비스론 어린이청소년자료론 의학정보원 인문사회과학문헌 정보봉사론 정보이용자론 참고정보원 학술커뮤니케이션이론	공공도서관 대학도서관 도서관경영론 도서관평가론 문헌정보통계 연속간행물 장서구성론 정보매체론 특수자료 학교도서관경영	계량정보학 데이터베이스 도서관자동화 I 도서관자동화 II 디지털도서관론 멀티미디어정보론 문헌구조론 색인초록법 온라인데이터베이스검색 인터넷정보론 정보검색론 정보네트워크론 정보와 컴퓨터 정보처리법 정보학원론	서지학	정부간행물	문헌정보학영어 영서강독 정보학영어
공주대학교	교재연구 및 지도법 문헌정보교육과 교육론 문헌정보학원론 정보문화사 정보윤리와 저작권	목록조직론 정보분류론 정보분류실습 한국문헌자동화목록	독서교육론 독서교육의 실제 아동 및 청소년자료론 인터넷자원론 정보서비스론 정보활용교육론 주제별서지 참고정보원	공공도서관운영론 연속간행물관리론 장서관리론 정보매체와 교수매체론 학교도서관경영론 학교도서관정책론	교수매체제작론 디지털도서관론 색인초록작성법 정보검색론 정보검색실습 정보학의 이해 학교도서관정보시스템			

학교	문헌정보학일반	정보조직학	정보조사제공학	도서관·정보센터 경영학	정보학	서지학	기록관리학	어학
광주대학교	도서관사 문헌정보학개론 문헌정보학원전의 이해 사서실습 정보와 사회	메타데이터의 이해 목록법 목록연습 분류법 분류연습 전산목록실습	독서지도론 사회과학정보론 인문과학정보론 자연과학정보론 정보봉사론	대학 및 전문도서관 도서관정보센터경영론 비도서자료 장서관리론 정보유통론 정보자료보존론 학교 및 공공도서관	DB탐색실습 도서관전산화론 색인초록론 정보검색론 정보학의 이해	서지학의 이해	기록관리론	
대구가톨릭대학교	도서관학개론 저작권과 출판	목록학 분류학 자료분류의 실제 자료조직연습 자료조직의 실제	도서관정보봉사의 기초 독서지도론 정보봉사론 정보이용교육	공공도서관운영론 대학 및 전문도서관경영 도서관관리론 비도서자료 장서개발 정보매체론 학교도서관운영	도서관전산화 색인 및 초록법 정보검색 정보기술	서지학개론	정 부 간 행 물 과 기록관리	
대구대학교	도서관과 저작권 도서관문화사 도서관정보사회론 문헌정보학의 이해 문헌정보학특강 문헌출판론 정보센터현장실습	메타데이터 목록법의 이해 자동화목록법 자료분류론 자료분류연습	과학기술정보 독서장애치료 독서지도론 문헌비평론 어린이도서관봉사론 어린이청소년자료 정보봉사 특수이용자연구 학술커뮤니케이션	공공도서관경영 대학도서관경영론 도서관건축론 도서관경영총론 도서관정책 도서관평가론 미디어센터경영 연속간행물관리 장서관리론 특수매체관리	데이터베이스 색인 및 초록법 온라인탐색 웹DB검색 정보검색 정보시스템개발론 정보처리기술 정보학의 이해	고전자료 서지학	기록보존론 문서자료	

학교	문헌정보학일반	정보조직학	정보조사제공학	도서관·정보센터 경영학	정보학	서지학	기록관리학	어학
대진대학교	도서관문화사 도서관실습 문헌정보학개론 문헌정보학연구방법론	메타데이터운영론 목록편성론 문헌분류론 자료조직연습	과학기술정보론 독서교육론 사회과학정보론 인문과학정보론 정보조사제공론	공공도서관운영론 대학도서관운영론 도서관운영론 장서개발론 정보매체론 학교도서관미디어센터론	도서관자동화론 도서관전산화입문 온라인탐색 정보검색론 정보학개론	고서감정법 고서정리법 고전자료강독 고전자료의 이해 고전자료이용법 서지학개론		원서특강 I 원서특강 II 일본자료강독
덕성여자대학교	도서 및 도서관사 문헌정보학연구법 문헌정보학의 기초 웹퍼블리싱	정보자료분류론 정보자료조직론 주제서지론 특수자료조직론	독서지도 아동청소년정보자료 정보봉사론 정보이용자론 학술정보활용법	도서관건축과 마케팅 도서관정보센터경영론 정보자원관리 학교도서관운영	색인초록 온라인정보검색론 인터넷과 정보활용 전자도서관		기록관리	문헌정보학영어특강
동덕여자대학교	도서관 및 정보센터현장실습 문헌정보학개론 문헌정보학연구방법론 전자출판 정보문화사 정보와 사회	정보자료분류론 정보조직론 정보조직실습	독서지도론 정보봉사론 정보커뮤니케이션	정보센터경영론 정보와 매체 정보자원개발론 정보전문가능력개발	디지털도서관 멀티미디어정보관리 색인과 초록 온라인정보검색 웹기반정보처리 웹데이터베이스운영론 인터넷정보검색 인터넷정보활용 정보네트워킹 정보시스템경영 정보학의 이해 지식관리시스템	서지학의 이해 한국서지	기록관리론	

학교	문헌정보학일반	정보조직학	정보조사제공학	도서관·정보센터 경영학	정보학	서지학	기록관리학	어학
동의대학교	문헌정보학입문 문헌정보학특강 사서실습 정보사회론	문헌목록학 I 문헌목록학 II 문헌분류론 자동화목록법 자료조직특강	과학기술정보원 독서지도론 아동자료 인문·사회과학정보원 정보봉사론 I 정보봉사론 II 정보원발달사	관종별도서관 장서개발관리 정보매체론 정보센터경영론 특수자료론 학교도서관미디어센터	데이터베이스 도서관과 인터넷기술 도서관자동화 온라인정보검색 정보검색론 정보시스템 정보처리 I 정보처리 II 정보학입문	고문헌강독 서지학개론 한국서지학	문서관리론	기초한문 영서강독 일본어 전산영어
명지대학교	도서관정보센터실습 문헌정보학사상사 문헌정보학통론 정보문화사	고문헌조직론 메타데이터구성론 정보조직론 정보조직연습 I 정보조직연습 II	과학기술정보 동양서지정보 사회과학정보 인문과학정보 참고정보봉사론 청소년독서교육 한국서지정보	공공도서관경영 대학도서관경영 도서관정보센터경영론 정보자원구성론 학교도서관미디어센터론	데이터베이스시스템 디지털정보처리론 인터넷정보검색 정보네트워크 정보시스템구축론 정보처리 I 정보처리 II 정보학입문	서지정보학입문		
부산대학교	공공도서관실습 교육매체론 대학도서관실습 문헌정보학개론 문헌정보학특강 연구방법론 전문도서관실습 정보문화사 학교도서관실습	고문헌조직론 정보조직론 정보조직론특강 정보조직실습	과학기술자료 독서교육론 어린이와 청소년자료 인문사회자료 정보서비스론 정보행태론	기업정보관리론 도서관경영론 도서관운동론특강 도서관정보정책론 장서관리론 정보사업론 정보자원론 학교도서관론	디지털도서관 정보검색론 정보기술입문 정보시스템론 정보시스템제작론 정보탐색법 지식구조론	고문헌학입문 한국학자료 한국서지학	공문서관리론 기록관리론	

학교	문헌정보학일반	정보조직학	정보조사제공학	도서관·정보센터 경영학	정보학	서지학	기록관리학	어학
상명대학교	문헌정보학세미나 문헌정보학연구방법론 전자출판 정보문화사	문헌목록법의 이론과 실제 문헌분류법의 이론과 실제	의학 및 과학정보원 의학용어학 인문사회과학정보원 정보서비스론	공공도서관 대학도서관 도서관경영론 미디어센터운영 의학도서관 장서개발론	데이터베이스론 도서관자동화론 도서관정보네트워크 온라인정보검색 웹기반정보처리 정보표현과 DB구축	동양문헌의 이해와 조직 서지학의 이해		한문문헌 읽는 법
서울여자대학교	도서관·정보센터인턴십 디지털커뮤니케이션윤리와 정보가치론 사서교사제도와 교육론 정보사회콘텐츠문화론	기초메타정보 메타데이터개발론 목록실습 분류/시소러스실습	정보이용자연구	과학기술DB평가 도서관정보자원개발실습 멀티미디어정보실습 정보시스템경영 정보통계분석론 지적재산권과 정보정책론	검색논리 데이터베이스개론 정보검색실습 정보네트워크론 정보접근인터페이스론 정보학이론		기록관리개론 기록정보실습	
성균관대학교	도서 및 도서관사 문헌정보학개론 정보문화론 정보사회론 출판과 저작권	고문헌조직법 정보조직법 I 정보조직법 II 정보조직법연습 특수자료조직법	독서지도론 정보교육론 정보이용자론 정보행위론 주제별정보원 참고·정보봉사론	공공도서관경영론 대학도서관경영론 도서관·정보센터경영 사회조사분석 장서구성론 전문도서관·정보센터경영론 정보분석평가론 정보시장론 학교도서관미디어센터	뉴미디어 데이터베이스설계론 디지털도서관구축론 디지털도서관론 색인·초록론 시멘틱웹시스템구축론 시스템분석론 웹데이터베이스구축론 인터넷서비스구축론 인터넷프로그래밍 정보검색론 정보학개론 컴퓨터네트워크 학술정보네트워크론	고전자료의 이해 고전자료의 이해 II 서지학개론 자료로 보는 한국 고중세사 중국서지 한국서지	문서관리 문헌보존법	

학교	문헌정보학일반	정보조직학	정보조사제공학	도서관·정보센터 경영학	정보학	서지학	기록관리학	어학
숙명여자대학교	문헌정보학개론 전자출판 정보센터·도서관·출판실습 정보와 사회커뮤니케이션 현장실습 I 현장실습 II 현장실습 III 현장실습 IV	정보분류체계론 정보조직체계론	과학기술정보원 독서지도 독서치료 문헌커뮤니케이션론 인문·사회과학정보원 인터넷정보원 정보서비스론 정보이용지도	정보센터·도서관경영론 정보자원개발	멀티미디어정보론 문헌데이터베이스론 색인 및 초록작성 온라인정보검색연습 의미웹개론 전자학술지구축 및 운영 정보검색 정보시스템론 정보의 전자상거래 최신정보기술동향 콘텐츠구조론		보존기록관리	
신라대학교	도서관문화사 문헌정보학의 사서실습 이해 진로지도 I −1 진로지도 I −2 진로지도 II −1 진로지도 II −2	고전자료조직 목록학 목록학연습 분류학 분류학연습	과학기술정보원 독서지도론 인문·사회과학정보원 정보봉사론 정보자원과 활용	공공도서관경영 도서관/정보센터경영 장서관리론 정보매체론 학교도서관운영 학술정보관리	도서관전산화 디지털도서관 색인 및 초록 인터넷서비스구축론 인터넷정보검색 정보검색 정보콘텐츠구축론 컴퓨터기초프로그래밍		기록관리의 이해	

학교	문헌정보학일반	정보조직학	정보조사제공학	도서관·정보센터 경영학	정보학	서지학	기록관리학	어학
연세대학교	문헌정보학입문 사회정보학 졸업논문	정보조직론: 목록 정보조직론: 분류 정보조직연습 특수자료조직론	과학기술정보 도서관봉사의 특수문제 사회과학정보 성인자료이용론 아동자료이용론 인문과학정보 정보이용자론 정보조사제공론 청소년자료이용론 학술정보커뮤니케이션	공공도서관경영 도서관정보센터경영론 문헌정보통계 장서구성론 정보서비스평가 정보정책론 지역정보센터경영론 학교도서관매체센터경영	뉴미디어 데이터베이스시스템 디지털도서관구축론 디지털콘텐츠기획 및 제작 색인 및 시소러스 인터넷서비스구축론 정보검색론 정보기술론 정보시스템구축론 정보시스템분석 정보처리연습 정보표준화론 지식구조론 학술정보네트워크기초	서지학개론	기록관리론 정부자료론	
이화여자대학교	도서관문화 문헌정보학의 이해 정보와 사회	정보목록 정보분류	독서지도 아동/청소년자료 정보이용자의 이해 정보서비스 정보조사방법 학술정보커뮤니케이션	공공도서관 대학/전문도서관 도서관건축 도서관/정보센터경영 비도서자료관리 정보유통 학교도서관 정보자료선택의 이해	데이터베이스의 이해 색인초록 웹프로그래밍개론 인터넷정보활용 정보검색 정보시스템 디지털도서관 전자정보관리 정보네트워크	고문헌관리 동양고전해제 서지학의 이해	기록관리학의 이해 기록정보관리 정부기록물관리	

학교	문헌정보학일반	정보조직학	정보조사제공학	도서관·정보센터 경영학	정보학	서지학	기록관리학	어학
전남대학교	글쓰기 문헌정보학개론 문헌정보학연구방법 웹출판기획 웹출판실무 전문업무실습 정보문화사 정보사회론 출판문화론 사서교사교육실습	문헌목록론 문헌분류론 문헌조직실습 특수매체조직	고문헌조사방법 과학기술정보실습 독서지도론 독서지도실습 인문사회과학정보실습 정보서비스론 정보이용자연구 지역문화정보론 정보자원론	공공도서관론 대학 및 전문도서관론 장서개발론 정보경영론 정보비평론 정보센터경영론 정보정책론 학교도서관론	데이터베이스론 색인초록론 정보시스템설계 정보학의 이해 정보검색론 콘텐츠개발론	동양전적의 이해 서지학개론 우리의 옛 책	기록관리 실습 기록관리학개론	졸업자격인정 영어
전북대학교	문헌정보학입문 사서실습 출판 및 도서관사 출판저작권의 이해	고전정보조직론 멀티자료조직론 정보자료조직론 Ⅰ 정보자료조직론 Ⅱ 정보자료조직연습	독서교육론 아동·청소년정보 정보서비스론 정보이용자론 학술정보원의 이해 독서치료 주제정보원	공공도서관경영 도서관정보센터경영론 정보자원구성론 학교미디어센터경영 학술정보센터경영 정보매체론	디지털도서관론 색인초록작성법 웹디자인도구와 언어 웹문서처리 웹DB탐색 정보검색 정보시스템분석과 설계 정보처리연습 정보커뮤니케이션과 네트워크 지식정보사회와 콘텐츠개발 컴퓨터정보처리	서지학개론 한국 고전 정보의 이해	기록정보관리	

학교	문헌정보학일반	정보조직학	정보조사제공학	도서관·정보센터 경영학	정보학	서지학	기록관리학	어학
전주대학교	도서관실무실습 사회의 이해 사회과학강독 인간의 이해 역사와 국가 문헌정보학원론 정보와 지적재산 책의 이해 사서교사지도론	목록학 분류학 자료조직론	독서교육 정보봉사론 정보서비스실천 인터넷정보활용론 비도서자료활용론 정보자료조사법 인문과학서지 사회과학서지 자연과학서지	도서관경영론 정보자료개발 학교도서관운영론	데이터베이스조직연습 디지털도서관 정보검색 미디어와 커뮤니케이션		기록물관리	도서관실무영어 영어자료강독
중부대학교	문헌정보학의 이해 정보사회와 정보활용 책의 역사와 문화 도서관교육실습	문헌분류론 문헌분류연습 정보목록론 I 정보목록론 II 고전자료조직법	참고정보봉사 독서지도론 과학기술정보원	장서관리 도서관경영 학교도서관운영 공공도서관경영 대학 및 전문도서관경영	정보학의 이해 정보전산처리 정보검색 도서관자동화 웹정보처리 문헌데이터베이스 디지털도서관과 저작권	한국전적		한자의 이해 한문의 이해 영서강독 일서강독
중앙대학교	도서관문화사 문헌정보학연구방법론 문헌정보학원론 정보사회론 도서관실습	고서정리법 자료조직연습 메타데이터구조론	과학기술서지정보론 독서지도론 인문사회과학서지정보론 인터넷자원활용론 지식문화커뮤니케이션 참고정보서비스론	공공도서관운영론 도서관센터경영론 I 도서관센터경영론 II 정보자료구성론	뉴미디어론 정보검색론 정보검색연습 정보시스템구축론 정보처리이론 정보학 지식관리론 I 지식관리론 II 도서관정보시스템이용법	서지학 한중서지	기록관리론	전공영서선독 I 전공영서선독 II 전공일서선독 I 전공일서선독 II 전공한문강독 I 전공한문강독 II

학교	문헌정보학일반	정보조직학	정보조사제공학	도서관·정보센터 경영학	정보학	서지학	기록관리학	어학
청주대학교	고인쇄출판문화의 이해 도서관교육실습 문헌정보학연구방법론 문헌정보학의 이해	고전자료조직론 자료목록론 자료분류론 자료조직연습	독서지도론 정보조사제공론 주제별정보자료론 동양문화콘텐츠 서양문화콘텐츠	도서관정보센터경영론 장서개발론 학교·공공도서관경영론 학술정보센터경영론 정보정책전략의 이해 도서관정보협력론	도서관자동화론 도서관정보네트워크론 정보검색론 정보처리연습 정보학의 이해	동양서지학 서지학개론 서양고전의 이해 동양고전의 이해 한국서지정보	기록관리와 정보매체	
충남대학교	문헌정보학개론 문헌정보학특강 사서실습 정보문화사 정보문해 전자출판	정보자료목록론 정보자료분류론 정보자료조직연습 메타데이터	독서지도론 독서치료 아동/청소년자료 주제별정보서비스 정보이용자연구론 정보서비스론 과학기술정보관리론 디지털정보자원활용	공공 및 학교도서관경영 도서관경영 대학 및 전문도서관경영 장서개발론 정보매체론 정보자료보존론 비도서자료 정보유통론	데이터베이스이용론 유비쿼터스도서관 디지털도서관시스템 멀티미디어론 정보검색론 정보네트워크론 정보시스템계획 및 분석 정보전산화입문 정보학세미나 지식조직론 웹데이터베이스구축론 인터페이스설계	서지학개론 고문헌의 이해	기록의 이해 기록관리제도 기록관리시스템 기록관리학특강 정부자료	
한남대학교	도서관과 사회특강 도서관문화사 도서관실무실습 문헌정보학개론 문헌정보학연구방법론 출판유통과 저작권	비도서자료조직론 정보조직론 I 정보조직론 II 자료조직연습	과학기술정보론 사회과학정보론 인문과학정보론 정부정보서비스론 참고정보봉사론 인터넷자원 학술정보네트워크	대학전문도서관 도서관정보센터경영원론 연속간행물 정보자료구성론 학교공공도서관 문헌정보조사통계	색인 및 시소라스 온라인탐색연습 인터넷서비스구축론 전자도서관구축론 정보검색론 정보시스템론 정보처리연습 DB시스템 뉴미디어	서지학개론 한국서지		

학교	문헌정보학일반	정보조직학	정보조사제공학	도서관·정보센터 경영학	정보학	서지학	기록관리학	어학
한성대학교	지식정보사회론 문헌정보학연구 문헌정보학의 이해 지적재산권론	고전자료조직론 비도서자료조직론 자료분류론 자료편목론 자료편목론 메타데이터의 이해	과학기술정보원 독서교육론 인문사회정보원 정보커뮤니케이션론 정보이용자연구론 디지털정보서비스론	공공도서관론 대학도서관론 도서관경영론 장서관리론 정보센터론 학교도서관론 콘텐츠관리론	데이터베이스이용론 색인초록론 웹문서구축론 정보검색론 정보학의 기초 디지털도서관론 이용자인터페이스론	서지학	기록관리개론 기록관리시 스템론 기록보존론 기록정보수 집 및 평가 기록정보조 직론 특수기록물 관리론	

2.5 전국 문헌정보학과 석·박사교과과정현황

아래 <표 Ⅱ-27>, <표 Ⅱ-28>, <그림 Ⅱ-3>은 2009년에 전국 문헌정보학과에 개설된 석·박사과정의 교과목 현황을 영역별로 구분하여 각 영역별 개설현황을 분석한 것이고, <표 Ⅱ-29>는 개설교과목을 학교별로 구체적으로 기술한 것이다. 아래 표에서 보는 바와 같이 석·박사과정에서도 정보학 과목이 23.27%로 가장 높은 비율로 개설되어 있는 것을 알 수 있고, 다음으로 도서관·정보센터경영학(20.37%), 정보조사제공학(14.75%), 문헌정보학일반, 정보조직학, 서지학, 기록관리학 순으로 나타났다.

〈표 Ⅱ-27〉 2009년 전국 문헌정보학과 석·박사 교과과정 영역별 개설현황

	문헌정보학일반	정보조직학	정보조사제공학	도서관·정보센터경영학	정보학	서지학	기록관리학	총
과목 수	148	135	168	232	265	132	59	1,139
개설과목비율	12.99	11.85	14.75	20.37	23.27	11.59	5.18	100.00

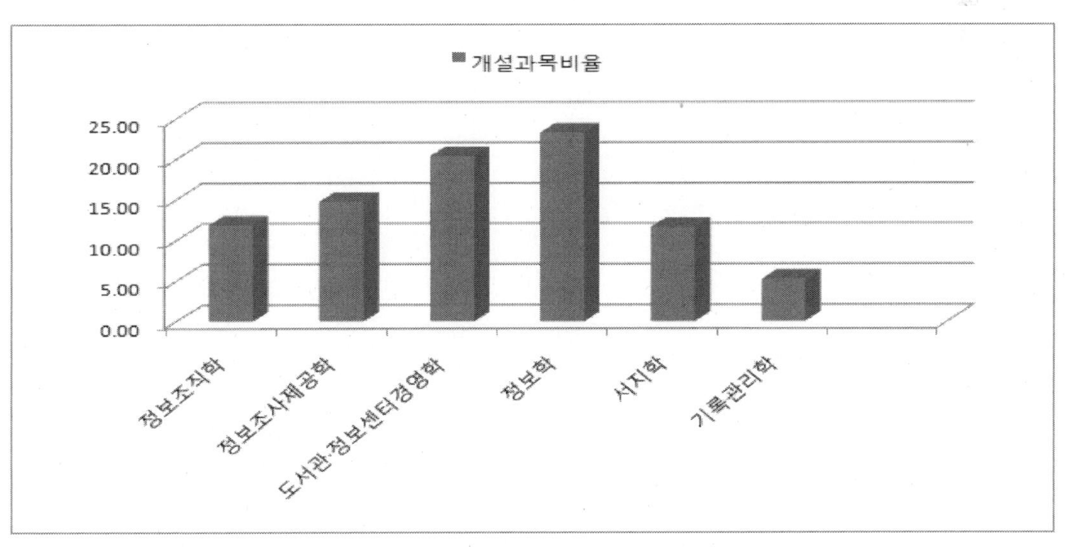

〈그림 Ⅱ-3〉 전국 문헌정보학과 석·박사 교과과정의 영역별 분포 비교

〈표 Ⅱ-28〉 2009년 전국 문헌정보학과 석·박사과정 개설교과목의 영역별 분석

전공영역 개설대학교명	문헌 정보학 일반	정보 조직학	정보 조사 제공학	도서관· 정보센터 경영학	정보학	서지학	기록 관리학	총
강남대학교	4	2	7	10	4	4	2	33
건국대학교	0	0	0	0	0	0	0	0
경기대학교	6	3	14	16	9	3	2	53
경북대학교	4	6	5	10	9	7	2	43
경성대학교	2	5	6	9	7	5	0	34
계명대학교	5	5	6	4	4	0	0	24
공주대학교	6	2	3	2	3	1	0	17
광주대학교	1	4	2	2	1	1	2	13
대구가톨릭대학교	2	4	6	4	1	0	0	17
대구대학교	4	2	1	4	5	4	0	20
대진대학교	2	4	1	4	5	4	0	20
덕성여자대학교	0	0	0	0	0	0	0	0
동덕여자대학교	3	1	0	2	6	1	0	13
동의대학교	2	3	6	3	4	2	1	21
명지대학교	8	12	11	15	22	20	0	88
부산대학교	5	2	4	6	3	3	3	26
상명대학교	2	6	3	5	12	4	0	32
서울여자대학교	8	8	9	12	11	1	2	51
성균관대학교	12	11	12	15	21	11	3	85
숙명여자대학교	8	3	6	4	10	3	5	39
신라대학교	0	0	0	0	0	0	0	0
연세대학교	10	5	9	8	14	0	11	57
이화여자대학교	8	5	5	8	14	7	10	57
전남대학교	10	8	8	18	12	6	4	66
전북대학교	1	3	9	8	11	2	2	36
전주대학교	4	2	2	4	8	0	1	21
중부대학교	2	2	1	1	4	2	0	12
중앙대학교	10	9	6	12	13	16	1	67
청주대학교	2	2	6	5	7	8	0	30
충남대학교	11	8	11	22	21	8	3	84
한남대학교	3	2	2	4	7	1	1	20
한성대학교	3	6	7	15	17	8	4	60
총 과목 수	148	135	168	232	265	132	59	1,139

〈표 II-29〉 2009년 전국 문헌정보학과 석·박사과정의 교과과정현황

학교	문헌정보학일반	정보조직학	정보조사제공학	도서관·정보센터 경영학	정보학	서지학	기록관리학
강남대학교	논문 문헌정보학조사연구방법론 출판저작권법특강	자료조직이론 지식구조연구	도서관문화프로그램세미나 독서활동세미나 세계도서관탐구 이용자교육세미나 정보서비스연구 지역주민 및 지역사회연구세미나 학습독서프로그램세미나	고급도서관경영정책론 공공도서관실천경영세미나 도서관건축특강 도서관장연구 도서관평가분석론 비교문화기관연구 어린이 및 작은 도서관경영론 작은 도서관경영론 장서개발정책 및 자원공유세미나 학교도서관경영정책세미나	도서관전산화특강 디지털도서관구축연구 인터페이스디자인연구 정보검색특강	교감학특강 금속활자연구 무구정광 및 고려대장경특강 체계서지학특강	기록관리특강 자료보존 및 복원법연구
경기대학교	개별지도연구 도서관현장연구 문헌정보학연구방법론 문헌정보학연구방법특론 비교문헌정보학 현장연구특론	비교분류학 자료조직특론 지식정보조직론	과학기술정보원특강 과학기술정보특론 다중매체정보원특강 도서관협력네트워크 독서지도특론 사회과학정보원특강 사회과학정보특론 인문과학정보원특강 인문과학정보특론 정보이용자연구론 정보이용행태연구론 정보커뮤니케이션론 참고정보서비스연구 참고정보서비스특론	공공도서관경영연구 공공도서관경영정책 대학도서관경영정책 도서관서비스평가론 도서관정보센터경영특강 도서관정보센터경영특론 도서관정보센터업무평가론 연속간행물관리론 장서개발특강 장서개발특론 전문도서관경영연구 전문도서관경영정책 정보정책연구 학교도서관경영연구 학교도서관경영정책 학술정보센터경영연구	도서관자동화세미나 도서관자동화특론 디지털도서관구축론 디지털정보검색특론 인터넷정보원연구 정보검색연구 정보미디어연구 정보시스템분석론 정보시스템설계	서지DB검색론 서지학세미나 서지학특론	기록보존관리론 자료보존특론

학교	문헌정보학일반	정보조직학	정보조사제공학	도서관·정보센터 경영학	정보학	서지학	기록관리학
경북대학교	문헌정보학연구방법론 박사학위논문연구비교문헌 정보학 석사학위논문연구	메타데이터연구 목록학특수연구 분류학특수연구 비교목록법특수연구 비교분류법특수연구 특수자료조직론	이용자인터페이스특수연구 인터넷자원활용특수연구 정보봉사특수연구 정보이용교육특론 정보이용행태연구	계속자료관리특론 미디어센터경영특수연구 장서개발특수연구 전자자료관리특론 정보정책특론 지식정보관련법규연구 지식정보센터경영특수연구 지식정보센터경영평가론 지식정보센터계획론 지식정보센터마케팅전략특론	데이터베이스구축특론 디지털도서관특수연구 멀티미디어특수연구 정보검색특수연구 정보공학 정보네트워크특수연구 정보학특수연구 지능형정보검색 지식정보시스템분석특론	금석문자료특수연구 동양고서지학특론 동양체계서지학특수연구 서지학특론 한국고서지학연구 한국체계서지학특수연구 한국형태서지학특수연구	고문서특수연구 고서 및 고문서조직론
경성대학교	문헌정보학연구방법론 지적소유권연구	고전자료조직법연구 메타데이터세미나 목록이론연구 분류이론연구 자료조직연구	과학기술정보원특론 독서지도론연구 독서치료연구 인문·사회과학정보원특론 정보행태론 참고·정보서비스연구	공공도서관운영론 대학도서관운영론 도서관경영론 장서개발이론 정보정책연구 지식경영연구 학교도서관운영론 학교미디어센터연구 학습콘텐츠연구	디지털도서관특강 디지털콘텐츠연구 색인·초록이론 정보검색이론 정보네트워크론 정보시스템연구 정보시스템평가론	서지학특강 중국체계서지학 특정문헌주제연구 한국체계서지학 한국형태서지학	
계명대학교	도서관과 사회 도서관사 독서문화사연구 문헌정보학사연구 문헌정보학연구방법론	메타데이터연구 목록학연구 분류학연구 비교분류학 고전자료조직법연구	과학기술서지연구 독서지도연구 독서치료연구 사회과학서지연구 어린이청소년서비스연구 어린이청소년자료연구	공공도서관연구 대학도서관연구 도서관경영연구 학교도서관연구	OPAC시스템세미나 가상도서관특론 도서관네트워크연구 정보처리연구		
공주대학교	교육공학특강 도서관사연구 문헌정보교육과 교육론 문헌정보교육과 교재연구 및 지도법 문헌정보학연구방법론	목록학특강 분류학특강	독서교육론정보봉사론 주제별서지 커뮤니케이션연구	미디어센터경영론 장서개발론	도서관자동화론 색인초록연구 정보검색연구	서지학특강	

학교	문헌정보학일반	정보조직학	정보조사제공학	도서관·정보센터 경영학	정보학	서지학	기록관리학
광주대학교	문헌정보학연구방법론	고급목록학연구 고급분류학연구 고서조직특강 메타데이터세미나	정보서비스연구 정보행태론	도서관정보센터경영론특강 장서관리특강	정보검색이론	한국서지학특강	기록관리연구 자료보존연구
대구가톨릭대학교	도서관학연구방법 비교도서관학연구	이론목록학 자료분류론 자료조직론 특수자료조직론	도서관정보봉사론 이용자교육론 자연과학자료론 정보이용자연구론 정보자료론 주제별연구자료론	도서관관리론 도서관정책개발론 장서개발론 정보유통론	시스템분석론		
대구대학교	개별연구지도 도서관문화사연구 문헌정보학연구방법론 비교도서관학	목록자동화특강 분류학특강	동양자료연구 문헌비평론 이용자접속디자인 정보봉사특수연구 특수봉사론	도서관정책개발론 문헌정보센터경영론 정보자료개발론 정보자원관리론	계량서지학 이론정보학 정보검색이론 정보네트워크론 정보시스템디자인 특수매체연구	서지학연구법	
대진대학교	문헌정보학연구방법론 비교도서관학	고서 및 고문서조직론 목록학연구 분류학연구 자료조직연구	도서관이용교육연구	공공도서관연구 대학도서관연구 도서관경영연구 도서관업무평가론	데이터베이스연구 도서관네트워크연구 디지털도서관연구 색인·초록연구 이론정보학	고문서연구 금석문자료연구 동양고서지학연구 서지학(문헌학)연구	
동덕여자대학교	문헌정보학연구방법론특강 정보문화사특강 정보사회론	온라인목록특강		도서관/정보센터경영특강 장서개발론특강	고급웹기반정보처리 멀티미디어와 정보관리 온라인정보검색특강 이론정보학 전자도서관특강 정보검색특강	서지학특강	

학교	문헌정보학일반	정보조직학	정보조사제공학	도서관·정보센터 경영학	정보학	서지학	기록관리학
동의대학교	논문지도(석) 문헌정보학조사연구방법론	비교목록법세미나 비교분류법세미나 자료조직자동화세미나	도서관문화프로그램세미나 독서치료세미나 어린이·청소년도서관프로그램 세미나 정보서비스평가론 정보이용교육연구 지역사회연구세미나	도서관경영세미나 도서관마케팅세미나 장서관리세미나	데이터베이스연구 디지털도서관연구 정보검색연구 정보기술세미나	서지학연구방법론 형태서지학연구	고문헌조직법
명지대학교	도서관발달사특강 도서관사특강 도서관사회학 동양도서관발달사 문헌정보학연구방법론 문헌정보학연구방법특론 비교문헌정보학 지식정보산업론	고전자료조직론 고전자료조직법연구 메타데이터구조론 목록학세미나 목록학특강 분류학세미나 분류학특강 비교목록학 비교분류학 온라인목록특강 이론목록학 특수분류법론	독서지도론연구 사회과학정보조사제공특강 이용자연구특강 인문과학정보조사제공특강 자연과학정보조사제공특강 정보봉사특강 정보서비스연구 정보유통과 정보사회 정보이용행태론 정보조사제공특론 정보커뮤니케이션	고문헌평가특강 공공도서관경영특강 공공도서관세미나 도서관·정보센터경영론특강 도서관건축설비론 도서관경영론특강 도서관정보센터평가론 도서관정책론 시스템평가론 연속간행물관리론 장서구성론특강 전문정보센터경영특강 정보서비스측정 및 평가 정보센터경영론특강 정보정책개발론 특수자료론 학교도서관미디어센터론 학술 및 전문도서관세미나 학술정보센터경영특강	계량정보학 고문헌색인초록법 도서관시스템비교론 도서관자동화시스템관리론 도서관정보네트워크 디지털도서관구축론 멀티미디어시스템 색인·초록연구법 색인초록이론연구 서지데이터베이스구성론 시소러스개발론 시스템설계 및 분석 시스템자동화특강 웹데이터베이스운용론 이론정보학 이용자인터페이스설계 전자레코드관리론 정보검색특강 정보공학 정보네트워크특강 지능형정보검색 컴퓨터정보처리	고문서학연구 교감학특강 도서관자료의 보존방법론 도서발달사특강 동양고판본비교연구 동양도서교류사연구 동양전적연구 문헌보존공학 서지학연구 서지학특강 원문서지학연구 중국전적사 중국체계서지학 중국형태서지학 체계서지학연구 한국근대서지학 한국서지사연구 한국서지연구 한국형태서지학 행태서지학연구	

학교	문헌정보학일반	정보조직학	정보조사제공학	도서관·정보센터 경영학	정보학	서지학	기록관리학
부산대학교	논문연구 도서관사상연구 문헌정보학교육론 문헌정보학연구방법론 비교문헌정보학	문헌분류이론 자료조직이론	독서교육이론 독서치료론 정보봉사이론 프레젠테이션과 토론기법	고급사회과학통계분석Ⅰ 고급사회과학통계분석Ⅱ 교육매체특론 도서관경영론 리더십과 조직관리 장서개발이론	디지털도서관론 디지털정보자원론 정보검색이론	고전자료론 동양서지학 한국서지학	기록관경영론 기록관리이론 기록관리제도론
상명대학교	문헌정보학연구방법론특강 지적자유론특강	교수·목록학세미나 문헌분류법 문헌분류법특강 분류법이론연구 지식구조론 지식구조론특강	이용자연구론 정보서비스론 참고정보봉사론	도서관경영특강 도서관서비스평가론 도서관정보센터경영론 정보정책론 학술 및 전문도서관경영특강	계량서지학 데이터베이스구성론 도서관정보네트워크론 디지털도서관론 디지털자동화론 색인·초록의 이론과 실제 시스템디자인 시스템분석 온라인정보검색 이론정보학 정보검색론 정보공학	고문서학세미나 고서정리법세미나 중국서지연구 한국서지연구	
서울여자대학교	문헌정보학개론 문헌정보학교육론 문헌정보학이론 석사학위논문연구 정보사회윤리와 정보비평세미나 지식기반사회형성과 잡지출판의 기능세미나	고급정보조직론Ⅱ 고급정보조직론Ⅰ 고서고문서조직론 목록/메타데이터 분류/자동분류 비인쇄자료조직 및 관리 온라인목록 정보조직론세미나	과학기술데이터베이스검색실습 사회과학정보론 아동독서자료 유비쿼터스환경의 도서관정보서비스 인문과학정보론 정보봉사론 정보봉사론특강 정보자료조사론 청소년독서자료	문헌정보시스템경영특강 미디어센터운영론 연속간행물관리 장서개발론 전문도서관경영 정보시스템경영 정보이론과 통계 정보정책개발론 지식기반사회의 정보전문가의 역할과 기능세미나 특수장서개발론 학교도서관/미디어센터	DB정보평가와 비평 Web-DB정보탐색과 포털서비스 네트워크정보검색과 시스템개발 디지털도서관개발론 디지털도서관시스템사례연구 멀티미디어지적재산권세미나 색인, 초록, 시소러스, 메타데이터연구 정보검색이론 정보학연구와 분석방법론 정보학이론 지식기반사회정보네트워크론	서지학특강	기록관리학특강 정부정보서비스

학교	문헌정보학일반	정보조직학	정보조사제공학	도서관·정보센터 경영학	정보학	서지학	기록관리학
성균관대학교	도서관발달사특강 도서관사회화 비교문헌정보학 서양도서관사연구 연구방법론 정보교육특강 정보문화론특강 정보사회론연구 정보사회학 출판·저작연구 한·중·일도서교류사연구 한국도서관사연구	고전자료조직법연구 메타데이터관리연구 목록학사 목록학특강 분류학사 분류학특강 비교목록학 비교분류학 정보조직법연구 지식조직론 특수정보조직법연구	도서관정책론 도서관평가법연구 서비스품질관리론특강 이용자연구특강 정보문해연구 정보문해특강 정보봉사특강 정보행위이론연구 참고·정보봉사론연구 참고·정보봉사방법연구 학술정보서비스연구 학술커뮤니케이션특강	공공도서관경영론특강 대학도서관경영기법연구 대학도서관경영론연구 도서관·정보센터경영기법연구 도서관·정보센터경영론연구 도서관·정보센터경영론특강 도서관건축설비연구 문헌정보표준화연구 장서구성법연구 장서구성법특강 정보매체연구 정보분석평가론연구 정보시장론연구 정보정책연구 통계처리 및 분석론연구	고문헌색인초록법 데이터모델링특강 데이터베이스설계론연구 데이터의미관리특강 디지털도서관연구 멀티미디어특강 시멘틱웹시스템구축론연구 웹기반시스템연구 웹데이터베이스구축론연구 인터넷관리특강 인터넷서비스구축 및 관리연구 인터페이스디자인특강 자동색인연구 정보검색연구 정보검색특강 정보공학연구 정보네트워크특강 정보시스템분석법특강 정보시스템연구 지식관리시스템연구 컴퓨터그래픽연구	고문서학연구 고문헌감정특강 고문헌서체연구 교감학특강 금석자료특강 사본론연구 서지학연구 중국체계서지학 중국형태서지학 한국체계서지학 한국형태서지학	기록관리연구 디지털기록관리특강 문헌보존공학
숙명여자대학교	문헌정보학연구방법론 문헌정보학연구방법론Ⅱ 문화정보학 연구지도Ⅰ 연구지도Ⅱ 전자출판론 정보관리와 법률문제 한국의 정법 및 제도사	고전자료조직 문헌구조특론 정보조직특론	과학기술문헌 과학기술정보론 메디컬인포매틱스 정보서비스론 정보이용자연구 정보자원론	관종별정보센터연구 정보센터경영론 정보전문직의 최근동향 정보정책론	DBMS 계량정보학 디지털도서관특론 멀티미디어정보특강 서지데이터베이스시스템 온라인정보검색 온톨로지와 언어정보처리 정보검색 정보기술 정보시스템특론	동양고전강독 방법론적 서지학 서지학세미나	기록관리학연구방법론 기록문서관리 기록물수집평가론 기록 및 문헌관리의 역사 디지털아카이브방법

학교	문헌정보학일반	정보조직학	정보조사제공학	도서관·정보센터 경영학	정보학	서지학	기록관리학
신라대학교							
연세대학교	개별지도연구Ⅰ 개별지도연구Ⅱ 개별지도연구Ⅲ 개별지도연구Ⅳ 개별지도연구Ⅴ 개별지도연구Ⅵ 도서관사상사 문헌정보학연구방법론 연구지도Ⅰ 연구지도Ⅱ	메타데이터구조론 목록학사 목록학특강 이론목록학 특수분류법론	과학기술정보조사제공특강 독서지도론 사회과학정보조사제공특강 이용자교육론 인문과학정보조사제공특강 정보이용자연구 정보조사제공특론 커뮤니케이션론 특수봉사론	국제도서관·정보업무론 도서관·정보센터경영특론 도서관·정보센터경영기법론 도서관·정보센터업무평가론 도서관건축설비론 전문정보센터경영특강 정보전문직의 최근동향연구 학술정보센터경영특강	계량정보학 디지털도서관연구 멀티미디어시스템 색인·초록이론연구 이론정보학 이용자인터페이스설계 정보검색이론연구 정보공학 정보공학특강 정보시각화와 표현방법 정보시스템설계 지능형정보검색 텍스트마이닝기법연구 텔레커뮤니케이션과 도서관 전산망		기록관경영 기록관리론 기록관리체계 및 제도 기록보존처리론 기록선별평가론 기록정보기술론 기록정보서비스론 디지털보존1 디지털보존2 자료보존법 전자기록관리
이화여자대학교	고급도서인쇄사 교육매체론 도서관문화사 문헌정보학세미나 문헌정보학연구방법론 비교문헌정보학 정보응용수학 지적자유권연구	고서목록연구 목록론 분류론 분류법특강 비교분류론	이용자그룹별봉사 정보서비스론 정보이용자연구론 정보자원협력론 정보커뮤니케이션	공공도서관운영론 도서관정보센터운영론 장서관리론 전문도서관운영론 전자레코드관리론 정보경제학 정보서비스평가론 정보정책론	계량정보학 고급정보이론 데이터구조론 도서관네트워크론 문헌데이터베이스론 색인초록론 이론정보학 정보검색론 정보검색언어 정보공학 정보시스템계획관리론 정보시스템분석론 정보시스템평가론 지식정보처리론	동양서지학 동양전적분류론 사적해제 중국전적연구 한국서지연구 한국전적론 형태서지학	고급기록관리제도론 고급기록정보관리론 기록관리관련법연구 기록관리기관운영론 기록관리세미나 기록보존론 기록정보봉사론 기록정보조직론 기록정보처리론 기록정보평가론

학교	문헌정보학일반	정보조직학	정보조사제공학	도서관·정보센터 경영학	정보학	서지학	기록관리학
전남대학교	논문연구 문헌정보학사 문헌정보학연구방법론 비교문헌정보학 비교문헌정보학특론 정보문화총론 현장실습Ⅰ 현장실습Ⅱ	메타데이터론 메타데이터연구 목록법이론연구 비교분류학연구 비교분류학이론 이론목록학 자동화목록법연구 정보조직총론	독서요법이론 이용자연구특론 정보서비스연구 정보추구형태론 주제명이론특론 지식커뮤니티개발론 지역문화정보특론 학술정보특론	공공도서관연구 공공도서관특론 기업정보관리 도서관·정보센터업무평가론 도서관정책특론 장서개발특론 정보경영총론 정보경영특론 정보법제론 정보센터건축론 정보센터경영연구 정보센터경영특론 정보자원개발론 정보정책론 특수매체론연구 특수정보관리론 특수정보관리연구 한국도서관특론	계량정보학 데이터베이스특론 멀티미디어제작론 색인초록이론연구 색인초록특론 이론정보학특론 이용자인터페이스 설계 정보검색이론 정보검색이론연구 정보기술총론 정보네트워크 정보처리특론	고문서해독연습 내용서지특론(교감학) 체계서지특론(목록학) 한국서예사연구 한지보존처리실습 형태서지특론(판본학)	기록관리기술 기록물가치개발론 기록물조직이론 기록보존학연구
전북대학교	문헌정보학연구법	동양전적분류론 메타데이터연구 지식조직론	독서지도특론 독서치료특론 이용자교육론 인터넷자원관리특강 정보서비스이론특강 정보서비스특론 정보이용자연구 정보이용자연구특론 정보활용론연구	공공도서관경영정책개발론 도서관건축설비론 도서관정보센터운영론 도서관평가론 도서관협력론 장서개발특론 정보법제연구 학교도서관경영세미나	OPAC시스템연구 디지털도서관특강 문헌정보프로그래밍특론 시청각정보검색특론 자동색인·초록특강 자연언어처리특론 정보검색이론특강 정보관리전문가시스템 정보시스템관리론 정보시스템특론 지식정보전문가시스템론	고문서서지학특강 동양서지학특론	기록관리론 기록관리론특강

학교	문헌정보학일반	정보조직학	정보조사제공학	도서관·정보센터 경영학	정보학	서지학	기록관리학
전주대학교	논문지도 I 논문지도 II 문헌정보학연구방법론 지적소유권론	목록법이론 문헌분류이론	고등정보봉사론 고등주제서지	공공도서관운영특론 도서관경영세미나 도서관자료개발론 특수자료관리론	뉴미디어론 문헌정보공유론 문헌정보처리론 시스템분석론 이론정보학 정보검색언어론 정보공학 정보커뮤니케이션		기록물관리
중부대학교	문헌정보학연구방법론 저작권연구	목록학특강 문헌분류법연구	참고정보봉사특론	도서관정보센터경영특론	도서관정보네트워크특강 디지털도서관연구 정보검색론특강 정보공학	고전자료조직특강 한국서지학특강	
중앙대학교	문헌정보학교수방법론 문헌정보학사연구 문헌정보학특론 비교도서관연구 연구방법론 전공연구 I 전공연구 II 전공연구 III 정보문화사연구 한국학문헌정보론	메타데이터특론 목록법이론특강 문헌분류사연구 분류법이론특강 비교분류법연구 온라인목록특강 중국목록학특록 지식분류법이론 한국목록학사	도서관이용자연구 소셜네트워크 정보봉사론 정보이용자연구 정보활용론 주제별정보원 및 서비스	공공도서관경영연구 대학도서관운영론 도서관계획론 도서관평가론 리더십연구 인사관리론 장서개발론 전문정보센터특강 정보서비스측정 및 평가 정보센터경영기법론 정보전문직연구 정보정책특강	멀티미디어정보검색 멀티미디어콘텐츠관리 온라인정보검색 웹데이터베이스운영 이용자시스템인터페이스설계 자동색인 전자도서관포털시스템 정보검색언어 정보공학 정보보호 정보시스템 정보자원공유네트워크 정보학특강	고문서독해연습 고문헌교감특론 내용서지학연구 동아시아고판본비교연구 불교서지학특강 서지학특강 유교문헌서지연구 자료보존연구 지류문화재보존실습 체계서지연구 한국고문서학연구 한국고서판본연구 한국고활자본연구 한국서예사연구 한국서적사연구 형태서지연구	기록물관리특론
청주대학교	문헌정보학사연구 문헌정보학연구방법론	정보조직연구 정보조직특론	도서관협동론 산업정보시스템론 이용자행태연수론 정보조사제공론 정보조사제공세미나 주제전문정보원	공공도서관경영기법론 대학도서관경영론 도서관정보센터경영특론 정보센터운영평가론 정보정책론연구	계량정보학연구 도서관정보네트워크연구 멀티미디어론 색인초록이론연구 정보검색이론연구 정보시스템연구 정보학특론	서적사연구 서지학연구방법론 원문서지학연구 중국서지학연구 체계서지학연구 한국서지학특강 한국학서지정보 형태서지학연구	

Ⅲ 전국 대학별 문헌정보학과 교과과정 개설 현황

강남대학교   인문학부 문헌정보학과

▷ 전공 소개

강남대학교 문헌정보학과는 1978년에 창설되었다. 문헌정보학은 21세기 지식정보화사회를 주도할 인재 양성을 목표로 하고 있다. 정보를 관리하는 도서관, 정보센터, 인터넷 기업에서 요구되는 정보의 수집과 이용을 위한 조직, 전달 등에 관한 과목이 개설되어 있다. 또한 동·서양에 존재하는 기록된 지식에 대한 형태적, 내용정리 연구를 비롯하여 보존·관리하는 여러 종류의 도서관의 효과적인 경영방법을 다루는 동시에 전자정보의 조직과 검색에 대한 이론 및 실제적인 실습을 포함한다.

▷ 교육목표

1. 문헌정보에 대해 공정하고 정확하게 처리하는 사명감을 가진 문헌정보전문가를 양성한다.
2. 문헌정보에 대한 실천적인 지식과 연구능력을 갖춘 유능한 문헌정보전문가를 양성한다.
3. 도서관 발전을 주도적으로 이끌어 갈 수 있는 능동적인 사서를 양성한다.
4. 도서관서비스 향상을 위해 다양한 이론과 기술을 갖춘 창의적인 사서를 양성한다.

▷ 교수진

· 양계봉	서지학	yanggb@kns.kangnam.ac.kr	031-2803-717
· 유양근	정보자료	yyk4712@kns.kangnam.ac.kr	031-2803-718
· 조형진	서지학	chohj@kns.kangnam.ac.kr	031-2803-719
· 곽철완	정보검색	ckwak@kns.kangnam.ac.kr	031-2803-720

▷ 대학원의 설치 여부

강남대학교 대학원은 문헌정보학과라는 이름으로 석사과정만을 설치하고 있다.

▷ 대학원의 교육목표

· 문헌정보학에 대한 깊은 이해와 투철한 소명의식을 갖춘 성실한 사서를 양성
· 공공도서관 및 학교도서관의 발전을 전문적으로 주도할 능동적인 사서를 양성
· 문헌정보학에 대한 심오한 실천적 지식과 연구능력을 갖춘 유능한 사서를 양성

▷ 학과 연락처

· 홈페이지　　　　　http://lis.kangnam.ac.kr/
· 학과 전화번호　　　031 − 280 − 3988

학 부 교 과 과 정

학년	구분	교과목명	학점	시간
1	기초	문헌정보학의 이해 (Understanding Library & Information Science)	3	3
		도서관사 (History of Libraries)	3	3
		정보학의 이해 (Introduction to Information Science)	3	3
		지식정보사회와 도서관 (Information Society and Library)	3	3
2	전공	정보봉사론 (Information Retrieval)	3	3
		문헌분류법 (Classification Method)	3	3
		전통문헌분석 (Classic Material's Analysis)	3	3
		정보처리론 (Information Processing)	3	3
		학교도서관정보매체론 (Theory of School Library Information Materials)	3	3
		독서교육론 (Feading Education)	3	3
		정보선택론 (Information Acquisition)	3	3
		현대출판의 이해	3	3
		World Libraries	3	3

학년	구분	교과목명	학점	시간
3	전공	목록조직론 (Theory of Cataloging)	3	3
		서지학개론 (Introduction to Bibliography)	3	3
		도서관조직경영론 (Library Organization and Management)	3	3
		디지털도서관시스템론 (Theory of Digital Library System)	3	3
		진로지도상담 I	O	P
		문헌정보학연구방법론 (Basic Research Methods for Librarians)	3	3
		문헌정보학영서특강 (Reading in Library & Information Science)	3	3
		관종별도서관정책론 (Libraries Administrative Policy)	3	3
		정보검색론 (Information Acquisition)	3	3
		진로지도상담 II	O	P
4	전공	실무실습(Training of Library Practice)	3	3
		기록관리학(Records and Archives Management)	3	3
		주제별문헌론(Subject's Literature)	3	3
		도서관프로그램론(Library Program Service)	3	3
		진로지도상담 III	O	P
		고문헌조직(Organization of Oriental Classics)	3	3
		동양학기본문헌(Oriental Studies' Basic Tools)	3	3
		자료조직론(Cataloging and Classification)	3	3
		진로지도상담 IV	O	P
		졸업종합평가	O	P

학 부 교 과 내 용

문헌정보학의 이해(Understanding Library & Information Science)

정보의 개념, 도서관 및 정보센터의 정의와 기능, 도서관업무의 내용과 특징, 문헌정보학의 발달과정 등을 강의한다.

지식정보사회와 도서관(Information Society and Library)

지식정보사회를 조명·분석하고 사회 속의 도서관으로서 국가발전의 초석이 되는 전문직 사서로서의 교양과 역할을 연구·학습하는 교과로서 국가경쟁력 강화는 도서관 정책으로부터 시작됨을 인지하고 사서의 기본적인 소양과 디지털시대에 적합한 현대도서관 운영 방향을 연구하고 전문직 사서로서의 사서의 역할과 도서관 사서의 중요성을 연구·학습한다.

문헌분류법(Classification Method)

문헌을 효과적으로 검색하기 위해 사용되는 분류이론을 이해하고 세계 주요 도서관에서 사용되는 분류표의 종류를 파악하며, 우리나라에서 많이 사용되는 듀이십진분류표와 한국십진분류표의 특성을 이해하고 활용방법을 익히는 데 본 과목의 목적이 있다.

도서관사(History of Libraries)

정보자료와 도서관의 변모와 역사적 발전을 이해하고 문화사의 한 분야로서 도서관의 정보자료의 역사를 파악하여 현대를 사는 문헌정보학 전공자의 정체성과 미래를 바라보는 비전을 길러 주고 발전적 사명과 안목을 가지도록 인도한다.

독서교육론(Feading Education)

개인 및 단체를 대상으로 독서교육에 대한 이론과 방법 및 문제점 등을 과학적으로 연구하는 방법론을 학습하는 교과목이다. 도서관 이용자들의 독서생활화를 위한 도서관의 정책 및 봉사활동에 대한 방법과 독서인구의 저변확대를 위한 도서관 활동에 대하여 연구한다.

현대출판의 이해(Understanding of Contemporary Publishing)

저작자의 저작물을 복제하여 독자에게 배포하는 출판의 이론과 실제를 기획단계부터 편집·인쇄·장정·유통단계에 이르기까지 제 출판과정과 저작권법, 출판정책 등의 출판환경을 살펴본다. 아울러 영상매체, 뉴테크놀로지의 도입으로 전환기를 맞고 있는 현대출판의 현황을 파악한다.

정보봉사론(Theory of Information Service)

정보사회에서 도서관 및 정보센터의 기능이 활성화되기 위하여 도서관에서 제공되는 참고자료 및 데이터베이스를 안내하고 탐색하는 기법을 숙지하고 참고서비스의 네트워크와 평가에 대한 방법을 연구·학습한다.

정보학의 이해(Introduction to Information Science)

지식정보화사회의 핵심인 정보를 연구대상으로 하는 정보학의 포괄적인 이해와 다양한 영역에서 사용되는 정보에 대한 기본 개념을 이해하는 과목이다. 다양한 형태로 생산되는 정보와 그 전달 경로와 이용과 정보의 재생산으로 연결되는 사이클에 대해 이해한다.

학교도서관정보매체론(Theory of School Library Information Materials)

학교도서관의 본질적 기능을 활성화시키기 위한 교수학습 지원센터의 운영방법과 학교도서관의 다양한 정보매체를 수집, 분석, 정리, 교과지도 기술 및 교수학습자료의 제작 활용방법을 연구하는 교과이며 매체전문가로서의 사서와 사서교사를 양성하기 위한 교수학습이론과 교수학습센터의 운영 및 뉴미디어 활용방법, 특히 초·중·고에서 교재로 활용하고 있는 정보와 도서관 교과지도방법을 연구·학습한다.

서지학개론(Introduction to Bibliography)

동양서지학 특히 한국서지학을 중심으로 책의 기원 및 명칭을 비롯하여 판본·활자·인쇄·제본 등에 관한 전반적 지식을 습득하게 한다.

전통문헌분석(Classic Material's Analysis)

한국 전통적인 문헌이 무엇인지, 그 종류와 특징을 알고 전통 문헌을 해독할 수 있도록 한문의 기본적인 어법과 구결을 터득하는 학문이다. 전통 문헌을 정리할 수 있도록 전통 문헌정보학의 이론을 아울러 습득한다.

정보선택론(Information Acquisition)

정보관리기관, 즉 정보센터, 도서관에서 필요한 정보선택 및 구성 방법에 대해서 다룬다. 이용자의 정보 요구를 파악하고, 소장된 정보와의 관련성, 정보선택에 필요한 도구에 대해서 연구하여, 가치 있는 정보를 제공할 수 있는 방안을 제시한다.

도서관조직경영론(Library Organization and Management)

도서관의 재정, 자료, 인사, 건물과 시설, 이용자 봉사, 대외협력 등의 조직경영에 관한 기본요소를 분석한다.

목록조직론(Theory of Cataloging)

도서관자료의 검색을 위한 목록법의 이론과 실제, 목록의 기입법과 기술론을 학습하고, 편목을 위한 동서양의 자료를 실제로 편목하고 AACR, KCR, MARC 등의 목록법에 대한 방법을 학습한다. 그리고 도서관자료의 정리를 위해 문헌자료를 편목하는 실습을 실시하는데 MARC에 대한 컴퓨터 실습을 실시한다.

디지털도서관시스템론(Theory of Digital Library System)

디지털도서관의 특징과 구축방법을 익히고, 멀티미디어 정보 데이터베이스의 기능 및 설계 시 유의점 등 정보통신 및 전자기술을 도서관 운영에 접근시키는 방안을 연구·학습한다.

관종별도서관정책론(Libraries Administrative Policy)

국가도서관·공공도서관·대학도서관·학교도서관·전문도서관·특수도서관·아동도서관 등의 경영정책적 특징과 차이점을 분석하고, 도서관 현실의 문제점을 조사하여 이를 극복할 수 있는 경영정책을 개발한다.

문헌정보학영서특강(Reading in Library & Information Science)

문헌정보학 분야의 최신 저널의 원문 강독 및 그에 관련된 인터넷 용어와 실용적 문장들을 강독함으로써 정보전문가로서의 자질을 향상시키고 급변하는 정보화 사회에 앞장설 수 있도록 한다.

세계의 도서관(World Libraries)

The goal of this course is to provide students with the knowledge necessary to participate effectively to understand various libraries in the world. Emphasis is on the service, structure, programs, buildings of the public, academic and school libraries.

문헌정보학연구방법론(Basic Research Methods for Librarians)

문헌정보학이 독립된 학문으로 정립되고 성장할 수 있는 방법적인 문제를 토의하고 디지털도서관 운영 및 관종별 도서관 운영에 관한 주제토의 및 연구문제들로 제기될 수 있는 주제를 도출하여 연구방법을 학습한다.

정보검색론(Information Retrieval)

이용자가 원하는 정보를 얻기 위해 사용되는 정보검색의 이론과 방법을 다룬다. 이용자의 정보요구와 찾은 정보와의 적합성 관계, 자동 색인 및 분류를 위한 통계적 방법과 언어적 방법 등이 포함되며, 다양한 정보 탐색과정이 연구된다.

실무실습(Training of Library Practice)

문헌정보학과 관계되는 교과목을 이론으로 학습한 내용을 현장에서 실제 실습으로 실시한다. 예비사서로서 졸업 후에 현장에서 실무에 적응할 수 있도록 국회도서관 및 국립중앙도서관을 비롯하여 각종 도서관에서 선임 실무 사서들의 지도를 받는다.

주제별문헌론(Subject's Literature)

인문과학·사회과학·자연과학·기술과학 영역의 서목·색인·사전·편람·연감·초록 및 전문저술과 학술논문 등을 주제별로 각각의 의의·구성·용도·종류 및 이용법을 습득한다.

기록관리학(Records and Archives Management)

정부기관 및 공·사립단체 또는 기업체에서 작성되는 각종 문서자료는 역사적 증거자료 및 연구자료로서 중요한 정보원이다. 따라서 문헌정보학도의 영역확대를 위해 기록관리자로서의 기본지식과 기법을 익힌다. 또한 정부간행물의 발행기관, 특징, 종류, 배포에 관해 조사하며, 정부간행물의 바람직한 이용자 봉사와 자료 제공을 위한 시스템과 방법들을 연구한다.

도서관프로그램론(Library Program Service)

도서관의 문화적 기능을 위해 다양한 문화활동, 교육활동, 전시 등에 대해 기획단계에서부터 평가단계에 이르는 체계적인 절차와 내용을 학습하는 교과목이다. 도서관의 정체성을 보여줄 수 있는 내용과 도서관 직원의 전문성을 향상시키는 방법 등에 대한 내용이 포함된다.

자료조직론(Cataloging and Classification)

도서관 자료의 정리 중 핵심이 되는 분류와 목록법에 대하여 이론과 실무의 차이점 연구와 도서관의 규모 또는 목적과 자료의 이용가치에 따른 분류 및 목록법을 Hard-ware와 Soft-ware에서 취급하는 방법을 학습한다.

고문헌조직(Organization of Oriental Classics)

고문헌에 대한 서지적 지식을 바탕으로 고서의 감정법과 자료의 관리·분류·편목을 연구하는 방법을 학습한다.

동양학기본문헌(Oriental Studies' Basic Tools)

동양 삼국을 중심으로 문헌의 발달과정을 살피고, 구체적으로 목록·색인·사전·류서·운서·연감·편람 등 참고사서가 필수적으로 익혀야 할 기본 문헌을 선별하여 특징과 이용법을 터득한다.

석 사 교 과 과 정

구분	교과목명	학점
전공필수 전공선택	문헌정보학조사연구방법론 (Advanced Library & Information Science Research Methods)	3
	공공도서관실천경영세미나 (Seminar in Management & Policy of Public Library)	3
	교감학특강 (Textual Bibliography Studies)	3
	금속활자연구 (Metal Type Studies)	3
	기록관리특강 (Advanced Archives Management)	6
	논문 (Guidance of Thesis)	3
	도서관건축특강 (Advance Library Building & Space Plan)	3
	고급도서관경영정책론 (Advanced Library Management & Police)	3
	도서관문화프로그램세미나 (Seminar in Library Cultural Programs)	3
	도서관장연구 (Library Director Studies)	3
	도서관전산화특강 (Advanced Library Automation)	3
	도서관평가분석론 (Library Evaluation and Analysis)	3
	독서활동세미나 (Seminar in Reading Activity)	3
	디지털도서관구축연구 (Advanced Digital Library Studies)	3
	무구정광 및 고려대장경특강 (Wugoujingguang & Koryo Buddhist Sutra Studies)	3
	비교문화기관연구 (Comparative Studies of Cultural Organization)	3
	세계도서관탐구 (World Library Studies)	3
	어린이 및 작은 도서관경영론 (Children & One – Person Library Management)	3
	이용자교육세미나 (Seminar in User Education)	3
	인터페이스디자인연구 (User Interface Design Studies)	3

구분	교과목명	학점
전공필수 전공선택	자료보존 및 복원법연구 (Preservation, Conservation, and Restoration Studies)	3
	자료조직이론 (Theory of Classification and Cataloging)	3
	장서개발정책 및 자원공유세미나 (Seminar in Collection Development Policy and Resource Sharing)	3
	정보검색특강 (Advanced Information Storage Retrieval)	3
	정보서비스연구 (Information Service Studies)	3
	지식구조연구 (Knowledge Organization Studies)	3
	지역주민 및 지역사회연구세미나 (Seminar in Regional User & Community Study)	3
	체계서지학특강 (Systematic Bibliography Studies)	3
	출판저작권법특강 (Advanced Publishing & Copyrights Studies)	3
	학교도서관경영정책세미나 (Seminar in Management & Policy of School Library	3
	학습독서프로그램세미나 (Seminar in Leading Reading Program)	3

석 사 교 과 내 용

공공도서관실천경영세미나(Seminar in Management & Policy of Public Library)
공공도서관 경영에 관련된 주요 현안에 대해서 토론한다. 현안별 문제점을 분석하고 다양한 연구결과를 통해 해결 대안을 제시한다.

교감학특강(Textual Bibliography Studies)
정확한 원문의 복원을 위해 교감학의 제반 이론과 역사를 다룬다. 교감학의 실천방법의 탐구를 통하여 고전자료에 대한 연구방향에 대한 제시를 포함한다.

금속활자연구(Metal Type Studies)
금속활자본의 형태서지학적 연구를 다룬다. 시대별 주요 금속활자의 특징을 비교 분석하는 것을 포함한다.

기록관리특강(Advanced Archives Management)
현재 기록물의 수집, 조직, 이용에 관련된 현장의 문제점을 분석하고 대안 발전을 위한 이론적인 방법을 파악하는 내용을 다룬다. 공공기관 및 사기관의 기록 특성의 비교·분석이 포함된다.

논문(Guidance of Thesis)
학위논문 제출 예정인 학기 등록 학생에 한하여 지도교수로부터 연구방법 및 진행에 관한 총괄적인 지도를 받음으로써 연구 진행과 보고서 작성법을 터득하게 된다.

도서관장연구(Library Director Studies)
도서관 경영자로서 관장의 역할과 책무에 대해서 다룬다. 도서관장의 리더십이 조직에서 미치는 영향과 조직 내·외에서의 역할, 전문직 관장 및 비전문직 관장의 활동 등이 포함된다.

도서관건축특강(Advance Library Building & Space Plan)
주요 도서관건축을 소개하고 도서관건축의 핵심인 공간구성에 관한 건축지침을 다룬다. 이용자의 도서관 이용행태, 이용자와 공간구성과의 관계, 내부 인테리어와 이용자와의 관계 등이 포함된다.

도서관경영정책론(Advanced Library Management & Police)
다양한 도서관의 일반적인 경영활동과 정책을 다룬다. 포함된 범위는 기획, 조직, 인사, 재정, 평가, 정책 등에 관련된 당면한 주요 현안에 대한 내용을 포함한다.

도서관문화프로그램세미나(Seminar in Library Cultural Programs)

공공도서관에 제공되는 다양한 문화프로그램에 대한 문제점을 분석한다. 교육프로그램과 교양프로그램으로 나누어, 프로그램의 기획·운영·평가에 대해 다룬다.

도서관전산화특강(Advanced Library Automation)

수서, 정리, 열람 등에 관한 도서관 전산화 프로그램에 대한 내용을 다룬다. 요구분석, DB 구축 등의 시스템분석기법을 포함한다.

도서관평가분석론(Library Evaluation and Analysis)

도서관서비스에 대한 평가와 분석에 관한 내용을 다룬다. 다양한 도서관서비스의 벤치마킹을 통하여 효율적이며 효과적인 도서관서비스 품질을 측정하며, 모범사례 등을 비교 분석한다.

독서활동세미나(Seminar in Reading Activity)

공공도서관에서 독서교육프로그램에 관한 내용을 다룬다. 독서교육의 기획·방법·평가 등과 관련 주제에 대해 사례를 분석하고 발전방향에 대한 내용 등이 포함된다.

디지털도서관구축연구(Advanced Digital Library Studies)

디지털도서관에 관련된 이론적 기반 및 실질적 문제에 대해 다룬다. 국내·외의 공공도서관 및 학교도서관의 디지털도서관을 조사하여, 주요 경향을 파악 분석하고 발전방향에 관련된 내용을 포함한다.

무구정광 및 고려대장경특강(Wugoujingguang & Koryo Buddist Sutra Studies)

목판본에 대한 형태서지학 연구를 다룬다. 중국과 한국의 목판본 특성을 분석하여, 사회적 환경과 목판본의 발전과정을 비교 분석하는 것을 포함한다.

문헌정보학조사연구방법론(Advanced Library & Information Science Research Methods)

문헌정보학 분야의 다양한 연구방법론과 도서관현장에서 활용되는 통계기법 등에 대한 내용을 다룬다. 전문기법, 실험연구법 등이 포함되며, 통계 프로그램 이용에 대한 내용이 포함된다.

비교문화기관연구(Comparative Studies of Cultural Organization)

도서관과 문화 관련 기관의 사회적 역할에 대한 활동을 다룬다. 여성회관, 문예회관, 박물관, 미술관 등에서 도서관의 기능을 분석하고 그 역할의 유사점과 차이점을 분석한다.

세계도서관탐구(World Library Studies)

세계 주요 국가의 도서관 발달과 역사적, 사회적, 문화적, 경제적인 환경과 현재 도서관의 기능에 대한 내용을 다룬다. 현재 각국의 도서관의 역할을 통하여, 미래 도서관 발전방향의 파악을 포함한다.

어린이 및 작은 도서관 경영론(Children & One‑Person Library Management)
공공도서관의 어린이실과 작은 도서관 경영에 필요한 활동과 정책을 다룬다. 사서의 역할, 서비스 프로
그램, 경영기법 등이 포함된다.

이용자교육세미나(Seminar in User Education)
다양한 관종의 도서관 이용자에 적합한 도서관 이용 및 정보활용을 위한 교육에 관한 내용을 다룬다. 공
공도서관 및 학교도서관 이용자에게 도서관 이용법에 관해 분야별 주요 현안 및 관심에 대한 집중적인
토론을 포함한다.

인터페이스디자인연구(User Interface Design Studies)
인터페이스디자인에 관련된 다양한 개념을 중심으로 이론적인 배경 및 실제 활용을 다룬다. Information
Architecture를 기반으로 웹사이트 구축에 대한 내용을 포함한다.

자료보존 및 복원법 연구(Preservation, Conservation, and Restoration Studies)
중요한 도서관자료의 보존 및 파손된 자료의 복원 방법을 다룬다. 다양한 도서관자료의 화학적·물리적
인 특성을 분석하고, 자연적 환경이 자료 보존에 미치는 영향 등을 포함한다.

자료조직이론(Theory of Classification and Cataloging)
분류·목록에 관한 다양한 이론에 관한 내용을 다룬다. DDC, KDC, UDC, CC, LCC 등의 도서관 분류 체
계에 대한 분석과, 목록규칙의 변천을 통한 기본 개념에 대한 분석 및 시소러스, 메타데이터를 포함한다.

장서개발정책 및 자원공유세미나(Seminar in Collection Development Policy and Resource Sharing)
장서개발정책에 관련된 다양한 요소에 대한 분석과 자원공유에 대한 내용을 다룬다. 장서개발정책과 도
서관 이용자와의 관계, 그리고 자원공유에 관련된 요인 분석 등이 포함된다.

정보검색특강(Advanced Information Storage Retrieval)
정보조직과 검색에 관한 이론적인 내용과 실질적인 활용에 대한 내용을 다룬다. 색인과 탐색어의 연결
관계, 색인어의 역할, 탐색어의 역할 등이 포함된다.

정보서비스연구(Information Service Studies)
도서관 사서의 이용자에 대한 직접적인 서비스에 대한 내용을 다룬다. 공공도서관에 필요한 면담기법,
정보서비스의 종류, 지역정보서비스, 인터넷정보서비스 등을 포함한다.

지식구조연구(Knowledge Organization Studies)
지식구조의 핵심인 개념을 통하여 개념의 범주화 과정과 범주화에 영향을 미치는 요소를 다룬다. 최근의

핵심 관심사로 떠오르는 온톨로지와 토픽맵의 활용에 대한 내용을 포함한다.

지역주민 및 지역사회연구세미나(Seminar in Regional User & Community Study)

도서관이 위치한 지역사회와 도서관 이용자에 대한 조사방법 및 분석방법을 다룬다. 지역사회의 요구와 이용자의 요구, 지역사회에서 도서관의 역할 등이 포함된다.

체계서지학특강(Systematic Bibliography Studies)

동양의 문헌을 체계 있게 편성하거나, 이들 문헌을 왕조별 혹은 주제별로 구분하여 학문의 원류 혹은 서목에 대한 연구를 포함한다.

출판저작권법특강(Advanced Publishing & Copyrights Studies)

출판 및 저작권의 핵심 개념 이해를 통하여, 계속적으로 변모하는 관련법을 비교 분석하는 내용을 포함한다. 출판 및 저작권의 변화와 도서관의 역할, 도서관 이용자의 요구 등이 포함된다.

학교도서관경영정책세미나(Seminar in Management & Policy of School Library)

학교도서관 경영에 관련된 주요 현안에 대해서 토론한다. 현안별 문제점을 분석하고 다양한 연구결과를 통해 해결 대안을 제시한다.

학습독서프로그램세미나(Seminar in Leading Reading Program)

학교도서관에서 독서교육프로그램에 관한 내용을 다룬다. 학습을 위한 독서의 역할, 주제파악 등과 학교도서관에서 독서프로그램의 방향에 대한 내용을 포함한다.

건국대학교   인문과학대학 인문학부 문헌정보학과

▷ 전공 소개

건국대학교 문헌정보학과는 1984년도에 개설되었다. 문헌정보학은 인간의 지적 활동에 필요한 정보의 수집·축적·검색 및 이들의 효과적인 전달을 위한 지식커뮤니케이션 현상에 학문적 기초를 두고 있다. 또한 문헌정보학은 정보의 속성과 행태, 정보의 흐름을 지배하는 요인 등 정보커뮤니케이션 현상을 학문의 연구대상으로 삼아 왔으며 필요한 정보에 대한 효율적인 접근과 이용을 성취할 수 있는 과학적인 방법을 개발해 왔다. 특히 컴퓨터와 통신기술 및 뉴미디어를 포함한 정보기술의 발달로 정보의 수집·조직·축적·검색·이용·전송과 관련된 연구 및 기술적 발전도 끊임없이 이룩하여 왔다.

▷ 교육목표

본 문헌정보학과의 교육목표와 방향은 정보사회의 핵심적인 역할을 담당할 전문 인력 양성에 목표를 두고 있으며, 도서관과 각종 정보센터의 효율적인 관리에 기본이 되는 전통적인 도서관학 분야의 이해, 정보의 발생과 유통 등 정보현상의 규명과 첨단 정보기술 활용, 능력배양에 역점을 두고 있다. 또한 본 학문을 전공하는 학생들에게 도서관을 비롯한 정보센터, 정보산업체, 출판기관 등 여러 가지 정보서비스 기관에서 일할 수 있는 자질을 체득하고 높은 품질의 서비스를 창출할 수 있도록 준비시키는 것을 목적으로 한다.

▷ 교수진

| · 노영희 | 정보공학 | irs4u@kku.ac.kr | 043 - 840 - 3367 |
| · 최원태 | 정보학 | wtchoi@kku.ac.kr | 043 - 840 - 3865 |

▷ 대학원의 설치 여부

건국대학교는 대학원 설치를 하지 않았다.

▷ 학과 연락처

- 홈페이지　　　　　　http://lis.kku.edu
- 학과 전화번호　　　　043 - 840 - 3364

학 부 교 과 과 정

학년	구분	교과목명	학점	시간
1	지교	문헌정보학개론 (Introduction to Library and Information Science)	3	3
		정보미디어역사 (History of Information Media)	3	3
		컴퓨터정보처리 (Computer Information Processing)	3	3
2	전필	자료조직 Ⅰ(분류) (Organization of Materials Ⅰ)	3	3
		자료조직 Ⅱ(목록) (Organization of Materials Ⅱ)	3	3
	전선	도서관운영론 (Library Management)	3	3
		디지털콘텐츠 (Digital Contents)	3	3
		서지학개론 (Introduction to Bibliography)	3	3
		아동 및 청소년자료 (Children and Young People's Literature and Related Materials)	3	3
		인터넷정보처리 (Internet Information Processing)	3	4
		정보자료수집론 (Building Information Media Collections)	3	3
		정보조사제공론 (Information Service)	3	3
		정보통신네트워크 (Library Information Network)	3	3
3	전선	과학기술정보원 (Information Resources of Sciences and Technology)	3	3
		관종별도서관운영 (Administration of Academic, Special and Public Libraries)	3	3
		데이터베이스운영론 (Database Management)	3	3
		도서관시스템자동화 (Library Automation)	3	3
		독서지도론 (Reading Guidance)	3	3
		색인초록조직론 (Indexing an Abstracting)	3	3

학년	구분	교과목명	학점	시간
3	전선	인문사회과학문헌정보 (Information Resources of Sciences and Technology)	3	3
		정보검색론 (Information Storage and Retrieval)	3	3
		프로그래밍언어론 (Programming Language)	3	3
		학교도서관매체센터운영 (School Library Media Center)	3	3
4	전선	기록관리학개론 (Archives)	3	3
		도서관정보시스템운영연습 (Seminar in Library Information System Management)	3	4
		디지털도서관 (Digital Library)	3	3
		인턴십 (Internship)	3	3
		정보리터러시 (Information Literacy)	3	3
		정보자원관리연습 (Information Resources Management)	3	4
		정보자원조직론 (Organization of Information Resources)	3	3
		특수자료론 (Organization of Special Materials)	3	3
		문헌정보학세미나 (Library and Information Science Seminar)	3	3

학 부 교 과 내 용

과학기술정보원(Information Resources of Sciences and Technology)
과학기술 분야의 문헌정보에 대한 전반적인 분석 및 평가 CD-ROM 사용법 숙지, 네트워크를 이용한 데이터베이스의 검색 등을 통해서 동 분야의 정보서비스를 제공해 줄 수 있는 능력을 배양한다.

관종별도서관운영(Administration of Academic, Special and Public Libraries)
대학 및 특수도서관, 공공도서관의 운영이론과 실제 사례를 중심으로 다룬다.

데이터베이스운영론(Database Management)
국내·외 정보서비스 기관을 통해 제공되는 데이터베이스의 분야별 종류 및 주제내용을 조사하며, 정보시스템을 통해 이용할 수 있는 서비스의 내용을 다루고, 이를 이용하여 데이터베이스를 실제로 작성하여 보도록 한다.

도서관시스템자동화(Library Automation)
도서관, 정보센터, 기업 등의 정보관리조직은 관련 업무의 자동화를 통하여 업무구조를 개선하며 정보자원의 효율적인 관리 및 유통이 가능하다. 본 과목의 수서, 목록관리, 대출, 연속 간행물 관리, OPAC 등 도서관자동화 하부시스템의 개념, 분석, 설계, 구축에 관하여 다룬다. 또한 최신 정보기술 및 정보통신기술의 연구를 바탕으로 새로운 정보관리 개념 및 방법론, 통합정보시스템, 네트워크를 활용한 정보관리, 관련 정보시스템의 자동화 사례 조사 및 분석과 효율적인 시스템의 구성 및 분석을 통하여 효율적인 시스템의 구성 및 운영에 관하여 다룬다.

도서관운영론(Library Management)
도서관 및 정보센터의 운영계획, 조직, 의사결정, 리더십, 인사관리 예산 및 도서관 평가 등의 내용을 다룬다.

도서관정보시스템운영연습(Seminar in Library Information System Management)
도서관업무의 이론과 실제를 체계적으로 검토하고 국내·외에 걸쳐 도서관업무를 효율적으로 수행할 수 있는 능력을 기른다. 또한 새로운 정보기술 및 정보시스템에 관한 지식을 바탕으로 새로운 개념의 업무 및 정보서비스를 제공해 줄 수 있는 능력을 배양한다.

독서지도론(Reading Guidance)
문학 및 비문학 자료이용의 이론 및 방법과 기술을 연구한다. 독서흥미, 자료 이용방법 및 자료이용의 후속활동 등을 실습함으로써 사례연구 중심의 학습을 한다.

디지털도서관(Digital Library)

본 과목은 디지털도서관의 발전과정, 연구동향, 기술변혁 등을 이론적인 측면에서 다루고, 향후 디지털도서관 수축에 필요한 지식을 강의한다. 특히 인터넷을 중심으로 하는 디지털도서관, 디지털콘텐츠 산업, 전자상거래 등과 관련된 변화와 미래에 초점을 둔다.

디지털콘텐츠(Digital Contents)

디지털도서관의 서비스 내용을 선정·조직 및 이용자 인터페이스 등을 구현하는 기술을 습득한다.

색인초록조직론(Indexing an Abstracting)

과학기술 문헌을 중심으로 색인 초록의 이론과 실제를 다룬다. 또한 프로그래밍 언어 등의 관련 지식을 이용하여 텍스트 정보처리 관련 실습을 하여 시스템 설계 및 구축에 관한 실제적인 지식을 배양한다.

서지학개론(Introduction to Bibliography)

장정의 변천과 문헌의 탐색, 활자본과 목판본의 제조방법 및 그의 감별법에 대해 고찰하고, 고인쇄 관련 박물관 견학과 유적지 답사 등을 통해서 고서에 대한 지식을 습득한다.

아동 및 청소년자료(Children and Young People's Literature and Related Materials)

아동 및 청소년의 인지·심리·도덕 또는 언어발달 과정에 따르는 국내외 아동 및 자료선택을 다룬다.

인문사회정보원(Information Sources in Humanities and Social Science)

인문사회과학 분야의 문헌정보에 대한 전반적인 분석 및 평가, CD-ROM 사용법 숙지, 네트워크를 이용한 데이터베이스의 검색 등을 통해서 동일 분야의 정보서비스를 제공해 줄 수 있는 능력을 배양한다.

인터넷정보처리(Internet Information Processing)

다양한 정보환경을 위해 여러 가지 다양한 소프트웨어를 사용하여 실제적인 웹페이지를 작성해 보고 기술을 적용시켜 봄으로써, 훌륭한 웹디자인을 하기 위해 필요한 원칙 및 정보기술들에 초점을 둔다. 이를 위해 HTML, CGI프로그래밍, Javascript, Perl 등의 언어를 습득하고, JAVA, VRML 등의 고급 인터넷 프로그래밍 기법을 논한다.

인턴십(Internship)

방학을 이용한 현장경험을 통해 학생들의 사회적 능력 배양 및 도서관 및 정보센터에서 선임 실무자의 지도하에 학교에서 배운 바를 심화하도록 한다.

자료조직 Ⅰ(분류)(Organization of Materials Ⅰ)

자료의 분류이론 및 LCC, DDC, KDC를 도구로 실습함으로써 분류의 실제를 학습한다.

자료조직 Ⅱ(목록)(Organization of Materials Ⅱ)
자료목록의 이론 및 KOLAS 프로그램, 한국자동화목록 형식, KCR3를 도구로 실습함으로써 편목의 실제를 학습한다.

정보검색론(Information Storage and Retrieval)
정보검색 및 정보검색시스템의 이론과 실제를 다룬다.

정보리터러시(Information Literacy)
학습방법의 학습을 위하여 필요한 정보의 확인·선택·획득·평가·이용을 자유롭게 할 수 있는 기술과 방법을 학습한다. 또한 정보교과 운영을 위한 교안의 작성과 운영을 다룬다.

정보자료수집론(Building Information Media Collections)
주제별 또는 관종별 정보센터(도서관)에서 자료를 효율적으로 구성할 수 있도록 정보자료의 선택이론, 선택정책, 선택도구 등 정보자료의 수집방법을 다각적으로 다룬다.

정보자원조직론(Organization of Information Resources)
분류, 편목을 중심으로 하는 도서관자료의 조직원리 및 자동화목록법을 학습한다. 또한 메타데이터, XML 등의 디지털 자원의 조직과 관련된 지식을 다룬다.

정보조사제공론(Information Service)
정보서비스 업무를 원활히 수행할 수 있도록 정보커뮤니케이션, 온라인서비스, 정보업무의 조직 및 평가 등에 관한 이론과 기본적인 정보조사 도구에 관해 학습한다.

정보통신네트워크(Library Information Network)
텍스트, 음성, 영상, 오디오 등의 복합적인 자료의 효율적 관리 및 사용기법과 멀티미디어 자료의 관리기법 등을 학습한다. 또한 웹서버 구축 및 관리와 홈페이지 운영과 관리를 위한 네트워크, photoshop, flash, 프로그래밍 언어 등의 관련 기술을 학습한다.

특수자료론(Organization of Special Materials)
도서 이외의 인쇄매체·영상매체·전자매체·광매체 등 멀티미디어 중심의 정보매체의 특성·이용을 위한 선택·축적·검색 등을 다룬다.

프로그래밍언어론(Programming Language)
본 과목을 프로그래밍언어 구조의 특성에 대해 살펴보고, 그 원리와 응용에 대해서 알아본다. 다루는 프로그래밍언어의 유형들은 명령한 언어, 참수형 언어, 객체 지향형 언어, 논리형 언어 등으로, 직접 다루게 될 언어는 비주얼 베이직과 C++, 그리고 c를 익힘으로써 알고리즘의 이해와 문법을 배워 프로그래머의 기초 지식을 습득한다.

학교도서관매체센터운영(School Library Media Center)

정보자료가 디지털화, 비인쇄화됨에 따라 인쇄 자료만이 아니라 여러 가지 다양한 학습매체들이 출연하고 있다. 이들 자료를 효과적으로 수집하고 쉽게 이용할 수 있는 체계로 정리함에 필요한 기술과 방법을 학습한다. 아울러 이들 자료를 교육과정에 맞추어 학습도구로 활용하여 학생들의 학습력을 높이는 방법에 대해 학습한다. 가능한 실습을 겸한다.

문헌정보학세미나(Library and Information Science Seminar)

최근 도서관계 및 문헌정보학계에 이슈가 되는 있는 주제들을 중심으로 자료조사를 하고, 발표를 하며, 이러한 주제에 대해 충분히 토론함으로써 졸업 후 진로 결정 및 취업에 도움이 되도록 한다.

경기대학교 인문대학 인문학부 문헌정보학과

▷ 전공 소개

경기대학교 문헌정보학과는 1983년 도서관학과로부터 출발하였다. 그 후 1992년도에 문헌정보학과로 개칭을 하면서 새로운 전환기를 맞았다. 문헌정보학과란 무엇일까? 문헌정보학과는 정보학을 연구하는 학과이다. 기존의 도서관학을 포함한 모든 정보(문헌을 포함한 모든 자료, 정보)를 학문적으로 수집, 조직, 검색법 등을 배우는 것이다. 곧, 우리 문헌정보학과는 정보화사회라 불리는 현대사회를 이끌어 나갈 인재를 양성하는 곳이라 할 수 있다.

▷ 교육목표

문헌정보학과의 설립취지는 일차적으로 우수한 사서 인력의 수급이다. 사서란 정보를 필요로 하는 이용자와 지구상에 널려 있는 실제 정보 사이의 가교 역할을 담당하는 직업으로서, 주로 도서관이나 기업체·언론사·방송국·각종 기관 등의 자료실에 배치되어 이용자들의 요구에 정확하고 신속하게 정보를 전달하는 것을 목적으로 한다. 따라서 문헌정보학과에서는 각종 정보를 조직하는 방법에서부터 분류, 선택, 검색하는 방법들은 물론 정보축적의 심장인 도서관 운영과 관리 등을 배우고 있으며, 이들을 바탕으로 급속히 불붙고 있는 현대 정보 전쟁에서 첨병으로서의 역할을 배양하고 있다. 문헌정보학의 이론적 연구를 통하여 정보자료의 과학적이고 효율적인 활용 가능성을 높인다. 도서관 및 정보센터 현장에서 업무를 효과적으로 수행할 수 있는 전문인을 육성한다. 정보화 사회를 주도할 수 있는 정보전문가를 양성한다.

▷ 교수진

· 김태승	정보학	tskim@kyoggi.ac.kr	031 – 249 – 9179
· 조현양	정보학	hycho@kyooggi.ac.kr	031 – 249 – 9375
· 최은주	도서관학	ejchoi@kyonggi.ac.kr	031 – 249 – 9178
· 한윤옥	자료조직	yohan@kyonggi.ac.kr	031 – 249 – 9177
· 이재윤	정보학	memexlee@kyonggi.ac.kr	031 – 249 – 9180
· 김종애	정보학	jongaekim@kyonggi.ac.kr	031 – 249 – 9181

▷ 대학원의 설치 여부

경기대학교 대학원은 1999년에 석사과정을 설치하고, 2001년에 박사과정을 설치하였으며, 교육대학원과정까지 설치하였다.

▷ 대학원의 교육목표

- 지식정보화시대의 핵심인 지식정보관리자 양성
- 공공도서관 및 학교도서관 경영을 위한 전문적 연구능력 배양

▷ 학과 연락처

- 홈페이지　　　　　　http://web.kyonggi.ac.kr/klis
- 학과 전화번호　　　　031 - 249 - 9165

학 부 교 과 과 정

학년	구분	교과목명	학점	시간
1	전공 탐색	문헌정보학의 이해 Ⅰ	3	3
		문헌정보학의 이해 Ⅱ	3	3
2	기초	기록관리론	3	3
		학교도서관경영	3	3
		도서관정보센터경영	3	3
		인터넷정보관리	3	3
		도서관문화사	3	3
		인터넷응용	3	3
		자료조직론 Ⅰ	3	3
		자료조직론 Ⅱ	3	3
		참고정보서비스론	3	3
3	심화 및 응용	대학도서관경영	3	3
		공공도서관경영	3	3
		데이터베이스론	3	3
		독서지도	3	3
		디지털도서관	3	3
		인문과학정보	3	3
		정보검색론	3	3
		정보매체론	3	3
		참고정보자료	3	3
		어린이청소년자료	3	3
4	심화 및 응용	과학기술정보	3	3
		도서관실습	3	3
		학술정보네트워크	3	3

학 부 교 과 내 용

공공도서관경영론

공공도서관의 기본조직과 운영에 관한 이론을 배운다.

과학기술정보론

제 분야의 학문발달 특성과 각종 참고자료에 관해 배운다.

대학도서관경영론

대학도서관의 조직과 운영·역할에 관해 배운다.

데이터베이스

데이터베이스의 구조와 종류·영역별 특성을 규명하여 온라인정보검색시스템에 활용할 수 있는 기초 지식을 제공한다.

도서관문화사

문헌정보의 속성과 수집, 관리방안, 효과적 이용 등을 다룬다.

도서관실습

각종 도서관에 실제 배치되어 현장 업무를 실습한다.

독서지도

아동의 발달단계에 따른 자료의 선택과 독서교육법을 다룬다.

사회과학정보론

제 분야의 학문발달과 특성 및 각종 참고자료의 평가를 다룬다.

인문과학정보론

제 분야의 학문발달과 특성 및 참고자료의 이용 등을 배운다.

자료조직론 I

도서관자료의 검색을 위한 목록의 규칙과 방법, 역사를 배운다.

자료조직론 Ⅱ

자료 분류의 원리·이론과 각종 분류법의 체계의 적용을 다룬다.

장서개발론

이상적인 장서구성을 위한 자료선택 및 평가, 개발을 배운다.

정보검색론

정보검색을 위한 이론과 실제 및 평가방법을 다룬다.

정보시스템관리론

정보센터의 체계와 관리, 평가, 정보망의 형식에 관해 배운다.

정보이용자연구

정보의 효과적 전달과 이용을 위한 이론을 심리학적 관점·행동과학적 관점 등에서 학습한다.

참고정보서비스론

참고정보서비스 수행을 위한 계획·조직·방법론 등을 다룬다.

참고정보자료

정보원의 특성을 분석, 평가하고 그 이용방법을 배운다.

학교도서관경영론

자료센터로서의 학교도서관의 역할과 조직관리 등을 다룬다.

석 사 교 과 과 정

구분	교과목명	학점
기초공통	도서관자동화특론 (Advanced Studies in Library Automation)	3
	도서관정보센터경영특론 (Advanced Library and Information Center Management)	3
	서지학세미나 (Seminar in Bibliography)	3
	자료조직특론 (Cataloging and Classification)	3
	정보검색연구 (Studies in Information Retrieval)	3
	참고정보서비스특론 (Reference and Information Service)	3
석사과정	공공도서관경영정책 (Policy of Public Library Management)	3
	과학기술정보원특강 (Seminar in Information Sources in Science and Technology)	3
	기록보존관리론 (Records and Archives Management)	3
	다중매체정보원특강 (Seminar in Multimedia Recourses)	3
	대학도서관경영정책 (Policy of Academic Library Management)	3
	도서관서비스평가론 (Evaluation of Library and Information Services)	3
	도서관현장연구 (Study on Library Research)	3
	도서관협력네트워크 (Library Cooperation Networks)	3
	디지털도서관구축론 (Digital Libraries)	3
	문헌정보학연구방법론 (Research Methods in Library and Information Science)	3
	사회과학정보원특강 (Seminar in Information Sources in Social Science)	3
	연속간행물관리론 (Management of Serial Publication)	3

구분	교과목명	학점
석사과정	인문과학정보원특강 (Seminar in Information Sources in Humanities)	3
	인터넷정보원연구 (Seminar in Internet Recourses)	3
	장서개발특론 (Advanced Studies in Collection Management)	3
	전문도서관경영정책 (Policy of Special Library Management)	3
	정보이용행태연구론 (Studies in Information Use Behavior)	3
	정보시스템분석론 (Theory of Information System Analysis)	3
	정보커뮤니케이션론 (Information Communication)	3
	학교도서관경영정책 (Policy of School Library Management)	3

박 사 교 과 과 정

구분	교과목명	학점
기초공통	도서관자동화세미나 (Seminar in Library Automation)	3
	도서관정보센터경영특강 (Seminar Studies in Management of Library and Information Centers)	3
	디지털정보검색특론 (Theory of Digital Information Retrieval)	3
	서지학특론 (Advanced Studies in Bibliography)	3
	서지DB검색론 (Theory of Bibliographic Data Base)	3
	지식정보조직론 (Organization of Knowledge Based Information)	3
	참고정보서비스연구 (Studies in Reference & Information Service)	3
박사과정	개별지도연구 (Individual Study)	3
	공공도서관경영연구 (Seminar in Management of Public Libraries)	3
	과학기술정보특론 (Advanced Studies in Science and Technology)	3
	도서관정보센터업무평가론 (Measurement and Evaluation of Library & Information Service)	3
	독서지도특론 (Advanced Studies in Reading Guidance)	3
	문헌정보학연구방법특론 (Advanced Research Method in Library and Information Science)	3
	비교문헌정보학 (Comparative Study of Library & Information Science)	3
	비교분류학 (Comparative Study of Classification)	3
	사회과학정보특론 (Advanced Studies in Social Science)	3
	인문과학정보특론 (Advanced Studies in Humanities)	3
	자료보존특론 (Conservation for Library Materials)	3
	장서개발특강 (Seminar in Collection Development)	3
	정보정책연구 (Studies in Information Policy)	3

구분	교과목명	학점
박사과정	전문도서관경영연구 (Seminar in Management of Special Library)	3
	정보미디어연구 (Studies in Information Media)	3
	정보시스템설계 (Information System Design)	3
	정보이용자연구론 (Studies in Information User)	3
	정보정책연구 (Studies in Information Policy)	3
	학교도서관경영연구 (Seminar in Management of School Library)	3
	학술정보센터경영연구 (Seminar in Management of Academic Libraries)	3
	현장연구특론 (Study in Field Work)	3

석 박 사 교 과 내 용

개별지도연구 Ⅰ(Individual Study Ⅰ)
연구방법론에 근거한 논문지도로 대체한다.

공공도서관경영연구(Seminar in Management of Public Libraries)
공공도서관의 필요성과 발전과정 및 교육적·사회적 기능을 파악하고 지역사회의 요구에 부응할 수 있는 봉사를 제공할 수 있도록 하기 위하여 공공도서관의 운영과 관리체계 전반에 대하여 연구한다.

공공도서관경영정책(Policy of Public Library Management)
공공도서관 자원, 봉사체계, 도서관망, 정책 등 공공도서관 경영상의 주요 논제를 다룬다.

과학기술정보원특강(Seminar in Information Sources in Science and Technology)
과학기술 분야의 정보활용을 위한 정보원의 조사·분석·평가를 다룬다.

과학기술정보특론(Advanced Studies in Science and Technology)
과학과 기술공학 문헌의 커뮤니케이션의 현상, 정보 생산자로서의 이 분야 학회, 단체의 기술 보고서, 서지문헌, 사전과 용어집, 용어집, 명감과 연감, 편람, 수표, 백과사전, 리뷰지, 번역문헌 및 과학기술정보의 서지적 동정에 대하여 이론과 실제 조사를 겸하여 학습한다.

기록보존관리론(Records and Archives Management)
각종 기록 혹은 문서의 성격과 역할, 효과적인 기록관리 및 보존 프로그램의 개발과 실시에 관련된 원칙과 기법을 다룬다.

다중매체정보원특강(Seminar in Multimedia Resources)
여러 형태의 정보전달매체 중에서 전통적인 인쇄매체 이외의 다른 매체에 존재하는 모든 정보원에 대하여 선택·입수·조직·관리, 그리고 관련 정보기술을 연구한다.

대학도서관경영정책(Policy of Academic Library Management)
대학도서관 자원, 봉사체계, 도서관망, 정책 등 대학도서관 경영상의 주요 논제를 다룬다.

도서관서비스평가론(Evaluation of Library and Information Services)
도서관에서 발생되는 여러 가지 운영상의 서비스를 평가, 연구한다.

도서관자동화세미나(Seminar in Library Automation)
도서관자동화에 대한 인적·재정적·기술적 관리를 다룬다.

도서관정보센터경영특강(Seminar Studies in Management of Library and Information Centers)
각종 도서관·정보센터·정보기구의 경영활동으로서의 기획·조직·인사·통제·재정·평가에 관련된 당면 주요 문제를 다룬다.

도서관현장연구(Study on Library Research)
업무의 흐름을 보다 명확히 파악하고 기술하여 도서관의 궁극적 추구 목적인 이용자에 대한 정보서비스 효율을 극대화할 수 있는 여러 가지 기법들을 연구한다.

도서관협력네트워크(Library Cooperation Networks)
도서관 및 정보망의 발전 과정, 유형 및 특성, 구조와 기능을 분석하여 연구한다.

독서지도특론(Advanced studies in Reading Guidance)
어린이, 청소년, 성인을 위한 독서매체의 소개, 서평과 각종 매체의 평가법, 독서요법과 지도방법을 개발하고 연구한다.

디지털도서관구축론(Digital Libraries)
디지털도서관의 개념, 구축을 위한 기술요소, 구축사례 등 디지털도서관 구축을 위한 문제를 다룬다.

디지털정보검색특론(Theory of Digital Information Retrieval)
디지털정보검색시스템의 운영에 관한 주요 어휘, 파일조직방법, 검색전략 및 검색결과의 분석과 기존 시스템의 평가에 필요한 이론적·실무적 문제를 연구한다.

문헌정보학연구방법론(Research Methods Library and Information Science)
문헌정보학의 과학적인 연구에 필요한 방법론 및 연구의 개념 등을 다룬다.

문헌정보학연구방법특론(Advanced Research Method in Library and Information Science)
문헌정보학의 과학적인 연구에 필요한 방법론 및 연구의 개념 등을 다룬다.

비교문헌정보학(Comparative Study of Library & Information Science)
각국 문헌정보학의 현황분석과 평가 및 우리나라에의 적용을 다룬다.

비교분류학(Comparative Study of Classification)
다양한 분류체계의 연구·비교·평가·분류이론·재분류 등에 관하여 연구한다.

사회과학정보원특강(Seminar in Information Sources in Social Science)
사회과학 분야의 문헌활용을 위한 정보원의 조사, 분석, 평가 및 학술단체의 활동을 조사한다.

사회과학정보특론(Advanced Studies in Social Science)
사회과학 분야 참고문헌의 주제별·서지적·구성형태별 특징 및 다양한 매체의 유형과 매체별 정보전달
구조의 특성을 전문적으로 연구한다.

서지학세미나(Seminar in Bibliography)
동서양의 서지학에 관한 이론적 연구방법과 그것이 다루는 실제적 응용문제를 고찰한다.

서지학특론(Advanced Studies in Bibliography)
고전서지의 발달과 형태서지학, 원문서지학, 판본학의 특성 및 연구방법론을 다룬다.

서지DB검색론(Theory of Bibliographic Data Base)
서지데이터베이스를 이용한 검색이론을 연구한다.

연속간행물관리론(Management of Serial Publication)
연속간행물의 선택, 수서, 편목, 소장, 이용과 연속간행물 부서 관리를 다룬다.

인문과학정보원특강(Seminar in Information Sources in Humanities)
인문과학 분야의 문헌 활용을 위한 정보원의 조사, 분석, 평가 및 학술단체의 활동을 조사한다.

인문과학정보특론(Advanced Studies in Humanities)
인문과학 분야 참고문헌의 주제별·서지적·구성형태별 특징 및 다양한 매체의 유형과 매체별 정보전달
구조의 특성을 전문적으로 연구한다.

인터넷정보원연구(Seminar in Internet Resources)
인터넷을 이용하여 양질의 정보를 효율적으로 검색, 활용할 수 있는 방법에 대하여 강의한다. 인터넷검
색엔진의 활용법 및 인터넷 이용과 관련된 사회적인 문제, 관리상의 문제 등에 대하여 연구한다.

자료보존특론(Conservation for Library Materials)
각종 기록 혹은 문서의 성격과 역할, 효과적인 기록관리 및 보존 프로그램의 개발과 실시에 관련된 원칙
과 기법을 다룬다.

자료조직특론(Cataloging and Classification)
자료의 주제별 분류의 이론과 방법을 익히며 여러 가지 형태의 자료에 대한 기술형식과 목록의 표준화, 특히 기계가독형 목록형식에 대해 고찰한다.

장서개발특강(Seminar in Collection Development)
도서관자료구성을 위한 이론과 실제를 연구하고 장서구성에 있어서 발생하는 제반 문제를 분석·평가한다.

장서개발특론(Advanced Studies in Collection Development)
도서관장서 개발의 이론과 장서개발정책, 관종별, 주제별, 자료별 선정원칙을 이해하고, 자료 선정, 장서 평가 및 폐기 등 장서개발의 전 과정을 체계적으로 연구한다.

전문도서관경영연구(Seminar in Management of Special Library)
주제 전문 분야의 도서관 및 정보센터 경영상의 주요 당면문제를 다룬다.

전문도서관경영정책(Policy of Special Library Management)
전문주제 분야 도서관 경영상의 특수문제와 해결방안을 다룬다.

정보검색연구(Studies in Information Retrieval)
정보검색의 특성, 이론 등을 연구하고 검색기법과 관련된 다양한 이론을 다룬다.

정보미디어연구(Studies in Information Media)
새로운 매체의 특성·목록 기술 및 적용에 관해 연구한다.

정보시스템분석론(Theory of Information System Analysis)
정보검색의 기본이 되는 정보유형별 정보시스템을 분석하여 연구한다.

정보시스템설계(Information System Design)
정보시스템분석법에 대한 연구를 토대로 정보시스템 설계에 필요한 데이터 모델링, back-end processing과 front-end processing 설계방법, 인간-기계 인터페이스 설계, IRS 설계에 대한 제 이론과 방법을 습득한다.

정보이용자연구론(Studies in Information User)
정보의 효과적 전달과 응용을 위한 이론과 실제적인 이용자 행태에 관하여 다룬다.

정보이용행태연구론(Studies in Information Use Behavior)
정보의 본질을 이해하고 연구자들이 처해 있는 정보환경과 이들의 정보이용행태를 분석 연구하여 도서관이나 정보기관의 이용자들에게 효율적인 봉사를 행하는 방법을 연구한다.

정보정책연구(Studies in Information Policy)
정보의 효율적인 경영과 관리의 과학화, 발전적인 정책에 따른 이론과 실제를 다룬다.

정보커뮤니케이션론(Information Communication)
정보유통과 관련되는 커뮤니케이션이론을 연구하고, 네트워크의 기본원리를 다룬다.

지식정보조직론(Organization of Knowledge Based Information)
지식정보의 획득, 표현, 이용에 관하여 연구한다.

참고정보서비스연구(Studies in Reference & Information Service)
참고정보서비스 수행을 위한 계획·조직·방법론·기술 등을 다룬다.

참고정보서비스특론(Reference and Information Service)
참고정보서비스를 수행하기 위한 참고이론분석, 참고정보서비스 영역, 참고사서의 자격, 참고면담, 평가 문제를 심층적으로 다룬다.

학교도서관경영연구(Seminar in Management of School Library)
학교도서관 경영상의 주요 당면문제를 다룬다.

학교도서관경영정책(Policy of School Library Management)
학교도서관 자원, 봉사체계, 도서관망, 정책 등 학교도서관 경영상의 주요 논제를 다룬다.

학술정보센터경영연구(Seminar in Management of Academic Libraries)
정보센터의 경영이론, 전략을 연구한다. 특히 기획·기준·예산·업무·평가·보고를 중심으로 하여 연구한다.

현장연구특론(Study in Field Work)
현장에서의 업무를 개선할 수 있는 방안을 연구한다.

교 육 대 학 원 교 과 과 정

구분	교과목명	학점
전이기	분류학특론 (Theory of Classification)	3
	목록학특론 (Theory of Cataloging)	3
	도서관전산화특론 (Study of Library Automation)	3
	독서지도특강 (Advanced Studies in Reading Guidance)	3
	정보검색특론 (Theory of Information Retrieval)	3
	정보봉사특강 (Seminar on Reference & Information Services)	3
	학교도서관운영특론 (Management of School Library Media Center)	3
	정보매체특론 (Study of Information Media)	3
	전자도서관구축론 (Study of Digital Libraries)	3
	학교도서관교재연구 및 지도법 (Teaching Materials & Methods for School Libraries)	3

▷ 전공 소개

　본 학과는 1974년에 설치된 도서관학과에서 1991년에 문헌정보학과로 개칭되었다. 문헌정보학이란 각종 자료의 수집·정리·축적·배포에 관한 이론 및 방법을 과학적으로 연구하는 학문으로서, 전통적 수단 및 컴퓨터를 활용하여 이러한 방법을 이해하여 실제 운용할 수 있는 능력을 배양하는 것을 그 목적으로 하고 있다. 문헌정보학은 수많은 정보와 지식 가운데 최적의 것을 선택하고 수집하여, 이를 체계적으로 정리하여 편리하게 이용하기 위한 수단과 방법을 구명하고, 실제 적용을 위한 교과목으로 구성되어 전통적인 도서관학 분야와 컴퓨터와 더불어 발전한 정보학 분야가 어우러진 것이다. 현재 학과의 자료조직 실습실에서는 이론적으로 배운 자료조직의 실습이 가능하며, 또한 전산 실습실에는 펜티엄급 컴퓨터 40여 대 이상과 각종 실습기자재가 확보되어 있어 최신 정보검색에 필요한 이론과 실습을 병행하는 데 이용되고 있다. 문헌정보학과 학생들은 자료조직, 도서관경영, 정보학, 정보봉사 및 서지학 등의 필요한 교과과정을 이수하여 문헌정보학 분야에서 책임 있는 업무를 이행하는 데 요구되는 충분한 지식과 숙련된 기술을 갖추게 된다.

▷ 교수진

· 김희섭	정보학	heesop@kuc.ac.kr	053 – 950 – 5239
· 남권희	서지학	khnam@kuc.ac.kr	053 – 950 – 5241
· 이성신	지식정보센터경영	leess@kuc.ac.kr	053 – 950 – 5238
· 이창수	자료조직	cls@kuc.ac.kr	053 – 950 – 5237
· 최재황	정보봉사	choi@kuc.ac.kr	053 – 950 – 5240

▷ 대학원의 설치 여부

경북대학교 대학원은 문헌정보학과라는 이름으로 석·박사과정을 설치하고 있다.

▷ 학과 연락처

· 홈페이지	http://lis.knu.ac.kr/
· 학과 전화번호	053 – 950 – 5236

학 부 교 과 과 정

학년	구분	교과목명	학점	시간
1	전공	문헌정보학개론 (Introduction to Library & Information Science)	3	3
2	전공	지식정보센터경영 (Management of Knowledge Information Centers)	3	3
		기록과 인간 (Archives and Humankind)	3	3
		도서관경영총론 (Introduction to Library Management)	3	3
		도서관과 인터넷기술 (Library and Internet Technologies)	3	3
		디지털도서관론 (Digital Libraries)	3	3
		멀티미디어론 (Introduction to Multimedia)	3	3
		장서관리론 (Collection Management)	3	3
		정보시스템론 (Information Systems)	3	3
		정보자료목록법 (Library Cataloging)	3	3
		정보자료분류법 (Library Classification)	3	3
		출판 및 도서관사 (History of Printing & Libraries)	3	3
		한국고서의 이해 (Understanding Korean Old Books)	3	3
3	전공	고전적 자료론 (Reading in Oriental Classics)	3	3
		기록관리제도론 (Systems of Archival Management)	3	3
		대학 및 전문도서관경영 (University and Special Library Management)	3	3
		데이터베이스활용론 (Database Practice)	3	3
		독서지도론 (Reading Guidance)	3	3
		미디어센터경영 (School Media Center Management)	3	3
		색인 및 초록법 (Indexing and Abstracting)	3	3

학년	구분	교과목명	학점	시간
3	전공	연속간행물관리론 (Managing Serial Publications)	3	3
		자료조직 (Organizing Library Materials)	3	3
		정보봉사론 (Introduction to Information Services)	3	3
		주제별정보자료 (Information Sources by Subject)	3	3
		지식정보검색론 (Knowledge Information Retrieval)	3	3
		정보이용자론 (Theory of Information Users)	3	3
4	전공	디지털콘텐츠개발 (Digital Contents Development)	3	3
		비도서자료 (Nonbook Materials)	3	3
		온라인정보탐색 (Online Information Searching)	3	3
		이용자인터페이스론 (User Interface)	3	3

석 박 사 교 과 과 정

구분	교과목명	학점
전공과목	계속자료관리특론 (Advanced Continuing Resources Management)	3
	고문서특수연구 (Seminar in Paleography)	3
	고서 및 고문서조직론 (Organization of Old Books & Archives)	3
	지식정보센터경영특수연구 (Seminar in Management of Knowledge Information Centers)	3
	금석문자료특수연구 (Seminar in Epigraphy)	3
	미디어센터경영특수연구 (Seminar in Management of Media Centers)	3
	데이터베이스구축특론 (Seminar in Database Construction)	3
	지식정보관련법규연구 (Seminar in Laws Related to Knowledge Information)	3
	지식정보센터마케팅전략특론 (Seminar in Marketing Strategy for Knowledge Information Centers)	3
	지식정보시스템분석특론 (Seminar in System Analysis for Knowledge Information)	3
	지식정보센터경영평가론 (Evaluation of Knowledge Information Center Management)	3
	지식정보센터계획론 (Planning of Knowledge Information Centers)	3
	동양고서지학특론 (Seminar in Old Oriental Bibliography)	3
	동양체계서지학특수연구 (Seminar in Systematic Bibliography of Oriental Materials)	3
	디지털도서관특수연구 (Seminar in Digital Library)	3
	멀티미디어특수연구 (Seminar in Multimedia)	3
	목록학특수연구 (Advanced Cataloging)	3
	문헌정보학연구방법론 (Research Methods of Library & Information Science)	3
	박사학위논문연구(문헌정보학) (Dissertation: Library and Information Science)	3
	분류학특수연구 (Advanced Classification)	3

154

구분	교과목명	학점
전공과목	비교목록법특수연구 (Studies on Comparative Cataloging)	3
	비교문헌정보학 (Comparative Library and Information Science)	3
	비교분류법특수연구 (Studies on Comparative Classification)	3
	석사학위논문연구(문헌정보학) (Thesis: Library and Information Science)	3
	이용자인터페이스특수연구 (Advanced User Interface)	3
	인터넷자원활용특수연구 (Seminar in Internet Resources)	3
	메타데이터연구 (Studies on Metadata)	3
	장서개발특수연구 (Advanced Collection Development)	3
	전자자료관리특론 (Advanced Electronic Resources Management)	3
	정보검색특수연구 (Seminar in Information Retrieval)	3
	정보공학 (Information Engineeringlogy)	3
	정보네트워크특수연구 (Seminar in Library and Information Networking)	3
	정보봉사특수연구 (Advanced Information Services)	3
	정보이용교육특론 (Advanced Information Literacy Instruction)	3
	정보이용행태연구 (Seminar in Information Behavior)	3
	정보정책특론 (Seminar in Information Policy)	3
	정보학특수연구 (Seminar in Information Science)	3
	지능형정보검색 (Intelligent Information Retrieval)	3
	특수자료조직론 (Organizing Special Materials)	3
	한국고서지학연구 (Studies on Old Korean Bibliography)	3
	한국형태서지학특수연구 (Seminar in Physical Bibliography of Korean Materials)	3
	한국체계서지학특수연구 (Seminar in Systemic Bibliography of Korean Materials)	3

경성대학교   문과대학 문헌정보학과

▷ 전공 소개

문헌정보학은 40여 년 전 미국으로부터 도서관학이라는 학문 명칭으로 우리나라에 들어왔으며, 분류편목·도서관 경영·참고봉사·서지학 등 전통적인 학문 영역과 정보의 속성, 유통 및 관리와 관련한 최첨단 과학기술의 응용을 위한 정보학적 접근이 요구되고 있는 학문이다. 따라서 문헌정보학은 순수과학적인 연구 영역과 응용과학적인 부분을 동시에 갖추고 있는 학문이다.

▷ 교육목표

문헌정보학은 이론과 실무를 유기적으로 조화시켜야 하는 학문적 특성 때문에 대학과정부터 실무에 관련된 현장실습을 권장하고, 실무 일선에 봉사하고 있는 우수한 인재를 대학원 과정으로 유입하여 산학협동의 풍토로 유도해야 할 필요가 있다. 특히 컴퓨터를 비롯한 최신 첨단장비 및 소프트웨어를 갖추어 급변하는 정보화시대의 정보요구에 신속히 대응할 수 있는 교육을 지향한다. 그리고 세계화에 대비한 어학능력을 향상시키고, 여타 대학의 동일학과에 비해 전통적으로 강세를 보여 왔던 서지학을 포함한 한국적이고 전통적인 인문과학적 분야를 유지 발전시킨다. 본 학과 졸업생은 일반적으로 대학원 진학과 대학도서관, 각종 연구소 정보센터 및 정보자료실, 기업체자료실, 각 신문사, 방송국 등의 언론사자료실, 인터넷 관련 각종 분야 등 다양한 문헌정보처리기관으로 진출한다.

▷ 교수진

· 김선애	자료조직	kimsa@ks.ac.kr	051 − 620 − 4310
· 김영기	정보학	ykk@ks.ac.kr	051 − 620 − 4311
· 이종문	정보학	jmlee@ks.ac.kr	051 − 620 − 4315
· 정종기	도서관학	ds2hfs@ks.ac.kr	051 − 620 − 4312

▷ 대학원의 설치 여부

경성대학교는 2006년에 대학원을 설치하였다.

▷ 대학원의 교육목표

- 21세기 정보사회의 기반이 되는 지식과 정보의 효율적인 관리와 이용을 위해 필요한 문헌정보학의 이론과 기술을 개발하고 연구
- 교육과 학술, 사회문화의 창조와 발전에 필요한 지식과 정보를 효율적으로 유통, 활용하는 방법과 기술을 습득
- 폭넓은 학문적 배경을 겸비한 사서 및 정보전문가, 정보지도자의 양성

▷ 학과 연락처

- 홈페이지   http://ks.ac.kr/book/
- 학과 전화번호   051 - 663 - 4314

학 부 교 과 과 정

학년	구분	교과목명	학점	시간
1	전공 기초	문헌정보학개론 (Introduction to Library & Information Science)	3	3
		정보문화사 (Cultural History of Information)	3	3
		정보사회론 (Introduction to Information Society)	3	3
		정보기술론 (Introduction to Information Technology)	3	3
2	전공	정보자료분류론 (Classification)	3	3
		서지학개론 (Introduction to Introduction Bibliography)	3	3
		독서학개론 (Introduction to Reading Guidance)	3	3
		교수학습매체론 (Media Production of Teaching & Learning)	3	3
		미디어센터론 (Introduction to Media Center)	3	3
		정보자료조직론 Ⅰ (Cataloging Ⅰ)	3	3
		정보매체론 (Introduction to Information Media)	3	3
		정보학개론 (Introduction to Information Science)	3	3
3	전공	도서관정보센터경영론 (Library and Information Center Management)	3	3
		정보서비스론 (Theories and Practices in Information services)	3	3
		학교도서관운영론 (Management of School Library)	3	3
		디지털도서관 (Digital Libraries)	3	3
		정보자료조직론 Ⅱ (Cataloging Ⅱ)	3	3
		기록관리학 (Introduction to Archives Management)	3	3
		정보의 표현과 검색 (Information Representation and Retrieval)	3	3
		정보자원관리론 (Information Resources Management)	3	3

학년	구분	교과목명	학점	시간
4	전공	공공도서관운영론 (Public Library Management)	3	3
		도서관정보센터실습 (Library & Information Practice)	3	3
		독서교육론 (Introduction to Reading Education)	3	3
		지식재산권 (Introduction to Intellectual Property)	3	3
		문헌정보학특강 (Seminar in Information Science)	3	3
		계량정보학 (Infometrix)	3	3

학 부 교 과 내 용

문헌정보학개론(Introduction to Library & Information Science)
문헌정보학의 본질과 주요 개념, 발전과정, 기초 이론에 대한 논의를 통해 전공에 대한 기본적인 지식과 소양을 갖추게 한다.

정보문화사(Cultural History of Information)
인류의 지식발달에 기여해 온 지식정보기관의 생성과 발전과정을 정보의 관점에서 조망한다. 정보기술과 매체의 발전과정을 살펴보고 현대사회에서의 변화양상을 이해한다.

정보사회론(Introduction to Information Society)
지식정보사회의 개념을 이해하고, 이를 토대로 지식과 정보의 생산·유통·보급과 관련한 사회적 현상 및 이슈에 대해 정보기술을 기반으로 살펴본다.

정보기술론(Introduction to Information Technology)
정보의 생산·조직·축적·식별과 참고봉사 활동에 요구되는 하드웨어적 기술과 이와 관련된 소프트웨어적 기술을 다룬다. 도서관 및 정보센터에서의 정보를 조직·축적·식별·참고봉사 하는 것과 관련된 정보기술에 치중한다.

정보자료분류론(Classification)
문헌분류의 이론을 탐구하고, 학문분류와 문헌분류의 차이점과 발전과정을 고찰한다. 또한 정보자원을 조직하는 데 적용되고 있는 듀이십진분류법, 한국십진분류법, LC분류법, 국제십진분류법 등 세계의 주요 문헌분류법에 대하여 학습한다.

서지학개론(Introduction to Introduction Bibliography)
책이나 문서의 형식이나 체제, 성립, 전래 등에 대하여 조사하고 연구·기술·분석하는 것에 대한 방법론을 이론과 실제를 통해 학습하는 데 역점을 둔다.

독서학개론(Introduction to Reading Guidance)
독서의 개념과 특성·독서문화 패러다임·독서미디어·독서준비성·독서환경·독서방법론·독서표현방법론 등에 대하여 이론과 실제를 통해 학습한다. 이를 통해 학생들이 독서이론과 실제를 이해하여 독서현장에서 활용하도록 하는 데 역점을 둔다.

교수학습매체론(Media Production of Teaching & Learning)
학교교육 및 평생교육에서 요구되는 교수학습 정보를 조사·분석·가공하여 학습매체화하는 것과 관련된 제반 방법론을 이론과 실제를 통해 학습한다. 특히 디지털콘텐츠 제작기술에 의한 교수학습매체 제작에 역점을 둔다.

미디어센터론(Introduction to Media Center)

디지털베이스의 교수학습 지원을 위한 미디어센터의 설계·구축·운영 방법론을 국내외의 사례를 통해 학습한다. 이를 통해 학교교육 및 평생교육과 관련된 미디어센터 운영 능력을 갖게 한다.

정보자료조직론 Ⅰ(Cataloging I)

자료의 효율적인 매개도구인 목록에 관한 이론과 방법 및 기술을 고찰한다. 특히 전통적인 정보조직 기법인 도서관 목록을 중심으로 그 기능과 구성요소를 이해하고, 국내의 목록형식과 목록규칙뿐만 아니라 목록 작성의 국제적인 협력과 표준화 등에 관한 국제적인 경향을 다룬다.

정보매체론(Introduction to Information Media)

인쇄출판·전자출판·디지털콘텐츠 등 정보매체의 개념과 유형·발전 패러다임·생산과 유통 등에 대하여 이론과 실제를 학습한다. 그리고 이 같은 정보매체를 도서관 등 정보서비스 주체가 선정·구입 또는 임대·조직 및 집적하는 것과 관련된 방법론에 대해 논의한다.

정보학개론(Introduction to Information Science)

정보학의 기본 개념을 이해하기 위한 것으로 주요 내용은 정보학의 역사, 정보와 정보원, 정보의 유통과 이용, 정보의 행태, 정보의 분석 및 가공, 정보의 축적 및 검색, 정보처리 제공 기관 등이다.

도서관정보센터경영론(Library and Information Center Management)

도서관 및 정보센터의 기초 이론을 논하고, 도서관 및 정보센터의 합리적인 운영을 위한 조직구조 및 부서설정, 인사, 예산, 장서, 시설 관리 등 도서관·정보센터 운영의 전반적인 내용을 습득한다.

정보서비스론(Theories and Practices in Information services)

지식정보기관에서 서비스가 갖는 의미와 목적에 대해 역사적, 이론적으로 조망한다. 아울러 각종 지식정보기관에서 제공하는 정보서비스의 유형과 특성, 그리고 방법에 대해 논의한다.

학교도서관운영론(Management of School Library)

학교도서관 시설의 설계·설치 및 리모델링, 정보 집적시스템인 하이브리드 도서관과 디지털도서관의 설계·구축·유지관리, 도서관 시설과 정보의 수집·조직·서비스 및 이와 관련된 참고봉사 방법론 등을 이론과 사례를 통해 학습한다.

디지털도서관(Digital Libraries)

디지털도서관의 개념·발전과정·구조와 특성 등에 대해 정보기술적 관점에서 분석하고, 이를 토대로 디지털도서관의 설계·구축·운영방법을 익힌다.

정보자료조직론 Ⅱ(Cataloging Ⅱ)

한국문헌자동화목록형식, 한국목록규칙과 영미목록규칙 등의 주요 목록규칙을 적용하여 다양한 유형의 정보자료를 편목하는 연습을 한다.

기록관리학(Introduction to Archives Management)

문서과(文書課) 보존자료의 생성, 보관 및 보존방법론, 활용과 이와 관련된 참고봉사 등에 대하여 이론과 사례를 통해 학습한다. 특히 기록관리 및 이와 관련된 참고봉사 능력을 갖추는 데 역점을 둔다.

정보의 표현과 검색(Information Representation and Retrieval)

정보표현과 검색 관련 주제를 망라하여, 이에 관련된 제반 활동에 대하여 기본원리와 실제를 논의한다. 이 과목에서 다루는 주요 내용은 이 분야의 주요 개념과 인물, 사건, 그리고 발전단계, 자연어와 통제어, 정보검색기법, 정보검색 모델, 정보검색시스템 등이다.

공공도서관운영론(Public Library Management)

공공도서관의 교육적·사회적 기능을 이해하고, 그 지역사회의 요구에 부응할 수 있는 봉사를 제공할 수 있기 위하여 공공도서관의 조직, 관리, 재정, 인사, 자동화, 마케팅, 홍보, 상호협력체제 등에 관해 강의한다.

도서관정보센터실습(Library & Information Practice)

본 과목은 4학년 학생에게 적용되는 실무 실습프로그램으로, 학생이 진출하고자 하는 도서관정보센터에 일정기간 배치하여 이론적 학습결과를 실무 실습하여 경력을 개발하는 데 역점을 둔다.

독서교육론(Introduction to Reading Education)

교육의 본질과 원리·교육의 목표지향성·교사와 학생·교수학습·평생교육 등에 대하여 개략적으로 학습하고, 이를 기초로 독서교육의 본질과 원리, 독서원리와 독서교육, 독서교육과 계획수립, 독서원리를 적용한 교육의 실제 등을 이론과 실제를 통해 학습하여 독서교육 능력을 갖게 한다.

지식재산권론(Introduction to Intellectual Property)

저작권과 산업재산권으로 구분되는 지식재산권의 개념과 특성·권리보호의 배경·발전 패러다임·권리보호 범위 등에 대한 이론을 학습한다. 그리고 국제적 조약과 각국의 지식재산권 관련법, 특히 우리나라의 관련법과 판례를 통해 도서관 등 정보서비스 주체와 관련된 지적재산권 문제를 논의한다.

문헌정보학특강(Seminar in Information Science)

문헌정보학에 관련된 이론과 법칙들을 총 정리하고, 최근의 관련된 주요 이슈를 살펴보며, 문헌정보학 관련 각종 임용 시험의 출제경향을 파악한다.

계량정보학(Infometrix)

정량적 관점과 통계적 분석에 근거하여 정보의 생산과 유통, 그리고 소비와 관련된 제반 현상을 조사하고 분석하는 데 필요한 다양한 이론과 기법을 학습한다. 정보의 생산자, 정보자원, 정보기관의 효율성과 경쟁력을 평가하는 데 중요한 방법론적 틀을 제공한다.

정보자원관리론(Information Resources Management)

정보자원의 생산, 배포에 필수적인 원칙과 표준을 익히며, 이들의 개발, 관리 방법을 습득한다. 또한 정보이용자와 비이용자의 정보요구에 근거하여 다양한 종류의 정보자원을 선정하고 평가하며, 주제 게이트웨이를 구축하여 이들을 관리하는 능력을 기른다.

석 사 교 과 과 정

구분	교과목명	학점
기초과목	디지털도서관특강 (Seminar in Digital Library)	3
	서지학특강 (Seminar in Bibliography)	3
	자료조직연구 (Advanced Studies in Information Organization)	3
	정보검색이론 (Advanced Studies in Information Retrieval)	3
	참고·정보서비스연구 (Studies in Reference and Information Services)	3
전공	고전자료조직법연구 (Advanced Cataloging in Classic Materials)	3
	공공도서관운영론 (Advanced Studies in Management of Public Library)	3
	과학기술정보원특론 (Advanced Studies on Information Sources in Technology)	3
	대학도서관운영론 (Advanced Studies in Management of College and University Library)	3
	도서관경영론 (Management of Library and Information Center)	3
	독서지도록연구 (Advanced Studies on Reading Guidance)	3
	독서치료연구 (Advanced Studies of Bibliotherapy)	3
	디지털콘텐츠연구 (Studies of Digital Contents)	3
	메타데이터세미나 (Doctoral Seminar in Metadata)	3
	목록이론연구 (Advanced Studies in Cataloging)	3
	문헌정보학연구방법론 (Research Methodology in Library & Information Science)	3
	분류이론연구 (Advanced Studies in Classification)	3
	색인·초록이론 (Advanced Theories in Indexing and Abstracting)	3
	인문·사회과학정보원특론 (Advanced Studies on Information Sources in Humanities and Social Science)	3
	장서개발이론 (Advanced Studies in Collection Development)	3

구분	교과목명	학점
전공	정보네트워크론 (Advanced Topics in Information Networks)	3
	정보시스템연구 (Studies of Information System)	3
	정보시스템평가론 (Theories and Practices in Information Systems Evaluation)	3
	정보정책연구 (Studies of Information Policy)	3
	정보행태론 (Advanced Theories in Information Behavior)	3
	중국체계서지학 (Chinese Systematic Bibliography)	3
	지식경영연구 (Studies of Knowledge Management)	3
	지적소유권연구 (Studies of Intellectual Property)	3
	특정문헌주제연구 (Advanced Studies in Subject of Specific Literatures)	3
	학교도서관운영론 (Advanced Studies in Management of School Library-Media Center)	3
	학교미디어센터연구 (Studies of School Media Center)	3
	학습콘텐츠연구 (Studies of E-learning Contents)	3
	한국체계서지학 (Korean Systematic Bibliography)	3
	한국형태서지학 (Seminar in Physical Bibliography of Korean Materials)	3

석 사 교 과 내 용

고전자료조직법연구(Advanced Cataloguing in Classic Materials)
기존의 고서 정리방법의 문제점을 심도 있게 분석하고, 그 대안을 제시한다. 분류는 사분법의 특성을 이해하여 십진법으로 분류할 수 있도록 하고, 목록은 판본, 간년, 판식 등 형태의 기술을 합리적으로 하는 방법을 다룬다.

공공도서관운영론(Advanced Studies in Management of Public Library)
공공도서관의 이념과 원칙 및 실제에 관하여 역사적 발전, 법적·정치적·재정적 측면, 운영, 봉사와 정책 수립 등을 중심으로 다룬다. 특히 정보봉사의 최근 동향과 제반 문제를 현장 사례 중심으로 심층 분석한다.

과학기술정보원특론(Advanced Studies on Information Sources in Technology)
과학기술 분야의 정보 활용을 위한 참고도서 및 정보자료의 내용 전반을 조사·분석·평가한다. 또한 과학기술정보와 관련된 학술기관, 연구기관, 정부기관의 활동내용을 조사·이해하도록 한다.

대학도서관운영론(Advanced Studies in Management of College and University Library)
대학도서관 경영을 위한 제반 이론과 기법을 이해한다. 또한 최근 정보기술의 발달로 인한 출판환경 및 정보매체의 변화, 커뮤니케이션 및 이용경로의 다양화, 인터넷정보기술의 수용과 대중화, 관련 법규의 개정과 조직개편 등에 따른 경영 패러다임 및 적용기법의 동향을 분석, 논의한다.

도서관경영론(Management of Library and Information Center)
지식정보자원의 수집과 가공을 담당하고 있는 도서관과 정보센터의 효과적인 운영, 관리를 연구한다. 그리고 정보기술의 발달로 도서관의 역할 및 기능의 변화가 불가피한 상황에서 정보서비스, 시설 및 공간배치, 사서의 역할, 장서구성 등에 관한 전략적 대응 방안에 대해 논의한다.

독서지도론연구(Advanced Studies on Reading Guidance)
독서지도 및 독서교육의 이론과 실제를 다루며, 대상별 적서와 양서의 선정 및 서평을 취급한다. 또한 독서지도교육을 수행하기 위한 지도 및 교육방법과 교육내용을 연구하고, 특히 한국인의 독서부진 요인을 조사·분석·평가한다.

독서치료연구(Advanced Studies of Bibliotherapy)
인간의 심리 및 정서적 불안과 현실 부적응 문제 등을 독서를 통해 치료, 교정하는 방법을 학습하며, 독서치료법의 이론과 실제 적용 방법 및 임상 치료 방법을 연구한다. 특히 치료 대상별, 상황별 적합 독서자료를 선정하여 실제 적용 과정 및 그 효과를 분석·평가한다.

디지털도서관특강(Seminar in Digital Library)

정보사회의 도래와 더불어 달라지고 있는 정보정책의 변화, 정보의 수집·조직화·관리·서비스에 대한 현상과 문제점을 디지털도서관으로 대표되는 디지털정보인프라를 통해 이해한다.

디지털콘텐츠연구(Studies of Digital Contents)

디지털형태로 생산, 관리, 유통되는 콘텐츠에 대한 도서관에서의 수용, 관리, 서비스와 관련된 제반 현상과 문제점을 이론과 실제 측면에서 연구한다.

메타데이터세미나(Doctoral Seminar in Metadata)

네트워크자원의 식별과 기술, 소재 확인에 활용되는 메타데이터의 개념과 체제, 유형을 이해하고, 각종 메타데이터의 기술요소와 구조, 그리고 상이한 메타데이터 간의 연결구조를 분석한다.

목록이론연구(Advanced Studies in Cataloging)

목록의 이론 및 각종 편목법을 연구하고, 기계가독형 목록레코드의 이해와 적용을 다룬다.

문헌정보학연구방법론(Research Methodology in Library & Information Science)

사회과학 분야 내에서의 도서관/문헌정보학 분야의 연구의 개념 및 여러 가지 방법론들의 타당성과 문제점을 조사 분석한다. 아울러 각국 문헌정보학의 현황분석 및 평가 그리고 우리나라에의 적용 여부에 관해 토론하고 분석한다.

분류이론연구(Advanced Studies in Classification)

분류이론 및 분류법 등을 연구한다.

색인·초록이론(Advanced Theories in Indexing and Abstracting)

효율적인 정보축적 및 탐색 도구로서 색인과 초록의 효용성을 검토하고, 이에 적용되는 주제분석 방법과 내용표현 방식을 탐구한다. 인쇄본과 데이터베이스의 형태로 생산되는 주제색인과 초록의 원리뿐 아니라 멀티미디어 정보원과 인터넷자원에 대한 색인법도 탐구한다.

서지학특강(Seminar in Bibliography)

한국의 대표적 서목인 「조선서지」를 본문 중심으로 다룬다. 이 「조선서지」는 서지학적으로 그 중요성이 인정되고 있으나 외국인의 초기 저술이어서 현재의 서지 사실과 상이한 점이 많다. 그래서 이러한 서지적 사실들을 지적하고, 오늘날 서지상황과의 차이점을 알아본다.

인문·사회과학정보원특론(Advanced Studies on Information Sources in Humanities and Social Science)

인문·사회과학 주제 분야의 문헌정보원에 대한 내용 전반을 조사, 분석, 평가한다. 또한 인문·사회과학정보와 연관된 학술기관, 연구단체의 활동내용을 조사, 이해하도록 한다.

자료조직연구(Advanced Studies in Information Organization)

자료조직의 목적과 가치를 탐구하고 자료조직의 기법이나 기술에 내재된 이론과 원리를 학습한다. 또한 실제로 상이한 시스템에 적용되고 있는 특정 서지도구와 전략을 분석하고, 향후 자료조직 분야의 발전방향에 대해 논의한다.

장서개발이론(Advanced Studies in Collection Development)

지식정보자원의 선택, 수집, 보존, 정책수립, 평가 기법 등 효과적인 장서개발과 관리를 위한 이론과 실제를 연구하고, 특히 전자 환경 속에서의 장서관리의 미래를 예측하고 논의한다.

정보검색이론(Advanced Studies in Information Retrieval)

정보검색시스템의 설계와 운영 그리고 활용에 필요한 주요 모델과 이론에 대해 논의한다. 검색의 원리와 기법을 인터넷 검색엔진과 주요 정보기관의 검색엔진을 대상으로 조사하고 분석해 봄으로써 검색시스템의 효율적인 운용 및 효과적인 활용을 위한 능력을 배양한다.

정보네트워크론(Advanced Topics in Information Networks)

도서관정보네트워크의 발전과정, 유형과 특성, 구조와 기능에 대해 소개한다. 국내·외의 대표적인 도서관정보네트워크를 선정하여 현 단계를 점검해 보고, 도서관을 비롯한 정보유통기관의 협력과 발전을 위해 우리의 현장에 적합한 네트워크 모형과 운영방안을 모색한다.

정보시스템연구(Studies of Information System)

웹기반정보환경에 제안된 정보시스템을 H/W와 S/W 측면에서 그 현상과 문제점을 이론과 실제적 측면에서 연구한다.

정보시스템평가론(Theories and Practices in Information Systems Evaluation)

정보시스템의 품질을 평가하는 데 있어 긴요한 이론적 근거와 방법적 절차에 대해 논의한다. 시스템분석법을 소개하고, 정보시스템의 품질에 관한 정의, 평가기준과 지표의 개발, 그리고 실질적인 측정절차와 방법 등 품질평가를 위해 필요한 전반적인 지식을 배양한다.

정보정책연구(Studies of Information Policy)

정보사회 도래 이후, 사회적으로 이슈화되고 있는 정보정책에 대한 제반 현상과 문제점을 이론과 실제적 측면에서 연구한다.

정보행태론(Advanced Theories in Information Behavior)

다양한 집단의 정보행태를 체계적으로 연구하는 데 필요한 주요 모델과 이론을 소개한다. 정보요구의 생성과 표출, 정보의 탐색과 수집, 정보의 이용과 그로부터 야기되는 행동변화 등, 정보행태 전반에서 나타나는 주요한 특성과 이러한 특성에 영향을 미치는 요인에 대해 논의한다.

중국체계서지학(Chinese Systematic Bibliography)
중국의 사지서목·관장목록·가장목록·저술서목·금훼서목 등을 시대별로 나누어서 그 목록에 수록된 문헌의 전래 여부를 전체적 또는 개별적으로 분석하여 보고, 과거와 현재의 중국문헌에 대한 종합적인 안목을 기른다.

지식경영연구(Studies of Knowledge Management)
지식과 정보를 활용하여 부가가치를 창출하는 기법을 이론과 실제 측면에서 연구한다.

지적소유권연구(Studies of Intellectual Property)
저작권·공업소유권(특허권·실용신안권·의장권·상표권) 등 지적소유권과 관련된 법과 제도의 현상과 문제점을 이론과 실제적 측면에서 연구한다.

참고·정보서비스연구(Studies in Reference and Information Services)
참고·정보서비스의 제 이론을 분석하여 실제적 정보 이용의 효율 극대화를 위한 제반 조건과 기법을 연구하며, 현장 중심의 참고·정보서비스 과정 및 결과를 분석, 평가하는 방법을 취급한다.

특정문헌주제연구(Advanced Studies in Subject of Specific Literatures)
국보나 보물로 지정된 전적의 상당수가 거의 불교에 관한 것이다. 그러므로 불교문헌을 알고, 감식하기 위해서는 불교원전을 이해하지 않으면 안 된다. 그래서 대표적 불전인 「금강경」이나 「법화경」 등을 선독하여 서지학적으로 알게 한다.

학교도서관운영론(Advanced Studies in Management of School Library - Media Center)
학교도서관의 경영을 위한 제반 이론과 기법을 이해한다. 아울러 학교도서관이 교수학습센터이자 미디어센터로서 학교교육을 체계적으로 지원하기 위한 방안을 모색한다. 그리고 우리나라 학교도서관 경영과 관련한 정책적, 사회적 문제를 연구한다.

학교미디어센터연구(Studies of School Media Center)
초·중등 학교도서관의 미디어센터 구축, 운영과 관련된 현상과 문제점을 이론과 실제 측면에서 연구한다.

한국체계서지학(Korean Systematic Bibliography)
우리나라의 판각목록·장서목록·문헌서목·관찬서목 등을 시대별로 구분하여 그 서목에 수록된 문헌의 전래 여부를 전체적 또는 개별적으로 분석하여 보고, 과거와 현재의 우리 문헌에 대한 종합적인 식견을 갖도록 한다.

한국형태서지학(Seminar in Physical Bibliography of Korean Materials)
우리나라의 고서의 판본을 다룬다. 목판본·활자본·도활자본·표활자본·사본 등의 전문적 감식능력을 기른다. 특히 활자본의 서체에 대한 전문적인 지식이 없더라도 판본을 확실하게 식별하도록 한다.

학습콘텐츠연구(Studies of E－learning Contents)
초·중등 학교도서관의 교수학습을 위한 학습콘텐츠 수집, 제작, 관리, 운영과 관련된 현상과 문제점을 이론과 실제 측면에서 연구한다.

▷ 전공 소개

계명대학교 문헌정보학과는 1980년에 개설이 되었다. 현대 정보사회는 정보의 양적 증가와 전문화, 다양화 등으로 인하여 이러한 정보를 처리할 수 있는 고도로 전문화된 인력을 요구하고 있다. 문헌정보학과는 정보의 입수, 처리 및 보존과 효율적 이용을 위한 제반 이론과 기술을 연구하여, 정보의 선택 및 조직에 관한 지식과 기술, 정보처리 및 검색 등의 능력을 구비한 전문인을 양성한다.

▷ 교육목표

교육목표와 방향은 정보사회의 핵심적인 역할을 담당할 전문 인력 양성에 목표를 두고 있으며, 도서관과 각종 정보센터의 효율적인 관리에 기본이 되는 전통적인 도서관학 분야의 이해, 정보의 발생과 유통 등 정보현상의 규명과 첨단 정보기술 활용능력 배양에 역점을 둔다.

▷ 교수진

· 김종성	문헌정보학	kjs1010@kmu.ac.kr	052-580-5432
· 박일종	정보학	ipark@kmu.ac.kr	052-580-5584
· 박준식	문헌정보학	jspark@kmu.ac.kr	052-580-5435
· 오동근	도서관학	odroot@kmu.ac.kr	052-580-5436
· 여지숙	문헌정보학	wuhaha@kmu.ac.kr	052-580-5482

▷ 대학원의 설치 여부

계명대학교 대학원은 문헌정보학이라는 이름으로 석·박사과정과 교육대학원을 설치하고 있다.

▷ 대학원의 교육목표

- 문헌정보학에 관한 지식과 이론을 습득하고, 이를 실무에 창의적으로 활용할 수 있는 도서관 및 정보 관련 분야 실무전문가의 양성
- 문헌정보학에 관한 지식과 이론을 바탕으로 제반 현상을 분석하고 기존 이론의 검증과 새로운 이론의 창출을 통해 문헌정보학의 발전에 기여하는 문헌정보학 연구자와 학자의 양성
- 문헌정보학과 정보리터러시에 관한 포괄적인 지식을 각종 교육기관에서 후진들에게 전수할 문헌정보학 교육자의 양성

▷ 교육대학원의 교육목표

- 학생과 일반인의 정보활용능력 계발을 지도할 수 있는 교육 및 정보전문가를 양성
- 문헌정보학 전반의 전문 지식과 교수 및 지도능력을 갖춘 교육 및 정보전문가를 양성
- 다양한 정보 및 교육매체의 활용능력을 갖춘 교육 및 정보전문가를 양성
- 문헌정보학과 정보리터러시(literacy)에 관한 포괄적인 이론과 지식을 각종 교육기관에서 교육할 문헌정보학 교육전문가를 양성
- 문헌정보학에 관한 지식과 이론을 습득하고, 이를 실무에 창의적으로 활용할 수 있는 도서관 및 정보 관련 분야 실무전문가를 양성

▷ 학과 연락처

- 홈페이지　　　　　http://lis.kmu.ac.kr/
- 학과 전화번호　　　053 - 580 - 5414

학 부 교 과 과 정

학년	구분	교과목명	학점	시간
2		도서관사 (Library History)	3	3
		멀티미디어정보론 (Multimedia Structure, Organization, Application Service)	3	3
		문헌정보학개론 (Introduction to Library & Information Science)	3	3
		분류표의 이해 (Understanding Classification Schemes)	3	3
		색인초록법 (Abstracting & Indexing)	3	3
		영서강독 (English Literature)	3	3
		자료분류론 (Classification)	3	3
		자료편목론 (Catalog)	3	3
		정보봉사론 (Information Service)	3	3
		정보와 컴퓨터 (Information & Computer)	3	3
		정보학원론 (Introduction to Information Science)	3	3
		문헌정보학영어 (English Literature in Lis)	3	3
		어린이청소년서비스론 (Children's and Young Adult's Librarianship)	3	3
		어린이청소년자료론 (Children's and Adult's Literature)	3	3
		정보처리법 (Information Processing)	3	3
		정보학영어 (English Literature in Information Science)	3	3

학년	구분	교과목명	학점	시간
3		공공도서관 (Public Library Management)	3	3
		데이터베이스 (Database)	3	3
		도서관경영론 (Introduction to Library Management)	3	3
		도서관자동화 Ⅰ (Library Automation Ⅰ)	3	3
		독서지도론 (Reading Guidance)	2	2
		서지학 (Bibliography)	2	2
		온라인데이터베이스검색 (Online Database Searching)	3	3
		인터넷정보론 (Internet for Libraries and Information Center)	3	3
		장서구성론 (Collection Development)	3	3
		정보검색론 (Information Retrieval)	3	3
3		정보매체론 (Information Media)	3	3
		참고정보원 (Introduction to Information Sources)	3	3
		특수자료 (Special Materials)	3	3
		편목규칙의 이해 (Understanding Cataloging Rules)	3	2

학년	구분	교과목명	학점	시간
4		계량정보학 (Informetrics)	3	3
		과학기술문헌 (Information Sources in Sciences & Technology)	3	3
		도서관자동화 Ⅱ (Library Automation Ⅱ)	3	3
		도서관현장실습 (Library Practice)	2	4
		연속간행물 (Serial Publications)	3	3
		정부간행물 (Government Publications)	3	3
		디지털도서관론 (Theory of Digital Library)	3	3
		최신문헌정보학특강 (Current Issues in Library and Information Science)	3	3
		정보이용자론 (Human Information Behavior)	3	3
		문헌정보통계 (Statistics in Library and Information Science)	3	3
		정보네트워크론 (Basics of Information Networks)	3	3
		학교도서관경영 (School Library Management)	2	2
		대학도서관 (Academic and University Library Management)	3	3
		도서관평가론 (Library Evaluation)	3	3
		문헌정보학세미나 (Library and Information Science Seminar)	3	3
		인문사회과학문헌 (Information Sources in Humanities & Social Sciences)	3	3
		저작권론 (Introduction to Copyright)	3	3
		학술커뮤니케이션이론 (Theory of Academic Communication)	3	3
		문헌구조론 (Introduction to Document Structure)	3	3
		전자출판 (Electronic Publishing)	3	3
		의학정보원 (Information Resources in Medicine)	3	3

학 부 교 과 내 용

계량정보학(Informetrics)

도서나 학술논문 등의 정보자료를 통해 표출되는 지식의 속성 및 행태를 수학이나 통계학적 방법을 통해 수량학적으로 분석하여 연구하는 교과목이다. 정보관리의 효율화를 위해 다루어지는 대부분의 요인은 수량화 또는 변량화가 가능하므로 이 분야의 계량적 연구방법은 특정 주제 분야의 발달과정 및 학문의 역사를 연구하는 하나의 방법이 되며, 실질적으로는 도서관을 비롯한 정보시스템의 합리적이고 효율적인 설계 및 운영을 위해 응용될 수 있다.

공공도서관(Public Library Management)

공공도서관의 조직 경영상의 특수성을 교수하여 공공도서관에 적합한 중견사서로서의 자질을 길러 주기 위한 교과목이다. 교과목의 구체적 내용으로는 공공도서관의 조직, 인사관리상의 특성, 국가정책, 장서구성 및 관리, 도서관봉사, 도서관건축, 재무관리 등으로서 도서관의 합리적 운영을 위한 이론과 실제를 중점적으로 다룬다(선수과목: 도서관경영론).

과학기술문헌(Information Sources In Sciences & Technology)

본 강좌는 참고봉사의 방법론과 일반 참고문헌에 대한 지식을 토대로 하여 과학기술 분야의 주요한 서지, 색인, 초록 등이 서지적 자료와 사전, 편람, 연감, 정기 간행물들을 조사, 평가함으로써 과학기술 분야의 참고문헌에 대해 포괄적 지식을 갖도록 함을 목적으로 한다. 본 강좌를 이수함으로써 과학기술 분야의 다양한 참고질문에 대해 적절한 정보 또는 정보원을 제시할 수 있는 주제전문사서로서의 능력을 갖추게 될 것이다.

대학도서관(Academic And University Library Management)

도서관경영론에서 다룬 일반적 이론을 기초로 하여 대학도서관의 기능과 조직경영상의 특수성을 교수함으로써 적합한 중견사서로서의 자질을 길러 주기 위한 교과목이다. 교과목의 구체적 내용으로는 대학도서관에 대한 조직관리, 인사관리상의 특성, 장서구성, 도서관봉사, 도서관건축, 재무관리 등 대학도서관의 합리적 운영을 위한 이론과 실제를 중심적으로 다룬다(선수과목: 도서관경영론).

데이터베이스(Database)

데이터베이스의 일반 이론인 데이터베이스 디자인에서 현실 사회를 데이터베이스화하기 위한 다양한 모델링 방법 중 가장 기본이 되는 Er-모델 기법, 객체지향 모델 등을 다룬다. 그리고 구축한 데이터베이스를 효율적으로 처리하기 위한 질의어 중 현재 표준으로 되어 있는 Sql의 사용법을 익힌다.

도서관경영론(Introduction To Library Management)

기록정보의 통괄 기관 중 가장 중심기관인 도서관의 경영 본질과 그 특수성을 이해시키고 사서로서의 도서관 경영자질을 배양하며 경영 각론 편을 학습할 수 있는 기초 능력을 길러 주기 위한 교과목이다. 구체적으로 도서관 경영의 의의, 도서관의 조직, 부서설정, 책임과 권한, 인간관계, 의사결정, 리더십, 도서관의 인사, 예산, 업무, 시설 등의 관리와 도서관 통계 및 평가를 다룬다.

도서관사(Library History)

문자의 발생, 도서인쇄술 및 출판의 발달과정을 개관하여 서양 및 동양의 도서관 발달사를 다룬다. 도서관의 발달을 역사적으로 고찰함으로써 각 시대에 부과된 도서관의 사명과 도서관의 제도화를 배우며 역사상 각 시대의 문화의식과 관련해서 도서관이 맡아 온 역할을 규명하고 오랜 역사 속에서 도서관이 어떻게 진화하고 분화되어 왔는지 각 시대(古代, 中世, 近代)의 특징에 따라 이해한다. 과거의 도서관 발달사를 통해서 오늘날의 도서관이 사회적·문화적으로 어떠한 위치에 놓여 있으며, 앞으로 어떠한 방향으로 발전해 나가야 하는가에 대한 이해를 중심으로 하여 교수된다.

도서관자동화 I(Library Automation I)

도서관이 정보화시대의 중추기관으로서의 역할을 수행하기 위해서는 도서관 업무의 자동화는 필수적이다. 컴퓨터와 통신기술을 이용한 도서관 업무 자동화시스템의 설계와 구현을 연구하는 과목이다. 도서관 전산화를 위한 시스템분석과 설계, 통합시스템 접근방식에 의한 도서관의 하부시스템(수서, 편목, 대출, 색인, 정보서비스, 연속간행물, 경영 및 기획 등의 단위시스템)의 전산화에 관한 이론과 실제를 연구, 분석하여 가장 효율적인 도서관자동화시스템을 구축하는 방법과 능력을 배양한다.

도서관자동화 II(Library Automation II)

1990년대 들어 단순한 텍스트가 아닌 멀티미디어 정보의 증가, 이를 수록하는 새로운 전자매체의 등장, 특히 인터넷과 같은 강력한 네트워크의 발전으로 정보의 전달 및 검색패턴이 빠르게 변화하고 이에 따른 정보공유의 필요성과 가능성이 점증하고 있다. 도서관은 이제 네트워크 환경에서 전자도서관으로 기능하기 시작하였고, 세계 각국에서 디지털도서관에 관심을 갖고 도서관 소장 자료를 비롯한 다양한 정보자료의 전산화를 추진하고 있다. 디지털도서관은 이러한 시대적 요구에 부응하여 도서관이 추구해야 할 궁극적 목표이다. 본 강좌는 도서관자동화 I에서 습득한 이론과 기법을 토대로 디지털도서관시스템을 구현하는 이론과 실제를 연구·분석한다. 각종 정보매체의 전자화, 도서관업무의 전자화, 정보서비스의 전자화를 위한 주요 모형 및 사례, 전자문서의 형식과 저작권 등을 체계적으로 다룬다.

도서관평가론(Library Evaluation)

현대사회에서 정보센터로서의 도서관은 시대적 환경에 맞추어 변모되어야 하는바, 이를 효율적으로 관리하기 위한 도서관정보서비스와 그 시스템의 올바른 평가는 필수적이다. 도서관장서, 문헌탐색서비스, 질문응답서비스 평가와 비용 대 효과, 비용 대 혜택 연구 등을 통한 정보센터 전반에 대한 평가의 이론과 실제방법을 다룬다.

도서관현장실습(Library Practice)

사서로서 필요한 실무상의 예비적 지식 및 기술을 터득게 하며, 또한 사서로서의 예비적 경험을 갖게 하기 위해 각종 도서관 및 정보기관의 현장실무와 각종 목록 및 서지 작성을 위해 타자실습을 겸한다. 특히 현장실무는 각종 관련 기관의 현장에서 3주간에 걸쳐 실시되며, 타자실습은 소정의 국·영문 타자를 습득하여야 한다.

디지털도서관론(Theory Of Digital Library)

더블린코어, Rdf, Mcf 등과 같은 메타데이터에 대해 공부하고, 텍스트, 이미지, 멀티미디어 형식과 같은 다양한 형태의 전자문서를 Dl 구축 시에 활용하는 방법과 Dl 구축을 위한 제반 환경에 초점을 맞추어 진행하게 될 것이다.

멀티미디어정보론(Multimedia Structure, Organization, Application And Production)

도서관과 정보센터에서 멀티미디어를 이용한 정보처리 및 이를 응용한 멀티미디어시스템의 구축, 멀티미디어 정보자원의 선택·입수·조직·관리, 그리고 관련 정보기술을 다룬다.

문헌구조론(Introduction To Document Structure)

인쇄문헌이 지니고 있는 문헌구조를 분석하고, 분석된 결과를 구조화하기 위한 방법론을 다룬다. 다양한 인쇄문헌의 구조를 분석하기 위한 문헌분석방법론, 문헌구조화 언어인 Sgml, Xml, Hytime 등을 다룬다. 디지털도서관구축에 필요한 Sgml Dtd 개발방법론을 강의하고 프로젝트를 통해 Dtd 개발 경험을 쌓게 한다.

문헌정보통계(Statistics In Library And Information Science)

정보관리기관의 활동과 정보서비스를 통계적으로 분석·처리·평가하기 위한 기초적 통계기법을 익히고, PC에 의한 통계처리능력을 습득한다.

문헌정보학개론(Introduction To Library & Information Science)

문헌정보학의 기본적인 개념과 이론을 소개하는 과목으로서, 정보화 사회에서의 정보와 정보자료의 중요성과 의의, 도서관의 의의와 기능, 도서관학과 문헌정보학의 발생배경과 체계 등을 소개한다.

분류표의 이해(Understanding Classification Schemes)

자료분류론의 연속 교과목으로 자료형태, 언어형태에 따른 분류의 특수문제를 중점적으로 다룬다. 그리고 DDC와 KDC를 중심으로 분류표의 유별 특수성과 도서관 형태에 따른 분류적용의 특수성을 고찰하며 분류실제의 경험을 높이기 위한 실무과정도 겸한다.

색인초록법(Abstracting & Indexing)

제2차 세계대전 이후 정보자료의 폭증 현상은 필요정보의 탐색을 매우 어렵게 하고 있으며, 또한 이용자의 정보요구도 점점 세분화되고 전문화되고 있다. 따라서 이용자와 정보자료를 연결시켜 주는 매개체인 탐색도구, 즉 색인과 초록의 중요성이 날로 고조되고 있으며 보다 효율적인 정보검색을 위한 색인작성법과 초록작성법이 꾸준히 연구·개발되고 있다. 본 강좌는 필요정보(적합정보)의 신속하고 정확한 탐색과 효율적 이용을 위한 중요 색인작성기법과 초록작성기법을 연구·분석하고, 특히 컴퓨터를 이용한 자동색인 및 자동초록 생산기법을 중점적으로 연구한다. 아울러 주요 색인지와 초록지의 이용방법을 습득게 한다.

서지학(Bibliography)

주로 동양의 서지학사를 다루며 먼저 교수학, 목록학, 판본학의 발전과정을 인식시킨다. 이 서지학사의 기반 위에서 문자, 도서, 서사재료, 인쇄, 활자, 장정, 판종, 판차, 목록의 발생 및 발달과정, 원문의 자귀, 학문의 연원, 학파의 발생을 다루어 서지학 및 도서관학 연구의 기초가 되게 한다.

연속간행물(Serial Publications)

자료기관의 정보로서 중요한 위치를 차지하고 있는 신문, 잡지, 연감, 기요 등 정기와 부정기로 종간의 예고가 없이 계속 발행되고 있는 연속간행물, 자료별에 따른 생산과 유통, 내용과 성격 등에 대한 이론을 학습하고, 이용과 관리를 위한 정리방법을 교육한다.

영서강독(English Literature)

영어로 출판되는 학술자료는 정보자료의 주종을 이루고 있다. 신속하고 정확한 독해력을 신장하여 영어로 되어 있는 정보자료의 정보처리능력을 배양하고, 나아가 도서관업무에 필요한 실무영어의 능력을 길러 주며, 영어를 통한 전공학습의 향상에 본 강좌의 목적을 둔다.

온라인데이터베이스검색(Online Database Searching)

Dialog, Proquest, Ovid와 같은 다양한 데이터베이스의 온라인 검색 실습을 통하여 정보검색의 원리와 방법론을 이해하고 고급수준의 정보검색기법을 습득하며, 여러 데이터베이스시스템들을 선택, 비교, 평가할 수 있는 안목을 기른다.

의학정보원(Information Resources In Medicine)

정보의 홍수, 균일화 현상 속에서 정보전문가, 도서관, 정보센터가 직면한 중요한 과제 중의 하나는 질적으로 우수한 품질의 정보를 이용자에게 전달하는 것이다. 정보의 질이 중대한 역할을 하는 분야가 의학 분야이고, 이 분야의 많은 데이터베이스들은 가치가 부여된 시스템기능(Value-Added System Feature)을 제공하므로, 이 수업을 통해 의학 정보원에 대한 특성과 Medline, Pubmed, Ovid, Dialog 등 다양한 의학 분야 데이터베이스와 인터넷 서비스를 배운다.

인문사회과학문헌(Information Sources In Humanities & Social Sciences)

본 강좌는 과학기술문헌에서 터득한 과학기술 분야의 참고문헌에 대한 지식 위에 인문사회과학 분야의 주요한 서지, 색인, 초록 등의 서지적 자료와 사전, 편람, 연감, 정기간행물 등을 조사, 평가함으로써 인문사회과학 분야의 참고문헌에 대해 포괄적 지식을 갖도록 함을 목적으로 한다. 최근 특수 및 전문도서관이 많이 생겨나고 이 분야의 조사활동이 급격히 증대됨에 따라 활동을 지원하기 위한 서지적 정보에 대한 요청이 날로 높아지고 있다. 이 분야를 이수함으로써 과학·기술 분야의 다양한 참고질문에 대해 적절한 정보 또는 정보원을 제시할 수 있는 주제전문사서로서의 능력을 갖추게 될 것이다.

인터넷정보론(Internet For Libraries And Information Centers)

인터넷을 이용하여 양질의 정보를 효율적으로 찾는 법을 습득하도록 한다. 인터넷의 특성, 역사, 발전과정, 그리고 E-Mail, Telnet, Ftp, Http 등의 다양한 인터넷의 서비스, 홈페이지 만들기, 인터넷 검색엔진의 활용법, 그리고 인터넷 이용과 관련된 사회적인 문제, 관리상의 문제 등에 대하여 강의한다.

자료분류론(Classification)

정보와 자료 및 문헌의 분류는 편목업무와 더불어 도서관 정리업무의 핵심적인 업무의 하나이다. 이를 효율적으로 수행하기 위해서는 문헌분류 전반에 관한 기본적인 이해를 얻도록 해야 한다. 이 과목은 이러한 기본적인 지식을 제공하기 위한 교과목이다. 이 과목은 정보와 자료, 문헌의 분류에 관한 기본이론과 문헌분류의 역사에 관한 체계적인 지식을 습득하도록 하고, KDC와 DDC, LCC, CC 등의 주요 분류표에 대한 종합적인 검토와 고찰을 통해 그 실제를 이해할 수 있도록 도와주는 데 그 목표가 있다.

자료편목론(Cataloging)

자료분류법과 마찬가지로 도서관학의 기본 영역인 본 교과는 특수자료를 제외한 각종 기록자료의 검색을 위한 목록법의 이론과 실제, 목록의 역사, 목록의 기입론, 기술론, 편성이론 등을 배우며, 특히 한국어와 영어자료의 목록법을 KCR3와 ISBD 및 AACR의 규칙을 비교·검토하면서 실제 자료편목에 적용할 수 있는 기술습득에 중점을 둔다.

장서구성론(Collection Development)

현대는 문헌의 홍수라고 불릴 만큼 각종 정보자료가 양산되는 시대이다. 따라서 개인이나 단체가 그들이 필요로 하는 정보자료를 신속하고 정확하게 선택하는 것은 그들의 존재를 보다 가치 있게 만들어 주는 결과가 된다. 자료선택이란 다종다양하게 생산되는 도서관자료들을 이해, 평가하여 도서관을 종류 및 목적, 이용자의 요구도와 예산에 맞추어 선택하는 원리와 방법에 대해 연구하는 하나의 교육과정이다. 이러한 목적을 이루기 위해 본 강좌에서는 선택의 의의와 기준을 포함한 제 이론과 출판유통구조, 도서의 평가방법과 평가 및 선택을 위한 국내·외 참고자료, 관종별, 주제별, 자료선택의 방법, 장서구성, 장서의 갱신, 자료선택의 실제 등에 대해 다룬다.

저작권론(Introduction To Copyright)

도서관자료의 지적재산권보호와 효율적 이용을 위한 과목으로, 저작권의 개념과 저작물의 재산권적 성격, 저작자의 권리, 저작권의 보호 및 행사, 저작권의 침해와 구제, 저작물의 이용 등에 대해 소개한다.

전자출판(Electronic Publishing)

데스크 탑 출판, 웹출판, 전문 및 원문 데이터베이스, 멀티미디어 데이터베이스 구축을 비롯하여, 전자출판의 실제를 경험할 수 있는 여러 가지 프로젝트를 수행한다. 또한 기존의 인쇄출판, 그리고 새로운 전자적 환경에서의 전자출판이 지식전달체계에서 갖는 역할, 구조, 경제성 등에 대하여 비교한다.

정보검색론(Information Retrieval)

정보검색은 정보학의 가장 핵심이 되는 주제 영역이다. 가장 효율적인 정보검색은 도서관을 비롯한 모든 정보서비스 기관의 궁극적 목표로서 특히 1960년대 이후 컴퓨터의 대중화와 더불어 본격적으로 연구·발전되고 있다. 본 강좌는 효율적인 정보검색을 위한 정보의 축적과 검색에 관한 이론과 기법을 연구하고 실제를 검토·분석한다. 구체적으로 정보자료의 주제 분석 기법, 주요 색인시스템의 이론과 실제, 데이터베이스 및 파일조직기법, 정보의 탐색전략 및 검색기법, 검색효율의 측정기법, 정보검색시스템의 설계 및 평가를 다룬다.

정보네트워크론(Basics Of Information Networks)

정보화시대의 근간이 되는 컴퓨터네트워크기술에 대한 기초 개념을 배우고 정보네트워크의 기능, 종류, 운영상 문제점, 국내·외 정보·도서관네트워크의 사례 등 네트워크 전반에 관하여 강의한다.

정보매체론(Information Media)

정보를 기록하고 전달하는 정보매체에는 전통적인 인쇄매체 이외에 새로운 형태의 매체, 즉 뉴미디어가 있다. 여기에는 CD-ROM, 마그네틱테이프, 온라인데이터베이스, 전자우편을 포함한 각종 정보통신매체 등이 있다. 새로운 정보매체의 유형과 특성, 선택방법, 정보원으로서의 활용방법 등에 대해 다룬다.

정보봉사론(Information Service)

정보봉사란 각 주제의 연구와 조사를 위해 정보를 필요로 하는 이용자에게 신속 정확하게 정보 또는 정보원을 제공해 주는 사서의 전문적인 문헌조사활동을 말한다. 도서관이 단순한 자료의 수집 보전의 기능으로부터 진전하여 정보센터로서의 기능이 확대되기 시작한 이래로 자체 소장자료를 포함한 총체적인 정보자료를 이용자들에게 보다 효과적으로 활용시키기 위해 비교적 근년에 연구 개발된 분야가 곧 정보봉사이다. 본 강좌에서는 참고봉사의 이념, 역사, '시스템' 조직 및 문헌탐색의 방법, 서지작성과 활용법, 참고봉사의 상호 협력과 자동화를 포함한 제 이론과 방법론에 대한 내용과 참고문헌에 대한 체계적 지식을 갖추기 위한 내용으로서 일반 참고문헌의 의의·역사·평가·특성 등에 대해 다룬다. 따라서 본 강좌를 이수함으로써 이용자들의 모든 질문과 문헌조사 요청에 대해 능숙하게 대처할 수 있는 능력을 갖게 될 것이다.

정보와 컴퓨터(Information & Computer)

현대 정보화 사회에 있어서 컴퓨터 이용자들을 초보자와 충분히 익숙하지 못한 사용자, 그리고 프로그래밍 능력까지도 소지한 사용자 등으로 나누었을 때, 초보자와 충분히 익숙지 못한 사용자들은 상대적으로 정보화의 혜택을 누리지 못할 가능성이 많다. 이들을 대상으로 대학생활과 앞으로의 사회생활 시 필수적인 컴퓨터 지식의 습득을 위해 개설되었으며, 컴퓨터의 작동원리, Hardware, Software, Dos, 역사, 정보통신 등의 이론적 주제를 다루고, Word Processor, DBMS, Spreadsheet 등의 이용법에 대해 강의한다.

정보이용자론(Human Information Behavior)

정보의 이용에 있어서 정보의 효과적인 전달과 이용을 위한 이론과 실제를 심리학적 관점, 행동과학적 관점에서 고찰한다.

정보학원론(Introduction To Information Science)

정보학 영역의 기초과목으로 정보학의 이론과 실제를 광범위하게 다룬다. 정보학 분야의 심층연구를 위한 이론적 체계를 이해하고 실제를 검토·분석한다. 구체적 교육 내용은 정보학의 성립과 학문적 특성 및 발전, 컴퓨터기술과 정보관리, 통신기술과 정보관리, 인공지능과 정보관리, 정보의 조직과 축적, 정보검색 과정과 검색기법, 데이터베이스시스템, 온라인정보서비스 등에 대한 제반 기초 이론과 실제를 연구·분석한다.

정부간행물(Government Publications)

중앙정부부처, 중앙공공기관, 지방관서 및 공공기관에서 발행되는 정부 관계 자료의 생산과 유통, 성격과 내용, 역할과 중요성 등을 학습하고, 이들을 정보재료로 활용하기 위한 정리방법을 교육한다.

참고정보원(Introduction To Information Sources)

도서관 및 관련 기관의 전문적인 문헌정보활동을 수행하는 데 있어서 각 주제 분야의 중요한 서지적 자료들에 대한 사서의 포괄적 지식은 필수 불가결한 요소가 된다. 이 과목은 이를 위해 참고문헌에 대한 포괄적인 지식을 제공하기 위한 과목이다.

최신정보학특강(Current Issues In Library And Information Science)

정보학의 주요 주제 분야의 최신 동향과 흐름에 대해 이해할 수 있도록 하기 위해 최신의 기사와 논문 등을 중심으로 강의와 강독을 통해 진행한다(영어강의).

특수자료(Special Materials)

고서와 일반도서를 제외한 특수자료, 즉 정기간행물, 팸플릿, 그림, 사진, 클리핑, 정부공문서 등의 인쇄자료와 각종 필름, 레코드, 슬라이드 등의 시청각자료에 대한 수집, 조직, 관리 및 이용법을 다룬다. 특히 기록자료 중 가장 중요시되는 정기간행물의 종류, 분류, 목록 등의 정리방법, 검색법과 레코드 자료의 정리, 이용방법 등이 중점적으로 다루어진다.

편목규칙의 이해(Understanding Cataloging Rules)

이 과목은 지금까지 지역별·언어별·국제간의 편목의 통일을 위해 표준화된 규칙들 중 현재 자료기관에서 주로 사용되고 있는 '국제표준서지기술', '한국목록규칙', '영미목록규칙', '한국문헌자동화목록법' 등에 관한 이론을 학습하고, 실습을 통해 규칙의 적용을 교육한다.

석 사 교 과 과 정

학년	구분	교과목명	학점	시간
		고전자료조직법연구 (Cataloging Of Old Books)	3	3
		공공도서관연구 (Seminar In Public Library Management)	3	3
		과학기술서지연구 (Seminar In Bibliographines Of Science And Technology)	3	3
		대학도서관연구 (Seminar In Academic Library Management)	3	3
		도서관경영연구 (Advanced Library Management)	2	2
		도서관과 사회 (Library & Society)	2	2
		도서관네트워크연구 (Library Networks)	3	3
		도서관사 (Library Historiography)	3	3
		목록학연구 (Advanced Cataloging)	3	3
		문헌정보학연구방법론 (Research Method in Library & Information Science)	3	3
		분류학연구 (Advanced Classification)	3	3
		비교분류학 (Comparative Classification)	3	3
		사회과학서지연구 (Seminar In OPAC Systems)	3	3
		OPAC시스템세미나 (Seminar In OPAC Systems)	3	3
		어린이청소년서비스연구 (Seminar in Children's and Young Adult's Librarianship)	3	3
		어린이청소년자료연구 (Seminar in Children's and Young Adult's Literature)	3	3
		학교도서관연구 (Seminar in School Library and Media Center)	3	3
		독서지도연구 (Seminar in Reading Guidance)	3	3
		독서문화사연구 (Seminar in Reading History)	3	3
		독서치료연구 (Seminar in Bibliotherapy)	3	3
		문헌정보학사연구 (Seminar in Library and Information Science History)	3	3
		메타데이터연구 (Seminar in Metadata)	3	3
		정보처리연구 (Studies in Information Processing Theory)	3	3
		가상도서관특론 (Seminar in Virtual Library)	3	3

석 사 교 과 내 용

고전자료조직법연구(Cataloging Of Old Books)

한국 및 동양의 고전자료의 평가선택, 분류목록 및 문헌봉사활동을 원활하게 할 수 있는 기초 능력을 부여하기 위해 한국학 자료의 각종 서발문 및 서지관계 문헌을 모두 고루 선정하여 그 해석 및 응용능력을 키워 주며, 전문 문헌의 해석 및 응용능력을 함양한다.

공공도서관연구(Seminar In Public Library Management)

관종별 도서관 연구과목을 대학도서관과 공공도서관의 2개 특정 영역으로 나누어 공공도서관의 조직 경영상의 특수성을 교수하여 공공도서관에 적합한 중견사서로의 자질을 길러 주기 위한 교과목으로 개설한다.

과학기술서지연구(Seminar In Bibliographines Of Science And Technology)

참고봉사의 방법론과 일반 참고문헌에 대한 지식을 토대로 하여 과학기술 분야의 주요한 서지, 색인, 초록 등의 서지적 자료와 사전, 편람, 연감, 정기간행물들을 조사, 평가함으로써 과학기술 분야의 참고문헌에 대해 포괄적 지식을 갖도록 유도하며 강의한다.

대학도서관연구(Seminar In Academic Library Management)

관종별 도서관 연구과목을 대학도서관과 공공도서관의 2개 특정 영역으로 세분화하여 이에 대한 이해도를 높이고 미래의 전자도서관시대에 있어서 대학도서관의 역할과 변화상을 고찰하는 것에 그 주안점을 두고 개설하는 과목이며, 구체적 내용으로는 대학도서관에 대학의 조직관리, 인사관리상의 특성, 장서구성, 도서관봉사, 도서관건축, 재무관리 등 대학도서관의 합리적 운영을 위한 이론과 실제를 중점적으로 다룬다.

도서관경영연구(Advanced Library Management)

도서관 경영에 관련된 주요 문제와 새로운 이론을 다룬다. 주요 문제는 기획, 기준, 인사, 예산, 업무, 평가, 보고 등에 중점을 두며, 새로운 이론은 경영학, 행정학, 관리학, 정책학 등의 분야에서 개발된 이론의 도서관경영학에의 적용과 도서관경영학 자체에서 개발된 이론을 소개한다. 또한 도서관경영에 연관된 조직체의 기초 이론을 배경으로 경영체계, 조직원리, 인사관리 등을 습득하여 전문가로서의 자질을 함양한다.

도서관과 사회(Library & Society)

인류문화의 소산인 도서관의 사회적 변화와 역사적 변천과의 관계 규명 및 정보사회 현상에 따른 정보와 사회의 연관성 및 의미를 이론적 연구와 병행하여 그 실제적 현상을 다룬다. 또한 정보화 사회에 살고 있는 현대인이 알아야 할 정보사회의 특성과 본 학과와 관련된 정보의 유통, 관리의 중요성 및 정보전문직의 역할을 강의하며, 정보화에 따른 사회변화의 특징적 요소들을 문화, 기술, 정치, 경제 및 법적인 측면에서 분석하고, 이러한 변화가 도서관 및 정보관에 미치는 영향을 다룬다.

도서관네트워크연구(Library Networks)

도서관 간 및 기관 내 문헌정보네트워크의 이론, 사례 및 구축방법에 대해 연구한다. 국내 도서관네트워크의 설계 및 운영을 위하여 필요한 데이터통신, 컴퓨터네트워크, 네트워크 모형 등에 관해 다루며 외국 네트워크의 사례를 연구한다.

도서관사(Library Historiography)

문자의 발생, 도서인쇄술 및 출판의 발달과정을 개관하여 서양 및 동양의 도서발달사를 다룬다. 동서양의 도서관 역사를 개관하여 도서관의 본질과 사회적 기능을 바르게 인식하고 아울러 당면한 도서관의 제 문제를 역사적으로 분석, 판단할 수 있는 능력을 함양하여, 도서와 인쇄 및 도서관의 변천과정을 역사연구방법에 의하여 살피고 각 시대, 각 지역별 발전상황을 조사하여 인간과 사회, 문화기록의 변천과정을 공부한다.

목록학연구(Advanced Cataloging)

특수자료를 제외한 각종 기록자료의 검색을 위한 목록법의 이론과 실제, 목록의 역사, 목록의 기입론, 기술론, 편성이론 등을 배우며, 특히 한국어와 영어자료의 목록법을 KCR3와 ISBD 및 AACR의 규칙을 비교 검토하면서 실제 자료 편목에 적응할 수 있는 기술 습득에 중점을 둔다. 목록의 의의와 종류, 동서양의 주요 목록 및 편목규칙의 발전을 살피고 현재의 표준적 편목규칙 및 그 이론을 이해하게 한다.

문헌정보학연구방법론(Research Method in Library & Information Science)

사회과학 분야 내 문헌정보학의 영역의 연구의 개념 및 여러 가지 조사기법들의 신뢰성, 타당성과 문제점 등을 조사 분석한다. 도서관학과 정보학 분야의 과학적인 연구를 위해 필요한 제 연구방법론과 통계학을 기반으로 한 계량정보학의 연구방법 등에 대해 강의한다.

분류학연구(Advanced Classification)

자료 분류의 원리, 역사와 발전과정, 분류법의 구성체계, 주요 분류표의 이해와 적용력 등을 학습·연구한다.

비교분류학(Comparative Classification)

산학부에서 익힌 DDC와 KDC를 모국어적 분류체계로 보고 그 외의 주요 분류체계를 익힌다. 주로 다루게 될 분류체계는 UDC, LCC, CC 등이다.

OPAC시스템세미나(Seminar In OPAC Systems)

도서관과 정보센터의 전산화를 위한 기본시스템으로서의 온라인 열람목록에 대한 연구토의를 통해 문헌정보학 분야의 각종 DB시스템들에 대한 이해도를 높임과 동시에 DB이용 능력을 함양한다.

어린이청소년서비스연구(Seminar in Children's and Young Adult's Librarianship)

공공도서관과 학교도서관을 중심으로 이루어지는 어린이청소년서비스의 이론적 원리와 실제를 다루는 교과목으로 사서교사나 공공도서관의 어린이청소년서비스 담당 사서로서 전문성을 제고하는 데 필수적인 내용을 포함한다.

어린이청소년자료연구(Seminar in Children's and Young Adult's Literature)

어린이와 청소년을 대상으로 하는 자료의 역사, 종류, 특성 등에 대해 이해하고 탐구하며, 어린이청소년 자료의 수집과 관리를 위한 효과적인 전략과 방법 등을 포함한다.

학교도서관연구(Seminar in School Library and Media Center)

학교도서관의 교육적 원리와 역사를 포함한 제반 이론을 탐구하고, 다양한 사회 영역과 교육체제를 반영한 효과적인 학교도서관 운영 원리와 기법을 다룬다.

독서지도연구(Seminar in Reading Guidance)

독서를 자극하고 장려하기 위한 방법으로서 다양한 독서지도방법에 대해 탐구하고, 도서관을 기반으로 하는 독서지도 프로그램의 사례와 효과 등을 다룬다.

독서문화사연구(Seminar in Reading History)

책과 문자의 역사를 포괄하는 책 읽기의 역사를 다루는 교과목으로서, 동서양의 독서 문화사를 포괄하며 독서를 정치, 경제, 사회, 문화, 교육, 언론, 출판 등 제반 영역과의 관계 속에서 검토하고 분석하는 내용을 다룬다.

독서치료연구(Seminar in Bibliotherapy)

책 읽기를 통해 마음을 치료하는 독서치료의 이론적 배경과 실제 원리를 탐구하며, 도서관을 중심으로 독서치료 프로그램을 운영하는 기법에 대해 포괄적으로 다룬다.

문헌정보학사연구(Seminar in Library and Information Science History)

문헌정보학을 역사적 관점에서 검토하고 분석하는 교과목으로, 주요 학자와 사상, 학문적 이슈와 이론의 생멸 과정, 학문 체계와 방법론 등에 대해 포괄적으로 다룬다.

메타데이터연구(Seminar in Metadata)

목록규칙으로부터 Dublin Core와 TEI, EAD 등 주요 메타데이터로 이어지는 검색도구의 발전과정과 표준화에 대해 고찰하고, 주요 메타데이터에 대해 최근 동향을 중심으로 고찰한다.

교 육 대 학 원 교 과 과 정

학년	구분	교과목명	학점	시간
	교직	이용자교육연구 (Studies In User Education)	3	3
		독서지도연구 (Advanced Reading Guidance)	3	3
		이론정보학교육 (Analytical Studies Of Information Studies)	3	3
		인터넷정보교육론 (Education Of Internet Information Resources)	3	3
		계량정보학교육론 (Studies In Informetrics)	2	2
		학교도서관경영론 (School Library Management)	2	2
		문헌정보학통계연구 (Seminar In Library And Information Science Statistics)	3	3
		연구방법교육론 (Research Methods In Library And Information Science)	3	3
		정보매체교육론 (Education Of Information Media)	3	3
		장서개발지도 (School Library Collection Development)	3	3
		참고정보원교육 (Education Of Reference Sources)	3	3
		정보서비스교육 (Education Of Information Services)	3	3
		자료조직교육 (Education Of Cataloging And Classification)	3	3
		색인초록법지도 (Indexing And Abstracting: Theories And Practices)	3	3
		정보검색이론교육 (Information Retrieval: Theories And Practices)	3	3
		디지털학교도서관 (Digital School Library)	3	3
		목록학교육 (Education Of Cataloging)	3	3
		특수자료교육 (Education Of Special Materials)	3	3
		OPAC 시스템 교육론 (Education Of Opac Systems)	3	3
		지역사회와 학교매체센터 (Community And School Media Center)	3	3
		분류이론지도 (Education Of Classification Theory)	3	3
		특수자료 (Special Materials)	3	3

공주대학교   사범대학 문헌정보교육과

▷ 전공 소개

공주대학교 문헌정보교육과는 1983년에 개설되었다. 정보화시대에 있어 교육수요자 중심의 열린교육과 자료중심 교육을 실현하기 위하여 문헌정보교육과에서는 교육부의 중심시책인 독서지도를 비롯하여 컴퓨터를 이용한 문헌자동화시스템의 개발, 각종 문헌자료의 분류, 편목, 시청각자료의 제작 및 이용지도, 자료의 선택 및 조직, 정보유통시스템의 연구, 교수매체자료의 제작 및 활용을 통한 교수법, 학교도서관 운영과 관리 등 광범위한 주제를 다루어 교수학습을 지원하는 전문직 사서교사에 필요한 이론과 실기를 체득하도록 하고 있다.

▷ 교육목표

문헌정보교육과는 정보화시대에 폭발적으로 증가하는 정보와 지식을 효율적으로 관리하고 운영하여 학교의 교육목표 달성과 교육과정 운영에 기여할 수 있도록 교수학습을 지원하는 사서교사 양성을 목적으로 하고 있다. 특히 정보화시대에 있어서 교육수요자 중심의 '열린 교육'과 '자료중심 교육'을 실현하기 위하여 학생들의 적성, 능력, 수준, 소질에 알맞은 인쇄매체, 영상매체, 전자매체 등의 다양한 자료조직과 그 운영에 대한 이론과 실기를 체득하게 한다.

▷ 교수진

· 노진영	정보학	jyro@kongju.ac.kr	041 – 850 – 8248
· 변우열	도서관학	sylee@kongju.ac.kr	041 – 850 – 8251
· 이병기	정보학	lisdoc@kongju.ac.kr	041 – 850 – 8252

▷ 대학원의 설치 여부

공주대학교 대학원은 문헌정보교육이라는 이름으로 교육대학원을 설치하고 있다.

▷ 교육대학원의 교육목표

문헌정보교육전공은 정보화시대에 폭발적으로 증가하는 정보와 지식을 효율적으로 관리하고 운영하여 학교의 교육목표 달성과 교육과정 운영에 기여할 수 있도록 교수학습을 지원하는 사서교사들과 문헌정보교육에 대한 학문적 관심을 가진 이들에게 문헌정보교육에 대한 이론과 실제를 교수·연구한다. 특히 정보화시대에 있어서 교육수요자 중심의 '열린교육'과 '자료중심 교육'을 실현하기 위하여 학생들의 적성, 능력, 수준, 소질에 알맞은 인쇄매체, 영상매체, 전자매체 등의 다양한 자료조직과 그 운영에 대한 이론과 실기를 체득하게 한다.

▷ 학과 연락처

- 홈페이지　　　　　http://mtbc.ye.ro/lise
- 학과 전화번호　　　041 − 850 − 8250

학 부 교 과 과 정

학년	구분	교과목명	학점	시간
1	필수	문헌정보학원론 (Introduction to Library & Information Science)	3	3
		정보분류론 (Classification)	3	3
	선택	정보문화사 (History of Information and Culture)	3	3
		정보학의 이해 (Introduction to Information Science)	3	3
		공공도서관운영론 (Public Library Management)	3	3
		인터넷자원론 (Internet Resource)	3	3
2	필수	독서교육론 (Reading Education)	3	3
		목록조직론 (Cataloging)	3	3
	선택	정보분류실습 (Classification Practice)	3	3
		참고정보원 (Information Sources)	3	3
		교수매체제작론 (Instructional Media Development)	3	3
		한국문헌자동화목록 (KOMARC)	3	3
		학교도서관정보시스템 (DLS)	3	3
		장서관리론 (Collection Management)	3	3
3	필수	학교도서관경영론 (School Library Administration)	3	3
		문헌정보교육과 교육론 (Theory of Library & Information Education)	3	3
		정보서비스론 (Information Service)	3	3
		정보매체와 교수매체론 (Information & Instructional Media)	3	3

학년	구분	교과목명	학점	시간
	선택	정보윤리와 저작권 (Information Ethics and Copyrights)	3	3
		색인초록작성법 (Abstracting and Indexing)	3	3
		아동 및 청소년자료론 (Literature for Children and Young Adults)	3	3
3	선택	독서교육의 실제 (Reading Education Practice)	3	3
		주제별서지 (Subject Bibliography)	3	3
		연속간행물관리론 (Serials Management)	3	3
4	필수	디지털도서관론 (Digital Libraries)	3	3
		교재연구 및 지도법 (Materials and Methods for Library & Information Education)	2	2
	선택	정보검색론 (Information Retrieval)	3	3
		정보활용교육론 (Information Literacy Instruction)	3	3
		학교도서관정책론 (School Library Policy Issues)	3	3
		정보검색실습 (Information Retrieval Practice)	3	3

학 부 교 과 내 용

문헌정보학원론

문헌정보학은 도서관에서 발생하는 여러 가지 현상을 연구대상으로 하여 그 현상을 과학적으로 분석하고 체계를 세워 나가는 동시에 도서관의 활동에 대한 미래의 새로운 실천에 기여함을 목적으로 하는 사회과학이다. 그러므로 원론에서는 정보와 도서관, 도서관과 정보센터의 기능과 본질, 도서관의 사회적 역할과 현상, 도서관 상호협력, 문헌정보학의 발달과 과제 등을 다루어 문헌정보학 전반에 대한 이해를 높이기 위한 과목이다.

정보분류론

분류학은 단행본, 연속간행물, 시청각자료 등의 도서관자료를 한국십진분류법(KDC)에 의하여 체계적으로 분류하여 서가상에 배열함으로써 이용자가 원하는 자료를 신속하고 정확하게 검색할 수 있도록 하는 자료조직의 한 분야이다. 따라서 분류의 정의, 규정, KDC의 구조, 체계 그리고 도서기호에 대한 이해를 높인다.

목록조직론

문헌정보학은 정보자료의 효과적인 수집, 축적, 검색, 전달, 이용을 위한 과학적인 통제수단과 방법을 연구하는 학문이다. 즉 정보자료의 효용방법을 연구하는 학문인 것이다. 그중에서도 목록학은 분류법과 아울러 전통적인 문헌정보학에서 가장 기본적인 과목으로서 도서관자료를 보다 효과적으로 정리하기 위한 이론 및 실기를 다루는 과목이다.

독서교육론

독서교육은 학교도서관과 공공도서관에 있어서 아동 및 청소년에 대한 중요한 도서관봉사 중의 하나이다. 독서교육의 방향과 내용은 정서함양과 가치관 확립을 통한 인격완성의 측면과 정보화 사회에서 중요한 영역인 지식과 정보획득을 위하여 필요한 문제해결능력을 갖추기 위한 학습독서로 나누어 볼 수 있다. 여기에서는 학교도서관에 초점을 맞추어 원리나 방법 및 내용과 계획 등 독서교육 전반에 대하여 살펴본다. 독서교육론Ⅰ에서 다루는 내용은 독서의 의의, 독서의 심리적 측면, 독서교육의 계획과 방법, 독서요법, 독서조사와 평가 등에 대하여 포괄적으로 다룬다.

학교도서관경영론

학교도서관의 시설, 자료, 예산, 인적자원 등 기본적인 인프라 구축과 더불어 정보 및 교육서비스에 이르기까지 학교도서관의 경영 전반에 대해 다룬다. 학교도서관 경영에 필요한 이론은 물론 경영 계획 수립, 시설 관리, 예산 편성과 관리, 정보자원의 관리와 운영, 정보 및 교육서비스의 개발과 운영에 필요한 경영 실무 기법을 중점적으로 학습한다.

문헌정보교육과 교육론

사서교사가 초·중·고등학교 현장에서 담당해야 할 교육내용의 요점은 과정이나 절차를 무시하고 결과만을 중시하는 지식편중의 교육이 아니라 학생들에게 문제해결능력 육성, 학습방법의 학습능력을 제고시키는 것이다. 여기에서 다루는 내용은 최근에 사서교사 담당교과로 선정된 교과서인 〈정보와 도서관〉의 내용을 체계적으로 분석하여 실제로 모의수업을 실시한다. 모의수업을 위하여 교재연구 및 교안 작성, 교수자료 제작, 학습지도요령 등을 종합적으로 다룬다.

정보서비스론

도서관서비스의 핵심적 요소라 할 수 있는 직접, 간접 참고정보봉사에 필요한 지식과 기술을 습득하여 유능한 참고사서로서의 자질을 기른다.

정보매체와 교수매체론

인쇄매체와 영상매체 그리고 새롭게 등장하고 있는 뉴미디어의 특징과 교육적 잠재력을 이해함으로써 학교교육에 있어서 매체전문가(media specialist)로서의 자질을 함양하는 데 목적이 있다. 특히 교수-학습과정에 필요한 온·오프라인 콘텐츠의 개발, 설계 및 활용, 관리 및 평가에 중점을 둠으로써 정보매체를 교수적 관점에서 적용할 수 있는 이론과 실무능력을 함양한다.

디지털도서관론

인터넷자원론 교과목에서 습득한 네트워크와 인터넷정보기술을 이용하여 디지털도서관을 구축·운영하는 데 필요한 지식과 기술을 습득한다. 특히 학교교육의 관점에서 디지털도서관을 설계하고, 운영하는 데 필요한 정보시스템 디자인, 데이터베이스 구축과 웹 연동, 디지털화 및 저작권 관리, E-learning과 메타데이터 작성 및 관리, 학교도서관 종합 사이트 구축에 관한 이론과 실무를 중점적으로 다룬다.

교재연구 및 지도법

학생들의 교육실습에 필요한 교수매체를 제작, 활용하는 기법을 습득하게 하며, 과목별로 교재를 활용하여 발표학습을 통해 현장에서 보다 나은 지도를 할 수 있도록 한다.

정보문화사

모든 학문의 가장 기초가 되는 것이 역사이듯이 문헌정보학에 있어서도 정보문화사는 가장 기초가 되는 과목이다. 동양과 서양에 있어서 도서관 및 정보문화의 생성, 전개, 발전 과정을 인류문화사와 연관하여 연구, 검토함으로써 현재와 과거의 맥락을 이어 주며 이를 바탕으로 미래의 방향을 제시할 수 있도록 하는 데 목적이 있다.

정보학의 이해

정보의 발생과 배포, 수집, 조직, 축적, 검색 및 이용 등을 개괄적으로 다룸으로써 정보학의 이해를 높이고, 정보학 연구의 기초를 확립한다.

공공도서관운영론

사회문화기구로서의 공공도서관의 교육적, 문화적 기능과 성격을 분석하고, 선진국들의 공공도서관 정책을 비교 분석하여 우리의 공공도서관의 기능과 성격을 정립하도록 하는 데 목적이 있다.

인터넷자원론

학교도서관은 점차 인터넷을 이용한 정보서비스와 가상공간에서 이루어지는 전자학습(E-Learning)이 강조되고 있다. 따라서 본 교과목에서는 지식정보사회에 대한 전반적인 이해와 더불어 지식정보사회의 근간이 되는 인터넷정보자원의 탐색과 관리, 활용에 관한 기술을 습득한다. 특히 네트워크 시스템, 서버 운영, 인터넷정보검색과 전문 데이터베이스, 인터넷정보제공 등 인터넷의 원리와 기본 기술을 습득함으로써 연계 교과목인 '디지털도서관론'의 선행 학습이 될 수 있도록 한다.

정보분류실습

도서, 연속간행물, 시청각자료 등의 도서관자료를 분류표에 의하여 체계적으로 분류하여 서가상에 배열함으로써 이용자가 원하는 자료를 신속하고 정확하게 검색할 수 있도록 하는 자료조직의 한 분야이다. 여기에서는 KDC와 DDC의 주류를 분석하여 분류의 실제를 다룬다.

참고정보원

참고정보봉사를 위해 참고사서에게 필수적으로 요구되는 인쇄매체, 비인쇄매체, 전자매체 등 다양한 형태의 참고정보자료의 유형별 집중 탐구를 통해 참고정보원의 실제 활용을 익힌다.

교수매체제작론

문헌 자료와 함께 각종 시청각 기교재의 운용, 조작 및 제작에 관한 이론과 실기를 습득하게 한다. 즉 Video의 녹화, 편집, Slide의 제작, OHP(Over Head Projector)의 제작, Graph, Chart의 제작, Lettering 등의 실습을 통하여 각 교과에 관련된 교수 매체를 제작하여 수업 현장에서 활용할 수 있도록 한다.

한국문헌자동화목록

도서관의 수서, 목록, 정보검색, 대출·반납 등의 업무를 컴퓨터와 인터넷을 이용하여 처리할 수 있는 기본 지식과 실무를 습득한다. 특히 KS로 표준화되어 있는 한국문헌자동화목록법(KOMARC)에 대한 기본 형태에 대한 이해와 작성 능력을 기르고, 그 활용에 따른 응용 프로그램과 웹기반의 학교도서관정보시스템(DLS)을 운영하는 데 필요한 기본능력을 중점적으로 다룬다.

학교도서관정보시스템

교육과학기술부에서 국가 표준으로 개발한 학교도서관운영시스템(DLS)의 구조와 기능, 서비스를 이해하고, DLS를 통해 학교도서관의 업무와 서비스 향상을 위한 실무능력을 신장한다.

장서관리론

도서관자료는 도서관봉사의 출발점이며 도서관 설립목적과 기능 그리고 정책에 따라 크게 영향을 받는 영역이다. 도서관자료의 기본을 이루는 단행본을 중심으로 의의와 종류를 검토하여 정보원으로서의 가치를 살펴본다. 그리고 자료의 수집과 이용, 선택과 구성 및 평가의 문제를 도서관현장에 적용할 수 있도록 하여야 한다. 따라서 여기에서는 정보와 도서관자료, 도서의 평가와 선택, 이용자 연구, 자료선택의 도구, 장서구성, 자료의 폐기, 지적자유의 문제, 출판과 도서관, 수서실무 등에 대하여 다룬다.

정보윤리와 저작권

정보사회는 정보기술의 발달에 의해 데이터의 복사와 전송이 용이하게 되어 저작권 침해문제가 사회문제로 등장하였다. 그리고 컴퓨터 프로그램의 무분별한 복제를 포함하여 개인의 프라이버시 침해, 계층 간, 지역 간 정보격차가 중요한 문제가 되었다. 여기에서는 정보윤리와 저작권에 대한 전반적인 이해를 높이는 데 목적이 있다.

색인초록작성법

색인과 초록 작성을 위한 주제분석기법, 색인언어, 색인기법을 연구하며, 이론과 실습을 통하여 색인 및 초록 작성방법의 지식과 기술을 습득한다.

아동 및 청소년자료론

아동 및 청소년에게 알맞은 독서자료를 제공하여 효율적인 독서를 가능하도록 하기 위해서는 아동 및 청소년의 발달심리를 이해하여 각각의 발달단계에 따른 적절한 독서자료를 제공하여야 한다. 여기에서는 아동 및 청소년의 이해와 발달심리 그리고 단계별 독서자료를 심층적으로 다룬다.

독서교육의 실제

독서교육의 실제는 독서교육론에서 다룬 이론적인 측면을 바탕으로 하여 응용과 실습을 위주로 한다. 여기에서 다루는 내용은 분석적 독서, 독서요법의 실제, 독서와 인격형성, 필독도서의 구성과 평가, Book Talk와 Storytelling, 독서토론, 작가연구 등이다.

주제별 서지

정보의 생성, 유통, 이용 등을 고찰하고 정보전문가로서 질 높은 교육정보서비스의 제공을 위해 교육 분야 핵심 정보원에 관한 지식을 습득하며 교육정보자료의 평가방법을 익힌다.

연속간행물관리론

연속간행물은 도서관의 연구자료 중에서 가장 핵심적인 자료로 취급되고 있다. 최근의 연구 동향이나, 발명, 발견 그리고 연구업적을 가장 신속하고 정확하게 전달해 주는 속보성을 생명으로 하는 자료이다. 따라서 연속간행물의 의의, 역사, 종류, 특성, 선택도구, 조직, 색인, 초록, 봉사 등에 대한 연속간행물 관리, 운영에 대한 전반적인 이해를 높이는 데 목적이 있다.

정보검색론

정보전문가로서 이용자의 정보요구에 적합한 정보자료의 검색을 위해 검색의 기본기법과 보조기법, 검색전략 등을 이론을 통하여 익힘으로써 정보검색기술의 기초를 다진다.

정보활용교육론

지식정보사회에 있어서 초·중등학생의 정보활용능력(Information Literacy) 신장에 책임이 있는 사서교사가 정보활용교육을 위한 교육과정을 개발, 운영하는 데 필요한 이론과 실무능력을 기르는 데 목적이 있다. 특히 과거의 도서관이용지도, 독서교육 등을 통합하여 정보활용교육의 목적, 목표, 내용, 방법, 평가에 이르는 교육과정을 개발하고, 교과교사와 협력하여 협동 교수 프로그램을 운영하는 데 필요한 교수－학습 절차와 방법을 중점적으로 다룬다.

학교도서관정책론

학교도서관 관련 법규 및 지원기구, 조직의 권리와 실무를 이해하여 학교도서관 경영에 적용하고, 학교도서관 장학체계를 확립할 수 있도록 한다. 특히 분류학, 목록학, 정보검색, 독서교육, 도서관전산화, 정보매체, 정보봉사 등 학교도서관 경영과 관련된 각 영역의 정책적 측면을 중점적으로 다룬다.

정보검색실습

정보검색이론과 기법을 기반으로 다양한 정보검색시스템의 실습을 통하여 검색능력을 신장시킨다.

교 육 대 학 원 교 과 과 정

구분	교과목명	학점
교과교육학	교육공학특강 (topical Survey in Educational Technology)	3
	독서교육론 (Study of Reading Education)	3
	문헌정보교육과 교육론 (Theory Library & Information Science Education)	3
	문헌정보교육과 교재연구 및 지도법 (Materials & Methods in Library & information Science Education)	3
교과내용학	도서관사연구 (Study of Library History)	3
	도서관자동화론 (study of Library Automation)	3
	목록학특강 (Topical Survey in Cataloging)	3
	문헌정보학연구방법론 (Research Method in Library & Information Science)	3
	미디어센터경영론 (Study of Media Center Management)	3
	분류학특강 (Topical Survey in Classification)	3
	색인초록연구 (Study of Index and Abstracts)	3
	서지학특강 (Topical Survey in Bibliography)	3
	장서개발론 (Study of Collection Development)	3
	정보검색연구 (Study of Information Retrieval)	3
	정보봉사론 (Study of Information Service)	3
	주제별서지 (Bibliography of Subjects)	3
	커뮤니케이션연구 (Study of Communication)	3

교육대학원교과내용

교육공학특강(Topical Survey in Educational Technology)

언어와 문자는 그 속성이 너무 추상적이기 때문에 개념을 파악하기가 상당히 곤란하다. 그러므로 구체적인 실물, 모형, 사진 영상 등을 보여주면서 개념을 파악하는 것이 보다 더 효과적이다. 그리하여 학습에 있어서 시청각 기교재를 활용하여 학습을 하는 것이 추상적인 언어나 문자만을 사용하는 것보다 훨씬 효과적이라는 이론적 배경을 체득하게 하고 간단한 교수매체를 통한 학습이 얼마나 성과가 있는가를 실험, 실습을 통하여 분석하도록 한다.

도서관사연구(Study of Library History)

모든 학문의 가장 기초가 되는 것이 역사이듯이 문헌정보학에 있어서도 도서관사는 가장 기초가 되는 과목이다. 동양과 서양에 있어서 도서관 및 정보문화의 생성, 전개, 발전 과정을 인류문화사와 연관하여 연구, 검토함으로써 현재와 과거의 맥락을 이어 주며 이를 바탕으로 미래의 방향을 제시할 수 있도록 하는 데 목적이 있다.

도서관자동화론(Study of Library Automation)

컴퓨터의 발달로 많은 정보의 축적과 신속하고 정확한 검색이 가능하게 됨으로써 도서관에 보유하고 있던 각종 정보자료의 컴퓨터에 의한 처리가 가능하게 되어 이에 필요한 도서관자료의 컴퓨터 처리에 필요한 제반 기법을 습득하게 하는 데 그 목적이 있다. 이에 본 강좌는 문헌정보화의 발달과정, 컴퓨터의 문자처리방식, 정보저장방식 등을 배우고 현재 사용 중인 KOMARC프로그램을 통하여 자동화목록법의 기본형태와 그 활용에 따른 도서관 제반 업무의 효과를 분석하고 그에 따른 시스템 설계, 응용 프로그램을 분석하고 필요한 프로그램을 개발하는 데 그 목적이 있다.

목록학특강(Topical Survey in Cataloging)

문헌정보학은 정보자료의 효과적인 수집·축적·검색·전달·이용을 위한 과학적인 통제수단과 방법을 연구하는 학문이다. 즉 정보자료의 효용방법을 연구하는 학문인 것이다. 그중에서도 목록학은 분류법과 아울러 전통적인 문헌정보학에서 가장 기본적인 과목으로서 도서관자료를 보다 효과적으로 정리하기 위한 이론 및 실기를 다루는 과목이다. 특히 컴퓨터를 통한 도서관자동화에 필요한 각종 이론과 실기를 심도 있게 다룬다.

문헌정보교육과 교육론(Theory Library & Information Science Education)

사서교사가 초·중·고등학교 현장에서 담당해야 할 교육내용의 요점은 과정이나 절차를 무시하고 결과만을 중시하는 지식편중의 교육이 아니라 학생들에게 문제해결능력 육성, 학습방법의 학습력 제고이다. 여기에서 다루는 내용은 최근에 사서교사 담당교과로 선정된 교과서인 〈정보와 매체〉의 내용을 체계적으로 분석하여 실제로 모의수업을 실시한다. 모의수업을 위하여 교재연구 및 교안작성, 교수자료제작, 학습지도요령 등을 종합적으로 다룬다.

문헌정보교육과 교재연구 및 지도법(Material & Methods in Library & Information Science Education)

학생들의 현장실습에 필요한 교재를 제작, 활용하는 기법을 체득하게 하며, 과목별로 교재를 활용하여 발표학습을 통해 현장에서 보다 나은 지도를 할 수 있도록 한다.

문헌정보학연구방법론(Research Method in Library & Information Science)

문헌정보학을 연구하는 방법에 대한 이론을 각종 연구방법론을 상호 비교하여 체계적인 연구활동을 수행하도록 한다.

미디어센터경영론(Study of Media Center Management)

종래의 인쇄매체 중심의 학교도서관에 영상매체, 전자매체 등의 첨단매체와 컴퓨터 통신장비를 종합적으로 설치하고 운영하는 종합적인 교수매체센터체제의 학교도서관 운영에 대한 이론과 실기를 체득하게 한다. 정보화시대에 교육수요자 중심의 '열린 교육'과 '자료중심교육'을 실현하기 위해서 전문직 사서교사로서의 자질을 함양하고 기량을 길러 준다.

분류학특강(Topical Survey in Classification)

DDC(Dewey Decimal Classification), 한국십진분류법(Korean Decimal Classification), LC 등 다양한 분류법에 대한 비교, 분석을 통해 체계적인 분류방법을 체득함으로써 이용자가 원하는 자료를 신속하고 정확하게 검색할 수 있도록 하는 자료조직의 한 분야이다.

색인초록연구(Study of Index and Abstracts)

정보원에의 주제접근을 제공하기 위한 색인시스템과 색인초록서비스를 연구한다. 색인과 초록작성을 위한 주제분석기법, 색인언어, 다양한 색인기법을 이용한 색인작성과 초록작성의 기술을 이론과 실습을 통하여 익힌다.

서지학특강(Topics Survey in Bibliography)

문헌정보학의 기초가 되었던 서지학은 멀리 한대로부터 비롯하여 교수학, 목록학, 판본학 등이 정립되었다. 본 강좌에서는 이 세분과학의 정립 현상을 인지시키며 동양에 있어서의 문자, 서사재료, 도서, 인쇄술, 목록의 발생과 발전 과정을 폭넓게 다룸으로써 문자의 기원으로부터 20세기까지의 서지학 발달 과정을 추적한다. 그리고 현대 한국에서 중시되고 있는 판본학의 교수를 통해 문헌에 대한 고증적 연구와 고서를 대조, 감정하는 능력을 배양한다. 아울러 한국학 연구를 위한 서지학의 전개 및 그 과제에 대해서 심화 교수한다.

장서개발론(Study of Collection Development)

도서관자료는 도서관봉사의 출발점이며 도서관 설립목적과 기능 그리고 정책에 따라 크게 영향을 받는 영역이다. 도서관자료의 기본을 이루는 문헌매체를 중심으로 의의와 종류를 검토하여 정보원으로서의 가치를 살펴본다. 그리고 자료의 수집과 이용, 선택과 구성 및 평가의 문제를 도서관현장에 적용할 수 있도록 하여야 한다. 따라서 여기에서는 정보와 도서관자료, 도서의 평가와 선택, 이용자 연구, 자료선택의 도구, 장서구성, 자료의 폐기, 지적자유의 문제, 출판과 도서관, 실무 등에 대하여 다룬다.

정보검색연구(Study of Library History)

정보의 축적과 검색을 위한 색인기법, 파일조직, 정보검색기법, 정보검색시스템의 평가에 필요한 이론적, 실제적 문제를 연구한다. 특히 인터넷을 통한 다양한 정보의 접근과 검색을 위한 이론과 실기를 다룬다.

정보봉사론(Study of Information Service)

각종 도서관에서의 정보봉사를 위한 이론, 지식 및 기술을 연구한다. 정보이용자와 정보요구, 이용자의 정보수집형태, 정보봉사의 종류, 효과적인 정보봉사를 위한 커뮤니케이션기술, 정보봉사기관, 정보봉사의 평가 등을 다룬다.

주제별서지(Bibliography of Subject)

인문학과 사회과학을 구성하는 각 학문 분야의 역사적 발전과 최근의 연구동향을 고찰한다. 또한 각 학문 분야의 문헌의 생산과 배포, 이용 등을 연구한다. 각 학문 분야의 주요 1, 2차 정보원을 파악하고 문헌의 실사를 통하여 그 이용법을 습득한다. 또한 정보의 생산, 배포, 이용과 관련하여 과학기술 분야의 1차 정보원을 유형별로 파악하고, 과학기술자들의 정보이용 형태와 커뮤니케이션 패턴 등을 연구한다. 과학기술 분야의 주요 2차 정보원, 우리나라를 비롯한 선진제국의 과학기술정보정책과 과학기술정보서비스센터에 관해 연구한다.

커뮤니케이션연구(Study of Communication)

현대 커뮤니케이션의 이론과 발전 상황을 분석하고 문헌정보학과의 연관 속에서 정보전달이론을 추출한다.

광주대학교　　　　　　　　　　　　　　　　인문사회대학 문헌정보학과

▷ 전공 소개

본 학과는 1981년 개교와 더불어 창설된 본교에서 가장 오래된 학과(개교 당시에는 도서관학과) 중의 하나로서 서울, 경인지역, 영남지역을 비롯한 전국 각지의 학생들이 입학, 수학함으로써 현재 수백여 명에 이르는 졸업생들이 각지의 도서관이나 정보센터에서 기관장 또는 간부로서 활동하고 있는 실정이다. 1992년에는 타 대학 문헌정보학과들과 연합하여 학과명을 도서관학과에서 문헌정보학과로 변경하였다. 도서관 및 정보센터업무(정보수집, 분석, 가공, 활용, 보존 등) 수행에 필요한 지식과 실무를 연마시켜서 지식기반사회를 선도해 나갈 지도적인 중견사서(졸업과 동시에 자동으로 국가 공인 2급 정사서 자격증 부여, 도서관이나 정보센터 취업희망 시 사서자격증이 없으면 지원불가)를 양성하는 한편, 오늘날 정보기술(IT)의 급격한 발달로 인해 도서관현장에서의 그 영향력이 점차 증가함에 따라 현장의 요구에 부응하고자 정보기술 관련 교과목들을 강화함으로써 인터넷정보검색사 등 정보기술 관련 자격증 취득에도 유리할 뿐 아니라 독서지도사, 기록관리사 양성을 위하여 관련 교과목들을 운영하고 있다.

▷ 교육목표

21세기 정보화와 지식기반사회를 맞이하여 정보를 신속하게 입수하고 처리하지 못한다면 지역사회의 발전은 물론 국가의 문화적·경제적인 발전 역시 후진성을 면치 못하게 될 것이다. 따라서 본 학과에서는 이에 신속하게 대처할 수 있는 정보자료의 입수·처리 등에 관한 이론과 실제 및 지역사회 연계를 통한 산 교육 등으로 국가발전에 이바지할 수 있는 정보전문가의 자질과 능력을 함양시키는 데 그 목표를 둔다.

▷ 교수진

· 김이겸	정보학	leekyum@kwangju.ac.kr	062 - 670 - 2328
· 김자후	자료조직	jahookim@kwangju.ac.kr	062 - 670 - 2326
· 김중권	도서관학	jkkim@kwangju.ac.kr	062 - 670 - 2461
· 김창수	도서관학	odroot@kmu.ac.kr	062 - 670 - 2324
· 윤정기	정보학	jengggiy@kwangju.ac.kr	062 - 670 - 2329
· 정선영	서지학	syjung@kwangju.ac.kr	062 - 670 - 2330

▷ 대학원의 설치 여부

광주대학교는 대학원이 설치되어 있다.

▷ 대학원의 교육목표

지식기반 사회에서 행해지는 정보의 생산, 축적, 유통, 이용 등에 관한 다양한 이론과 정보의 본질에 대한 체계적이고 논리적인 분석을 통해서 최신 정보수요를 예측하고 연구하도록 하며, 최신의 정보관리기법을 습득하게 함으로써 유능한 정보전문사서(정보처리전문가)를 양성하고자 한다.

▷ 학과 연락처

· 홈페이지	http://web2.gwangju.ac.kr/~dlis/new/
· 학과 전화번호	062 - 607 - 2643

학 부 교 과 과 정

학년	구분	교과목명	학점	시간
1	교양	독서지도론	3	3
		정보학의 이해	3	3
		정보와 사회	3	3
	전공	문헌정보학개론	3	3
		서지학의 이해	3	3
		도서관사	3	3
		분류법	3	3
2	전공	메타데이터의 이해	3	3
		목록법	3	3
		비도서자료	3	3
		정보유통론	3	3
3	전공	문헌정보학원전의 이해	3	3
		대학 및 전문도서관	3	3
		도서관전산화론	3	3
		정보봉사론	3	3
		DB탐색실습	3	3
		기록관리론	3	3
		도서관정보센터경영론	3	3
		색인초록론	3	3
4	전공	사서실습	3	4
		목록연습	3	4

학년	구분	교과목명	학점	시간
4	전공	정보검색론	3	3
		인문과학정보론	3	3
		학교 및 공공도서관	3	3
		사회과학정보론	3	3
		분류연습	3	4
		자연과학정보론	3	3
		장서관리론	3	3
		전산목록실습	3	4
		정보자료보존론	3	3

학 부 교 과 내 용

도서관사

정보의 축적과 서비스가 시작된 도서관이란 어떤 문화와 사회에서 시작되었으며 어떻게 발전하여 왔는가를 동·서양을 비교하여 살펴보며, 이를 바탕으로 앞으로 도서관이나 정보센터의 사명을 완수할 수 있는 방향을 모색하도록 한다.

도서관전산화론

도서관업무를 수서, 정리, 대출, 연속간행물, 참고정보서비스 등 각각의 모듈을 전산화 방법에 의한 실행과 서비스가 가능한 교육 수준을 달성하는 데 목표를 둔다. 도서관토털시스템의 성격과 시스템 분석능력 그리고 각각의 하부시스템인 자료수집 시스템, 표준화된 자동목록시스템, 연속간행물시스템, 참고정보서비스시스템, 전산화된 기획과 도서관행정하부시스템을 각각의 모듈로 검토하고 종합적 도서관시스템을 구현할 수 있는 전산화 기술을 교습하는 내용이다.

문헌정보학원전의 이해

문헌정보학의 입문자를 위해 문헌정보학의 의의, 역사적 배경 및 문헌정보학 전반에 걸친 주요 개념, 원리 등에 대한 개요와 체계를 알도록 함에 목적을 둔다. 각종 정보의 과학적 수집, 정리 및 체계적 분석과 저장을 통하여 이용자의 정보요구에 대처할 수 있는 정보전문가의 역할과 기능을 중심으로 문헌정보학의 원론적 기초 개념과 이론을 습득한다. 정보와 문헌의 유형과 특성, 정보사회에서 문헌정보의 중요성과 학문적 특성, 각종 정보시스템과 정보기술의 기초적인 원리와 활용에 대해 개괄적으로 학습한다.

서지학의 이해

서지학의 정의에서부터 조직에 이르기까지의 제반 지식을 습득시킴으로써 고전자료에 관한 전문적 배경을 지닌 전문가를 양성함을 목적으로 한다. 서지학의 용어, 개념, 정의 및 범위(원문서지학, 체계서지학, 형태서지학 등)를 포함하여 책의 기원, 명칭, 판식에 관한 내용, 권자본에서부터 선장본에 이르기까지의 그서 장정 관련 내용, 사본, 간인본, 목판본, 활자본에 관한 고찰 및 활자, 종이, 판본 식별법, 고전자료의 편목 및 분류법, 전산화 등 고전자료 전반에 관한 내용을 포괄적으로 다룬다.

인문과학정보론

인문과학정보원의 유형, 각종 정보매체의 특성 및 인문과학연구자의 정보이용습성에 대한 이해를 바탕으로 도서관 및 정보센터에서 이 분야의 주제전문가로서의 자질을 함양시킨다. 인문과학의 기초 개념 및 학문적 특성을 이해시키고, 인문과학 정보원의 유형, 특성, 전산화 실태 및 인문과학 연구자의 정보이용행태를 파악하도록 한다. 인문과학의 세부 학문 분야(철학, 종교, 언어 및 문학, 예술 등)를 개관하고, 각 분야별 주요 인쇄형 참고정보원, CD-ROM, 데이터베이스 및 온라인데이터베이스, 웹자원 등을 조사, 평가, 분석해 본다.

정보검색론

산재해 있는 도서관정보의 효과적 검색을 위하여 서지정보를 처리, 저장하고 필요할 때 필요한 정보를 검색, 제공할 수 있는 정보전문가 교육을 목표로 한다. 학술정보의 효율적 검색을 위하여 다양한 정보의 종류를 개관하고 산재해 있는 각 학문 분야의 정보를 처리하기 위한 색인과 초록시스템을 고수하고 정보검색의 다양한 방법을 체계적으로 습득하여 이론에서 정보전문가로서 필요한 데이터베이스를 선택, 접근할 수 있도록 하여 검색효율을 평가할 수 있는 내용을 교육한다.

정보자료보존론

정확한 자료를 원하는 사람에게 신속하게 제공하는 기능이 오늘날의 정보센터와 도서관의 중요 기능이다. 이러한 기능을 효과적으로 수행하기 위해서는 정보를 담고 있는 자료의 수명이 다할 수 있도록 환경 조건을 유지하고 보수하는 것이 선행되어야 한다. 본 교과는 가장 오래된 종이부터 최신에 개발된 CD-ROM에 이르기까지 정보매체의 특성을 이해하여, 이들 재료에 적합한 환경을 연구하고, 훼손자료의 복원기술을 익혀 정보제공의 사명을 수행하도록 하는 데 목적을 둔다.

석 사 교 과 과 정

구분	교과목명	학점
공통기본	문헌정보학연구방법론 (Research Methods in Library and Information Sciences)	3
	도서관정보센터경영론특강 (Seminar in Management of Library and Information Center)	3
	장서관리특강 (Seminar in Collection Management)	3
	정보서비스연구 (Advanced Studies in Information Services)	3
	정보행태론 (Advanced Theories in Information Behavior)	3
	고급분류학연구 (Studies in Advanced Library Classification)	3
	고급목록학연구 (Studies in Advanced Library Cataloging)	3
	자료보존연구 (Preservation of Library Materials)	3
	기록관리연구 (Theory of Archival Management)	3
	한국서지학특강 (Bibliography of Korea)	3
	고서조직특강 (Organization of Old Korean Books)	3
	메타데이터세미나 (Theory of Information Science)	3
	정보검색이론 (Advanced Studies in Information Retrieval)	3

대구가톨릭대학교　　　　　　　사회과학대학 도서관학과

▷ 전공 소개

오늘날 정보화시대에 살고 있는 우리들에게 어떤 정보가 어디에 있는지를 어떻게 알아낼 것인가(Know-how, know-where or know-what) 하는 것이 가장 큰 문제로 다가와 있다. 사람들은 자신이 원하는 정보를 보다 편하고, 빠르게 찾고자 한다. 이러한 필요는 갈수록 커지고 있는데, 이런 필요를 채워 주어야 할 전문인이 바로 '정보전문가' 또는 '사서'이다. 도서관학 전공에서는 이러한 역할을 효과적으로 수행할 수 있도록 정보전문가인 사서의 능력과 자질을 함양시키는 것을 목표로 하여 각종의 정보자료의 수집, 분석, 조직 및 활용을 중심으로 광범위하게 교과목을 이수토록 하고 있다. 특히 컴퓨터 처리, 멀티미디어 활용 및 다양한 타학문을 부전공으로 택해 학문별 주제 전문지식을 습득할 수 있도록 하고 있다. 그리고 본 전공의 교육과정을 이수하면 도서관학 학사학위와 더불어 2급 정사서 자격증이 주어지며 교직 과목을 이수할 경우 사서교사 자격증이 주어진다.

▷ 교육목표

- 정보의 생산과 유통과정을 이해하는 사서·사서교사·정보전문가
- 도서관 경영에 관한 전문지식을 지닌 사서·사서교사·정보전문가
- 정보 이용자에 대하여 성실하게 봉사하는 사서·사서교사·정보전문가

▷ 교수진

최상희	정보학	shchoi@cu.ac.kr	053-850-3324
엄영애	도서관교육	yaum@cu.ac.kr	053-850-3221
정해성	자료조직	hschung@cu.ac.kr	053-850-3223
홍명자	법정보학	mjhang@cu.ac.kr	053-850-3222

▷ 대학원의 설치 여부

대구가톨릭대학교 대학원은 도서관학이라는 이름으로 석사과정과 교육대학원을 설치하고 있다.

▷ 대학원의 교육목표

- 학교교육에 도서관의 활용을 적극적으로 유도할 수 있는 전문가의 양성
- 교사와 학생의 정보요구에 적극적으로 대응하고 정보의 이용을 장려하는 사서교사의 양성
- 교사와 학생에게 적절한 정보기술과 정보의 활용능력을 가르칠 수 있는 기술의 배양
- 다양한 정보매체를 다룰 수 있는 능력의 습득
- 학교도서관의 이론과 실제를 겸비한 연구능력의 함양

▷ 학과 연락처

- 홈페이지   http://libsci.cu.ac.kr/library
- 학과 전화번호   053 - 850 - 3288

학 부 교 과 과 정

학년	구분	교과목명	학점	시간
1	전선	도서관학개론 (Introduction to Library Science)	3	3
		독서지도론 (Reading Education)	3	3
2	전선	도서관정보봉사의 기초 (The Basics of Library and Information Service)	3	3
		정보기술 (Information Technology in Libraries)	3	3
		분류학 (Classification)	3	3
		서지학개론 (Introduction to Bibliography)	3	3
		자료분류의 실제 (Practice of Classification)	3	3
		정보매체론 (Information Media)	3	3
		학교도서관운영 (School Library Media Center)	3	3
3	전선	도서관관리론 (Library Management)	3	3
		도서관전산화 (Library Automation)	3	3
		목록학 (Cataloging)	3	3
		자료조직의 실제 (Practice of Cataloging)	3	3
		장서개발 (Collection Development)	3	3
		저작권과 출판 (Copyright and Publishing)	3	3
		정보검색 (Information Retrieval)	3	3
		정보봉사론 (Reference and Information Services)	3	3
4	전선	공공도서관운영론 (Administration of Public Libraries)	3	3
		대학 및 전문도서관경영 (University and Special Libraries Management)	3	3

학년	구분	교과목명	학점	시간
4	전선	비도서자료 (Non-Book Materials)	3	3
		색인 및 초록법 (Indexing and Abstracting)	3	3
		자료조직연습 (Advanced Practice in Classification and Cataloging)	3	3
		정보이용교육 (Library Instruction)	3	3
		정부간행물과 기록관리 (Management of Government Publications and Archives)	3	3

학 부 교 과 내 용

공공도서관운영론(Administration of Public Libraries)

지역사회의 기초적 도서관봉사기관으로서 공공도서관의 의의와 사회적 역할 및 효율적 수행을 위한 기본적 요건 등에 관하여 전반적으로 다룬 후 공공도서관의 일반적 봉사 및 이용대상자별 봉사에 대하여 다룸으로써 공공도서관의 운영전반에 관한 지식을 체계적으로 익힌다.

도서관관리론(Library Management)

일반 관리이론의 소개와 더불어 도서관의 관리론을 다룬다. 도서관관리의 변화를 역사적으로 살펴보고, 이론의 도입과정과 그 변화를 추적한다. 관리자의 관리직능과 함께 도서관관리자의 역할을 중점적으로 다룬다. 관종별 계획업무와 조직, 인사관리 및 예산들에 관련된 이론과 현황을 소개한다. 또한 최근의 관리이론과 도서관업무와 봉사의 평가도 가르친다.

도서관정보봉사의 기초(The Basic of Library and Information Service)

도서관정보봉사 및 정보봉사의 기본정신, 봉사기관으로서의 도서관의 역할, 봉사담당자로서의 사서에게 요구되는 지식과 윤리의식, 봉사대상자로서의 이용자의 요구와 요구에 상용한 봉사내용 등 정보사회에서 사서직에 요구되는 기본적인 과제를 수행하는 데 필요한 기초 지식 전반에 대하여 다룬다.

도서관학개론(Introduction to Library Science)

도서관은 인류가 서지자료와 문자를 발명한 이래 모든 형태의 기록 자료를 수집, 보존하여 교육정보 연구 교양 등 인간의 다양한 목적에 이바지해 온 기관으로, 이에 관련한 이론과 실제를 다루는 것이 도서관학이다. 본 과목은 문화전승기관, 정보센터, 학술커뮤니케이션 기관으로서 도서관의 본질적인 기능과 이를 위하여 사서들에게 요구되는 기본적인 지식과 기술을 소개한다.

비도서자료(Non‑Book Materials)

도서자료 이외의 모든 자료, 즉 정기간행물, 팸플릿, 그림사진, 클리핑, 정부문서 등의 인쇄자료와 각종 필름, 레코드, 슬라이드, 마이크로 자료 등의 시청각자료에 대해 도서관자료로서의 효용성을 개설하고, 자료의 수집, 조직관리 및 이용법을 다룬다. 특히 기록자료 중 가장 중요시되는 정기간행물의 정리방법, 검색법 및 각종 자료의 정리방법에 대한 기술습득에 중점을 둔다.

서지학개론(Introduction to Bibliography)

각종 기록자료에 관한 연구인 서지학에 관한 입문강좌로서, 서지의 의의와 종류, 서지가의 자질과 역할, 서지자료의 작성과 평가 등 서지학 전반에 관한 기본이론을 다룬 후, 각종 기록 자료의 활용을 위한 서지자료를 유형별로 나누어 그 의의와 용도 및 구체적 자료를 중심으로 하여 그 활용법에 관하여 다룬다.

자료조직 Ⅰ, Ⅱ(Cataloging Ⅰ, Ⅱ)

기록자료의 검색을 위한 목록법의 이론과 실제, 목록의 역사, 목록의 기법, 기술론, 편성이론 등을 배우며 특히 한국어와 영어자료의 목록법을 KCR3과 ISBN 및 AACR의 규칙을 비교 검토하면서 MARC체계에 따른 목록적용과 실무학습을 통해 자료편목에 적용할 수 있는 기술습득에 중점을 둔다.

장서개발(Collection Development)

도서관의 장서는 도서관의 봉사의 성패를 결정할 수 있는 주요 요소이다. 이용자들에게 유용하고 질적으로 가치 있는 장서의 구성은 사서들의 주 임무인 것이다. 본 과목은 장서개발에 필요한 제반을 습득시키고 실제로 자료선택을 할 수 있는 기초를 마련해 준다. 관종별 자료선택, 선정용 도구자료의 활용방법, 장서의 평가와 폐기, 전반적인 수서업무의 이론과 실제를 다룬다.

저작권과 출판(Copyright and Publishing)

각종 기록정보자료와 저작권적 보호와 그 효율적 이용을 위하여, 저작권의 의의와 내용 및 저작권의 보호와 침해에 대한 주제에 대하여 전반적으로 다룬 후, 특히 도서관 저작권 보호 그리고 출판물과 저작권 보호 등에 관하여 중점적으로 다룬다.

정보검색(Information Retrieval)

선별 수집된 문헌을 색인하고 파일화하는 과정과 축적된 문헌을 탐색하는 과정에서 필요한 도구와 방법을 이해한다. 검색시스템의 유형, 색인방법, 색인어의 종류, 시소러스 등을 고찰한다. 컴퓨터 작성 색인, 자동색인 등의 개념을 이해하며, 파일조직, 검색방법, 정보검색시스템의 평가 등을 이해한다. 정보관리기관에서의 정보검색의 실제를 논의한다.

정보매체론(Understanding of Information Media)

정보와 지식을 전달해 주는 가장 오래되고 중요한 도서를 포함하여 다양한 형태의 인쇄자료와 각종 시청각자료의 특성과 정보매체로서의 중요성을 다룬다. 컴퓨터로 이용이 가능한 CD-ROM을 위시한 전자매체의 현황과 이용방법도 가르친다. 실제로 매체의 활용을 통하여 매체의 특징에 이해를 높인다.

정부간행물과 기록관리(Management of Government Publication and Archives)

정부자료로서 중요성을 가지는 각종 정부간행물의 의의와 성질 및 이에 관한 제도적 연구과 도서관자료로서의 정부간행물의 관리에 관한 일반이론을 다룬다. 그리고 보존기록물에 관한 제도적 연구와 보존기록물의 관리를 위한 실제적 방법들에 관하여 전반적으로 다룬다.

석 사 교 과 과 정

구분	교과목명	학점
석사과목	도서관관리론 (Advanced Studies in Library Management)	3
	도서관정보봉사론 (Advanced Library and Information Service)	3
	도서관정책개발론 (Library Policy Development)	3
	도서관학연구방법 (Research Method in Library and Information Studies)	3
	비교도서관학연구 (Advanced Studies in Comparative Librarianship)	3
	시스템분석론 (Analysis of Information system)	2
	이론목록학 (Theory of Cataloging)	2
	이용자교육론 (User Education)	3
	자료분류론 (Theory of Classification)	3
	자료조직론 (Advanced Studies in Cataloging and Classification)	3
	자연과학자료론 (Advanced Studies in Science Materials)	3
	장서개발론 (Advanced Studies in Collection Development)	3
	정보유통론 (Advanced Studies in Information Flow)	3
	정보이용자연구론 (Advanced Studies in Information User Behavior)	3
	정보자료론 (Seminar in Information Sources)	3
	주제별연구자료론 (Advanced Studies in Research Materials in Subject Fields)	3
	특수자료조직론 (Organization of Special Materials)	3

석 사 교 과 내 용

도서관관리론(Advanced Studies in Library Management)

도서관관리의 중요성과 이론을 이해시키고 기법의 적용을 가르쳐서 사서에게 요구되는 관리직능과 도서관관리자로서의 역할을 수행하는 데 필요한 기본적인 능력을 갖추도록 한다.

도서관정보봉사론(Advanced Library and Information Service)

정보환경의 변화에 대응할 수 있도록 이용자 중심의 적극적 정보봉사를 수행하기 위하여 전문직에 요구되는 제반 과제와 봉사여건에 관하여 깊이 있게 다룬다.

도서관정책개발론(Library Policy Development)

도서관의 사회적 의의를 파악하고 도서관의 현황을 제도적 측면과 비교하여 분석하며, 발전적 미래를 위한 정책개발의 방향에 대하여 깊이 있게 다룬다.

도서관학연구방법(Research Method in Library and Information Studies)

도서관의 현실과 상황을 이해하고 설명하는 데 적합한 연구방법을 연구하며, 특히 한국의 도서관 현실을 규명하고 이를 발전시키기 위한 실천적 연구방법론을 모색한다. 양적 연구로 설명할 수 없는 한국의 도서관 현실을 살펴보면서 질적 연구법에 대해 검토한다.

비교도서관학연구(Advanced Studies in Comparative Librarianship)

비교도서관학의 이해를 통하여 외국의 도서관학 이론, 철학, 실행을 체계적으로 조사할 수 있는 능력을 배양한다. 나아가 그 능력을 바탕으로 하여 필요한 것을 받아들이거나 외국의 경험을 통하여 우리의 도서관봉사나 운영을 개선할 수 있는 기초를 마련한다.

시스템분석론(Analysis of Information system)

조직의 합리적 운영과 이용자의 요구에 적합한 정보시스템을 구축하기 위하여, 시스템 분석과 디자인을 위한 제반 이론과 그 운영에 대하여 깊이 있게 다룬다.

이론목록학(Theory of Cataloging)

기록자료의 검색을 위한 목록법의 이론과 실제, 목록의 역사, 목록의 기입, 기술론, 편성이론 등을 배우며, 특히 한국어와 영어자료의 목록법을 KCR3과 ISBD 및 AACR의 규칙을 비교·검토한다.

이용자교육론(User Education)

도서관의 주요 업무인 도서관 이용지도를 담당할 사서들에게 요구되는 이론과 방법을 가르치고 실제의 교육경험을 갖게 하여 실제로 도서관현장에서 필요한 다양한 교육을 할 수 있는 기본적인 능력을 배양하는 것이다.

자료분류론(Theory of Classification)

자료 분류의 중요성과 분류조직의 이론적인 체계를 확립하며 분류의 실제에 적용하기 위한 학습에 중점을 둔다. 구체적으로 자료 분류의 원리, 역사, 기초조직, 자료내용의 파악방법, 분류의 체계와 특성을 이해시킨다. 분류의 실제는 한국십진분류법과 듀이십진분류법을 주로 하여 실무에 적용하게 한다.

자료조직론(Advanced Studies in Cataloging and Classification)

자료 분류와 목록의 중요성과 이론적인 체계를 이해시키며, 분류체계의 특성과 목록의 편성 이론 및 분류의 기본도구인 DDC와 KDC, 현행 목록규칙에 대해 비교 검토하여 자료조직의 이론적 기초를 확립한다.

자연과학자료론(Advanced Studies in Science Materials)

자연과학 각 주제 분야에서 생산되는 정보가 수록되는 문헌의 종류를 고찰한다. 주제의 특성, 연구방법에 따라 게재되는 매체의 특성을 이해한다. 도서, 학술잡지, 학위논문, 특허문헌, 규격, 번역문 등 과학기술 분야의 문헌이 중점적으로 수록되는 매체들을 검토한다. 각 주제 분야별 2차 자료를 이해하고 그것들의 CD-ROM판, 데이터베이스 형태 등도 알아본다.

장서개발론(Advanced Studies in Collection Development)

도서관의 장서개발에 필요한 이론과 기술을 가르치고 실제업무에 대해 이해시킴으로써 도서관현장에서 자료를 선택하고 장서를 평가할 수 있는 기본적인 지식을 습득하게 한다. 도서관의 상황에 적절한 장서개발을 할 수 있는 장서관리자의 능력을 배양할 기초를 마련해 주는 것을 목표로 한다.

정보유통론(Advanced Studies in Information Flow)

정보의 생산단계에서부터 이용단계에 이르는 전 과정에 대하여 이해하고 유통과정에 참여하는 정보서비스 기관의 기능을 검토한다. 한국의 정보유통체제를 이해하기 위하여 공공도서관, 대학도서관 및 특수도서관 등이 전국적인 정보유통체제에 참여하는 방식을 검토한다.

정보이용자연구론(Advanced Studies in Information User Behavior)

정보이용자는 정보생산자가 바로 정보이용자가 된다는 정보 유통 사이클로 이해한다. 정보이용자들의 정보요구 및 정보이용에 관한 유형, 이들이 이용하는 정보매체의 종류, 정보 입수처 등을 논의한다. 온라인 접근에 의한 정보입수가 가능한 범위와 종류를 이해한다.

주제별연구자료론(Advanced Studies in Research Materials in Subject Fields)

특정 주제 분야의 연구자료의 유형과 성격을 파악하여 도서관에서의 주제별 자료개발과 정보서비스를 연구한다. 특정 분야 연구자들이 이용하는 자료를 분석하기 위하여 연구자가 생산한 단행본, 학술잡지를 심도 있게 조사한다.

특수자료론(Organization of Special Materials)

도서자료 이외의 모든 자료, 즉 정기간행물, 팸플릿, 그림사진, 클리핑, 정부문서 등의 인쇄자료와 각종 필름, 레코드, 슬라이드, 마이크로 자료 등의 시청각자료에 대해 도서관자료로서의 효용성을 개설하고, 자료의 수집, 조직관리 및 이용법을 다룬다.

교 육 대 학 원 교 과 과 정

구분	교과목명	학점
교직공통	교육심리 및 방법론 (Philosophy and Mathod of Education)	2
	교육의 사회학적 기초 (Social Foundation of Education)	2
	교육의 역사와 철학 (History and Philosophy of Education)	2
	교육학의 이해 (Foundation of Education)	2
	교육행정의 기초 (Foundation of Educational Administration)	2
	생활지도 (Guidance)	2
교과교육	교육정보매체론 (Advanced Studies in Information Media)	2
	도서관자동화특강 (Advanced Studies in Library Automation)	2
	학교도서관매체센터경영론 (Advanced School and Library Media Center Management)	2
전공	논문연구 Ⅰ, Ⅱ (Thesis Study Ⅰ, Ⅱ)	2
	도서관관리특론 (Advanced Studies in Library Management)	2
	도서관네크워크론 (Library Network)	2
	도서관문화사특론 (Advanced Studies in Library History)	2
	도서관정보봉사론 (Advanced Library and Information Service)	2
	도서관정책개발론 (Library Policy and Development)	2
	도서관봉사평가론 (Evaluation for Library Service)	2
	도서관학연구방법론 (Research Methods in Library and Information Studies)	2
	독서지도연구 (Advanced Reading Theory)	2
	독서치료법 (Bibliotherapy)	2
	문헌커뮤케이션의 역사 (History of Written Communication)	2

구분	교과목명	학점
전공	비교도서관학연구 (Advanced Studies in Comparative Librarianship)	2
	시스템분석론 (Analysis of Information System)	2
	아동 및 청소년봉사론 (Services of Children and Young Adults)	2
	아동 및 청소년자료론 (Materials for Children and Young Adults)	2
	이론목록학 (Theory of Cataloging)	2
	이용자교육론 (User Education)	2
	인터넷자원활용론 (Internet Resources)	2
	자료분류이론 (Theory of Classification)	2
	자료조직연구 (Advanced Studies in Cataloging and Classification)	2
	자연과학자료론 (Advanced Studies in Science Materials)	2
	장서개발특론 (Advanced Studies in Collection Development)	2
	정보검색교육론 (Education for Information Retrieval)	2
	정보검색특론 (Information Retrieval Theory)	2
	정보유통론 (Advanced Studies in Information Flow)	2
	정보이용자연구론 (Advanced Studies in Information User Behavior)	2
	주제별연구자료론 (Advanced Studies in Research Materials)	2
	특수자료조직론 (Organization of Special Materials)	2

교 육 대 학 원 교 과 내 용

교육정보매체론(Advanced Studies in Information Media)

정보와 지식을 전달해 주는 가장 오래되고 중요한 도서를 포함하여 다양한 형태의 인쇄자료와 각종 시청각자료의 특성과 정보매체로서의 중요성을 다룬다. 컴퓨터로 이용이 가능한 CD‑ROM을 위시한 전자매체의 현황과 이용방법도 가르친다. 실제로 매체의 활용을 통하여 매체의 특징에 대해 이해를 높인다.

도서관관리특론(Advanced Studies in Library Management)

도서관관리란 무엇이고, 관리에 이론의 적용이 왜 필요한지를 다룬다. 다양한 관리이론의 전개배경과 관리기법을 살펴본다. 도서관관리 직능에 필요한 이론과 기술을 이해하고, 그것을 도서관현장에서 실제로 적용할 수 있는 능력을 갖도록 한다.

도서관네트워크론(Library Network)

도서관 간의 협력체제가 인터넷의 등장으로 변화를 보이고 있다. 인터넷으로 연결되고 웹 자원의 공유가 일어나고 있는 시대에서의 도서관네트워크를 논의한다.

도서관문화사특론(Advanced Studies in Library History)

서양과 동양 도서관의 발달을 역사적으로 고찰함으로써 각 시대에 나타나는 도서관의 사명과 도서관 제도 및 도서관이 가지고 있는 문화적 역할을 규명한다. 특히 도서관과 연관되는 문자의 발생, 도서인쇄술 및 출판의 발달과정을 개관하고, 과거 도서관의 발달사를 통해 현재 도서관이 가지고 사회적, 문화적 위치를 확인하고, 나아갈 방향을 찾아보도록 한다.

도서관봉사평가론(Evaluation for Library Service)

일반적으로 도서관봉사에 대한 평가는 이용자들로부터 제기되는 만족도에 따라 평가가 이루어지고 있으나, 구체적인 평가기준과 방법에 따른 평가법을 논의한다.

도서관자동화특강(Advanced Studies in Library Automation)

도서관업무단위인 수서, 편목, 색인, 대출, 연속간행물 관리, 정보서비스 등 각 부문 업무의 전산화 과정을 이해한다. 단위업무의 전산화 전 단계 작업인 시스템 분석을 통하여 전산화 효과를 증대시키는 방안도 검토한다. 도서관 전산화에 많이 이용되는 패키지 프로그램의 이해와 도서관에서의 채용상황 등도 검토한다. 그리고 우리나라 도서관 전산화의 현 단계에 대해서도 토의한다.

도서관정보봉사론(Advanced Library and Information Service)

정보환경의 변화에 대응할 수 있도록 이용자 중심의 적극적 정보봉사를 수행하기 위하여 전문직에 요구되는 제반 과제와 봉사여건에 관하여 깊이 있게 다룬다.

도서관정책개발론(Library Policy and Development)

도서관의 사회적 의의를 파악하고 도서관의 현황을 제도적 측면과 비교하여 분석하며, 발전적 미래를 위한 정책개발의 방향에 대하여 깊이 있게 다룬다.

도서관학연구방법론(Research Methods in Library and Information studies)

도서관의 현실과 상황을 이해하고 설명하는 데 적합한 연구방법을 연구하며, 특히 한국의 도서관 현실을 규정하고 이를 발전시키기 위한 실천적 연구방법론을 모색한다. 양적 연구로 설명할 수 없는 한국의 도서관 현실을 살펴보면서 질적 연구법에 대한 검토를 한다.

독서지도연구(Advanced Reading Theory)

효과적인 학습활동을 포함하여 지적인 성장과 상상력의 증진을 위하여 독서는 필수적인 행위이고, 적절한 독서지도를 통한 독서습관의 형성은 학교도서관의 기본기능이다. 독서지도에 필요한 제반 이론과 실제를 다룬다.

독서치료법(Bibliotherapy)

책 읽기를 통한 정신치료로 책 읽기의 효용성을 실험하는 임상작업이다. 책이 가지고 있는 어떤 구체적 효능이 인간의 심리나 정신에 작용하여 행동변화를 일으키도록 유도하는 것이다. 독서치료에 사용될 단계별 자료선정, 독서지도, 독서평가 등을 논의한다.

문헌커뮤케이션의 역사(History of Written Communication)

문자를 통하여 커뮤니케이션하는 전 과정을 살펴보고 특히 인쇄매체와 디지털매체가 가지는 특성을 1차 자료와 2차 자료로 나누어 논의한다.

비교도서관학연구(Advanced Studies in Comparative Librarianship)

비교연구방법의 목적과 배경 및 방법을 다룬다. 도서관학 분야에서 비교연구방법으로 수행된 연구의 예들을 살펴봄으로써 비교도서관학에 대한 이해와 더불어 실제로 비교연구방법론을 사용할 수 있도록 한다.

시스템분석론(Analysis of Information System)

조직의 합리적 운영과 이용자의 요구에 적합한 정보시스템을 구축하기 위하여, 시스템 분석과 디자인을 위한 제반 이론과 그 운영에 대하여 깊이 있게 다룬다.

아동 및 청소년봉사론(Services of Children and Young Adults)

도서관은 이용자에게 적절한 봉사를 제공하여야 하며, 적절한 봉사는 이용자들의 다양한 특성을 반영하는 것이다. 아동과 청소년의 특성과 그들의 관심에 맞고 호기심을 자극할 수 있는 봉사를 위한 여러 방법을 모색한다.

아동 및 청소년자료론(Materials for Children and Young Adults)
아동과 청소년에게 유익한 자료들을 연령, 주제, 형태 그리고 장르별로 나누어 연구한다.

이론목록학(Theory of Cataloging)
동서양의 목록의 역사를 살펴보고 이제까지의 목록법전을 비교 검토함으로써 바람직한 목록의 이론을
규명한다.

이용자교육론(User Education)
도서관 이용자에게 도서관자료와 봉사에 대하여 가르쳐 줌으로써 그들 스스로 도서관을 효율적으로 이
용할 수 있도록 하는 것이 이용자교육의 목적이다. 다종다양한 상황에서 사용할 구체적인 교육방법을 다
루고 아울러 도서관의 PR활동과 방법도 살펴본다.

인터넷자원활용론(Internet Resources)
인터넷상에 유통되고 있는 유용한 정보자원의 수집, 이용방안을 검토한다. 국내외의 도서관에서 수행되
고 있는 인터넷자원에 대한 접근방법을 살펴본다. 디지털정보 유통환경에서의 정보자원의 활용방안을 검
토한다.

자료분류이론(Theory of Classification)
DDC와 KDC를 기본 분류체계로 보고 그 외의 현재 주요 분류체계 UDC, LCC, CC 등의 기본구조와 조
직, 열거식 분류와 조합식 분류에 대한 이론을 규명한다.

자료조직연구(Advanced Studies in Cataloging and Classification)
자료 분류와 목록의 중요성과 이론적인 체계를 이해시키며, 분류체계의 특성과 목록의 편성 이론 및 분류
의 기본도구인 DDC와 KDC, 현행 목록규칙에 대해 비교 검토하여 자료조직의 이론적 기초를 확립한다.

자연과학자료론(Advanced Studies in Science Materials)
과학기술 분야에 있어서 문헌의 생산유형과 문헌의 종류를 이해한다. 학술잡지, 리포트, 특허문헌, 규격
문헌 등을 다룬 주제 분야에서 보다 많이 이용되는 매체들의 속성을 자연과학이라는 학문적 특성과 연
계시켜 고찰한다. 뉴미디어의 이용에 대해서 고찰한다.

장서개발특론(Advanced Studies in Collection Development)
도서관봉사의 기초 자료를 구성하는 장서개발에 관련된 이론과 실제를 가르친다. 장서개발을 구성하는
개발방침, 자료의 선택, 장서의 평가 및 폐기 그리고 자료의 수집방법을 다룬다. 출판과 저작권법도 살펴
봄으로써 장서개발에 관련된 기본적인 지식을 습득하도록 한다.

정보검색교육론(Education for Information Retrieval)

정보검색에 필요한 색인과 검색의 이론과 실제를 효과적으로 교육하기 위한 방안을 모색한다. 교육과정에 적합한 데이터베이스의 선정과 접속, 검색에 따른 문제들을 논의한다.

정보검색특론(Information Retrieval Theory)

선별 수집된 문헌을 색인하고 파일화하는 과정과 축적된 문헌을 탐색하는 과정에서 필요한 도구와 방법을 이해한다. 검색시스템의 유형, 색인방법, 색인언어의 종류, 시소러스 등을 고찰한다. 컴퓨터작성 색인, 자동색인, 자동분류 등의 개념을 이해하며, 파일조직, 검색방법, 정보검색시스템의 평가 등을 이해한다. 정보관리 기관에서의 정보검색의 실제를 논의한다.

정보이용자연구론(Advanced Studies in Information User Behavior)

정보이용자는 정보생산자가 바로 정보이용자가 된다는 정보 유통 사이클로 이해한다. 정보이용자들의 정보요구 및 정보이용에 관한 유형, 이들이 이용하는 정보매체의 종류, 정보 입수처 등을 논의한다. 온라인 접근에 의한 정보입수가 가능한 범위와 종류를 이해한다.

주제별연구자료론(Advanced Studies in Research Materials)

특정 주제 분야의 연구자료의 유형과 성격을 파악하여 도서관에서의 주제별 자료개발과 정보서비스를 연구한다. 특정 분야 연구자들이 이용하는 자료를 분석하기 위하여 연구자가 생산한 단행본, 학술잡지 등을 심도 있게 조사한다.

특수자료조직론(Organization of Special Materials)

연속간행물, 정부간행물을 비롯하여 비도서자료 등에 대하여 수집과 정리 및 관리에 대하여 다룬다.

학교도서관매체센터경영론(Advanced School and Library Media Center Management)

교사의 연구와 학생들의 학습활동을 지원할 다양한 매체를 소장해야 하는 학교도서관관리에 요구되는 다양한 이론과 경영의 실제를 다룬다.

대구대학교   사회과학대학 문헌정보학과

▷ 전공 소개

대구대학교 문헌정보학과는 현대 정보화 사회에서 문헌정보를 비롯한 모든 형태의 정보를 수집, 분석, 축적, 검색, 제공하기 위한 각종 이론과 방법을 체계적으로 연구하여 현재 정보사회가 요구하는 정보전문가, 도서관 사서, 사서교사 및 정보관리자를 양성함을 목적으로 하고 있다. 현재까지 배출된 졸업생들 가운데 720여 명이 각지의 대학 및 공공도서관, 학교도서관, 그리고 언론사, 기업체, 연구소 등의 정보자료실에 진출하여 유능한 전문사서 또는 정보전문가로 활동하고 있다. 이처럼 본 전공은 정보사회를 선도하는 정보전문가를 양성 배출하는 유망한 전공이다. 1997년에는 대학원 석사과정, 1999년에는 교육대학원 사서교육전공을 개설하여 문헌정보학의 이론적 연구와 발전을 도모하고 있다.

▷ 교육목표

· 정보사회의 구성원으로서 활동하는 데 필요한 폭넓은 소양과 전문적 기술의 함양
· 도서관 및 정보센터와 관련된 다양한 지식 및 실무기법을 겸비한 유능한 전문사서의 양성

▷ 교수진

· 권은경	정보학	eunkwon@biho.taegu.ac.kr	053 – 850 – 6356
· 김상호	서지학	Sanghkim@biho.taegu.ac.kr	053 – 850 – 6353
· 김선호	정보학	sunkim@biho.taegu.ac.kr	053 – 850 – 6354
· 윤희윤	도서관학	yhy@biho.taegu.ac.kr	053 – 850 – 6355
· 이경호	정보학	khlee@biho.taegu.ac.kr	053 – 850 – 6352
· 전재봉	도서관학	jjbjhs@biho.taegu.ac.kr	053 – 850 – 6351

▷ 대학원의 설치 여부

대구대학교 대학원은 문헌정보학이라는 이름으로 석사과정과 교육대학원을 설치하고 있다. 교육대학원은 교육학과 사서교육전공, 일반대학원은 문헌정보학전공이다.

▷ 교육대학원의 교육목표

· 전문지식과 연구방법론의 체계적 교육을 통한 문헌정보교육학자 양성
· 정보기술과 실무기법의 함양을 통한 도서관·정보센터의 교육 및 경영전문가 양성
· 정보화 사회의 다양한 정보매체의 수집·처리·이용·보존을 위한 정보전문가 양성

▷ 학과 연락처

· 홈페이지　　　　　　http://lis.daegu.ac.kr/
· 학과 전화번호　　　　053 – 850 – 6350

학 부 교 과 과 정

학년	구분	교과목명	학점	시간
1	기초	문헌정보학의 이해 (Introduction to Library Science)	3	3
		정보학의 이해 (Introduction to Information Science)	3	3
		도서관정보사회론 (Library and Information literacy)	3	3
2	전필	자료분류론 (Library Classification)	3	3
		자동화목록법 (Machine Readable Cataloging)	3	3
	전선	고전자료 (Old Books)	3	3
		도서관경영총론 (Library Management)	3	3
		도서관문화사 (Library Culture and History)	3	3
		독서지도론 (Reading Guidance)	3	3
		목록법의 이해 (Understanding of Cataloging)	3	3
		서지학 (Bibliography)	3	3
		어린이도서관봉사론 (Library Services for Children)	3	3
		어린이청소년자료 (Materials for Children and Young Adults)	3	3
		정보처리기술 (Information Processing Technology)	3	3
		특수이용자연구 (The Digital Dividend Study)	3	3
		장서관리론 (Collection Management)	3	3
3	전선	공공도서관경영 (Management of Public Library)	3	3
		대학도서관경영론 (Management of Academic Library)	3	3
		데이터베이스 (Database)	3	3
		도서관과 저작권 (Library and Copyright)	3	3
		독서장애치료 (Bibliotheraphy to the disable)	3	3

학년	구분	교과목명	학점	시간
3	전선	문헌비평론 (Book Review)	3	3
		문헌출판론 (Publishing)	3	3
		미디어센터경영 (Management of Media Center)	3	3
		자료분류연습 (Practice in Library Classification)	3	3
		정보검색 (Information Retrieval)	3	3
		정보봉사 (Information Service)	3	3
		특수매체관리 (Management of Special Media)	3	3
4	전선	과학기술정보 (Scientific Information)	3	3
		도서관건축론 (Library Building and Pacilities)	3	3
		도서관평가론 (Library Evaluation)	3	3
		메타데이터 (Metadata Fundamentals)	3	3
		문서자료 (Records Material)	3	3
		문헌정보학특강 (Seminar in Library & Information Science)	3	3
		색인 및 초록법 (Indexing and Abstracting)	3	3
		연속간행물관리 (Management of Serials)	3	3
		온라인탐색 (Online Searching)	3	3
		웹DB검색 (Web Database and Information Retrieval)	3	3
		정보센터현장실습 (Information Center Field Works)	3	3
		정보시스템개발론 (Development of Information Systems)	2	0
		학술커뮤니케이션 (Scholarly Communication)	3	3
		도서관정책 (Library Policy)	3	3

학 부 교 육 내 용

고전자료(Old Books)

고문헌을 올바르게 이해하고 평가할 수 있도록 동서고금의 주요 고전자료를 선정하여, 그 원문을 강독 해석하고, 그 저작의 배경과 저작자의 생애 및 사상, 고전의 역사적·학술적 가치들을 살펴본다.

공공도서관경영(Management of Public Library)

본 강좌는 개개인의 전 생애를 통한 영속적인 과정으로서, 자기교육활동을 돕는 계속적인 교육기관인 공공도서관을 대상으로 한다. 즉 공공도서관의 평생교육으로서의 역할, 공공도서관의 봉사활동, 도서관 및 독서진흥법, 인사관리, 장서개발, 한국의 공공도서관사, 외국의 공공도서관사, 관내·외 봉사, 상호협력 등을 토대로 그 문제점과 해결책을 모색해 본다.

과학기술정보(Scientific Information)

과학기술정보는 연구개발에 의한 경제력 성장을 이룩하기 위하여 필수적인 요소이다. 정보의 범람 속에서 과학자, 기술자의 정보요구를 이해하고 필요한 정보를 제공하기 위해서 정보전문가는 다양한 정보원을 숙지해야 할 필요가 있다. 효과적인 정보서비스를 제공하기 위하여 필요한 과학기술 분야의 1차 정보 및 2차 정보의 종류, 특성, 정보의 흐름, 이용방법 등을 고찰한다.

기록보존론(Archives)

기록물의 안전하고 효율적인 보존을 위한 제도 및 방법론을 모색하기 위해 정부 및 민간 차원에서의 기록보존의 역사와 제도, 기록보존소의 유형과 기능, 기록보존인의 역할과 자질, 기록물의 수집과 평가, 정리, 보존, 이용에 관한 제 이론과 기술 등을 살펴본다.

대학도서관경영론(Management of Academic Library)

대학도서관의 경영에 필요한 전문지식과 응용기법인 대학과의 상관관계, 경영관리, 조작관리, 인사관리, 예산관리, 장서관리, 정보봉사관리, 건축계획과 시설관리, 경영평가, 미래상 등을 현장과 연계시켜 탐구한다.

데이터베이스(Database)

정보를 저장하고 접근하기 쉽도록 구성하는 데이터베이스는 현대의 컴퓨터 시스템에서 필수적이다. 본 과목에서는 데이터베이스의 개념과 모델 및 데이터 연산 등을 정립된 이론과 구현방법으로 배운다.

도서관문화사(Library Culture and History)

도서관의 발생, 각 시대에 부여된 도서관의 역할과 제도화, 그리고 그 발전양상을 시대별로 살피고 각 시대의 문화의식과 관련하여 도서관이 담당해 온 기능과 향후의 발전방향을 고찰한다.

도서관평가론(Library Evaluation)

도서관 및 정보센터에서 이루어지는 제 업무에 대한 평가이론과 기법을 학습한 다음에 실제로 인사, 예산, 조직, 긴축 등의 관리기능과 수서, 정리, 봉사 등의 실무기능을 중심으로 평가한다.

독서지도론(Reading Guidance)

독서의 본질적 기능인 읽기의 특성과 독자, 독서자료, 독서의 방법과 수준을 연구한다. 특히 아동의 독서능력과 독서흥미의 발달과정에 따라 인격형성에 도움을 줄 수 있고 독서능력을 향상시킬 수 있는 실천적인 독서교육의 방법과 평가방법에 대해서 체계적으로 살펴본다.

목록법의 이해(Understanding of Cataloging)

도서관자료접근의 수단인 목록의 기본적인 원리와 규칙을 다룬다. 목록의 역사와 주요 목록의 변천과정을 다루되, 현재 많이 사용하고 있는 AACR과 KCR의 기술규칙을 이해함으로써 도서관에서 목록데이터베이스를 구축하는 기본적인 지식을 습득하도록 한다.

문서자료(Records Material)

문서자료를 올바르게 이해하고 평가할 수 있도록 개인이나 정부 및 민간기관에서 생산된 동서고금의 주요 문서자료를 선정하여, 그 원문을 강독 해석하고, 그 생산배경을 고찰하며, 일차자료로서 문서자료의 행정 정보 역사 문화적 가치들을 살펴본다.

문헌비평론(Book Review)

문헌을 올바르게 평가할 수 있도록 문헌의 비평방법론에 대한 포괄적인 이해를 구하고, 각종 매체에 수록된 서평기사를 분석 평가하며, 주제 유형 시대 국가별로 주요 문헌에 대한 비평기사를 작성한다.

문헌정보학특강(Seminar in Library & Information Science)

4년간 배운 전공과목에 관한 연구내용을 총 정리함으로써 그동안의 학습효과를 극대화시키고 학생 자신에게 부족한 전공 분야의 지식을 보완하게 한다.

문헌출판론(Publishing)

문헌을 올바르게 이해하고 평가할 수 있도록 문헌을 제작 유통하는 출판의 원칙과 방법론을 기획단계부터 편집, 인쇄, 교정, 장정, 유통단계에 이르기까지의 제 출판과정과 저작권법, 출판정책, 독서경향들의 출판환경을 중심으로 살펴본다.

미디어센터경영(Management of Media Center)

학교에 있어 도서관은 정보센터이고 학습센터이다. 학교교육의 목표가 달성될 수 있도록 학습자료와 인격형성에 도움이 되는 정보자료를 집중적으로 지원하는 곳이 학교도서관이다. 본 강좌에서는 초·중·고등학교의 도서관 운영, 자료관리, 예산, 서비스 등에 대하여 체계적으로 학습하고 연구한다.

서지학(Bibliography)

본 강좌는 고전의 올바른 평가를 위하여 책의 기원 및 명칭, 책의 장정, 책의 종류에 대하여 중점적으로 살펴본다.

어린이도서관봉사론(Library Services for Children)

공공도서관의 어린이실 또는 어린이 전문 도서관을 운영할 수 있는 어린이 전문사서로서의 능력을 배양하는 것을 목표로 한다. 어린이 이용자를 위한 장서와 봉사 프로그램을 개발하고 실습을 통하여 전문적인 기술을 터득한다.

연속간행물관리(Management of Serials)

학술정보매체로서의 이용가치가 급부상하고 있는 연속간행물의 개념과 특성, 발전과정, 선택과 수집, 정리와 제본, 서고관리, 정보봉사 등에 관한 제 이론과 실무를 체계적으로 다룬다.

온라인탐색(Online Searching)

국내·외에 산재되어 있는 학술정보 데이터베이스에서 온라인데이터베이스와 엔드 유저의 중개 역으로서 정보를 탐색하는 탐색자에게 시스템과 데이터베이스에 관한 포괄적인 지식을 습득하도록 한다.

자동화목록법(Machine Readable Cataloging)

기존의 수작업 카드 목록법과는 달리 컴퓨터를 통하여 목록 데이터를 입력하여 목록 데이터를 만드는 것은 물론 이미 만들어진 CD-ROM 데이터베이스를 통하여 목록 데이터를 검색, 수정, 다운로드하여 자체 데이터베이스를 제작하는 일련의 과정을 다룬다.

자료분류론(Library Classification)

정보자료의 분류에 관한 기초 이론, 현대 주요 자료분류법의 구성내용, 도서기호법을 이해하고, 듀이십진분류법(DDC)과 한국십진분류법(KDC)을 중심으로 실제 분류방법을 학습한다.

자료분류연습(Practice in Library Classification)

자료분류론에서 학습한 이론적 지식을 바탕으로 각종 정보자료의 주제분석과 분류번호의 배정, 도서기호의 부여, 청구기호의 완성, 자료 분류의 실체에 관하여 학습한다.

장서관리론(Collection Management)

장서관리의 개념과 발전과정, 정보매체의 발달과 유형, 이용행태의 분석, 장서관리정책, 자료선택과 수집업무, 장서구성과 개발, 자료보존과 폐기, 협동장서개발계획, 미래의 장서관리 개발방향 등을 학습한다.

정보검색(Information Retrieval)

정보검색의 역사, 이론, 유형을 비롯하여 효율적인 정보검색을 위한 색인어, 색인언어의 구성에 대하여 심층적으로 분석하여, 실제 정보검색을 통하여 학생 스스로가 정보검색에서 야기되는 문제점을 해결할 수 있는 방안을 모색한다.

정보봉사(Information Service)

도서관의 정보서비스 현장에 필요한 다양한 정보봉사이론과 방법론을 교수함과 아울러 정보봉사과정에서 일어날 수 있는 여러 가지 문제들에 대해서 그 해결방안을 모색한다.

정보센터현장실습(Information Center Field Works)

이제까지 습득한 문헌정보학의 이론과 방법이 현장에서 어떻게 적용되고 관련되어 있는지를 전체적으로 살펴보고, 실제로 현장에서 경험함으로써 이론의 가능성, 문제점, 개선점을 스스로 모색할 수 있는 능력을 배양한다.

정보시스템개발론(Development of Information Systems)

문헌정보시스템에 있어 토털시스템 및 각각의 하위시스템의 상호관계를 설계, 분석, 평가하여 그 문제점을 밝히고 이에 대한 해결책을 제시함으로써 새로운 최적의 정보시스템을 개발하도록 강의한다.

정보처리기술(Information Processing Technology)

정보를 처리하는 메커니즘으로는 인간적인 요소와 기계적인 요소가 있다. 본 교과목에서는 도서관이나 정보센터에서 이루어지고 있는 이 두 가지 메커니즘 모두에 대한 기초 지식과 테크놀로지를 학습한다.

특수매체관리(Management of Special Media)

도서관정보센터에서 이용되고 있는 도서 이외의 다양한 정보전달매체의 종류와 정보기술의 발전에 따른 매체의 변화를 살펴봄으로써 특수매체의 가치와 중요성을 이해한다. 특수매체의 유형과 각 매체의 특성, 수집, 조직, 이용, 보존 등에 관한 이론과 방법을 연구한다.

학술커뮤니케이션(Scholarly Communication)

인류의 역사와 문화의 발전은 커뮤니케이션에 의해 이루어졌으며 도서관은 역사적으로 가장 오래된 시공을 초월한 커뮤니케이션 실천기관이다. 특히 인류문화와 과학발전의 주축이 되어 온 학술정보의 유통과 이용에 있어서 도서관의 역할, 특성 그리고 향후의 변화양상을 고찰하며, 학술잡지의 문제점과 학술정보전달을 위한 새로운 대체물로서 전자커뮤니케이션의 가능성에 관하여 연구한다.

기록보존론(Archives)

기록물의 안전하고 효율적인 보존을 위한 제도 및 방법론을 모색하기 위해 정부 및 민간 차원에서의 기록보존의 역사와 제도, 기록보존소의 유형과 기능, 기록보존인의 역할과 자질, 기록물의 수집과 평가, 정리, 보존, 이용에 관한 제 이론과 기술 등을 살펴본다.

어린이청소년자료(Materials for Children and Young Adults)

아동, 청소년에게 적합한 모든 유형의 자료를 식별하고 그 특성을 조사한다. 아동과 청소년의 발달단계를 연구하고 이를 토대로 정보요구와 요구를 충족시킬 수 있는 적합한 자료의 유형, 자료의 선택과 평가의 기준, 자료 선택도구 , 자료수집 계획 등을 연구한다. 공공도서관 어린이자료실, 어린이 전문도서관, 학교도서관 서비스에 적용된다.

도서관정책(Library Policy)

도서관정책의 이론과 기법, 각종 도서관(공공, 대학, 학교, 전문) 및 정보센터의 정책수립, 법률과 제도에 기반한 국가 및 자치단체의 도서관정책 적용사례 연구, 선진국 도서관 정책의 동향과 특징 등을 탐구한다.

일 반 대 학 원 교 과 과 정

구분	교과목명	학점
공통	개별연구지도 (Individual Research Guidance)	1
	도서관정책개발론 (Library Policies and Development)	3
	비교도서관학 (Comparative Librarianship)	3
	문헌비평론 (Book Reviews)	3
	문헌정보학연구방법론 (Research Method of Library and Information Science)	3
	이론정보학 (Theory of Information Science)	3
전공	계량서지학 (Bibliometrics)	3
	도서관문화사연구 (Library History)	3
	동양자료연구 (Old Oriental Bibliography)	3
	목록자동화특강 (Seminar in Online Cataloging)	3
	문헌정보센터경영론 (Management of Library & Information Center)	3
	분류학특강 (Advanced Classification)	3
	서지학연구법 (Bibliography Research)	3
	이용자접속디자인 (User Interface Design)	3
	정보검색이론 (Theory in Information Retrieval)	3
	정보네트워크론 (Information Networking)	3
	정보봉사특수연구 (Seminar in Information Service)	3
	정보시스템디자인 (Information System Design)	3
	정보자료개발론 (Information Materials Development)	3
	정보자원관리론 (Information Resources Management)	3
	특수매체연구 (Media Research)	3
	특수봉사론 (Institutional Library Services)	3

교 육 대 학 원 교 과 과 정

구분	교과목명	학점
전공	개별연구지도 (Individual Research Guidance)	1
	기록물관리연구 (Studies in Records Management)	2
	도서관경영연구 (Studies in Lib. Administration)	2
	도서관문화사연구 (Library History)	2
	독서지도연구 (Reading Guidance)	2
	목록학연구 (Cataloging)	2
	문헌비평론 (Book Reviews)	2
	문헌정보학연구방법론 (Research Method of Library and Information Science)	2
	문헌출판론 (Publishing)	2
	분류학연구 (Classification)	2
	사서교육론 (Theory of Librarian Education)	2
	색인·초록연구 (Indexing and Abstracts Method)	2
	이론정보학 (Theory of Information Science)	2
	이용자컴퓨터연구 (Studies in User-Computer Interface)	2
	자료분류특강 (Advanced Classification)	2
	장서관리연구 (Collection Management)	2
	정보검색론 (Information Retrieval Theory)	2
	정보네트워크 (Information Network)	2
	정보봉사론 (Information Service)	2
	정보사회론 (Information Society)	2

구분	교과목명	학점
전공	정보수집특강 (Seminar in Information Gathering)	2
	정보시스템개발론 (Information System Development)	2
	정보시스템분석 (Information System Analysis)	2
	학교도서관경영연구 (School Library Administration)	2
	학습참고정보원 (Studies in Reference Sources)	2
	한국서지 (Korean Bibliography)	2

대진대학교 인문과학대학 문헌정보학과

▷ 전공 소개

대진대학교 문헌정보학과는 1991년에 개설되었다. 문헌정보학은 인간의 지적 활동에 필요한 지식과 정보의 수집, 축적, 검색 및 이들의 효과적인 전달을 위한 지식커뮤니케이션 현상에 학문적 기초를 두고 있다. 또한 문헌정보학은 정보의 속성과 행태, 정보의 흐름을 지배하는 요인 등 정보커뮤니케이션 현상을 학문의 연구대상으로 삼아 왔으며, 필요한 정보에 대한 효율적인 접근과 이용을 성취할 수 있는 과학적인 방법을 개발해 왔다. 특히 컴퓨터와 통신기술 및 뉴미디어를 포함한 정보기술의 발달로 정보의 수집, 조직, 축적, 검색, 이용, 전송과 관련된 연구 및 기술적 발전도 끊임없이 이룩하여 왔다. 이렇게 문헌정보학의 학문적 영역은 물리적인 도서관 내의 정보봉사활동에만 국한하는 것이 아니라 정보와 관련된 모든 서비스 분야의 이론과 실제를 연구하기 때문에 매우 넓다고 할 수 있다.

▷ 교육목표

- 문헌정보학에 대한 학문적 기초를 갖는다.
- 도서관 및 정보자료실 업무의 이론과 실무에 관한 체계적 지식을 갖춘다.
- 각 분야의 주제에 대한 전문적인 사서로서의 소양과 자질을 함양한다.

▷ 교수진

이름	전공	이메일	전화
류부현	서지학	boohyun@daejin.ac.kr	031 – 539 – 1632
이만수	도서관학	mslee@daejin.ac.kr	031 – 539 – 1631
이상복	정보학	sblee@daejin.ac.kr	031 – 539 – 1634
윤인현	서지학	yoonih@daejin.ac.kr	031 – 539 – 1633

▷ 대학원의 설치 여부

대진대학교 대학원은 문헌정보학이라는 이름으로 석사과정과 교육대학원을 설치하고 있다.

▷ 대학원의 교육목표

도서관학, 서지학, 정보학의 세 가지 학문 분야 전공을 개설하며, 이 세 가지 분야에서 담당하는 기초 이론, 응용이론, 실무에 관한 것을 교육하여, 이론과 응용능력 및 정보자료의 관리능력을 갖춘 전문직 사서와 연구 인재를 양성하고자 한다.

▷ 학과 연락처

- 홈페이지　　　　http://lis.daejin.ac.kr/lisindex.do
- 학과 전화번호　　031 - 539 - 1630

학 부 교 과 과 정

학년	구분	교과목명	학점	시간
1	전필	문헌정보학개론 (Introduction to Library & Information)	3	3
		정보학개론 (Introduction to Information Science)	3	3
	전선	도서관문화사 (The Cultural History of Library)	3	3
		고전자료의 이해 (Utilization of Ancient Material)	3	3
		원서특강 Ⅰ (Reading in librarianship in English Ⅰ)	3	3
		원서특강 Ⅱ (Reading in librarianship in English Ⅱ)	3	3
		정보매체론 (Information Media)	3	3
		도서관전산화 입문	3	3
2	전필	목록편성론 (Cataloging)	3	3
		문헌분류론 (Classification)	3	3
		서지학개론 (The Introduction of Bibliography)	3	3
	전선	학교도서관미디어센터론 (School Library Media Center)	3	3
		독서교육론 (Reading Guidance)	3	3
		고전자료강독 (Utilization of Ancient Material)	3	3
		온라인탐색 (Online Searching)	3	3
		과학기술정보론 (Information Sources in Natural Science)	3	3
3	전선	고서감정법 (The low of Classic Judgement)	3	3
		도서관운영론 (Library Admiration)	3	3
		장서개발론 (Collection Development Management)	3	3
		정보검색론 (Information Society)	3	3

학년	구분	교과목명	학점	시간
3	전선	고서정리법 (The Low of Classic Arrangement)	3	3
		정보조사제공론 (Information Service)	3	3
		자료조직연습 (Seminar in Cataloging and Classification)	3	3
		인문과학정보론 (Information Sources in Humanities)	3	3
4	전선	고전자료이용법 (Utilization of Ancient Material)	3	3
		공공도서관운영론 (Public Library Admiration)	3	3
		대학도서관운영론 (Academy Library Administration)	3	3
		메타데이터운영론 (Metadatae)	3	3
		도서관실습 (Field Works)	3	3
		도서관자동화론 (Automation in Libraries)	3	3
		사회과학정보론 (Information Sources in Social Science)	3	3
		일본자료강독 (Reading in Librarianship in Japan)	3	3
		문헌정보학연구방법론 (Research Method in Library&information Science)	3	3

학 부 교 과 내 용

고서감정법(The Low of Classic Judgement)
목판본, 금속활자본, 목활자본 등 고서의 감정에 수반되는 이론과 실제를 다룬다.

고서정리법(The low of classic arrangement)
고서의 정리를 위한 분류, 편목의 이론과 실제를 다룬다.

고전자료강독(Utilization of Ancient Material)
한문으로 된 고전자료의 정리를 위한 기본적인 한문을 이해한다.

고전자료의 이해(The Comprehension of material)
고전자료 정리를 위한 개략적인 이해와 이에 필요한 기초적인 한자를 습득한다.

고전자료이용법(Utilization of Ancient Material)
컴퓨터를 통한 고전자료의 이용법을 다룬다.

공공도서관운영론(Public Library Admiration)
공공도서관의 조직과 운영, 평생교육프로그램, 사회교육센터로서의 역할에 관한 이론과 실제를 다룬다.

과학기술정보론(Information Sources in Natural Science)
자연·기술과학 분야의 연구를 뒷받침할 수 있는 각종 서지 및 참고자료의 선정, 분석, 평가 및 이용에 관하여 연구한다.

대학도서관운영론(Academy Library Administration)
대학도서관의 조직, 운영, 고등교육에 있어서의 도서관의 역할에 관한 이론과 실제를 다룬다.

데이터베이스(Database)
데이터베이스의 구조와 이에 관련된 소프트웨어, 그리고 운영 및 시스템 구성에 관한 이론과 실제를 다룬다.

도서관문화사(The Culture history of Library)
인류의 역사 및 문화의 발전에 따른 문헌의 변천과 동서양의 도서관문화를 다룬다.

도서관실습(Field Works)
도서관현장에 나가서 실무자의 지도 아래 도서관업무에 관하여 실습한다.

도서관운영론(Library Admiration)
도서관의 조직과 운영 관리에 관한 기초적 이론과 실제를 다룬다.

도서관자동화론(Automation in Libraries)
도서관의 기본 기능인 수서, 편목, 대출, 연속간행물, 정보서비스 업무의 자동화에 관한 이론과 실제를 다룬다.

도서관전산화입문(Introduction to Library Automation)
컴퓨터에 의한 학술정보의 처리를 위해 컴퓨터의 원리, 구조, 기능을 이해하고, 도서관업무의 자동화에 관한 기초 이론을 다룬다.

도서관협력네트워크론
정보통신망의 구조를 연구하며 특히 Internet과 같은 범세계적 통신망을 통한 다양한 서비스형태를 분석한다.

독서지도론(Reading Guidance)
독서지도의 개념, 지도계획, 지도의 방법 및 기술, 학습과 독서에 대하여 다룬다.

목록편성론(Cataloging)
학술정보의 체계적 조직에 관한 역사, 원리 및 주요 분류체계에 관한 이론과 실제를 다룬다.

문헌분류론(Classification)
학술정보의 체계적 조직에 관한 역사, 원리 및 주요 분류체계에 관한 이론과 실제를 다룬다.

문헌정보학개론(Introduction to Library & Information)
문헌정보학의 기본 개념과 도서관의 본질, 기능, 봉사 및 사서직에 대한 총괄적인 이론을 다룬다.

문헌정보학연구방법론(Research Methods in Library and Information Science)
도서관과 문헌정보학에 관한 제 현상을 과학적으로 규명하기 위한 연구방법을 다루면서 졸업논문 작성을 지도한다.

사회과학정보론(Information Sources in Social Science)
사회과학 분야의 각 주제별 연구를 뒷받침할 수 있는 각종 서지 및 참고 자료의 선정, 분석, 평가 및 이용에 관해 연구한다.

서지학(문헌학)개론(The Introduction of Bibliography)
서지학의 기본 용어 및 고서의 활자, 판본, 인쇄의 대강을 다룬다.

아동도서(Children' Books)
어린이를 위한 좋은 책의 종류 및 선정 그리고 아동도서와 관련된 제반 사항을 다룬다.

온라인탐색(Online Searching)
정보통신망과 CD-ROM을 이용하여 다양한 데이터베이스의 탐색을 실습하며 인터페이스방법, 검색전략 성능의 평가를 다룬다.

원서특강 Ⅰ(Reading in librarianship in English Ⅰ)
문헌정보학 분야의 영어문헌에 접할 수 있도록 독해력을 배양한다.

원서특강 Ⅱ(Reading in Librarianship in English Ⅱ)
영어로 쓴 문헌의 신속한 정리를 위해 독해력을 양성하고, 각 주제별 전문용어에 대한 이해력을 기른다.

인문과학정보론(Information Sources in Humanities)
인문과학 분야의 각 주제별 연구를 뒷받침할 수 있는 각종 서지 및 참고자료의 선정, 분석, 평가 및 이용에 관하여 연구한다.

일본자료강독(Reading in Librarianship in Japan)
일본자료의 이용 및 정리 능력을 원문학습을 통해 습득시킨다.

자료조직연습(Seminar in Cataloging & Classification)
자료조직의 이론에 의한 분류와 편목을 총괄하여 그 실무를 익히고 평가한다.

장서개발론(Collection Development Management)
도서관자료의 선택과 장서구성에 관한 이론 및 실제 그리고 장서평가를 다룬다.

정보검색론(Information Society)
정보의 축적과 검색을 중심으로 정보검색시스템의 이론과 실제를 다룬다.

정보사회론(Information Society)
정보화시대에 있어서 정보와 사회의 관계, 정보네트워크의 형성과 그 활성화에 관한 이론과 실제를 다룬다.

정보조사제공론(Information Service)
정보조사제공에 관한 이론 및 정보자료의 분석, 평가, 이용방법을 다룬다.

정보학개론(Introduction to Information Science)
정보학의 기본용어 및 개념과 문헌정보의 수집, 조직화, 축적, 검색, 배포에 관한 기초 이론을 다룬다.

학교도서관미디어센터론(School Library Media Center)
학교교육의 미디어센터로서의 학교도서관의 조직 및 운영 관리, 미디어센터로서의 역할에 관한 이론과
실제를 다룬다.

석 사 교 과 과 정

구분	교과목명	학점
공통	도서관경영연구 (Advanced Library Management)	3
	서지학(문헌학)연구 (Studies in Bibliography)	3
	이론정보학 (Theory of Information)	3
	자료조직연구 (Studies in Cataloging & Classification)	3
전선	고문서연구 (Seminar in Paleography)	3
	고서 및 고문서조직론 (Organization of Old Books & Archives)	3
	공공도서관연구 (Seminar in Public Library Management)	3
	금석문자료연구 (Seminar in Epigraphy)	3
	대학도서관연구 (Seminar in Academic Library Management)	3
	데이터베이스연구 (Seminar in Database)	3
	도서관네트워크연구 (Seminar in Library Networks)	3
	도서관업무평가론 (Measurement and Evaluation of Library and Information Services)	3
	도서관이용교육연구 (Advanced Library and Bibliographic Instruction)	3
	동양고서지학연구 (Seminar in Old Oriental Bibliography)	3
	디지털도서관연구 (Advanced Digital Library)	3
	목록학연구 (Advanced Cataloging)	3
	문헌정보학연구방법론 (Research Methodology in Library and Information Science)	3
	분류학연구 (Advanced Classification)	3
	비교도서관학 (Comparative Librarianship)	3
	색인·초록연구 (Seminar in Indexing & Abstracting)	3

구분	교과목명	학점
전선	자동화편목법 (Computerized Cataloging)	3
	자료보존법연구 (Studies in Conservation and Preservation)	3
	저작권연구 (Advanced studies in Copyright)	3
	정보검색이론연구 (Seminar in Information Retrieval Theory)	3
	정보공학특강 (Seminar in Information Engineering)	3
	정보봉사연구 (Advanced Information Services)	3
	정보시스템분석론 (Information Systems Analysis)	3
	정보정책론연구 (Seminar in Information Policy)	3
	체계서지학연구 (Studies in systematic Bibliography)	3
	커뮤니케이션론 (Communication Theory)	3
	한국고서지학연구 (Studies in Korean Bibliography)	3
	형태서지학연구 (Studies in Physical Bibliography)	3
선수과목	목록편성론	3
	목록편성론	3
	목록편성론	3
	문헌분류론	3
	문헌분류론	3
	문헌분류론	3
	문헌정보학개론	3
	서지학(문헌학)개론	3
	정보학개론	3

석 사 교 과 내 용

고문서연구(Seminar in Paleography)

고문서의 이해를 바탕으로 초기의 필사형태, 고대부터 중세의 필사본 및 기타 문헌의 해독과 시대, 국가, 언어에 따라 다양하게 사용된 문자체 등을 연구한다.

고서 및 고문서조직론(Organization of Old Books & Archives)

고서와 고문서 정리를 위한 분류 및 편목의 이론과 실제를 토의하고 연구한다.

공공도서관연구(Seminar in Public Library Management)

공공도서관의 자원, 봉사, 체계, 도서관망, 정책 등 공공도서관 경영상의 주요 문제를 토의하고 연구한다.

금석문자료연구(Seminar in Epigraph)

한국 및 동양의 금석문 자료의 해독과 시대에 따라 다양하게 사용된 문자체 등을 연구한다.

대학도서관연구(Seminar in Academic Library Management)

교육과 연구의 지원체제인 대학도서관의 본질을 규명하고 운영에 필요한 이론과 기술적 봉사, 교육수행의 관련성을 분석 토의하고 연구한다.

데이터베이스연구(Seminar in Database)

데이터베이스의 구조와 관련 Software 그리고 운영 및 시스템 구성에 관한 이론을 연구한다.

도서관경영연구(Advanced Library Management)

정보사회에서 연구개발(R&D)을 지원하는 각종 도서관, 정보센터, 정보기구의 기획, 조직, 인사, 통제, 재정, 평가 등 경영활동에 관련된 당면 주요 문제를 다룬다.

도서관네트워크연구(Seminar in Library Networks)

도서관 및 정보센터의 자동화 및 정보네트워크의 일반개념, 문서 표준 포맷, 문헌의 디지털화 및 디지털 도서관시스템에 관한 문제를 포괄적으로 연구한다.

도서관업무평가론(Measurement and Evaluation of Library and Information Services)

도서관과 정보센터의 각종 업무를 측정하고 평가하는 방법과 척도를 다룬다. 목록, 장서, 이용, 비용 대 효과 분석 등을 포함한다.

도서관이용교육연구(Advanced Library and Bibliographic Instruction)

도서관이용교육의 계획, 목표, 교과과정, 교수법, 경향 등의 문제를 분석하고 연구하며, 모의강의를 실시하고 평가한다.

동양고서지학연구(Seminar in Old Oriental Bibliography)

중국서지학의 발전과정을 분석하고, 중요한 중국전적을 연구, 검토하며, 연구저의 전개 및 효과를 예측하여 그 발전과정을 모색한다.

디지털도서관연구(Advanced Digital Library)

디지털도서관의 개념과 디지털도서관 구축을 위한 기술요소, 구축사례 등 디지털도서관 구축을 위한 문제를 토의하고 연구한다.

목록학연구(Advanced Cataloging)

목록의 중요 문제와 발전방향을 종합적으로 이해하고 특히 서지적 관계유형과 연결구조, 전거제어에 따른 문제를 진단하고, 기술요소의 확장을 통한 목록기능의 발전방향을 토의하고 연구한다.

문헌정보학연구방법론(Research Methodology in Library and Information Science)

연구방법론의 기초 개념을 소개하고, 문헌정보학 분야에서 주로 행해지고 있는 연구방법의 종류와 그 장단점을 토론하고 SPSS나 SAS를 이용한 데이터분석 및 통계처리방법을 습득한다.

분류학연구(Advanced Classification)

100진 분류법, 체계분류법, 패싯 분류법 등의 분류체계를 이해하고, 특정한 주제 영역에서 개발된 각종 분류체계와 구조이론을 연구한다.

비교도서관학(Comparative Librarianship)

일부 지역과 국가의 도서관 및 정보봉사의 제도, 기구, 봉사, 교육 등의 상이성과 유사성을 비교 연구한다.

색인·초록연구(Seminar in Indexing & Abstracting)

색인 및 초록에 관한 이론을 연구하며, 사례를 중심으로 토의하고 연구한다.

서지학(문헌학)연구(Studies in Bibliography)

서지학(문헌학)의 이론을 통하여 발전과정을 분석하고, 중요한 전적을 연구한다.

이론정보학(Theory of Information)

이론정보학의 정보의 개념, 지식구조 규명을 위한 계량서지학적 이론, 색인이론, 검색이론 등 정보학의 이론적 측면을 다룬다.

자동화편목법(Computerized Cataloging)

다양한 컴퓨터 환경에서도 이용할 수 있는 포맷의 설계로 컴퓨터에 의하여 자동으로 편목할 수 있는 미래 목록법에 대하여 연구한다.

자료보존법연구(Studies in Conservation and Preservation)

각종 도서관자료의 물리적인 특성, 자료손상에 영향을 미치는 환경적·생물학적 기술적 요인, 손상을 복원하는 방법, 손상 예방을 포함한 보존 프로그램 관리 등을 다룬다.

자료조직연구(Studies in Cataloging & Classification)

각국에서 활용되고 있는 분류 및 편목을 중심으로 이론을 연구하고 미래의 자료조직에 대한 문제를 다룬다.

저작권연구(Advanced studies in copyright)

한국의 저작권법령과 저작권 관련 국제협약을 연구하고 디지털 사회에 도서관현장에서 일어나는 여러 가지 문제점을 중심으로 토의하고 연구한다.

정보검색이론연구(Seminar in Information Retrieval Theory)

정보의 축적과 검색을 중심으로 다양한 정보검색 모형과 그와 관련된 이론적 배경을 연구하고 토의한다.

정보공학특강(Seminar in Information Engineering)

다양한 검색모형과 검색기법의 발전과정을 살펴보고, 이들의 문제점 및 개선점을 토의하며, 실제 검색시스템에 응용가능성을 연구한다.

정보봉사연구(Advanced Information Services)

정보업무를 수행하기 위한 정보조사제공 이론 분석, 정보조사제공 영역, 정보사서의 자격, 이용자연구, 정보면담, 평가문제를 심층적으로 다룬다.

정보시스템분석론(Information Systems Analysis)

도서관과 정보센터의 자동화 업무를 세부적으로 수행하기 위하여 그 개발과정을 다루며, 국내외 자동화 시스템의 사례를 비교 분석한다. 아울러 도서관과 정보센터의 자동화시스템을 설계하고 효율성을 분석할 수 있는 능력을 배양하고자 실제 운영하는 정보시스템을 중심으로 그 설계, 분석 및 평가에 대한 이론과 실제를 토의하고 연구한다.

정보정책론연구(Seminar in Information Policy)

정보의 생산, 배포, 기록, 소유, 이용에 관한 제반 정보정책의 이론적 연구와 최근 동향을 파악하고, 정보 관리 분야의 전국적·국가적·국제적 정보정책을 고찰하며, 나아가 국제간 도서관 및 정보 관련 협력 활동과 국제기구의 도서관을 포함한 정보정책을 토의하고 연구한다.

체계서지학연구(Studies in systematic Bibliography)
목록과 목록학의 발전과정을 통하여 체계서지학은 물론 동·서양 문헌정보학의 발전과정에 관하여 연구한다.

커뮤니케이션론(Communication Theory)
정보제공자와 정보이용자 간의 원활한 커뮤니케이션을 위한 제 이론을 연구한다. 특히 언어적, 비언어적 커뮤니케이션과 정보면담상의 이론을 연구한다.

한국고서지학연구(Studies in Korean Bibliography)
한국서지학의 발전과정을 분석하고, 중요한 한국전적을 연구, 검토하며, 연구저의 전개 및 효과를 예측하여 그 발전과정을 모색한다.

형태서지학연구(studies in Physical Bibliography)
지적 소산을 담은 책의 물리적 형태의 여러 특징과 그 변천과정을 실증적인 방법으로 분석·조사·비평·연구·종합하여 책의 간사(刊寫) 성격과 간사 시기를 고증하여 그 우열을 식별시켜 주며, 고서에 관한 제반 문제점을 연구한다.

교 육 대 학 원 교 과 과 정

구분	교과목명	학점
전선	고서감정법 (Physical Bibliography Guidance)	3
	고서정리지도법특강 (Advanced course in Classification & Cataloging of Oriental Classics Guidance)	3
	교육매체론특강 (Advanced Course in Educational Media)	3
	도서·인쇄도서관사특강 (Advanced course in History of Books and Libraries)	3
	도서관경영특강 (Advanced course in Management of Library and Information Center)	3
	도서관교육론 (Library Instruction)	3
	도서관자동화특강 (Advanced course in Library Automation)	3
	도서관철학 (Library philosophy)	3
	독서지도론특강 (Advanced course in Reading Guidance)	3
	분류지도법특강 (Advanced course in Classification Guidance)	3
	색인초록작성지도법 (Advanced course in Indexing and Abstracting Practice)	3
	서지학특강 (Advanced course in Bibliography)	3
	이론정보학특강 (Advanced course in Theories of Information Science)	3
	인문사회과학서지특강 (Advanced course in Bibliography of Humanities and Social Science)	3
	자료보존법특강 (Advanced Course in Conservation and Preservation)	3
	저작권특강 (Advanced Course in Copyright)	3
	정보검색지도법 (Advanced course in Information Retrieval)	3
	편목지도법특강 (Advanced course in Cataloging Guidance)	3
	학교도서관경영특강 (Advanced course in Administration of School Library Media Center)	3

교 육 대 학 원 교 과 내 용

고서감정법(Physical Bibliography Guidance)
목판본·금속활자본·목활자본 등 고서의 감정에 수반되는 이론과 실제를 다룬다.

고서정리지도법특강(Advanced course in Classification & Cataloging of Oriental Classics Guidance)
고서의 서지적 평가와 분류 편목에 관한 이론과 실제를 다룬다.

교육매체론특강(Advanced Course in Educational Media)
수업에 필요한 교육매체에 대한 이론과 제작법, 그리고 수업에 활용하는 방법을 다룬다.

도서관경영특강(Advanced course in Management of Library and Information Center)
도서관의 조직과 경영관리에 관한 전문 이론을 다루고 국내·외의 사례를 연구한다.

도서관교육론(Library Instruction)
교육과 도서관, 도서관교육의 의의와 목표, 방법과 내용, 초·중·고등학교에서 도서관교육의 계획과 실제를 소개하고, 수업이론과 교수·학습지도의 계획 및 방법을 다룬다.

도서관자동화특강(Advanced course in Library Automation)
수서업무, 대출업무, 목록작성 등 도서관 및 정보센터업무의 자동화에 관한 방법과 국내 사례를 다룬다.

도서관철학(Library philosophy)
도서관 자체를 연구대상으로 하여 사서·업무·시설에 있어서 각 현상과 이념을 연구한다.

도서인쇄도서관사특강(Advanced course in History of Books and Libraries)
도서인쇄의 시대적 변천에 따른 실제를 다룬다.

독서지도론특강(Advanced course in Reading Guidance)
독서지도의 방법 및 기술을 다루고 학교에서의 독서지도 사례를 중심으로 연구한다.

분류지도법특강(Advanced course in Classification Guidance)
학문의 분류와 문헌의 분류에 대하여 그 원리와 체계를 연구한다.

색인초록작성지도법(Advanced course in Indexing and Abstracting Practice)
학술논문을 중심으로 문헌정보의 색인 및 초록작성에 관한 이론과 정보검색을 통해 실제를 다룬다.

서지학특강(Advanced course in Bibliography)
서지학의 기본용어 및 고서의 활자, 판본, 감별 방법을 다룬다.

이론정보학특강(Advanced course in Theories of Information Science)
정보학의 발전 및 이론형성과정을 설명하고 일반적인 정보학이론과 문헌정보학이론의 특성 차이를 고찰한다.

인문사회과학서지특강(Advanced course in Bibliography of Humanities and Social Science)
인문과학과 사회과학 분야의 각 주제별 연구를 뒷받침할 수 있는 각종 서지 및 참고자료의 선정·분석·평가 및 이용에 관하여 연구한다.

자료보존법특강(Advanced Course in Conservation and Preservation)
각종 학교도서관자료의 물리적인 특성, 자료손상에 영향을 미치는 환경적·생물학적 기술적인 요인, 손상을 복원하는 방법, 손상 예방을 포함한 보존 프로그램 관리 등을 다룬다.

저작권특강(Advanced Course in Copyright)
한국의 저작권 법령과 저작권 관련 국제협약을 연구하고 디지털 사회의 학교도서관현장에서 일어나는 여러 가지 문제점을 중심으로 토의하고 연구한다.

정보검색지도법(Advanced course in Information Retrieval)
정보검색의 발전, 색인언어, 데이터베이스, 정보탐색과 평가, 국내·외 정보검색시스템의 운영 사례 등을 다룬다.

편목지도법특강(Advanced course in Cataloging Guidance)
학술정보의 체계적인 조직을 위한 목록편성에 대하여 그 이론과 실제를 연구한다.

학교도서관경영특강(Advanced course in Administration of School Library Media Center)
교육현장의 미디어센터로서 학교도서관 경영기법을 다루고 국내·외의 사례를 중심으로 연구한다.

덕성여자대학교   사회과학대학 사회과학부 문헌정보학과

▷ 전공 소개

덕성여자대학교 문헌정보학과는 1980년에 개설되었다. 인간은 존재 이래 지적 활동의 결과를 기록으로 남기고자 하였다. 고대인은 점토, 돌, 가죽, 구리, 동, 나무껍질 등을 문헌의 재료로 사용하였다. 나일강변의 갈대를 다듬어 만든 파피루스, 송아지, 양, 염소 가죽으로 만든 양피지 등으로 기록용지가 발전하였다. 종이와 인쇄술의 등장은 인간의 기록물이 폭발적으로 증가할 수 있도록 기여한 산업혁명과도 같은 매개체였다. 새천년을 맞이하는 인류는 종이 대신 컴퓨터를 이용하여 하드디스크에 인간의 기록물을 저장하면서 종이 없는 사회의 도래를 예언하고 있다. 그러나 이와 같은 인간의 지적 활동의 결과인 방대한 기록물은 자료로 존재할 뿐 유용한 정보라고 부르기에는 미흡하다. 흩어져 있는 자료를 조직적으로 재구성할 때 비로소 자료는 유용한 정보로 변모할 수 있다. 문헌정보학은 산재한 자료를 무한한 가치를 지닌 정보로 변모시켜 부가가치를 창조하는 영역을 담당하고 있다.

▷ 교육목표

문헌정보학전공은 21세기의 정보화, 국제화, 전문화 시대를 살아가는 전문적 능력을 갖춘 여성 정보전문가 양성을 교육목표로 한다. 이를 위해 전문 학술탐구능력, 정보가공능력, 정보처리능력, 정보관리능력, 국제적 정보교류능력, 응용력과 창의력, 봉사정신 및 지도력을 갖춘 인재를 배양하고자 한다.

▷ 교수진

· 박소연	정보학	sypark@duksung.ac.kr	02 – 901 – 8296
· 유재옥	정보학	yoo@duksung.ac.kr	02 – 901 – 8294
· 이소연	도서관경영	soyeon@duksung.ac.kr	02 – 901 – 8293
· 정진수	학교도서관	jschung@duksung.ac.kr	02 – 901 – 8297

▷ 대학원의 설치 여부

덕성여자대학교 대학원은 설치되어 있지 않다.

▷ 학과 연락처

· 홈페이지   http://www.duksung.ac.kr/〜lis/
· 학과 전화번호   02-901-8291

학 부 교 과 과 정

학년	구분	교과목명	학점	시간
1	전선	문헌정보학의 기초 (Foundations of Library and Information Science)	3	3
2	전선	도서 및 도서관사 (Cultural History of Information)	3	3
		아동청소년정보자료 (Library Materials for Children & Young Adults)	3	3
		인터넷과 정보활용 (Internet and Information Utilization)	3	3
		정보자료분류론 (Classification of Information Materials)	3	3
		정보자원관리 (Collection and Management of Information)	3	3
		학술정보활용법 (Use of Scholarly Information Resources)	3	3
3	전선	도서관정보센터경영론 (Management of Libraries and Information Centers)	3	3
		독서지도 (Reading Guidance)	3	3
		문헌정보학연구법 (Research Methods in Library and Information Science)	3	3
		온라인정보검색론 (Online Information Storage and Retrieval)	3	3
		웹퍼블리싱 (Web Publishing)	3	3
		정보봉사론 (Reference and Information Services in Library)	3	3
		정보자료조직론 (Cataloging of Information Materials)	3	3
		특수자료조직론 (Cataloging of Special Materials)	3	3
4	전선	기록관리 (Records Management)	3	3
		도서관건축과 마케팅 (Library Architecture & Marketing)	3	3
		문헌정보학영어특강 (Seminar in Library & Information Science in English)	3	3
		전자도서관 (Digital Library)	3	3
		주제서지론 (Subject Bibliography)	3	3
		학교도서관운영 (Management of School Library & Media Centers)	3	3
		색인초록 (Indexing and Abstracting)	3	3
		정보이용자론 (Human Information Behavior)	3	3

학 부 교 과 내 용

기록관리(Records Management)

기록의 중요성을 인식하고 기록과 기록관리에 관련된 기본 개념을 정립하고 기록의 수집과 평가, 정리와 조직, 보존, 활용 등 기록관리의 전반적인 과정을 학습한다. 또한 국내·외 기록관리제도와 정책동향을 비교 분석하고 기록관리전문가로서 필요한 자질과 윤리관을 학습한다.

도서관건축과 마케팅(Library Architecture & Marketing)

마케팅 이론을 연구한 후 이를 도서관 및 정보센터에 적용하는 능력을 배양한다. 도서관 및 정보센터의 건물구조와 시설, 비품배치, 사인을 이론적으로 이해하여 실제적으로 정보센터 관리에 적용하게 한다. 사서나 정보전문가로서의 자신을 홍보할 수 있는 능력을 배양한다.

도서관정보센터경영론(Management of Libraries and Information Centers)

도서관과 정보센터 관리의 원리원칙을 이해하고 도서관에서 실제적으로 여러 가지 문제를 해결하게 함으로써 도서관과 정보센터를 과학적이고 효율적으로 운영할 수 있도록 한다. 조직경영 일반에 관한 이론과 기술을 습득하고, 이를 도서관/정보센터에 적용시키는 학습을 통하여, 정보전문가로서 도서관/정보센터 경영에 관한 이론적 이해를 넓히고 실무에 활용할 수 있도록 한다.

도서 및 도서관사(Cultural History of Information)

사회에서 지식과 정보가 어떻게 생성되고 전달되었는가를 연구함으로써 21세기의 지식사회와 신지식인의 본질을 폭넓게 이해하게 한다. 즉 동양과 서양 도서관의 역사를 개관하여 도서관에 관한 역사적 지식을 습득하여 도서관의 본질과 사회적 기능을 바르게 인식하고, 도서관이 제 문제를 역사적으로 분석, 판단할 수 있는 능력을 기를 수 있도록 한다.

독서지도(Reading Guidance)

어린이, 청소년, 성인을 위한 양서 및 서평소개, 도서선택방법, 지도대상별, 연령별 독서지도방법과 평가를 배운다. 즉 독서에 의한 인간교육을 전제로, 아동 발달 심리에 따라 효율적으로 지도할 수 있는 독서교육을 목표로 한다. 독서교육의 3대 요소인 독서자료, 이용자, 지도방법론에 대해 이해하고 현장에서 다양하고 창의적인 독서프로그램을 계획하고 실행할 수 있도록 한다.

문헌정보학연구법(Research Methods in Library and Information Science)

학생들로 하여금 문헌정보학 분야의 연구방법을 이해하고 적용할 수 있도록 한다. 연구 수행에 필요한 연구방법론의 개념과 이론의 이해를 바탕으로, 실생활에 적용될 수 있는 실용적이고 융통성 있는 경험적 수준의 양적 연구법 및 통계 분석방법을 다룬다. 과학적 연구의 기본을 이해시키고 다양한 방법으로 자료를 수집하고 분석하여 학술자료나 각종의 리포트를 준비할 수 있는 능력을 함양하게 하고 학술논문을 평가하는 능력을 기른다.

문헌정보학영어특강(Seminar in Library & Information Science in English)

문헌정보학과 관련된 영어신문기사, 간단한 논문, 영화 등을 학습함으로써 영어로 의사소통하고 발표하고 작문할 수 있는 능력을 기른다. 또한 문헌정보학 분야의 최신 연구동향을 파악하고, 문헌정보학에 대한 학문적 이해를 심화시킨다.

문헌정보학의 기초(Foundations of Library and Information Science)

현대사회에서 문자를 통한 기본적인 커뮤니케이션 이론을 연구시키며 문헌정보학의 성립 원칙과 실제를 다루게 된다. 그러므로 도서관이나 정보센터 그리고 디지털도서관을 방문하여 도서관, 정보센터의 업무를 이해시킴으로써 귀납적으로 정보센터의 기본적인 기능을 파악시키고 문헌정보학의 본질을 이해시킨다. 또한 미래사회에서의 정보봉사를 예측시키며, 사서직의 가치관을 함양시킨다.

색인초록(Indexing and Abstracting)

문헌의 색인과 초록에 대한 기초 이론, 개념, 기법, 관련 기술, 운영, 평가 및 시스템설계를 다루며, 주로 텍스트, 이미지, 정지화상, 동화상, 소리, 멀티미디어 등의 자료를 대상으로 하며 수동색인 및 자동색인기법을 다룬다. 색인의 정의, 특성, 종류, 어휘 등의 배경이론을 배우고, 색인작성방법과 절차를 익힌다. 실제 도서권말색인을 만들어 본 후에는 엑셀을 사용하여 정기간행물의 자동 기사색인을 작성해 본다. 또한 초록작성법과 초록서비스에 대해 알아본다.

온라인정보검색론(Online Information Storage and Retrieval)

온라인정보검색시스템을 정보구축의 측면과 정보검색의 측면으로 살펴본다. 이용자의 정보요구를 이해하고 이용자의 정보요구를 충족시켜 줄 수 있는 정보를 검색할 수 있는 자질을 함양하도록 함이 본 수업의 목적이다. 데이터베이스의 구조 및 정보구축이론을 이해한다. 또한 정보검색언어, 정보검색기법, 탐색전략 및 탐색평가, 등의 정보검색이론을 배운다. DIALOG 검색시스템을 실제 검색해 봄으로써 상용 데이터베이스 검색을 접해 본다.

웹퍼블리싱(Web Publishing)

21세기의 주요 정보매체인 인터넷의 특성, 역사, 홈페이지 구축, UNIX기초, 그래픽 기초 등 인터넷 환경에서 필수적인 정보처리능력을 배우고, 이를 도서관 및 정보센터 등 실제상황에 적용할 수 있는 능력을 배양한다. 홈페이지 디자인의 단계, 원리, 구축 시 고려사항 등을 심도 있게 다룬다. 양질의 인터넷정보자원을 선별하기 위한 평가기준을 수립할 수 있는 능력을 기른다. 인터넷 이용과 관련된 법적, 사회적, 윤리적인 문제들을 인식하고 이에 대한 대안을 모색한다.

인터넷과 정보활용(Internet and Information Utilization)

인터넷 관련 일반개념과 인터넷 연결, 텔넷, FTP, 아키, 고퍼, 전자우편, 뉴스그룹 등을 활용하여 인터넷 실무를 수행할 수 있는 능력을 함양하도록 한다. 또한 인터넷 검색엔진의 각 종류별 특성과 기능을 익히며 인터넷정보검색 시 사용할 수 있는 인터넷 검색기법을 숙지한다.

전자도서관(Digital Library)

급속하게 변하는 정보환경, 출판물의 증가, 이용자 요구의 변화 등으로 인하여 도서관의 패러다임이 바뀌고 있다. 이러한 변화를 수용할 수 있는 전자도서관의 개념, 발전과정, 연구 동향 등을 이론적 측면에서 다루고, 전자도서관과 관련된 제반 이슈들을 다룬다. 또한 국내·외 전자도서관의 사례 조사를 통하여 전자도서관에 대한 실제적 감각을 익힌다.

정보봉사론(Reference and Information Services in Library)

도서관의 자료가 복잡하고 다양해짐에 따라 이용자와 도서관자료 사이에서 정보중개자로서의 역할이 중요해지고 있다. 정보를 원하는 이용자와 정보원을 연결시켜 줄 수 있는 정보중개자의 자질을 갖추게 함으로써 유능한 정보봉사 사서를 육성하고자 한다. 이를 위해 정보봉사이론, 기능, 역사를 고찰하고 정보봉사의 필요성과 사명을 숙지하도록 한다. 이용자의 정보요구를 파악하는 능력을 함양할 수 있도록 의사소통의 중요성과 기술을 터득하고 봉사정신과 태도를 터득한다. 매체별, 종류별, 주제별 참고정보원의 특성과 종류를 파악하고 조사, 평가하는 방법을 배운다. 이용자와의 정보면담기술을 터득하고 팀원과제를 통해 협조 봉사하는 자세를 익힌다.

정보수집전략과 관리(Collection and Management of Information)

개인이나 도서관에서 이용할 수 있는 각종의 정보와 자료수집에 필요한 원리원칙과 기술을 이해하도록 한다. 즉 정보수집과 관리 그리고 이용에 관한 여러 가지 이론을 연구하고 실제로 실습함으로써 개인적으로나 정보사회조직의 한 구성원 혹은 정보센타나 도서관의 사서로서 능률적으로 정보를 평가, 수집, 관리하는 능력을 함양하는 데 그 목적이 있다.

정보자료분류론(Classification of Information Materials)

분류의 원칙과 역사 및 세계 주요 분류체계를 검토해 보고 DDC와 KDC에 의해 도서관자료를 분류한다. 분류학의 이론과 배경지식을 배우고, 세계표준분류표인 DDC21판과 한국표준분류표인 KDC에 의거하여 각종의 도서관자료를 분류할 수 있도록 한다. 세계적으로 많이 사용되는 대표적인 분류표를 비교, 검토해 봄으로써 도서관의 종류와 성격에 따른 적합한 분류표를 선택할 수 있는 능력을 배양하도록 한다.

정보자료조직론(Cataloging of Information Materials)

도서관자료의 효율적인 검색을 위한 목록법의 역사와 이론을 연구하고 목록의 기술법으로 한국목록규칙인 KCR3.1에 의해 카드목록과 온라인목록 작성을 실제 연습한다. 과목의 목적은 전문사서직으로 필수적 기술인 자료의 편목기술을 습득하는 데 있다. 정리사서로서 마땅히 갖춰야 할 목록학의 이론적 배경지식을 배우도록 한다. 국제표준편목규칙인 ISBD에 기초하여 제정된 동서목록규칙 KCR4로 동서단행본자료를 편목할 수 있도록 한다. KORMARC로 입력하는 방법을 배우도록 한다.

정보자원관리(Collection and Management of Information)

정보수집과 관리, 그리고 이용에 관한 여러 가지 이론을 연구하고 실제로 실습함으로써 개인적으로나 정보사회조직의 한 구성원 혹은 정보센터나 도서관의 정보전문가로서 능률적으로 정보를 평가, 수집, 관리하는 능력을 함양하는 데 그 목적이 있다.

주제서지론(Subject Bibliography)

주제전문 봉사의 배경과 주제전문사서의 자질 및 기능을 연구하고, 학문 주제별 연구의 특징과 관련 정보원 및 정보유통체제 등을 조사연구하고 서지편찬 규정에 의해 분야별 주제서지를 다양한 수집과정을 거쳐 정리·편찬한다. 주제별·학문별 배경지식을 배우고, 주요 참고정보원들을 이해하고 식별하도록 한다. 주제별 도서관의 운영과 관계된 주요 문제들을 해결할 수 있도록 한다. 열거서지의 작성규칙에 따라 주제서지를 학생들이 직접 작성할 수 있도록 한다. 영서를 교재로 채택하여 강의함으로써 전문영어실력을 배양하도록 한다.

특수자료조직론(Cataloging of Special Materials)

동·서양의 주요 목록규칙들을 비교연구하며 양서목록규칙인 AAC2R에 의해 도서관의 자료를 종류별 특성에 따라 편목하고 Call No.를 배정하는 방법을 익힌다. 한국문헌자동화목록법(KORMARC)으로 온라인목록을 편목할 수 있으며, 동서와 양서 저자기호법에 의거하여 온라인목록으로 자료를 편목할 수 있도록 한다. 또한 정리사서로 필수적인 전거file을 작성할 수 있도록 한다. 단 '정보자료편목론'을 먼저 수강한 이후에 이 과목을 수강할 것을 권한다.

학교도서관경영(Management of School Library & Media Centers)

한 국가의 도서관 체계의 근간이라고 할 수 있는 학교도서관 및 매체센터의 구축, 조직화, 운영, 서비스 등 전반적인 경영을 다룬다. 세부적으로는 정보활용교육, 독서지도, 그리고 다양한 교과목 담당교사와의 협력을 통한 도서관 및 정보활용 수업 설계를 지원할 수 있는 역량을 배양한다.

학술정보활용법(Use of Scholarly Information Resources)

21세기를 맞으면서 우리가 접하게 되는 정보환경은 크게 변화되어 정보는 양적으로 증가하고 유형별로 다양화되고 내용 면에서도 학제적인 양상을 가지게 되었다. 이와 같은 정보환경에서 자신에게 필요한 양질의 정보를 신속, 정확하게 검색하는 능력은 무엇보다 중요한 능력이라고 할 수 있다. 따라서 본 강좌는 대학생활을 함에 있어 기본적으로 필요한 정보탐색과 활용능력은 물론, 논문작성능력을 배양하고자 한다.

정보이용자론(Human Information Behavior)

정보전문가라면 이용자 시각에서 정보이용을 분석할 줄 알아야 한다. 본 과목은 정보이영의 주체가 되는 이용자들의 다양한 집단을 구분하여 그 이용 환경의 특징을 살펴보고 이용목적에 따라 일상생활 정보이용과 정보추구적 정보이용으로 나누어 이용자들의 인지적, 감성적 그리고 행동적인 면을 분석한다.

동덕여자대학교   사회대학 문헌정보학과

▷ 전공 소개

동덕여자대학교 문헌정보학과는 1980년에 개설되었다. 기하급수적으로 날로 증가·생산되고 있는 모든 분야의 지식, 정보를 효과적으로 수집, 관리, 전달할 수 있는 유능한 인력을 필요로 하는 시대적 요청에 따라 다양한 지식, 정보의 조직 및 관리의 이론과 실무적 기술을 습득시킴으로써 각종 도서관과 정보센터에서 사서 혹은 정보전문가의 업무를 수행할 수 있는 유능한 지식, 정보전문가를 양성시키는 데 그 목적을 둔다.

▷ 교육목표

· 문헌정보학의 분야별 제 이론과 변화하는 정보환경을 이해하도록 한다.
· 다양한 정보자원을 선택하고 수집하여 조직할 수 있는 능력을 갖추도록 이론과 실습을 병행하여 교육한다.
· 관종별 도서관 및 정보센터의 경영원리 및 실무를 이해하여 이용자 서비스에 활용할 수 있도록 한다.
· 정보환경의 변화에 따른 다양한 정보자원의 관리, 처리, 검색에 관한 새로운 기술 및 정책을 익히고 활용할 수 있도록 한다.
· 졸업 후 문헌정보학 관련 실무현장에서 유능한 정보전문가로 활동할 수 있도록 현장과 연계된 실용적인 전문지식을 함양하도록 한다.

▷ 교수진

· 김윤식   문헌정보학   yskim@dongduk.ac.kr   02 − 940 − 4451
· 성기주   문헌정보학   sungj@dongduk.ac.kr   02 − 940 − 4452
· 이란주   문헌정보학   lanju@dongduk.ac.kr   02 − 940 − 4453
· 조찬식   문헌정보학   ccho@dongduk.ac.kr   02 − 940 − 4454

▷ 대학원의 설치 여부

동덕여자대학교 대학원은 문헌정보학과에 석사과정이 개설되어 있다.

▷ 대학원의 교육목표

- 문헌정보학의 개념적 기초와 빠른 정보기술의 환경을 이해한다.
- 문자형 정보뿐 아니라 그래픽, 음성, 동화상 등 다양한 멀티미디어 형태의 지식정보를 수집, 조직, 관리 및 전달할 수 있는 방법을 학습한다.
- 컴퓨터 및 전산네트워크의 활용능력을 신장시켜 전자정보를 효율적으로 구축, 관리할 수 있게 한다.
- 다양한 이용자들의 정보이용행태에 따른 관종별 정보지식센터의 경영 및 정보제공능력을 갖추게 한다.
- 대학원을 졸업하여 사회의 일선에서 한 차원 높은 지식 및 정보봉사와 실무 및 연구를 병행할 수 있게 한다.

▷ 학과 연락처

- 홈페이지   http://home.dongduk.ac.kr/subj/www4450/index.html
- 학과 전화번호   02 – 940 – 4450

학 부 교 과 과 정

구분	교과목명	학점	시간
전공기초	문헌정보학개론 (Introduction to Library & Information Science)	3	3
	인터넷정보활용 (Internet and Web Searching)	3	3
전공경력 개발	정보전문가능력개발 (Information Specialist Career Development)	2	2
전공전산 또는 관련전공	정보자료분류론 (Information Classification)	3	3
전공선택	정보문화사 (History of Information & Culture)	3	3
	정보학의 이해 (Introduction to Information Science)	3	3
	웹기반정보처리	3	3
	인터넷정보검색 (Internet and Information Retrieval)	3	3
	정보와 사회 (Information & Society)	3	3
	서지학의 이해 (Introduction to Bibliography)	3	3
	정보조직론 (Information Organizing)	3	3
	정보자원개발론 (Collection Development and Management)	3	3
	한국서지 (Korean Bibliography)	3	3
	정보센터경영론 (Information Center Management)	3	3
	독서지도론	3	3
	웹데이터베이스운영론 (Web Database Management)	3	3
	전자출판 (Electronic Publishing)	3	3
	정보시스템경영 (Information System Management)	3	3
	정보커뮤니케이션 (Information and Communication Process)	3	3

구분	교과목명	학점	시간
전공심화	기록관리론 (Archives and Records Management)	3	3
	정보봉사론 (Information Sources & Services)	3	3
	디지털도서관 (Digital Library)	3	3
	문헌정보학연구방법론 (Research Methods in Library and Information)	3	3
	정보조직실습 (Information Classification and Cataloging)	3	3
	지식관리시스템 (Knowledge Management System)	3	3
	멀티미디어정보관리 (Multi-media Information Management)	3	3
	도서관 및 정보센터현장실습 (Field Work)	3	3
	온라인정보검색 (Online Storage and Retrieval)	3	3
	색인과 초록 (Indexing and Abstracting)	3	3
	정보와 매체 (Information and Media)	3	3
	정보네트워킹 (Information Networking)	3	3

학 부 교 과 내 용

기록관리론(Archives and Records Management)

기록보존의 역사와 제도를 강의하여 기록보존의 중요성을 인식시키고, 기록물의 수집과 평가, 기록물의 정리 및 보존관리, 이용 등을 강의와 발표를 병행하여 학습한다.

도서관 및 정보센터현장실습(Field Work)

현장실습에 앞서 도서관/정보센터 경영론을 비롯하여 문헌정보자료의 조직화에 관련된 이론을 복습하고 실습교육이 끝난 다음에는 실습교육을 받은 곳의 스텝 매뉴얼을 작성하게 한다.

독서지도론(Library Materials for Children and Young Adults)

청소년에 관련된 다양한 장르와 유형의 자료들과 관련된 강의를 비롯하여 자료의 선정과 서평에 대한 강의를 제공한다. 독서의 개념, 독서의 심리적 기초, 독서지도의 방법, 독서치료 등 청소년 독서지도에 관련된 내용을 포함한다.

디지털도서관(Digital Library)

도서관자동화를 거쳐 디지털도서관으로 변화하는 도서관 환경에서 이루어지고 있는 수서, 목록, 대출, 정보서비스, 정기간행물 등과 같은 제반 업무에 대하여 교육하며, 디지털도서관 구축 시 요구되는 시스템적인 변화와 발전방향에 대한 이해력을 갖추도록 한다.

멀티미디어정보관리(Multi-media Information Management)

멀티미디어에 대한 이론적 측면을 이해하고 실제 멀티미디어에 대한 이론적 측면을 이해하고 실제 멀티미디어 저작도구 사용법을 익힌다.

문헌정보학개론(Introduction to Library & Information Science)

문헌정보학의 본질을 파악하기 위한 정보학적 이론을 기반으로 도서관의 유형 및 다양한 기능의 이해, 정보전문가의 의미와 종류, 전자도서관 및 정보시스템 등을 중심으로 정보학의 생성, 발전, 운용과정을 강의한다.

문헌정보학연구방법론(Research Methods in Library and Information)

과학적 연구의 기본 개념 및 절차를 이해시키고 문헌조사 및 연구 설계에 대한 개념과 절차를 강의하며, 문헌정보학에서 현재 이용되고 있는 다양한 연구방법들을 망라하여 연구방법의 개념, 절차, 적용 분야, 활용 및 방법상의 장, 단점을 체계 있게 정립시킨다.

색인과 초록(Indexing and Abstracting)

색인과 초록이 기본원리, 용어, 종류 등과 그 작성법을 익히도록 한다.

서지학의 이해(Introduction to Bibliography)

서지학의 정의 및 체계, 도서의 기원과 고서 장저의 종류와 제 특징, 사본과 간본의 종류와 제 특징, 출판 및 활자 인쇄술의 발달과정 등 전반적인 서지학 연구대상에 관한 사항을 강의와 시청각 교육을 병행하여 진행한다.

온라인정보검색(Online Storage and Retrieval)

정보저장과 검색에 관련된 이론 강의와 함께 효과적인 웹정보검색과 저장을 위한 다양하고 최신의 기법을 강의한다. 검색엔진, 온라인목록, 웹데이터베이스를 포함하여 인터넷상의 정보원을 효과적으로 검색하고 저장할 수 있는 고급 실습을 포함한다.

웹기반정보처리(Web-Based Information Processing)

인터넷 환경을 이해하고, 하이퍼텍스트 형태의 문서를 저장하고 통신망을 통해서 서비스한 Web Server를 구축하고 네트워크 기술을 강의한다.

웹데이터베이스운영론(Web Database Management)

정보서비스 기관에서 제공해야 하는 분야별 웹데이터베이스에 대한 이해 및 활용능력을 교육한다. 특히 국내·외의 학술 웹데이터베이스를 다룰 수 있도록 교육한다.

인터넷정보검색(Internet and Information Retrieval)

인터넷 기반의 정보검색에서 요구되는 각종 검색기법에 대한 이해 및 활용능력을 교육한다. 검색이론에 기초한 다양한 검색실습을 통하여 인터넷정보검색의 운영능력을 교육한다.

인터넷정보활용(Internet and Web Searching)

인터넷과 웹을 사용하여 보다 체계적으로 학술정보원을 사용할 수 있도록 다양한 웹 정보검색에 관한 내용과 전략을 강의한다. 또한 온라인 검색시스템에서 사용된 정보검색 이론과 기법이 웹데이터베이스 검색시스템에서 구현되는 다양한 사례들을 강의하며, 국내외의 유명한 디지털도서관과 웹검색엔진의 사용법 등을 강의한다.

전자출판(Electronic Publishing)

데스크 탑 출판, 웹출판, 웹디자인, 전문 및 원문 데이터베이스, 멀티미디어 데이터베이스 구축을 비롯하여 전자출판의 실제를 경험할 수 있는 이론과 실습을 병행한다. 또한 기존의 인쇄출판과 전자저널을 포함한 웹상의 출판이 지식전달체계에서 갖는 역할, 구조, 경제성 등에 대하여 강의한다.

정보네트워킹(Information Networking)

정보네트워킹에 대한 실무에 적응할 수 있는 다양한 tool에 대해 학습한다.

정보문화사(History of Information & Culture)

동·서양의 문화사와 도서의 기원, 인쇄술의 발전 등을 이해하며 도서관의 발생과 변천과정을 시대별·
국가별로 비교 고찰하여 도서관의 역사적 지식을 습득함을 기본으로 한다.

정보봉사론(Information Sources & Services)

정보봉사의 기본적인 이론을 비롯하여 이에 관련된 면담기법, 이용자교육, 다양한 인쇄/전자/인터넷 참
고정보원에 대하여 강의한다. 정보길잡이, 주제 게이트웨이, 서지, 웹기반 이용자교육프로그램 구축에 관
한 이론과 실습을 한다.

정보센터경영론(Information Center Management)

도서관/정보센터 경영 전반에 걸친 기본적인 경영이론과 기술을 습득하기 위하여 경영의 세 가지 측면
인 인력, 재원 그리고 시설적인 측면을 다룬다. 이론적인 강의와 관련된 자료들을 읽고 토론과 그룹과제
물을 함으로써 실무에 대한 활용성을 증진하고자 한다.

정보시스템경영(Information System Management)

정보시스템환경을 이해하고 정보시스템의 이론 및 분석방법을 이해하며 정보시스템의 다양한 평가방법
을 학습한다.

정보와 매체(Information and Media)

정보화사회에 관련된 이론과 다양한 매체의 사용을 포함한다. 특히 학교도서관에 관련된 자료를 소개한다.

정보와 사회(Information & Society)

정보사회의 이해를 돕기 위하여 사회의 변화와 정보의 가치변화, 뉴미디어 중심의 기술의 변화와 이러한
변화들이 사회에 미치는 영향 등을 다각도로 살펴본다.

정보자료분류론(Information Classification)

문헌정보자료의 효율적인 조직과 검색을 위하여 특히 DDC와 KDC에 중점을 두어 이의 구성 및 사용법
을 익히도록 한다.

정보자원개발론(Collection Development and Management)

관종별 도서관의 효과적인 정보자료 구성을 위하여 정보자료 개발과 관리의 원칙과 기법들을 소개한다.
관종별 도서관의 성격을 분석하고 정보자료 구성계획과 평가에 대해서도 다룬다. 또한 정보자료 구성과
밀접하게 관련된 수서, 출판, 정보자료 선택 보조 자료에 대해서도 학습한다.

정보전문가능력개발(Information Specialist Career Development)

도서관 현상에서 요구되는 다양한 전문정보 처리능력을 습득할 수 있도록 강의한다.

정보조직론(Information Organizing)

도서관자료의 검색을 위한 편목의 이론과 실제를 다루며 온라인목록화에 따른 MARC형태의 목록구축과 시스템에 대한 이해 및 운영능력을 기른다.

정보조직실습(Information Classification and Cataloging)

정보자료조직 및 분류에서의 이론적 지식을 바탕으로 하여 정보센터에서 행해지는 다양한 멀티미디어 및 메타데이터 조직과정을 실습하게 된다.

정보커뮤니케이션론(Information and Communication Process)

정보의 생산, 저장, 전달, 관리 및 이용에 관한 커뮤니케이션 과정을 개인, 그룹, 조직, 사회적 차원에서 분석하며, 현대의 디지털 환경에 그 원리를 적용하여 이해한다.

정보학의 이해(Introduction to Information Science)

정보학에 대한 이해 및 데이터분석 능력 등 미래 정보사회의 대응 전략에 대하여 교육한다. 정보통신 시스템 및 서비스, 정보보안 등에 관한 이해 능력을 갖추도록 한다.

지식관리시스템(Knowledge Management System)

기업과 정보의 기본 개념을 시작으로 정보활용 기법과 지식경영관리에 관련된 세부 주제들을 강의한다. 지식경영의 국내외 사례를 다루며 지식관리시스템 구축에 관련된 제반 사항을 강의한다.

한국서지(Korean Bibliography)

우리나라 고전자료 중 주제별로 주요 고서를 선정하여 조사케 하고 각종 고전서목을 시대별 유행별로 구분하여 그 수록범위와 편찬경우 및 편성체제 등을 강의와 발표를 병행하여 진행한다.

석 사 교 과 과 정

구분	교과목명	학점
공통	문헌정보학연구방법론특강 (Research Methodology in Library and Information Science)	3
	이론정보학 (Theories in Information Science)	3
	정보검색특강 (Seminar in Information Retrieval)	3
전공선택	고급웹기반정보처리 (Advanced Web-based Information Processing)	3
	도서관/정보센터경영특강 (Seminar in Management of Libraries and Information Center)	3
	멀티미디어와 정보관리 (Multimedia and Information Management)	3
	서지학특강 (Seminar in Bibliography)	3
	온라인목록특강 (Seminar in Online Cataloging)	3
	온라인정보검색특강 (Seminar in Online Information Retrieval)	3
	장서개발론특강 (Seminar in Collection Development and Management)	3
	전자도서관특강 (Seminar in Digital Libraries)	3
	정보문화사특강 (Seminar in History of Library and Information Science)	3
	정보사회론 (Seminar in Information Society)	3

석 사 교 과 내 용

고급웹기반정보처리(Advanced Web-based Information Processing)

네트워크 기술을 포함한 정보기술을 이해하고 웹상에 있는 문자정보, 음성, 동화상 등 다양한 형태의 정보를 수집, 저장, 처리, 검색하는 방법을 이론과 실습을 통해 심도 있게 학습한다.

도서관/정보센터경영특강(Seminar in Management of Libraries and Information Center)

각종 도서관, 정보센터, 정보기구의 경영활동의 세부 영역인 계획수립·조직화·인사관리·통제·재정·평가에 관련된 주요 문제를 심도 있게 다룬다.

멀티미디어와 정보관리(Multimedia and Information Management)

하이퍼텍스트와 멀티미디어의 개념, 새로운 멀티미디어와 그 응용, 이용자를 위한 소프트웨어로서의 멀티미디어와 도서관정보관리로서의 멀티미디어를 다룬다.

문헌정보학연구방법론특강(Research Methodology in Library and Information Science)

문헌정보학 분야에서 주로 행해지고 있는 연구방법의 종류와 그 장·단점을 토론하고 통계처리방법의 습득을 위하여 SPSS나 SAS의 활용을 포함한다.

서지학특강(Seminar in Bibliography)

서지학의 체계 및 도서의 형태, 사본과 간본의 제 특징과 고활자의 종류 등 고서취급과 판별을 위한 내용을 심도 있게 다룬다.

온라인목록특강(Seminar in Online Cataloging)

온라인목록의 중요 문제와 발전방향의 검토와 함께 기술목록의 표준화, 서지적 구조와 그 연결기법 등을 논의한다. 특히 정보환경의 변화에 따른 새로운 목록의 형태, 규칙, 기능, 활용도 등을 온라인목록(OPAC)과 웹목록(Web OPAC)을 중심으로 연구한다.

온라인정보검색특강(Seminar in Online Information Retrieval)

다양한 데이터베이스와 검색시스템의 효과적인 검색을 위한 검색기법과 전략을 다루며 이에 관련된 이슈들을 심도 있게 조사·분석한다.

이론정보학(Theories in Information Science)

정보학의 이론적 기반을 구축하기 위하여 정보학의 성립, 발전과정, 현황, 학제적 성격을 살펴보고 관련된 분야와의 다양한 관계설정을 통하여 정보학의 이론적, 사회적 및 방법론적 기초 지식을 배양한다.

장서개발론특강(Seminar in Collection Development and Management)

관종별 도서관/정보센터의 정보선택, 평가, 관리에 관한 이론적인 측면과 실무적인 측면을 심도 있게 다룬다. 수서, 출판, 정책, 검열 등도 포함된다.

전자도서관특강(Seminar in Digital Libraries)

국내·외 전자도서관의 발전방향과 현황 등을 개관하고 우리나라 도서관현장과 연계하여 심층 논의한다. 또한 전자도서관 환경하에서의 장서, 사서, 이용자 문제 등을 심도 있게 연구한다.

정보검색특강(Seminar in Information Retrieval)

정보검색의 이론적인 면을 개관하고, 다양한 정보검색 모형과 새롭게 개발된 검색기법들에 대하여 심도 있게 토의하고 연구한다.

정보문화사특강(Seminar in History of Library and Information Science)

동·서양 정보문화의 발달과정을 심도 있게 조사하고, 근대 도서관발전에 토대가 된 서양의 문헌정보학 사상에 중점을 두고 동양의 근대 문헌정보학사상을 비교 고찰함으로써 학문적 사상을 체계적으로 연구한다.

정보사회론(Seminar in Information Society)

정보사회와 관련된 문제점과 깊이 있고 체계적인 연구를 돕기 위한 개념, 방법 및 기술을 숙지함으로써 정보전달, 정보환경, 정보이용과 이용자 등의 환경에 대한 폭넓은 이해를 주지한다.

▷ 전공 소개

'문헌정보학과'는 '도서관학과'라는 명칭을 가지고 1982년 정원 52명으로 출발하였다.
그러나 사회의 변화와 학문의 요구에 부응하여 1992년 학과명을 '문헌정보학과'로 바꾸고
정보화 사회의 정보전문가를 양성한다는 목표 아래 교과과정을 대폭 개편하고 새로운 출발을
시작하였다. 1986년 52명의 학생 정원은 30명으로 조정되었고 1996년에는 40명, 1998년에는
50명으로 재조정되었다가 현재는 문헌정보학과로 운영되면서 학부생 정원은 160명이며 신입
생 인원은 40명 정도이다. 1999년부터는 학부제로 운영되었으며 2006년 3월부터 문헌정보학
과에 소속되어 신입생을 선발하고 있다. 문헌정보학전공은 2008년 5명의 교수진과 160여 명
의 재학생이 학문연구와 진리탐구는 물론 미래의 정보전문가로서의 꿈을 실현시키기 위해 노
력하고 있다.

▷ 교육목표

문헌정보학전공은 지식정보사회에서 고급의 지식정보가 갖는 사회적, 문화적 가치를 인식
시켜 정보전문가로서의 올바른 가치관과 사회봉사 정신을 확립하게 하고, 도서관을 포함한 정
보관리기관의 실무관련 교과목과 정보관리업무의 필수 도구인 컴퓨터 및 정보기술 교과목을
위주로 교육하여 도서관현장에 바로 적응할 수 있는 정보전문가 양성을 교육목표로 한다.

▷ 교수진

· 도태현	정보조직	thdoh@hoymin.dongeui.ac.kr	051 – 890 – 1305
· 송영희	정보학	yhsong@hoymin.dongeui.ac.kr	051 – 890 – 1303
· 윤상기	서지학	skyoon@hoymin.dongeui.ac.kr	051 – 890 – 1304
· 정춘화	도서관경영	chchung@hoymin.dongeui.ac.kr	051 – 890 – 1306
· 정영미	정보학	yomjung@deu.ac.kr	051 – 890 – 1307

▷ **대학원의 설치 여부**

동의대학교는 대학원이 설치되어 있다.

▷ **대학원의 교육목표**

지식정보사회의 필수 인력인 고급정보전문가를 양성하기 위해 정보의 생산, 유통, 수집, 제공, 보존의 절차를 연구하고, 정보의 사회적 관리에서 중추적 기능을 담당하는 도서관 및 정보센터의 이용자 봉사를 질적으로 제고하기 위한 방안을 탐구한다.

▷ **학과 연락처**

- 홈페이지   http://hyomin.deu.ac.kr/~libinfo/
- 학과 전화번호   051 - 890 - 1302

학 부 교 과 과 정

학년	구분	교과목명	학점	시간
1	학문 기초	문헌정보학입문 (Int. to Lib. and Inf. Science)	3	3
		정보학입문 (Introduction to Information Science)	3	3
	전공 기초	기초한문 (Fundamental Chinese Writings)	3	3
		서지학개론 (Introduction to Bibliography)	3	3
		영서강독 (Reading of Library and Information Science in English)	3	3
		일본어 (Basic Japanese)	3	3
		정보사회론 (Information and Society)	3	3
		정보처리 I (Introduction of Information Processing I)	3	3
		정보처리 II (Introduction of Information Processing II)	3	3
2	전공 일반	데이터베이스 (Database)	3	3
		문헌목록학 I (Cataloging of Information Materials I)	3	3
		문헌분류론 (Information Resources or Science any Technology)	3	3
		아동자료 (Library Meterials for Children)	3	3
		도서관과 인터넷기술	3	3
		장서개발관리	3	3
		전산영어 (Computer English)	3	3
		정보봉사론 I (Information Services I)	3	3
		정보센터경영론 (Management of Library and Information Center)	3	3
		정보원발달사 (History of Information Sources)	3	3

학년	구분	교과목명	학점	시간
3	전공 일반	독서지도론 (Reading Guidance)	3	3
		과학기술정보원 (Information Resources of Science and Technology)	3	3
		문헌목록학 Ⅱ (Cataloging of Information Materials Ⅱ)	3	3
		정보시스템	3	3
		온라인정보검색 (Online Information Retrieval)	3	3
		인문·사회과학정보원 (Information Resources of Humanities and Social Science)	3	3
		자동화목록법 (Machine Readable Cataloging)	3	3
		정보검색론 (Information Storage & Retrieval)	3	3
		정보봉사론 Ⅱ (Information Services Ⅱ)	3	3
		학교도서관미디어센터 (School Library Media Centers)	3	3
		한국서지학 (Bibliographies of Korea)	3	3
		관종별도서관 (Academic, Public and Special Libraries)	3	3
4	전공 일반	고문헌강독 (Readings in Oriental Classics)	3	3
		도서관자동화 (Library Automation)	3	3
		문서관리론 (Document Management and Archives)	3	3
		사서실습 (Field Work)	3	3
		특수자료론 (Special Materials and Serials)	3	3
		자료조직특강 (Seminar in Library Material Organization)	3	3
		문헌정보학특강 (Seminar in Library and Information Science)	3	3
		정보매체론	3	3

학 부 교 과 내 용

고문헌강독(Readings in Oriental Classics)

서지학과 관련되는 한문 기록들을 강독함으로써 고전자료의 정리 이용 및 봉사를 위해 필요한 한문의 독해력을 길러 주고, 동시에 서지학에 관련되는 정보도 얻게 한다.

과학기술정보원(Information Resources of Science and Technology)

자연과학 및 기술 분야의 학문적 성격을 파악하고, 각종 정보원과 선정 평가 및 이용에 관한 지식을 가지게 함으로써 주제봉사 능력을 배양하도록 한다.

관종별도서관(Academic, Public and Special Libraries)

공공, 대학 및 전문도서관의 개념, 역할, 행정, 조직, 인사, 예산, 시설 및 각종 봉사업무를 다룬다.

기초한문(Fundamental Chinese Writings)

한자와 기초적 수준의 한문 독해 능력을 갖추게 하여 수준 높은 한문의 학습과 자료의 정리 및 봉사에 도움이 되게 한다.

데이터베이스(Database)

Visual Basic 프로그램을 기반으로 개체-관계 이론, 정형화 기술, SQL 언어를 포함하여 관계형 데이터베이스 모델의 기본 개념과 이용법에 대한 기본적인 지식을 연구한다. 효율적인 데이터베이스를 디자인하기 위해 비주얼 베이직을 사용하여 Microsoft Access 이외의 진보된 데이터베이스를 실제로 구축한다.

도서관자동화(Library Automation)

전자도서관 구축을 중심으로 도서관자동화의 발전, 자동화의 경향, 새로운 자동화시스템 구축을 위해 선택 가능한 시스템에 대한 조사 및 연구, 각종 서브시스템의 자동화 방법을 다룬다.

독서지도론(Reading Guidance)

아동 및 청소년의 성장 시기별 독서자료와 독서 지도방법, 독해력, 속독법 등의 독서기술 지도방법, 독서 문제아의 치료적 지도방법 등에 대하여 다룬다.

문서관리론(Document Management and Archives)

기록문서의 생산과 유통, 정리, 보존 과정과 이에 대한 관리 정책을 다룬다.

문헌목록학 Ⅰ(Cataloging of Information Materials Ⅰ)
목록학의 역사와 이론을 탐구하고 KCR, AACR, ISBD 등 목록 관련 규칙의 사용법을 강의한다.

문헌목록학 Ⅱ(Cataloging of Information Materials Ⅱ)
주제명표목, 도서기호법 등 목록작성에 관련되는 부수적인 규칙을 탐구하고, 편목작업을 실습한다.

문헌분류론(Classification of Inf. Materials)
분류의 철학적 논리적 개념을 정립하고, KDC, DDC, UDC 등 다양한 문헌분류표의 사용법을 강의한다.

문헌정보학입문(Int. to Lib. and Inf. Science)
문헌정보학의 전 영역을 개괄함으로써 학문에 대한 이해와 추후의 전공 교과목 이수에 도움이 되게 한다.

사서실습(Field Work)
도서관 및 정보관리기관의 현장실습을 통하여 먼저 수강한 교과목을 통합하여 실무에 적용할 수 있도록 한다. 실습을 통하여 자료의 수집, 조직, 대이용자 봉사 등의 현장업무를 경험하게 한다.

서지학개론(Introduction to Bibliography)
서지학의 종류, 개념 및 역사를 비롯하여 서지학 전반의 기초적인 지식을 갖게 하여 보다 수준 높은 서지학 관련 학습의 기초로 삼게 한다.

시스템분석(System Analysis)
시스템의 개념, 시스템 분석 및 설계, 평가, 인간과 컴퓨터 시스템 간의 인터페이스 설계에 관하여 기본적인 원리를 제공하며, 구체적인 사례로서 도서관 및 정보센터의 컴퓨터 기반 시스템을 다룬다.

영서강독(Reading of Library and Information Science in English)
문헌정보학 분야의 영어로 된 자료들을 읽음으로써 이 학문의 기초가 되는 영어는 물론 이 학문의 기본 철학과 경향을 소개한다.

온라인정보검색(Online Information Retrieval)
정보검색론에서 습득한 이론을 바탕으로 정보서비스 관련 기관에서 정보검색서비스를 할 수 있도록 온라인정보검색에 대한 개요, 온라인 탐색전략, 평가를 다룬다. 또한 다양한 학술정보 데이터베이스와 인터넷검색엔진을 이용한 실습을 제공한다.

인문 · 사회과학정보원(Information Resources of Humanities and Social Science)
인문 · 사회과학 분야의 학문적 성격을 파악하고, 각종 정보원의 선정, 평가 및 이용에 관한 지식을 가지게 함으로써 주제봉사 능력을 배양하도록 한다.

일본어(Basic Japanese)

일본어 기초 학습에 있어서 필요로 하는 기초적인 문법을 연습문제를 통하여 익히도록 하고, 기본문형에 맞추어 작문연습을 함으로써 기초 능력을 확고하게 한다.

전산영어(Computer English)

컴퓨터 분야에서 사용하는 영어를 중점적으로 다룸으로써 보다 다양한 정보자원에 접근할 수 있는 능력을 배양한다.

정보사회론(Information and Society)

정보의 대량생산과 정보기술의 발전으로 인한 사회적 변화와 특징을 고찰하고 정보사회에서 정보와 정보기술의 역할을 강의한다.

정보처리 Ⅰ, Ⅱ(Introduction of Information Processing)

정보처리의 기반이 되는 컴퓨터의 구조, 하드웨어, 데이터의 표현, 소프트웨어와 운영체제, 프로그래밍, 데이터통신, 데이터베이스 등을 다루어 컴퓨터에 대한 전반적인 지식과 정보처리에 대한 기초 지식을 제공한다.

정보학입문(Introduction to Information Science)

정보학 분야의 기초과목으로서 정보의 정의, 정보학의 범위, 학술정보의 생산과 유통, 검색방법, 데이터베이스, 네트워크에 이르기까지 정보학과 관련된 모든 주제를 전반적으로 이해하도록 한다.

석 사 교 과 과 정

구분	교과목명	학점
기초공통	문헌정보학조사연구방법론 (Research Methods of Library & Information Science)	3
	정보기술세미나 (Seminar in Information Technologies)	3
	도서관문화프로그램세미나 (Seminar in Library Cultural Programs)	3
	어린이·청소년도서관프로그램세미나 (Seminar in Children Library Programs)	3
	지역사회연구세미나 (Seminar in Local Communities)	3
전공과목	정보서비스평가론 (Evaluation of Information Services)	3
	정보검색연구 (Seminar in Information Retrieval)	3
	디지털도서관연구 (Studies on Digital Library)	3
	데이터베이스연구 (Studies on Database Construction)	3
	장서관리세미나 (Seminar in Collection Management)	3
	정보이용교육연구 (Studies on User Instruction)	3
	도서관경영세미나 (Seminar in Library Management)	3
	독서치료세미나 (Seminar in Bibliotheraphy)	3
	도서관마케팅세미나 (Seminar in Library Marketing)	3
	비교분류법세미나 (Seminar in Comparative Classification)	3
	비교목록법세미나 (Seminar in Comparative Cataloging Rules)	3
	자료조직자동화세미나 (Seminar in Library Material Organization)	3
	고문헌조직법 (Organization of Old Books & Archives)	3
	형태서지학연구 (Studies on Physical Bibliography)	3
	서지학연구방법론 (Research Methods of Bibliography)	3
	논문지도(석) (Directed Research)	3

명지대학교   인문대학 문헌정보학과

▷ 전공 소개

명지대학교 문헌정보학과는 1980년에 개설되었다. 문헌정보학과는 현대 정보화시대에 다양한 정보를 적시에 이용할 수 있도록 하는 실제적인 방법을 모색하는 분야로 학술정보 및 필요한 모든 영역의 정보를 생산, 조직, 관리 및 활동에 봉사할 수 있는 전문인을 양성하고 있다. 특히 정보시스템 및 정보학 분야의 연구를 위한 전산실은 보다 효율적인 연구가 이루어지게 하고 있다. 본 학과는 역사학, 언어학, 사회학, 교육학, 심리학, 경영학, 전산학 및 기타 인접학문 분야와 밀접한 관계를 이루고 있기 때문에 졸업 후 전문사서는 물론 인접한 각 분야에서 활동할 수 있는 폭넓은 기회가 주어진다.

▷ 교육목표

문헌정보의 수집, 처리, 검색 및 제공은 문헌정보시스템의 기본기능이며 이 기능을 효과적으로 발휘할 수 있는 전문 인력을 양성하는 일이 우리 학과의 최대 목표이다. 이를 달성하기 위하여 우리 학과의 교수와 학생은 정보환경을 비롯한 사회환경에 적극적으로 대처하고 교육, 연구, 사회봉사 및 인격도야에 자주적으로 전념한다. 그렇게 하여 궁극적으로 우리나라 정보문화의 창달과 복지사회의 실현 및 인류문화의 발전에 창조적으로 공헌하고자 한다.

▷ 교수진

· 김영석	도서관경영	yskim7@mju.ac.kr	02 − 300 − 0584
· 김현희	정보학	kimhh@mju.ac.kr	02 − 300 − 1508
· 현영아	서지학	hyun@mju.ac.kr	02 − 300 − 1507
· 조명희			

▷ 대학원의 설치 여부

명지대학교 대학원은 문헌정보학이라는 이름으로 석·박사과정과 교육대학원을 설치하고
있다.

▷ 교육대학원의 교육목표

학교도서관을 효율적으로 관리하고 그 이용자들의 제반 요구를 충족시킬 수 있는 창의적
사서교사를 양성하는 것이 사서교육전공의 교육목표이다. 이 목표를 달성하기 위하여 학교도
서관 이용자들이 요구하는 문헌정보의 수집, 처리, 검색 및 제공 등에 관한 이론을 교육하고
연구하며 그 이론의 활용능력을 배양하는 데 전념한다.

▷ 학과 연락처

- 홈페이지   http://cafe.daum.net/lis19
- 학과 전화번호   02 - 300 - 0580

학 부 교 과 과 정

학년	교과목명	학점	시간
1	문헌정보학통론 (Introduction to Library and Information Science)	3	3
	정보학입문 (Introduction to Information Science)	3	3
2	도서관정보센터경영론 (Library & Information Center Administration)	3	3
	동양서지정보 (Information on Orient Rare Books)	3	3
	디지털정보처리론 (Digital Information Processing)	3	3
	서지정보학입문 (Introduction to Bibliographic Science)	3	3
	정보처리 I (Information Processing I)	3	3
	정보문화사 (History of Information Cultures)	3	3
	정보자원구성론 (Information Resources Development)	3	3
	정보조직론 (Cataloging and Classification)	3	3
	정보조직연습 I (Seminar in Cataloging and Classification I)	3	3
	참고정보봉사론 (Reference and Information Services)	3	3
3	과학기술정보 (Information on the Science and Technology)	3	3
	대학도서관경영 (Academic library Administration)	3	3
	고문헌조직론 (Classification and Cataloging of Rare Books)	3	3
	사회과학정보 (Information on Social Science)	3	3
	정보시스템구축론 (Information System Construction)	3	3
	정보조직연습 II (Seminar in Cataloging and Classification II)	3	3
	정보처리 II (Information Processing II)	3	3
	청소년독서교육 (Reading Guidance for Youth)	3	3

학년	교과목명	학점	시간
3	학교도서관미디어센터론 (School Library Media Center)	3	3
	한국서지정보 (Information on Korean Rare Books)	3	3
4	공공도서관경영 (Public Library Administration)	3	3
	정보네트워크 (Information Network)	3	3
	데이터베이스시스템 (Database System)	3	3
	도서관정보센터실습 (Field Work of Library and Information Center)	3	3
	메타데이터구성론 (Metadata)	3	3
	문헌정보학사상사 (Philosophical History of Library and Information Science)	3	3
	인문과학정보 (Information on Humanities)	3	3
	인터넷정보검색 (Internet Information Retrieval)	3	3

학 부 교 과 내 용

고문헌조직론
전통자료에 대한 종래의 분류방법을 주제별로 연구하고 현대 분류방법과 비교하여 현대의 자료와 함께 활용될 수 있는 방법을 모색한다.

공공도서관경영(Public Library Administration)
공공도서관의 조직 및 운영, 평생 교육프로그램, 사회교육센터로서의 공공도서관을 다룬다.

과학기술정보(Information on the Science and Technology)
자연과학 및 응용과학을 구성하는 각 분야 학문을 개관하고 각 분야의 서지, 색인지 및 초록지, 사전류, 연감류 등을 조사한다.

대학도서관경영(Academic library Administration)
대학도서관의 역할과 기능, 조직관리, 기준, 건축계획과 설비, 봉사 등 제반 사항을 다룬다.

데이터베이스시스템(Database System)
이론과 실무 측면에서 데이터베이스에 대한 기본적 이해는 물론 실제 사례 및 실습을 통하여 데이터베이스시스템의 구축 및 관리를 위한 능력을 마련한다.

도서관정보센터경영론(Library & Information Center Administration)
도서관 및 정보센터 경영의 기본 이론과 현장 실무를 배운다.

도서관정보센터실습(Field Work of Library and Information Center)
정보센터 및 도서관의 실무에 대한 구체적인 업무내용을 습득하고, 3주간의 현장실습을 통해 전문사서로서의 이론과 실제의 교육을 내실화시킨다. 도서관현장에 나가서 실무자의 지도 아래 도서관 활동에 관하여 3주간 실습한다.

동양서지정보(Information on Orient Rare Books)
동양 및 중국전적과 서지류에 대한 역사적 고찰과 실제적 탐구에 목표를 둔다. 중국의 기본 고전류 중에서 중요한 문헌을 골라 주제별·시대별로 해설·평가한다.

메타데이터구성론(Metadata)
웹상의 정보자원을 메타데이터로 조직하는 실습을 연습한다. 인터넷정보자원의 효율적인 검색을 위해 정보자원을 조직하는 방법인 메타데이터의 구조와 형식을 학습하는 것을 목적으로 한다.

문헌정보학사상사(Philosophical History of Library and Information Science)

문헌정보학의 발전에 기여한 인물 및 도서관을 중심으로 그 업적을 조사, 분석, 평가함으로써 이 분야의 철학적 기반을 확립한다.

문헌정보학통론(Introduction to Library and Information Science)

문헌정보학의 개념, 본질, 발달과정 및 주요 연구 분야 등 문헌정보학의 전반적인 체계를 개괄적으로 다룬다. 특히 도서관학의 전개와 오늘날 정보학으로의 발전 추이를 다룬다.

사회과학정보(Information on Social Science)

사회과학을 구성하는 각 학문 분야를 개관하고, 이 분야의 서지류, 색인 및 초록, 사전류, 연감류 등을 조사·평가한다. 사회과학 분야의 정보환경을 파악하고 전문적인 정보서비스 능력을 함양한다.

서지정보학입문(Introduction to Bibliographic Science)

서지학의 용어 및 정의, 책의 기원 및 명칭, 장정, 판식, 종류, 인쇄술 및 고활자, 고전자료조직 등에 대해 학습한다.

인문과학정보(Information on Humanities)

인문과학의 발달배경과 학문의 특성을 파악하고 인문과학정보의 유통과 정보서비스 전문기관현황 등을 분석한다.

인터넷정보검색(Internet Information Retrieval)

인터넷정보자원의 색인 및 조직 방법과 검색에서 활용되는 키워드 검색과 디렉터리 서비스를 중심으로 현재의 검색엔진 구조를 분석하고 특성을 파악하는 데 목표를 둔다.

정보네트워크(Information Network)

정보문화사 인류 역사상 고대부터 현대 및 미래의 정보매체의 특성과 그것들의 수집, 보존 및 이용처였던 도서관 발달을 시대적으로 연구하며, 미래사회의 정보매체와 도서관 특성을 구명한다.

정보시스템구축론(Information System Construction)

수서, 편목, 대출 등 도서관의 기본 기능의 자동화에 대한 문제를 포괄적으로 다룬다.

정보자원구성론(Information Resources Development)

도서관정보센터의 장서구성의 선택이론, 정책과 실제 그리고 선택문제에 따르는 수서업무의 기본을 다룸으로써 장서구성의 실무에 익숙하도록 하고 이론의 응용력을 제고시킨다.

정보조직론(Cataloging and Classification)

학술정보의 체계적 조직에 관한 역사, 원리 및 주요 분류체계에 관한 이론과 실제를 다룬다.

정보조직연습 Ⅰ(Seminar in Cataloging and Classification Ⅰ)

정보와 그 이용자 집단의 효과적인 커뮤니케이션을 위한 정보의 조직능력을 배양하는 것이 이 과목의 수업목표이다. 이를 위하여 문헌의 분류와 편목을 연습한다.

정보조직연습 Ⅱ(Seminar in Cataloging and Classification Ⅱ)

학술정보의 체계적 조직과 검색을 위한 편목의 이론과 실제를 다룬다.

정보처리 Ⅰ(Information Processing Ⅰ)

문헌정보학이 요구하는 기초 정보기술의 습득과 정보처리기술을 통한 정보서비스의 제공, 정보처리기술 자격 등의 습득을 위한 인터넷정보검색의 전반적인 분야의 특성과 내용, 정보통신과 인터넷의 원리, 웹과 브라우저, 주제별 데이터베이스, 인터넷정보제공, 인터넷 고급기술, 디지털도서관, 자바스크립트 등을 학습한다.

정보처리 Ⅱ(Information Processing Ⅱ)

윈도우 운영체제하의 데이터베이스 구축을 위하여 실무활용에 필요한 프로그래밍 지식 습득을 목표로 하며, 구체적으로 웹서비스 기반 데이터베이스 구축능력을 키운다.

정보학입문(Introduction to Information Science)

정보와 지식의 개념, 정보학의 학문적 특성과 정보처리 및 이용과 관련된 정보학의 기술적 환경 요인들을 분석한다.

참고정보봉사론(Reference and Information Services)

도서관, 정보센터에서 수행되는 정보서비스의 과정과 기법에 대한 이론과 실제를 익히고 정보서비스 업무에서 이용되는 참고정보원, 웹상의 전자자원의 전략적 활용을 체계적으로 학습하여 정보전문가로서의 자질을 함양한다.

청소년독서교육(Reading Guidance for Youth)

학습과 독서, 독서심리와 행동, 독서지도의 계획 및 지도계획, 지도의 방법 및 평가문제를 다룬다.

학교도서관미디어센터론(School Library Media Center)

학교도서관이 학교 내의 종합매체센터임을 알고, 학교교육에 있어서 그 역할과 봉사내용 및 운영기법을 이해하도록 한다.

한국서지정보(Information on Korean Rare Books)

우리나라 기본 고전류 중에서 중요한 문헌을 골라 주제별, 시대별로 해설, 평가한다.

석 사 교 과 과 정

구분	교과목명	학점
석사과목	도서관경영론특강 (Seminar in Library Management)	3
	분류학세미나 (Seminar in Classification)	3
	서지학특강 (Studies on Bibliography)	3
	이론정보학 (Theory of Information Science)	3
	정보센터경영론특강 (Seminar in Information Center Management)	3
	도서관건축설비론 (Library Buildings and Equipment)	3
	장서구성론특강 (Seminar in Collection Development)	3
	시스템평가론 (Evaluation of Library System)	3
	지식정보산업론 (Knowledge-Information Industry)	3
	학술 및 전문도서관세미나 (Seminar in Academic & Research Libraries)	3
	공공도서관세미나 (Seminar in Public Libraries)	3
	학교도서관미디어센터론 (School Library Media Center)	3
	도서관정보네트워크 (Library & Information Network)	3
	정보정책개발론 (Information Policy Development)	3
	정보이용행태론 (Information Seeking Behavior)	3
	정보유통과 정보사회 (Information Transfer & Information Society)	3
	목록학세미나 (Seminar in Cataloging)	3
	특수자료론 (Studies in Special Materials)	3
	도서관자료의 보존방법론 (Methodology in Preservation of Library Materials)	3
	도서관사특강 (Studies on History of Library)	3
	도서발달사특강 (Studies on History of Book)	

구분	교과목명	학점
석사과목	행태서지학연구 (Seminar in Physical Bibliography)	3
	동양전적연구 (Seminar on Oriental Rare Books)	3
	체계서지학연구 (Seminar on Systematic Bibliography)	3
	원문서지학연구 (Seminar on Textual Bibliography)	3
	문헌정보학연구방법론 (Research Methods in Library & Information Science)	3
	정보공학 (Information Technology)	3
	계량정보학 (Informatics)	3
	컴퓨터정보처리 (Computerization of Bibliographic Date Base)	3
	서지데이터베이스구성론 (Organization of Bibliographic Date Base)	3
	정보검색특강 (Seminar in Information Retrieval)	3
	색인·초록연구법 (Studies in Indexing and Abstracting)	3
	도서관시스템비교론 (Comparative Study of Library System)	3
	비교문헌정보학 (Comparative Library & Information Science)	3
	고전자료조직론 (Organization of Oriental Rare Books)	3
	시스템자동화특강 (Seminar in System Automation)	3
	시스템설계 및 분석 (System Design and Analysis)	3
	정보서비스연구 (Studies in Information service)	3
	독서지도론연구 (Study on Reading Guidance)	3
	이용자인터페이스설계 (User interface Design)	3
	웹데이터베이스운용론 (Web Database Management)	3
	시소러스개발론 (Thesaurus Construction)	3

구분	교과목명	학점
석사과목	메타테이터구조론 (Metadata structure)	3
	멀티미디어시스템 (Multimedia Systems in Digital Libraries)	3
	디지털도서관구축론 (Digital Library System)	3
	도서관자동화시스템관리론 (Electronic Library System)	3
	지능형정보검색 (Intelligent Information Retrieval)	3
	색인초록이론연구 (Indexing and Abstracting)	3
	도서관정책론 (Library Policy)	3
	연속간행물관리론 (Serials Management)	3
	학술정보센터경영특강 (Seminar in Management of Academic Libraries)	3
	전문정보센터경영특강 (Seminar in management if Special Libraries)	3
	공공도서관경영특강 (Seminar in Public Libraries)	3
	이론목록학 (Theory of Cataloging)	3
	목록학특강 (Seminar in Cataloging)	3
	분류학특강 (Seminar in Classification)	3
	비교목록학 (Comparative Cataloging)	3
	비교분류학 (Comparative Classification)	3
	특수분류법론 (Special Classification)	3
	온라인목록특강 (Seminar in On-line Cataloging)	3
	도서관사회학 (Sociology of Library)	3
	문헌정보학연구방법특론 (Seminar in Research Methods of Library and Information Science)	3
	도서관발달사특강 (Seminar in History of Library Development)	3

구분	교과목명	학점
석사과목	고문서학연구 (Study on Rare Archives)	3
	고전자료조직법연구 (Study on Organization of Rare Books)	3
	동양도서관발달사 (History of Oriental Library Development)	3
	동양도서교류사연구 (Study on Exchange History of the Books in the far East Contries)	3
	중국체계서지학 (Systematical Bibliology of China)	3
	한국형태서지학 (Physical Bibliography of Korea)	3
	한국근대서지학 (Pre-Modern Bibliology of Korea)	3
	문헌보존공학 (Conservation and Preservation of Books)	3
	중국형태서지학 (Physical Bibiology of China)	3
	서지학연구 (Study on Bibliology)	3
	고문헌색인초록법 (Indexing and Abstracting of Rare Books)	3
	한국서지연구 (Study on Bibliography of Korea)	3
	중국전적사 (History of Chinese Books)	3
	전자레코드관리론 (Management of Electronic Resources)	3
	한국서지사연구 (Study on History of Korean Bibliography)	3
	동양고판본비교연구 (Study on Compare of Rare Block Books)	3
	교감학특강 (Study on Citical Bibliology)	3
	고문헌평가특강 (Study on Citics of Rare Books)	3
	정보조사제공특론 (Study on Information Services)	3
	정보커뮤니케이션 (Study on Information Services)	3
	이용자연구특강 (Study on Information User)	3

구분	교과목명	학점
석사과목	인문과학정보조사제공특강 (Seminar in Information Services In Humanities)	3
	사회과학정보조사제공특강 (Seminar in Information Services in Social Science)	3
	자연과학정보조사제공특강 (Seminar in Information Services in the Science and Technology)	3
	정보서비스측정 및 평가 (Survey and Evaluation of Information Service)	3
	정보봉사특강 (Seminar in Information Service)	3
	정보네트워크특강 (Seminar in Information Network)	3
	도서관·정보센터경영론특강 (Seminar in Management of Libraries and Information Centers)	3
	도서관건축설비론 (Library Buildings and Equipment)	3
	도서관정보센터평가론 (Measurement and Evaluation of Library and Information Center)	3

석 사 교 과 내 용

계량정보학(Informatics)
인용 분석, 계량정보법칙 및 정보검색의 수리모형 등 문헌정보학의 수량학적 접근방식을 다룬다.

고전자료조직론(Organization of Oriental Rare Books)
고전자료의 전통적인 조직방법을 연구 평가하여 현대의 기계화 목록에 적용할 수 있는 새로운 체계적인 방법을 모색한다.

도서관경영론특강(Seminar in Library Management)
도서관경영에 관련된 주요 문제와 새로운 이론을 다룬다.

도서관사특강(Studies on History of Library)
동서양의 도서관 발달에 있어서 역사적·문화적 요인 등을 연구하고 각기 시대별 및 지역별 발전의 특징들을 비교 분석한다.

도서관시스템비교론(Comparative Study of Library System)
도서관시스템의 구성, 운영, 통제 등에서 제기되는 문제 및 해결책을 연구하기 위하여 주로 국가단위의 도서관시스템을 비교 분석한다.

도서관자료의 보존방법론(Methodology in Preservation of Library Materials)
도서관의 전통자료와 현대자료 및 비도서자료들에 대한 자료별 특성연구와 함께 각 자료에 적합한 화학적·물리적 제반 보존방법 등을 연구한다.

도서관정보네트워크(Library & Information Network)
도서관정보네트워크의 필요성, 구성, 운영, 평가, 문제점 등을 연구한다. 특히 국가단위 및 국가 간 협력을 위한 네트워크의 설계, 운용 및 문제점을 중점적으로 연구한다.

도서발달사특강(Studies on History of Book)
도서의 문화적 개념과 영향 및 기능 등 기본적 연구와 함께 동서양에 있어서 그의 발달과정을 서로 비교·연구한다.

동양전적연구(Seminar on Oriental Rare Books)
동양문화권의 전통적 자료들을 조사하고 문헌의 영향 및 특징 등을 연구한다.

목록학세미나(Seminar in Cataloging)

동서양의 목록의 발달, 그 사회적 배경 및 주요 목록법을 비교 연구한다.

문헌정보학연구방법론(Research Methods in Library & Information Science)

논문작성을 위한 연구방법 및 실제 자료를 분석하고 해석하는 데 필요한 통계와 통계 패키지의 이용법을 다룬다.

분류학세미나(Seminar in Classification)

UDC 및 CC를 중심으로 분류체계 및 주제 분석에 관한 이론과 실제를 연구한다.

비교문헌정보학(Comparative Library & Information Science)

비교학 분야를 개관하고 그것들이 이 분야의 발전에 미친 영향을 밝히면서 비교문헌정보학의 정의, 목적, 연구방법, 교육내용을 연구한다.

색인 · 초록연구법(Studies in Indexing and Abstracting)

색인 및 초록의 기본 이론 및 실제 국내외적으로 활용되고 있는 색인, 초록시스템을 고찰해 본다.

서지데이터베이스구성론(Organization of Bibliographic Date Base)

데이터베이스의 기본 이론 및 데이터베이스패키지와 컴퓨터 언어를 이용하여 데이터베이스시스템을 구축하여 활용해 본다.

서지학특강(Studies on Bibliography)

문헌들에 대한 역사적 배경과 내용적, 외형적 연구 및 체계적 분석, 평가 등을 통하여 새로운 연구방법 등을 모색한다.

시스템설계 및 분석(System Design and Analysis)

시스템설계 및 분석에 대한 이론적 고찰과 표본 시스템을 선정하여 실제로 분석하고 설계해 본다.

시스템자동화특강(Seminar in System Automation)

국내 · 외 도서관자동화시스템의 이론과 실제를 고찰하고 분석해 본다.

원문서지학연구(Seminar on Textual Bibliography)

간사본의 내용을 서로 비교 분석하여 교수학적 측면으로 연구한다.

이론정보학(Theory of Information Science)

정보학의 이론적 기초 및 이 이론들이 실제 정보시스템 운영 및 관리에 응용되는 과정을 다룬다.

정보검색특강(Seminar in Information Retrieval)
자동색인, 전문데이터베이스, 정보검색기법, 인공지능 기술응용 등 정보검색 일반에 대해 국내외의 연구
경향을 살핀다.

정보공학(Information Technology)
컴퓨터의 원거리 통신기술을 이용한 정보의 축적, 검색, 배표 이용 등을 다룬다.

정보센터경영론특강(Seminar in Information Center Management)
연구개발을 지원하는 정보센터의 기능과 역할 및 경영기법을 다룬다. 특히 최신정보의 축적 및 배포에
관한 과학적인 접근 방법을 소개한다.

정보유통과 정보사회(Information Transfer & Information Society)
정보유통에 관한 이론과 실제를 논의함으로써 정보의 효과적 유통과 사회발전과의 관계를 조사, 평가한다.

정보이용행태론(Information Seeking Behavior)
정보이용행태에 관한 이론과 실제를 연구한다. 특히 실제는 학문 분야별로 조사 분석한다.

정보정책개발론(Information Policy Development)
국가단위의 정보정책을 비교 분석함으로써 정보시스템의 효율적 운영에 기여한다.

주제별서지연구(Studies in Subject Bibliographies)
인문, 사회, 자연과학 분야의 서지를 효과적으로 이용하기 위하여 이들을 조사 평가하고 주제서지의 발
달과 학문발달과의 관계성을 연구한다.

체계서지학연구(Seminar on Systematic Bibliography)
각종 서지 서목들의 체계 및 특징 등을 분석하여 문헌의 현대적인 체계화 방법을 연구한다.

컴퓨터정보처리(Computerization of Bibliographic Date Base)
컴퓨터정보처리에 활용할 데이터베이스 패키지와 컴퓨터 언어에 대해서 다룬다.

특수자료론(Studies in Special Materials)
정보전달매체의 발달과 그 사회적 배경 및 그것들의 입수, 처리, 보존, 제공에 관한 이론과 실제를 연구
한다.

행태서지학연구(Seminar in Physical Bibliography)
문헌의 고증을 위하여 외형적 물리적 제 특징 등을 시대별로 비교 평가한다.

부산대학교   사회과학대학 문헌정보학과

▷ 전공 소개

   부산대학교 문헌정보학과는 1984년 사회과학대학의 6번째 학과로 설립된 이후 매년 40명 내외의 졸업생을 배출하여 왔다. 졸업생의 대부분은 전공을 살려 다양한 지식정보기관에서 전문가로서 활동하고 있다. 1989년에는 대학원 석사과정을 그리고 1991년에는 대학원 박사과정을 개설하였으며, 2003년 현재 120명에 육박하는 대학원 졸업생과 재학생 그리고 교수진이 '공동 작업실'을 구성하여, 우리나라 문헌정보학과 지식정보기관의 발전을 위한 폭넓은 연구를 수행하고 있다. 부산대학교 문헌정보학과의 특성은 지식과 정보의 관리와 유통을 둘러싼 제 현상을 우리의 현장(특히 도서관과 정보센터)을 중심으로 접근하여 해석하고 처방을 제시하는 실사구시적 학풍을 견지하고 있다는 데 있다. 이처럼 추상적인 이론 중심의 연구와 교육보다는 현장 중심의 실질적인 연구와 교육을 통해서 우리나라 지식정보기관의 바람직한 발전을 도모하는 데 주력하고 있다. 이러한 노력은 1990년대 중반부터 결실을 맺기 시작하여 오늘날 부산대 문헌정보학과는 그 학문적 우수성과 교육의 내실성에 있어 전국적인 명성을 얻고 있다.

▷ 교육목표

1. 지식정보자원의 생산, 가공, 축적, 검색, 제공 그리고 보존 및 관리 등에 필요한 다양한 이론과 기법을 배운다.
2. 지식과 정보의 관리, 유통과 관련한 역사적, 정책적, 경제적, 사회적, 문화적 그리고 기술적 동향과 특성에 대한 다학문적 접근을 통해서, 지식정보자원의 시공간적 유통을 효율화하고 활성화하기 위한 이론과 기법을 배운다.
3. 디지털과 네트워크로 대표되는 정보환경의 급속한 변화에 능동적으로 대처할 지식과 경험을 갖춘다.

▷ 교수진

· 노지현	정보자원 분류 및 조직	jhrho@pusan.ac.kr	051 - 510 - 2111
· 송정숙	서지학 및 고전자료	songjs@pusan.ac.kr	051 - 510 - 2140
· 이수상	정보기술(디지털도서관)	sslee@pusan.ac.kr	051 - 510 - 2139
· 이용재	지식정보기관경영	lyj5384@pusan.ac.kr	051 - 510 - 2118
· 이제환	정보행태 및 정보서비스	jwleeh@pusan.ac.kr	051 - 510 - 2143
· 장덕현	정보자원개발 및 관리	dchang@pusan.ac.kr	051 - 510 - 2102

▷ 대학원의 설치 여부

부산대학교 대학원은 문헌정보학이라는 이름으로 석·박사과정과 교육대학원을 설치하고 있다.

▷ 학과 연락처

· 홈페이지   http://info.lib.pusan.ac.kr
· 학과 전화번호   051 - 510 - 1562

학 부 교 과 과 정

학년	구분	교과목명	학점	시간
1	전공 기초	문헌정보학개론 (Introduction to Library, Archive and Information Studies)	3	3
		정보문화사 (Cultural History of Information)	3	3
		정보기술입문 (Introduction to Information Technology)	3	3
		고문헌학입문 (Introduction to Korean Classical Materials)	3	3
2	전필	지식구조론 (Introduction to Knowledge Structure)	3	3
		장서관리론 (Collection Management)	3	3
		정보조직론 (Organization of Information)	3	3
	전선	정보자원론 (Introduction to Information Resources)	3	3
		한국서지학 (Introduction to Korean Bibliography)	3	3
		독서교육론 (Reading Education)	3	3
		정보시스템론 (Introduction to Information Systems)	3	3
		정보탐색법 (Information Search)	3	3
		정보행태론 (Information Behavior)	3	3
		어린이와 청소년자료 (Information Sources for Children and Youth)	3	3
3	전필	정보서비스론 (Theories and Practices in Information Services)	3	3
	전선	정보검색론 (Information Retrieval)	3	3
		정보조직실습 (Practices in Organization of Information)	3	3
		고문헌조직론 (Organization of Classical Materials)	3	3
		기업정보관리론 (Business Information Management)	3	3

296

학년	구분	교과목명	학점	시간
3	전선	교육매체론 (Educational Media)	3	3
		인문사회자료 (Information Sources in Humanities and Social Sciences)	3	3
		과학기술자료 (Information Sources in Science and Technology)	3	3
		디지털도서관 (Digital Libraries)	3	3
		한국학자료 (Information Sources for Korean Studies)	3	3
		학교도서관론 (School Library Management)	3	3
		도서관경영론 (Library Management)	3	3
4	전선	연구방법론 (Research Methodology)	3	3
		정보시스템제작론 (Design of Information Systems)	3	3
		기록관리론 (Introduction to Archival Studies)	3	3
		문헌정보학특강 (Seminar in Library, Archive and Information Studies)	3	3
		대학도서관실습 (Field Studies in Academic Libraries)	3	3
		전문도서관실습 (Field Studies in Special Libraries)	3	3
		도서관정보정책론 (Library and Information Policy)	3	3
		공문서관리론 (Management of Government Publication)	3	3
		정보사업론 (Information Entrepreneurship)	3	3
		도서관운동론특강 (Seminar in Library Movement)	3	3
		정보조직론특강 (Seminar in Organization of Information)	3	3
		학교도서관실습 (Field Studies in School Libraries)	3	3
		공공도서관실습 (Field Studies in Public Libraries)	3	3

학 부 교 과 내 용

문헌정보학개론(Introduction to Library, Archive and Information Studies)

문헌정보학의 발전과정과 주요 개념, 기초 이론들을 소개함으로써 학문에 대한 기본적인 지식과 소양을 습득한다. 문헌정보학의 세부 영역에 대한 이해를 바탕으로 향후 학과의 전공과목을 이수하기 위한 기본적 소양을 갖도록 한다.

정보문화사(Cultural History of Information)

인류문화사를 정보의 관점에서 조망하고, 인류의 지식발달사에 기여한 도서관의 생성과 발전과정을 이해하며 기록매체의 변천과정을 살펴본다.

정보기술입문(Introduction to Information Technology)

정보시스템을 구성하는 주요한 정보기술의 유형과 조작방법을 이해하고, 정보기술의 표준화 대상과 현황 그리고 적용 형태를 조사하고 학습한다.

고문헌학입문(Introduction to Korean Classical Materials)

고문헌 이해의 기초가 되는 문자(口訣, 半字), 문헌의 문장부호, 존대겸양 방식 등 고문헌의 기사양태에 대해 학습하고, 가장 일상적으로 접하는 고문헌의 하나인 족보의 강독을 통해 전기자료 해독 능력을 함양한다.

지식구조론(Introduction to Knowledge Structure)

인류가 생산해 온 지식에 일정한 질서와 체계를 부여하는 원리와 기법을 살펴본다. 각종 정보자원을 조직하는 데 사용되는 도구와 시스템에 내재된 이론과 원리를 깨우치고, 각종 정보시스템에서 실제로 지식정보가 어떻게 조직되어 있는지를 분석한다.

정보자원론(Introduction to Information Resources)

정보서비스의 근간이 되는 다양한 정보자원의 범주, 발전과정, 형태에 대해 살펴보고, 이러한 정보자원의 생산, 축적, 배포 과정을 이해하고, 주제 영역별 정보자원에 대한 전반적인 소개를 통해 정보자원에 대한 이해와 활용능력을 함양한다.

한국서지학(Introduction to Korean Bibliography)

서지학의 개념과 체계를 이해하고, 형태서지학의 이론과 실제를 학습한다. 특히 고서를 선택하고 평가하기 위한 기초 지식인 고서의 장정, 인쇄수단, 판본, 필사·간행시기, 표기문자, 편찬체제 등에 대해 살펴본다.

독서교육론(Reading Education)

독서교육프로그램을 체계적, 조직적으로 수행할 수 있는 이론과 지도방법을 학습한다. 구체적으로 독서의 의의와 중요성, 독서교육의 개념, 계획, 방법, 독서치료 프로그램과 상황별 도서목록의 작성과 활용, 독서교육 평가 등의 내용을 포괄한다.

정보시스템론(Introduction to Information Systems)

문헌정보학적 관점에서 정보시스템의 목적과 기능, 그리고 구조와 특성에 대해 논의하고, 정보시스템의 설계와 구축 그리고 관리와 평가를 위해 필요한 이론과 기법을 이해한다.

장서관리론(Collection Management)

정보자원의 생산, 배포에 필수적인 원칙과 표준을 익히며, 이들의 개발, 관리 방법을 습득한다. 정보 이용자/비이용자의 정보요구에 근거하여 다양한 종류의 정보자원을 선정하고 평가하며, 주제 게이트웨이를 구축하여 이들을 관리하는 능력을 기른다.

정보조직론(Organization of Information)

정보자원에 대한 대용물을 생산해 내는 실질적인 원리와 방법을 다룬다. 특히 전통적인 정보조직 기법이 적용되어 있는 도서관목록을 중심으로 그 기능과 구성 요소를 이해하고, 국내·외 목록형식과 목록규칙, 표준 분류기호와 주제명을 적용하는 제반 기법을 익힌다.

정보탐색법(Information Search)

문제해결 혹은 의사결정에 필요한 정보의 탐색 기법에 대해 소개한다. 도서관시스템, 전문정보시스템, 인터넷 기반 시스템 등 다양한 정보시스템에서 제공하는 탐색 도구와 기법을 숙지한다.

정보행태론(Information Behavior)

정보시스템의 설계와 정보서비스의 개발에 있어 기초가 되는 고객(집단)의 정보추구행태를 조사하고 분석하는데 다양한 이론과 모델 그리고 방법을 이해한다.

어린이청소년자료(Information Sources for Children and Youth)

어린이와 청소년에 대한 이해와 그들의 독서행태에 대해 이해하고, 어린이와 청소년을 위한 독서자료의 평가, 선정, 이용과 관련된 이론과 지식을 습득한다.

정보서비스론(Information Services)

지식정보기관에서 서비스가 갖는 의미와 목적에 대해 역사적/이론적으로 조망한다. 현재 각종 지식정보기관에서 제공하는 정보서비스의 유형과 특성 그리고 방법에 대해 논의한다.

정보검색론(Information Retrieval)
정보검색시스템의 개념과 목적, 구조와 기능을 이해한다. 정보검색시스템이 기반하고 있는 검색엔진의 원리와 다양한 탐색기법에 대해 논의한다.

정보조직실습(Practices in Organization of Information)
정보조직을 통해 습득한 지식을 실제 업무에 적용하는 능력을 배양한다. 다양한 정보시스템을 선정하여 직접 실습해 봄으로써 다양한 환경과 문제에 대처할 수 있는 능력을 함양한다.

고문헌조직론(Organization of Classical Materials)
고문헌의 개념과 유형을 파악하고, 고전자료의 분류, 목록에 대한 이론과 방법을 탐구한다.

기업정보관리론(Business Information Management)
기업정보관리의 현황과 전반적인 문제점을 살펴보고, 기업활동 수행에 필요한 정보원과 기업정보관리를 위한 제반 기법을 학습한다.

교육매체론(Educational Media)
교육매체의 제작, 평가, 활용에 대한 내용을 다룬다. 슬라이드, 비디오, 디지털자료 등 다양한 교육매체의 활용방법을 학습한다.

인문사회자료(Information Sources in Humanities and Social Sciences)
인문사회과학 분야에서 필요로 하는 각종 정보원의 유형과 특성을 파악한다. 인문사회과학 분야의 주요 정보원에 대한 접근과 이용을 최적화하기 위한 이론과 제 방법들을 탐구한다.

과학기술자료(Information Sources in Science and Technology)
과학기술 분야에서 필요로 하는 각종 정보원의 유형과 특성을 파악한다. 과학기술 분야의 주요 정보원에 대한 접근과 이용을 최적화하기 위한 이론과 제 방법들을 탐구한다.

디지털도서관(Digital Libraries)
도서관업무의 전산화와 관련된 제반 사항에 대해 역사적/기술적 관점에서 논의한다. 디지털도서관의 구조, 기능과 특성에 대해 대표적 사례와 함께 분석한다.

한국학자료(Information Sources for Korean Studies)
한국학의 개념, 분야, 연구현황 및 한국학자료의 유형을 이해하고, 한국학자료의 수집, 보존, 이용에 대한 이론과 방법을 탐구한다.

학교도서관론(School Library Management)

학교도서관/미디어센터의 의의, 목표, 내용 등 기초 이론과 경영의 원리를 섭렵한다. 도서관 및 정보활용과 관련한 교과목의 수업을 위해 교재연구 및 지도법을 숙지한다.

도서관경영론(Library Management)

도서관을 비롯한 현대 비영리조직의 운영과 관련한 제반 이슈와 경영기법을 학습하고, 도서관 및 관련 조직을 운영하고 이끌어 나가는 데 필요한 리더십을 함양한다.

연구방법론(Research Methodology)

문헌정보학 연구의 수행에 필요한 기본적인 개념과 이론 및 실제 연구진행 기법들을 다룬다. 연구문제와 문헌연구, 변인과 가설, 측정과 척도, 표집과 분포, 기술통계와 추리통계 등 다양한 조사연구기법과 문화기술법, 사례연구 등 질적 연구방법의 절차와 과정을 익힌다.

정보시스템제작론(Design of Information Systems)

정보시스템의 설계와 제작에 필요한 고급 단계의 IT 운영 능력을 갖춘다. 정보시스템의 분석과 설계에 있어 필수적인 방법론(methodology)을 숙지한다.

기록관리론(Introduction to Archival Studies)

기록물과 기록관리의 개념과 영역에 대해 이해하고, 기록물의 평가, 수집, 정리, 보존, 검색, 홍보 등에 관한 기초 이론과 방법을 탐구한다.

문헌정보학특강(Seminar in Library, Archive and Information Studies)

문헌정보학 분야의 제반 학문적 논제를 제시하고 토론한다. 문헌정보 현상과 도서관, 기록관, 정보센터 등 현장과 관련된 핵심 이슈를 진단한다.

대학도서관실습(Field Studies in Academic Libraries)

대학도서관에서의 실습을 통해 예비전문가로서의 현장 적용능력을 함양한다. 대학의 연구 및 교육활동을 지원하기 위한 정보관리 및 서비스 과정에 대해 이해한다.

전문도서관실습(Field Studies in Special Libraries)

전문도서관 또는 특수도서관에서의 실습을 통해 예비전문가로서의 현장 적용능력을 함양한다. 연구자 및 특수 환경에 처한 이들을 지원하기 위한 서비스 과정에 대해 이해한다.

도서관정책론(Library and Information Policy)

정보의 원활한 생산, 유통, 관리를 위한 정책의 수립에 필요한 이론과 전략을 이해한다. 특히 공공 영역에서의 복지 및 평등의 강화를 위한 정보정책에 대해 집중적으로 논의한다.

공문서관리론(Management of Government Publication)
중앙정부나 지방정부 혹은 공공기관에서 간행하는 간행물의 개념, 유형과 특성을 이해하고, 정부간행물의 생산, 수집, 이용에 관한 이론과 방법을 학습한다.

정보사업론(Information Entrepreneurship)
문헌정보학을 통하여 연마한 이론과 방법을 활용하여 정보서비스 관련 사업을 창업하고 운영하는 방법에 대해 살펴본다. 정보사업의 수행과 관련한 사회문화적, 법적, 기술적, 경영적 사안에 대해 이해한다.

도서관운동론특강(Seminar in Library Movement)
도서관운동의 의미와 제반 이슈에 대해 살펴본다. 국내외 도서관운동(독서운동 포함)의 역사적 함의와 사회적 지평에 대해 토론한다.

정보조직론특강(Seminar in Organization of Information)
디지털 자원을 포함하여 정보의 유형별로 데이터를 가공하는 방법과 원리를 익힌다. 새로운 환경에서 요구되는 정보조직과 검색의 문제에 대해 논의한다.

학교도서관실습(Field Studies in School Libraries)
학교도서관에서의 실습을 통해 예비전문가(사서교사)로서의 현장 적용능력을 함양한다. 교육 및 학습활동을 지원하기 위한 정보관리 및 서비스 과정에 대해 이해한다.

공공도서관실습(Field Studies in Public Libraries)
공공도서관에서의 실습을 통해 예비전문가로서의 현장 적용능력을 함양한다. 지역사회의 정보요구에 부응하는 공공도서관의 역할과 서비스 과정을 이해한다.

석 박 사 교 과 과 정

구분	교과목명	학점
공통기본	리더십과 조직관리	3
	프레젠테이션과 토론기법	3
	고급사회과학통계분석 Ⅰ (Advanced Statistical Analysis in Social Sciences Ⅰ)	3
	고급사회과학통계분석 Ⅱ (Advanced Statistical Analysis in Social Sciences Ⅱ)	3
	문헌정보학연구방법론 (Research Methods in Library and Information Science)	3
	문헌정보학교육론 (Theories in Library and Information Science Education)	3
	장서개발이론 (Advanced Studies in Collection Development)	3
	정보봉사이론 (Advanced Studies in Information Services)	3
	자료조직이론 (Advanced Studies in Information Organization)	3
	정보검색이론 (Advanced Studies in Information Retrieval)	3
	도서관경영론 (Advanced Studies in Library Management)	3
	한국서지학 (Advanced Studies in Korean Bibliography)	3
	독서교육이론 (Advanced Studies in Reading Education)	3
	기록관리이론 (Advanced Studies in Archival Management)	3
석·박사 공통과정	주제별정보자원론 (Information Resources in Subject Disciplines)	3
	디지털정보자원론 (Digital Information Resources)	3
	정보행태론 (Advanced Theories in Information Behavior)	3
	정보시스템평가론 (Theories and Practices in Information Systems Evaluation)	3
	문헌분류이론 (Advanced Theories in Classification)	3
	색인초록이론 (Advanced Theories in Indexing and Abstracting)	3
	디지털도서관론 (Advanced Theories in Digital Libraries)	3

구분	교과목명	학점
석·박사 공통과정	정보네트워크론 (Advanced Topics in Information Networks)	3
	정보관경영론 (Advanced Theories in Information Center Management)	3
	기록관경영론 (Advanced Theories in Archives Management)	3
	고전자료론 (Advanced Studies in Classical Materials)	3
	동양서지학 (Advanced Studies in East Asian Bibliography)	3
	향토자료론 (Advanced Studies in Local Historical Collections)	3
	독서치료론 (Advanced Theories in Bibliotherapy)	3
	교육매체특론 (Advanced Theories in Educational Media)	3
	기록관리제도론 (Advanced Theories in Archives Administration)	3
	비교문헌정보학 (Comparative Studies in Library and Information Science)	3
	도서관사상연구 (Studies on the Philosophical Foundation of Libraries)	3
	논문연구 (Thesis Research)	3
박사과정	학술커뮤니케이션세미나 (Doctoral Seminar in Scholarly Communication)	3
	정보정책세미나 (Doctoral Seminar in Information Policies)	3
	메타데이터세미나 (Doctoral Seminar in Metadata)	3
	도서관자동화세미나 (Doctoral Seminar in Library Automation)	3
	경쟁정보세미나 (Doctoral Seminar in Competitive Intelligence)	3
	서지학세미나 (Doctoral Seminar in Bibliography)	3
	학교도서관세미나 (Doctoral Seminar in School Library–Media Center Management)	3
	전자기록관리세미나 (Doctoral Seminar in Digital Archives Management)	3

석 박 사 교 과 내 용

문헌정보학연구방법론(Research Methods in Library and Information Science)

문헌정보학 연구를 수행하는 데 요구되는 기초적인 연구방법을 이해한다. 문제의 정확한 인지와 연구 영역의 설정, 데이터 수집과 분석, 해결방안 도출 및 결과 제시 등 연구 과정 전반에 대한 지식을 습득하여 연구자로서의 기본적인 자질을 기른다.

문헌정보학교육론(Theories in Library and Information Science Education)

문헌정보학교육의 기본적 철학, 주요 이론, 그리고 교육내용과 교수방법에 대해 논의함으로써 문헌정보교육에 필요한 자질과 능력을 배양한다. 국내외 주요 문헌정보학 교육프로그램에 대한 비교 분석을 통하여 우리나라의 문헌정보 현장에 적합한 교육방법을 모색한다.

장서개발이론(Advanced Studies in Collection Development)

정보자원의 생산, 배포, 활용, 보존과 관련된 표준과 원칙을 연구한다. 장서관리의 전 과정을 일별하여, 도서관과 정보센터에 있어서 영역과 형태를 망라하는 체계적 장서개발 프로그램을 디자인하고 적용하기 위한 이론적, 환경적, 정책적, 실제적 요인들을 분석한다.

정보봉사이론(Advanced Studies in Information Services)

정보서비스 업무의 개발과 시행 그리고 평가에 필요한 이론적 근거에 대해 논의한다. 정보학을 비롯한 심리학, 경영학, 커뮤니케이션학 등 관련 학문 분야의 주요 선행연구에 기초하여 정보서비스의 철학과 기능 그리고 방법과 절차에 대한 심층적인 토론을 전개한다.

자료조직이론(Advanced Studies in Information Organization)

자료조직의 궁극적인 목적과 가치를 탐구하고, 자료조직 기법이나 실제적인 기술 이면에 내재된 이론과 원리를 깨우친다. 또한 논의의 근거로서 각기 다른 시스템에 적용되고 있는 특정 서지도구와 전략을 분석하고, 향후 자료조직 분야의 발전방향에 대해 논의한다.

정보검색이론(Advanced Studies in Information Retrieval)

정보검색시스템의 설계와 운영 그리고 활용에 필요한 주요 모델과 이론에 대해 논의한다. 검색의 원리와 기법을 인터넷 검색엔진과 주요 정보기관의 검색엔진을 대상으로 조사하고 분석해 봄으로써 검색시스템의 효율적인 운용 및 효과적인 활용을 위한 능력을 배양한다.

도서관경영론(Advanced Studies in Library Management)

도서관의 경영에 대한 제반 이론과 이슈에 대해 연구한다. 도서관경영에서의 환경, 자원, 정책, 계획, 조직, 인력개발, 리더십, 예산관리, 평가, 법적 문제 등에 대한 이론과 실제를 진단한다. 또한 도서관의 운영과 관련한 각종 경영이론과 경영기법에 대해 살펴보고, 현대 세계에서 사서가 갖추어야 할 경영자로서의 역할과 자질을 조명한다.

한국서지학(Advanced Studies in Korean Bibliography)

한국학의 주제별 연구현황을 이해하며, 한국학의 주제별, 형태별, 원자료와 그에 대한 연구문헌을 파악한다. 또한 한국학 관련 2차 자료인 목록·색인·해제의 현황을 점검하고, 주제별 서지를 구축하기 위한 실천적 방안을 논의한다.

독서교육이론(Advanced Studies in Reading Education)

독서자료의 선정과 활용, 글쓰기와 토론, 스토리텔링, 북토크, 독서치료 등 독서교육의 제반 이론과 기법을 익힌다. 또한 독서교육을 수행하기 위한 교육방법을 연구하고, 현재의 학교교육체제 내에서 독서교육의 활성화 방안을 연구한다.

기록관리이론(Advanced Studies in Archival Management)

기록관리와 관련된 제반 이론과 이슈에 대해 연구한다. 기록관리의 개념, 특성, 역사, 학문적 범위 등에 대해 고찰하고, 기록물의 수집, 보존, 조직, 제공, 평가와 관련한 기초적 이론과 지식을 습득한다. 또한 기록물관리에 대한 국내외 추세와 기록학교육의 동향과 제반 이론에 대해 살펴본다.

주제별정보자원론(Information Resources in Subject Disciplines)

인문, 사회, 과학, 기술 등 주제 분야별 정보자원의 유형과 성격, 영향력 등을 분석한다. 각 주제 영역에 따라 다양한 수준을 망라하고 있는 정보자원의 형태별 생산, 평가, 배포, 활용방법을 연구하여 전문 정보서비스의 기초를 마련한다.

디지털정보자원론(Digital Information Resources)

디지털정보자원의 생산, 배포, 활용과 관련된 원칙과 이론적 측면을 이해한다. 아울러, 학술, 교육, 교양 등 다양한 영역에 걸친 요구에 근거하여, 디지털정보자원을 개발하고 선정하며, 이들을 관리하는 기법을 연구한다.

정보행태론(Advanced Theories in Information Behavior)

다양한 집단의 정보행태를 체계적으로 연구하는 데 필요한 주요 모델과 이론을 소개한다. 정보요구의 생성과 표출, 정보의 탐색과 수집, 정보의 이용과 그로부터 야기되는 행동변화 등, 정보행태 전반에서 나타나는 주요한 특성과 이러한 특성에 영향을 미치는 요인에 대해 논의한다.

정보시스템평가론(Theories and Practices in Information Systems Evaluation)

정보시스템의 품질을 평가하는 데 있어 긴요한 이론적 근거와 방법적 절차에 대해 논의한다. 시스템분석법을 소개하고, 정보시스템의 품질에 관한 정의, 평가기준과 지표의 개발, 그리고 실질적인 측정절차와 방법 등, 품질평가를 위해 필요한 전반적인 지식을 배양한다.

문헌분류이론(Advanced Theories in Classification)

지식을 일정한 체계로 구조화하는 데 요구되는 이론적 기반을 검토하고, 현대의 주요 분류체계를 통해 지식이 어떻게 구조화되어 있는지를 분석한다. 이를 통해 현대의 지식 및 학문의 역동적인 성질과 개인이 가진 정보요구를 결합할 수 있는 보다 논리적이고 실용적인 분류법을 모색한다.

색인초록이론(Advanced Theories in Indexing and Abstracting)

효율적인 정보축적 및 탐색 도구로서 색인과 초록의 효용성을 검토하고, 이에 적용되는 주제분석 방법과 내용표현 방식을 탐구한다. 인쇄본과 데이터베이스의 형태로 생산되는 주제색인과 초록의 원리뿐 아니라 멀티미디어 정보원과 인터넷자원에 대한 색인법도 탐구한다.

디지털도서관론(Advanced Theories in Digital Libraries)

문헌정보 현장에서 디지털도서관의 설계와 구축 그리고 운영을 위해 긴요한 주요 모델과 이론에 대해 논의한다. 디지털도서관의 원리와 구조 그리고 주요 기능을 대표적인 사례를 통해 소개한다. 디지털도서관의 기능 개선 및 품질 향상을 위한 방안을 모색한다.

정보네트워크론(Advanced Topics in Information Networks)

도서관정보네트워크의 발전과정, 유형과 특성, 구조와 기능에 대해 소개한다. 국내외의 대표적인 도서관정보네트워크를 선정하여 현 단계를 점검해 보고, 도서관을 비롯한 정보유통기관의 협력과 발전을 위해 우리의 현장에 적합한 네트워크 모형과 운영 방안을 모색한다.

정보관경영론(Advanced Theories in Information Center Management)

정보센터와 전문도서관의 경영에 대한 제반 이론과 이슈에 대해 연구한다. 정보센터와 전문도서관의 운영과 관련한 자료관리, 조직 및 인적자원 개발, 정보관리시스템 구축, 각종 주제 분야의 정보서비스 현황, 기술적·법적 문제 등에 대해 살펴본다. 또한 정보관의 경영과 관련하여 사서와 정보전문가에게 요구되는 역할과 핵심역량을 조명한다.

기록관경영론(Advanced Theories in Archives Management)

기록관의 경영에 대한 제반 이론과 이슈에 대해 연구한다. 기록관의 운영과 관련한 대내외 환경 분석, 정책 및 계획 수립, 조직 및 인적자원 개발, 재무관리, 시설관리, 시스템설계, 대외협력 및 홍보 등에 대해 살펴본다. 또한 기록관경영에서의 각종 경영이론을 탐구하고, 아키비스트에게 요구되는 경영자로서의 역할을 조명한다.

고전자료론(Advanced Studies in Classical Materials)

서지학, 문헌학의 개념, 연구대상, 연구영역, 연구방법 등을 이해하며, 특히 조선시대 자료의 수집, 조직, 보존, 이용, 유통, 출판, 국제교류 등을 탐구한다. 또한 오늘날 고전자료의 수집, 조직, 보존, 이용, 서지통정 등의 현황과 문제점을 점검하고, 해결방안을 논의한다.

동양서지학(Advanced Studies in East Asian Bibliography)

한국·중국·일본의 서지학(문헌학)의 개념, 연구영역, 연구방법, 발달과정을 이해한다. 또한 한국·중국·일본의 주요 서지학자(문헌학자)와 그들의 연구성과를 점검한다.

향토자료론(Advanced Studies in Local Historical Collections)

향토사(지방사) 연구의 의의, 향토사자료의 개념과 가치, 중요성을 이해하여, 도서관에서 향토사자료와 구증자료, 계보자료를 구축해야 할 이론적 근거와 요구분석, 서비스 수준 결정, 예산 확보, 장서개발, 교육, 서지통정, 보존, 홍보, 평가 등 서비스를 위한 전 과정에 대한 이론과 기법을 탐구한다.

독서치료론(Advanced Theories in Bibliotherapy)

독서를 통하여 사람의 심리적, 정서적 문제를 치유할 수 있는 방법론을 연구한다. 다양하게 나타나는 마음의 상처의 유형과 원인을 파악하고, 이러한 상황에 대처할 수 있는 독서목록을 개발하여 실제로 적용하기 위한 이론과 기법을 연구한다.

교육매체특론(Advanced Theories in Educational Media)

교육정보매체의 개념과 의의를 파악하고, 영상자료와 디지털매체 등 다양한 교육정보매체의 제작, 평가 및 활용방법을 학습한다. 교육정보매체를 교과에 적절하게 활용할 수 있는 방안을 논의한다.

기록관리제도론(Advanced Theories in Archives Administration)

각국의 기록관리제도의 역사와 현황을 비교·검토한다. 특히 일본의 문서관제도와 중국의 당안관제도의 실태와 운용을 탐구하고, 미국의 NARA를 비롯한 북미와 유럽의 사례를 중심으로 기록관리제도의 전반적 변천과정과 기록관리 활동을 살펴본다.

비교문헌정보학(Comparative Studies in Library and Information Science)

국제적 관점에서 문헌정보학의 학문적 정체성과 사회적 기능에 대해 논의한다. 문헌정보학의 발전과정과 현 단계 그리고 발전가능성 등에 대해 소개하며, 특히 연구와 교육의 국제적 동향에 기초하여 우리 문헌정보학의 학문성과 현장성을 제고하기 위한 방안을 모색한다.

도서관사상연구(Studies on the Philosophical Foundation of Libraries)

인류역사를 통하여 성장해 온 도서관에 대한 철학적 기반을 탐구한다. 도서관의 성립과 관련된 사회적·사상적 배경을 살펴보고, 특히 근대사상과 도서관의 관계를 조명한다. 또한 동서양의 도서관사상가에 대한 철학적 조명을 시도한다.

학술커뮤니케이션세미나(Seminar in Scholarly Communication)

학술출판에서부터 연구결과의 생산, 배포, 확산에 이르는 학술커뮤니케이션 과정을 이해한다. 학술커뮤니티의 속성을 이해하고, 학술커뮤니케이션의 주된 도구인 학술지와 각종 회색문헌의 수집, 평가, 선정, 그리고 관리 과정 전반에 걸친 이론과 기법을 연구한다.

정보정책세미나(Doctoral Seminar in Information Policies)

정보의 생산에서부터 소비에 이르기까지 정보유통의 제 단계에서 발생하는 다양한 사회정책적 이슈에 대해 논의한다. 특히 정보에 대한 인지와 접근 그리고 이용의 과정에서 발생하는 사회적 갈등과 마찰을 최소화하고 정보자원의 균등한 분배를 최적화하기 위한 정보정책의 입안과 실행을 위한 실질적이고 구체적인 방안을 모색한다.

메타데이터세미나(Doctoral Seminar in Metadata)

네트워크자원의 식별과 기술, 소재 확인에 활용되는 메타데이터의 개념과 체제, 유형을 이해하고, 각종 메타데이터의 기술요소와 구조, 그리고 상이한 메타데이터 간의 연결구조를 분석한다.

도서관자동화세미나(Doctoral Seminar in Library Automation)

도서관자동화의 현 단계를 시스템적 관점과 이용자의 관점에서 점검하고 시스템의 운영 및 이용에 관련된 제반 문제점을 도출하여 논의한다. 선진 사례를 참조로 하여 기술적 관점에서의 품질개선 방안은 물론이고 조직적 관점에서 자동화시스템의 발전 방안을 모색한다.

경쟁정보세미나(Doctoral Seminar in Competitive Intelligence)

전 세계의 기업계를 비롯하여 비영리기관에서도 점차 중요시되는 경쟁정보에 대해 연구한다. 경쟁정보는 한 회사의 계획, 의사결정, 운영에 영향을 줄 수 있는 외부 정보를 수집, 분석, 관리하는 체계적이고 윤리적인 활동이다. 또한 비즈니스정보와 기업정보관리에 대해 살펴보고 나아가 사서와 정보전문가의 정보컨설팅을 위한 제반 지식과 기법을 연마한다.

서지학세미나(Doctoral Seminar in Bibliography)

형태서지학, 체계서지학, 원문서지학의 발달과정과 연구성과를 점검하고 쟁점에 대해 논의한다.

학교도서관세미나(Doctoral Seminar in School Library－Media Center Management)

학교도서관의 경영을 위한 제반 이론과 기법을 이해한다. 또한 학교도서관이 교수학습센터이자 미디어센터로서 학교교육을 체계적으로 지원하기 위한 방안을 모색한다. 또 우리나라 학교도서관 경영과 관련한 정책적, 사회적 문제를 연구한다.

전자기록관리세미나(Doctoral Seminar in Digital Archives Management)

전자기록물의 관리와 관련한 제반 이론, 법규, 각국 동향, 정보기술 활용 등에 대해 살펴본다. 전자문서관리의 전 과정(생산－결재－처리－보관－이관－보존)을 이해하고, 전자정부, 행정전자기록관리, 전자문서관리시스템 등과 같은 전자기록물 관리와 연관된 사회적·기술적 문제를 조명한다. 또한 각국의 전자기록관리 현황을 비교 분석한다.

교 육 대 학 원 교 과 과 정

구분	교과목명	학점
교과교육론	정보검색교육론 (Education for Information Retrieval)	3
	교육정보매체론 (Education Information Media)	3
	독서지도교육론 (Teaching Methods for Reading Guidance)	3
	정보봉사교육론 (Teaching Methods for Information Services)	3
	정보윤리교육론 (Information Ethics Education)	3
	정보문화사연구 (Cultural History of Information)	3
	연구방법교육론 (Research Methods in Library Education)	3
교과내용학	학교도서관경영론 (School Library Management)	3
	자료조직론 (Advanced Studies in Information Organization)	3
	장서개발론 (Advanced Studies in Collection Development)	3
	정보행태조사론 (Information Behavior Assessment)	3
	학교도서관정책론 (School Library Policies)	3
	한국고전자료론 (Korean Classical Materials)	3
	디지털교재제작론 (Design of Educational Multi－media)	3
논문연구	논문연구 (Thesis Research)	2

교 육 대 학 원 교 과 내 용

교육매체론(Studies of Educational Media)

학교교육에서 교육매체의 의의와 역할을 이해하고 교육공학의 발달에 따른 각종 교육매체 제작 및 활용 원리에 대해 학습한다. 아울러 실제 수업에 활용할 수 있는 매체를 직접 설계하고 제작한다.

독서교육론(Reading Education)

독서교육의 의의와 역할, 성장단계에 따른 독서지도, 독서자료의 종류와 특성, 독서자료의 선정기준과 평가방법, 학교교육에서 독서교육의 활성화 방안 등 독서교육에 대한 이론과 기술을 익힌다.

사서교육연구방법론(Research Methods for Library Professionals)

도서관 및 정보전문직들이 일상의 업무 가운데서 수시로 만나게 되는 글쓰기의 문제를 화두로 잡고 함께 생각한다. 보고서, 계획서, 성명서 만들기에서부터 현장중심의 논문쓰기까지 포함한다. 논제를 어디에서 건져 올릴 것인가, 연구기법을 어떻게 적용시킬 것인가, 보고를 위한 개성 있는 문체를 어떻게 개발할 것인가 등을 중심으로 필요한 지식을 숙지시키는 것을 목적으로 한다.

기록물 및 도서관자료교육연구(Archives & Library Materials Studies)

인류가 생산해 낸 보존기록물과 도서관자료에 대한 수집, 조직, 활용, 보존에 이르기까지 체계적인 이해와 방법을 교수한다.

도서관운동교육론(Education for Library Movement)

도서관 및 정보전문직들이 현재 우리나라에서 맞고 있는 상황을 '운동성'이 요구되는 국면으로 파악한다. 크게 학술운동과 현장으로 나누어 그 가능성과 전술전략적인 면을 타진한다.

도서관전산화교육론(Education for Library Automation)

도서관업무, 즉 정보자료의 수집, 정리, 축적, 검색 그리고 제공업무를 최신 정보기술을 이용해 전산화하는 데 필요한 이론과 기법을 소개한다. 특히 국내외에서 개발된 다양한 도서관전산화 패키지를 비교 분석하는 과정을 통해, 전산화된 도서관시스템을 관리하고 이용하는 데 필수적인 지식을 숙지한다.

정보검색교육론(Education for Information Retrieval)

정보검색의 기본원리와 정보검색시스템의 운용과 활용에 필요한 기초적인 이론을 소개한다. 특히 국내외에서 개발된 대표적인 정보검색시스템을 선정하여 그 특성을 알아보고, 이들에 대한 검색실습을 통해 정보검색 업무에 있어 필수적인 다양한 기법을 숙지한다.

학교도서관경영론(School Library Management)

초·중·고등학교의 학교도서관 미디어센터의 역할을 이해하고 도서관의 전반적인 조직 및 운영을 연구한다.

지식자원관리론(Management of Knowledge Resources)

국가, 사회, 조직의 수준에서 자원으로서의 지식관리 제 국면을 설명한다. 특히 디지털 지식환경에서 소장(ownership)과 접근(access)의 함수관계를 이해시킨다. 미시적으로 대규모 또는 소규모 학교도서관을 중심으로 장서구성과 관련된 일련의 실무적 절차와 문제점에 대해서도 언급한다.

지식자원조직론(Organization of Knowledge Resources)

도서 및 비도서자료를 포함한 지식자원의 분류이론과 역사, 발전과정을 이해하며, 자료에 대한 분류방법과 실기를 직접 수행하도록 지도한다.

지식자원봉사론(Service of Knowledge Resources)

도서관의 환경, 이용자의 요구를 분석하고 지식자원봉사의 원리와 과정을 이해하여 지식자원 서비스질의 개선을 연구한다.

문헌커뮤니케이션의 역사(History of Written Communication)

문헌과 문헌을 통한 커뮤니케이션의 현상 및 그 역사로서 책과 인쇄와 출판의 역사와 집단의 기억을 보존하기 위해 출현한 도서관을 포함한 지적 기구들과 그 역사에 대한 연구가 포함된다.

서지학연구(Studies on Bibliography)

서지학의 개념, 연구방법, 연구범위와 연구과제, 동서양의 서지학의 개념, 문헌학, 도서학과의 관계, 한국에서의 서지학 연구동향, 서지학 연구의 실제 등을 교수한다.

이용자연구(User Studies)

효과적인 정보서비스의 제공을 위해서는 정보의 본질과 정보시스템의 구조 그리고 시스템을 둘러싼 거시적이고 미시적인 환경에 대한 이해가 반드시 필요하다. 이 강좌의 목적은 정보시스템의 주요 구성 요소 중 하나인 이용자(그룹)의 다양한 특성을 이해함으로써 시스템의 개발, 관리 그리고 평가에 필수적인 기초 지식을 습득하게 하는 데 있다. 이를 위해 이용자(그룹)의 정보추구 행태와 관련한 특성, 특히 정보요구와 이용 행태의 분석을 위한 다양한 이론과 방법을 소개한다.

논문연구(Thesis Research)

학위논문 작성을 위한 제반 사항에 관하여 개별적으로 논문 지도교수의 지도를 받는다.

기 록 관 리 학 협 동 과 정

구분	교과목명	학점
교과교육론	리더십과 조직관리 (leadership and Organization Management)	3
	프레젠테이션과 토론기법 (Presentation and Discussion Skills)	3
	고급사회과학통계분석 Ⅰ (Advanced Statistical Analysis in Social Sciences Ⅰ)	3
	고급사회과학통계분석 Ⅱ (Advanced Statistical Analysis in Social Sciences Ⅱ)	3
	기록관리학총론 (Introduction to Archival Studies)	3
	고문서관리론 (Management of Classical Records)	3
	전자문서관리론 (Management of Electronic Records)	3
	기록관운영론 (Theories in Management of Archival Centers)	3
	기록관리정책론 (Archives Management Policies)	3
교과내용학	한국기록문화사 (History of Korean Archives Management)	3
	기록평가이론 (Theories in Appraisal of Archives)	3
	기록보존이론 (Theories in Preservation of Archives)	3
	기록관리시스템론 (Archives Management Systems)	3
	기록관리현장실습 (Field Work in Archival Centers)	3
논문연구	논문연구 (Thesis Research)	2

교 육 대 학 원 교 과 내 용

기록관리학총론(Introduction to Archival Studies)

기록관리학의 발전과정과 주요 개념, 범주와 기초 이론에 대한 논의를 통하여 기록관리 업무 전반에 요구되는 기본적인 지식을 습득한다.

고문서관리론(Management of Classical Records)

근대 이전에 작성된 각종 고문서의 종류와 내용, 그리고 유형과 특징을 이해하고, 고전자료의 해독능력을 함양한다. 또한 고문서를 수집, 조직, 보존, 이용을 위한 이론과 방법을 탐구한다.

전자문서관리론(Management of Electronic Records)

전자문서관리의 전 과정(생산－결재－처리－보관－이관－보존)을 이해하고, 전자정부, 행정전자기록관리, 전자문서관리시스템 등과 같은 전자기록물 관리와 연관된 사회적·기술적 문제를 조명한다. 또한 각국의 전자기록관리 현황을 비교 분석한다.

기록관운영론(Theories in Management of Archival Centers)

기록관의 경영에 대한 제반 이론과 이슈에 대해 연구한다. 기록관의 운영과 관련한 대내외 환경 분석, 정책 및 계획 수립, 조직 및 인적자원 개발, 재무관리, 시설관리, 시스템설계, 대외협력 및 홍보 등에 대해 살펴본다. 또한 기록관경영에서의 각종 경영이론을 탐구하고, 아키비스트에게 요구되는 경영자로서의 역할을 조명한다.

기록관리정책론(Archives Management Policies)

기록물의 원활한 생산, 유통, 관리를 위한 정책의 수립 및 집행에 필요한 전략과 방안에 대해 논의한다. 구체적으로 기록관리를 위한 법적, 제도적, 재정적, 기술적, 인적 그리고 사회문화적 측면의 정책에 대해 토론하고 방안을 모색한다.

한국기록문화사(History of Korean Archives Management)

한국의 전근대로부터 현대에 이르기까지의 기록관리에 관한 제도 및 실태를 다룬다. 특히 기록관리의 변천, 법률체계 및 행정절차를 총체적으로 살펴봄으로써 기록관리제도의 변천사를 이해한다.

기록평가이론(Theories in Appraisal of Archives)

기록물의 평가, 선별, 보존, 폐기를 위한 이론과 방법론을 연구한다. 특히 기록의 평가, 선별에 대한 이론적 개념과 실질적 방법론을 이해하여 기록물을 선정하고 관리하는 데 필요한 지식을 습득한다.

기록보존이론(Theories in Preservation of Archives)

기록을 구성하는 다양한 매체들의 성질에 대해 연구하고, 이러한 자료들을 분실이나 손상으로부터 보호하는 방법, 손상, 노화 자료의 복원과 관련된 모든 과정과 작업에 대한 제반 지식을 습득한다.

기록관리시스템론(Archives Management Systems)

기록관리시스템의 목적과 기능 그리고 구조와 특성에 대해 논의한다. 또한 기록물의 생산, 조직, 유통 봉사를 위해 고안된 여러 가지 기록관리시스템의 문제점을 분석하고, 파악된 문제점에 의거하여 대체시스템을 설계, 운영하는 데 필요한 이론 및 기법을 연구한다.

기록관리현장실습(Field Work in Archival Centers)

기록물 수집, 선별 및 평가, 분류, 정리, 보존처리, 서비스 등과 관계되는 기록관리의 전 과정을 현장에서 실습함으로써 실무능력을 배양한다.

상명대학교   인문사회과학대학 문헌정보학과

▷ 전공 소개

상명대학교 문헌정보학과는 1972년에 도서관학과로 신설되었고, 1984년에 대학원 도서관학과 석사과정이 신설되었다. 1992년에 문헌정보학과로 학과 명칭이 변경되면서, 문헌정보학과 대학원 박사과정이 신설되었다. 1993년에는 교육대학원 사서교육전공이 신설되었고, 1994년에는 문헌정보학과 야간이 신설되었다.

▷ 교육목표

본 전공은 지식정보사회의 정보 전문 인력의 양성에 교육목표를 주고, 제반 정보현상에 관한 이론과 실제를 탐구하며, 국가·사회 발전에 각종 정보기술을 활용하고 유통시키는 데 기여한다. 구체적인 교육 및 연구 분야는 다음과 같다.
1. 기록 및 문헌정보의 수집과 관리
2. 정보의 표현 및 조직
3. 정보의 탐색과 제공
4. 도서관 및 정보센터의 경영

▷ 교수진

· 김종천	서지학	jck@smu.ac.kr	02 – 2287 – 5067
· 노동조	정보학	djnoh@smu.ac.kr	02 – 2287 – 5364
· 이명희	정보학	mehelee@smu.ac.kr	02 – 2287 – 5068
· 장혜란	정보학	chrhan@smu.ac.kr	02 – 2287 – 5073

▷ 대학원의 설치 여부

상명대학교 대학원은 문헌정보학이라는 이름으로 석·박사과정과 교육대학원을 설치하고 있다.

▷ 교육대학원의 교육목표

사서교육전공은 체계적인 학습과 연구를 바탕으로 세계화시대를 선도할 사서교사의 전문성 향상과 사서교육전문가 양성을 목표로 하여, 필요한 능력과 자질을 길러 줄 수 있는 다음의 사항을 실천한다.

- 지식정보사회에 능동적으로 대처할 수 있는 유능하고 자질 있는 사서교사를 양성한다.
- 초·중·고등학교도서관현장에서 필요한 실무에 대한 폭넓은 지식과 체계적이고 깊이 있는 이론교육을 병행한다.
- 지식 기반 사회에서 첨단의 정보활용능력을 배양한다.
- 인성교육을 통한 올바른 교육관을 확립한다.

▷ 학과 연락처

- 홈페이지   http://web.smu.ac.kr/libinfo
- 학과 전화번호   02 − 2287 − 5064

학 부 교 과 과 정

학년	구분	교과목명	학점	시간
2	전공 선택	도서관경영론 (Library Administration)	3	3
		정보문화사 (History of Information Services)	3	3
		정보서비스론 (Instruction to Information Service)	3	3
		한문문헌 읽는 법 (Readings in Chinese Writing Materials)	3	3
		데이터베이스론	3	3
		문헌분류법의 이론과 실제 (Classification of Materials)	3	3
		장서개발론 (Advanced Studies in Collection Development)	3	3
		정보표현과 DB구축 (Information Representation & DB Construction)	3	3
3	전공 선택	공공도서관 (Public Libraries)	3	3
		도서관자동화론	3	3
		문헌목록법의 이론과 실제	3	3
		온라인정보검색 (Online Information Retrieval)	3	3
		인문사회과학정보원	3	3
		대학도서관 (University Libraries)	3	3
		문헌정보학연구방법론	3	3
		미디어센터운영 (School Library Media Center)	3	3
		서지학의 이해 (Introduction to Bibliography)	3	3
		의학용어학	3	3
		문헌정보학세미나 (Seminar on Library and Information Science)	3	3

학년	구분	교과목명	학점	시간
4	전공 선택	도서관정보네트워크 (Library Information & Communication Network)	3	3
		의학도서관	3	3
		웹기반정보처리 (Web‐based Information Processing)	3	3
		동양문헌의 이해와 조직	3	3
		의학 및 과학정보원	3	3
		전자출판 (Electronic Publishing)	3	3

학 부 교 과 내 용

도서관경영론(Library Administration)

도서관의 조직과 관리에 관한 기본적이고 전반적인 지식 습득을 통해 주목적인 도서관봉사에 대한 인식과 이해를 도모한다.

정보문화사(History of Information Services)

고대로부터 현대에 이르기까지의 정보매체, 도서관, 정보자료, 정보의 조직방법에 대해 학습함으로써 문헌정보학의 기초적 지식배경을 갖는다.

정보서비스론(Instruction to Information Service)

참고·정보봉사를 위한 이론과 실제를 교육함으로써 현대 정보화 사회의 다양한 정보활용능력을 기르고 전문직 사서로서의 현대적 업무에 임한다.

한문문헌 읽는 법(Readings in Chinese Writing Materials)

한문문헌 가운데 활용도가 높고 응용성이 큰 문장을 선택하여 한문의 독해력 증진과 함께 한국, 중국, 일본의 한문문헌과 한자혼용서적의 독서능력을 배양시키고 한자 문화권의 실제 적응에 도움을 주도록 한다.

데이터베이스론(Introduction to Database Management)

정보화 사회에서 중요한 비중을 차지하고 있는 데이터베이스에 관하여 주요 개념들을 이론적으로 고찰하고 실습함으로써 실제업무에서의 활용이나 시스템 분석, 설계에 도움이 되도록 한다.

문헌분류법의 이론과 실제(Classification of Materials)

문헌분류의 원리와 방법, 역사적 발전 과정, 문헌분류법의 종류 및 DDC, KDC를 비롯한 현대의 주요 분류법의 구조를 이해시키고 각종 문헌의 실제적인 정리 능력의 배양을 목표로 한다.

장서개발론(Advanced Studies in Collection Development)

현재와 잠재적 이용자의 정보요구를 파악하여 적시에 적자에게 적절한 정보를 제공하기 위하여 자료 평가, 선택, 입수, 보관 등 도서관장서 구성의 기본적인 이론과 실제를 이해시킨다.

정보표현과 DB구축(Information Representation & DB Construction)

정보검색시스템의 기반을 형성하는 색인과 초록의 작성에 대해 기초적인 원리, 기법, 이론을 공부하고 실제적인 색인초록작성과 Database 구축에 대한 실습을 통해 색인 및 초록시스템의 관리능력을 기른다.

공공도서관(Public Libraries)

지역사회에서 공공도서관의 중요성을 인식시키고 공중봉사에 대한 전반적인 지식을 습득시켜 보다 향상된 봉사를 제공할 수 있는 능력을 갖춘다.

도서관자동화론(Automation in Libraries)

도서관업무의 전산화에 관하여 이론적으로 소개함과 아울러 도서관자동화시스템으로 개발된 소프트웨어의 실습을 병행함으로써 도서관에서의 실무에 전산화와 관련된 근무를 원활히 할 수 있도록 한다.

문헌목록법의 이론과 실제

도서관자료의 조직원리, 목록의 의의, 종류를 이해하고, 목록을 작성하는 규칙의 생성·발전과정 및 표준적인 목록작성법을 습득한다.

온라인정보검색(Online Information Retrieval)

정보의 분석, 축적, 탐색에 관한 이론을 문헌데이터베이스를 중심으로 학습하며, 온라인데이터베이스 탐색과 평가에 관한 실습을 병행한다.

인문사회과학정보원

인문, 사회과학을 각 분야로 구분하여 그들의 특성과 발달 그리고 경향을 이해시키고 각 분야의 참고 정보원에 대한 기본적·전문적인 지식을 습득함으로써 인문, 사회과학의 관계기관과 그들의 쟁점을 논한다.

대학도서관(University Libraries)

대학도서관을 중심으로 하여 도서관 운영의 이론과 실제를 다룬다.

문헌정보학연구방법론(Research Methods in Library and Information Science)

문헌정보학 분야를 계속 공부하거나 혹은 도서관에서 관련 연구를 수행할 때, 필요한 연구방법과 관련된 용어를 익혀 앞으로 응용할 수 있도록 한다.

미디어센터운영(School Library Media Center)

학교도서관의 운영과 조직, 자료관리, 도서관 이용자 서비스 등 초·중·고등학교의 자료실, 도서관 등의 교육자료봉사의 문제에 관한 이론과 실제를 교육하여 전문직 사서로서의 발전적인 역할 수행을 하도록 한다.

서지학의 이해(Introduction to Bibliography)

도서를 대상으로 조사, 분석, 비평하여 체계적으로 개술하는 학문인 서지학의 전반적인 면을 학습하여 서지학 지식의 함양을 목표로 한다.

의학용어학

Biomedical 분야의 정보를 관리함에 필수적으로 필요한 과목이며, 의학용어에 익숙하게 하고 동시에 의학주제에 관한 개론적인 강의로 지식배경을 쌓는다.

문헌정보학세미나(Seminar on Library and Information Science)

시대의 흐름에 따라 도서관인들과 문헌정보학들이 많은 관심을 가져야 하는 분야로서 항상 단일주제로 진행되는 것이 아니라 특강형태로 매 학기마다 주제가 바뀌어 개설된다.

도서관정보네트워크(Library Information & Communication Network)

도서관네트워크와 정보네트워크의 이용, 설계, 서비스 운영을 위하여 필요한 데이터통신과 컴퓨터네트워크의 기초적 기술과 그 발전 및 응용에 관하여 다루며 국내외의 도서관·정보네트워크의 사례를 연구한다.

의학도서관

의학도서관은 의학의 주제적 특성에 따라 그의 형태나 기능 면에서 많은 특성을 가지고 있다. 의학도서관의 경영과 기타 봉사에 관한 전반적 지식을 배운다.

웹기반정보처리(Web-based Information Processing)

웹기반정보처리 환경을 이해하고 이에 원활하게 대처하기 위하여 웹데이터베이스의 구성 및 탐색환경, 검색엔진의 구성원리 등을 실습을 통하여 이해시키고, 특히 전문적인 주제 데이터베이스를 발굴, 평가, 가공, 재처리하여 이용자에게 양질의 정보를 제공하는 전문 정보검색사로서의 자질을 함양한다.

동양문헌의 이해와 조직

구한말 이전의 고서적을 정리하는 데 필요한 제반 사항을 이론과 실제를 겸하여 강의해 줌으로써 고문헌 처리능력의 배양을 목표로 한다.

의학 및 과학정보원

과학 및 보건 분야의 정보원을 주지시키고, 이 분야의 2차 자료들의 내용과 이용방법을 교수하며, 자연과학 분야 제 주제를 이해하고 그와 관련된 주요 참고자료와 서지를 파악하여 도서관 및 정보센터에서의 정보봉사를 효율적으로 수행할 수 있는 능력을 기른다.

Electronic Publishing

전자출판의 이론적 개념 학습과 실습을 통하여 전자출판물을 제작하고 디지털콘텐츠로 구성된 디지털도서관과의 관계를 정립한다. 또 이론과 더불어 도서관 웹사이트 구축을 위한 제반 기술을 습득하는 실습을 병행한다.

석 사 교 과 과 정

구분	교과목명	학점
석사과정 선수과목	도서관정보센터경영론 (Library Administration)	3
	디지털자동화론 (Digital Libraries)	3
	문헌분류법 (Classification of Materials)	3
	온라인정보검색 (Online Information Retrieval)	3
	정보서비스론 (Instruction to Information Service)	3
석사과정	계량서지학 (Bibliometrics)	3
	교수·목록학세미나 (Seminar in Textual and Systematic Bibliography)	3
	도서관서비스평가론 (Seminar in Evaluation of Library and Information Services)	3
	문헌분류법특강 (Library Classification)	3
	시스템분석 (Information System Analysis)	3
	정보검색론 (Seminar in Information Retrieval)	3
	지식구조론 (Advanced Course in Knowledge Structure)	3
	학술 및 전문도서관경영특강 (Seminar in Research and University Library Management)	3
박사과정 선수과목	도서관경영특강 (Advanced Course in Management Principle of Library and Information Center)	3
	디지털도서관론 (Advanced Course in Digital Libraries)	3
	문헌분류법특강 (Library Classification)	3
	문헌정보학연구방법론특강 (Methodology in Library and Information Science)	3
	정보검색론 (Seminar in Information Retrieval)	3
	참고정보봉사론 (Reference & Information Service Research)	3

구분	교과목명	학점
박사과정	도서관서비스평가론 (Measurement & Evaluation of Library Service)	3
	도서관정보네트워크론 (Library & Information Network)	3
	분류법이론연구 (Study of Library Classification)	3
	시스템디자인 (Information System Design)	3
	이론정보학 (Seminar in Information Theory)	3
	정보검색론 (Seminar in Information Retrieval)	3
	정보공학 (Information Technology)	3
	정보정책론 (Information Policy)	3
	중국서지연구 (Study of Chinese Bibliography)	3
	지식구조론특강 (Seminar in Knowledge Structure)	3
	지적자유론특강 (Seminar in Intellectual Freedom)	3
	한국서지연구 (Study of Korean Bibliography)	3
석·박사 공통과정	고문서학세미나 (Seminar in Paleography)	3
	고서정리법세미나 (Seminar in Arrangement of Ancient Books)	3
	데이터베이스구성론 (Database Structure)	3
	도서관경영특강 (Advanced Course in Management Principle of Library and Information Center)	3
	디지털도서관론 (Advanced Course in Digital Libraries)	3
	문헌정보학연구방법론특강 (Research Methodology in Library and Information Science)	3
	색인·초록의 이론과 실제 (Indexing and Abstracting Theory and Practice)	3
	이용자연구론 (Seminar in User Studies)	3

구분	교과목명	학점
석·박사 공통과정	장서구성특강 (Advanced Course in Collection Development)	3
	참고정보봉사론 (Reference & Information Service)	3
	판본학세미나 (Seminar in Materials)	3
	학교도서관미디어센터론 (Advanced Course in School Library Media Centers)	3

교 육 대 학 원 교 과 과 정

구분	교과목명	학점
전공	고문서학특강 (Advanced Course in Paleography)	3
	고서정리법특강 (Advanced Course in Arrangement of Ancient Books)	3
	데이터베이스구축실습 (Practice on Designing Database Systems)	3
	도서관자동화론연구 (Studies in Library Automation)	3
	도서관정보네트워크 (Seminar in Library and Information Networks)	3
	독서지도론연구 (Studies in Reading Guidance)	3
	문헌정보학세미나 (Seminar in Library and Information Science)	3
	문헌정보학연구방법지도법 (Teaching of Research Methods in Library and Information Science)	3
	미디어제작지도법 (Teaching of Media Production)	3
	분류법실습 (Practices in Classification)	3
	불교서지특강 (Bibliography on the Buddhist Scriptures)	3
	사서교육세미나 (Seminar in Library Science Education)	3
	서지학특강 (Advanced Course in Bibliography)	3
	자동화목록법실습 (Practices in Automated Cataloging)	3
	장서구성론연구 (Studies in Collection Development)	3
	저작권연구 (Studies in Copyright)	3
	전자출판실습 (Practice on Electronic Publishing)	3
	정보검색이론과 실습 (Information Retrieval Theory and Practice)	3
	정보활용교육연구 (Studies in Information Literacy Education)	3
	참고봉사이론과 실제 (Reference Service Theory and Practice)	3

구분	교과목명	학점
	출판학특강 (Advanced Course in Publishing Science)	3
	학교도서관경영실습 (Practices in Administration of School Library Media Center)	3
	학교도서관교육연구 (Studies in School Library Media Education)	3
	학교도서관교재연구 (Study on Instructional Materials of Library Education)	3
	학교도서관서비스평가 (Evaluation of School Library & Media Center Services)	3
	학교도서관정책연구 (Studies in School Library Policy)	3
	학교도서관협력프로그램개발 (Developing School Library Cooperation Programs)	3
	한문문헌해독법 (Readings in Chinese Composition Materials)	3

교 육 대 학 원 교 과 내 용

고문서학특강(Advanced Course in Paleography)

발급자와 수취자 사이에 어떤 목적을 달성하기 위하여 주고받는 글인 문서 가운데 1910년 이전의 고문서의 종류와 그 분류 문제를 비롯하여 그 외형·구성 등의 제반 사항에 대하여 강의한다.

고서정리법특강(Advanced Course in Arrangement of Ancient Books)

1910년 이전의 고전서적을 정리하는 데 필요한 제반 사항을 이론과 실제를 겸하여 강의해 줌으로써 고문헌의 처리능력을 제고한다.

데이터베이스구축실습(Practice on Designing Database Systems)

데이터베이스와 정보시스템 디자인에 영향을 미치는 데이터모델링 이론에 대하여 살펴보고, 이론적 이해와 실제 수행능력 사이의 격차를 최소화시키기 위하여 개인 데이터베이스 프로젝트를 실습하고 과제를 수행한다.

도서관자동화론연구(Studies in Library Automation)

도서관업무의 전산화에 관하여 이론적으로 소개함과 아울러 도서관자동화시스템으로 개발된 소프트웨어의 실습을 병행함으로써 앞으로 도서관에서 실무를 할 때에 전산화 계획수립이나 전산화된 시스템에서의 근무를 원활히 할 수 있도록 한다.

도서관정보네트워크(Seminar in Library and Information Networks)

도서관네트워크와 정보네트워크의 이용, 설계, 서비스 운영을 위하여 필요한 데이터통신과 컴퓨터네트워크의 기초적 기술과 그 발전 및 응용에 관하여 다루며 국내·외의 도서관정보네트워크의 사례를 연구한다.

독서지도론연구(Studies in Reading Guidance)

독서를 통한 올바른 인격형성을 이룩하고자 하는 목적으로 독서개념을 밝히고 독서이론을 지적·정서적·신체적 발달과정에 따라 독서능력과 독서흥미의 수준에 맞는 개별·집단별 독서지도를 한다. 또한 학교 급별, 주제별, 집단별 독서에 따른 지도방안을 직접 구안해 본다.

문헌정보학세미나(Seminar in Library and Information Science)

지식정보사회에서의 도서관과 사서의 역할, 전문직의 윤리, 정보봉사모형 등 문헌정보학 분야의 주요 논제들을 주제 중심으로 집중적으로 연구한다.

문헌정보학연구방법지도법(Teaching of Research Methods in Library and Information Science)
학교도서관 운영에 관련된 현장보고서나 연구보고서 작성에 필요한 과학적인 연구방법을 체계적으로 배운다. 특히 도서관현장에서 많이 사용하는 조사연구방법의 데이터 수집방법, 분석기법 등을 연구함으로써 전문적인 도서관 사서로서의 위상 제고에 기여한다.

분류법실습(Practices in Classification)
문헌분류의 원리와 방법, 역사적 발전과정, 문헌분류법의 종류 및 DDC, KDC를 비롯한 현대의 주요한 분류법의 구조를 이해하고, 실습을 통하여 각종 문헌의 실제적인 정리 능력을 배양한다.

불교서지특강(Bibliography on the Buddhist Scriptures)
한국서지 분야에서 중요한 위치를 차지하고 있는 불교문헌의 연원, 분류를 비롯한 그 불서들의 편찬, 간행, 특징 등에 대하여 강의한다.

사서교육세미나(Seminar in Library Science Education)
사서교육에 관한 제 문제들을 연구·검토한다.

서지학특강(Advanced Course in Bibliography)
도서를 대상으로 조사, 분석, 비평하여 체계적으로 개술하는 학문인 서지학의 정의, 체계, 명칭 등을 교수하고, 아울러 형태서지학 분야를 집중적으로 강의하여 줌으로써 수서, 정리, 참고봉사에서 필요한 제반 서지학 지식의 함양을 목표로 한다.

자동화목록법실습(Practices in Automated Cataloging)
도서관자료의 조직원리, 목록의 의의, 종류를 이해시키고, 이러한 목록을 작성하는 규칙의 생성·발전과정 및 표준적인 목록작성법을 도서관자동화목록법 프로그램을 통하여 실습하여 이를 습득하도록 한다.

장서구성론연구(Studies in Collection Development)
현재와 잠재적 이용자의 정보요구를 파악하여 적시에 적자에게 적절한 정보를 제공하기 위하여 자료평가, 선택, 입수, 보관 등 도서관장서 구성의 전반적인 이론과 실제를 이해시킨다. 도서관과 관계되는 출판, 저작업계에 대한 이해, 자료선택의 원리와 기준을 적절히 적용하는 능력배양과 수서과정의 실무지식과 일가견을 정립시키고 장서평가 및 특수한 문제를 해결하는 능력을 기른다.

저작권연구(Studies in Copyright)
저작권의 특징과 내용, 권리 범위 등에 대하여 살펴보고, 디지털정보환경에서 논란이 되고 있는 디지털 저작권의 권리 범위와 문제점, 최근 이슈, 해결책 등에 대하여 논의한다.

전자출판실습(Practice on Electronic Publishing)
전자출판의 이론적 개념을 학습하고 실습을 통하여 전자출판물을 제작하며, 궁극적으로는 디지털콘텐츠로 구성된 디지털도서관을 구축한다.

정보검색이론과 실습(Information Retrieval Theory and Practice)
정보의 분석, 축적, 탐색에 관한 이론적 양상을 문헌데이터베이스를 중심으로 학습하며 온라인데이터베이스 탐색과 평가에 관한 실제적 경험을 함으로써 장차 탐색전문가 및 탐색교육자로서의 전반적인 능력을 기른다.

정보활용교육연구(Studies in Information Literacy Education)
학생들의 정보활용능력 신장을 위한 교과과정 개발 및 운영에 필요한 정보교육의 내용과 지도방법을 연구하고 수업모형을 개발한다.

참고봉사이론과 실제(Reference Service Theory and Practice)
참고·봉사를 위한 이론과 실제를 교육함으로써 정보화사회의 다양한 정보서비스 능력을 한층 더 확립하여 전문직 사서 및 교육자로서 현대적 참고·정보업무에 임하도록 한다.

출판학특강(Advanced Course in Publishing Science)
인간의 정신적 활동의 소산인 저작물을 인쇄술이나 전자적으로 복제하여 출판물이라는 형태로 구현시켜 그것을 필요로 하는 다수의 독자에게 배포하는 일련의 과정을 연구하는 출판학의 제반 사항을 강의한다.

학교도서관경영실습(Practices in Administration of School Library Media Center)
학교도서관의 운영과 조직, 자료관리, 도서관이용자 서비스 등 초·중·고등학교의 자료도서실, 도서관 등의 교육자료봉사의 제 문제에 관한 이론과 실제를 교육하여 전문적 사서로서의 발전적인 역할 수행을 하도록 하고, 실제 운영사례를 찾아 실습하게 함으로써 장차 사서교사로서 학교도서관 경영을 원활히 수행하게 하는 데 기여한다.

학교도서관교육연구(Studies in School Library Media Education)
학교도서관교육이 지향하는 교과목적을 달성하기 위해서 요구되는 제 이론과 방법들에 대해서 연구한다. 또한 외국의 교육과정을 비교, 분석, 검토하여 이상적인 모형을 제시할 수 있도록 연구한다.

학교도서관교재연구(Study on Instructional Materials of Library Education)
독서교육, 정보활용교육, 교과수업지원 등 학교도서관교육에 필요한 교재의 개발, 평가에 관한 이론과 방법들을 체계적으로 연구한다.

학교도서관서비스평가(Evaluation of School Library & Media Center Services)
학교도서관서비스의 전 부문에 대하여 법과 기준 및 벤치마킹에 기반을 두어 구체적인 사례를 가지고
연구함으로써 보다 실증적이고 분석적인 평가능력을 기른다.

학교도서관정책연구(Studies in School Library Policy)
정보의 생산, 배포, 기록, 소유, 이용 등에 관한 정책과 학교도서관에 관한 중앙정부와 지방정부의 각종
정책들을 분석, 비판하고 연구한다.

학교도서관협력프로그램개발(Developing School Library Cooperation Programs)
학교도서관과 지역의 학교도서관 및 공공도서관 간의 협력을 통한 프로그램의 개발 및 운영의 실제를
다룬다.

한문문헌해독법(Readings in Chinese Composition Materials)
한문으로 된 문헌을 가려 뽑아 구문에 치중하여 강의해 줌으로써 한문의 독해력을 배양하여 우리 전통
자료는 물론 현대 중국, 일본 등 한자문화권 자료의 취급 능력을 제고한다.

서울여자대학교   사회과학대학 문헌정보학과

▷ 전공 소개

서울여자대학교 문헌정보학과는 1981년에 '도서관학과'로 설치되었다. 1991년에 도서관학과를 '문헌정보학과'로 명칭을 변경하였다. 1998년 학부제 도입으로 '정보영상학부'로 편입되었다가, 2006년 현재, 학제 개편으로 다시 문헌정보학과로 승인되었다. 문헌정보학전공은 도서관을 비롯한 정보센터, 자료실 등의 현장요구에 따른 지식과 내용을 중심으로 문헌정보학의 이론을 학문적으로 연구하고 현장실습을 통해 기술을 익히는 전공이다. 오늘날 사회는 정보량의 증가, 정보내용의 전문화, 정보매체의 다양화, 특히 과학기술정보의 범람 등으로 인하여 정보봉사기관의 전문직 양성이 필요하다. 본 전공의 교과목 내용은 문헌정보학개론, 문헌정보시스템경영, 정보조직(분류와 목록), 정보봉사, 정보자료이용, 정보네트워크론, 하이퍼미디어 정보시스템, 온라인 DB탐색실습, 정보검색론 등이다. 졸업 후 법에 의하여 정사서 자격증과 사서교가 자격증(교직이수자)을 받으며, 대학도서관, 공공도서관, 특수도서관, 각 연구기관, 정보 각 부처, 박물관 등 그 취업 범위가 다양하다.

▷ 교육목표

· 지식정보사회의 중요 요소인 정보를 효율적으로 관리할 수 있도록 문헌정보학에 대한 이론과 지식을 갖춘다. [지]
· 사회적 규범 내에서 올바른 정보활용을 유도할 수 있는 소양과 인격을 갖춘다. [덕]
· 도서관, 정보센터, 자료실 등 각종 정보관리기관에서 활용할 수 있는 전문기술을 익힌다. [술]

▷ 교수진

· 유사라	정보학	sryoo@swu.ac.kr	02 - 970 - 5545
· 이정미	정보조직	jmlee@swu.ac.kr	02 - 970 - 5547
· 한승희	정보학	hanshee@swu.ac.kr	02 - 970 - 5548

▷ 대학원의 설치 여부

- 서울여자대학교 대학원은 1989년에 '도서관학과' 석사과정으로 설치되었다. 1991년에 석사과정 도서관학과를 문헌정보학과로 명칭을 변경하였다. 현재 '문헌정보학과'라는 이름으로 석사과정만을 설치하고 있다.

▷ 대학원의 교육목표

- 정보행태와 정보가공, 정보활용 등의 문헌정보학이론을 바탕으로 하여 도서관, 자료실, 정보센터 등에서 필요한 정보시스템 개발, 운영의 전문지식을 습득한다. [지]
- 디지털기술에 의한 정보량과 네트워크에 의한 정보 유동성이 급격히 증가하는 정보환경에서, 지식재산권에 관련된 사회적 논쟁을 비판할 수 있는 안목을 키우고, 지적자유를 지원할 수 있는 정보전문가로서의 확고한 윤리관을 갖춘다. [덕]
- 멀티미디어 디지털 지식시스템의 정보가공과 축적, 그리고 검색 등을 지원하는 첨단 테크놀로지를 익히고 활용할 수 있는 미래 지향적인 정보서비스 전문 능력을 배양한다. [술]

▷ 학과 연락처

- 홈페이지　　　　　　　　http://www.swulis.net/
- 학과 전화번호　　　　　　02-970-5541

학 부 교 과 과 정

학년	구분	교과목명	학점	시간
1	전필	정보이용자연구 (Studies on Information Users)	3	3
		정보시스템경영 (Information System Management)	3	3
	전선	정보접근인터페이스론	3	3
		정보사회콘텐츠문화론	3	4
		디지털커뮤니케이션윤리와 정보가치론 (Ethics & Security in Information Management)	3	3
		기초메타정보	3	3
2	전필	정보통계분석론	3	3
		분류/시소러스실습	3	3
	전선	정보학이론 (Theory of Information Science)	3	3
		검색논리	3	3
		지적재산권과 정보정책론	3	3
		목록실습	3	3
3	전선	정보검색실습	3	3
		데이터베이스개론	3	3
		메타데이터개발론	3	3
		도서관·정보센터인턴십	3	3
		도서관정보자원개발실습	3	4
		정보네트워크론 (Advanced Topics in Information Networks)	3	3
		사서교사제도와 교육론	3	3

학년	구분	교과목명	학점	시간
4	전선	멀티미디어정보실습	3	3
		기록관리개론 (Introduction to Archive and Record Management)	3	3
		기록정보실습	3	3
		과학기술DB평가 (Evaluation for Technical Science DB)	3	3

학 부 교 과 내 용

IT개론(Introduction to Information & Technology)
하드웨어 시스템 복원과정, 네트워크 설정, 운영체제 사용 및 설치 방법, 인터넷의 각종 서비스인 WWW, FTP, TELNET, USENET, GOPHER 활용, 개인 PC 세트업 등 문헌정보학에서 익혀야 되는 IT 기초를 시작으로 하여 데이터베이스, 자료구조, 네트워크의 기초 내용을 실습을 통하여 익히도록 한다.

고전자료조직론(Organization and Management of Old Books)
고서의 서지적 감정과 그의 분류와 목록법을 다룬다.

과학기술DB평가(Evaluation for Technical Science DB)
기술과학 분야의 연구를 뒷받침할 수 있는 데이터베이스에 대한 분석 및 평가를 다룬다.

데이터베이스구축론(Database Management)
정보환경 인프라 구축의 필수 요소기술 중 하나인 데이터베이스에 관하여 배운다. 데이터베이스 및 데이터베이스 관리시스템의 기본 개념과 그 구성요소들을 다루고, 개념 모델로서의 ER Diagram, 관계형 데이터베이스 설계기법을 숙지한다. SQR 2000서버, Acess 2000을 활용한 실습과 삼성어학원 프로젝트를 통하여 SQR 사용방법과 데이터베이스 응용시스템 개발 경험을 갖는다.

디지털도서관개발론(Digital Library System Development)
각국에서 진행되고 있는 디지털도서관 개발 현황과 그 내용 그리고 장·단점과 발전추세를 검토하고 국내 DL개발의 도움이 될 사항을 조사하는 강의이다.

디지털커뮤니케이션윤리와 정보가치론(Ethics & Security in Information Management)
네트워크에 의한 전자정보처리환경에서 정보유통에 심각한 문제가 되고 있는 정보가치 평가와 윤리문제를 함께 다루어 정보전문가 윤리의식을 고취시키는 내용이다.

멀티미디어정보관리(Multimedia Information Management)
멀티미디어 정보관리에 대한 기본적 이해를 토대로 멀티미디어와 지식정보사회, 멀티미디어와 이데올로기, 멀티미디어 중독, 멀티미디어 리터러시의 내용을 다룬다. 세부적으로 영화, 텔레비전, MTV, 케이블 TV, 애니메이션, 인터넷, 마이크로필름 등 다양한 멀티미디어 보존, 멀티미디어 평가관리에 대한 이해와 최신 동향을 분석하고, 멀티미디어 이용자 서비스를 위한 방법론을 다룬다.

목록/메타데이터(Cataloging/Metadata)
정보검색의 도구가 되는 KCR3, AACR2의 목록규칙을 이론으로 배우고, KORMARC, USMARC를 실제로 작성해 본다. 메타데이터 이론을 다룬다.

문헌정보학개론(Introduction to Library and Information Science)
문헌정보학의 개념 및 자료를 소개하고 문헌정보시스템의 본질, 기능 및 봉사를 다룬다.

분류/자동분류(Classification/Automatic Classification)
현대 주요 분류법의 대표적인 DDC, KDC, LCC의 기초 이론을 배우고, 문제를 통해 실제로 적용하는 훈련을 한다.

사회과학정보원(Information Sources in the Social Science)
사회과학 분야의 연구를 뒷받침할 수 있는 다양한 정보원의 이용과 평가를 다룬다.

서지학개론(Bibliography of Classical Oriental Materials)
고서의 서지적 이론과 실무를 다룬다.

온라인DB탐색실습(Online DB Search Practice)
온라인으로 검색 가능한 데이터베이스 탐색의 이론 및 실무를 다루고 Web 탐색을 통한 하이퍼미디어 최신정보를 검색, 정리하는 실습을 병행한다.

인문과학정보원(Sources in the Humanities)
인문·과학 분야의 연구를 뒷받침할 수 있는 서지 및 정보원의 이용과 평가를 다룬다.

전자출판과 웹디자인(Electronic Publishing and Web Design)
월드와이드웹디자인, 데스크 탑 출판과 그래픽 디자인, WWW 마크업 언어, 멀티미디어 등에 대한 교육 내용을 제공한다.

정보검색이론(Concepts of Information Retrieval)
정보검색시스템에 대한 이론 및 실제를 다룬다. 각종 색인에 관한 고찰, 색인의 설정 문제, 정보검색시스템의 디자인 및 평가 등이 포함된다.

정보봉사론(Reference and Information Service)
정보봉사의 철학, 정보제공, 교육봉사, 면담방법, 직원훈련 등 정보봉사의 이론적인 측면을 다룬다.

정보시스템경영(Information System Management)
지식정보시스템 경영을 위한 지식정보의 디지털화, 운영체계 공유, 그리고 타 기관과의 연계체제 유지 등에 대한 개념과 현장에서의 실무적인 최근시스템 구축사례를 소개하고 미래지향적인 정보시스템 모델링을 제안할 수 있도록 유도하는 강의이다.

정보이론과 통계(Theory of Information and Statistics)
정보학이론과 정보처리시스템 전반에 관련된 응용원리, 문헌정보학에 필요한 통계에 관한 내용을 다룬다.

정보자원개발론(Information Resources Development)
전통적인 인쇄매체에서 전자매체 중심의 네트워크 환경에 들어서면서, 도서의 선정과 보관이라는 측면 이외에, 다양한 매체의 선정이나 전자자원의 축적, 새로운 기술의 도입 및 시스템개발 그리고 네트워크를 통한 자원공유를 포괄하는 새로운 장서관리를 다룬다.

정부간행물(Government Information Sources)
한 국가에서 생산되는 출판물 중 가장 많은 분량을 차지하고 있는 공문서, 즉 정부간행물의 특성, 중요성, 서지통정 등을 다룬다.

지식기반사회정보네트워크론(Information Network for Knowledge Based Society)
디지털기술을 기반으로 한 지식정보사회의 네트워크의 기본구성, 기능, 그리고 도서관에서 통제할 부분에 대한 내용을 살피는 강좌이다.

지역정보봉사(Community Information Service)
지역정보봉사는 미로와 같은 복잡한 정부기관, 사립기관, 사회봉사기관, 또는 일시적으로 사용되는 지역정보를 이용할 수 있도록 안내해 주는 정보봉사의 한 분야이다. 해당 지역의 기관들, 그 지역에 사는 사람들에 대한 정보들로 구축된 지역정보참고파일 작성을 통해 일반 참고정보원에서 찾기 힘든, 그러나 자주 물어오는 질문에 대해 보다 강력한 정보봉사를 할 수 있다. 이 과목을 통해 학생들은 지역정보봉사의 중요성, 지역정보시스템 구축, 지역주민을 위한 정보봉사를 통해 문헌정보학의 가치와 중요성을 인식시킬 수 있다.

학교도서관/미디어센터(The School Library/Media Center)
정보의 힘, 정보이용능력을 중요시하는 학습활동에 적합한 학교도서관/미디어센터의 기능, 운영, 정보매체 등을 다룬다.

석 사 교 과 과 정

구분	교과목명	학점
공통과목	문헌정보시스템경영특강 (Studies in Information System Management)	3
	문헌정보학교육론 (Seminar in Education for LIS)	3
	정보봉사론특강 (Studies in Information Services)	3
	정보학이론 (Theory of Information Science)	3
	정보학연구와 분석방법론 (Information Research & Statistical Analysis)	3
종합과목	문헌정보시스템경영특강 (Studies in Information System Management)	3
	문헌정보학교육론 (Seminar in Education for LIS)	3
	정보봉사론특강 (Studies in Information Service)	3
	정보학이론 (Theory of Information Science)	3
보충과목	디지털도서관개발론 (Digital Library System Development)	3
	목록/메타데이터 (Cataloging/Metadata)	3
	문헌정보학개론 (Introduction to Library and Information Science)	3
	분류/자동분류 (Classification/Automatic Classification)	3
	정보검색이론 (Concepts of Information Retrieval)	3
	정보봉사론 (Reference and Information Service)	3
	정보시스템경영 (Information System Management)	3
	정보이론과 통계 (Theory of Information and the Statistics)	3
	지식기반사회정보네트워크론 (Information Networks for Knowledge-based Society)	3
	학교도서관/미디어센터 (The School Library/Media Center)	3

구분	교과목명	학점
석사과정	고급정보조직론 Ⅰ (Advanced Information Organization Ⅰ)	3
	고급정보조직론 Ⅱ (Advanced Information Organization Ⅱ)	3
	고서고문서조직론 (Organization of Archives & Manuscripts)	3
	과학기술데이터베이스검색실습 (Scientific Technical Database Retrieval Practicum)	3
	기록관리학특강 (Archives for Information Professionals)	3
	네트워크정보검색과 시스템개발 (Networked Information Retrieval System)	3
	디지털도서관시스템사례연구 (Digital Libraries System)	3
	멀티미디어지적재산권세미나 (Seminar of Multimedia & Copyright Issues)	3
	문헌정보시스템경영특강 (Studies in Information System Management)	3
	문헌정보학교육론 (Seminar in Education for LIS)	3
	문헌정보학이론 (Theory of Library and Information Science)	3
	미디어센터운영론 (Media Center Management)	3
	비인쇄자료조직 및 관리 (Organization and Management of Nonprint Materials)	3
	사회과학정보론 (Literature of Social Sciences)	3
	색인, 초록, 시소러스, 메타데이터연구 (Study of Meta Data: Indexes, Abstracts, Thesaurus)	3
	서지학특강 (Advanced Bibliography)	3
	아동독서자료 (Literature for Children)	3
	연속간행물관리 (Management of Serials)	3
	온라인목록 (Online Catalogs)	3
	유비쿼터스환경의 도서관정보서비스 (Library Information Service on Ubiquitous Environment)	3
	인문과학정보론 (Literature of the Humanities)	3

구분	교과목명	학점
석사과정	장서개발론 (Seminar in Collection Development)	3
	전문도서관경영 (Organization and Management of Corporate Libraries)	3
	정보봉사론특강 (Studies in Information Services)	3
	정보사회윤리와 정보비평세미나 (Ethics of Information Society & the Critics)	3
	정보자료조사론 (Studies in Information Sources)	3
	정보정책개발론 (Information Policy Development)	3
	정보조직론세미나 (Seminar in Information Organization)	3
	정보학연구와 분석방법론 (Information Research & Statistical Analysis)	3
	정보학이론 (Theory of Information Science)	3
	정부정보서비스 (Government Information Service)	3
	지식기반사회의 정보전문가의 역할과 기능세미나 (Seminar of Information Professional & Its Role in the Knowledge-based Society)	3
	지식기반사회형성과 잡지출판의 기능세미나 (The Role of Journal for Developing Knowledge-based Society)	3
	청소년독서자료 (Literature for Young Adults)	
	특수장서개발론 (Management of Archives and Special Collections)	3
	DB정보평가와 비평 (Quality Evaluation of Database Information and the Critics)	3
	Web-DB정보탐색과 포털서비스 (Web-DB Information Retrieval & Portal Service)	3
	석사학위논문연구 (Research for the Master's Degree)	4

석 사 교 과 내 용

고급정보조직론 Ⅰ(Advanced Information Organization Ⅰ)

정보조직은 자료를 정리하는 분류목록으로 학부과정에서 다루지 못한 분야를 주제별로 나누어 분석하고 문제점을 다룬다.

고급정보조직론 Ⅱ(Advanced Information Organization Ⅱ)

고급정보조직론 Ⅰ을 기본으로 하여 보다 심화된 정보조직 이론 및 실습을 다룬다.

고서고문서조직론(Organization of Archives & Manuscripts)

고서, 고문서의 형태적 고찰 및 분류, 편목, 색인, 관리 및 이용에 관해 연구한다.

기록관리학특강(Archives for Information Professionals)

기록이란 특정 개인이나 단체 또는 국가기관의 일상적인 활동결과로 생성된 자료로서 정보의 공익성과 역사적인 가치를 지니고 있다. 기록물의 정의, 기록관리체제의 특성, 각국의 기록관리체제의 성립과 제도를 연구한다.

네트워크정보검색과 시스템개발(Networked Information Retrieval System)

Z39.50 등을 비롯한 네트워크 인프라와 검색서비스의 제 기능 확장을 위한 연구들을 살피고 실무 차원의 정책적인 문제점을 논하는 강좌이다.

디지털도서관시스템사례연구(Digital Libraries System)

20세기 도서관 환경에서 개발되고 있는 디지털도서관의 기본구성과 기능, 발전되어야 할 논쟁점과 문제들에 대하여 조사하는 과목이다.

멀티미디어지적재산권세미나(Seminar of Multimedia & Copyright Issues)

디지털도서관 개발에 가장 큰 문제의 하나인 지적재산권과 저작권 문제를 최신 연구자료를 중심으로 살피고 국내실정에 적용 여부를 검토한다.

문헌정보시스템경영특강(Studies in Information System Management)

문헌정보시스템경영에 관한 이론과 실제를 연구한다. 특히 타 학문 분야에서 개발된 이론과 자체 개발이론의 적용에 관하여 연구한다.

문헌정보학교육론(Seminar in Education for LIS)

문헌정보학은 도서관학, 정보학, 서지학이 결합한 학문으로 도서관 환경이 디지털 환경으로 바뀌면서 교육과정이 급격히 변화하고 있다. 문헌정보학 전문직교육의 역사, 목적, 내용을 살피고 교수, 학생, 교과운영, 학위인정 그리고 교육의 문제점을 검토한다.

문헌정보학이론(Theory of Library and Information Science)

현대 도서관의 정보관리 문제를 확인, 조사, 평가하고 정보전문가의 역할과 가치를 강조할 수 있는 이론적 배경을 다룬다.

미디어센터운영론(Media Center Management)

전통적인 형태의 자료와 다른 새로운 미디어의 특성에 적합한 운영이론과 기법에 관해 연구한다.

비인쇄자료조직 및 관리(Organization and Management of Nonprint Materials)

시청각자료, 활동자료, 키트자료, 컴퓨터 파일등의 서지통정 및 기술방법, MARC코딩에 대한 이론과 실습을 다룬다.

사회과학정보론(Literature of Social Sciences)

사회과학 분야(정치, 경제, 경영, 법학, 행정, 사회학, 인류학, 역사, 지리 등)의 주요 정보원과 주요 정부간행물, 이용자의 특성 및 정보요구 파악, 장서개발, 정보제공업무 등에 대하여 조사 연구한다.

색인, 초록, 시소러스, 메타데이터연구(Study of Meta Data: Indexes, Abstracts, Thesaurus)

네트워크 환경의 디지털정보처리에서 반드시 추가되어야 할 전자정보의 가공과 메타정보에 관한 최신연구 내용들을 검토하는 내용이다.

서지학특강(Advanced Bibliography)

형태서지학과 체계서지학에 대한 연구를 함으로써 책의 물리적 특성과 내용적 특성을 파악하는 강좌이다.

아동독서자료(Literature for Children)

취학 전 아동 및 초등학생들의 심리와 발달단계 파악, 아동에게 알맞은 독서자료 및 독서지도방법, 서평도구 등을 다룬다.

연속간행물관리(Management of Serials)

변화가 많고 복잡한 연속간행물의 입수, 정리, 이용에 대한 지식을 쌓아 각종 도서관에 근무할 수 있는 연속간행물 전문가 양성을 목표로 하는 강좌이다.

온라인목록(Online Catalogs)

정보조직은 자료를 정리하는 분류목록으로 학부과정에서 다루지 못한 내용을 주제별로 나누어 분석하고 문제점을 다룬다.

유비쿼터스환경의 도서관정보서비스(Library Information Service on Ubiquitous Environment)

멀티미디어 네트워크 환경에서 정책과 제도에 관하여 도서관 전문가들의 위치와 역할을 조망하기 위한 세미나이다.

인문과학정보론(Literature of the Humanities)

인문과학 분야(철학, 종교, 언어, 문학, 예술, 분야)의 주요 정보원, 이용자의 특성 및 정보요구 파악, 장서개발, 정보제공업무 등을 조사 연구한다.

장서개발론(Seminar in Collection Development)

장서의 균형성, 체계성, 효용성 가치 및 경제성에 관하여 연구한다.

전문도서관경영(Organization and Management of Corporate Libraries)

지식경영시스템이 요청되는 현장의 요구에 부응하여 전문도서관의 지식경영시스템을 맡을 정보전문가 양성을 위한 강좌이다.

정보봉사론특강(Studies in Information Services)

정보봉사의 철학 및 다양성, 정보봉사의 설계 및 봉사결과의 평가, 정보요구 분석 및 정보조직의 특성 파악, 효율적이고 질적인 정보제공을 위한 봉사방법의 혁신, 정보봉사용 전문가 시스템 개발 등을 다룬다.

정보사회윤리와 정보비평세미나(Ethics of Information Society & the Critics)

디지털 네트워크 사회에서의 정보전문가의 윤리강령 및 정보비판의 의식을 갖추기 위한 여러 다각적인 접근을 접해 보는 세미나 강좌이다.

정보자료조사론(Studies in Information Sources)

정보봉사의 기반이 되는 정보원과 그 이용법을 다룬다. 이용자의 요구에 맞추어 인쇄자료뿐만 아니라 폭증하고 있는 온라인문헌 이용에 필요한 탐색전략, 방법, 기술 및 탐색결과의 평가, 정보원에 물리적, 지적접근 방법 등을 배우고, 또 서지작성, 초록 및 색인, 서평, 웹 정보원 등을 다룬다.

정보정책개발론(Information Policy Development)

국가정책에서부터 도서관정보정책까지를 다룬다.

정보조직론세미나(Seminar in Information Organization)

한국교육학술정보원(KERIS)에서 다루고 있는 전 도서관의 학술정보의 조직을 비교, 분석하여 문제점을 다룬다.

정보학연구와 분석방법론(Information Research & Statistical Analysis)

정보학연구에 필요한 연구방법론과 주요한 기초연구들과 연구동향을 살피며 독자적인 연구능력을 배양하는 기초 과목이다.

정보학이론(Theory of Information Science)
정보학의 기본적인 이론과 법칙, 그리고 연구 분야들에 관하여 학문 전반에 걸쳐 이 전공을 이해시키는 과목이다.

정부정보서비스(Government Information Service)
한 국가에서 가장 많이 생산되는 정부정보의 중요성 및 특성, 정부정보원의 유형, 접근방법, 이용서비스 등을 다룬다.

지식기반사회의 정보전문가의 역할과 기능세미나(Seminar of Information Professional & Its Role in the Knowledge-based Society)
미래의 지식기반 정보시스템을 예견할 수 있고, 그에 대응하는 자격과 기능개발을 위해 구체적인 정보전문가의 직무분석과 기대역할을 실제 대비시켜 보는 세미나 강좌이다.

지식기반사회형성과 잡지출판의 기능세미나(The Role of Journal for Developing Knowledge-based Society)
잡지출판의 자체적 기능과 역할에서 미래의 정보전문가의 위치와 시민사회 발전을 위한 제 기능을 고찰해 보는 세미나이다. 첨단 과학기술 분야의 연구개발 정보활용을 위한 국내의 정보검색현황과 실태를 조사, 파악하고 실무진으로서의 기술과 전문시각을 키우기 위한 과목이다.

청소년독서자료(Literature for Young Adults)
청소년의 심리 및 발달단계 파악, 청소년자료의 개발 및 독서지도방법, 서평도구 등을 다룬다.

특수장서개발론(Management of Archives and Special Collections)
세계적으로 유명한 특수장서 이용방법, 귀중본, 특정 주제 분야 자료, 고문서, 대학문서관 자료 등 특수한 정보원으로 구축되는 장서개발에 대하여 다룬다.

DB정보평가와 비평(Quality Evaluation of Database Information and the Critics)
DB의 정보와 정보서비스에 관한 평가지침과 그 활용도를 살피고, 실제적인 평가 프로젝트를 실시하는 과목이다.

Web-DB정보탐색과 포털서비스(Web-DB Information Retrieval & Portal Service)
Web 환경에서의 정보시스템을 분석하고 정보검색 기능 강화를 위한 실제 서비스 시스템 개발 사례를 조사, 분석한다.

성균관대학교   문과대학 인문학부 문헌정보학전공

▷ **전공 소개**

문헌정보학과는 1964년 3월에 입학정원 20명의 도서관학과로 설립되어 창설되었다. 이후 1971년에 대학원 석사과정이 신설되었고, 1974년 3월에는 본 학문의 박사과정이 우리나라 최초로 설립되었다.

1991년 3월에는 정보사회에 대한 내·외적인 변화에 부응하여 학과의 명칭이 '문헌정보학과'로 변경되었다. 2001년 현재 문헌정보학전공은 다섯 분의 교수님들의 지도 아래 강의가 진행되고 있으며, 지금까지 37년 동안 배출된 본 학과의 졸업생들은 1200여 명에 달하고 있다. 이들 동문들은 우리나라 도서관계 및 정보센터 등의 분야에서 선두적 역할을 성실히 수행하고 있으며, 현재의 재학생들도 선배들의 뒤를 이어 앞으로 정보사회의 주역이 되고자 열심히 노력하고 있다.

▷ **교육목표**

정보조직, 도서관과 정보센터 경영, 정보서비스 및 정보관리, 정보통신기술과 데이터베이스, 고문헌관리 등에 관한 일반적 이론과 방법론을 이해함으로써 사서 및 정보전문가로서의 기본적 자질을 갖추도록 하는 데 있다.

▷ **교수진**

· 고영만	정보학	ymko@skku.edu	02 - 760 - 0329
· 권기원	자료조직	kwkworn@skku.edu	02 - 760 - 0328
· 신승운	서지학	ss0311@skku.edu	02 - 760 - 0331
· 오삼균	정보학	samoh@skku.edu	02 - 760 - 0327
· 이은철	도서관학	eclee@skku.edu	02 - 760 - 0330
· 심원식	참고봉사	wonsikshim@skku.edu	02 - 760 - 0332

▷ 대학원의 설치 여부

성균관대학교 대학원은 문헌정보학이라는 이름으로 석·박사과정과 교육대학원을 설치하고 있다.

▷ 대학원의 교육목표

석사과정의 교육목표는 문헌정보학의 학문적 성격과 이론적 기초에 대한 확고한 이해를 갖추도록 하며, 또 실제에서의 적용과 개발을 지속시킬 수 있는 배경지식을 제공하는 것이다. 박사과정의 교육목표는 스스로의 독립적인 학술 작업을 해 나갈 수 있도록 이론적 배경을 더욱 견고하게 하고 관련 분야의 응용기술에 대한 이해를 심화시키는 것이며, 이를 통해 결과적으로는 종합적 사고능력과 응용능력 및 새로운 이론개발이 가능한 문헌정보학자를 양성하는 것이다.

▷ 학과 연락처

- 홈페이지　　　　　http://home.skku.edu/%7Eliberal/major/intro.html?major=lis
- 학과 전화번호　　　02－760－0325

학 부 교 과 과 정

구분	교과목명	학점	시간
전공기반	고전자료의 이해 Ⅰ	3	3
	데이터베이스설계론	3	3
	도서관·정보센터경영	3	3
	문헌정보학개론	3	3
	서지학개론	3	3
	인터넷프로그래밍	3	3
	정보검색론	3	3
	정보교육론	3	3
	정보문화론	3	3
	정보조직법 Ⅰ	3	3
	정보조직법 Ⅱ	3	3
	정보학개론	3	3
	정보행위론	3	3
	학술정보네트워크론	3	3
전공심화	고문헌조직법	3	3
	고전자료의 이해 Ⅱ	3	3
	공공도서관경영론	3	3
	뉴미디어	3	3
	대학도서관경영론	3	3
	도서 및 도서관사	3	3

구분	교과목명	학점	시간
전공심화	독서지도론	3	3
	디지털도서관구축론	3	3
	디지털도서관론	3	3
	문서관리	3	3
	문헌보존법	3	3
	사회조사분석	3	3
	색인·초록론	3	3
	시멘틱웹시스템구축론	3	3
	시스템분석론	3	3
	웹데이터베이스구축론	3	3
	인터넷서비스구축론	3	3
	자료로 보는 한국고중세사	3	3
	장서구성론	3	3
	전문도서관·정보센터경영론	3	3
	정보분석평가론	3	3
	정보사회론	3	3
	정보시장론	3	3
	정보이용자론	3	3
	정보조직법연습	3	3
	주제별정보원	3	3
	중국서지	3	3

구분	교과목명	학점	시간
	참고·정보봉사론	3	3
	출판과 저작권	3	3
	컴퓨터네트워크	3	3
	특수자료조직법	3	3
	학교도서관미디어센터	3	3
	한국서지	3	3

학 부 교 과 내 용

고문헌조직법

동양의 고전자료에 대한 특성을 강설하고, 국제서지 기술 원칙이 적용되는 것은 그에 따라 조직하는 법, 그리고 그렇지 못한 것은 독자적으로 개발하여 조직하는 법의 이론과 실제를 교육한다.

고전자료의 이해 Ⅰ

한국 및 동양의 고전자료의 평가 선택, 분류 목록 및 문헌 봉사 활동을 원활하게 할 수 있는 기초 능력을 부여하기 위하여 한국학 자료의 각종 서발문 및 서지관계 문헌을 모두 고루 선정하여 그 해석 및 응용 능력을 키워 준다.

고전자료의 이해 Ⅱ

고전자료의 이해 Ⅰ의 계속 과목으로 전문 문헌의 해석 및 응용 능력을 함양한다.

공공도서관경영론

현대사회에서의 공공도서관의 이념, 기능을 포함한 기구, 인사, 자료, 예산, 시설, 봉사 등 조직과 관리를 다룬다.

뉴미디어

정보기술의 발전과 더불어 도서관과 정보센터에 도입되고 있는 새로운 매체들을 소개하고, 이들 매체들을 도서관과 정보센터에서 활용하는 문제를 다룬다.

대학도서관경영론

사회와 경제를 급속히 향상시키는 고등교육의 질적인 성격변화를 형성하는 대학사회에 있어서 도서관을 통하여 자료 및 그 운영으로 미래 요구를 충족시키고 학생, 교수, 연구자들의 요망에 부응할 수 있도록 하는 제반적인 요소를 익혀 새로운 지식 함양과 학문연구에 기여하도록 한다.

데이터베이스설계론

국내 및 해외 정보서비스 기관과 제공 데이터베이스분야별 종류 및 주제내용을 연구하며, 데이터베이스 관리시스템과 검색시스템 및 인터페이스 처리 등을 다룬다.

도서관 · 정보센터경영

도서관과 정보센터에 적용되는 일반경영이론과 기법, 직원, 자료, 시설, 예산, 봉사를 포함한 제반 업무의 조직과 관리를 다룬다.

도서 및 도서관사

동서양의 도서관의 역사를 개관하여 도서관의 본질과 사회적 기능을 바르게 인식하고 아울러 당면한 도서관의 제 문제를 역사적으로 분석, 판단할 수 있는 능력을 함양한다.

독서지도론

아동과 청소년들의 신체, 정신적 발달과 환경에 따라 독서흥미와 태도, 이들을 위한 출판 활동과 경향, 다양한 독서 지도, 각급 도서관에서 자료 이용과 독서 증진을 위한 프로그램을 다룬다.

문서관리

정부기관과 각종 조직의 운영에서 생성되는 기록물 또는 문서의 성격과 역할, 효과적인 기록물 관리프로그램의 개발과 각종 문서의 관리법 등을 다룬다.

문헌보존법

각종 도서관자료의 물리적인 특성, 자료 보존에 영향을 미치는 환경적·생물학적 요인, 손상 예방을 포함한 보존 프로그램 관리 등을 다룬다.

문헌정보학개론

문헌정보학의 개념과 발달과정, 정보의 생산, 선택, 처리, 축적, 탐색 및 이용의 원리와 기술을 개괄적으로 다루며, 인류문화의 보존 및 전달 기능을 담당하고 있는 도서관과 정보센터의 목표와 기능을 다룬다.

색인·초록론

색인 및 초록의 역사, 기능, 기본적 원리, 용어 등을 논하고 각종 색인 및 초록을 비교 고찰하고, 색인 및 초록의 작성법을 익힌다.

서지학개론

한국 및 동양 자료의 판종과 간행, 필사시기를 고증하고 선본 여부를 식별하는 이론과 실제를 교육시켜, 전통자료의 평가 선택 및 문헌정보활동을 원활하게 수행할 수 있는 기초 지식을 부여한다.

시스템분석론

정보서비스 기관의 전산화 또는 새로운 시스템 도입에 필요한 요구사항의 명세화, 필요사항 수집 기법 및 서술 방법론, 데이터흐름도 작성, 시스템 도입 및 평가방법론 등을 강의한다.

웹데이터베이스구축론

이 과목에서 학생들은 다이내믹한 웹페이지를 구현해 내기 위해 웹과 관계형 데이터베이스시스템(RDBMS)을 연결하는 법을 배울 것이다. 웹과 DB를 연결하는 데는 ColdFusion과 Microsoft ASP를 사용할 것이다. 이 과정의 주안점은 다양한 검색 인터페이스를 만들어서, 웹을 통해 데이터를 기록하고, 갱신하고, 삭제할 수 있게 하는 것이다. 학생들은 자세히 설명된 프로젝트 세부 지침들을 참고하고,

Doublin Core를 이용하면서 웹사이트 운영 시스템을 작성할 수 있을 것이다. 각 학생들은 각자의 웹 DB 프로젝트를 완성해 제출하여야 한다. 이에 앞서 HTML에 대한 이해는 필수적이다.

인터넷서비스구축론

이 과정은 다양한 정보환경을 위해 여러 가지 다양한 소프트웨어를 사용하여 실제적인 웹페이지를 작성해 보고 기술을 적용시켜 봄으로써, 훌륭한 웹디자인을 하기 위해 필요한 원칙 및 정보기술들에 초점을 둔다. 성실하게 이 과목을 수강한 학생들은 웹페이지 디자인 원리 및 작성, 유지관리에 보다 친숙해질 것이다. HTML을 사용하여 간단한 웹페이지 정도는 쉽게 만들어 관리할 수 있을 것이고, 온라인상의 프레젠테이션을 위해 계획을 세우고, 이에 필요한 하이퍼텍스트 문서도 적절히 다룰 수 있을 것이다. 그리고 보다 향상된 웹 기능과 기술을 배울 준비가 되는 것이다.

인터넷프로그래밍

이 과정은 자바 언어에 기반을 둔 프로그래밍의 기초를 제공한다. 객체 지향 프로그래밍, 클라이언트－서버 프로그래밍, 그래픽 이용자 인터페이스디자인, 그리고 웹 애플리케이션 개발을 포함해서 인터넷정보시스템 개발과 관련된 여러 가지 기본적인 개념들을 다룬다.

장서구성론

도서관에 소장하여야 할 모든 자료의 선택 기준, 장서 구성 원리, 각종 선택 도구의 평가 및 이용, 검열 문제, 장서 평가법 및 평가 후 처리법, 출판 목록 및 서지 등을 가르쳐 모든 자료의 평가를 다룬다.

전문도서관 · 정보센터경영론

기업체, 은행 및 기타 특수기관 내의 도서관자료조직과 그 운영을 학습함으로써 조직체 내에 종사하는 이들에게 새로운 정보유통과 그 활동을 도와 제 기관의 발전의 주도적인 역할을 하도록 한다.

정보검색론

정보의 축적 및 검색원리, 분류 및 색인 방법, 검색언어 및 효율, 전산기의 이용 등을 다룬다.

정보사회론

정보화에 따른 사회변화의 특징적 요소들을 문화, 기술, 정치, 경제 및 법적인 측면에서 분석하고, 이러한 변화가 도서관 및 정보관에 미치는 영향을 다룬다.

정보시장론

정보경제와 정보시장의 범주와 구조, 정보의 부가가치 프로세스와 관련된 정보시장의 다원화 현상을 강의한다.

정보조직법연습

서양 자료의 분류와 목록에 있어서 가장 기본이 되고 있는 '듀이십진분류법'과 '영미목록규칙'의 이론과 실제를 다룬다.

정보조직법 Ⅰ

서지 자료의 분류 체계에 대한 원리와 역사, 이의 실제 적용 능력의 배양을 목표로 하며, 이 중 듀이십진 분류법을 중심으로 분류의 제 이론과 실제를 다룬다. 아울러 도서기호의 기능과 그 적용과정을 검토한다.

정보조직법 Ⅱ

문헌검색의 도구로서의 목록의 기능과 그 구성요소를 이해하고, 접근점인 표목의 선정과 그 형식을 규정한다. 아울러 표준적인 서지기술에서 규정한 데이터 요소의 기술방법에 따라 실제 목록 작업을 수행하고, 그 결과를 평가하고, 기술 목록의 작성능력을 배양하고, 서지 정보의 유통을 촉진하기 위한 기계 가독형 목록법의 배경과 레코드 구조를 이해하도록 한다.

정보학개론

정보의 성질, 행동, 유통현상, 정보관리의 필요성, 내용, 문제점 및 과제를 고찰하고 정보시스템의 분석, 설계 및 운용방법을 개관한다.

중국서지

중국의 고전자료를 다양하게 엮은 고금의 각종 서목에 대하여 그 개요 및 특성, 목록 체제 및 분류방법 그리고 각 주제 및 유별로 주요한 문헌을 들어 해설하여 중국문헌의 평가 선택, 분류 목록, 서지 정보활동을 원활히 수행할 수 있게 한다.

참고 · 정보봉사론

참고 · 정보봉사 업무를 수행하기 위한 면담, 탐색, 온라인서비스, 이용자 연구와 교육 및 정보봉사 업무의 평가, 기본 자료의 평가를 다룬다.

출판과 저작권

도서관과 정보센터의 봉사 매체인 다양한 출판물의 제작 및 출판과정과 출판물의 이용에 있어서의 저작권의 문제와 특히 전자 출판의 출현과 함께 제기되는 구체적인 저작권 문제를 다룬다.

특수자료조직법

도서자료 이외의 모든 시청각자료에 대하여 유형별로 도서관자료로서의 효용성을 개설하고, 국제 서지기술의 원칙에 근거하여 효율적으로 조직하는 방법의 이론과 실제를 교육한다.

한국서지

한국자료를 다양하게 엮은 고금 각종의 서목에 대하여 그 개요 및 특징, 목록 체계 및 분류방법 그리고 각 주제 및 유별로 주요 문헌을 강의하여 한국문헌의 평가 선택, 분류 목록 및 서지 정보활동을 원활하게 수행할 수 있게 한다.

석 박 사 교 과 과 정

구분	교과목명	학점	시간
석사과정	기록관리연구 (Seminar in Archiving)	3	3
	대학도서관경영론연구 (Advanced Management of College and University Library)	3	3
	도서관·정보센터경영론연구 (Seminar in Management of Libraries)	3	3
	목록학사 (History of Cataloging)	3	3
	분류학사 (History of Classification)	3	3
	인터넷서비스구축 및 관리연구 (Seminar on Building and Managing Internet Services)	3	3
	장서구성법연구 (Seminar in Collection Building)	3	3
	정보문해연구	3	3
	정보사회론연구 (Information Sociology)	3	3
	정보행위이론연구 (Seminar in Information Behavior)	3	3
	지식조직론 (Knowledge Organization)	3	3
	참고·정보봉사론연구 (Seminar in Reference and Information Services)	3	3
	특수정보조직법연구 (Advanced Cataloging of Special Materials)	3	3
	한국체계서지학 (Korean Systematic Bibliography)	3	3
석·박사 통합과정	고문서학연구 (Seminar in Paleography)	3	3
	고문헌색인초록법 (Abstracting and Indexing of Classic Materials)	3	3
	고문헌서체연구 (Styles of Penmanship in Classic Materials)	3	3
	고전자료조직법연구 (Advanced Cataloging in Classic Materials)	3	3
	대학도서관경영기법연구 (Seminar in Management of College and University Library)	3	3
	데이터베이스설계론연구 (Seminar in Database)	3	3
	도서관·정보센터경영기법연구 (Seminar in Management of Libraries)	3	3

구분	교과목명	학점	시간
석·박사 통합과정	도서관건축설비연구 (Seminar in Library Building and Equipment)	3	3
	도서관평가법연구 (Seminar in Library Evaluation)	3	3
	디지털도서관연구 (Advanced Digital Library)	3	3
	메타데이터관리연구	3	3
	문헌보존공학 (Book Conservation)	3	3
	문헌정보표준화연구 (Seminar in Standard of Information and Documentation)	3	3
	비교문헌정보학 (Comparative Librarianship)	3	3
	사본론연구 (Seminar in Manuscript)	3	3
	서비스품질관리론특강 (Studies in Library Service Quality)	3	3
	서양도서관사연구 (Seminar in History of Western Libraries)	3	3
	서지학연구 (Seminar in Bibliography)	3	3
	시멘틱웹시스템구축론연구	3	3
	연구방법론 (Advanced Research Methodologies of Library and Information Science)	3	3
	웹기반시스템연구 (Advanced Web Based System)	3	3
	웹데이터베이스구축론연구 (Seminar on Designing Web-Based Database Systems)	3	3
	자동색인연구 (Seminar in Computer-based Indexing)	3	3
	정보검색연구 (Advanced Information Retrieval)	3	3
	정보공학연구 (Information Engineering)	3	3
	정보매체연구 (Advanced Information Media)	3	3
	정보문해특강	3	3
	정보분석평가론연구	3	3
	정보사회학 (Advanced Analysis of Information Society)	3	3

구분	교과목명	학점	시간
석·박사 통합과정	정보시스템연구	3	3
	정보시장론연구 (Seminar in Information Market)	3	3
	정보정책연구 (Seminar in Information Policies)	3	3
	정보조직법연구 (Advanced Cataloging)	3	3
	중국체계서지학 (Chinese Systematic Bibliography)	3	3
	중국형태서지학	3	3
	지식관리시스템연구 (Advanced Knowledge Management System)	3	3
	참고·정보봉사방법연구 (Seminar in Reference and Information Services)	3	3
	출판·저작연구 (Seminar in Copyright)	3	3
	컴퓨터그래픽연구 (Seminar in Computer Graphic)	3	3
	통계처리 및 분석론연구 (Seminar on Statistical Analysis and Interpretation)	3	3
	학술정보서비스연구	3	3
	한국도서관사연구 (Seminar in History of Korean Library)	3	3
	한국형태서지학 (Seminar in Physical Bibliography of Korean Materials)	3	3
	한·중·일도서교류사연구 (Seminar in History of Book Trade)	3	3
박사과정	고문헌감정특강 (Seminar in Connoisseurship of Old Books)	3	3
	공공도서관경영론특강 (Seminar in Management of Public Library)	3	3
	교감학특강 (Seminar in Emendation)	3	3
	금석자료특강 (Epigraphy)	3	3
	데이터모델링특강 (Seminar on Data Modeling)	3	3
	데이터의미관리특강	3	3
	도서관·정보센터경영론특강 (Seminar on Management Techniques of Libraries and Information Centers)	3	3

구분	교과목명	학점	시간
박사과정	도서관사회학 (Library Sociology)	3	3
	도서관정책론 (Seminar in Library Policies)	3	3
	도서관발달사특강	3	3
	디지털기록관리특강 (Digital Archiving)	3	3
	멀티미디어특강	3	3
	목록학특강 (Seminar in Cataloging)	3	3
	분류학특강 (Seminar in Library Classification)	3	3
	비교목록학 (Comparative Cataloging)	3	3
	비교분류학 (Comparative Classification)	3	3
	이용자연구특강 (Studies of Information User)	3	3
	인터넷관리특강 (Seminar in Internet Management)	3	3
	인터페이스디자인특강 (Seminar on Interface Design)	3	3
	장서구성법특강 (Advanced Collection Building)	3	3
	정보검색특강 (Seminar in Information Retrieval)	3	3
	정보교육특강 (Teaching Methods in Library and Information Science)	3	3
	정보네트워크특강 (Advanced Information Networking)	3	3
	정보문화론특강 (Seminar in Information Culture)	3	3
	정보봉사특강 (Advanced Information Services)	3	3
	정보시스템분석법특강 (Information Systems Analysis)	3	3
	학술커뮤니케이션특강	3	3

석 박 사 교 과 내 용

고문헌감정특강(Seminar in Connoisseurship of Old Books)

고문헌의 감정과 관련한 제반 이론과 실제를 강의함으로써 고문헌의 목록작성 및 봉사에 임할 수 있는 감정능력을 배양한다.

고문헌색인초록법(Abstracting and Indexing of Classic Materials)

고문헌의 색인과 초록에 대한 기존의 방법을 분석하며, 새로운 기술 도입사례와 더 나은 방법론적 가능성을 연구한다.

고문헌서체연구(Styles of Penmanship in Classic Materials)

고문헌에 나타나는 書體의 시대별·지역별·개인별 특성의 연구를 통하여 고문헌의 필사 또는 간행의 시대를 밝힐 수 있는 소양을 배양한다.

고전자료조직법연구(Advanced Cataloguing in Classic Materials)

고전자료의 조직에 관한 제 이론을 탐구하고 국내외의 주요 고서목록의 조사·비평을 통하여 고전자료 조직에 대한 정확한 이해와 실천의 능력을 배양한다.

교감학특강(Seminar in Emendation)

정확한 원문의 복원을 목표로 수행하는 교감학의 제반 이론과 역사를 강의하고, 이의 실천방법의 탐구를 통하여 고전자료에 대한 이해를 높인다.

금석자료특강(Epigraphy)

한국과 중국의 금석학의 연구사와 그 응용방법의 탐구를 통하여, 서적산생 이전 시대에 있어서의 금석문의 가치와 서적제도 발생 이후 시대에서의 서적과 금석의 관계 등, 금석자료에 대한 이해를 증진한다.

기록관리연구(Seminar in Archiving)

아카이브의 기록물 보호와 보존, 아카이브 소장물의 효율적 관리방법 및 관련 연구결과를 다룬다.

대학도서관경영론연구(Advanced Management of College and University Library)

대학도서관의 자원, 봉사, 체계, 정책 등 경영관리 제반 문제를 다룬다.

데이터모델링특강(Seminar on Data Modeling)

이 세미나는 개체-관계 모델과 UML을 사용하여 데이터베이스 디자인을 수행하는 데 관련된 이론과 원칙들을 논의할 것이다. 또한 학생들은 개발한 개념적 모델들을 구축 모델로 변환시키는 법칙을 배우게 된다.

도서관 · 정보센터경영론연구(Seminar in Management of Libraries)

도서관 및 정보센터의 일반적인 경영활동, 즉 기획, 조직, 인사, 재정 및 평가 등과 관련된 당면 주요 문제를 다룬다.

도서관 · 정보센터경영론특강(Seminar in Management of Libraries)

도서관 및 정보센터의 일반적인 경영활동, 즉 기획, 조직, 인사, 재정 및 평가 등과 관련된 당면 주요 문제를 다룬다.

도서관사회학(Library Sociology)

사회 속에서 과거, 현재, 미래의 중추적 · 사회적인 기관으로서 도서관의 제 역할과 기능을 연구한다.

도서관정책론(Seminar in Library Policies)

국가 수준의 도서관 및 정보센터에 대한 진흥 및 발전과 관련한 정책의 개발, 수립, 집행 및 지도 등과 관련된 주제를 다룬다.

도서관평가법연구(Seminar in Library Evaluation)

도서관 이용에 대한 접근 및 편리성, 자료 유용성 평가, 장서평가, 참고봉사의 평가 등 도서관봉사의 제반적인 평가를 통해 도서관봉사의 범위를 정하여 도서관 평가의 기준을 설정하며 도서관봉사의 질을 높일 수 있는 방법을 연구한다.

디지털기록관리특강(Digital Archiving)

석사과정의 기록관리 연구를 토대로 아카이브 소장물의 디지털화 방법 및 디지털화의 기술적, 조직적, 경제적 관련 사안을 다룬다.

디지털도서관연구(Advanced Digital Library)

컴퓨터에 의한 기본적 정보처리 기술에 대한 이해를 토대로 텍스트, 음성, 화상, 영상 및 멀티미디어 정보의 처리와 관련된 다양한 기술적 방법을 습득한다.

목록학사(History of Cataloging)

중국과 한국에서 편찬된 역대의 주요 목록을 분석하여 목록기술의 방법과 기준의 변천 및 그 특징을 연구하고, 아울러 각 목록 편찬자의 목록학에 끼친 업적을 분석 토론함으로써, 목록과 목록학자들에 대한 깊이 있는 지식을 배양한다.

목록학특강(Seminar in Cataloging)

도서관자료의 목록을 위한 제 이론을 연구한다.

문헌보존공학(Book Conservation)

조상들의 문화적 유산인 문헌을 후대에 보존, 활용 및 관리하는 환경적 요인을 찾아 이를 원형 그대로의 보존을 영구적으로 할 수 있도록 연구한다.

분류학사(History of Classification)

도서관에 있어서 자료 분류의 기초적인 이론에서부터 차원 있는 제 이론을 체계적인 원리를 통해 사적으로 연구한다.

분류학특강(Seminar in Library Classification)

도서관자료의 분류를 위한 제 이론을 연구한다.

비교목록학(Comparative Cataloging)

도서관자료의 목록을 위한 제 이론을 비교한다.

비교문헌정보학(Comparative Librarianship)

도서관학의 기원 및 미국, 유럽, 일본, 중국 및 한국의 도서관학 발전과정과 각국의 특징적인 중점 연구 주제를 비교 분석하여 국내 도서관학 발전의 지표로 삼는다.

비교분류학(Comparative Classification)

도서관자료의 분류를 위한 중요한 제 분류법의 체계를 비교한다.

서비스품질관리론연구(Studies in Library Service Quality)

도서관 및 정보센터가 제공하는 서비스의 질을 측정, 평가하고 서비스 질의 개선을 위한 다양한 방안을 다룬다.

서양도서관사연구(Seminar in History of Western Libraries)

도서관의 발생배경과 그 내용 및 성격을 문화사적 시각에서 탐구함으로써 현재의 도서관을 평가하고 미래의 도서관을 설계하는 데 필요한 안목을 키운다.

서지학연구(Seminar in Bibliography)

신라의 목판인쇄술·금속활자의 발명·제지술의 전래와 전개 등 서지학 연구상의 중요한 쟁점들에 대하여 연구사적 시각에서 종합적으로 분석 탐구함으로써, 서지학연구의 현황과 전망에 대한 이해를 제고한다.

웹데이터베이스구축론연구(Seminar on Designing Web-Based Database Systems)

이 세미나에서 학생들이 다이내믹한 웹페이지를 구현해 내기 위해 웹과 관계형 데이터베이스시스템을 연결하는 기술에 대해 논의할 것이다. 이 세미나의 주안점은 다양한 검색 인터페이스의 작성, 웹을 통해 효과적인 데이터 입력, 데이터 갱신과 삭제 등의 기술에 초점을 맞출 것이다. 각 학생들은 각자의 실제적인 유용성을 입증할 만한 웹데이터베이스 프로젝트를 완성해 내야 한다. 이에 앞서 HTML과 데이터베이스 디자인에 대한 이해는 필수적이다.

이용자연구특강(Studies of Information User)

도서관 및 정보센터의 효과적인 봉사를 위한 기반인 이용자의 요구 및 행태에 관한 다각적인 관점을 다룬다.

인터넷서비스구축 및 관리연구(Seminar on Building and Managing Internet Services)

이 세미나는 훌륭한 웹디자인을 하기 위해 필요한 원칙 및 정보기술들과 효과적인 웹 자원관리에 초점을 둔다. 또한 HTML, XML, SGML, Dublin Core, Resource Description Framework 등의 주제도 이 세미나에서 다루게 될 것이다.

인터페이스디자인특강(Seminar on Interface Design)

이 세미나는 컴퓨터 기반 정보시스템에서 휴먼인터페이스디자인과 관련된 기본적인 원리들을 소개할 것이다. 거론되는 주요 토픽들은 인터페이스디자인에서 개념적인 모델의 역할을 비롯해서 인간의 정보처리 능력의 한계, 업무분석, 최근의 시스템 인터페이스에 이용될 수 있는 스타일, 인터페이스디자인 평가방법 등이다.

자동색인연구(Seminar in Computer-based Indexing)

컴퓨터에 의한 자동색인 이론과 기술적 방법론을 습득한다.

장서구성법특강(Advanced Collection Building)

도서관에 소장하여야 할 모든 장서의 구성에 대한 균형 있는 조직, 예산, 평가 및 협력에 대한 제반 사항을 연구한다.

정보검색연구(Advanced Information Retrieval)

IRS 등의 분석 및 실험용 DB 구축을 통한 실제 검색기법들을 연구한다.

정보검색특강(Seminar in Information Retrieval)

정보검색 성능을 측정하는 다양한 이론을 비교 분석하며, 이를 토대로 새로운 검색기술 및 새로운 검색엔진의 효율성을 분석한다.

정보공학연구(Information Engineering)

정보처리에 필요한 하드웨어의 다양한 종류, 각각의 시대적 비전과 발전 경향, 기술적 특성 등을 연구한다.

정보교육특강(Teaching Methods in Library and Information Science)
국내의 문헌정보학 교육 변천과정, 선진국의 문헌정보학 교육과정에 대한 분석, 교육과정의 개선을 위한 다양한 프로젝트 결과를 분석하며 이를 토대로 우리의 실정에 적합한 문헌정보학 교육에 대하여 토론한다.

정보네트워크특강(Advanced Information Networking)
정보시장의 발달상황과 정보뱅크와 네트워크의 유형 및 특징 그와 관련된 제 문제점을 고찰한다.

정보매체연구(Advanced Information Media)
문헌정보를 전달하는 미디어의 개괄 및 분석 그리고 최근의 멀티미디어에 대한 연구를 통해 도서관과 정보봉사기관의 전산화에 대한 응용지식을 갖추도록 한다.

정보봉사특강(Advanced Information Services)
정보봉사와 관련된 제 이론을 분석하며, 특히 개인적 정보요구, 사회적 정보수요 및 개인적, 사회적 정보행위 이론에 근거하는 정보봉사의 모델을 연구한다.

정보사회론연구(Information Sociology)
학술 및 전문정보봉사기관과 이용자의 관계를 사회학적 측면에서 다룬 이론들의 개괄과 분석을 통하여 이론적 연구와 실증적 조사의 토대를 제공한다.

정보시장론연구(Seminar in Information Market)
정보사회와 정보경제 및 정보시장의 관련성, 정보의 부가가치 프로세스와 정보시장의 관련성, 정보시장과 정보자원관리의 관련성 및 정보시장 구조의 다원화 문제들을 다룬다.

정보정책연구(Seminar in Information Policies)
도서관정책, 과학기술진흥정책, 전기통신정책 등의 정보화 관련 정책의 관련성을 연구하며 국가별·시대별 비교 분석을 하고 또 현시적 국내·외의 정보정책들에 대한 분석을 시도한다.

정보조직법연구(Advanced Cataloguing)
도서관자료의 조직을 위한 제 이론을 연구한다.

정보행위이론연구(Seminar in Information Behavior)
인식론에 근거한 사이버네틱스, 일반 행동이론에 대한 지식을 배양하며 정보행위에 관한 제 이론을 비교 분석하여 정보봉사에 적용시킬 수 있는 이론적, 실제적 능력을 배양한다.

중국체계서지학(Chinese Systematic Bibliography)
한서예문지·수서경적지 등의 史志書目과 숭문총목·사고전서 총목제요 등의 관찬서목 및 직재서록해

제·군재독서지 등 사찬서목 등 주요 서목의 내용과 그 특성 및 영향 등을 체계적이고도 분석적으로 탐구함으로써 중국 역대서목에 대한 이해를 높인다.

지식조직론(Knowledge Organization)

지식의 정보학적 의미, 구조, 형태 등을 익히며 지식들의 체계적 극복을 위한 보조도구, 발전형태 및 문제점들을 분석함으로써 분류와 정보검색 분야에 필요한 언어학적 토대를 제공한다.

참고·정보봉사론연구(Seminar in Reference and Information Services)

정보봉사기관의 전통적 유형과 새로운 유형, 정보봉사 실무의 전통적 유형과 새로운 유형, 정보봉사 평가법 등을 다룬다.

컴퓨터그래픽연구(Seminar in Computer Graphic)

인터넷관리와 관련하여 홈페이지와 독립적 데이터베이스를 구축할 수 있는 컴퓨터그래픽 프로그램을 비교 분석하며 실제에 적용할 수 있는 응용지식을 배양한다.

특수정보조직법연구(Advanced Cataloging of Special Materials)

특수자료의 분류 및 이를 토대로 한 목록법을 연구한다.

한국도서관사연구(Seminar in History of Korean Library)

고대에서 근세에 이르는 시기의 한국에서의 도서관의 역사를 개관하고, 그 가운데서 쟁점들을 중점적으로 연구·검토함으로써 현재의 한국의 도서관을 되돌아보고 미래의 도서관을 전망할 수 있는 소양을 배양한다.

한국체계서지학(Korean Systematic Bibliography)

역대의 판각목록·장서목록·문헌서목을 시대별, 주제별, 목록별로 심도 있게 연구·토론함으로써, 한국전적에 대한 종합적이고도 심도 있는 이해의 능력을 기른다.

한국형태서지학(Seminar in Physical Bibliography of Korean Materials)

서적의 간행에 관련된 활자, 장정, 지질, 인쇄요구 등 판본학적 지식을 체계적으로 연구함으로써 한국의 고서적의 관종별 특성에 대한 이해를 높인다.

한중일도서교류사연구(Seminar in History of Book Trade)

고대에서 최근세에 이르는 시기의 한국과 외국 간의 도서의 교류를 역사적으로 탐구, 토론함으로써 한국 고문헌에 대한 역사적 이해의 능력을 기른다.

교 육 대 학 원 교 과 과 정

구분	교과목명	학점
전공	데이터베이스개발론	2
	도서관사특강	2
	도서관서비스품질관리론	2
	도서관이용교육론	2
	도서관자동화론	2
	도서관정보센터운영론	2
	도서관정책론	2
	독서교육론	2
	독서교육특강	2
	독서치료론	2
	멀티미디어특강	2
	문헌정보학연구법	2
	미디어센터운영론	2
	서지학특강	2
	인터넷관리특강	2
	자료보존론	2
	자료조직론	2
	자료조직법연구	2
	장서구성법	2
	정보검색론	2

구분	교과목명	학점
전공	정보네트워크론	2
	정보시스템론	2
	정보화교육특강	2
	참고·정보봉사특강	2
	한국체계서지학	2
	한국형태서지학	2

▷ 전공 소개

전문직 사서와 정보전문가를 양성하기 위하여 1975년에 학부에 도서관학과로 시작되었고, 대학원 과정은 1983년에 개설되었다. 정보화사회에 발맞춰 정보전문가의 역할이 증대하고 중요해짐에 따라 1991년에 학부 명칭을 문헌정보학과로 변경하고 교과과정을 대폭 수정하였으며, 이어 보다 전문적이고 실무적인 과목으로 소개하고 있다. 보다 효과적인 교육을 위하여 1998년에 PC 실습실(본관 211호)을 개설하였고, 이어 전자출판 교육 등을 위해 전자출판 실습실(본관 219호)을 운영하고 있다. 또한 학과 개설 30주년을 맞아 2006년에 박사과정이 설립되었다.

▷ 교육목표

- 문헌정보학의 전문적 이론과 실습을 통해 사서 및 아키비스트 등 최고의 문화 관리인을 배출한다.
- 정보학의 전문적 지식과 소양을 갖춘 정보전문가로 교육한다.
- 최신 정보기술과 실무적 교육을 통한 실무형 정보전문가를 양성한다.
- 각종 분야의 전문 정보처리를 위한 학제적 연구로써 인접 및 응용학문에 대한 체계적인 지식을 쌓도록 교육한다.
- 이상의 목표에 따라 지식정보사회를 이끌어 갈 정보지도자를 양성, 배출한다.

▷ 교수진

- 이희재   서지학, 기록관리학   hee0612@sookmyung.ac.kr   02-710-9370
- 김성혁   정보학   ksh@sookmyung.ac.kr   02-710-9371
- 이춘실   과학계량학, 과학문헌   cslee@sookmyung.ac.kr   02-710-9372
- 오경묵   정보조직, 지식경영   kmoh@sookmyung.ac.kr   02-710-9883
- 장윤금   정보서비스론   yunkeum@sookmyung.ac.kr   02-710-7120

▷ **대학원의 설치 여부**

숙명여자대학교 대학원은 문헌정보학이라는 이름으로 석·박사과정을 설치하고 있다.

▷ **대학원의 교육목표**

· 문헌정보학의 전문적 지식과 소양을 갖춘 정보전문가를 교육한다.
· 현장감 있는 교육과 첨단 정보기술 습득을 통한 실무형 정보전문가를 양성한다.
· 각 분야의 정보 및 문헌을 처리하기 위한 학제적 연구와 응용이 필요하므로 이를 위한 인접학문 또는 응용학문에 대한 체계적인 지식을 쌓도록 한다.
· 이상의 목표에 기반을 두어 미래의 정보화 사회를 선도해 나갈 엘리트 집단을 양성·배출한다.

▷ **학과 연락처**

· 홈페이지   http://lis.sookmyung.ac.kr
· 학과 전화번호   02 - 710 - 9373

학 부 교 과 과 정

학년	교과목명	학점	시간
1	문헌정보학개론 (Introduction to Library and Information Science)	3	3
	온라인정보검색연습 (Online Information Retrieval)	3	3
2	문헌데이터베이스론 (Bibliographic Database)	3	3
	인터넷정보원 (Internet Resources)	3	3
	정보분류체계론 (Information Classification)	3	3
	정보서비스론 (Information Service)	3	3
	정보센터·도서관경영론 (Information Center & Library Administration)	3	3
	정보와 사회커뮤니케이션 (Information and Social Communication)	3	3
	정보조직체계론 (Information Cataloging)	3	3
	최신정보기술동향 (Current Status of Information Technology)	3	3
3	과학기술정보원 (Science and Technology Information Resources)	3	3
	독서지도 (Reading Guidance)	3	3
	독서치료 (Bibliotherapy)	3	3
	멀티미디어정보론 (Multimedia Resources)	3	3
	문헌커뮤니케이션론 (Theory And Practice of Written Communication)	3	3
	인문·사회과학정보원 (Humanities & Social Sciences Information Resources)	3	3
	정보검색 (Information Retrieval)	3	3
	정보시스템론 (Information Systems)	3	3
	정보자원개발 (Collection Development)	3	3
	콘텐츠구조론 (Contents Structure Engineering)	3	3

학년	교과목명	학점	시간
4	보존기록관리 (Archives and Records Administration)	3	3
	색인 및 초록작성 (Indexing And Abstracting)	3	3
	의미웹개론 (Introduction to the Semantic Web)	3	3
	전자출판 (Electronic Publishing)	3	3
	전자학술지구축 및 운영 (Managements of e-journal databases)	3	6
	정보센터·도서관·출판실습 (Field Work)	3	3
	정보의 전자상거래 (Electronic Commerce for Information)	3	3
	정보이용지도 (Reading Guidance)	3	3
	현장실습 Ⅰ (Practical Work Experience Ⅰ)	3	6
	현장실습 Ⅱ (Practical Work Experience Ⅱ)	3	6
	현장실습 Ⅲ (Practical Work Experience Ⅲ)	3	6
	현장실습 Ⅳ (Practical Work Experience Ⅳ)	3	6

학 부 교 과 내 용

과학기술정보원(Science And Technology Information Resources)

학술잡지, 연구보고서, 특허자료, 통계자료, 카탈로그, 학위논문, 국제관계자료, 산업기술자료 등의 국내외 주요 정보원에 대한 특성과 검색 및 이용법을 분야별로 강의한다.

독서지도(Reading Guidance)

아동/청소년 문학에 대한 이해와 독서지도 자료의 선택, 평가 및 프로그램을 학습한다. 또한 도서관에서의 아동/청소년을 위한 서비스를 연구한다.

독서치료(Bibliotherapy)

독서치료는 책을 사용하여 독자의 성격을 측정하고 정신적 또는 심리적 치료를 함으로써 독자의 자기이해와 자아개발을 돕도록 하는 과정을 말한다. 이 수업에서는 독서치료의 이론적 발달과 역사를 공부할 뿐 아니라 실제로 다양한 작품을 읽고 토론하며, 구체적인 적용을 학습함으로써 전문 독서치료자의 자질을 습득하게 된다.

멀티미디어정보론(Multimedia Resources)

필름, 비디오자료, 오디오자료, 슬라이드, 지도, 포스터, 사진, 그림, 팸플릿, 마이크로폼, 모형 및 실물자료, CD-ROM, 멀티미디어 Computer Software 등 멀티미디어 정보자원의 선택, 입수, 조직 및 관리, 그리고 관련 정보기술을 다룬다.

문헌데이터베이스론(Bibliographic Database)

문헌데이터베이스 구성과 교환에 필요한 기본지식과 대표적인 데이터베이스 모형인 관계모형, 계층모형, 네트워크모형의 이론과 구조를 강의한다. 문헌데이터베이스의 개발과 효율적인 관리 및 운영 등을 다룬다.

문헌정보학개론(Introduction To Library And Information Science)

도서관학과 정보학의 개념과 발전과정, 정보의 생산, 선택, 변환, 축적, 탐색, 이용의 원리 및 기술을 개괄적으로 다룬다. 문헌정보학과 다른 학문 분야와의 연계성, 문헌정보학과 컴퓨터, 문헌정보학과 정보화사회 등도 강의한다.

문헌커뮤니케이션론(Theory And Practice Of Written Communication)

문헌커뮤니케이션으로서의 서지학의 이론적 연구방법 및 실제적인 연구대상을 동서양의 연구방법의 제이론, 서지목록적 측면, 형태물리적 측면 그리고 학제적 측면을 통해 공부한다.

보존기록관리(Archives And Records Administration)

영구적 가치로 기록보존을 연구하고 세부적인 사항을 강의한다.

색인 및 초록작성(Indexing and Abstracting)

정보검색시스템의 기본이 되는 색인, 초록법에 대한 이론 및 실제와 각종 색인지, 초록지의 사용법, 서지통정 등에 관하여 강의한다.

온라인정보검색연습(Online Information Retrieval)

인터넷자료 등 각종 데이터베이스의 온라인 검색 실습을 통하여 정보검색의 원리와 방법론을 이해하고 고급수준의 정보검색기법을 습득하도록 한다.

의미웹개론(Introduction to the Semantic Web)

웹의 응용 분야인 시멘틱웹과 관련된 다양한 문제들, 예를 들어 온톨로지, 토픽 맵, Rdf 등을 강의한다.

인문 · 사회과학정보원(Humanities & Social Sciences Information Resources)

인문과학 분야 · 사회과학 분야의 유용한 정보자료를 조사 및 검토한다.

인터넷정보원(Internet Resources)

Internet을 이용하여 양질의 정보를 효율적으로 찾는 법을 습득하도록 한다. E-Mail, Usenet, Ftp, Gopher, WWW 등의 Internet 서비스, 인터넷 검색엔진의 활용법, 그리고 Internet 이용과 관련된 사회적인 문제, 관리상의 문제 등에 대하여 강의한다.

전자출판(Electronic Publishing)

데스크 탑 출판, 웹출판, 전문 및 원문 데이터베이스, 멀티미디어 데이터베이스 구축을 비롯하여, 전자출판의 실제를 경험할 수 있는 여러 가지 프로젝트를 수행한다. 또한 기존의 인쇄출판, 그리고 새로운 전자적 환경에서의 전자출판이 지식전달체계에서 갖는 역할, 구조, 경제성 등에 대하여 비교한다.

전자학술지구축 및 운영(Managements Of E-Journal Databases)

전자학술지 데이터베이스의 구축과 운영, 그리고 배포 및 이용의 전 과정에 적용되는 핵심 기술과 표준에 대하여 이론적 배경을 고찰하고, 전자학술지의 Xml 처리 등 구축 실무 작업의 실습을 통하여, 전자학술지 관련 전문 기술을 연구한다.

정보검색(Information Retrieval)

정보의 주제 분석법, 초록법, 색인작성법, 시소러스 작성법, 정보의 탐색과 평가 등 정보검색 과정과 정보검색시스템 설계의 기본요소, 데이터베이스에 의한 정보검색, 국내 · 외 정보검색, 시스템의 사례를 개관한다.

정보분류체계론(Information Classification)

세계의 주요 학술정보 분류표를 소개하고, 널리 이용되는 듀이십진분류법과 한국십진분류법의 역사, 원칙 및 분류법을 다룬다.

정보서비스론(Information Service)

정보서비스의 기능, 정보자료의 평가기준, 기본 참고자료의 분석·평가 및 이용법을 다룬다.

정보센터·도서관·출판실습(Field Work)

4주일간 도서관 및 정보센터에서 선임 실무자의 지도 아래 학교에서 배운 바를 실무를 통해서 익힌다.

정보센터·도서관경영론(Information Center & Library Administration)

정보센터와 도서관의 전반적 운영과 기획 및 목표수립·조직·직원 및 감독·재무행정·예산편성 등의 제반 업무에 관한 경영을 다룬다.

정보시스템론(Information Systems)

정보시스템의 정의, 구조, 정보시스템을 설계하기 위한 시스템의 분석, 설계, 비용과 효과, 정보시스템의 운영 및 평가, 정보시스템의 사례 등을 다룬다.

정보와 사회커뮤니케이션(Information And Social Communication)

정보사회로의 전개과정, 정보과학의 발달, 인간 및 기계 커뮤니케이션, 정보사회에서의 정보기관의 역할 등을 통해 사회적 커뮤니케이션 속에서의 정보의 흐름과 영향력을 그 개념, 방법, 기술적 측면들과 함께 다룬다.

정보의 전자상거래(Electronic Commerce For Information)

정보의 전자상거래의 전반적인 흐름과 문헌정보학 관점으로 경영학과 연계하여 전자상거래에 대해서 강의한다.

정보이용지도(Reading Guidance)

문학에 대한 이해와 독서자료의 선택 및 평가능력, 독서지도의 원칙 및 방법을 다룬다.

정보자원개발(Collection Development)

지식정보자원의 개발 및 선택이론, 선택정책, 주제별 자료선택, 선택도구 등의 선택문제와 도서 및 다른 자료의 출판 및 마케팅과 수서문제를 다루며 효과적인 장서의 구성 및 유지의 방법을 다룬다.

정보조직체계론(Information Cataloging)

목록의 원칙과 실제적용, 도서관, 정보센터 자료의 기술, 정보서비스를 위한 자료의 조직 및 자료의 주제

표시 등을 다룬다.

최신정보기술동향(Current Status of Information Technology)

웹서비스, 메타데이터 응용, 그리드서비스 등과 같은 최신 정보기술의 동향과 발전방향 등을 강의한다.

콘텐츠구조론(Contents Structure Engineering)

인쇄된 문서가 지니고 있는 구조를 분석하고, 분석된 결과를 구조화하기 위한 방법론을 다룬다. 문서분석방법론, Xml, Xslt 등을 강의한다.

현장실습 Ⅰ(Practical Work Experience Ⅰ)

도서관, 출판사, 정보센터와 같은 정보서비스 분야에서의 현장업무 경험을 익힌다.

현장실습 Ⅱ(Practical Work Experience Ⅱ)

도서관, 출판사, 정보센터와 같은 정보서비스 분야에서의 현장업무 경험을 익힌다.

현장실습 Ⅲ(Practical Work Experience Ⅲ)

도서관, 출판사, 정보센터와 같은 정보서비스 분야에서의 현장업무 경험을 익힌다.

현장실습 Ⅳ(Practical Work Experience Ⅳ)

도서관, 출판사, 정보센터와 같은 정보서비스 분야에서의 현장업무 경험을 익힌다.

석 박 사 교 과 과 정

구분	교과목명	학점
공통과정	디지털도서관특론 (Advanced Digital Libraries)	3
	문헌정보학연구방법론 (Research Methods in Library and Information Science)	3
	서지학세미나 (Seminar on Bibliology)	3
석사과정	과학기술문헌 (Science & Technology Information)	3
	과학기술정보론 (Science & Technology Information)	3
	기록문서관리 (Archival Management)	3
	기록 및 문헌관리의 역사 (History Of Writing And Archiving)	3
	멀티미디어정보특강 (Seminar In Multimedia Resources)	3
	문헌구조특론 (Advanced Document Structuring)	3
	서지데이터베이스시스템 (Bibliographic Data Base System)	3
	온라인정보검색 (Online Information Retrieval)	3
	전자출판론 (Seminar In Electronic Publishing)	3
	정보관리와 법률문제 (Legal Issues In Information Works)	3
	정보서비스론 (Advanced Information Service)	3
	정보센터경영론 (Advanced Library Management)	3
	정보시스템특론 (Studies In Information System)	3
	정보자원론 (Information Resources Development)	3
	정보조직특론 (Advanced Classification)	3

구분	교과목명	학점
박사과정	계량정보학 (Informatics)	3
	고전자료조직 (Classification And Meta Data Management Of Ancient Materials)	3
	관종별정보센터연구 (Seminar On Information Centers)	3
	기록관리학연구방법론 (Research Methods Of Archival Studies)	3
	기록물수집평가론 (Acquisition And Appraisal Of Archival Materials)	3
	동양고전강독 (Directed Reading Of Oriental Classics)	3
	디지털아카이브방법 (Digital Archiving Methodology)	3
	메디컬인포매틱스 (Medical Informatics)	3
	문헌정보학연구방법론 Ⅱ (Advanced Research Method In Library And Information Science)	3
	문화정보학 (Cultural Informatics)	3
	방법론적 서지학 (Advanced Methodology Of Bibliology, The Written Communication)	3
	연구지도 Ⅰ (Independent Study Ⅰ)	3
	연구지도 Ⅱ (Independent Study Ⅱ)	3
	온톨로지와 언어정보처리 (Ontology And Language Processing For The Semantic Web)	3
	정보검색 (Information Retrieval)	3
	정보기술 (Information Technology)	3
	정보이용자연구 (Information User Studies)	3
	정보전문직의 최근동향 (Current Studies In Information Fields)	3
	정보정책론 (Comparative Librarianship)	3
	한국의 정법 및 제도사 (History Of Politics And Administrations In Korea)	3
	DBMS (Data Base Management System)	3

석 박 사 교 과 내 용

계량정보학(Informetrics)

정보의 모든 측면에 대한 수학적 이론과 모형화 등을 연구한다. 특히 서지정보의 특성, 발생 및 이용행태 등을 통계적인 기법을 사용하여 서지정보를 분석하는 방법을 다룬다. 또한 정보이론, 색인이론, 검색이론 등 정보학의 이론적인 배경과 이들의 응용을 연구한다.

고전자료조직(Classification And Meta Data Management Of Ancient Materials)

고서와 고문서 등의 국학고전자료의 분류 및 목록방법을 공부하고 이들에 대한 현대적인 주제 해석 및 메타데이터 관리를 통한 완벽한 고전자료 디지털 아카이브를 구축하는 방법을 논구한다.

과학기술문헌(Science & Technology Information)

과학문헌의 발달과정과 학술커뮤니케이션에 대한 이해를 통하여, 과학기술정보의 발생, 유통, 조직, 검색 및 이용, 평가에 대하여 연구한다. 각종 과학기술정보원의 소개 및 고급정보 검색기법에 대하여 강의한다.

과학기술정보론(Science & Technology Information)

과학문헌의 발달과정과 학술커뮤니케이션에 대한 이해를 통하여, 과학기술정보의 발생, 유통, 조직, 검색 및 이용, 평가에 대하여 연구한다. 각종 과학기술정보원의 소개 및 고급정보 검색기법에 대하여 강의한다.

관종별정보센터연구(Seminar On Information Centers)

다양한 정보기관들의 최신 경영 동향과 주요 이슈를 연구한다.

기록관리학연구방법론(Research Methods Of Archival Studies)

기관(Archives)과 기록(Archives)으로서의 관리에 관한 연구로서, 회고적이든 현행적이든 보존적 가치가 있는 모든 형태의 기록물의 수집, 선별, 평가, 분류, 목록, 원문db, 그리고 형태적인 관리 등에 대한 과정이 이론과 실제의 양 측면에서 다루어진다.

기록문서관리(Archival Management)

모든 고문서, 공문서, 사문서 등 형식적 문건에서부터 그 내용, 그리고 종이, 필름, 아날로그 및 디지털매체 등의 형태적 기록물에 이르기까지 그 적절한 정리와 재구성(예를 들어 디지털화 또는 마이크로 형식화), 물리적인 보존 등의 관리 방법을 연구한다.

기록물수집평가론(Acquisition And Appraisal Of Archival Materials)

공적이건 사적이건 개인이건 단체이건 간에 보존될 만한 가치가 인정되는 각종 기록 자료에 대한 적절하고 효율적인 선별수집과 평가방법에 대해 연구한다.

기록 및 문헌관리의 역사(History Of Writing And Archiving)

고대로부터 현대에 이르기까지 동서양의 기록과 문헌에 관한 모든 사항을 다룬다. 문자, 도구, 매체에서부터 그 관리 및 도서관이나 기록관 또는 문서관 등의 기관의 역사까지 연구한다.

동양고전강독(Directed Reading Of Oriental Classics)

경사자집의 각종 유명 고전자료의 직접적인 강독을 통해 동양 고전의 대부분을 차지하는 한문에 대한 실력을 배양하고 각 자료의 내용을 이해한다.

디지털도서관특론(Advanced Digital Libraries)

디지털도서관의 등장배경, 핵심기술, 연구동향 및 세계 주요국의 디지털도서관 구축동향을 강의와 세미나를 병행하면서 강의한다. 디지털도서관의 등장에 따른 미래도서관 이미지를 구축하기 위한 디지털도서관 기술에 초점을 둔다.

디지털아카이브방법(Digital Archiving Methodology)

디지털아카이브방법론의 개념, 이론, 모델 등을 소개하고, 메타데이터의 중요성, 표준화, 구현방법 등을 강의한다.

멀티미디어정보특강(Seminar In Multimedia Resources)

여러 형태의 정보전달매체 중에서 전통적인 인쇄 매체 이외의 다른 매체에 존재하는 모든 정보원에 대하여 선택, 입수, 조직 및 관리, 그리고 관련 정보기술을 연구한다.

메디컬인포매틱스(Medical Informatics)

의학정보 데이터베이스의 구조 분석, 디자인 원리 및 기반 기술, Hci, 의학용어 및 분류체계 등 의학정보 시스템과 관련된 일련의 지식에 대하여 연구한다.

문헌구조특론(Advanced Document Structuring)

인쇄된 문헌의 디지털화에 필요한 기법을 다룬다. 특히 XML을 이용할 수 있도록 XML문법, 문헌분석 기법, 문헌구조화, DTD(Document Type Definition) 개발 등에 관한 방법론 및 XML도구들을 다룬다.

문헌정보학연구방법론 Ⅰ(Research Methods In Library And Information Science Ⅰ)

문헌정보학의 과학적인 연구에 필요한 방법론 및 연구의 개념 등을 다룬다.

문헌정보학연구방법론 Ⅱ(Advanced Research Method In Library And Information Science)

박사과정을 위한 사회과학연구방법론으로 다양한 연구방법론을 문헌정보학 연구에 접목시켜 연구한다.

문화정보학(Cultural Informatics)

문화정보학의 개념, 범위, 연구대상 등을 소개하고, 디지털 측면에서의 학문의 중요성, 미래 전망 등을 강의한다.

방법론적 서지학(Advanced Methodology Of Bibliology, The Written Communication)

석사과정의 서지학 세미나의 심화과정(박사)으로 문헌적 커뮤니케이션 학문으로서의 서지학 또는 문헌학의 심도 깊은 이론 및 방법론의 연구가 이루어진다. 현재까지 정립된 이론을 공부함은 물론, 이를 뛰어넘는 새로운 방향을 모색함으로써 우리 학계의 국제적인 도약을 도모한다.

서지데이터베이스시스템(Bibliographic Data Base System)

대규모 서지 및 원문데이터베이스를 다루기 위한 데이터베이스 기술을 다룬다. 특히 객체지향데이터베이스시스템을 중심으로 데이터베이스 설계와 구현에 대한 이론적인 측면을 강조한다.

서지학세미나(Seminar On Bibliography)

문헌커뮤니케이션으로서 동·서양의 서지학에 관한 이론적 연구방법과 실제로 적용되는 문헌의 도큐멘테이션적 측면, 형태 물리적 측면, 그리고 학제 간 연구 측면을 고찰한다.

연구지도 Ⅰ(Independent Study Ⅰ)

지도교수로부터 개별적 논문지도를 받는다.

연구지도 Ⅱ(Independent Study Ⅱ)

지도교수로부터 개별적 논문지도를 받는다.

온라인정보검색(Online Information Retrieval)

온라인정보검색의 특성, 이론 등을 연구하고 검색기법과 관련된 다양한 이론을 다룬다.

온톨로지와 언어정보처리(Ontology And Language Processing For The Semantic Web)

차세대 웹 기술인 온톨로지 모델링, 개발방법론, 관계성에 대한 이론을 소개하고, 온톨로지 표현 언어인 토픽 맵과 RDF, WOL를 강의한다.

전자출판론(Seminar in Electronic Publishing)

데스크 탑 출판, 웹출판, 전문 및 원문 데이터베이스, 멀티미디어 데이터베이스 구축을 비롯하여, 전자출판의 실제를 경험할 수 있는 여러 가지 프로젝트를 수행한다. 또한 기존의 인쇄출판, 그리고 새로운 전자적 환경에서의 전자출판이 지식 전달체계에서 갖는 역할, 구조, 경제성 등에 대하여 비교한다.

정보검색(Information Retrieval)
정보검색 이론, 발전과정, 검색 과정 및 평가 등에 관해 소개하고, 정보검색의 핵심인 모델링을 중심으로 새로운 이론 및 동향을 소개한다.

정보관리와 법률문제(Legal Issues in Information Works)
정보화사회에서 정보관리와 정보제공에서 일어날 수 있는 여러 가지 윤리적, 법적 문제에 대한 대책방안을 공부한다.

정보기술(Information Technology)
정보시스템의 근간이 되는 각종 정보기술의 최신 동향 및 미래지향적 기술에 대한 고찰을 통하여, 21세기 정보환경에 대한 전문지식을 강의한다.

정보서비스론(Advanced Information Service)
도서관에서 이루어지는 참고봉사를 확대하여 관외에 존재하는 정보원에서 정보를 탐색하여 제공하는 방법, 주로 온라인 탐색에 의한 정보제공 및 이용자의 정보요구파악에 대한 이론적인 연구를 한다.

정보센터경영론(Advanced Library Management)
도서관이나 정보제공기관에서 기관의 운영상 생기게 되는 여러 가지 특수한 문제를 구체적으로 다룬다.

정보시스템특론(Studies in Information System)
정보검색의 기본이 되는 정보유형별 정보시스템을 연구한다. 정보시스템의 유형, 특성 및 개발방법을 다룬다.

정보이용자연구(Information User Studies)
다양한 도서관 및 정보센터의 정보이용자의 정보요구, 정보이용형태, 및 정보이용지도 등을 연구한다.

정보자원론(Information Resources Development)
도서관장서로서의 정보원뿐만 아니라 장소에 상관없이 어느 곳에나 어느 형태로 존재하는 모든 정보자료를 접근하고 구할 수 있는 방법에 대해 공부한다.

정보전문직의 최근동향(Current Studies In Information Fields)
도서관 및 정보 전문직 종사자들의 최신 동향과 연구 과제를 탐색한다.

정보정책론(Camparative Librarianship)

관종이 다른 모든 도서관이나 정보센터가 각국의 문화적, 정치적 상황에서 어떤 기능을 하는가를 비교한다.

정보조직특론(Advanced Classification)

자료의 주제별 분류의 이론과 방법을 익히며 주요 분류표의 사용을 실습을 통해 배우고 여러 가지 형태의 자료에 대한 기술형식과 목록의 표준화, 특히 기계가독형 목록 형식에 대해 고찰한다.

한국의 정법 및 제도사(History Of Politics And Administrations In Korea)

우리나라의 기록물 관리에 있어 제도적으로, 물리적으로 그리고 내용적으로 중요한 뒷받침이 되는 정책과 행정의 역사를 연구한다.

DBMS(Data Base Management System)

데이터베이스를 위한 전통적인 데이터 모델, 질의어, 연산 등을 소개하고, 데이터베이스의 최신 이론 및 기술 등을 강의한다.

신라대학교
인문사회과학대학 문헌정보학과

▷ **전공 소개**

신라대학교는 1979년에 문헌정보학과가 개설이 되었다. 본 전공은 급변하는 정보사회에 적응할 수 있도록 종이매체는 물론 각종 시청각매체 및 전자매체에 이르기까지 다양한 정보자료를 수집, 정리, 축적, 제공하는 데 필요한 각종 이론과 방법을 그 주요 연구대상으로 한다. 특히 시대에 발맞추어 컴퓨터에 의한 정보의 활용 등에 중점을 두고 문헌정보를 컴퓨터에 축적하고 검색하는 기술, 원격지에서 온라인으로 검색하는 네트워크 시스템, 데이터베이스의 관리, 나아가서는 취급하는 정보 그 자체의 탐구, 정보의 사회활동에 있어서의 역할과 기능, 정보의 효과적인 활용방법 등을 연구·교수한다. 또한 현장실습을 통하여 자료의 운용능력을 갖출 수 있도록 한다. 2급 정사서 자격증 소지자는 학교도서관, 대학도서관, 공공도서관, 특수도서관을 비롯하여 각종 정보관리기관의 사서 또는 신문사, 방송국, 각종 기업체, 연구소의 자료 관리 요원으로 진출한다. 재학 중 교직과목을 이수하면 2급 정사서 자격증 외에 초·중·고등학교의 도서관에서 교사와 동등하게 근무할 수 있는 사서교사 자격증을 취득할 수 있다.

▷ **교육목표**

· 문헌정보학 연구의 기초 능력 확립
· 사서 및 사서교사로서의 전문적 자질 함양
· 정보의 유통과 처리능력 함양

▷ **교수진**

· 김영귀	자료조직	ykkim@silla.ac.kr	051-999-5246
· 서혜란	도서관경영	hrsuh@silla.ac.kr	051-999-5290
· 유길호	정보학	khryn@silla.ac.kr	051-999-5275

▷ 대학원의 설치 여부

신라대학교 대학원은 도서관교육이라는 이름으로 교육대학원을 설치하고 있다.

▷ 대학원의 교육목표

1. 학교도서관교육에 필요한 문헌정보학 기초 이론 습득
2. 사서교사 및 사서로서의 전문적 자질 함양
3. 정보와 매체이용 수업의 방법과 처리능력 개발

▷ 학과 연락처

- 홈페이지   http://library2002.silla.ac.kr/index.jsp
- 학과 전화번호   051 - 999 - 5276

학 부 교 과 과 정

학년	구분	교과목명	학점	시간
1	필수	진로지도 Ⅰ-1 (Counselling of life course)	1	1
		진로지도 Ⅰ-2 (Counselling of life course)	1	1
	선택	도서관문화사 (Cultural History of Libraries)	3	3
		문헌정보학의 이해 (Understanding of Library and Information Science)	3	3
2	필수	목록학 (Cataloging)	3	3
		분류학 (Classification)	3	3
		장서관리론 (Collection Management)	3	3
		정보봉사론	3	3
		진로지도 Ⅱ-1 (Counselling of life course)	1	1
	선택	도서관/정보센터경영 (Administration of Libraries & Information Centers)	3	3
		인터넷서비스구축론 (Internet service engineering)	3	3
		인터넷정보검색 (Internet Searching)	3	3
		정보자원과 활용 (Information Resources and Practical Use)	3	3
3	필수	진로지도 Ⅱ-2 (Counselling of life course)	1	1
		목록학연습	3	3
	선택	공공도서관경영 (Public Library Administration)	3	3
		기록관리의 이해 (Information to archives and records management)	3	3
		도서관전산화	3	3
		학교도서관운영	3	3

학년	구분	교과목명	학점	시간
3	선택	독서지도론 (Reading Guidance)	3	3
		분류학연습 (Processing of Materials in Practice – Classification)	3	3
		컴퓨터기초프로그래밍 (Computer Basic Programing)	3	3
		정보콘텐츠구축론 (Information contents engineering)	3	3
		인문·사회과학정보원 (Humanities & Social Science Information Sources)	3	3
4	선택	고전자료조직 (Processing of Oriental Materials)	3	3
		과학기술정보원 (Information Sources in Science and Technology)	3	3
		디지털도서관 (Managing Digital Libraries)	3	3
		사서실습 (Field Work)	2	2
		색인 및 초록 (Indexing and Abstracting)	3	3
		정보검색 (Information Retrieval)	3	3
		정보매체론	3	3
		학술정보관리 (Scientific Information Resources Management)	3	3

학 부 교 과 내 용

고전자료조직(Organization of Oriental Materials)

도서관자료로서의 고전자료의 분류와 목록법 및 전통적인 분류와 목록을 배운다. 현대의 분류 목록법을 비교하고 실제 실물자료(고서)를 사용하여 분류, 목록을 실습해 봄으로써 이용자의 중요한 정보자원으로 서의 고전자료의 효율적인 조직을 습득한다.

공공도서관경영(Public Library Administration)

공공도서관의 목적과 특성을 이해하고 도서관 운영의 일반이론을 공공도서관에 적용함으로써 질 높은 서비스를 제공할 수 있는 사서로서의 능력을 기른다.

과학기술정보원(Information Sources in Science and Technology)

국내·외에서 발간된 기술 분야의 유용한 정보자료들을 조사, 검토하고 분야별로 이들 정보원에 대한 전 반적인 이해와 각 자료의 형태별, 종류별 특성에 관한 지식을 습득하게 한다.

기록관리의 이해(Introduction to Archives and Records Management)

기록관리의 기본 개념, 주요 국가의 기록관리제도와 동향의 비교 분석, 기록관리의 제 측면(수집, 평가, 정리와 기술, 이용, 보존)에 대한 국내 및 국제 표준과 기법을 다룸으로써 기록관리 전문가가 갖추어야 할 기본적인 지식과 자세를 배운다.

도서관문화사(Cultural History of Libraries)

문화사적 시각에서 도서관의 기원부터 현대도서관의 추세까지를 조명한다. 도서관의 발전과정을 동서양 을 비롯하여 한국의 도서관과 비교·검토한다.

도서관/정보센터경영(Administration of Libraries & Information Centers)

봉사 지향적인 비영리조직체로서의 특성을 갖고 있는 도서관 및 정보센터의 합리적 운영은 효율적 정보 봉사의 기본적 전제조건이 된다. 그러므로 경영학의 일반이론을 이해하고 그것을 도서관 및 정보센터에 적용시킬 수 있도록 함으로써 도서관 운영자로서의 기본 자질을 갖춘다.

독서지도론(Reading Guidance)

독서지도의 의의, 내용 및 방법을 익히고 독서지도와 도서관 이용능력 검사의 방법을 습득한다.

디지털도서관(managing Digital Libraries)

디지털도서관의 구축과 활용 및 관리에 관련된 제반 문제를 광범위하게 다룸으로써 네트워크 환경에서 유능한 정보전문가가 될 수 있는 능력을 기른다.

문헌정보학의 이해(Understanding of Library and Information Science)

문헌정보학이라는 학문을 전체적으로 개관할 수 있는 기회를 제공함으로써 학문의 성격을 이해하고 전문지식을 쌓을 수 있는 기반을 조성한다. 문헌정보학의 개념과 발달과정, 지식과 정보의 생산과 유통, 정보기술의 발전과 응용, 도서관과 정보센터의 역할 등을 다룬다.

사서실습(Field Work)

문헌정보학 교과목의 결산과목에 해당하는 과목으로서 지금까지 익혀 온 도서관 및 정보기관의 자료수집, 조직, 축적, 제공에 이르기까지의 과정을 세미나 식으로 반복, 평가하고 현장실습을 통하여 이론과 실무와의 차이점을 밝혀 봄으로써 일선 사서로서의 능력과 자질을 기른다.

색인 및 초록(Indexing and Abstracting)

문헌정보학도는 폭넓은 교양과 어학력의 기초 위에 사서들의 일상적 직무에 요구되는 기술을 익혀야 하는데, 본 교과목은 그러한 기술들의 기초가 된다. 목록카드를 제외하고 도서관 등에서 가장 많이 이용되는 색인과 초록서비스의 성장은 전문화된 서비스로 발전되고 있다. 이에 대한 작성법을 익힘으로써 고도로 전문화된 다양한 서지봉사 방법을 개발시킨다.

인문·사회과학정보원(Humanities & Social Science Information Sources)

국내외에서 발간된 인문·사회과학 분야의 주요 자료(인쇄자료 및 전자자료)들을 접하고 각 자료의 형태별, 종류별 특성에 대한 지식, 그리고 이들 정보원에 대한 전반적인 이해와 함께 각 주제 분야에 대한 지식을 습득하고 이해를 도모함으로써 이 분야의 주제전문가로서의 자질을 함양한다.

인터넷서비스구축론(Internet Service Engineering)

인터넷정보서비스에 필요한 프로그래밍언어의 활용능력을 습득한다.

인터넷정보검색(Internet Searching)

인터넷을 활용해서 필요한 정보를 검색할 수 있는 능력을 습득하는 것이 본 교과목의 목표이다. 각종 인터넷정보검색사 시험의 경향을 분석하고 기출문제를 중심으로 학습함으로써 관련 자격증 획득에 대비한다.

목록학(Processing of Materials - Cataloging)

본 교과목은 자료조직연습(목록)의 기반이 되는 바탕과목이다. 고대 점토판의 목록에서 현대의 온라인목록 및 인터넷 목록에 이르기까지의 목록의 역사 및 동서양 목록의 종류와 특징을 배운다. 목록이 가지는 신속하고도 효율적인 자료검색의 일차적 접근수단과 도구로서의 기능과 역할을 습득하여 도서관자료를 목록할 수 있도록 한국목록규칙을 배운다.

목록학연습(Processing of Materials in Practice - Cataloging)

바탕과목인 자료조직(목록)에서 배운 한국목록규칙과 함께 영미목록규칙을 배워 이 규칙들을 적용하여 실제로 목록 및 온라인목록을 실습해 봄으로써 목록의 실제를 배우게 된다. 이 실습과정을 통해 이용자에게 효율적인 자료 검색 수단으로서의 목록의 중요성과 그 기능과 역할을 체득하여 자료조직의 능력을 배양함으로써 도서관현장에서 정보조직전문가로서의 실무능력을 향상시킨다.

분류학(Processing of Materials – Classification)
본 교과목은 자료조직연습(분류)의 기초를 제공하는 바탕과목이다. 분류는 도서관에서 자료를 찾는 중요한 도구이다. 따라서 철학자들의 학문분류에서 오늘날의 문헌분류에 이르기까지 분류이론의 역사와 동서양 분류법의 종류 및 특성을 배운다. 그리고 자료의 주제를 나타내는 검색도구로서의 역할과 서가상의 배열도구로서의 기능을 다룬다. 아울러 분류와 목록의 상호 관련성을 습득한다. 동서양자료를 분류할 수 있도록 한국십진분류법을 배운다.

분류학연습(Processing of Materials in Practice – Classification)
기초과목인 자료조직(분류)에서 배운 분류이론은 듀이십진분류표(DDC)를 사용하여 분류실습을 한다. 저자가 의도한 자료의 주제를 파악하는 여러 방법들을 적용하여 선택한 분류번호의 적합성, 자료검색의 접근점으로서의 효과를 검증하면서 배운다. 이로써 이용자에게 신속하고도 효율적인 자료검색 수단을 제공함으로써 정보조직전문가로서의 자질을 함양한다.

장서관리론(Collection Management)
이용자와 정보를 연계시켜 주는 도서관정보서비스에서 정보를 담고 있는 매체는 중요한 관심사이다. 인쇄매체, 시청각매체, 전자매체로 구성되는 도서관장서의 관리에 관련된 주요 이론을 이해하고 실제에 적용할 수 있는 능력을 기른다.

정보검색(Information Retrieval)
정보학 영역의 핵심과목으로서 필요한 정보를 보다 신속 정확하게 입수할 수 있는 방법, 다양한 정보요구에 대처할 수 있는 시스템을 구축, 유지, 운영하는 방법을 습득시킴으로써 새로운 처리기술에 적응하고 이를 응용할 수 있는 능력을 키운다.

정보자원과 활용(Information Resources and Practical Use)
도서관서비스를 원활하게 수행하기 위하여 이에 필요한 핵심 자원으로서의 지식과 정보를 효과적으로 활용하는 방법을 제시하고 지식정보사회의 흐름과 특성 그리고 새로운 동향을 분석한다.

정보콘텐츠구축론(Information contents engineering)
구조화된 표현을 위한 표준으로서 인터넷, 전자책 등의 분야를 비롯하여 도서관 관련 현장에서 많이 활용되는 XML의 활용능력을 배운다.

컴퓨터기초프로그래밍(Computer Basic Programing)
컴퓨터 프로그래밍의 입문과정으로서 프로그래밍의 개념, 기법 등을 익힌다. C언어를 활용하여 실제 문제를 해결하기 위한 프로그래밍 능력을 배양한다.

학술정보관리(Scientific Information Resources Management)
대학도서관을 비롯한 각종 연구도서관의 장서관리 및 정보서비스의 제반 문제를 다룬다.

교 육 대 학 원 교 과 과 정

구분	교과목명	학점
전공필수	연구과제 (Research Project)	1
전공선택	뉴미디어론 (Seminar in New Media)	2
	도서관경영학특론 (Seminar in Library Administration)	2
	도서관사연구 (Seminar in Library History)	2
	독서교육론 (Seminar in Reading Guidance)	2
	이론목록학 (Theoretical Cataloging)	2
	이론분류학 (Theoretical Classification)	2
	이론정보학 (Theoretical Information Science)	2
	자동화목록법 (Automation of Cataloging)	2
	자료조직방법론세미나 (Seminar on the Methodology of Information Materials Organization)	2
	정보검색교육론 (Education Theory of Information Retrieval)	2
	정보관리교육론 (Theory of Information Management)	2
	정보네트워크 (Information Network)	2
	정보능력개발연구 (Studies in Information Literacy)	2
	정보서비스세미나 (Seminar on Information Services)	2
	정보정책론 (Information Policy)	2
	주제별전문서지특론 (Seminar in Subject Bibliography)	2
	참고정보서비스특론 (Seminar in Reference and Information Services)	2
	학교도서관교육론 (Education Theory of Seminar in School Library)	2
	학교도서관운영세미나 (Seminar on School Library Management)	2
	정보네트워크 (Theory of Information Management)	2
	정보서비스세미나 (Seminar on Information Services)	2

교 육 대 학 원 교 과 과 정

뉴미디어론(Seminar in New Media)

학교도서관 미디어센터의 조직관리상의 문제점과 개선 방안을 논의하고 새로운 매체의 활용과 학습지원을 위한 봉사 프로그램을 다룬다.

도서관경영학특론(Seminar in Library Administration)

도서관의 효율적 운영을 위한 경영이론과 함께 학교도서관, 대학도서관 및 공공도서관의 운영상 해결해야 할 실제 문제들을 대상으로 토의하고 연구한다.

도서관사연구(Seminar in Library History)

학교 및 각종 도서관의 도서관사를 중심으로 인류문화 발달에 있어서의 도서관의 위치를 고찰하고 고대로부터 현재까지 그리고 그들의 미래상을 예견한다.

독서교육론(Seminar in Reading Guidance)

독서에 대한 이해와 독서자료의 선택 및 평가능력, 독서지도의 근본원리 및 방법을 다룬다.

이론목록학(Theoretical Cataloging)

목록규칙과 목록규칙의 역사를 다루고 학교도서관시스템에 효율적인 목록체제를 연구한다.

이론분류학(Theoretical Classification)

분류의 원칙과 역사를 다루고 역대 주요 분류체제를 검토하여 분석하며 학교도서관에 적합한 분류체제를 중점 연구한다.

이론정보학(Theoretical Information Science)

검색시스템의 효과적인 활용을 위한 탐색기법, 데이터베이스의 구조와 설계, 온라인정보서비스 등을 연구한다.

자동화목록법(Automation of Cataloging)

자동화목록의 발달과정을 중심으로 학교도서관 전산화에 기반을 둔 주요 목록체제를 분석하고 그 적용사례를 연구한다.

자료조직방법론세미나(Seminar on the Methodology of Information Materials Organization)

4학기에 걸쳐서 수강한 이론분류학 · 이론목록학 · 자동화목록법에 관한 지식을 기반으로 하여 사서교사로서의 자질함양을 위해 실무적인 자료조직(분류·목록)방법론을 문제 사례 중심으로 토의하면서 다루게 된다.

정보검색교육론(Education Theory of Information Retrieval)

수작업 및 인터넷상에서의 학습자료의 탐색과 검색방법을 교육하기 위한 원리를 습득하고, 현장 학교에서 학습에 적용할 수 있는 방법을 개발하도록 한다.

정보관리교육론(Theory of Information Management)

학교교육에 필요한 자료매체의 수집·처리·분석·보존·축적·이용과 도서관의 경영관리 및 이용지도를 행한다.

정보네트워크(Information Network)

컴퓨터와 통신기술을 활용한 도서관 및 정보네트워크를 대상으로 그 구조와 기능, 사례연구 등을 다룬다.

정보능력개발연구(Studies in Information Literacy)

학교도서관의 다양한 자료 및 컴퓨터, 인터넷 도구를 활용하여 정보의 접근능력·분석능력·적용능력·평가능력 등의 활용능력을 개발하고, 새로운 정보를 창조할 수 있는 학습능력을 기른다.

정보서비스세미나(Seminar on Information Services)

학교도서관을 비롯한 각종 도서관에 정보서비스의 이론과 방법 및 정보원의 개발과 응용에 관한 현장에서의 최근의 주요 문제들을 발췌하여 중점적으로 연구한다.

정보정책론(Information Policy)

중앙정부와 지방정부의 도서관과 정보에 관한 각종 정책을 분석하고 비판함으로써 대안을 제시할 수 있는 능력을 기른다.

주제별전문서지특론(Seminar in Subject Bibliography)

주제 전문 봉사의 배경, 연구도서관과의 관계 주제전문사서의 자질과 기능 전문 분야별 연구의 특징과 발전방향, 관련 정보원, 정보유통체제이용자 동태 등을 연구한다.

참고정보서비스특론(Seminar in Reference and Information Services)

학교도서관을 비롯하여 각종 도서관에서의 참고 정보서비스 이행을 위한 참고문헌의 평가 및 다원적 업무의 이론 및 기술을 연구한다.

학교도서관교육론(Education Theory of Seminar in School Library)

학교도서관의 의의, 목표, 방법, 내용 등을 소개하여 학교도서관봉사의 이론적 근거를 이해시키는 교수·

학습방법 및 기술을 개발하도록 한다.

학교도서관운영세미나(Seminar on School Library Management)
각급 학교도서관 또는 매체센터의 인적·재정적·물적 자원의 확보와 관리, 서비스 기획과 집행 및 평가에 관련된 제반 문제들을 제시하고 그 바람직한 해결책을 모색한다.

학 부 교 과 과 정

학년	구분	교과목명	학점	시간
1	전탐	문헌정보학입문 (Introduction to Library and Information Science)	3	3
		정보기술론 (Information Technology)	3	3
2	전선	뉴미디어 (New Information Media)	3	3
		서지학개론 (Introduction to Bibilography)	3	3
		장서구성론 (Collection Development)	3	3
		정보이용자론 (Users of Library and Information)	3	3
		정보조사제공론 (Information Services)	3	3
		정보조직론: 분류 (Organization of Information: Classification)	3	3
		학술정보네트워크기초 (Basics of Information Networks)	3	3
		사회정보학 (Social Infermatics)	3	3
		정보시스템분석	3	3
3	전선	과학기술정보 (Information Resources in Science and Technology)	3	3
		기록관리론 (Records Management and Archives)	3	3
		데이터베이스시스템 (Database System)	3	3
		도서관봉사의 특수문제 (Special Problems in Library and Information Services)	3	3
		도서관정보센터경영론 (Management of Libraries and Information Centers)	3	3
		디지털콘텐츠기획 및 제작 (Digital Content Planning and Construction Medea)	3	3
		사회과학정보 (Information Resources in Social Science)	3	3
		색인 및 시소러스 (Indexing and Thesaurus)	3	3
		성인자료이용론 (Materials and Services for Adults)	3	3
		아동자료이용론 (Materials and Services for Children)	3	3

학년	구분	교과목명	학점	시간
3	전선	인문과학정보 (Information Resources in Humanities)	3	3
		정보조직론: 목록 (Organization of Information: Cataloging)	3	3
		정보조직연습 (Special Problems in Computing)	3	3
		정보표준화론 (Information Standards)	3	3
		정부자료론 (Government Information Resources)	3	3
		졸업논문	3	3
		지식구조론 (Knowledge Structure)	3	3
		지역정보센터경영론 (Management of Community Information Centers)	3	3
		청소년자료이용론 (Materials and Services for Youth)	3	3
		특수자료조직론 (Organization of Nonbook Materials)	3	3
		학교도서관매체센터경영 (Management of School Library Media Centers)	3	3
		학술정보커뮤니케이션 (Information and Library Networks)	3	3
4	전선	공공도서관경영 (Management of Public Libraries)	3	3
		문헌정보통계 (Statistics in Library and Information Science)	3	3
		인터넷서비스구축론 (Practice on Internet Service)	3	3
		정보검색론 (Information Retrieval Systems)	3	3
		정보시스템구축론 (Information System)	3	3
		정보정책론 (Information Policy)	3	3
		정보처리연습 (Special Problems in Computing)	3	3
		디지털도서관구축론 (Digital Library Systems)	3	3
		정보서비스평가 (Evaution of Library and Information Services)	3	3

학 부 교 과 내 용

공공도서관경영(Management of Public Libraries)
현대사회에 있어서 공공도서관의 이념, 기능을 비롯한 기구, 인사, 자료 예산, 봉사 등 조직과 관리를 다룬다.

과학기술정보(Information Resources in Science and Technology)
과학기술 분야의 데이터베이스와 뉴미디어를 포함한 문헌정보의 분석, 해제, 평가 및 이용과 이 주제 분야의 질문에 대한 적절한 정보제공을 위한 실제를 다룬다.

뉴미디어(New Information Media)
기술개발로 등장하는 새로운 기록매체를 소개하고, 이들 매체를 도서관과 정보센터에서 활용하는 문제를 다룬다.

데이터베이스시스템(Database System)
데이터베이스의 개념과 이론을 배우며, 이를 응용하여 도서관 및 이와 관련된 정보처리연습을 하며, 도서관업무와 관련된 데이터베이스 관리를 위해 Dbase Ⅲ Plus의 프로그래밍 기술을 익혀 하나의 프로젝트를 완성하게 한다.

도서관봉사의 특수문제(Special Problems in Library and Information Services)
정보환경, 저작권법, 지적소유권, 전문직의 윤리, 정보공개제도를 포함한 도서관 · 정보봉사상의 특수문제를 다룬다.

도서관정보센터경영론(Management of Libraries and Information Centers)
도서관과 정보센터에 적용되는 일반 경영이론과 기법, 직원, 자료, 시설, 예산, 봉사를 포함한 제반 업무의 조직과 관리를 다룬다.

문헌정보통계(Statistics in Library and Information Science)
정보관리기관의 활동과 정보서비스를 통계적으로 분석, 처리하고, 평가하기 위한 기초적 통계기법을 익히고, PC에 의한 통계처리능력을 습득한다.

문헌정보학입문(Introduction to Library and Information Science)
정보사회에서의 문헌정보학의 본질을 중심으로 도서관정보센터의 기능, 정보조사제공 기능, 전문직으로서의 정보전문가, 문헌정보학 교육내용, 정보사회, 정보시스템 등을 다룬다.

사회과학정보(Information Resources in Social Science)

사회과학 연구자와 이용자에게 적용할 정보조사제공 이론과 이 분야의 효과적인 정보조사제공을 위한 정보사서의 문제 및 이용자의 특성과 이 분야 데이터베이스를 포함한 사회과학 정보자료를 분석하고 조사한다.

색인 및 시소러스(Indexing and Thesaurus)

텍스트의 자동색인기법과 시소러스의 활용방안에 대해 실습과 사례연구와 함께 다룬다.

서지학개론(Introduction to Bibilography)

과거 및 현대 문헌의 형태, 내용, 구성을 과학적으로 연구하는 분석 및 체계서지학의 기본 개념과 각종 서목 편찬의 이론과 실제를 다룬다.

성인자료이용론(Materials and Services for Adults)

성인을 위한 자료의 평가와 선정, 성인의 독서흥미와 독서경향, 성인을 위한 도서관프로그램을 다룬다.

아동자료이용론(Materials and Services for Children)

어린이를 위한 자료의 평가, 선정 이용과 공공 및 초등학교도서관에서의 어린이를 위한 도서관 프로그램을 다룬다.

인문과학정보(Information Resources in Humanities)

인문과학 분야의 특성에 따른 정보조사제공의 이용자 특성과 데이터베이스 등 뉴미디어를 포함한 문헌정보의 분석, 해제와 정보조사제공기법을 다룬다.

인터넷서비스구축론(Practice on Internet Service)

현재 이용되는 인터넷 서비스의 동향 및 특징을 파악하여 현실적인 감각을 익히고, 실제로 실무에 도입할 수 있는 정보를 습득한다.

전문정보센터경영(Management of Special Libraries)

기업계, 산업계, 과학기술계, 언론계, 정부기관 등에 속한 각종 특정 주제 분야의 도서관과 정보센터의 특성 분석·목적·목표·인사·자료·시설·봉사를 다룬다.

정보검색론(Information Retrieval Systems)

정보검색과 정보검색시스템에 관한 이론 및 실제를 다룬다. 각종 색인에 관한 고찰, 색인어 선정문제, 정보검색시스템의 설계 및 평가 등이 포함된다.

정보기술론(Information Technology)

정보의 축적, 조직, 배포에 활용되는 정보기술과 이와 관련된 소프트웨어를 다룬다. 도서관정보센터 업무에 도입되는 컴퓨터와 커뮤니케이션 기술에 치중한다.

정보시스템구축(Information System)

도서관 전산화시스템 및 정보시스템 개발과정에 대해 다룬다.

정보이용자론(Users of Library and Information)

정보의 이용에 있어서의 효과적 전달과 이용을 위한 이론과 실제를 심리학적 관점, 행동과학적 관점 등에서 학습한다.

정보조사제공론(Information Services)

정보업무를 수행하기 위한 정보사회와 환경, 정보커뮤니케이션, 정보면담, 정보탐색, 온라인서비스, 이용자연구와 교육 및 정보업무의 평가, 기본 자료의 평가를 다룬다.

정보조직론: 목록(Organization of Information: Cataloging)

문헌검색도구로서의 기능과 그 구성요소를 이해하고, 접근점인 표목의 선정과 그 형식을 규정한다. 아울러 표준적인 서지기술에서 규정한 데이터 요소의 기술방법에 따라 실제 목록작업을 수행하고, 그 결과를 평가하고, 기술목록의 작성능력을 배양하고, 서지정보의 유통을 촉진하기 위한 기계가독목록법의 배경과 레코드구조를 이해하도록 한다.

정보조직론: 분류(Organization of Information: Classification)

서지자료의 분류체계에 대한 원리와 역사, 이의 실제 적용능력의 배양을 목표로 하며, 이 중 듀이십진분류법을 중심으로 분류의 제 이론과 실제를 다룬다. 아울러 도서기호의 기능과 그 적용과정을 검토한다.

정보조직연습(Special Problems in Organization of Information)

분류법의 이해와 문헌의 주제 분석을 통하여 실제 자료의 분류능력을 습득하고, 서지자료의 검색도구인 목록의 작성 기법을 표준화된 목록규칙을 통하여 습득함으로써, 자료의 체계적 조직과 서지적 관계의 표현능력을 습득하도록 한다.

정보처리연습(Special Problems in Computing)

C언어의 기초를 이미 습득한 학생을 대상으로 중급 프로그래밍 및 다양한 알고리즘의 이해, 이를 응용하여 데이터 및 텍스트 그리고 문헌을 컴퓨터로 처리할 수 있는 능력을 갖도록 한다.

정보표준화론(Information Standards)

정보처리와 관련된 국제표준(시소러스표준, 정보검색표준, 명령언어표준 등)에 관해 다룬다.

정부자료론(Government Information Resources)
중앙 및 지방정부의 각급 기관에서 발행한 정부간행물의 성격, 범위, 종류, 수서, 서지통정과 참고 및 연구자료로서의 이용 문제를 다룬다.

지식구조론(Knowledge Structure)
지식의 구조, 분류, 지식기반시스템에 관해 다룬다.

지역정보센터경영(Management of Community Information Centers)
현대사회에 있어서 미국과 한국 지역정보센터의 시스템 비교·분석 및 경영 일반에 관한 내용을 다룬다.

청소년자료이용론(Materials and Services for Youth)
청소년의 흥미, 요구, 독서능력을 감안한 자료의 평가, 선정, 이용과 공공 및 중·고등학교도서관에서의 청소년을 위한 도서관 프로그램을 다룬다.

특수자료조직론(Organization of Nonbook Materials)
비책자자료를 중심으로 이들 자료의 정보원으로서의 의미와 체계적 조직을 위한 분류와 목록 기법의 적용능력을 측정한다.

학교도서관매체센터경영(Management of School Library Media Centers)
초등학교 및 중·고등학교도서관, 특히, 학습자료원으로서의 시청각센터와 통합 운영되는 학교도서관매체센터의 조직과 관리를 다룬다.

학술정보네트워크기초(Basics of Information Networks)
컴퓨터네트워크 기술에 대한 기초 개념을 배우고 국내외 정보·도서관네트워크의 사례를 연구한다.

학술정보센터경영(Management of Academic Libraries)
학술정보센터인 대학도서관의 기능·조직·인사관리·장서구성·정보조직·이용자업무·도서관건물·재무관리·협동업무·업무평가를 다룬다.

기록관리론(Records Management and Archives)
기록관리의 핵심 영역인 수집, 선별, 평가, 정리기술 및 기록정보서비스, 기록전문가, 디지털보존 등에 관한 기본 내용을 학습한다. 국내의 기록관리학 동향과 함께 선진국에서 수행되고 있는 최신연구 영역도 함께 파악한다.

정보서비스평가(Evaluation of Library and Information Services)
각종 정보서비스에 대한 지식뿐만 아니라 정보서비스 평가 능력 배양을 그 목표로 한다.

디지털도서관구축론(Digital Library Systems)

인터넷을 통해 접근할 수 있는 디지털도서관의 구축에 필요한 지식을 배우고, 국내외 시스템 사례를 살펴봄으로써 효과적인 디지털도서관 구축 능력을 배양하는 것을 목표로 한다. 디지털도서관 구축을 위한 기반기술 및 소프트웨어, 디지털 장서의 구축 및 보존, 디지털도서관시스템의 모형 및 구현 사례 등에 대해 살펴본다. 외국의 최신 디지털도서관 프로젝트 및 주요 사이트에 관한 심층적인 사례 연구가 포함된다.

디지털콘텐츠기획 및 제작(Digital Content Planning and Construction Medea)

디지털콘텐츠의 기본 개념 및 기술을 비롯하여 창의적인 콘텐츠 기획 및 제작에 필수적인 내용을 학습한다. 디지털콘텐츠의 기획과정과 관련 기법들을 중점적으로 다루며, 이를 통해 실제적으로 콘텐츠 기획을 실행할 수 있는 능력을 기른다. 또한 디지털콘텐츠 제작 관련 최신 기술 및 활용 사례의 학습을 통해 콘텐츠의 기획과 제작 과정을 유기적으로 연계할 수 있도록 한다.

석 박 사 교 과 과 정

구분	교과목명	학점
공통과정	계량정보학 (Infometrics)	3
	과학기술정보조사제공특강 (Seminar in Information Services in the Science and Technology)	3
	국제도서관 · 정보업무론 (International Library and Information Services)	3
	기록관리론 (Records Management)	3
	기록관리체계 및 제도 (Record Management System)	3
	기록보존처리론 (Preservation of Archival Materials)	3
	기록정보기술론 (Description of Archives and Records)	3
	기록관경영 (Management of Archives and Records)	3
	기록정보서비스론 (Access and Services of Archival Information)	3
	기록선별평가론 (Archival Selection and Appraisal)	3
	도서관건축설비론 (Library Buildings and Equipment)	3
	도서관사상사 (History Of library Thoughts)	3
	도서관 · 정보센터경영기법론 (Studies in Management Techniques of Libraries and Information Centers)	3
	도서관 · 정보센터업무평가론 (Measurement and Evaluation of Library and Information Services)	3
	도서관 · 정보센터경영특론 (Studies in Management of Libraries and Information Centers)	3
	독서지도론 (Reading Guidance)	3
	디지털도서관연구 (Studies in Digital Library)	3
	디지털보존 1, 2 (Digital Preservation 1, 2)	3
	멀티미디어시스템 (Multimedia Systems in Libraries and Information Centers)	3
	메타데이터구조론 (Metadata)	3
	목록학사 (History Of the Library Catalogs and Cataloging)	3

구분	교과목명	학점
공통과정	목록학특강 (Seminar in Cataloging)	3
	문헌정보학연구방법론 (Research Methods in Library and Information Science)	3
	사회과학정보조사제공특강 (Seminar in Information Services in the Social Sciences)	3
	색인·초록이론연구 (Seminar in Abstracting and Indexing)	3
	이론목록학 (Theory of Cataloging)	3
	이론정보학 (Information Theories)	3
	이용자교육론 (User Education)	3
	이용자인터페이스설계 (User Interface Design)	3
	인문과학정보조사제공특강 (Seminar in Information Services in the Humanities)	3
	자료보존법 (Conservation and Preservation)	3
	전문정보센터경영특강 (Seminar in Management of Special Libraries)	3
	전자기록관리 (Electronic Records Management)	3
	정보검색이론연구 (Seminar in Information Retrieval Theory)	3
	정보공학 (Information Engineering)	3
	정보공학특강 (Seminar in Information Engineering)	3
	정보시각화와 표현방법 (Information Visual Ization and Presentation)	3
	정보시스템설계 (Information System Design)	3
	정보이용자연구 (Studies in Information User)	3
	정보전문직의 최근동향연구 (Current Trends and Issues in Information Profession)	3
	정보조사제공특론 (Studies in Information Services)	3
	지능형정보검색 (Intelligent Information Retrieval)	3

구분	교과목명	학점
공통과정	커뮤니케이션론 (Communication Theory)	3
	텍스트마이닝기법연구 (Seminar in Text Mining)	3
	텔레커뮤니케이션과 도서관전산망 (Telecommunications and Computer Networks in Libraries)	3
	특수봉사론 (Institutional Library Services)	3
	특수분류법론 (Special Classification)	3
	학술정보센터경영특강 (Seminar in Management of Academic Libraries)	3
석사과정	개별지도연구(Ⅰ, Ⅱ, Ⅲ) (Individual Study: Ⅰ, Ⅱ, Ⅲ)	3
	연구지도 Ⅰ (Directed Research Ⅰ)	3
박사과정	개별지도연구(Ⅳ, Ⅴ, Ⅵ) (Individual Study: Ⅳ, Ⅴ, Ⅵ)	3
	연구지도 Ⅱ (Directed Research Ⅱ)	3

석 박 사 교 과 내 용

개별지도연구(Individual Study: Ⅰ, Ⅱ, Ⅲ, Ⅳ, Ⅴ, Ⅵ)
지도교수로부터 개별적으로 과제를 지정받아 연구를 수행한다.

계량정보학(Informetrics)
정보자료의 수량학적 분석을 통해 지식과 정보의 속성 및 학문의 발달과정을 추적한다.

과학기술정보조사제공특강(Seminar in Information Services in the Science and Technology)
과학기술 분야의 정보조사제공을 어떻게 극대화할 수 있는가를 주제전문화와 전문사서의 문제, 조직과 커뮤니케이션의 문제, 그리고 국내의 정보망을 활용한 과학기술정보의 검색과 이용을 다룬다.

국제도서관·정보업무론(International Library and Information Services)
국제간의 도서관·정보협력활동과 국제기구의 도서관·정보업무를 다룬다.

기록관리론(Records Management)
대학운영, 기업경영처럼 기관 운영에 수반되는 각종 기록 혹은 문서의 성격과 역할, 효과적인 기록관리 프로그램의 개발과 실시에 관련된 원칙과 기법을 다룬다.

기록관리체계 및 제도(Record Management System)
문서의 개념과 종류, 문서로서의 효력발생시점 등 공문서관리에 필요한 기본 지식과 작성방법, 사무관리 규정상의 문서관리 규정 등 실제 관리능력을 학습한다. 아울러 기록보존소의 기능과 사무자동화를 포함한 기업체에서의 문서관리체계를 다룬다. 특히 한국에서 고문서를 포함한 기록의 제작과 관리체계, 기록보존소의 유형과 관련 정책, 기록의 제작과 관리, 이용에 관한 법률이나 규정 등을 다룬다.

기록보존처리론(Preservation of Archival Materials)
인쇄나 필사된 기록류, 사진 등을 원형 그대로 보존하기 위한 산성화 원인과 그 대책, 자료의 물리적·화학적·생물학적 열화원인을 분석하고, 양지의 내구성 측정 및 탈산성화 기법을 포함한다. 아울러 마이크로필름과 디스크, 광파일 등의 화학적 성질과 특성, 보존기법을 포함한다.

기록정보기술론(Description of Archives and Records)
출처주의와 원본질서 원칙에 따른 기록정보의 조직기법을 습득한다. 특히 ISAD(G)와 DACS, ISAAR(CPF) 등의 국제표준에 따른 기술원칙과 기법을 적용하여 다양한 형태의 기록물과 문화재에 대한 레코드를 직접 제작함으로써 전문성과 현장 적용 능력을 확보하는 것을 목표로 한다.

도서관건축설비론(Library Buildings and Equipment)
도서관의 신축, 증축, 개축과 설비를 다룬다. 특히 대학도서관건축계획에 중점을 둔다.

도서관·정보센터업무평가론(Measurement and Evaluation of Library and Information Services)
도서관과 정보센터의 각종 업무를 측정하고 평가하는 방법과 척도를 다룬다. 목록, 장서, 이용, 비용 대효과 분석 등을 포함한다.

도서관·정보센터경영특론(Studies in Management of Libraries and Information Centers)
각종 도서관, 정보센터, 정보기구의 경영활동, 이를테면 기획·조직·인사·통제·재정·평가에 관련된 당면 주요 문제를 다룬다.

독서지도론(Reading Guidance)
어린이, 청소년, 성인을 위한 양서와 기타 매체의 소개, 서평과 매체평, 독서지도방법을 다룬다.

디지털도서관연구(Digital Libraries)
디지털도서관의 개념, 구축을 위한 기술요소, 구축사례 등 디지털도서관 구축을 위한 문제를 다룬다.

디지털보존 1, 2(Digital Preservation 1, 2)
This course introduces students to the key issues, concepts, and techniques assocaited with the preservation of material in digital forms. It focuses on digital curation, which emphasises the use and re-use of digital materials in the long term. This course aims to provide students with: 1) an understanding of the key issues and concepts of digital preservation; 2) an introduction to the concepts of digital curation and digital stewardship; 3) an awareness of the curation lifecycle model, its techniques, and its implications; 4) hands-on practice with some key digital preservation tools.

멀티미디어시스템(Multimedia Systems in Libraries and Information Centers)
도서관과 정보센터에서 멀티미디어를 이용한 정보처리 및 이를 응용한 멀티미디어시스템의 구축에 관련된 문제를 다룬다.

메타데이터구조론(Metadata)
네트워크자원의 기술을 위해 개발된 각종 메타데이터의 기술요소와 구조, 태깅(tagging), 매핑(mapping) 기법을 검토하고, 상이한 메타데이터 간의 연결구조를 검토한다.

목록학사(History of the Library Catalogs and Cataloging)
동서양의 비교를 통하여 현대 목록의 기술구조와 표목구조의 정립과정을 이해하고, 특히 기본표목의 기능을 중심으로 목록의 기능을 검증한다.

목록학특강(Seminar in Cataloging)

목록의 중요 문제와 발전방향을 종합적으로 이해하고 특히 서지적 관계유형과 연결구조, 전거제어에 따른 문제를 진단하고, 기술요소의 확장을 통한 목록기능의 발전방향을 검토한다.

문헌정보학연구방법론(Research Methods in Library and Information Science)

연구방법론의 기초 개념을 소개하고, 문헌정보학 분야에서 주로 행해지고 있는 연구방법의 종류와 그 장단점을 토론하고 SPSS나 SAS를 이용한 데이터분석 및 통계처리방법을 습득한다.

사회과학정보조사제공특강(Seminar in Information Services in the Social Sciences)

사회과학 연구자와 이용자들에 대한 정보조사제공 이론을 다룬다. 정치학·경제학·경영학·법학·교육학·심리학·사회학·인류학 등 주제지식과 정보조사제공을 위한 전문사서, 조직, 커뮤니케이션, 정보망의 이용 등을 연구한다.

색인·초록이론연구(Seminar in Abstracting and Indexing)

색인 및 초록에 관한 이론을 연구하고 사례를 검토한다.

이론목록학(Theory of Cataloging)

목록의 기능과 저자성의 개념, 기술목록의 표준화, 기본표목의 개념과 목록기능과의 관계, 저록의 서지적 구조와 연결기법, 접근점의 확장과 기계가독목록에서의 연결구조, 레코드의 확장과 전거제어의 문제 등, 목록의 기본기능과 그 구현기법의 변화를 배운다.

이론정보학(Information Theories)

정보의 개념, 지식구조 규명을 위한 계량서지학적 이론, 색인이론, 검색이론 등 정보학의 이론적 측면을 다룬다.

이용자교육론(User Education)

교육계획, 교과과정, 교수법, 행정적·재정적 조치를 포함한 도서관·정보센터 이용자를 교육하는 문제, 즉 서지교육을 다룬다.

이용자인터페이스설계(User Interface Design)

이용자 행태와 정보시스템의 기능적 측면을 고려한 이용자 인터페이스의 설계를 다룬다. 본 과목의 목적은 학생들로 하여금 현존하는 이용자 인터페이스들을 평가, 비평하고 인터페이스 구축 보조 도구인 델파이를 이용하여 직접 자신들의 인터페이스를 설계하고 구축하도록 하는 데 있다.

인문과학정보조사제공특강(Seminar in Information Services in the Humanities)

인문과학 연구자와 이용자에게 적용할 정보조사제공 이론, 특히 인문과학 분야의 정보조사제공을 위한 정보사서의 문제, 커뮤니케이션의 문제 및 정보망의 이용 등을 연구한다.

자료보존법(Conservation and Preservation)
각종 도서관자료의 물리적인 특성, 자료손상에 영향을 미치는 환경적·생물학적 기술적 요인, 손상을 복원하는 방법, 손상 예방을 포함한 보존 프로그램 관리 등을 다룬다.

전문정보센터경영특강(Seminar in Management of Special Libraries)
과학, 기술, 산업, 언론, 정부 등 전문주제 분야 정보센터 경영상의 특수문제(이를테면 전자정보화와 그 이용)와 해결방안을 다룬다.

전자기록관리(Electronic Records Management)
전자기록물과 관련된 기본 개념 및 원칙, 관련 업무 프로세스에 대하여 이해하고, 전자기록의 진본성 유지를 위한 장기보존에 대한 내용도 함께 다룬다.

정보검색이론연구(Seminar in Information Retrieval Theory)
다양한 정보검색모형과 그와 관련된 이론적 배경을 연구하고 토의한다.

정보공학(Information Engineering)
정보검색시스템의 개발 및 구현을 위해 필요한 검색이론 및 모형을 연구, 검토하고 이들을 응용한 정보시스템의 구현을 가능하게 한다.

정보공학특강(Seminar in Information Engineering)
다양한 검색모형과 검색기법의 발전과정을 살펴보고, 이들의 문제점 및 개선점을 토의하며, 실제 검색시스템에 응용가능성을 연구한다.

정보이용자연구(Studies in Information User)
정보의 효과적 전달과 응용을 위한 이론과 실제적인 이용자 행태에 관하여 다룬다.

정보전문직의 최근동향연구(Current Trends and Issues in Information Profession)
최근 정보전문직에 영향을 미치는 주요 요인을 분석하고, 정보전문직의 당면 문제와 발전 추세를 다룬다.

정보조사제공특론(Studies in Information Services)
정보업무를 수행하기 위한 정보조사제공 이론 분석, 정보조사제공 영역, 정보사서의 자격, 이용자연구, 정보면담, 평가문제를 심층적으로 다룬다.

정보시스템설계(Information System Design)

정보시스템의 설계, 분석 및 평가에 대한 이론과 실제를 토의하고 연구한다.

지능형정보검색(Intelligent Information Retrieval)

인공지능을 응용한 정보검색시스템에 관해 이론과 사례를 다룬다.

커뮤니케이션론(Communication Theory)

정보제공자와 정보이용자 간의 원활한 커뮤니케이션을 위한 제 이론을 연구한다. 특히 언어적·비언어적 커뮤니케이션과 정보면담상의 이론을 연구한다.

텍스트마이닝기법연구(Seminar in Text Mining)

최근 들어 웹 환경에서 제공되는 방대한 원문자료의 효과적인 검색을 위해 텍스트 마이닝 기법을 통한 문헌/문서의 자동분류 및 자동요약 기능에 대한 요구가 커지고 있다. 이 강의에서는 텍스트의 자동분류 및 자동요약 기법에 대한 이해와 응용을 위해 자연언어 텍스트 처리 개요, 정보 추출, 텍스트 요약, 텍스트 범주화, 클러스터링에 관한 이론과 지금까지 제안된 다양한 분류/요약 기법들에 관해 연구한다. 또한 소규모 문헌집단을 대상으로 한 자동분류 실험을 수행함으로써 관련 주제의 학위논문 작성 및 실무에서의 응용시스템 개발을 위한 능력을 키운다.

텔레커뮤니케이션과 도서관전산망(Telecommunications and Computer Networks in Libraries)

텔레커뮤니케이션 기술과 도서관전산망에서 응용될 수 있는 표준 프로토콜(Z39.50, ILL)에 관련된 문제를 다룬다.

특수봉사론(Institutional Library Services)

시각·청각·지체·정신장애자와 병원, 양로원, 교도소, 군대 등 특수한 기관의 이용자에 대한 봉사를 다룬다.

특수분류법론(Special Classification)

체계분류법과 패싯 분류법의 비교를 통하여 분류체계를 이해하고, 특정한 주제 영역에서 개발된 각종 분류체계와 구조이론을 다룬다.

학술정보센터경영특강(Seminar in Management of Academic Libraries)

고등교육정책의 변화에 따른 대학도서관의 역할 분석, 정보기술의 발전에 대응한 새로운 봉사계획의 수립, 학술정보망을 이용한 협력활동, 분교·분관 등 대학도서관 경영상의 특수문제를 다룬다.

교 육 대 학 원 교 과 과 정

구분	교과목명	학점
전공필수	교육정보검색론 (Information Retrieval)	2
	목록학 (Cataloging)	2
	정보봉사론 (Information Sources and Services)	2
	학교도서관운영론 (Management of School Library Media Centers)	2
전공선택	교육정보데이터베이스론 (Database in Educational Information)	2
	독서지도론 (Seminar in Reading Guidance)	2
	문헌정보학교육론연구 (Studies in Teaching Library and Information Science Education)	2
	문헌정보학연구방법론 (Research Methods in Library and Information Science)	2
	분류학 (Classification)	2
	아동 및 청소년문학지도론 (Teaching Methods of Juvenile Literature)	2
	장서구성론 (Collection Development)	2
	정보네트워크교육론 (Principles of Information Network Education)	2
	정보매체론과 지도방법 (Information Media and Teaching Methods)	2
	정보학지도방법 (Teaching Methods of Information Science)	2
	정보활용교육연구 (Studies in information Literacy Education)	2
	학교도서관교수학습설계 (School Library Based Instruction Development)	2
	학교도서관교재연구 (Study on Instructional Materials of Library Education)	2
	학교도서관미디어교육론 (Studies in School Library Media Education)	2
	학교도서관전산화 (School Digital Library)	2
	학교도서관정책 (School Library Policy)	2
	학교도서관평생교육프로그램개발 (Programming for School Library Based Lifelong Education)	2
	학교도서관협동수업연구 (Cooperative Instruction)	2

교 육 대 학 원 교 과 내 용

교육정보검색론(Information Retrieval)

정보검색과 정보검색시스템에 관한 이론 및 실제를 다룬다. 초중등학생의 정보이용 행태와 기능적 측면을 고려한 정보시스템의 설계 및 기존 시스템의 평가 등이 포함된다.

교육정보데이터베이스론(Database in Educational Information)

데이터베이스의 개념과 이론 및 특성을 소개하고 이를 이용한 데이터베이스의 설계 및 분석에 강의의 초점을 둔다. 특히 관계형 데이터베이스 모델을 이용, 학교도서관 및 교육정보와 관련된 분야의 데이터베이스 관리능력을 갖게 된다. 데이터베이스 관리를 위한 소프트웨어로는 Microsoft Access가 이용될 것이며, 이 과정을 수강하는 모든 학생들에게 DBMS를 이용한 데이터베이스 관리능력을 갖게 하는 데 강의의 주목적을 둔다.

독서지도론(Seminar in Reading Guidance)

독서에 대한 이해와 독서자료의 선택과 평가, 독서교육의 근본원리 및 방법과 실제를 다룬다.

목록학(Cataloging)

기술규칙을 통한 서지레코드의 작성 및 목록체계에 대한 이해와 더불어 지식표현 영역의 동향을 검토하고, 주제명목록에 필요한 주제명표의 구조 이론과 관련된 제반 문제를 다룬다.

문헌정보학교육론연구(Studies in Teaching Library and Information Science Education)

민주사회에서의 도서관과 사서의 역할, 도서관사, 전문직의 윤리, 정보봉사모형 등 문헌정보학 분야의 논제들을 주제 중심으로 집중적으로 연구한다.

문헌정보학연구방법론(Research Methods in Library and Information Science)

문헌정보학 연구를 위해 필요한 연구절차, 연구방법론의 기초 개념, 장단점, 데이터 분석 및 통계처리방법 등을 다룬다.

분류학(Classification)

지식의 구조화 이론과 주요 분류 체계를 검토하고, 이를 학교도서관에 적용할 수 있는 능력을 배양한다.

아동 및 청소년문학지도론(Teaching Methods of Juvenile Literature)

아동 및 청소년 문학을 이해하기 위하여 다양한 장르, 내용, 스타일의 작품을 읽고 토론하며 아동문학 교수법의 최근동향과 문제점들을 분석한다.

장서구성론(Collection Development)

학교도서관의 장서구성과 개발을 위한 자료선택 이론, 정책, 선택도구 등 선택문제와 수서업무의 제반 문제, 지적자유권, 정보자료 공유체제 등을 다룬다.

정보네트워크교육론(Principles of Information Network Education)

컴퓨터네트워크에 대한 기술적 지식, 학술정보망 및 도서관망의 구축방법과 사례 등에 관해 다룬다.

정보매체론과 지도방법(Information Media and Teaching Methods)

다양한 정보매체의 원리와 적용, 사용법을 익히고 교수학습과정에 통합 활용할 수 있는 능력을 키운다.

정보봉사론(Information Sources and Services)

학교도서관에서의 정보봉사 업무 수행을 위한 이론 및 기술을 연구하고 현장에서 발생하는 제반 문제를 조사, 분석, 평가하여 정보전문가로서의 사서교사를 기른다.

정보학지도방법(Teaching Methods of Information Science)

정보의 개념, 정보처리이론, 검색이론 등 정보학의 제반적 이론과 최근동향을 다룬다.

정보활용교육연구(Studies in information Literacy Education)

학생들의 정보활용능력 신장을 위한 커리큘럼을 개발, 운영할 책임이 있는 사서교사로서의 역할을 수행하는 데 필요한 정보교육의 지도방법을 연구하고 수업모형 개발 및 정보교육프로그램 운영 전반을 다룬다.

학교도서관교수학습설계(School Library Based Instruction Development)

교수학습 및 교수설계 이론의 원리, 절차를 분석하고 학교도서관의 정보자원을 활용한 효과적인 교수학습 설계를 연구 개발한다.

학교도서관교재연구(Study on Instructional Materials of Library Education)

독서교육, 정보활용교육, 교과수업지원 등 학교도서관교육에 필요한 교재의 개발, 평가에 관한 이론과 방법들을 체계적으로 연구한다.

학교도서관미디어교육론(Studies in School Library Media Education)

학교도서관교육이 지향하는 교과목적을 달성하기 위해 요구되는 이론과 방법, 특수한 문제에 대해 연구한다. 또한 외국의 교육과정을 비교, 분석, 검토하여 이상적인 모형을 제시할 수 있도록 연구한다.

학교도서관운영론(Management of School Library Media Centers)

학교도서관의 효율적 운영을 위해 필요한 각종 경영기법의 이론과 실제를 다룬다. 계획수립, 조직, 재정, 시설, 인사관리 등이 포함된다.

학교도서관전산화(School Digital Library)

전자도서관의 개념, 구축을 위한 기술요소, 학교교육과 학교도서관의 특성을 고려한 구축사례 등 전자도서관 구축을 위한 문제를 다룬다.

학교도서관정책(School Library Policy)

정보의 생산·배포·기록·소유·이용에 관한 정책과 학교도서관에 관한 중앙정부와 지방정부의 각종 정책을 분석·비판하고 연구한다.

학교도서관평생교육프로그램개발(Programming for School Library Based Lifelong Education)

학교도서관의 지역사회 개방을 통한 평생교육프로그램의 개발 및 운영의 실제를 다룬다.

학교도서관협동수업연구(Cooperative Instruction)

사서교사와 교과교사의 협동수업을 통하여 효과적인 교수학습활동을 전개할 수 있는 방법을 모색한다. 협동수업의 목표와 계획, 전개 및 평가방법의 개발을 중점적으로 다룬다.

▷ 전공 소개

1954년에 국내 최초로 도서관학에 대한 강의를 시작한 문헌정보학전공은 1959년에 도서관학과를 설치하고 1963년에 대학원 석사학위과정을 정식으로 창설하면서 한국의 여성 정보전문가를 양성하는 데 기여해 왔다. 1987년에 대학원 박사학위과정을 개설하였으며, 1995년 학과 명칭을 문헌정보학과로 변경하였다. 1997년부터 사회과학부 문헌정보학전공으로 개편되어 오늘에 이르고 있다.

▷ 교육목표

문헌정보학은, 지식과 정보가 핵심이 되는 21세기 지식정보화사회에서, 지식정보의 생산과 흐름, 이용에 관한 다양한 이론 연구와 함께 체계화된 실무 훈련을 통하여 최신의 지식정보 관리기법을 습득하고 각 분야의 지식정보화에 기여할 수 있는 유능한 여성정보사서, 여성정보 전문가의 양성을 목적으로 한다. 위의 교육 목적을 달성하기 위한 구체적인 교육목표는 다음과 같다.

1. 지식정보의 체계적인 조직을 위하여 분류학과 목록학의 이론과 실제를 교육함으로써 지식정보의 조직에 관한 개념과 실무 지식을 함양한다.
2. 정보센터 및 도서관자료의 디지털화를 위하여 정보학의 이론 및 실제, 정보처리 실무 등을 교육하여 실제 현장에서 지식정보를 디지털화할 수 있는 능력을 함양한다.
3. 정보서비스의 효율성을 높이기 위하여 정보서비스의 이론과 실무를 교육시키고, 각 주제별 서지과목을 통하여 주제전문사서로서의 역할을 발휘할 수 있는 자질을 함양한다.
4. 지식정보센터 및 도서관의 효율적인 관리 및 경영을 위하여 도서관의 경영방법, 도서관 및 지식정보센터의 조직 및 관리에 대해 교육하고, 정보센터를 전문적으로 경영할 수 있는 자질을 함양한다.
5. 기타 지식정보관리를 위한 여러 관련 교과목의 교육을 통하여 현장에서 지식정보관리를 할 수 있는 제반 자질을 함양한다.

▷ **교수진**

- 이상용   서지학   syly@ewha.ac.kr   02 - 3277 - 4492
- 정동열   정보제공   dyjeong@ewha.ac.kr   02 - 3277 - 2231
- 정연경   자료조직   ykchung@ewha.ac.kr   02 - 3277 - 2838
- 차미경   도서관학   cha@ewha.ac.kr   02 - 3277 - 2230
- 정은경   정보학   echung@ewha.ac.kr   02 - 3277 - 6641

▷ **대학원의 설치 여부**

이화여자대학교 대학원은 문헌정보학이라는 이름으로 석사·박사과정을 설치하고 있다.

▷ **학과 연락처**

- 홈페이지   http://elis1959.net/
- 학과 전화번호   02 - 3277 - 2226

학 부 교 과 과 정

학년	구분	교과목명	학점	시간
1		문헌정보학의 이해 (Introduction to Library Information Science)	3	3
2		기록관리학의 이해 (Introduction to Records and Archives Management)	3	3
		기록정보관리 (Records and Archives Management)	3	3
		동양고전해제 (Oriental Bibliography: Korean and Chinese)	3	3
		서지학의 이해 (Studies in Bibliography)	3	3
		인터넷정보활용 (Use of Internet Information)	3	3
		정보와 사회 (Indexing and Abstracting)	3	3
		정보이용자의 이해 (Introduction to Information User)	3	3
		정보자료선택의 이해 (Introduction to Collection Management)	3	3
		학교도서관 (School Library Media Centers)	3	3
		데이터베이스의 이해 (Bibliographic Database)	3	3
		웹프로그래밍개론 (Web Programming)	3	3
3		공공도서관 (Public Libraries)	3	3
		도서관문화 (History of Libraries)	3	3
		도서관/정보센터경영 (Administration of Library and Information Center)	3	3
		디지털도서관 (Library Automation)	3	3
		아동/청소년자료 (Childrens and Young Adults Literature)	3	3
		정보검색 (Information Retrieval)	3	3

학년	구분	교과목명	학점	시간
3		정보유통 (Publishing and Copyright)	3	3
		정보서비스 (Introduction to Information Services)	3	3
		정보목록 (Cataloging)	3	3
		정보분류 (Classification)	3	3
		정부기록물관리 (Official Information)	3	3
		학술정보커뮤니케이션 (Scholarly Information Resources)	3	3
4		고문헌관리 (Management of Classical Materials)	3	3
		대학/전문도서관 (Academic and Special Libraries)	3	3
		독서지도 (Reading Guidance)	3	3
		비도서자료관리 (Organization of Nonbook Materials)	3	3
		색인초록 (Indexing and Abstracting)	3	3
		전자정보관리 (Electronic Information Management)	3	3
		정보네트워크 (Information Network)	3	3
		정보시스템 (Introduction to information system)	3	3
		정보조사방법 (Research Methods in Library and Information Science)	3	3
		도서관건축 (Library Architecture)	3	3

학 부 교 과 내 용

고문헌관리

고문헌의 특성을 이해하고, 동양의 전통적인 분류체계를 역사적으로 살피고, 고문헌의 수집, 분류, 목록, 관리, 고문헌의 유통과정을 다루고자 한다.

공공도서관

공공도서관의 발전 과정과 사회적 역할을 이해하고 봉사와 조직 및 운영 전반에 대해 다룬다.

기록관리학의 이해

기록관리의 기원과 발전과정을 다루며, 평가, 정리 및 기술, 보존, 이용 등 기록관리활동 전반에 관한 이해를 제공한다. 또한 기록물의 사회적 영향력에 대해 인식함으로써 기록관리전문가가 갖추어야 할 기본적인 지식과 태도를 학습한다.

기록정보관리

레코드와 아카이브즈의 특징과 기능, 이용, 가치를 이해하고, 각 관리기관에 있어서의 기록물 관리에 대한 이론적 원칙과 실제를 다룬다.

도서관문화

동서양 도서관의 발전 과정을 역사적으로 고찰하고 도서관의 기능과 역할을 문화사적 측면에서 다룬다.

도서관정보센터경영

각종 도서관 및 정보센터의 경영이 적용되는 경영이론과 기법, 직원, 자료, 시설, 예산, 조직관리, 봉사업무를 현장과 연계하여 학습한다.

독서지도

아동문학에 대한 이해와 독서자료의 선택, 평가, 독서지도의 원칙 및 방법을 다룬다.

동양고전해제

한국과 중국의 고전을 주제별, 시대별, 유형별로 나누어 해제 평가하여 정보봉사에 임할 수 있도록 다루고자 한다.

대학/전문도서관

대학도서관과 전문도서관의 운영에 적용되는 다양한 이론과 기법, 직원, 자료, 시설, 예산, 조직, 관리, 봉사업무를 현장과 연계하여 학습한다.

디지털도서관

정보제공센터로서 기능을 발휘할 수 있도록 도서관의 수서, 목록, 정보검색, 대출, 행정관리 등의 전산화 방법과 함께 발전된 디지털도서관의 구축 기법을 학습한다.

문헌정보학의 이해

각종 정보와 자료의 과학적인 수집, 정리와 체계적인 분석과 저장을 통하여 이용자의 정보요구에 봉사할 수 있는 정보전문가의 역할과 기능에 중점을 두고, 문헌정보학의 원론적 기초 개념과 이론을 습득한다. 정보와 문헌의 유형과 특성, 정보사회에서 문헌정보의 중요성과 학문적 특성, 각종 정보시스템과 정보기술의 기초적인 원리와 활용에 대하여 개괄적으로 학습한다.

비도서자료관리

비도서자료의 종류와 특성을 이해하고 이러한 자료의 체계적인 조직 및 관리를 다룬다.

서지학의 이해

서지학의 용어, 정의 및 범위, 고서 형태의 변천, 한국의 고활자, 인쇄, 판본 등 형태서지학 분야를 집중적으로 다루고자 한다.

색인초록

텍스트, 이미지, 동화상, 소리 등의 색인과 초록에 대한 기초 이론과 컴퓨터를 이용한 자동 색인 및 자동 초록을 다루어 관련 시스템의 설계, 운영, 평가 기법을 습득한다.

아동청소년자료

아동/청소년을 위한 자료의 평가, 선정, 이용과 공공 및 학교도서관에서의 아동/청소년을 위한 도서관 프로그램을 다룬다.

인터넷정보활용

인터넷의 개요 및 기본 네트워크 시스템, 관련 법규와 인터넷 접속과 관련된 기술 및 보안 등 사용자 환경에 대한 개요를 검토한다. 이를 기초로 인터넷정보활용을 위한 정보검색에 대한 내용으로 검색엔진의 개요, 국내외 검색엔진의 사용법과 실제적인 활용 및 전문 DB 정보검색을 실습한다.

정보검색

텍스트, 이미지, 동화상, 소리 등에 대한 정보의 구조, 축적 및 검색기법을 학습한다.

정보네트워크

정보화시대의 근간이 되는 정보네트워크의 기능, 종류, 운영, 이용, 설계, 사례 등을 중심으로 네트워크의 기초적 기술과 응용 전반에 관하여 학습한다. 특히 실제 국내외 정보 및 도서관네트워크를 통한 다양한 서비스의 형태를 분석, 평가한다.

정보목록

문헌정보의 검색도구로서 목록의 구성 요소와 목록규칙을 이해하고 실제로 목록 작업을 수행 평가하여 기술 목록의 작성 능력을 배양한다.

정보분류

문헌정보의 체계적 조직에 필요한 세계의 주요 분류표를 소개하고 그중 대표적인 듀이십진분류법과 한국십진분류법을 중심으로 분류의 이론과 실제를 다룬다.

정보시스템의 이해

정보시스템은 문헌을 대상으로 하는 문헌정보시스템에서 일반데이터를 대상으로 하는 사실데이터시스템까지 다양하다. 어떤 정보시스템이라도 설계, 구축, 운영이 가능할 수 있도록 이론과 사례를 병행하여, 시스템의 구조, 시스템분석, 데이터구조, 설계, 운영, 데이터베이스, 평가 등에 대한 지식을 습득한다.

데이터베이스의 이해

대단위 문헌데이터베이스의 설계, 구축, 응용, 평가 등을 다루고 이용 사례를 학습한다.

웹프로그래밍개론

웹의 특징 및 기능에 관한 기본 개념을 학습하며 웹을 근간으로 하는 프로그래밍 언어를 실습한다. 웹디자인, 정보 아키텍쳐, 시스템 평가에 관한 기본적인 개념을 익히며, 웹을 기반으로 하는 스크립트 언어를 실습한다.

정보유통

도서관과 관련된 출판계의 다양한 측면을 다룬다. 출판과정, 유통구조, 도서관과 출판사의 관계, 출판동향, 저작권 문제 등에 대해서 현장과 연계하여 학습한다.

정보서비스

참고·정보업무의 목적과 기능 및 필요한 제반 기술에 관한 일반 원칙을 이해하고, 이를 바탕으로 참고 자료의 선택 및 이용, 참고 봉사부서의 조직 및 운영, 정보사서의 자질에 관해 연구한다.

정보와 사회

정보화에 따른 정보사회의 제 현상과 사회 변화의 특징적 요소들을 문화, 기술, 정치, 경제 및 법적인 측면에서 분석하고, 이러한 변화와 문헌정보와의 상호 관련성, 변화들이 대표적인 정보 유통 기관인 도서관이나 정보센터에 미치는 영향을 학습한다.

정보이용자의 이해

정보의 효과적 전달과 이용을 위한 이론과 실제를 중심으로 이용자의 정보 탐색 행위, 정보이용의 유형과 형태, 이용자의 정보 수요 분석, 정보 이용의 효과 및 효율성 등에 대하여 사회적, 심리적, 문화적 측면에서 학습한다.

정보자료선택의 이해
도서관정보자료의 선택 원리, 기준, 도구, 수서 및 관리의 과정에 대하여 다룬다.

정보조사방법
도서관직 및 정보관리직, 문헌정보학에 관한 문제를 과학적으로 규명하고 도서관정보학의 이론을 발전시키기 위한 문제 설정, 연구 계획, 자료수집 및 조사방법론, 문제의 분석에 수량적 접근 방식, 연구논문 작성법 등을 연구·학습함으로써 도서관인의 능력을 기르고 경험적으로 필요한 실태 조사 및 연구방법을 이론과 실습을 통해서 연구한다.

정부기록물관리
중앙 및 지방 정부, 정부 차원의 국제기구에 대한 성격, 범위, 종류, 수서, 서지 통정과 참고 및 연구자료로서의 이용 문제를 다룬다.

학교도서관
초·중·고등학교의 학교도서관 미디어센터의 역할을 이해하고 전반적인 조직 및 운영에 대해 다룬다.

학술정보커뮤니케이션
연구 정보원의 파악과 선정을 위한 평가와 이용자와의 연결을 목표로 한다. 특히 학문 분야별 정보 유통의 특징, 생산과 보급, 정보처리기법, 전문정보네트워크, 연구동향 등을 중심으로 다룬다.

도서관건축
도서관건축, 건물, 설계와 관련된 분야를 중심으로 학습한다.

석 박 사 교 과 과 정

구분	교과목명	학점
	계량정보학 (Informatrics)	3
	고급기록관리제도론 (Advanced Archival Systems)	3
	고급기록정보관리론 (Advanced Records and Archives Management)	3
	고급도서인쇄사 (History of Books and Printing)	3
	고급정보이론 (Advanced Information Theory)	3
	고서목록연구 (Cataloging of Oriental Classics)	3
	공공도서관운영론 (Public Libraries)	3
	교육매체론 (Media Librarianship)	3
	기록관리관련법연구 (Public Records and Archives Acts)	3
	기록관리기관운영론 (Management of Archives and Records Center)	3
	기록관리세미나 (Seminar in Archives and Records Management)	3
	기록보존론 (Preservation Management)	3
	기록정보봉사론 (Archival Information Services)	3
	기록정보조직론 (Organization of Archives & Records)	3
	기록정보처리론 (Archival Description and Indexing)	3
	기록정보평가론 (Appraisal and Selection of Archival Materials)	3
	데이터구조론 (Data Structure)	3
	도서관네트워크론 (Library and Information Networks)	3
	도서관문화사 (Seminar on Library History)	3
	도서관정보센터운영론 (Management of Library and Information Center)	3

구분	교과목명	학점
	동양서지학 (Oriental Bibliography)	3
	동양전적분류론 (Classification of Oriental Classics)	3
	목록론 (Advanced Cataloging)	3
	문헌데이터베이스론 (Organization of Bibliographic Database)	3
	문헌정보학세미나 (Research Seminar in Library & Information Science Research)	3
	문헌정보학연구방법론 (Research Methodology in Library & Information Science)	3
	분류론 (Advanced Classification)	3
	분류법특강 (Topic in Classification)	3
	비교문헌정보학 (Comparative Library & Information Science)	3
	비교분류론 (Comparative Classification)	3
	사적해제 (Historical Bibliography)	3
	색인초록론 (Indexing & Abstracting)	3
	이론정보학 (Theories in Information Science)	3
	이용자그룹별봉사 (Information services by User Groups)	3
	장서관리론 (Advanced Collection Management)	3
	전문도서관운영론 (Research and Academic Libraries)	3
	전자레코드관리론 (Electronic Records Management)	3
	정보검색론 (Information Retrieval Theory)	3
	정보검색언어 (Information Retrieval Language)	3
	정보경제학 (Economics of Information)	3
	정보공학 (Information Technology)	3

424

구분	교과목명	학점
	정보서비스론 (Advanced Reference/Information Services)	3
	정보서비스평가론 (Evaluation of Information Services)	3
	정보시스템계획관리론 (Information System Planning and Management)	3
	정보시스템분석론 (Information System Analysis)	3
	정보시스템평가론 (Information System Evaluation)	3
	정보응용수학 (Mathematics for Information Science)	3
	정보이용자연구론 (Information User study)	3
	정보자원협력론 (Resource Sharing and Information Network)	3
	정보정책론 (Information Policy)	3
	정보커뮤니케이션 (Studies in Information Communication)	3
	중국전적연구 (Advanced Historical Bibliography of Chinese Classics)	3
	지식정보처리론 (Knowledge Base Information Processing)	3
	지적자유권연구 (Seminar in Intellectual Freedom)	3
	한국서지연구 (Advanced Korean Bibliography)	3
	한국전적론 (Bibliography of Korean Bibliography of Korean Classics)	3
	형태서지학 (Descriptive Bibliography)	3

석 박 사 교 과 내 용

계량정보학(Informatrics)

정보의 발생, 유통, 관리 이용에 관한 제반 정보현상을 중심으로 인용 분석, 계량정보법칙, 정보수학 등 문헌정보 이론과 실무의 계량적 측정과 응용기법을 연구한다.

고급기록관리제도론(Advanced Archival Systems)

최근 정보학의 주요 문제 각국의 기록관리제도의 역사와 발전, 제도상의 특징을 고찰하고 이를 우리나라 제도와 비교해 봄으로써 기록관리에 있어 정치, 경제, 사회적 맥락의 중요성을 강조하고 기록관리제도의 다양한 유형에 관해 이해한다.

고급기록정보관리론(Advanced Records and Archives Management)

레코드와 아카이브즈의 특징, 기능, 이용, 가치, 차이점을 이해하고, 전체 관리과정에서 각 단계별 관리 영역에서 요구되는 각종 관리이론, 원칙, 실무에 관한 심도 깊은 연구를 수행한다.

고급도서인쇄사(History of Books and Printing)

각종 서사재료의 역사와 사본의 생산, 활자, 삽화, 제본, 서적의 생산, 저작권의 발달과정에 대한 검토를 통해 도서 및 인쇄의 역사와 발전에 관해 연구한다.

고급정보이론(Advanced Information Theory)

최근 정보학의 주요 문제와 동향, 발달을 이론적 차원에서 연구한다.

고서목록연구(Cataloging of Oriental Classics)

동양의 역대 주요 서목을 분석하여 전통적인 목록기술 방법, 특징, 그 변천과정에 관해 연구한다.

공공도서관운영론(Public Libraries)

공공도서관의 이념과 원칙 및 실제에 관하여 역사적 발전, 법적 정치적 재정적 측면, 운영, 봉사와 정책 수립 등을 중심으로 다루며, 특히 봉사의 최근 동향과 제반 문제를 현장 사례중심으로 심층 분석한다.

교육매체론(Media Librarianship)

학교도서관의 교육적 본질을 정립하고 학교도서관에서 사용될 수 있는 다양한 매체의 활용, 서비스와 운영에 대해 고찰한다.

기록관리관련법연구(Public Records and Archives Acts)

현행 우리나라 기록물관리법과 관련 법령들을 개관하여 한국 기록관리제도의 특징과 내용, 제도 운용상의 실질적 고려점에 관해 연구한다.

기록관리기관운영론(Management of Archives and Records Center)

각 분야 기록관리기관의 운영에 필요한 각종 업무, 책임, 기술, 그리고 운영상의 요구되는 기본이론 및 원칙 등에 살펴보고 각 관리기관의 특성에 맞는 다양한 실무방안에 관해 연구한다.

기록관리세미나(Seminar in Archives and Records Management)

기록관리 분야에 있어 당시의 연구경향, 요구 등에 따라 연구문제를 선정하여 문헌연구 및 토론을 통해 해당 분야의 발전방향에 대한 심도 깊은 이해를 제공한다.

기록보존론(Preservation Management)

기록물 보존의 의미와 보존기관에서의 보존 프로그램 계획 및 운영방안에 관해 살펴보고 기록물 손상원인에 따른 각종 보존조건, 방법, 대책 등에 관해 연구한다.

기록정보봉사론(Archival Information Services)

기록정보의 이용 및 접근가능성을 향상시키기 위해 요구되는 참고업무의 원식, 개념을 고찰하며, 기록정보의 관리 및 이용환경, 이용자 및 이용상의 특성, 조건 등에 관해 연구한다.

기록정보조직론(Organization of Archives & Records)

기록문서 조직 및 관리에 관한 제반 문제를 연구하며, 계층적 기록정보의 규명 및 평가를 위한 지적 조직체계를 구축한다.

기록정보처리론(Archival Description and Indexing)

기록정보의 정리 및 기술에 관한 주요 원칙 및 개념을 검토하고 기록물의 계층성 및 유기적 관련성에 따른 구조적 기술방법, 색인법 등 실질적 기록자료조직상의 문제점들에 관해 연구한다.

기록정보평가론(Appraisal and Selection of Archival Materials)

기록관리기관에서의 평가의 의미와 중요성을 이해하고, 선별 및 입수와 관련된 각종 평가이론, 실질적인 평가과정 및 방법론, 고려점 등에 관해 연구한다.

데이터구조론(Data Structure)

일반 파일시스템 및 데이터베이스시스템에서 사용되는 기본적인 파일의 구성, 데이터 표현 및 구조에 대해 연구한다.

도서관네트워크론(Library and Information Networks)

도서관 간 및 시스템 간의 정보네트워크를 통신, 데이터, 이용자 측면에서 이론, 기술, 사례에 대해 우리
나라를 중심으로 연구한다.

도서관문화사(Seminar on Library History)

인류문화의 소산인 도서관의 사회적 변화와 역사적 변천과의 관계를 규명한다.

도서관정보센터운영론(Management of Library and Information Center)

정보화시대의 도래를 맞아 정보수입과 처리 제공의 장소인 도서관과 정보센터의 효과적인 운영, 관리를
연구한다.

동양서지학(Oriental Bibliography)

서지학 각 분야의 연구 문헌을 분석하고 다양한 서지학적 연구방법론을 시도한다.

동양전적분류론(Classification of Oriental Classics)

동양 전적에 대한 전통적인 분류원리 및 방법에 대해 연구하고 오늘날 분류법과의 관련성에 관해 연구
한다.

목록론(Advanced Cataloging)

기술적 편목의 구조, 표목의 형태 및 선택, 기계가독형 목록 레코드의 이해와 적용을 다룬다.

문헌데이터베이스론(Organization of Bibliographic Database)

문헌데이터 형식, 메타데이터형식, 그리고 관계형 데이터베이스의 설계·구축·응용·평가 등을 다루고
상용의 이용사례를 고찰한다.

문헌정보학세미나(Research Seminar in Library & Information Science Research)

문헌정보학에서 분야를 설정하여 집중적인 문헌연구를 통한 문제점을 찾아내고 연구의 필요성을 밝힌다.

문헌정보학연구방법론(Research Methodology in Library & Information Science)

사회과학 분야 내에서의 도서관·정보학 분야의 연구의 개념 및 여러 가지 기법들의 타당성과 문제점을
조사·분석한다.

분류론(Advanced Classification)

듀이십진분류법을 중심으로 도서관 분류체계의 원칙·방법·문제들을 연구한다.

분류법특강(Topic in Classification)
특수한 분류법의 이론과 적용을 배우고 이를 비교 분석하여 다양한 매체를 위한 최상의 분류에 관해 연구한다.

비교문헌정보학(Comparative Library & Information Science)
각국 문헌정보학의 현황분석 평가와 우리나라에의 적용을 다룬다.

비교분류론(Comparative Classification)
다양한 분류체계의 연구, 비교, 평가를 통한 분류이론, 재분류 등에 관해 연구한다.

사적해제(Historical Bibliography)
역사연구의 기초가 되는 관련 문헌들을 시대별로 고찰하며, 그 내용, 체제, 가치를 연구한다.

색인초록론(Indexing & Abstracting)
문헌정보에 대한 색인 및 초록 작성방법을 자연언어, 통제어휘, 언어이론, 자동색인, 자연언어처리 등의 측면에서 이론과 실제를 다룬다.

이론정보학(Theories in Information Science)
이론정보학은 정보학 관련 최신이론과 동향, 학문으로서의 지적 기초, 기존 정보이론의 이해와 발달과정 등 정보학 분야의 다양한 이론을 중심으로 폭넓은 연구를 다룬다.

이용자그룹별봉사(Information services by User Groups)
아동, 청소년, 성인 등 정보이용자 그룹별 도서관봉사를 위한 교육적, 사회적 측면에서 연구 및 평가를 다룬다.

장서관리론(Advanced Collection Management)
지식정보자원의 선택, 수집, 보존, 정책수립, 평가 기법 등 효과적인 장서 개발과 관리를 위한 이론과 실제를 연구하고 전자 환경 속에서의 장서 관리의 미래를 예측·논의한다.

전문도서관운영론(Research and Academic Libraries)
대학원 이상의 연구자를 위한 도서관 운영의 제반 문제와 그 효율적인 조직체계와 실제에 대하여 연구한다.

전자레코드관리론(Electronic Records Management)
전자문서시스템(EDMS) 및 레코드관리시스템(RMS)의 설계, 구축, 응용에 관해 고찰하며, 이들 시스템에 기반을 두어 설계되는 통합적 관리시스템의 구축방법 및 원칙을 연구한다.

정보검색론(Information Retrieval Theory)
정보검색시스템의 운영에 관하여 용어학, 파일조직방법, 검색전략 및 검색결과의 분석과 기존 시스템의 평가에 필요한 이론적, 실무적 문제를 연구한다.

정보검색언어(Information Retrieval Language)
정보기술언어(지식표현언어를 포함), 문제기술언어, 명령언어의 세 가지 그룹의 언어를 정보처리 측면에서 분석하고 이들의 응용방법을 학습한다.

정보경제학(Economics of Information)
정보의 생산, 분배 및 유통에 관련된 모든 재원의 이용 및 가치 분석과 측정을 위하여 정보학에 필요한 경제 이론을 연구하며, 정보마케팅, 데이터베이스 경제성, 국제정보유통 등을 다룬다.

정보공학(Information Technology)
도서관이나 정보센터에서 필요한 정보의 공학적·수리적 처리기술, 그리고 이와 관련된 정보의 축적·조직·배포 등의 방법론을 다룬다.

정보서비스론(Advanced Reference/Information Services)
전자 환경에서의 정보서비스 이론과 실재를 연구하며, 참고정보원의 선정 및 평가, 봉사 업무의 원리 및 운영, 이용자 상담 및 교육 등이 포함된다.

정보서비스평가론(Evaluation of Information Services)
정보자원과 봉사를 다양한 각도에서 평가하기 위한 평가기준 및 제 방법론 및 적용 과정을 심층적으로 분석한다.

정보자원협력론(Resource Sharing and Information Network)
전자화되어 가는 정보환경 속에서 다양화·복잡화되어 가고 있는 자원협력시스템의 구조와 유형 및 운영 원리 및 최근의 협력사례들을 분석한다.

정보커뮤니케이션(Studies in Information Communication)
정보봉사과정에서 수반되는 커뮤니케이션 이론과 기법 및 실무응용에 관하여 다양한 유형의 커뮤니케이션 개념, 특성, 방법 및 절차와 정보유통이론과 방법론을 연구한다.

정보시스템계획관리론(Information System Planning and Management)
각종 정보시스템의 구조를 분석, 설계, 구현, 관리하기 하여 필요한 제반 이론과 분석 기법을 다룬다.

정보시스템분석론(Information System Analysis)
시스템 분석의 이론을 연구하며 특히 정보시스템의 구조와 경영의 원칙과 실제를 다룬다. 정보검색시스템의 디자인 및 평가를 포함한다.

정보시스템평가론(Information System Evaluation)
정보시스템 평가에 관한 행동과학, 인지과학 등 제 학문 분야의 최신 이론과 방법, 사례들을 비교 분석한다.

정보응용수학(Mathematics for Information Science)
정보학에 필요한 기본적인 수학, 즉 집합 · 논리 · 대수 · 계산이론 · 언어이론 · 정보이론 등을 연구한다.

정보이용자연구론(Information User study)
정보이용의 유형, 이용자의 정보 수요 및 정보탐색행위, 정보이용자와 생산자와의 관계, 정보이용과 정보생산 및 보급상의 특징을 연구한다.

정보정책론(Information Policy)
정보통신기술, 정보이용 및 활용에 관한 개인, 조직, 국가 및 국제적인 차원에서 정보정책적 현상과 문제점을 이론과 실제적인 현황을 바탕으로 연구 · 분석한다.

중국전적연구(Advanced Historical Bibliography of Chinese Classics)
중국전적을 시대별, 주제별로 선택하여 그것의 성립, 내용, 판본을 검토해 해당 문헌의 역사적 가치와 기술태도를 평가한다.

지식정보처리론(Knowledge Base Information Processing)
지식의 획득방법, 프레임, 생성규칙, 술어논리, 스크립트, 의미망 등의 지식표현방법, 그리고 이들의 응용방법에 관하여 연구한다.

지적자유권연구(Seminar in Intellectual Freedom)
검열의 역사와 이론 및 사례와 이에 대응하는 지적자유권 이론과 접근을 다룬다.

한국서지연구(Advanced Korean Bibliography)
한국서지학의 정립, 발전과 내용을 연구하고 주요 한국전적의 해제를 시도한다.

한국전적론(Bibliography of Korean Bibliography of Korean Classics)
한국전적을 시대별, 주제별로 선택하여 그것의 성립, 내용, 판본을 검토해 해당 문헌의 역사적 가치와 기술태도를 평가한다.

형태서지학(Descriptive Bibliography)
고서 형태의 변천을 역사적으로 조사 · 개관하며, 이에 대한 판본학적 연구를 수행한다.

전남대학교　　　　　　　　　　　사회과학대학 문헌정보학과

▷ 전공 소개

전남대학교 문헌정보학과는 1980년도에 개설되었다. 도서관을 뜻하는 영어 Library는 '도서'라는 의미의 라틴어 libr(liber)에다 '모아놓은 집합체'의 뜻을 지닌 접미사 −ary를 합성한 것으로, 이를 번역한 '도서관'이란 말은 개화기에 일본에서 만들어져 우리나라와 중국에 전래되었다. 그러나 현대에 이르러 물리적인 형태를 초월한 기록물들을 지시할 새로운 개념이 필요하게 되었고, 1985년에 전남대학교에서 처음으로 '문헌정보학'으로 학과 이름을 변경하여 사용하였다. 즉 문헌정보라 함은 형태와 종류에 상관없는 인류의 모든 기록물을 가리키며, 특히 정보라는 말을 덧붙여 그 매체를 도서나 비도서자료에 한정시키지 않고 컴퓨터 등 정보화시대의 모든 정보매체에 확대해서 쓰임을 나타내고 있다.

▷ 교육목표

지식정보의 본질에 대한 연구, 지식정보의 운영, 조직관리에 대한 연구, 지식의 생산피드백에 대한 연구를 교육방향으로 하고 있으며, 각종 자료의 수집, 정리, 축적, 배포에 관한 이론 및 방법에 대한 과학적인 연구와 전문 분야의 활용능력 배양을 그 목적으로 하고 있다.

▷ 교수진

· 사공복희	정보학	bhsakong@chonnam.ac.kr	062 − 530 − 2661
· 정준민	정보경영	wizard@chonnam.ac.kr	062 − 530 − 2662
· 홍현진	계량정보학	hjhong@chonnam.ac.kr	062 − 530 − 2663
· 김정현	정보조직학	jhgim@chonnam.ac.kr	062 − 530 − 2665
· 이명규	문헌정보학	gyulee@chonnam.ac.kr	062 − 530 − 2666
· 장우권	정보관리학	wk1961@chonnam.ac.kr	062 − 530 − 2664

▷ **대학원의 설치 여부**

· 전남대학교 대학원은 문헌정보학이라는 이름으로 석·박사과정을 설치하고 있다.
· 전남대학교교육대학원은 사서교육이라는 이름으로 사서교육전공 분야 과정을 설치하고 있다.

▷ **교육대학원의 설치 여부**

· 사서교육전공 분야의 전문 인력 양성
· 문헌정보학 전반의 전문지식과 지도능력을 갖춘 교육정보전문가 양성
· 문헌정보학의 지식과 이론을 습득하여 실무에 활용할 수 있는 전문가 양성
· 학교도서관교육에 필요한 문헌정보학 기초 이론 습득

▷ **학과 연락처**

· 홈페이지   http://list.chonnam.ac.kr/
· 학과 전화번호   062 – 530 – 2660

학 부 교 과 과 정

학년	구분	교과목명	학점	시간
1	전필	글쓰기 (Writing)	2	2
		졸업자격인정영어 (Global English)	2	2
	전선	문헌분류론 (Classification)	3	3
		문헌정보학개론 (Introduction to Library & Information Science)	3	3
		정보문화사 (Cultural Review of Information)	3	3
		정보사회론 (Information & Society)	3	3
2	전선	독서지도론 (Reading Guidance)	3	3
		독서지도실습 (Reading Guidance Practice)	3	3
		문헌목록론 (Cataloging)	3	3
		서지학개론 (Introduction to Bibliography)	3	3
		우리의 옛 책 (Introduction to Korean Old Books)	3	3
		웹출판기획 (Web Publishing)	3	3
		웹출판실무 (Web Publishing Practice)	3	3
		장서개발론 (Collection Development)	3	3
		정보서비스론 (Information Services)	3	3
		정보센터경영론 (Management of Information Centers)	3	3
		정보학의 이해 (Understanding Information Science)	3	3
		출판문화론 (Studies in Publication & Media)	3	3
		특수매체조직 (Special Media)	3	3
3	전선	공공도서관론 (Public Libraries)	3	3
		과학기술정보실습 (Information Resources of Natural Sciences & Technology)	3	3
		기록관리실습 (Archival Practice)	3	3

434

학년	구분	교과목명	학점	시간
3	전선	기록관리학개론 (Introduction to Archives Management)	3	3
		데이터베이스론 (Introduction to Database Management)	3	3
		동양전적의 이해 (Catalogue of Far East Books)	3	3
		문헌조직실습 (Advances in Knowledge Organization)	3	3
		색인초록론 (Indexing and Abstracting)	3	3
		인문사회과학정보실습 (Information Resources of Humanities & Social Sciences)	3	3
		정보검색론 (Information Retrieval)	3	3
		정보경영론 (Information Management)	3	3
		정보자원론 (Information Resources)	3	3
		정보정책론 (Information Policies)	3	3
		학교도서관론 (School Libraries)	3	3
4	전선	고문헌조사방법 (Studies in Archives & Manuscripts)	3	3
		대학 및 전문도서관론 (Administration of College & University Library)	3	3
		문헌정보학연구방법 (Research Methods in Library & Information Science)	3	3
		전문업무실습 (Internship)	3	3
		정보비평론 (Theory of Information Criticism)	3	3
		정보시스템설계 (Information System Analysis & Design)	3	3
		정보이용자연구 (User Studies)	3	3
		지역문화정보론 (Studies in Local Information)	3	3
		콘텐츠개발론 (Contents Development)	3	3
	교직	사서교사 교육실습 (School Librarian Teaching Practice)	2	2

학 부 교 과 내 용

고문헌조사방법(Studies in Archives & Manuscripts)

우리나라는 삼국시대 이래로 여러 분야에서 다양한 저술이 활발하게 전개되어 이를 문헌으로 생산해 냈던 국가이다. 그리하여 현재까지도 다양한 구문헌이 전국의 주요 서원과 사찰, 종가에 산재되어 있으나, 아직까지도 이를 체계적으로 조사 발굴하여 활용되지 못하고 있는 실정이다. 이에 본 강의에서는 우리 고문헌을 실증적으로 조사 발굴하고, 이를 체계적으로 정리하여 이용자로 하여금 활용하도록 하는 능력을 배양시키고자 함을 목적으로 한다.

공공도서관론(Public Libraries)

공공도서관의 교육적·사회적 기능을 이해하고, 그 지역사회의 요구에 부응할 수 있는 봉사를 제공할 수 있도록 하기 위하여 공공도서관의 조직·관리·재정·인사·자동화·상호협력체제 및 그 지역사회의 연구·분석을 주 내용으로 다룬다.

과학기술정보실습(Information Resources of Natural Sciences & Technology)

과학과 기술공학 문헌의 커뮤니케이션 현상, 정보생산자로서의 이 분야 학회, 단체의 분포와 구조, 전문 학술지, 국제 학술회의 학위논문과 연구 진행자료, 특히 정보, 기술보고서, 표준과 시방서, 서지문헌, 사전과 용어집, 명감과 인감, 편람, 수표, 백과사전, 리뷰지, 번역문헌 및 과학기술정보의 서지적 통정에 대하여 이론과 실제조사를 겸하여 학습한다.

기록관리실습(Archival Practice)

기록의 수집, 평가, 선별, 분류, 정리, 보존처리, 배열 그리고 정보제공 등 기록관리의 모든 과정을 직접 실습함으로써 실무능력을 배양하도록 한다.

기록관리학개론(Introduction to Archives Management)

기록관리학의 학문적 정의, 역사, 연구범위 등을 살피고, 기록의 수집과 정리, 관리와 보존, 공개 등에 대한 기초 지식을 습득한다.

대학 및 전문도서관론(Administration of College & University Library)

정보사회에서 대학도서관 및 전문도서관의 중요성을 인식하고 그 역할 및 기능을 활성화시키기 위하여 대학도서관과 전문도서관의 경영이론 및 실무를 다룬다.

데이터베이스론(Introduction to Database Management)

데이터베이스 기술을 기반으로 한 정보처리능력을 배양하고 데이터분석 및 가공의 핵심적 기술을 강의하고자 한다.

독서지도론(Reading Guidance)

독서지도를 체계적이고 조직적으로 수행할 수 있도록 도서지도의 기본원리와 기술을 학습하는 독서지도의 총론과 실제로 독서지도를 행함으로써 경험을 통해 지식을 획득하기 위한 현장 지도론을 다룬다.

독서지도실습(Reading Guidance Practice)

독서지도론 시간에 습득한 체계적인 독서지도의 기본원리와 제 이론 및 독서기술을 바탕으로, 현장에서 독서지도사로서 아동 및 청소년에게 올바른 독서방법과 독서에 관한 제 기술을 전달하는 등 독서지도에 대한 실무경험을 겸비하여 사서로서의 능력을 배양하기 위하여 실시한다.

동양전적의 이해(Catalogue of Far East Books)

동양고서의 특성을 해설하고 표지·제첨·장정·크기·지수·서발·저자·간기·주소·고필·주석·출판처·서사 등을 판별하여 고서를 정리하는 방법론을 강론한다.

문헌목록론(Cataloging)

도서관자료의 검색을 위한 목록법의 이론과 실제, 목록의 역사, 목록의 기입법과 기술론을 학습하고, 편목을 위한 동서양의 자료의 실제 편목을 작성하고, AACR, KCR, ISBD, KORMARC 등의 편목법에 대한 연구와 작성방법을 학습한다.

문헌분류론(Classification)

세계 여러 나라에서 사용하고 있는 분류표의 장단점을 조사, 분석, 연구하고 각종 문헌의 원리와 체계 및 정리방법을 다루며, KDC, DDC, LC 등의 원리와 분류표의 발달과정을 학습하여 실제로 문헌을 분류하는 과학적 방법을 습득하게 한다.

문헌정보학개론(Introduction to Library & Information Science)

정보화사회에 있어서 정보의 유통 및 재생산의 과정을 개략적으로 살펴봄으로써 문헌정보학의 개념, 이론체계 및 각론에 대한 이해를 증진시켜 각 전공과목에 입문하는 길을 열어 주는 데 그 목적이 있다.

문헌정보학연구방법(Research Methods in Library & Information Science)

본 교과목에서는 과학적 연구방법에서 반드시 숙지해 두어야 할 기초 개념과 이론들을 소개하고 이들 이론이 문헌정보학 분야에서 실제로 어떻게 활용되고 있는가를 밝히고 있다. 즉 연구의 개념정립, 연구목적과 연구범위의 결정, 연구 설계, 가설의 설정, 자료의 수집과 측정, 분석결과의 검정, 신뢰도 추정 및 연구결과의 논리적 타당성을 어떻게 갖출 것인가 등을 다루고 있다.

문헌조직실습(Advances in Knowledge Organization)

분류 및 편목 법에서 습득한 이론과 기술을 바탕으로 실무연습을 통하여 정보센터 자료조직의 능력을 기른다.

색인초록론(Indexing and Abstracting)

정보서비스 기관의 핵심 업무 중의 하나인 2차 자료의 개발에 있어서 대표적 2차 자료인 색인과 초록의 이용법과 작성기법을 터득하게 함으로써 정보전문가로서의 기본적인 지식을 함양하게 한다.

서지학개론(Introduction to Bibliography)

학생들로 하여금 서지학의 개념을 이해시키고 도서관 참고봉사와 고서목록의 기초실력을 함양시키기 위한 도서의 행간 등 서법의 체계와 실물 등 형태서지학의 전반적 이론과 실제를 연구하게 한다.

우리의 옛 책(Introduction to Korean Old Books)

우리나라는 세계적으로 다양한 형태의 서적을 생산했던 국가로 널리 알려져 있다. 이는 현존 최고의 목판인쇄본인 〈무구정광대다라니경〉과 현존 세계 최고의 금속활자 인쇄물인 〈직지〉를 인쇄 출판한 업적으로도 증명되고 있는 것이다. 그뿐만 아니라 일찍이 삼국시대 이래로 많은 저술이 활발하게 이루어져 문헌보국으로서 위대함을 지니고 있다. 그리하여 이러한 다양한 형태의 서책과 문헌을 체계적으로 소개함으로써 우리 옛 책의 장점을 이해시키고자 한다.

웹출판기획(Web Publishing)

전자출판, 멀티미디어 출판을 넘어 웹기반의 하이퍼미디어 출판에 대한 이론적 이해를 주지시키고 단순한 이론 전달을 넘어 현장에서 사용 가능한 고급기술을 습득하게 한다. 여기서 기술이라 함은 웹기반의 프로그래밍 기술과 웹디자인을 위한 도구 활용 기술을 말하며 고급기술의 활용과 연습을 전제로 웹기반의 출판 기획부터 제작 등을 실습을 통하여 경험한다. 본 강의의 특징은 개개인의 독립된 기술보다는 협동을 통한 완성도 높은 출판물을 개발하게 함으로써 전자출판의 새로운 상업성을 실험해 본다.

웹출판실무(Web Publishing Practice)

웹출판의 기획에 이어 기획한 내용을 실습을 통하여 심화함으로써 현장에서의 응용력을 높이고자 웹출판의 실습적 분야인 편집과 디자인에 대해 학습한다.

인문사회과학정보실습(Information Resources of Humanities & Social Sciences)

인문과학과 사회과학 분야의 정보자료(Information Resources)를 조사·평가·분석함으로써 이 분야의 주제전문사서(Subject Specialist)로서의 소양을 쌓아 정보서비스를 능률적으로 수행할 수 있는 자질을 함양한다.

장서개발론(Collection Development)

도서관자료선택의 이론, 도서관자료의 유형, 선택정책, 선택도구 등 선택에 관련된 제반 문제와 수서업무에 관련된 제반 문제들을 다룬다.

전문업무실습(Internship)

문헌정보학의 제반 이론을 바탕으로 각종 도서관의 현장실습을 통하여 문헌정보학 전반에 걸친 지식과

438

기술을 연마하고 사서로서의 자질을 높이도록 한다.

정보검색론(Information Retrieval)
색인, 파일 조직, 질문처리, 파일탐색 및 검색 정보 배포 등 정보검색 과정과 관련된 모든 주제들을 다룬다.

정보경영론(Information Management)
정보의 생성과 가공 및 유통에 따른 제반 문제를 연구하고 정보의 속성을 파악하며, 이들 정보를 취급하는 일반적 기술을 교육하고자 한다.

정보문화사(Cultural Review of Information)
인간의 정보행위에 대한 해석을 문화적으로 고찰하여 봄으로써 미래 정보사회에 대한 사회적·문화적 배경을 제시한다.

정보비평론(Theory of Information Criticism)
정보사회에 나타나는 기술적·경제적·직업적·공간적·문화적 현상 등을 비평적 시각에서 분석하여 21세기 정보사회에 있어서 정보의 순기능을 도출하는 데 목적을 두고 있다.

정보사회론(Information & Society)
도서관의 교육 및 문화적 정보센터로서의 사회적 역할과 사명 및 봉사 등을 학문적 배경과 실제적 측면에서 다룬다.

정보서비스론(Information Services)
정보서비스 이론을 기본적으로 이해시키기 위하여 정보사회론, 정보서비스의 실제, 정보의 유통, 정보면담의 이론과 실제, 정보조사방법론, 정보서비스의 온라인화와 이용, 정보망 및 정보서비스 수준 향상을 위한 평가 이론과 방법을 다룬다.

정보센터경영론(Management of Information Centers)
정보센터 경영의 기초 이론을 논하고, 정보센터의 합리적인 운영을 위한 조직구조 및 부서설정, 인사, 예산, 장서, 시설 관리 등 정보센터 운영의 전반적인 내용을 습득하게 한다.

정보시스템설계(Information System Analysis & Design)
새로운 정보시스템을 설계하거나 기존시스템을 개선하기 위한 이전 단계로서 시스템분석에 관련된 이론과 실제를 이해시키기 위한 것이다.

정보이용자연구(User Studies)
정보이용단계에 있어서 정보현상의 여러 모습을 기술하고 이론화하며, 이에 기초하여 정보이용을 예측하고 이용자 위주의 정보시스템을 개발하기 위하여 수행되어야 하는 이용자연구에 관한 제반 사항을 다룬다.

정보자원론(Information Resources)

정보서비스를 수행하기 위하여 각 주제 분야를 망라한 기본적 정보자료를 분석·평가·해제하여 이에 대한 지식을 습득하기 위한 과목으로 일반적이며 광범위한 지식정보를 제공해 줄 기초적 정보도구들을 평가·분석한다. 여기에는 연감류·서지도구·인명자료·사전류·백과사전류·정기간행물·안내자료·데이터베이스자료가 모두 포함된다.

정보정책론(Information Policies)

고도정보사회에 있어서 정보의 경영과 관리의 과학화를 위한 법적·제도적 장치를 분석하여 보고, 보다 나은 정보행위의 방향성과 정책을 제시하고자 한다.

정보학의 이해(Understanding Information Science)

정보학 분야의 특수문제에 대한 이해를 돕기 위하여 세미나식 강의와 토론을 병행한다.

지역문화정보론(Studies in Local Information)

학생들로 하여금 우리나라 각 지역의 독특한 문화적 특질을 이해시키고, 이를 일정한 주제로 분류하여 각 주제별 다양한 정보를 체계화시키도록 훈련하여 궁극적으로 지역정보전문가를 양성하고자 하는 데 그 목적이 있다.

출판문화론(Studies in Publication & Media)

학문의 발전 및 정보화사회의 지식 유통구조를 익히는 일환으로 지식정보의 창출 및 유통을 체계적으로 정리하며 문헌정보의 축적보다는 창조의 입장에서 정보유통을 취급한다.

콘텐츠개발론

디지털과 콘텐츠, 디지털기술과 콘텐츠제작, 첨단콘텐츠산업과 지역, 콘텐츠 산업정책 등을 학습한다.

특수매체조직(Special Media)

도서관과 미디어센터에서 활용되는 다양한 정보자료의 구입 및 정리와 이용에 필요한 관리시스템을 연구하고, 특히 시청각자료의 효율적인 활용을 위하여 시청각 기자재의 종류 및 기능과 작동법, 자료 제작법을 연구·학습한다.

학교도서관론(School Libraries)

학교도서관의 운영과 관련된 제반 사항을 이해함으로써 학교도서관에 관심을 가지고 있거나 사서교사를 희망하는 자로서 갖추어야 할 기본능력 배양을 목표로 한다.

석 박 사 교 과 과 정

구분	교과목명	학점
기초공통	논문연구 (Research for the Master's or Doctoral Degree)	3
	문헌정보학사 (History of Library and Information Science)	3
	문헌정보학연구방법론 (Research Methodology in Library and Information Science)	3
	비교문헌정보학 (Studies in Comparative Library and Information Science)	3
전공선택	계량정보학 (Bibliometrics)	3
	고문서해독연습 (Exercises in Reading Archives)	3
	공공도서관연구 (Research for Public Libraries)	3
	공공도서관특론 (Studies in Public Libraries)	3
	기록관리기술 (Technology of Archival Management)	3
	기록물가치개발론 (Development in Value of Archives)	3
	기록물조직이론 (Theories in Organization of Archives)	3
	기록보존학연구 (Archival Preservation)	3
	기업정보관리 (Business Information Management)	3
	내용서지특론(교감학) (Studies in Textual Bibliography)	3
	데이터베이스특론 (Studies in DBMS)	3
	도서관·정보센터업무평가론 (Assessment of Librar and Information Center Series)	3
	도서관정책특론 (Seminar in Library Policy)	3
	독서요법이론 (Theory of Bibliography)	3
	멀티미디어제작론 (Multimedia Production)	3
	메타데이터론 (Special Topics in Metadata)	3
	메타데이터연구 (Studies in Metadata)	3
	목록법이론연구 (Studies in Theory of Cataloging)	3

구분	교과목명	학점
전공선택	비교문헌정보학특론 (Special Topics in Comparative Library and Information Science)	3
	비교분류학연구 (Studies in Comparative Classification)	3
	비교분류학이론 (Theory of Comparative Classification)	3
	색인초록이론연구 (Studies in Indexing and Abstracting)	3
	색인초록특론 (Advanced Indexing and Abstracting)	3
	이론목록학 (Theory of Cataloging)	3
	이론정보학특론 (Advanced Information Science)	3
	이용자연구특론 (Special Topics in User Studies)	3
	이용자인터페이스 설계 (User Interface Design)	3
	자동화목록법연구 (Studies in Automatic Cataloging)	3
	장서개발특론 (Studies in Collection Development)	3
	정보검색이론 (Theory of Information Retrieval)	3
	정보검색이론연구 (Studies in Information Retrieval)	3
	정보경영총론 (General Study in Information Organization)	3
	정보경영특론 (Seminar in Information Management)	3
	정보기술총론 (General Study in Information Technology)	3
	정보네트워크 (Theory of Information Network)	3
	정보문화총론 (General Study in Information Culture)	3
	정보법제론 (Special Topics in Information Related Law)	3
	정보서비스연구 (Studies in Information Services)	3
	정보센터건축론 (Studies in Information Center Buildings)	3
	정보센터경영연구 (Research for Information Center Management)	3
	정보센터경영특론 (Advanced Information Center Management)	3
	정보자원개발론 (Development in Information Resources)	3

구분	교과목명	학점
전공선택	정보정책론 (Studies in Information Policy)	3
	정보조직총론 (General Study in Information Organization)	3
	정보처리특론 (Advanced Information Processing)	3
	정보추구형태론 (Information Seeking Behavior)	3
	주제명이론특론 (Advanced Subject Heading)	3
	지식커뮤니티개발론 (Development in Knowledge Community)	3
	지역문화정보특론 (Special Topics in Regional Culture Information)	3
	체계서지특론(목록학) (Studies in Systematic Bibliography)	3
	특수매체론연구 (Studies in Special Media)	3
	특수정보관리론 (Advanced Studies in Institutional Information Management)	3
	특수정보관리연구 (Doctorial Seminar in Institutional Information Management)	3
	한국도서관특론 (Studies in School Library)	3
	학술정보특론 (Advanced Scholarly Information)	3
	한국서예사연구 (Studies in Korean Calligraphy History)	3
	한지보존처리실습 (Practice of Korean Paper Restoration)	3
	현장실습 Ⅰ (Field Work(Ⅰ))	3
	현장실습 Ⅱ (Field Work(Ⅱ))	3
	형태서지특론(판본학) (Studies in Physical Bibliography)	3

석 박 사 교 과 내 용

계량정보학(Bibliometrics)

문헌정보학의 수량학적 연구 분야인 계량정보학을 연구한다.

고문서해독연습(Exercises in Reading Archives)

문헌사료의 가장 원자료인 고문서의 해독을 통해서 역사적 가치를 평가하고 체계적인 정리를 통해서 이용자에게 널리 활용할 수 있도록 교육한다.

공공도서관연구(Research for Public Libraries)

공공도서관의 필요성과 발전과정 및 교육적, 사회적 기능을 파악하고 지역사회의 요구에 부응할 수 있는 봉사를 제공할 수 있도록 하기 위하여 공공도서관의 운영과 관리체계 전반에 대하여 연구한다.

공공도서관특론(Studies in Public Libraries)

공공도서관의 교육적, 사회적 기능을 이해하고, 그 지역사회의 요구에 부응할 수 있는 봉사를 제공할 수 있도록 하기 위하여 공공도서관의 조직, 관리, 재정, 인사, 자동화, 상호협력체제 및 그 지역사회의 연구, 분석을 주된 내용으로 다룬다.

기록관리기술(Technology of Archival Management)

인쇄나 필사된 기록류, 사진 등을 원형 그대로 보존하기 위한 산성화 원인과 그 대책, 자료의 물리적, 화학적 생물학적 열화원인을 분석하고, 양지의 내구성 측정 및 탈산성화 기법을 포함한다. 아울러 마이크로필름과 디스크, 광파일 등의 화학적 성질과 특성, 보존기법을 포함한다.

기록물가치개발론(Development in Value of Archives)

기록물 중에서 영속적 가치로 인해 보존되어야 하는 수집대상물의 선별, 평가, 처분, 수집의 절차와 방법에 대해 다룬다.

기록물조직이론(Theories in Organization of Archives)

다양한 기록물의 특성을 이해하고, 효율적인 기록물 조직방식을 연구한다.

기록보존학연구(Archival Preservation)

기록물의 체계적인 정리 및 과학적인 보존방안을 살펴봄으로써 각종의 기록문서의 가치를 평가 활용할 수 있는 능력을 배양하여 문서관 및 기록보존소의 전문적인 식견을 함양하도록 한다.

기업정보관리(Business Information Management)

기업체의 정보수집, 정리, 보존, 이용에 관한 이론과 사례를 다룬다.

내용서지특론(교감학)(Studies in Textual Bibliography)

도서의 본문을 정확하게 식별하고 복원할 수 있도록 문자의 이동을 대교하고 원문의 증삭을 고증하여 문헌의 성립과정에 있어서 변이양상을 추정하는 능력을 배양시키는 데 있다.

논문연구(Research for the Master's or Doctoral Degree)

데이터베이스특론(Studies in DBMS)

데이터베이스 스키마 관계 모델, 네트워크 모델, 분산 데이터베이스, 객체 지향 데이터베이스 모델의 구조 및 데이터베이스 운영 시스템을 다루고 실제적인 구현 및 응용 방법을 다룬다.

도서관 · 정보센터업무평가론(Assessment of Librar and Information Center Series)

도서관과 정보센터 조직의 성과와 유효성 평가에 관한 전반적인 이론과 평가의 실제를 다루며, 도서관과 정보센터 조직의 입력자원과 처리과정, 산출물 등을 포함한 조직의 전반적인 측면에서의 업무계획과 성과에 대한 평가를 측정하고 연구한다.

도서관정책특론

정보를 단순한 행위에서 국가경쟁력 차원에서의 자원으로 해석하고 이와 관련된 법률, 정책 등을 분석하고 장단기 정보정책을 입안하여 본다.

독서요법이론

독서를 통한 인간교육으로서 독서교육의 제반 실천 활동을 다루며, 도서를 이용한 인간의 심리치료와 독서활동에서 생겨나는 문제나 장애를 해결하는 독서지도방법 등을 연구한다.

멀티미디어제작론(Multimedia Production)

정보자료로서 멀티미디어의 특성과 활용방법을 연구하고, 실제로 이들 자료를 직접 제작하여 운용하는 기법을 다룬다.

메타데이터론

전자정보자원의 기술을 위해 개발된 각종 메타데이터의 기술요소와 구조, 태깅(tagging), 매핑(mapping) 기법을 다루며, 상이한 메타데이터 간의 연결구조를 연구한다.

메타데이터연구

전자정보자원을 기술하기 위해 개발된 메타데이터 중에서 특히 더블린 코어(DC), KORMARC 및 MARC21 등을 상호 비교 분석하며, 각각의 기술요소와 구조, 기법 등을 연구한다.

목록법이론연구(Studies in Theory of Cataloging)
목록의 이론과 서지기술, 전거통제 등을 연구하며, 각종 목록규칙 가운데 특히 ISBD, AACR2, KCR3 등의 구조와 기술규칙을 비교 분석하여 목록조직의 과학적 방법과 원리를 습득하게 한다.

문헌정보학사(History of Library and Information Science)
동·서양의 문헌정보학의 성립과 발전과정을 시대별로 조사, 분석, 연구한다.

문헌정보학연구방법론(Research Methodology in Library and Information Science)
문헌정보학의 학문적 탐구 및 학위논문 작성을 위한 기초적 연구방법론을 체계적으로 제시하며 학문연구의 최신 방법론을 연구한다.

비교문헌정보학(Studies in Comparative Library and Information Science)
비교문헌정보학의 이론과 실제를 조사연구하며, 실제적인 측면으로 주요 국가의 문헌정보학의 발전과정을 비교 연구한다.

비교분류학연구(Studies in Comparative Classification)
문헌분류와 학문분류의 원리를 연구하며, 세계 여러 나라에서 사용되고 있는 각종 분류표 가운데 특히 KDC, DDC, LCC, UDC, CC 등의 구조와 발달과정을 비교 분석하여 분류의 과학적 방법과 새로운 분류표의 전개방법을 습득하게 한다.

비교분류학이론(Theory of Comparative Classification)
문헌분류의 과학적 원리를 연구하고 동서양의 각종 분류표에 대한 발전과정과 특성을 비교·검토한다.

색인·초록이론연구(Studies in Indexing and Abstracting)
색인 및 초록에 관련된 제 이론을 연구한다.

색인초록특론(Advanced Indexing and Abstracting)
문헌정보의 핵심인 2차 자료의 개발을 위한 색인 및 초록에 관련된 제 이론과 실제를 다룬다.

이론목록학(Theory of Cataloging)
목록법의 과학적 원리를 연구하고 동서양의 각종 목록규칙에 대한 발전과정과 특성을 비교·검토한다.

이론정보학특론(Advanced Information Science)
정보학의 발전과정, 정보의 개념, 지식구조의 규명을 위한 계량서지학적 이론, 정보이용행태, 색인이론, 검색이론, 시스템평가 등 정보학 분야의 제 문제를 다룬다.

이용자연구특론(Special Topics in User Studies)
정보이용자의 정보탐색과 이용행태에 관련된 주요 주제를 심도 있게 다룬다.

이용자인터페이스설계(User Interface Design)
이용자중심의 시스템 설계에서 핵심이 되는 이용자 인터페이스 설계의 구체적인 방안을 연구한다.

자동화목록법연구(Studies in Automatic Cataloging)
MARC의 기본적인 구조와 형식을 연구하며, 특히 USMARC, KORMARC, OCLC MARC, UNIMARC, CHINESE MARC, JAPAN MARC 등의 포맷 규칙을 비교 분석하여 자동화목록의 과학적 방법과 원리를 습득하게 한다.

장서개발특론(Studies in Collection Development)
정보자료의 구성을 위한 이론과 실제를 조사, 연구한다.

정보검색이론(Theory of Information Retrieval)
정보검색 과정 중에서 파일조작, 검색기법, 시스템 평가 등 정보검색에 관련된 제 이론과 실제를 다룬다.

정보검색이론연구(Studies in Information Retrieval)
정보검색에 관련된 제 이론을 연구한다.

정보경영총론(General Study in Information Management)
정보의 생성과 가공 및 유통에 따른 제반 문제를 연구하고 정보의 속성을 파악하며, 이들 정보를 취급하는 일반적 기술을 교육하고자 한다.

정보기술총론(General Study in Information Technology)
색인, 파일조직, 질문처리, 파일탐색 및 검색정보 배포 등 정보검색 과정과 관련된 모든 주제들을 다룬다.

정보네트워크(Theory of Information Network)
국내 도서관네트워크의 설계 및 운영을 위하여 필요한 데이터통신, 컴퓨터네트워크 모형 등을 다루며, 외국 네트워크의 사례와 국내 네트워크의 사례를 연구한다.

정보서비스연구(Studies in Information Services)
정보서비스의 의의와 방법론 그리고 정보서비스의 여러 영역과 가능성에 대한 이해를 넓히고 정보서비스의 질적 향상을 위한 과정과 기법, 평가방법 등을 다루고 연구한다.

정보봉사연구(Studies in Information Services)

정보서비스의 의의와 방법론 그리고 정보서비스의 여러 영역과 가능성에 대한 이해를 넓히고 정보서비스의 질적 향상을 위한 과정과 기법, 평가방법 등을 다루고 연구한다.

정보센터건축론(Studies in Information Center Buildings)

정보센터건물의 기획, 건축설비, 기존시설의 증축, 개선 및 개축 문제를 다루며 기능, 경제성, 미, 형태 및 장래의 자료와 봉사를 감안하여 조사·연구한다.

정보센터경영연구(Research for Information Center Management)

정보센터의 개념과 목적, 사회적 측면과 정치, 경제적 측면 그리고 정책 및 행정체계 등을 다루고 정보센터의 역할 및 기능을 활성화시키기 위한 이론 및 실무를 통해 그 발전 방안 등을 모색해 본다.

정보센터경영특론(Advanced Information Center Management)

정보센터의 경영이론·전략을 연구한다. 특히 기획·기주·예산·업무·평가·보고를 중심으로 하여 연구한다.

정보자원개발론(Development in Information Resources)

정보자원개발의 원리와 방법 및 평가의 원칙에 대하여 연구한다.

정보정책론(Studies in Information Policy)

정보의 효율적인 경영과 관리의 과학화, 발전적인 정책에 따른 이론과 실제를 다룬다.

정보조직총론(General Study in Information Organization)

도서관자료의 검색을 위한 목록법의 이론과 실제, 목록의 역사, 목록의 기입법과 기술론을 학습하고, 편목을 위한 동서양의 자료의 실제 편목을 작성하며, 분류의 원칙과 기술을 포함한다.

정보처리특론(Advanced Information Processing)

정보검색을 포함한 정보행위에 응용되는 컴퓨터 소프트웨어 개발을 위한 원론적이며 기초적인 지식을 습득, 최적화된 정보시스템을 설계한다.

정보추구행태론(Information Seeking Behavior)

이용자의 정보요구와 정보추구, 나아가서 정보행태와 관련된 다양한 주제들을 심도 있게 연구한다.

주제명이론특론(Advanced Subject Heading)

주제명의 개념과 표현방법을 연구하고, 특히 주제명표목표를 개발하기 위한 기본원칙으로서 용어선정과 어휘통제문제, 주제명표목의 구조 등을 다룬다.

지식커뮤니티개발론(Development in Knowledge community)

정보제공자와 정보이용자 간의 원활한 커뮤니케이션을 위한 제 이론을 연구한다.

지역문화정보특론(Special Topics in Regional Culture Information)

우리나라 각 지역의 독특한 문화적 특질을 이해시키고, 이를 일정한 주제로 분류하여 각 주제별 다양한 정보를 체계화시키도록 훈련하여 궁극적으로 지역정보전문가를 양성하고자 하는 데 그 목적이 있다.

체계서지특론(목록학)(Studies in Systematic Bibliography)

고금의 각종 문헌의 전래과정을 체계적으로 편성하여 학술의 원류를 규명하는 한편 이를 이용자에게 제공하여 학문연구에 도움을 주기 위한 체계적인 방법을 습득시키는 데 있다.

특수매체론연구(Studies in Special Media)

도서관과 미디어센터에서 활용되고 있는 각종 비도서자료의 수집과 과학적인 관리방법을 연구하며, 특히 CD-ROM을 비롯한 컴퓨터 파일자료와 네트워크 전자정보원의 조직관리방법을 습득하게 한다.

특수매체관리론(Advanced Studies in Institutional Information Management)

장애자, 병원, 양로원, 교도소, 군대 등 특수한 기관의 정보관리에 관한 이론과 사례를 다룬다.

특수정보관리연구(Doctorial Seminar in Institutional Information Management)

장애자, 병원, 양로원, 교도소, 군대 등 특수한 기관의 정보관리업무를 진단하고 기능 확장을 통한 발전방향을 검토한다.

학교도서관특론(Studies in School Library)

학교도서관의 중요성이 더욱 강조되고 있는 시점에서 학교도서관 미디어센터에 관한 다양한 주제들을 심도 있게 연구한다.

학술정보특론(Advanced Scholarly Information)

인문·사회·과학 분야 문헌의 커뮤니케이션 현상, 정보생산자로서의 이 분야 학회·단체의 분포와 전문 학술지, 국제 학술회의 학위논문과 연구 진행자료, 특허정보, 기술보고서, 서지문헌, 사전과 용어집, 명감과 인감, 편람, 수표, 백과사전, 리뷰지, 번역문헌 및 학술정보의 서지적 통정에 대하여 연구한다.

학교도서관미디어센터론

학교도서관의 중요성이 더욱 강조되고 있는 시점에서 학교도서관 미디어센터에 관한 다양한 주제들을 심도 있게 연구한다.

한국서예사연구(Studies in Korean Calligraphy History)

한국의 전적 및 고문서를 취급하는 데 있어서 가장 중요한 서체를 각 시대별로 금석문과 고문서를 개관하여 주요한 특징을 고찰할 수 있는 전문적인 능력을 배양하고자 한다.

한지보존처리실습

우리나라에서 일 천 년 이상 사용된 전통종이인 한지의 분석·보존·수복을 중심으로 체계적 실습을 통하여 전통한지의 복원 및 보존처리에 대한 전반적 이해를 증진시키도록 한다.

현장실습 Ⅰ(Field Work(Ⅰ))

문헌정보학의 조직, 운영, 봉사 등 모든 교과과정을 현장실습을 통하여 직접 실무를 체험해 봄으로써 이론과 실무를 겸비한 전문가를 양성하고자 하는 교육과정이다.

현장실습 Ⅱ(Field Work(Ⅱ))

문헌정보학의 조직, 운영, 봉사 등 모든 교과과정을 현장실습을 통하여 직접 실무를 체험해 봄으로써 이론과 실무를 겸비한 전문가를 양성하고자 하는 교육과정이다.

형태서지특론(판본학)(Studies in Physical Bibliography)

도서의 발전과정과 형태적 특징 등을 실증적으로 조사, 분석, 추정하여 간행시기를 고증하고 한편으로 그 우열을 식별하여 선본을 선정할 수 있는 능력을 함양시키는 데 있다.

교 육 대 학 원 교 과 과 정

구분	교과목명	학점
전공필수	독서교육연구 (Studies in Reading Education)	3
	학교도서관운영론 (School Library Management)	3
	교육정보매체론 (Introduction to Education Materials and Media)	3
	논문연구 (Thesis)	1
전공선택	도서관정보센터경영론 (Studies in Library & Information Center Management)	3
	독서요법론 (Theory of Bibliotherapy)	3
	목록이론연구 (Studies in Cataloging Theory)	3
	문헌정보학연구방법특론 (Advanced Research Methodology in Library and Information Science)	3
	문헌정보학특론 (Advanced Library and Information Science)	3
	분류이론연구 (Studies in Classification Theory)	3
	색인초록연구 (Studies in Indexing and Abstracting)	3
	인터넷정보특론 (Management of Internet Resources)	3
	장서관리특론 (Studies in Collection Management)	3
	정보검색연구 (Studies in Information Retrieval)	3
	정보문화사론 (Cultural Review of Information)	3
	정보봉사특론 (Studies in Information Services)	3
	정보사회특론 (Information and Society)	3
	정보이용자연구 (User Studies)	3
	특수자료연구 (Studies in Special Materials)	3

교 육 대 학 원 교 과 내 용

교육정보매체론(Introduction to Education Materials and Media)

정보와 지식을 전달해 주는 가장 오래되고 중요한 도서를 포함하여 다양한 형태의 인쇄자료와 각종 시청각자료의 특성과 정보매체로서의 중요성을 다룬다. 컴퓨터로 이용이 가능한 CD-ROM을 위시한 전자매체의 현황과 이용방법도 가르친다. 실제로 매체의 활용을 통하여 매체의 특징에 대해 이해를 높인다.

도서관정보센터경영론(Studies in Library & Information Center Management)

도서관과 정보센터 관리의 원리원칙을 이해하고 도서관에서 실제적으로 여러 가지 문제를 해결하게 함으로써 도서관과 정보센터를 과학적이고 효율적으로 운영할 수 있도록 한다. 조직경영 일반에 관한 이론과 기술을 습득하고, 이를 도서관/정보센터에 적용시키는 학습을 통하여, 정보전문가로서 도서관/정보센터 경영에 관한 이론적 이해를 넓히고 실무에 활용할 수 있도록 한다.

독서교육연구(Studies in Reading Education)

독서교육프로그램을 체계적·조직적으로 수행할 수 있는 이론과 지도방법을 학습한다. 구체적으로 독서의 의의와 중요성, 독서교육의 개념·계획·방법·독서치료 프로그램과 상황별 도서목록의 작성과 활용, 독서교육 평가 등의 내용을 포괄한다.

독서요법론(Theory of Bibliotherapy)

독서를 통한 인간교육으로서 독서교육의 제반 실천 활동을 다루며, 도서를 이용한 인간의 심리치료와 독서활동에서 생겨나는 문제나 장애를 해결하는 독서지도방법 등을 연구한다.

목록이론연구(Studies in Cataloging Theory)

목록의 이론 및 각종 편목법을 연구하고, 기계가독형 목록레코드의 이해와 적용을 다룬다.

문헌정보학연구방법특론(Advanced Research Methodology in Library and Information Science)

문헌정보학의 과학적인 연구에 필요한 방법론 및 연구의 개념 등을 다룬다.

문헌정보학특론(Advanced Library and Information Science)

문헌정보학의 입문과정으로서 그 의의와 역사적 배경 및 문헌정보학 전반에 걸친 각 교과목의 개요와 그 체계를 이해한다.

분류이론연구(Studies in Classification Theory)

분류이론 및 분류법 등을 연구한다.

색인초록연구(Studies in Indexing and Abstracting)

정보원에의 주제접근을 제공하기 위한 색인시스템과 색인초록서비스를 연구한다. 색인과 초록작성을 위한 주제분석기법, 색인언어, 다양한 색인기법을 이용한 색인작성과 초록작성의 기술을 이론과 실습을 통

452

하여 익힌다.

인터넷정보특론(Management of Internet Resources)

인터넷을 이용하여 양질의 정보를 효율적으로 찾는 법을 습득하도록 한다. 인터넷의 특성, 역사, 발전과정, 그리고 E-Mail, Telnet, Ftp, Http 등의 다양한 인터넷의 서비스, 홈페이지 만들기, 인터넷 검색엔진의 활용법, 그리고 인터넷 이용과 관련된 사회적인 문제, 관리상의 문제 등에 대하여 강의한다.

장서관리특론(Studies in Collection Management)

장서관리의 개념과 발전과정, 정보매체의 발달과 유형, 이용행태의 분석, 장서관리정책, 자료선택과 수집업무, 장서구성과 개발, 자료보존과 폐기, 협동장서개발계획, 미래의 장서관리 개발방향 등을 학습한다.

정보검색연구(Studies in Information Retrieval)

정보검색의 특성, 이론 등을 연구하고 검색기법과 관련된 다양한 이론을 다룬다.

정보문화사론(Cultural Review of Information)

인류의 지식발달에 기여해 온 지식정보기관의 생성과 발전과정을 정보의 관점에서 조망한다. 정보기술과 매체의 발전과정을 살펴보고 현대사회에서의 변화양상을 이해한다.

정보봉사특론(Studies in Information Services)

정보봉사란 각 주제의 연구와 조사를 위해 정보를 필요로 하는 이용자에게 신속 정확하게 정보 또는 정보원을 제공해 주는 사서의 전문적인 문헌조사활동을 말한다. 도서관이 단순한 자료의 수집 보전의 기능으로부터 진전하여 정보센터로서의 기능이 확대되기 시작한 이래로 자체 소장자료를 포함한 총체적인 정보자료를 이용자들에게 보다 효과적으로 활용시키기 위해 비교적 근년에 연구 개발된 분야가 곧 정보봉사이다.

정보사회특론(Information and Society)

정보사회의 특성을 역사적인 출현배경, 추진동기, 정보기술의 발전, 그리고 정보기술의 사회적 수용 등 정보와 관련된 제반 사회적 현상이라는 측면에서 연구한다.

정보이용자연구(User Studies)

정보의 효과적 전달과 응용을 위한 이론과 실제적인 이용자행태에 관하여 다룬다.

특수자료연구(Studies in Special Materials)

도서관자료 중 특수자료의 종류 및 특성과 이들 각 특수자료의 선정·수집·조직·관리 그리고 이용자봉사에 대한 이론과 실제를 연구한다. 따라서 연속간행물을 비롯하여 팸플릿·클리핑·그림·사진 등의 파일자료, 오디오디스크·오디오테이프 등의 오디오자료, 슬라이드·필름·비디오테이프·비디오디스크 등의 영상자료, 마이크로필름·마이크로피시 등의 마이크로형태자료 그리고 컴퓨터파일자료 등 각종 특수자료에 대한 이론과 실제를 다룬다.

학교도서관운영론(School Library Management)
학교도서관의 경영을 위한 제반 이론과 기법을 이해한다. 아울러 학교도서관이 교수학습센터이자 미디어 센터로서 학교교육을 체계적으로 지원하기 위한 방안을 모색한다. 그리고 우리나라 학교도서관 경영과 관련한 정책적, 사회적 문제를 연구한다.

▷ 전공 소개

인류문화의 유산을 계승, 발전시키고 사회 각 분야의 성장 발전에 필요한 지식 및 정보자료를 체계적으로 수집, 정리, 분석하여 이를 필요로 하는 이용자에게 적시에 제공, 배포하는 정보관리의 이론 및 방법론을 연구하는 학문으로서 정보 전문사서를 양성함을 목적으로 한다. 본 학과에서는 소정의 교육과정을 이수하면 국가로부터 사서자격증을 취득하여 도서관 전문사서, 금융기관 및 연구기관의 조사부 자료요원, 연구소의 정보담당연구원, 기타 기관의 사서직 공무원 등의 고급인력으로 진출하며, 또한 교직과정 이수자는 학교도서관의 사서교사로 진출한다.

▷ 교육목표

세계적 문호인 Shakespeare는 그의 작품을 통해 유명한 말을 많이 남겼는데 그중에서도 가장 유명한 말은 Hamlet에 나오는 'To be or not to be that is the question'이라는 독백이다. 즉 '사느냐 죽느냐 그것이 문제로다.'라는 말이다. 그런데 오늘날 정보화시대에 살고 있는 우리들에게는 어떤 정보가 어디에 있는지를 어떻게 알아낼 것인가(know-how, know-where or know-what) 하는 것이 가장 큰 문제로 다가와 있다. 사람들은 자신이 원하는 정보를 보다 편하고 빠르게 찾고자 한다. 이러한 필요는 갈수록 커지고 있는데, 이런 필요를 채워 줘야 할 전문인이 바로 '정보전문가' 또는 '사서'이다. 문헌정보학전공에서는 이러한 역할을 효과적으로 수행할 수 있도록 정보전문가인 사서의 능력과 자질을 함양시키는 것을 목표로 하여 각종의 정보자료의 수집, 분석, 조직 및 활용을 중심으로 광범위하게 교과목을 이수토록 하고 있다. 특히 컴퓨터처리, 멀티미디어 활용 및 다양한 타 학문을 부전공으로 택해 학문별 주제전문지식을 습득할 수 있도록 하고 있다.

▷ 교수진

- 강혜영　　　서지학　　　　　Khelen@moak.chonbuk.ac.kr　　　　063 - 270 - 3254
- 김포옥　　　문헌정보학　　　Pokim@moak.chonbuk.ac.kr　　　　063 - 270 - 3255
- 서진원　　　문헌정보학　　　sjwww@moak.chonbuk.ac.kr　　　　063 - 270 - 3257
- 이승채　　　문헌정보학　　　create@moak.chonbuk.ac.kr　　　　063 - 270 - 3259
- 이태영　　　정보학　　　　　taehyun@moak.chonbuk.ac.kr　　　063 - 270 - 3256
- 최상기　　　정보학　　　　　choisk@moak.chonbuk.ac.kr　　　　063 - 270 - 3258

▷ 대학원의 설치 여부

전북대학교 대학원은 일반대학원의 석·박사과정, 교육대학원의 사서교육전공을 설치하고 있다.

▷ 학과 연락처

- 홈페이지　　　　　　http://information.chonbuk.ac.kr/
- 학과 전화번호　　　063 - 270 - 3253

학 부 교 과 과 정

학년	구분	교과목명	학점	시간
1	전필	문헌정보학입문 (Introduction to Library & Information Science)	3	3
	전선	도서관정보센터경영론 (Library & Information Center Management)	3	3
		아동·청소년정보 (Children & Young Adult Information)	3	3
		정보처리연습 (Exercise in Information Processing)	3	3
2	전필	정보서비스론 (Information Services)	3	3
		정보자료조직론 Ⅰ (Information materials organization Ⅰ)	3	3
	전선	학교미디어센터경영 (School Library Media center Management)	3	3
		독서교육론 (Book Reading Method)	3	3
		김퓨터징보처리 (Computer Information Processing)	3	3
		웹 DB 탐색 (Web Database Searching)	3	3
		정보자료조직론 Ⅱ (Information Materials Organization Ⅱ)	3	3
		학술정보센터경영 (Research Library Management)	3	3
		정보시스템분석과 설계 (Analysis & Design of Information System)	3	3
		지식정보사회와 콘텐츠개발 (Knowledge Information Society & Contents Development)	3	3
3	전필	정보검색 (Information Retrieval)	3	3
	전선	정보자료조직연습 (Practice of Information materials Organization)	3	3
		정보자원구성론 (Information Resource Management)	3	3
		디지털도서관론 (Digital Library)	3	3
		정보매체론 (Information Media)	3	3

학년	구분	교과목명	학점	시간
3	전선	고전정보조직론 (Oriental Classics Organization)	3	3
		멀티자료조직론 (Multi‐Materials Organization)	3	3
		색인초록작성법 (Indexing & Abstracting Method)	3	3
		사서실습 (Library Field Workshop)	3	3
		한국고전정보의 이해 (Information Sources of Korean Studies)	3	3
		웹디자인도구와 언어 (Web Design Tool & Language)	3	3
		학술정보원의 이해 (Understanding of Research Information Sources)	3	3
4	전선	공공도서관경영 (Public Library Management)	3	3
		정보커뮤니케이션과 네트워크 (Information Communication & Network)	3	3
		출판 및 도서관사 (History of Library & Publication)	3	3
		출판저작권의 이해 (Understanding of Publication & Copyright)	3	3
		독서치료 (Bibliotherapy)	3	3
		서지학개론 (Introduction to Bibliography)	3	3
		정보이용자론 (Information User Studies)	3	3
		주제정보원 (Subject Information Sources)	3	3
		기록정보관리 (Record Management & Preservation)	3	3
		웹문서처리 (Web Document Processing)	3	3

학 부 교 과 내 용

고전정보조직론(Oriental Classics Organization)

동양의 고전자료인 문헌과 문서를 그 특성을 살려 조직하는 데 필요한 전통적인 분류법과 그 체계를 살펴보고, 그 자료들을 정보화 사회에서 가장 신속히 이용할 수 있도록 하기 위한 전산화의 목록법을 학습하고 각 분야별로 실제적인 연습도 함께하여 한국학 고전자료의 정보화를 주도할 수 있게 한다.

공공도서관경영(Public library Management)

남녀노소 주민의 이용이 가능한 공공도서관의 목적과 법규를 이해하고 도서관 기능에 영향을 주는 내외적 요소 등을 분석해 본다. 동시에 세계 각국의 공공도서관의 운영사례를 검토해 본 후 공공도서관의 직제와 합리성 그리고 한국공공도서관의 소속청의 다원화, 예산확보책, 수서정책, 공공도서관의 봉사정책과 새로운 봉사프로그램의 개발 방안 등 도서관의 효율적인 관리 및 운영 전반에 대하여 학습한다.

기록정보관리(Record Management & Preservation)

기록관리학의 학문적 정의와 역사 및 연구범위 등을 기초로 살펴보고, 각종 행정문서와 마이크로필름이나 전자기록물과 같은 자료 등을 과학적 방법으로 정리하고 보존하는 지식을 습득하게 한다. 동시에 한국의 기록관리에 관한 법률체계와 행정절차도 익히도록 한다.

도서관 · 정보센터경영론(Library & Information Center Management)

도서관을 포함한 정보관리 기관의 효율적인 운영을 위한 경영의 이론적 체계와 그 기법을 연구하고 실무현장에서의 그 응용사례를 조사함으로써 정보관리기관을 주도하는 전문사서의 경영능력을 배양하고 또한 정보관리기관의 사회적 발전을 도모하는 것을 그 목적으로 한다.

독서교육론(Book Reading Method)

독서교육을 체계적이고 조직적으로 수행할 수 있도록 독서교육의 기본원리와 기술을 학습함과 동시에 실제로 독서교육을 행함으로써 경험을 통해 지식을 획득하기 위한 현장 지도론을 다룬다.

디지털도서관론(Digital Library)

도서관자동화시스템 구축과 관련된 지식배양을 목적으로 도서관의 수서, 편목, 대출, 정보서비스 등의 기본 시스템들의 자동화 기법을 포괄적으로 학습하고, 아울러 미래의 도서관인 디지털도서관의 개관 및 관련 기술에 관하여 살펴보고, 실제적으로 자동화시스템을 실습한다.

멀티자료조직론(Multi－Materials Organization)

도서관자료 중 전자도서나 영상자료, 그림, 지도와 같은 멀티자료에 대한 이론적 토대와 합리적인 정리 방법의 방향을 모색한다. 유형별 비도서자료의 내용과 기술사항 및 순서 등을 설명하며, AACR2나

MARC 등을 이용한 정리방법의 변화과정을 검토해 본다.

문헌정보학입문(Introduction to Library & Information Science)

정보화 사회에서 정보의 창출 유통 및 재생산의 과정을 개략적으로 살펴보고 이를 통한 정보화사회의 발전방향과 그 성과를 추적함으로써 문헌정보학의 개념, 이론체계 및 각론에 대한 이해를 증진시켜 각 전공과목에 입문하는 길을 열어 주는 데 그 목적이 있다.

사서실습(Library Field Workshop)

문헌정보의 이론과 기술은 실제로 도서관현장에 적응시켜, 도서관조직의 수서 정리 열람 대출 등 전반적인 업무의 흐름을 이해하고 정보자료센터 조직의 계층적 행정과 각 부서 간의 협력체계를 몸소 체험하여 유능한 전문직 사서로서의 자질을 함양하도록 한다.

색인초록작성법(Indexing & Abstracting Method)

논문기사와 신문 등의 정보검색에서 중요하게 다루어지는 색인과 초록 이론을 인식하고 실제 시스템에서 운영되고 있는 종류들을 파악한다. 그리고 주제 및 형식별로 몇 편의 자료들을 선정하여 색인과 초록을 작성하는 연습을 한다. 또한 단행본의 권말색인도 다룬다.

서지학개론(Introduction to Bibliography)

한국 고서의 활자, 인쇄, 판본 등을 고증하고, 선본 여부를 식별할 수 있도록 서지에 관한 이론과 실제를 교육시켜, 전통자료의 평가와 선택, 분류목록 및 문헌정보활동을 원활하게 수행할 수 있는 기초 지식을 부여한다.

아동ㆍ청소년정보(Children & Young Adult Information)

아동들의 신체적, 정신적 발달과 환경에 따라 독서흥미와 아동도서의 특성과 편집 및 그리고 실제 아동도서나 소설 같은 문학자료 및 과학도서, 예술, 영상자료 등과 같은 아동정보자료 등을 읽고 분석하여 평가하는 훈련을 학습한다.

웹디자인도구와 언어(Web Design Tool & Language)

웹디자인의 기본 개념과 특징 및 구조에 대한 사항과 디자인 요건 및 도구에 대해 살펴본 후 웹 도구를 이용하여 작성연습을 한다. 특히 멀티미디어용 웹 도구인 포토샵, 플래시, 쿨에디트, 프리미어 등을 강조하여 사용연습을 한다.

웹문서처리(Web Document Processing)

지식정보시대에 폭주하는 인터넷상의 각종 문서 형식을 고찰하고 그 문서들의 작성 및 검색 등을 처리할 수 있는 소양을 기른다. 특히 웹에서 잘 구성된 형식의 문서들을 프로그래밍하기 위하여 여러 가지 언어와 도구들을 사용한다.

웹DB탐색(Web Database Searching)

학생들이 정보전문가로서의 정보탐색 능력을 고도화할 수 있도록 데이터베이스 탐색을 연습한다. 정보탐색이론, 탐색전략, 인터뷰 방법 등의 이론적 내용을 학습한 후, 웹상에서 접근할 수 있는 웹 및 CD-ROM 데이터베이스를 대상으로 다양한 주제에 걸쳐서 실제로 탐색활동을 수행한다.

정보검색(Information Retrieval)

정보검색의 원리와 온라인 네트워크, 웹 등에서 출현하는 검색시스템의 종류와 내용을 일차적으로 다루고 탐색언어에 대하여 전반적인 고찰을 한다. 컴퓨터를 매개로 하여 발전되어 온 새로운 기법인 자동분류, 자동색인, 전문가시스템도 소개한다.

정보서비스론(Information Services)

도서관정보봉사를 극대화시키기 위하여 정보사서로서의 역할과 기능 및 의무를 연구한다. 또한 각종 도서관의 정보봉사 업무를 위한 계획, 조직, 정보조사방법 및 정보봉사업무의 이행을 위한 이론과 실제를 다룬다.

정보시스템분석과 설계(Analysis & Design of Information System)

도서관의 정보관리자에게 필요한 도서관정보시스템의 본질적인 내용과 분석기법을 이론적으로 학습함으로써 향후에 학습할 도서관자동화론, 정보검색론, 전문가시스템 등에 관한 기초 지식을 배양하는 데 있다. 시스템분석 기법에 관한 이론을 학습한 후, 실제 도서관정보시스템에 관한 분석을 한다. 도서관의 정보관리자에게 필요한 도서관정보시스템의 설계기법을 이론적으로 학습함으로써 디지털 및 가상 도서관의 정보시스템 구축에 관한 기초 지식을 배양하고자 한다. 정보시스템분석을 통해 습득한 지식을 바탕으로, 실제 도서관정보시스템에 관한 설계기법들을 연구한다.

정보이용자론(Information User Studies)

현대의 지식·정보사회에서 본인에게 알맞은 정보를 찾기 위하여 정보센터와 도서관 및 인터넷의 정보검색시스템을 탐색하는 이용자들이 행하는 일련의 과정을 규명하고 이용자의 심리적, 사회적 행동 상태에 대하여 연구한다.

정보자료조직론 Ⅰ(Information Materials Organization Ⅰ)

도서관정보자료의 조직 시 사용되는 분류원칙과 이론에 대한 소개를 한다. 주제분석에 대한 이해를 제공한다. KDC, DDC, LC 등 자료를 조직하는 데 사용되는 기본적인 도구 및 기술과 친숙해지게 한다. 현재 분류방법의 장점·문제점·제한점 등을 인식하게 한다. 분류학 내에서의 쟁점인 주제들에 대해 학습한다.

정보자료조직론 Ⅱ(Information materials organization Ⅱ)

목록학의 의의와 발전, 목록의 기능과 종류 등을 다루어 목록학의 이론적 체계를 검토하며, 목록기술의 국제적 표준화와 전산화에 필요한 원칙적 규칙과 논리를 비교·검토해 본다. 아울러 한국목록기술의 표준규칙인 KORMARC와 미국의 USMARC와의 기술사항의 순서와 형식을 익혀 정보자료조직의 실습의 유용성을 시도하도록 한다.

정보자료조직연습(Practice of Information materials Organization)

국내 각종 정보자료의 학문적 분류기호 배정 작업을 실습해 본다. 국내 KDC와 미국 DDC규칙과 LC분류에 따라 지식의 체계를 구분해 보며, 도서관의 서가관리와 배열순서 등의 현황을 조사해 본다. 또한 국제 온라인목록현상에 따라 도서관현장의 업무를 자동화하기 위한 한국의 KOLAS와 SOLAS Vintage, Leolas 등 온라인 프로그램의 실행을 통한 훈련을 시도한다.

정보자원구성론(Information Resource Management)

도서관을 비롯한 정보센터 정보자원의 선택기준, 정보자원 구성관리, 각종 선택도구의 평가 및 이용, 검열문제, 정보자원의 평가법 및 평가 후 처리법, 출판 목록 및 서지 등을 조사 연구하여 모든 정보자원의 접근에 대한 일반적인 원칙을 익히도록 한다.

정보처리연습(Exercise in Information Processing)

도서관 전산화를 위해 필요한 기본적인 지식, 기법 및 프로그램언어에 대한 강의와 실습을 병행함으로써 현대사회의 전문사서의 기본적 소양을 익히며 그 응용을 통하여 정보처리기술의 향상을 도모하고자 한다.

정보커뮤니케이션과 네트워크(Information Communication & Network)

커뮤니케이션학 분야에서 개발된 사회의 커뮤니케이션 현상에 대한 모델들을 이론적으로 접근한다. 그리고 정보기관(정보센터, 도서관 등) 대 이용자, 또는 정보기관 대 정보기관 사이에서 일어날 수 있는 커뮤니케이션과 네트워크의 실제를 살핀다.

지식정보사회와 콘텐츠개발(Knowledge Information Society & Contents Development)

정보가 산업과 사회 발전 및 개인생활에 주도적 역할을 하는 정보화시대(정보사회)에 따른 개인의 정보활동과 도서관·정보센터의 기능을 전반적으로 논의한다. 그 결과로 도출되는 정보시스템들을 광의적으로 유형화하며, 나아가 그 시스템들의 구현을 위한 기초를 닦는다.

컴퓨터정보처리(Computer Information Processing)

정보자료의 컴퓨터처리를 위한 컴퓨터 활용 지식을 익히고 정보처리와 관련된 각종 컴퓨터 소프트웨어를 조사 연구함으로써 정보화사회의 정보전문가의 자질을 배양하고 정보관리기관의 발전을 도모하고자 한다.

학교미디어센터경영(School Library Media center Management)

학교도서관 미디어센터의 목적과 역할을 이해하며 효율적인 경영을 위한 방법과 이론의 적용을 연구함으로써 사서교사의 경영능력을 배양하고 학교도서관 미디어센터의 학교교육현장에 대한 관계정립을 도모하고자 한다.

학술정보센터경영(Research Library Management)

대학도서관을 비롯한 학술정보센터의 목적과 역할에 대한 체계적인 이해와 그 합리적인 경영원리를 살펴보고 그 실제를 조사하여 학술정보센터의 전문사서에 대한 경영능력을 향상시키고 학술정보센터의 사회적 발전을 도모하는 데 목적이 있다.

학술정보원의 이해(Understanding of Research Information Sources)

정보서비스를 수행하기 위하여 각 주제 분야를 망라한 기본적 정보자료를 분석, 평가, 해제하여 이에 대한 기본지식을 습득하기 위한 과목으로서 일반적이며 광범위한 지식정보를 제공해 줄 기초적 정보검색 도구들을 평가 분석한다.

한국고전정보의 이해(Information Sources of Korean Studies)

한국학에 관계되는 많은 고전적인 문헌자료와 정보자료 중에서 가장 중심이 되는 일반적인 참고자료와 각 주제별의 기초 자료들을 선별하여 그 자료의 특성과 원문의 異同, 판본의 변화를 비롯한 제반 문제를 살펴보고, 그 자료들의 사료적인 가치와 학술정보로서의 가치와 활용성을 평가하고 접근방법도 고찰해 본다.

석 박 사 교 과 과 정

구분	교과목명	학점
전공	OPAC시스템연구 (Study of OPAC system)	3
	고문서서지학특강 (Topics on the Archives and Korean Bibliography)	3
	공공도서관경영정책개발론 (Advanced Management Policy Development of Public Libraries)	3
	기록관리론 (Theory of Records Management)	3
	기록관리론특강 (Seminar in Record Management)	3
	독서지도특론 (Seminar in Reading Guidance)	3
	도서관건축설비론 (Library building and Equipment)	3
	도서관정보센터운영론 (Library and Information Center Management)	3
	도서관평가론 (Topics in Library and Information Center Evaluation)	3
	도서관협력론 (Seminar in Library Networks)	3
	동양서지학특론 (Seminar in Oriental Bibliography)	3
	동양전적분류론 (Advanced Classification of Oriental Old Books)	3
	디지털도서관특강 (Seminar in Digital Library)	3
	메타데이터연구 (Studies in MetaData)	3
	문헌정보프로그래밍특론 (Advanced Library Information Programming)	3
	문헌정보학연구법 (Research Method in Library and Information)	3
	시청각정보검색특론 (Advanced Audio-Visual Information Retrieval)	3
	이용자교육론 (Theory in Library Instruction)	3
	인터넷자원관리특강 (Management of Internet Resources)	3
	자동색인・초록특강 (Topics on Automatic Indexing and Abstracting)	3

464

구분	교과목명	학점
전공	자연언어처리특론 (Topics in Natural Language Processing)	3
	장서개발특론 (Seminar in Collection Development)	3
	정보검색이론특강 (Topics in Theory of Information Retrieval)	3
	정보관리전문가시스템 (Information Management Expert Systems)	3
	정보법제연구 (Studies in Information Related Law)	3
	정보서비스이론특강 (Advanced Theory of Reference Services)	3
	정보서비스특론 (Advanced Reference Services)	3
	정보시스템관리론 (Topics on Information System Management)	3
	정보시스템특론 (Seminar in Information System)	3
	정보이용자연구 (Information User Study)	3
	정보이용자연구특론 (Advanced Studies in Information Users)	3
	정보활용론연구 (Studies in Information Power)	3
	독서치료특론 (Seminar in Bibliotherapy)	3
	지식정보전문가시스템론 (Topics on Knowledge Information Expert System)	3
	지식조직론 (Classification Methods of Knowledge)	3
	학교도서관경영세미나 (Seminar in School Library Management)	3

석 박 사 교 과 내 용

OPAC시스템연구(Study of OPAC system)

목록학의 의의와 발전, 목록의 기능과 종류 등을 다루어 목록학의 이론적 체계를 검토하며, 목록기술의 국제적 표준화와 전산화에 필요한 원칙적 규칙과 논리를 비교 검토해 본다. 아울러 KOMARC과 USMARC의 기술사항의 순서와 형식을 비교, 분석한다.

고문서서지학특강(Topics on the Acrhives and Korean Bibliography)

고서 및 고문서의 판식 및 양식적 고찰과 그의 분류, 목록, 색인, 보존, 이용을 종합적으로 분석하여 고문서서지학연구의 현황과 전망에 대해 고찰한다.

공공도서관경영정책개발론(Advanced Management Policy Development of Public Libraries)

공공도서관의 자원, 봉사, 체계, 정책에 대한 연구를 하여 관리자 또는 실무자로서 요구되는 도서관운영에 대한 이론과 실무를 습득한다.

기록관리론(Theory of Records Management)

기록관리학의 정의, 역사, 연구범위 등을 살피고 문서의 효과적인 보존 및 관리를 위한 분류 및 보관방법 등에 대한 제 이론을 고찰함으로써, 문서의 보존 관리에 대한 지식을 습득한다.

기록관리론특강(Seminar in Record Management)

문서는 시일이 지나면 사료가 된다는 점에서 보존과 관리의 중요한 대상이 된다. 본 강좌에서는 공사 문서 의미와 종류, 보존과 관리를 위한 분류 및 보관방법 등에 대한 제 이론을 연구하고 외국에서의 문서관의 운영과 문서관리에 필요한 요원의 양성방안 등에 대하여 중점적으로 조사 토론함으로써 문서의 보존 관리에 대한 지식을 배양한다.

도서관건축설비론(Library building and Equipment)

도서관서비스에 필요한 시설들의 다양한 유형과 발전추세를 학습하여 응용하는 능력을 배양한다.

도서관정보센터운영론(Library and Information Center Management)

도서관을 포함한 정보관리센터의 효율적인 경영기법과 그 실제를 조사, 연구한다.

도서관평가론(Topics in Library and Information Center Evaluation)

현대도서관 및 정보센터의 조직, 운영, 정보서비스의 효율성 평가방법론을 연구한다.

도서관협력론(Seminar in Library Networks)

여러 유형에 속하는 도서관들의 유형별 협력과 유형 간의 협력망(네트워크)을 연구한다.

동양서지학특론(Seminar in Oriental Bibliography)

한국과 중국을 비롯한 동양권의 서지학을 심도 있게 탐구한다.

동양전적분류론(Advanced Classification of Oriental Old Books)

동양의 고전자료에 대한 전통적인 분류에 대하여 제 이론을 탐구한다.

디지털도서관특강(Seminar in Digital Library)

현재 출현한 전자도서관의 실태를 조사 분석하고 개선 논점에 대한 토의를 한다.

메타데이터연구(Studies in MetaData)

네트워크자원의 기술을 위해 개발된 각종 메타데이터의 기술요소와 구조 및 태그를 연구하여 메타데이터를 효과적으로 관리하고 조직하는 방법을 습득한다.

문헌정보프로그래밍특론(Advanced Library Information Programming)

WWW에서 홈페이지를 구축하는 데 필요한 제 프로그래밍 언어들을 실습을 통하여 지식화시킨다.

문헌정보학연구법(Research Method in Library and Information)

문헌정보학 분야에서 행하여지고 있는 다양한 연구방법의 기본이론을 소개하고, 그 내용을 검토 분석, 평가하여 실제 논문작성방법을 학습한다.

시청각정보검색특론(Advanced Audio‑Visual Information Retrieval)

앞으로 정보검색시스템의 콘텐츠로 많은 비중을 차지할 그림 및 소리 정보들의 검색방법에 대해 이론과 실제들을 고찰하고 웹사이트에서의 구현을 실험한다.

이용자교육론(Theory in Library Instruction)

현대의 지식·정보사회에서 이용자가 최적의 정보를 찾기 위하여 정보센터와 도서관 및 인터넷의 정보검색시스템을 탐색하는 일련의 과정을 규명하고 자립적인 정보이용능력자가 되기 위해 필요한 기초적 기술과 비판적인 사고방법도 함께 살펴본다.

인터넷자원관리특강(Management of Internet Resources)

인터넷의 급속한 발전과 확산에 따라 인터넷정보자원이 연구와 교육에서 중요하게 대두되고 있는 상황에서 이용자의 정보요구를 충족시키기 위하여 인터넷자원을 수집, 관리, 제공하는 방법을 연구한다.

자동색인 · 초록특강(Topics on Automatic Indexing and Abstracting)
문헌이나 보고서류의 정보를 압축하여 이용자에게 알려주는 색인과 초록을 컴퓨터로 작성할 수 있도록
이론을 강의하고 실습을 수행한다.

자연언어처리특론(Topics in Natural Language Processing)
질문응답시스템, 자동초록시스템에서 필수적으로 작용하는 자연언어처리방법론에 대한 연구를 한다.

장서개발특론(Seminar in Collection Development)
도서관을 포함한 정보센터의 장서구성 원리와 실제를 규명하고 장서개발의 경향과 그 발전방향을 연구
조사한다.

정보검색이론특강(Topics in Theory of Information Retrieval)
정보검색 성능을 측정하는 다양한 이론을 분석하여 정보검색시스템을 구축하는 데 필요한 지식을 습득
하고 검색효율을 상승시키는 방법에 대한 고찰을 한다.

정보관리전문가시스템(Information Management Expert Systems)
도서관을 포함한 정보센터에서 나타날 수 있는 전문가시스템을 구상하며 구축방법을 연구한다.

정보법제연구(Studies in Information Related Law)
도서관과 정보센터 및 제반 기관 자료실에 대한 관련법을 연구한다.

정보서비스이론특강(Advanced Theory of Reference Services)
정보서비스(참고봉사)의 수행과 관련된 제반 이론, 즉 정보제공, 이용자교육 및 정보서비스 부서의 운영
에 관한 주요 문제를 다룬다.

정보서비스특론(Advanced Reference Services)
참고정보봉사의 역사, 전통, 관련되는 경향과 개발 중인 전망을 살피고, 훌륭한 탐색 기법을 시연함으로
써 효과적인 참고봉사를 할 수 있는 능력을 배양한다.

정보시스템관리론(Topics on Information System Management)
지식 · 정보사회에 존재하는 제반 정보시스템들의 운영 및 관리에 관하여 심도 있게 연구한다.

정보시스템특론(Seminar in Information System)
제반 정보시스템의 여러 가지 측면을 살펴보고 궁극적으로 시스템의 분석 및 설계방법을 학습한다.

정보이용자연구(Information User Study)

도서관의 정보관리자에게 필요한 도서관정보시스템에서 이용자의 정보 이용행태를 파악하기 위하여 이용자 연구의 의의, 연구방법론, 정보수요분석, 정보마케팅에 관하여 학습하고, 정보시스템 이용 사례에 관한 조사연구를 수행한다.

정보이용자연구특론(Advanced Studies in Information Users)

인간 커뮤니케이션과정에서 정보활용화를 위한 정보이용자의 생태와 요구의 문제를 분석한다.

정보활용론연구(Studies in Information Power)

인간성장의 발달에 따라 정보의 효과적 이용을 위한 정보활용의 원리와 실제를 연구한다.

지식정보전문가시스템론(Topics on Knowledge Information Expert System)

21세기 지식·정보사회를 맞아 도서관과 정보센터에서 출현할 수 있는 전문가시스템을 고찰하고 그 시스템을 구축하는 데 필요한 알고리즘을 추론하여 본다.

지식조직론(Classification Methods of Knowledge)

지식의 의미, 구조, 형태 등을 학습하고 발전형태 및 문제점들을 분석하여 분류와 정보검색 분야에 필요한 언어학적 토대를 제공한다.

학교도서관경영세미나(Seminar in School Library Management)

초·중·고등학교도서관의 효율적인 경영기법과 그 실제를 규명한다.

정 보 과 학 대 학 원 문 헌 정 보 학 전 공

구분	교과목명	학점
전공	공공도서관정책론특강 (Topics in Public Library Policy)	3
	기록관리론 (Theory of Recording Management)	3
	문헌정보학연구방법론 (Research Method in Library and Information)	3
	문헌정보학특강 (Introduction to Library and Information Science)	3
	비교문헌정보학 (Computer Library & Information Science)	3
	서지학특강 (Topics in Bibliography)	3
	인터넷자원론 (Theory of Internet Resources)	3
	자료조직이론특강 (Topics in Information organization)	3
	장서개발론특강 (Topics in Development for Library Collection)	3
	저작권법특강 (Topics in Copyright Laws)	3
	전문가시스템특강 (Topics in Expert System)	3
	정보검색이론특강 (Topics in Information Retrieval)	3
	정보시스템분석특강 (Information Center Management)	3
	정보이용형태론 (Information Transfer & Information Science)	3
	정보처리특론 (Topics in Information Processing)	3
	참고정보서비스 (Reference & Information Service)	3
	프로그래밍언어특론 (Topics in Programming Languages)	3

정 보 과 학 대 학 원 기 록 관 리 학 전 공

구분	교과목명	학점
전공	기록관경영론 (Managing Records Centers)	3
	기록 관련 논문연구 (Reading and Research of Record Management)	3
	기록 관련 행정 및 법제연구 (Laws and Administrative System Related to Archives)	3
	기록관리실습 (Field Studies on Archives)	3
	기록관리제도비교연구 (Comparative Studies on Records and Archival System)	3
	기록관리학개론 (Introduction to Records and Archives Management)	3
	기록문서관리 (Organizing and Controlling Current Records)	3
	기록의 보존과 활용 (Preservation and Use of Archives)	3
	기록의정리와기술 (Classification and Catalog Description of Archives)	3
	기록의 평가와 수집 (Appraisal & Acquisition of Archival Materials)	3
	기록정보검색 (Indexing and Retrieval of Archival Materials)	3
	기록정보서비스 (Records and Information Service)	3
	기록정보자원론 (Resource of Electronic Records)	3
	한국고문서연구 (Studies in Korean Paleography)	3
	한국근현대사연구 (Studies in Modern History of Korea)	3
	행정조직사 (Studies in Public Administration and Policy)	3

사 서 교 육

구분	교과목명	학점
전공	OPAC시스템세미나 (Seminar in OPAC system)	3
	독서지도특강 (Topics in Guide of Reading)	3
	디지털도서관론 (Digital Library)	3
	자동색인초록특강 (Topics in Indexing & Abstracting)	3
	장서관리연구 (Studies in Collection Management)	3
	정보검색연구 (Studies in Information Retrieval)	3
	정보매체연구 (Advanced Information Media)	3
	정보분류교육론 (Classification Instruction)	3
	정보시스템분석연구 (Studies in Analysis of Information System)	3
	정보이용형태론 (Information User Study)	3
	정보이용교육론 (Information Instruction)	3
	지식정보사회론 (Instruction in Knowledge Information Society)	3
	학교도서관운영론 (School Library Media Center Management)	3
	학습참고정보원연구 (Studies in Reference Sources)	3
	한국전적특강 (Topics in Korean Bibliography)	3

▷ 전공 소개

전주대학교 문헌정보학과는 1983년에 개설이 되었다. 문헌정보학은 모든 학문의 기초가 되는 학문으로 지식과 정보를 담고 있는 모든 매체와 지식과 정보를 매개로 하여 나타나는 문헌정보 현상을 설명하고 해석하며, 그 역사를 밝히고 체계화하는 것이다. 아울러 문헌정보 유통의 사회적 구현체인 도서관 및 각종 정보서비스 기관의 내외부적 요소와 활동 및 역사를 연구함으로써 지식과 정보의 생산, 배포, 수집, 조직, 보존, 이용에 이르는 전체 흐름을 파악하고 이에 기여함을 목적으로 하는 학문이다. 때문에 대학과정부터 실무에 관련된 현장실습을 권장하고, 실무 일선에 봉사하고 있는 우수한 인재를 대학원과정으로 유입하여 산학협동의 풍토로 유도해야 할 필요가 있다. 특히 컴퓨터를 비롯한 최신 첨단장비 및 소프트웨어를 갖추어 급변하는 정보화시대의 정보요구에 신속히 대응할 수 있는 교육을 지향하고, 세계화에 대비한 어학력을 향상시키고, 서지학을 포함한 한국적이고 전통적인 인문과학적 분야를 유지 발전시키는 데 앞장서야 한다. 문헌정보학과는 정보의 선택 및 조직에 관한 지식과 기술, 정보처리 및 검색과 이용방법 등 현장에서 요구하는 능력을 갖춘 전문인의 교육을 목표로 하고 있다.

▷ 교육목표

· 정보화 사회의 주역이 되는 정보처리전문가의 양성
· 정보봉사정신이 투철한 전문사서의 양성
· 지역사회에 봉사하는 전문인의 양성

▷ 교수진

· 김미진	문헌정보학	mjkim@jj.ac.kr	063 - 220 - 2230
· 김홍렬	정보학	hykim505@jj.ac.kr	063 - 220 - 2327
· 배순자	문헌정보학	sj1bae@jj.ac.kr	063 - 220 - 2233
· 최홍식	정보학	choi6367@hanmail.net	063 - 220 - 2930

▷ 대학원의 설치 여부

전주대학교 대학원은 문헌정보학이라는 이름으로 석사과정만을 설치하고 있다.

▷ 대학원의 교육목표

여러 주제의 학문적 특성을 이해하고 관련 정보자료를 인식할 수 있는 주제적 배경과 외국어 능력을 강조한다. 각종 정보자료를 활용할 수 있는 능력과 적자에 적시에 적서를 제공할 수 있는 봉사정신의 가치를 중시한다.

▷ 학과 연락처

· 홈페이지   http://lis.jj.ac.kr
· 학과 전화번호   063 - 220 - 2235

학 부 교 과 과 정

학년	구분	교과목명	학점	시간
1	기초	사회의 이해	3	3
		사회과학강독	3	3
		인간의 이해	3	3
		역사와 국가	3	3
2	전필	문헌정보학원론	3	3
		분류학	3	3
		영어자료강독	3	3
		정보봉사론	3	3
		도서관경영론	3	3
		목록학	3	3
		정보자료조사법	3	3
	전선	인터넷정보활용론	3	3
		학교도서관운영론	3	3
3	전필	정보검색	3	3
	전선	디지털도서관	3	3
		비도서자료활용론	3	3
		인문과학서지	3	3
		정보자료개발	3	3
		책의 이해	3	3
		미디어와 커뮤니케이션	3	3
		사화과학서지	3	3

학년	구분	교과목명	학점	시간
4	전선	데이터베이스조직연습	3	3
		도서관실무실습	3	3
		독서교육	3	3
		자연과학서지	3	3
		정보서비스실천	3	3
		기록물관리	3	3
		도서관실무영어	3	3
		사서교사지도론	3	3
		자료조직론	3	3
		정보와 지적재산	3	3

학 부 교 과 내 용

문헌정보학원론

문헌정보학의 입문과정으로서 그 의의와 역사적 배경을 고찰하고, 문헌정보학을 구성하는 각 교과목에 대한 개략적인 개요와 그 체계를 이해한다.

분류학

정보자료의 체계적인 조직에 관한 원리, 역사와 세계 주요 분류체계를 알아보고 KDC, DDC, LC를 통해 실제 분류연습을 중점으로 실습하는 실용교육이다.

영어자료강독

독서력의 발달에 따른 도서관 그리고 정보과학 문학, 읽기를 영어로 소개하고 독해하며 영문자료관리에 적용하기 위한 교육이다.

정보봉사론

도서관업무에서 참고업무 의의와 중요성을 이해하고 각 유형의 참고질문, 이용자들을 구분하여 그에 적합한 효과적인 봉사유형 및 실행방법의 파악할 수 있는 참고사서양성교육이다.

도서관경영론

각 도서관과 자료센터의 조직관리운영에 관한 전반적인 경영이론과 경영학, 행정학 등 관련 학문에서 적용된 이론 교육이다.

목록학

정보자료의 검색을 위한 목록이론과 목록기술법, 표목선정 및 편성방법, MARC의 적용 교육이다.

정보자료조사법

참고자료의 각 유형과 정보자료의 이해와 활용방법을 중점적으로 교육하여 정보자료의 실제적 조사와 그 응용방법을 이해한다.

학교도서관운영론

학교도서관 운영의 주요 요소인 자료, 시설, 비품의 운영 기법은 물론 도서관의 이용자서비스와 교육 등에 대하여 배운다.

인터넷정보활용론

인터넷에 흩어져 있는 각종 정보자료를 조직하고, 이의 효과적 서비스제공이론과 기법을 교육이다.

디지털도서관

도서관업무의 자동화 방법, 네트워크, 도서관업무시스템분석을 통한 전산화 방안을 습득하는 교육을 실시하여 실무에 즉각 적용하기 위한 교육이다.

비도서자료활용론

현대사회의 새로운 형태의 자료들에 대한 이론을 습득하여 이들의 수집, 정리, 가공, 제공에 필요한 내용을 배운다.

인문과학서지

인문과학 분야의 연구형태와 이용자료에 대한 경향을 개관하고 해당 주제의 대표적 정보자료에 대한 교육이다.

정보자료개발

장서개발에 관한 제반지식, 즉 자료선정에서부터 폐기까지 전 과정에 필요한 이론과 내용교육이다.

책의 이해

도서의 기원, 특성과 주로 동양서지학을 중점으로 교육이다.

미디어와 커뮤니케이션

매스컴의 활용과 매스컴 자료의 도서관학적 수용범위와 이론에 대해 체계적으로 교육한다.

사회과학서지

연구원의 연구 기술과 사회 과학안에 사용자에 의한 정보의 사용본을 포함하여 정보 출처의 중요한 유형의 조사이다.

정보검색

정보관리자로서 정보검색시스템에 관한 이론과 실제 검색기법을 교육하여 도서관정보자료에 적합한 검색시스템 설계 및 구현에 대해 살펴보고 실무에 적용하도록 교육한다.

데이터베이스조직연습

정보자료의 목록과 분류 등 실제 적용과 이 과정에서 발생하는 문제해결의 능력을 쌓도록 교육한다.

도서관실무실습

정보처리이론과 기술을 도서관과 정보센터에서 실제로 활용할 수 있는 기회를 갖고 실제업무를 실습한다.

자연과학서지

자연과학 및 공학 분야 문헌의 특성과 서지통정, 정보원 안내 교육이다.

정보서비스실천

정보봉사의 이론적 내용을 기초로, 각종 정보원의 종류, 이용법, 평가방법과 상호 대차 및 네트워크, 참고시스템을 실제적으로 문제화하여 다룬다.

기록물관리

대표적인 한서와 고문서들을 대상으로 기준과 서지적 가치를 다룬다.

도서관실무영어

도서관, 자료실, 정보센터의 업무수행에 필요하며, 외국으로부터 자료의 구입, 기증, 교환의 절차방법에 관한 도서관 실무영어를 다룬다.

사서교사지도론

사서의 역할 및 자원이 교사로서 학교교육과정 안에서 학생들을 어떻게 교육하는지 사서교사의 역할을 배운다.

자료조직론

도서관자료조직과 관련된 분류 및 목록의 이론을 보다 깊이 다루는 심화과정으로, 분류와 목록의 역사와 발전과 제 규정과 규칙 등을 구체적으로 익혀 도서관자료의 조직능력을 배양한다.

정보와 지적재산

저작권 기초 이론과 도서관상호협력에 따른 문제점 등 지적재산과 도서관의 관계 교육이다.

석 사 교 과 과 정

구분	교과목명	학점	시간
공통	고등정보봉사론	3	3
	도서관자료개발론	3	3
	목록법이론	3	3
	문헌정보학연구방법론	3	3
	이론정보학	3	3
문헌정보학 전공	고등주제서지	3	3
	공공도서관운영특론	3	3
	기록물관리	3	3
	논문지도 Ⅰ, Ⅱ	–	–
	도서관경영세미나	3	3
	문헌분류이론	3	3
	문헌정보학연구방법론	3	3
	지적소유권론	3	3
	특수자료관리론	3	3
정보학 전공	논문지도 Ⅰ, Ⅱ	–	–
	뉴미디어론	3	3
	문헌정보공유론	3	3
	문헌정보처리론	3	3
	시스템분석론	3	3
	이론정보학	3	3
	정보검색언어론	3	3
	정보공학	3	3
	정보커뮤니케이션	3	3

석 사 교 과 내 용

고등정보봉사론

각 관종별의 도서관에서 이루어지고 있는 이용자상담과 참고업무수행을 위한 참고문헌의 평가와 다원적 정보봉사의 이론과 기법을 연구한다.

고등주제서지

인문과학, 사회과학 및 자연과학 분야의 각 유형별 정보원을 관리하는 방법과 이론을 연구하고, 이의 효과적인 활용기법에 대해 연구한다.

공공도서관운영특론

지역문화를 주도하는 공공도서관 운영의 제반 문제를 분석하고, 그 효율적인 조직과 관리 방법에 대한 이론과 현황에 대해 연구한다.

기록물관리

기록을 한 자료의 운용에 대한 이용과 그 실제적 방법을 연구한다.

뉴미디어론

정보화사회에 있어서 뉴미디어가 중추적 역할을 담당하고 있는 정보사회의 특성과 이론들을 연구 분석한다.

도서관경영세미나

각 관종별 도서관과 정보센터의 효과적인 운영과 관리를 위한 이론적 방법을 연구하고, 사례연구를 통한 문제점의 발견과 그 개선책을 모색한다.

도서관자료개발론

정보센터의 자료구성을 위한 이론과 현황을 연구하고, 자료개발에 있어서 발생하는 문제점을 분석 평가한다.

목록법이론

문헌자료의 목록작성의 원리와 변천 및 그에 따른 의미와 문제점 및 그 해결 기법을 연구한다.

문헌분류이론

분류의 본질적인 원칙과 역사적 변천사를 연구하고, 나아가 주요 분류이론들을 비교·연구한다.

문헌정보공유론

도서관의 지적·물적 자원의 이용의 극대화 방안으로서 도서관협력체제에 대한 제반 이론과 사례를 연구·분석한다.

문헌정보처리론

문헌데이터베이스의 기본적인 파일의 구성, 개념을 조사하고 이를 효과적으로 처리하는 방법에 대해 연구한다.

문헌정보학연구방법론

문헌정보학 분야의 학술적 연구를 위한 기본적인 개념과 연구방법을 고찰하고 현장에 적용할 수 있는 새로운 연구 주제에 대한 접근방법을 다룬다.

시스템분석론

정보시스템의 구조와 경영평가, 디자인을 연구한다.

이론정보학

정보의 분석적 의미와 정보과학의 배경과 접근방법론, 정보시스템의 분석을 위한 수학적 기초 이론 등을 다룬다.

정보검색언어론

정보검색 및 정보축적에 필요한 통제언어의 종류와 작성방법을 연구한다.

정보공학

정보의 공학적 처리와 가공에 관한 배경과 의의, 방법론을 연구한다.

정보커뮤니케이션

정보의 생산, 분배 및 유통에 관한 모든 재원이용과 이론적 방법과 정보학에 필요한 경제이론을 연구한다.

지적소유권론

도서관 이용자 봉사와 저작권법과의 관계, 저작권 내에서의 저적소유권의 문제와 그 해결방안 등에 대해서 연구한다.

특수자료관리론

정보센터의 주 정보원인 비도서자료를 포함한 특수자료를 효율적으로 조직하고 관리하는 방법에 대해 연구한다.

▷ 전공 소개

　　중부대학교 문헌정보학과는 1994년도에 개설이 되었다. 지식기반사회를 맞이하여 도서관의 기능은 인쇄매체 중심에서 벗어나 데이터베이스, 시디롬(CD-ROM), 인터넷 등 다양한 뉴미디어 정보를 총괄적으로 다루는 종합학술정보센터로서의 역할이 더욱 커지고 있다. 또한 디지털도서관 및 정보센터 등에서 요구되는 정보전문가의 수요가 증대됨에 따라 문헌정보학을 더욱 심화시키고자 하는 노력도 증대되고 있다. 이러한 시대 추세에 맞추어 문헌정보학은 인간의 지적 활동에 필요한 지식과 정보의 수집, 축적, 검색 및 이들의 효과적인 전달을 위한 지식커뮤니케이션 현상에 학문적 기초를 두고 있다. 지식기반사회에서 지식과 정보가 새로운 자원이라고 한다면 지식과 정보를 대상으로 하는 문헌정보학은 정보에 대한 효율적인 접근과 이용을 통해 지식기반사회에서 요구되는 정보전문가를 양성하는 데 주력한다.

▷ 교육목표

　　문헌정보학전공에서는 정보자료의 생산조직에 대한 이론과 방법을 학습하고, 도서관 경영에 대한 필요한 제반 지식과 기법을 탐구하고, 서적물의 역사와 관리를 통해 한국적이고 전통적인 인문과학적 분야를 유지 발전시키며, 정보처리를 위한 컴퓨터 운용능력의 신장과 컴퓨터를 비롯한 최신 첨단장비 및 소프트웨어를 갖추어 급변하는 정보화시대의 정보요구에 신속히 대응할 수 있는 교육을 지향한다. 또한 '도서관교육실습'을 실시하여 도서관과 정보관리시스템을 직접 접함으로써 도서관인의 자질을 함양하고 있다.

▷ 교수진

· 김동환	서지학	dhkim@joongbu.ac.kr	041-750-6708
· 윤혜영	도서관경영	hyyoon@joongbu.ac.kr	041-750-6673
· 홍재현	정보학	jhhong@joongbu.ac.kr	041-750-6709

▷ 대학원의 설치 여부

중부대학교 대학원은 2001년에 석사과정이 설치되었다.

▷ 대학원의 교육목표

문헌정보학의 제반 이론을 탐구하여 정보화시대 교육수요자 중심의 열린 교육과 자료중심 교육을 실현하기 위한 전문적 사서교사로서의 자질을 함양하고 문헌정보교육에 학문적 관심을 가진 교사들에게 문헌정보교육에 대한 이론과 실제를 교수·연구한다.

▷ 학과 연락처

· 홈페이지   http://web.joongbu.ac.kr:8080/jblis/index.htm
· 학과 전화번호   041 - 750 - 6368

학 부 교 육 과 정

학년	교과목명	학점	시간
1	문헌분류론	3	3
	문헌정보학의 이해	3	3
	장서관리	3	3
	정보사회와 정보활용	3	3
2	문헌분류연습	3	3
	일서강독	2	2
	정보목록론 Ⅰ	3	3
	정보목록론 Ⅱ	3	3
	정보전산처리	3	3
	정보학의 이해	3	3
	한자의 이해	2	2
3	공공도서관경영	3	3
	도서관경영	3	3
	도서관자동화	3	3
	독서지도론	3	3
	영서강독	2	2
	정보검색	3	3

학년	교과목명	학점	시간
3	참고정보봉사	3	3
	책의 역사와 문화	3	3
	학교도서관운영	3	3
	한문의 이해	2	2
4	고전자료조직법	3	3
	과학기술정보원	3	3
	대학 및 전문도서관경영	3	3
	도서관교육실습	3	3
	디지털도서관과 저작권	3	3
	문헌데이터베이스	3	3
	웹정보처리	3	3
	한국전적	3	3

학 부 교 과 내 용

고전자료조직법

동양의 고전자료에 대한 전통적인 분류법과 목록작성의 방법에 대하여 연구한다.

공공도서관경영

공공도서관 운영의 기본원칙을 이해하고, 공공도서관이 당면하고 있는 계획수립·재정·인사·조직·자동화·마케팅·건축·협력·평가 등을 알아보고, 더 나아가 한국에서 실제적으로 응용함으로써 공공도서관의 발전방향을 모색한다.

과학기술정보원

자연 및 응용과학 전반 및 분야별 연구정보원을 평가한다. 주요 연구항목은 과학기술정보 유통의 특징, 주요 정보원의 생산과 보급, 정보처리의 기계화, 전문정보네트워크, 주요 분야별 학문의 특징과 연구동향 및 연구정보의 서지적 통정을 다룬다.

대학 및 전문도서관경영

대학 및 전문도서관이 본연의 임무를 수행할 수 있도록 하기 위해 운영에 영향을 미치는 외부 환경·정책·장서개발·직무만족·조직·도서관장·인사관리·시설·협력·평가에 관한 제 주제들에 대해 연구한다.

도서관경영

경영관리 이론을 중심으로 하는 경영학에 관한 일반이론과 도서관경영이론의 관련 또는 통합을 유도하여 모든 종류의 도서관을 대상으로 경영활동의 계획수립, 조직화, 충원, 지휘, 통제의 관리기능을 바탕으로 각각의 중요 이론과 도서관의 실례들을 접목시켜 다룬다.

도서관교육실습

문헌정보학의 교과목을 종합하여 각종 도서관현장에서 실습을 실시하며 실습 후 보고회와 평가를 통하여 수서, 정리, 봉사 등 도서관업무의 전반에 대한 지식을 습득하게 한다.

도서관자동화

도서관자동화의 배경과 발전경향을 조명하고, 수서, 편목, 대출 등의 도서관 제반 업무의 자동화 능력을 배양한다. 이와 함께 발전된 디지털도서관의 구축기법을 학습한다.

독서지도론

독서의 중요성과 가치를 재인식하며 독서능력, 독서흥미, 독서태도, 위생 등 독서 전반에 걸친 문제를 해결하는 데 필요한 독서지식을 습득하고, 단체 및 개인을 대상으로 하는 독서교육에 대한 이론과 방법 및 문제점 등을 과학적으로 연구하는 방법론을 다룬다.

디지털도서관과 저작권

디지털 네트워크 환경에서 도서관이 다양한 디지털정보자원을 개발하고 이를 이용자에게 원활하게 제공하기 위해 저작권의 개념, 도서관과 관련된 저작권 관련 규정, DRM 등의 지식을 학습하여 저작권 전문 사서를 배양한다.

문헌데이터베이스

데이터베이스의 개념과 이론을 배우며, 도서관업무와 관련된 데이터베이스를 관리하기 위해 MS Access 등을 익혀 이를 응용하여 도서관과 관련된 정보를 능숙하게 처리하고 관리할 수 있는 능력을 배양한다.

문헌분류론

문헌분류의 이론을 탐구하고 학문의 분류와 문헌분류의 역사에 대하여 동양과 서양으로 나누어 고찰하며 듀이십진분류법, LC분류법, 국제십진분류법, 한국십진분류법 등 세계의 주요 문헌분류법에 대하여 연구한다.

문헌분류연습

듀이십진분류법, 한국십진분류법 등 세계의 주요 분류법을 적용하여 정보자료를 실제 분류하는 연습을 실시한다.

문헌정보학의 이해

문헌정보학의 세계에 처음으로 발을 들여놓은 사람들에게 문헌정보학이라는 학문을 전체적으로 개관할 수 있는 기회를 제공함으로써 문헌정보학의 성격을 이해하고 앞으로 문헌정보학의 각 분야별 전문지식을 쌓아 가는 데 필요한 기초를 제공한다.

영서강독

영서강독을 통하여 문헌정보학의 기초적인 지식과 용어에 대한 습득은 물론 영문 독해력의 향상을 증진한다.

웹정보처리

기본적인 웹페이지 설계 제작을 비롯하여 링크방법, 인터페이스 등에 대해 학습한다. 이와 함께 웹사이트 구축 및 서버 관리능력을 갖추게 한다.

일서강독

일본어 자료를 이해·분석할 수 있는 능력을 갖추기 위해 일본어 문장을 중심으로 심도 있게 탐구한다.

488

장서관리

도서관장서를 의도적이며 체계적으로 조직하고 관리하는 데 필요한 이용자 연구, 장서개발 정책, 기준과 지침안, 자료예산 분배, 선택 보조자료, 출판과 유통, 장서평가 및 폐기와 자원 공용에 대하여 연구한다.

정보검색

정보검색과 정보검색시스템의 이론, 색인법 및 색인어 선정 문제, 시소러스를 학습하고, 정보검색시스템의 검색과 평가를 통해 정보검색의 실제를 다루어, 검색전문가로서 갖추어야 할 능력을 배양한다.

정보목록론 Ⅰ

자료의 효율적인 매개도구인 목록에 관한 이론과 방법 및 기술을 고찰하며, 목록의 개념을 체계화시키고, 목록작성의 국제적인 협력과 표준화 및 기계화 등에 관한 국제적인 경향을 다룬다.

정보목록론 Ⅱ

한국문헌자동화목록법 기술규칙, 한국목록규칙과 영미목록규칙 등의 주요 목록규칙을 적용하여 정보자료를 편목하는 연습을 한다.

정보사회와 정보활용

정보사회의 개념과 특성, 정보의 중요성, 정보화에 따른 사회변화의 특징적 요소들을 고찰하고 도서관 및 정보센터 기능의 변화, 정보사회에서 요구되는 전문사서의 역할과 사명을 논의한다.

정보전산처리

도서관에서 요구되는 기본적인 정보 처리업무를 원활히 수행할 수 있도록 관련된 소프트웨어를 응용하여 데이터를 능숙하게 전산 처리할 수 있는 능력을 갖추도록 한다.

정보학의 이해

정보학의 발생배경으로부터 정보의 생산, 유통 및 이용, 정보의 행태, 그리고 정보네트워크, 정보서비스 등의 기본지식을 문헌정보학의 관점에서 고찰한다.

참고정보봉사

참고정보업무의 목적과 기능 및 필요한 제반 기술에 관한 일반원칙, 참고정보자료의 선택과 이용, 참고정보부서의 조직과 운영 전반 그리고 참고정보사서의 자질에 관한 이해를 목적으로 한다.

책의 역사와 문화

책의 역사와 문화에 대하여 주로 동양을 중심으로 고찰하고 책의 발달과정에서 나타나는 각종의 용어와 명칭을 해설하며, 오늘날 흔히 볼 수 없는 책의 형태, 목판의 인쇄방법에 대해서는 실물을 제시하거나 실제로 재현해 보는 과정을 통해 전적문화의 이해를 돕게 한다.

학교도서관운영

학교도서관 미디어센터 운영에 필요한 각종 기준과 현황 및 실제를 분석하고, 또한 역사, 조직, 인사, 시설, 자료, 봉사프로그램 등을 살펴봄으로써 사서교사로서의 자질을 습득하도록 한다.

한국전적

우리나라의 각 역조에서 생산한 전적의 역사를 개괄하고 주요한 전적을 시대별로 나누어 그 내용과 문화적 의의를 조명한다.

한문의 이해

한자로 쓰인 정보자료를 이해하기 위해 한문문장을 중심으로 심도 있게 탐구한다.

한자의 이해

한자로 쓰인 정보자료를 이해하기 위해 문법을 중심으로 기초적인 한문 자료를 강독한다.

석 사 교 과 과 정

구분	교과목명	학점
전공	문헌정보학연구방법론 (Research Methods in Library and Information Science)	3
	문헌분류법연구 (Studies in Library Classification)	3
	목록학특강 (Seminar in Cataloging)	3
	디지털도서관연구 (Advanced Studies in Digital Library)	3
	저작권연구 (Advanced Studies in Copyright)	3
	도서관정보센터경영특론 (Studies in Management of Library and Information Centers)	3
	한국서지학특강 (Advanced Studies in Korean Bibliography)	3
	정보검색론특강 Seminar in Information Retrieval)	3
	도서관정보네트워크특강 (Seminar in Library and Information Network)	3
	참고정보봉사특론 (Studies in Reference and Information Services)	3
	정보공학 Information Technology)	3
	고전자료조직특강 (Advanced Studies in Organization of Old Materials)	3

석 사 교 과 내 용

문헌정보학연구방법론(Research Methods in Library and Information Science)

문헌정보학에 대한 문제를 과학적으로 규명하고 문헌정보학의 이론을 발전시키기 위한 문제설정, 연구계획, 자료수집 및 조사방법론, 문제의 분석에 수량적 접근방식, 연구논문 작성법 등을 학습함으로써 도서관인의 능력을 기르고 경험적으로 필요한 실태조사 및 연구방법을 이론과 실습을 통해서 연구한다.

문헌분류법연구(Studies in Library Classification)

문헌분류법 중 세계적으로 가장 널리 사용되고 있는 듀이십진분류법(DDC)에 대하여 그 역사, 항목 구성, 판별 차이를 분석·연구한다.

목록학특강(Seminar in Cataloging)

자료의 효율적인 검색을 위한 매개도구라 할 수 있는 목록에 대한 체계적인 지식과 기술방법을 다루어 도서관현장에서 적용할 수 있도록 하며, 목록의 중요 문제와 발전방향을 종합적으로 이해하고 검토한다.

디지털도서관연구(Advanced Studies in Digital Library)

도서관자동화의 하위 구성체계를 OPAC을 중심으로 살펴보고, 국내외 디지털도서관의 발전과 현황 등을 개관하고, 디지털도서관 상황하에서의 장서구성, 사서, 이용자 특성에 대해 연구하며 디지털도서관 구축의 제반 기술을 연구한다.

저작권연구(Advanced Studies in Copyright)

디지털도서관의 데이터베이스 구축 및 디지털 복제·전송과 관련한 저작권 문제 및 전자출판과 관련한 저작권문제를 연구한다. 이를 위해 국제적인 저작권 보호의 동향과 선진 각국의 저작권법, 한국 저작권법 등을 중점적으로 다룬다.

도서관정보센터경영특론(Studies in Management of Library and Information Centers)

각종 도서관·정보센터의 경영에 적용되는 경영이론과 기법, 직원, 자료, 시설, 예산, 조직, 관리, 봉사업무를 현장과 연계하여 학습한다.

한국서지학특강(Advanced Studies in Korean Bibliography)

원문서지적 측면에서의 교감학, 목록과 목록학의 발전과정을 연구하는 체계서지학 및 문헌의 외형적 특징을 다루는 형태서지학으로 나누어 한국서지학의 연구동향 전반을 고찰한다.

정보검색론특강(Seminar in Information Retrieval)

정보검색시스템 운영을 위한 각종 색인, 데이터베이스조직, 이용자모델 및 정보요구, 데이터베이스탐색 및 평가, Web 정보축적 및 검색, 인터넷 검색엔진, 이용자중심 인터페이스 설계 등에 관한 이론적, 실제적 문제를 연구한다.

도서관정보네트워크특강(Seminar in Library and Information Network)
도서관정보네트워크의 구축 의의, 역사적 발전과정, 네트워크 구조 및 표준화 등에 관한 이론적 배경을 다루고, 도서관네트워크의 설계 및 운영을 위해서 국내외의 실제 구축사례를 조사·분석하고 디지털도서관 형태에서의 컴퓨터통신과 상호협력, 네트워크모형 등을 연구한다.

참고정보봉사특론(Studies in Reference and Information Services)
참고정보업무의 목적과 기능 및 필요한 제반 기술에 관한 일반 이론을 이해하고, 이를 바탕으로 참고정보자료의 선택, 평가 및 이용, 참고정보봉사 부서의 조직 및 운영, 참고정보사서의 자질과 역할에 관해 연구한다.

정보공학(Information Technology)
자연언어 처리, 지능형 전문가 시스템, 이미지 정보 축적 및 검색, Web 검색 등에 사용되는 최신 정보공학을 연구하고, 정보검색기법과 이론들의 문제점 및 개선점을 조사하고 실제 검색시스템에 응용할 수 있는 가능성을 연구한다.

고전자료조직특강(Advanced Studies in Organization of Old Materials)
고전자료의 목록작성법을 주안으로 연구한다. 특히 일반서와는 다른 형태표시사항의 각 요목들에 대한 용어의 이해와 저록방법을 한국문헌자동화목록형식(KORMARC 고서용)과 연계하여 탐구한다.

중앙대학교   문과대학 문헌정보학과

▷ 전공 소개

1963년 문과대학 도서관학과로 창설된 뒤, 1989년 중앙대학교 문과대학 문헌정보학과로 학과명을 변경하여 오늘에 이르고 있다. 情報社會(Information Society)의 도래에 대해서 이의를 제기하는 사람은 이제 아무도 없다. 오늘날과 같은 정보사회에 있어서의 정보는 개인에서부터 조직이나 국가에 이르기까지 그 중요성이 점차 증대하고 있다. 이렇듯이 과학기술의 발달과 학문의 세분화로 인하여 대량의 정보가 생산될 수밖에 없는 현대사회적 속성을 우리는 '정보의 폭발' 또는 '정보의 홍수'라는 현상으로 설명하고 있다. 이와 같이 사회 현상은 학문의 영역에도 큰 변화를 일으키기 시작하였다. 情報社會에 적극 대응하기 위한 컴퓨터 과학의 급성장과 정보에 대한 새로운 해석 및 가치 부여를 시도하고 있는 文獻情報學이 그것이라 할 수 있겠다.

▷ 교육목표

1. 문헌정보교육의 세계화
2. 인성, 지성, 전문교육의 강화
3. 학과 중점 연구소의 활성화

▷ 교수진

· 김성희	정보학	seonghee@cau.ac.kr	02 - 820 - 5226
· 남영준	정보학	namyj@cau.ac.kr	02 - 820 - 5146
· 남태우	자료조직	namtw@cau.ac.kr	02 - 820 - 5145
· 송일기	서지학	igsong@cau.ac.kr	02 - 820 - 5113
· 김유승	도서관경영	kimyus@cau.ac.kr	02 - 820 - 5840

▷ 대학원의 설치 여부

중앙대학교 대학원은 문헌정보학이라는 이름으로 석·박사과정과 교육대학원을 설치하고 있다.

▷ 교육대학원의 교육목표

사서교육전공은 현대 정보사회에서 정보의 효과적인 이용을 위하여 학문적 이론과 과학적 방법과 기술을 탐구함으로써 정보사회의 발전에 기여할 수 있는 전문가를 양성하는 것을 목적으로 한다.

▷ 학과 연락처

- 홈페이지　　　　　http://libe.lis.cau.ac.kr/
- 학과 전화번호　　　02 - 820 - 5144

학 부 교 과 과 정

학년	구분	교과목명	학점	시간
1	전공 기초	도서관문화사	3	3
		문헌정보학원론	3	3
		인터넷자원활용론	3	3
		정보사회론	3	3
		정보학	3	3
2	전공	도서관정보시스템이용법	3	3
		서지학	3	3
		전공영서선독 Ⅰ	2	2
		전공영서선독 Ⅱ	2	2
		전공일서선독 Ⅰ	2	2
		전공일서선독 Ⅱ	2	2
		전공한문강독 Ⅰ	2	2
		전공한문강독 Ⅱ	2	2
		정보자료구성론	3	3
		정보처리이론	3	3
		지식관리론 Ⅰ	3	3
		지식관리론 Ⅱ	3	3
		지식문화커뮤니케이션	3	3
		한중서지	3	3

496

학년	구분	교과목명	학점	시간
3	전공	뉴미디어론	3	3
		도서관정보센터경영론 Ⅰ	3	3
		도서관정보센터경영론 Ⅱ	3	3
		독서지도론	3	3
		문헌정보학연구방법론	3	3
		인문사회과학서지정보론	3	3
		자료조직연습	3	3
		정보검색론	3	3
		정보검색연습	3	3
		참고정보서비스론	3	3
		도서관실습	1	
4	전공	고서정리법	3	3
		공공도서관운영론	3	3
		과학기술서지정보론	3	3
		기록관리론	2	
		메타데이터구조론	3	3
		정보시스템구축론	3	3

학 부 교 과 내 용

공공도서관운영론

공공도서관을 합리적으로 운영하기 위해 행정, 예산관리, 계획, 인사관리, 조직관리, 자동화, PR, 상호대차관리 등에 관해 강의한다.

도서관문화사

도서와 인쇄 및 도서관의 변천과정을 역사연구방법에 의하여 살피고 각 시대, 각 지역별 발전상황을 조사하여 인간과 사회, 문화기록의 변천과정을 공부한다.

도서관정보센터경영론 Ⅰ, Ⅱ

도서관 경영에 연관된 조직체의 기초 이론을 배경으로 경영체계, 조직원리, 인사관리 등을 습득하여 전문가로서의 자질을 함양하고, 대학도서관의 행정과 예산, 기능, 직원, 장서, 구입과 정리, 봉사업무, 건물, 협동 등의 제반 사항 등을 강의한다.

문헌정보학원론

문헌정보학의 입문과정으로서 그 의의와 역사적 배경 및 문헌정보학 전반에 걸친 각 교과목의 개요와 그 체계를 이해한다.

자료조직연습

목록규칙과 분류체계의 구성 및 사용을 강조, 도서관자료조직의 기초를 배우고 이에 근거하여 목록규칙과 분류표에 의한 목록작성을 실시한다.

전공영서선독(Ⅰ, Ⅱ)

전공원서에 대한 독해력 증진과 용어파악, 그리고 전체적인 내용에 대해 토론한다.

전공일서선독(Ⅰ, Ⅱ)

일본어로 된 자료를 쉽게 찾기 위해 일어를 습득하고 중요한 일본서적을 강독한다.

정보검색론

효율적인 정보검색을 위한 검색시스템의 설계, 색인, 탐색기법 및 전략, 시스템의 성능측정과 평가, 온라인 네트워크 서비스를 강의한다.

정보검색연습

정보검색론의 실습과목이다.

정보사회론

정보발생과 유통, 정보사회의 출현배경, 정보기술과 정보사회, 정보사회의 이론적 관점, 정보화 지표수준 분석, 한국정보사회의 전망에 대한 내용을 다루게 된다.

정보학

정보의 속성 및 행위, 정보의 유통을 지배하는 요인을 고찰, 정보자료의 활용을 극대화하기 위한 정보처리 수단에 대한 이론 및 정보사회에 있어서의 정보학의 학문적 기여에 대하여 강의한다.

석 박 사 교 과 과 정

구분	교과목명	학점
공통과정	분류법이론특강 (Seminar on Classification)	3
	연구방법론 (Research Methodology)	3
	문헌정보학사연구 (History of Library & Information Science)	3
	서지학특강 (Seminar on Bibliography)	3
	한국고서판본연구 (Physical Bibliography of Old Korean Books)	3
	불교서지학특강 (Seminar in Buddhism bibliography)	3
	한국학문헌정보론 (Seminar in Information of Korean Studies)	3
	정보이용자연구 (Studies on Information Users)	3
	정보서비스측정 및 평가 (Measurement and Evaluation of Information Science)	3
	온라인정보검색 (Information Retrieval)	3
	전자도서관포털시스템 (Library Portals)	3
	전문정보센터특강 (Seminar on Information Center)	3
	정보센터경영기법론 (Management Techniques for Information Center)	3
	전공연구 Ⅰ (Studies in Major Field Ⅰ)	2
	전공연구 Ⅱ (Studies in Major Field Ⅱ)	2
	전공연구 Ⅲ (Studies in Major Field Ⅲ)	2

500

구분	교과목명	학점
석사과정	메타데이터특론 (Advanced Metadata)	3
	문헌분류사연구 (History of Library Classification)	3
	문헌정보학특론 (Advanced Library & Information Science)	3
	형태서지연구 (Studies on Physical Bibliography)	3
	한국고활자본연구 (Studies in Physical Bibliography of Old Korean Books)	3
	체계서지연구 (Studies on Systematic Bibliography)	3
	유교문헌서지연구 (Sudies in Confucianism Bibliography)	3
	내용서지학연구 (Studies in Textual Bibliography)	3
	정보봉사론 (Information Service)	3
	한국고문서학연구 (Studies in Paleography)	3
	지류문화재보존실습 (Preservation of Old Korean Paper)	3
	장서개발론 (Collection Development)	3
	자동색인 (Automatic Indexing)	3
	정보시스템 (Information System)	3
	소셜네트워크 (Social networks)	3
	멀티미디어콘텐츠관리 (Multimedia Contents Management)	3
	정보학특강 (Seminar on The Information Science)	3
	도서관이용자연구 (Studies on Library Users) 3학점	3
	인사관리론 (Personnel Management)	3
	대학도서관운영론 (Studies on University library management)	3

구분	교과목명	학점
박사과정	정보문화사 연구 (History of Information Culture)	3
	목록법이론특강 (Seminar on Cataloging)	3
	한국목록학사 (History of Korean Catalog)	3
	비교분류법연구 (Studies on Comparative Classification)	3
	온라인목록특강 (Seminar on Online Catalog)	3
	지식분류법이론 (Theory of Knowledge Classification)	3
	동아시아고판본비교연구 (Comparatives Studies of East Asian Old Block Book)	3
	한국서예사연구 (Organization of Old Korean Books)	3
	중국목록학특록 (Advanced Systematic Bibliography of China)	3
	한국서적사연구 (Studies in History of Korean Old Book)	3
	고문헌교감특론 (Advanced Textual Bibliography)	3
	고문서독해연습 (Exercises in Reading of Paleography)	3
	기록물관리특론 (Advanced Management of Archives)	3
	정보정책특강 (Seminar on Information Policy)	3
	정보전문직연구 (Professions in Information Science)	3
	정보활용론 (Information Power)	3
	주제별정보원 및 서비스 (Information Resources and Service)	3
	이용자시스템인터페이스설계 (User-System Interface Design)	3
	문헌정보학교수방법론 (Teaching Methods of Library and Information Science)	3
	웹데이터베이스운영 (Web-Based Database Management)	3
	정보자원공유네트워크 (Resources Sharing Network)	3

구분	교과목명	학점
박사과정	정보검색언어 (Information Retrieval Language)	3
	정보보호 (Information Security)	3
	정보공학 (Information Technology)	3
	멀티미디어정보검색 (Multimedia Information Retrieval)	3
	공공도서관경영연구 (Studies on Public Library Management)	3
	도서관평가론 (Library and Information Center Evaluation)	3
	비교도서관 연구 (Studies on Comparative Libraries)	3
	자료보존연구 (Preservation of Library Resources)	3
	도서관계획론 (Planning of Library and Information Center)	3
	리더십연구 (Studies on Librarary Leadership)	3

석 박 사 교 과 내 용

분류법이론특강(Seminar on Classification)
분류이론 및 분류법 등을 연구한다.

연구방법론(Research Methodology)
문헌정보학의 과학적인 연구를 위해 필요한 제반 연구방법론을 연구한다.

문헌정보학사연구(History of Library & Information Science)
문헌정보학의 발생과 역사적 변천과정을 연구한다.

메타데이터특론(Advanced Metadata)
네트워크자원의 기술을 위해 개발된 각종 메타데이터의 기술요소와 구조, 태깅(tagging), 매핑(mapping) 기법을 검토하고, 상이한 메타데이터 간의 연결구조를 검토한다.

문헌분류사연구(History of Library Classification)
동서양 문헌분류법의 원칙 및 역사발전과정을 연구한다.

목록학사연구(History of Cataloguing)
목록의 의의와 종류, 동서양의 주요 목록규칙의 발전을 이해하고 현재의 표준적인 편목규칙 및 이론에 대해 연구한다.

문헌정보학특론(Advanced Library & Information Science)
정보화사회에 있어서 정보의 유통 및 재생산의 과정을 개략적으로 살펴봄으로서 문헌정보학의 개념, 이론체계 및 각론에 대한 이해를 증진시켜 각 전공과목에 입문하는 길을 열어 주는 데 그 목적이 있다.

정보문화사연구(History of Information Culture)
정보의 정치, 경제, 사회문화적 의의와 도서 간의 사회적 변화의 관계를 연구한다.

목록법이론특강(Seminar on Cataloging)
목록의 이론 및 각종 편목법을 연구한다.

한국목록학사(History of Korean Catalog)
한국의 목록학사를 학문발달사순으로 규명한다.

비교분류법연구(Studies on Comparative Classification)
현대의 주요 분류체계의 구조를 비교방법론을 통해 분석·연구한다.

온라인목록특강(Seminar on Online Catalog)
OPAC의 이론, 구조, 구축, 이용 등을 디지털환경에서 연구한다.

지식분류법이론(Theory of Knowledge classification)
주요 편목규칙을 비교 분석하고 자동화편목법의 이론과 실제를 연구한다.

서지학특강(Seminar on Bibliography)
서지학의 역사적 발전과정, 고문헌의 외형적 특징, 도서의 간행수단 등을 체계적으로 이해시켜, 이를 바탕으로 도서의 가치평가와 고전자료의 체계적인 조직을 통해서 궁극적으로 이용자에게 적합한 문헌정보 서비스를 제공할 수 있는 기본적 소양을 함양하는 데 그 목적을 두고자 한다.

한국고서판본연구(Physical Bibliography of Old Korean Books)
우리나라는 세계적으로 다양한 방식으로 서적을 생산했던 국가로 널리 알려져 있다. 이는 현존 최고의 목판인쇄본인 〈무구정광대다라니경〉과 현존 세계최고의 금속활자인쇄물인 〈직지심체요절〉을 인쇄 출판한 사실로 증명되고 있다. 그뿐만 아니라 일찍이 삼국시대 이래로 많은 저술이 활발하게 이루어져, 문헌보국으로서 위대함을 지니고 있는 나라이다. 그리하여 이러한 다양한 형태의 서책과 문헌을 체계적으로 이해함으로써 우리 고문헌의 전반적인 지식을 습득시키고자 한다.

불교서지학특강(Seminar in Buddhism bibliography)
삼국시대 이래 불교는 우리 문화 전반에 영향을 미쳐 왔다. 이러한 연유로 우리나라에서 찬술 또는 간행된 고문헌의 상당수가 불교와 밀접히 관련되어 있다. 현존 최고의 목판 및 활자인쇄물을 비롯하여 사경 등이 모두 불교의 경전을 필사 또는 간행의 방법으로 만들어졌다. 그리고 대표적 불교문헌의 간행사례로 고려대장경(2차) 및 교장의 간행사업을 비롯하여 조선시대 사찰본에 이르는 방대한 경전 체계를 들 수 있다. 따라서 이 교과에서는 불교의 사상적 이념과 이를 바탕으로 조성된 한국의 불교사경 및 판본의 여러 특징을 살펴보아 불교문헌의 폭넓은 이해를 도모하고자 한다.

한국학문헌정보론(Seminar in Information of Korean Studies)
우리나라는 삼국시대 이래로 여러 분야에서 다양한 문헌이 저술되었으며, 현재 이러한 문헌자료를 바탕으로 한국학의 연구가 활발하게 진행되고 있다. 따라서 이 강의에서는 한국학에 관련된 우리 고문헌을 체계적으로 조사하고, 한국학 문헌서지를 탐색 활용하도록 하여 궁극적으로는 도서관 및 한국학연구기관에서 서비스할 수 있는 한국학 정보전문가로서의 자질을 함양시키고자 한다.

형태서지연구(Studies on Physical Bibliography)

도서의 발전과정과 형태적 특징 등을 실증적으로 조사, 분석, 추정하여 간행시기를 고증하고 한편으로 그 우열을 식별하여 선본을 선정할 수 있는 능력을 함양시키는 데 있다.

한국고활자본연구(Studies in Physical Bibliography of Old Korean Books)

우리나라 서적 간행의 여러 수단 가운데 독창성을 지니고 있는 고활본의 기원을 비롯하여 주조 및 조판 과정을 살펴보고, 이를 바탕으로 활자본이 지닌 형태적 특징 등을 실증적으로 조사, 분석, 추정하여 간행 시기를 고증하여 고활자본을 식별 감정할 수 있는 능력을 함양시키는 데 있다.

체계서지연구(Studies on Systematic Bibliography)

고금의 각종 문헌의 전래과정을 체계적으로 편성하여 학술의 원류를 규명하는 한편 이를 이용자에게 제 공하여 학문연구에 도움을 주기 위한 체계적인 방법을 습득시키는 데 있다.

유교문헌서지연구(Sudies in Confucianism Bibliography)

삼국시대 이래 유교는 우리 문화 전반에 영향을 미쳐 왔다. 특히 주자성리학을 신봉했던 사대부층에 의 해 건국된 조선시대는 국시를 유교를 삼아 국가를 경영해 왔으므로 유교와 밀접히 관련된 문헌이 대량 유통되었던 사실을 보이고 있다. 따라서 이 교과에서는 유교의 사상적 이념을 바탕으로 조성된 한국의 유교문헌의 여러 특징을 살펴보아 유교의 학술 활동에 관한 폭넓은 이해를 도모하고자 한다.

내용서지학연구(Studies in Textual Bibliography)

도서의 본문을 정확하게 식별하고 복원할 수 있도록 문자의 이동을 대교하고 원문의 증삭을 고증하여 문헌의 성립과정에 있어서 변이양상을 추정하는 능력을 배양시키는 데 있다.

한국고문서학연구(Studies in Paleography)

고문서의 발생, 형성, 변천 등의 역사성과 그 종류, 체계, 형식, 성질, 가치 등을 평가하여 사료적 특성을 분석하고 이를 효율적으로 정리, 관리하는 능력을 형성시키는 데 있다.

지류문화재보존실습(Preservation of Old Korean Paper)

우리나라는 삼국시대 이래 고도의 제지기술을 바탕으로 훌륭한 종이를 생산해 왔다. 그리하여 현재 남아 있는 우리 문화재의 상당부분이 종이를 바탕으로 만들어진 지류문화 유산이다. 그러나 서양식 제지기술 이 도입된 이래로 전통 종이는 거의 사양화되어, 현재 남아 있는 지류문화재의 복원 및 보수에 적합한 종이를 사용할 수 없는 실정이다. 따라서 지류문화재의 올바른 보수 및 보존을 위해 전통 한지의 특성을 파악하기 위한 기초 자료를 조사 분석하고, 이를 토대로 우리 종이 문화재의 보존 과정을 체계적으로 학 습하고자 한다.

동아시아고판본비교연구(Comparatives Studies of East Asian Old Block Book)

목판인쇄술의 기원은 동아시아에서 8세기를 전후한 시점에 발생되어 11세기에 고도로 발전되었던 현상을 보이고 있다. 이 시기에는 주로 유교계 및 불교계가 경쟁적 대량의 경전 및 서적을 간행함으로써 인쇄술 발전을 촉발시켰다. 따라서 이 교과에서는 동아시아에서 고대로부터 근세에 이르는 시기에 간행된 서적의 형태적 특징을 비교 연구함으로써 궁극적으로 고판본의 정확한 식별 및 감정을 할 수 있는 소양을 배양시키고자 한다.

한국서예사연구(Organization of Old Korean Books)

우리나라 전적 및 고문서를 취급하는 데 있어서 가장 중요한 서체의 특징을 각 시대별로 금석문을 비롯하여 중요 전적 및 고문서에 나타난 서체의 유형을 개관하고, 이를 바탕으로 주요한 특징을 고찰할 수 있는 전문적인 감식능력을 배양하고자 한다.

중국목록학특록(Advanced Systematic Bibliography of China)

우리나라는 역사적으로 중국과 밀접한 관련을 맺고 있다. 이러한 현상은 학술 및 서적의 교류에도 잘 나타나고 있다. 특히 중국은 각 시대마다 학술 및 문헌유통 현상을 살펴볼 수 있는 각 종의 목록을 체계적으로 편찬 간행한 바 있다. 이러한 문헌 정리양상은 우리나라에도 영향을 미쳐 유사한 목록이 편찬된 바 있다. 따라서 중국 학술의 원류 및 유통 현상을 체계적으로 개관할 수 있는 중국목록의 특징을 소개하고, 이를 바탕으로 동양 문헌정보의 전반적 이해를 도모하고자 한다.

한국서적사연구(Studies in History of Korean Old Book)

우리나라는 세계적으로 다양한 형태의 서적을 생산했던 국가로 널리 알려져 있다. 이는 현존최고의 목판인쇄본인 〈무구정광대다라니경〉과 현존 세계최고의 금속활자인쇄물인 〈직지심경〉을 인쇄출판한 업적으로도 증명되고 있는 것이다. 그뿐만 아니라 일찍이 삼국시대 이래로 많은 저술이 활발하게 이루어져, 문헌보국으로서 위대함을 지니고 있다. 그리하여 이러한 다양한 형태의 서책과 문헌을 체계적으로 소개함으로써 우리 옛 책의 전반적인 이해를 증진시키고자 한다.

고문헌교감특론(Advanced Textual bibliography)

고문헌은 성립 및 간행 과정에서 여러 차례 전사되거나 복각되는 사이에 그 내용의 일부에 오탈자(誤脫字)가 발생되어 변화되는 양상을 보이고 있다. 그리하여 사료나 문헌사적 가치를 지닌 자료에서 원전의 고유성이 상실됨으로써 심대한 문제를 야기하기도 한다. 따라서 이본 및 이판의 상호 교감을 통하여 원형을 복원하는 능력을 배양하고자 한다.

고문서독해연습(Exercises in Reading of Paleography)

문헌사료의 가장 원사료인 고문서의 해독을 통해서 역사적 가치를 평가하고 체계적인 정리를 통해서 이용자에게 널리 활용할 수 있도록 교육한다.

기록물관리특론(Advanced Management of Archives)

기록물의 체계적인 정리 및 과학적인 보존방안을 살펴봄으로써 각종의 기록문서의 가치를 평가 활용할 수 있는 능력을 배양하여 문서관 및 기록보존소의 전문적인 업무를 수행할 수 있는 식견을 함양하도록 한다.

정보이용자연구(Studies on Information Users)

인간커뮤니케이션과정에서 정보활용화를 위한 정보이용자의 생태와 요구의 문제를 분석한다.

정보서비스측정 및 평가(Measurement and Evaluation of Information Science)

도서관 및 검색시스템에서 제공되는 정보서비스를 위해 투입되는 자원에 대한 효율성을 객관적으로 측정하고 평가하는 방법과 이론에 대해 연구한다. 연구의 대상은 도서관 소장 자료 및 참고자료, 정보검색 서비스의 효율성, 정보전달 시스템, 네트워킹, 기술지원서비스 등이 포함된다. 또한 대출 및 수서, 자료조직 등 정보서비스를 지원하는 업무도 연구의 대상에 포함된다. 궁극적으로 정보서비스 평가 모델과 관련된 일련의 연구를 수행한다.

정보봉사론(Information Service)

각종 도서관 및 특수 분야에서 정보서비스 업무 및 참고문헌 평가의 이론과 실제를 연구한다.

장서개발론(Collection Development)

도서관자료구성의 이론과 장서구성상의 제반 문제점을 분석 평가한다.

정보정책특강(Seminar on Information Policy)

정보유통 및 정보의 효과적인 관리를 위한 정보정책의 수립과 발전방향을 모색한다.

정보전문직연구(Professions in Information Science)

정보사회에서 정보전문직의 위상확립 방안을 모색한다.

정보활용론(Information Power)

인간성장발달에 따라 정보의 효과적 이용을 위한 정보활용의 원리와 실제를 연구한다.

주제별정보원 및 서비스(Information Resources and Service)

학문의 세분화와 함께 이용자의 정보요구수준도 고도화 및 전문화되고 있다. 이러한 정보요구추세를 충족시키기 위해서는 전문사서의 주제전문가로서의 변신은 필수적이다. 이러한 고도의 주제전문가는 해당 학문 주제 분야의 배경과 함께 이용자중심의 정보요구행태 요구를 분석해야 한다. 또한 관련 주제전문 분야의 웹정보자원의 원활한 획득능력과 수준을 동시에 고려해야 한다. 이는 이 과목이 추구하는 학술적 연구방향이며, 이에 대한 전반적이고 심도 있는 이론적 배경을 교수한다.

이용자시스템인터페이스설계(User-System Interface Design)

이용자 인터페이스 설계는 미학적인 관점 이외에 이용자 정보수집의 편의성을 제공함으로써 최적의 정보획득과정을 제공하는 것이다. 따라서 본 강좌를 통해 미래 디지털도서관 사서들은 전자정보입수를 위해 인간과 컴퓨터 간의 상호 작용에 대한 심도 있는 이론, 지식과 경험을 얻을 수 있다. 이에 디지털도서관을 통해 최적의 정보전달이 이루어질 수 있는 인터페이스 구현을 위한 이론과 기술을 교수한다.

문헌정보학교수방법론(Teaching Methods of Library and Information Science)

문헌정보학의 학문 영역과 각 교과별 교육내용, 연구방법을 분석하고, 학습효과를 극대화하기 위한 최적의 교수법을 연구한다.

온라인정보검색(Information Retrieval)

온라인정보환경에 대해 이해하고 온라인정보검색, 이미지 및 비디오 동영상검색, 지능형정보검색, 다양한 이용자 인터페이스 등에 대하여 연구한다.

전자도서관포털시스템(Library Portals)

포털시스템에 대핸 전반적인 이해 및 포털시스템이 갖추어야 할 구성요소를 분석하고 도서관 웹포털의 다양한 측면(접근, 인증, 공유, 커뮤니티, 검색, 저장 등)을 연구한다. 또한 현재 상업용 또는 비상업용으로 개발된 다양한 도서관 웹포털시스템을 평가한다.

자동색인(Automatic Indexing)

언어학적 기법 및 통계학적 기법을 이용한 자동색인어 추출방법에 대해 살펴보고 다양한 색인어 가중치 기법, 시소러스, 온톨로지 구축방법에 대해 연구한다. 또한 이들 다양한 검색효율성 기법들이 실제로 어떻게 검색효율성 및 성능에 영향을 미치는지에 대해 연구한다.

정보시스템(Information System)

정보시스템과 지식베이스를 환경을 살펴보고 다양한 형태의 정보시스템 및 지식베이스에 대한 분석, 설계, 평가 등에 대해 연구한다.

소셜네트워크(Social networks)

웹에 나타나고 있는 다양한 소셜네트워크 분석방법 및 툴에 대해 다루고 이를 적용한 다양한 사례를 분석한다.

멀티미디어콘텐츠관리(Multimedia Contents Management)

디지털콘텐츠에 대한 개념 및 구성요소를 이해하고 멀티미디어콘텐츠 생성, 수집, 저장, 및 검색에 대한 효율적인 관리 기법을 연구한다. 또한 현재 개발된 멀티미디어콘텐츠 개발 솔루션을 분석한다.

정보학특강(Seminar on The Information Science)

정보학의 학문적 기반 및 이론에 대한 다양한 이슈들을 이해하고 연구한다. 특히 디지털콘텐츠의 링킹시스템, 정보보호, 검색인터페이스, 정보처리 표준화, 디지털 아카이빙 등에 대해 연구한다.

웹데이터베이스운영(Web-Based Database Management)

데이터베이스 설계 및 구축에 대해 이해하고 다양한 데이터베이스 개념 모델 및 DBMS로 매핑하는 방법을 살펴본다. 현재 상용데이터베이스를 분석, 평가하고 웹을 통한 데이터베이스 연계방법에 대한 연구를 한다.

정보자원공유네트워크(Resources Sharing Network)

전 세계적으로 분산되어 널리 퍼져 있는 멀티미디어 정보 공유를 위한 다양한 이슈들에 대해 연구한다. 특히 원스톱 검색 개념을 지향하는 포털시스템 네트워크에 대해 연구한다.

정보검색언어(Information Retrieval Language)

효율적인 정보검색을 위해 자동 색인어 추출 및 탐색어의 형태, 색인어 및 검색어 집합에 대해 살펴보고 현재 개발된 다양한 자동색인어 추출 프로그램을 활용하여 검색성능을 측정하고 웹 온톨로지에 대해 연구한다.

정보보호(Information Security)

정보화사회의 역기능에 해당하는 정보침해를 막기 위한 이론과 기술을 다루는 중요한 분야인, 정보보호(Information Security)에 대해서 연구한다. 정보보호 개요, 암호 기술, 네트워크 보안 기술 등에 대해서 다양한 이슈들을 다루도록 한다. 또한 디지털콘텐츠를 보호하고 원활한 유통 및 접근을 위한 기술적, 제도적, 법적 장치에 대해 연구한다.

정보공학(Information Technology)

정보생성, 처리, 저장, 검색, 접근에 관련된 다양한 정보기술 및 소프트웨어들에 대해 연구한다.

멀티미디어정보검색(Multimedia Information Retrieval)

텍스트, 이미지, 동영상 등을 디지털화하는 다양한 절차 및 방법에 대해 이해하고 각각의 매체별로 키워드 및 콘텐츠 추출방법을 분석하며 추출된 내용을 효율적으로 검색할 수 있는 다양한 멀티미디어 정보검색기법에 대해 연구한다.

전문정보센터특강(Seminar on Information Center)

대학도서관 경영에서 주제를 선별하여 그 이론들을 문헌에서 살펴보고 그 실제에 대해 조사, 발표, 연구하고, 다양한 전문도서관 운영의 내용을 그 이론과 실제의 조사 발표를 통하여 검토한다.

510

정보센터경영기법론(Management Techniques for Information Center)
경영학, 행정학, 관리학 분야에서 개발된 경영이론에 근거한 도서관경영에의 도입과 그 사례들을 조사 연구하고 정보센터의 경영기법 중 선별된 주제에 대하여 그 이론을 문헌에서 조사하고 실제 응용에 대한 사례를 연구한다.

도서관이용자연구(Studies on Library Users)
도서관이 보다 효율적인 봉사를 하기 위하여 도서관 이용자의 구성, 성분, 요구 등을 조사 분석하는 방법을 연구한다.

인사관리론(Personnel Management)
전문직과 비전문직을 포함한 도서관 인사관리의 특성과 실제를 연구한다.

대학도서관운영론(Studies on University library management)
대학도서관 경영 중 특수주제를 선별하여 그 이론과 실제에 대해 조사, 발표, 연구한다.

공공도서관경영연구(Studies on Public Library Management)
공공도서관 경영 중 특수주제를 선별하여 그 이론과 실제에 대해 조사, 발표, 연구한다.

도서관평가론(Library and Information Center Evaluation)
현대도서관 및 정보센터의 조직, 운영, 정보서비스의 효율성 평가방법론을 연구한다.

비교도서관연구(Studies on Comparative Libraries)
각국의 도서관 상황을 파악하고 비교 분석하며, 도서관 분야의 국제적 기구에 대한 현황과 기능을 연구한다.

자료보존연구(Preservation of Library Resources)
영구히 보존 전승되어야 할 도서관정보자료의 과학적 보존방법을 연구한다.

도서관계획론(Planning of Library and Information Center)
현대도서관 및 정보센터의 운영계획에 대한 이론과 실제를 연구한다.

리더십연구(Studies on Library Leadership)
리더십의 정의, 이론 그리고 그 실제를 도서관, 정보센터에 적용하여 연구한다.

교 육 대 학 원 교 과 과 정

구분	교과목명	학점
교육대학원	이론정보학특론 (The Seminar on the Information Science)	2
	문헌정보학특론 (The Seminar on the Library & Information Science)	2
	정보자료구성론 (Introduction to Collection Development and Acquisition)	2
	정보문화사특론 (The Seminar on the History of Information Culture)	2
	정보봉사론 (Information Service)	2
	지식관리론 (Knowledge Management)	2
	도서관이용교육론 (Introduction to User Education)	2
	뉴미디어론 (Teaching in New Media)	2
	정보매체교육론 (Education of Library Media Specialist)	2
	학교도서관미디어센터운영론 (Management of School Library Media Centers	2
	독서교육론 (Reading Guidance)	2
	연구방법론 (Research Methodology)	2
	문헌분류사연구 (History of Library Classification)	2
	시스템연구 (Library Systems Study)	2
	한국서지학특론 (The Seminar on Bibliography)	2

교 육 대 학 원 교 과 내 용

뉴미디어론(Teaching in New Media)

미디어의 구성요소인 텍스트, 그래픽, 오디오, 비디오, 애니메이션 등에 대한 이론과 최신 기법에 대한 지식을 습득하고 실제 문헌정보학 분야에서 이런 미디어의 활용능력을 학습한다.

도서관이용교육론(Introduction to User Education)

도서관이 보다 효율적인 봉사를 하기 위하여 도서관 이용자의 구성·성분·요구 등을 조사 분석하는 방법을 연구한다.

독서교육론(Reading Guidance)

독서의 종합적 의의를 살펴 독서개념의 새로운 이해를 구축하고 독서교육의 원리·계획·실체를 강의한다.

문헌분류사연구(History of Library Classification)

동서양 문헌분류법의 원칙 및 역사발전과정을 연구한다.

문헌정보학특론(The Seminar on the Library & Information Science)

문헌정보학의 입문과정으로서 그 의의와 역사적 배경 및 문헌정보학 전반에 걸친 각 교과목의 개요와 그 체계를 이해한다.

시스템연구(Library Systems Study)

정보센터 및 도서관시스템의 분석·설계·평가단계를 연구한다.

연구방법론(Research Methodology)

문헌정보학의 과학적인 연구를 위해 필요한 제반 연구방법론을 연구한다.

이론정보학특론(The Seminar on the Information Science)

정보학의 학문적 기반 및 이론에 대해 연구한다.

정보매체교육론(Education of Library Media Specialist)

이 과정은 교육자 및 정보센터 관리자로서 학교도서관 미디어 전문가의 역할을 중점적으로 다룬다. 특히 교육 커뮤니티에서 관리자, 장서 및 교과과정 개발자, 정보센터 시설 설계자로서 중대한 역할을 수행하는 교육자인 사서의 역할에 초점을 둔다. 또한 도서관의 전통적인 분야에서의 전문적 지식 및 기술을 개발함과 더불어 변화하는 교육환경에서 미디어 전문가로서 책임 및 역할을 수행할 수 있도록 한다.

정보문화사특론(The Seminar on the History of Information Culture)
정보의 정치·경제·사회·문화적 의의와 도서 간의 사회적 변화의 관계를 연구한다.

정보봉사론(Information Service)
각종 도서관 및 특수 분야에서 정보서비스 업무 및 참고문헌 평가의 이론과 실제를 연구한다.

정보자료구성론(Introduction to Collection Development and Acquisition)
웹데이터베이스를 포함한 도서관장서 구성에 관한 일반적 기준과 방법을 학습한다. 세부적으로 공공 및 학교, 대학교, 전문도서관의 장서구성의 기준과 방법을 학습한다. 이와 함께 전자도서관 완성을 위한 수서 부서와 직원배치의 이론과 실제, 출판학과 정책결정, 저작권에 대한 개괄적인 강의가 이루어진다.

지식관리론(Knowledge Management)
지식분류의 의의, 역대 동서양의 주요 문헌분류법의 발전과정, 현재의 주요 문헌분류법 및 그 이론을 체계적으로 해설한다.

학교도서관미디어센터운영론(Management of School Library Media Centers)
경영학, 행정학, 관리학 분야에서 개발된 경영이론에 근거한 도서관경영에의 도입과 그 사례들을 조사 연구한다. 정보센터의 경영기법 중 선별된 주제에 대하여 그 이론을 문헌에서 조사하고 실제 응용에 대한 사례를 연구한다.

한국서지학특론(The Seminar on Bibliography)
우리나라에서 찬술 또는 간행된 문헌에 대해서 형태적 특징과 주제별 유형으로 구분하여 살펴봄으로써 한국학 분야의 정보서비스에 활용할 수 있도록 한다.

청주대학교　　　　　　　　　　인문대학 인문학부 문헌정보학과

▷ 전공 소개

청주대학교 인문대학 인문학부 문헌정보학과는 1978년 도서관학과로 설치인가를 받아 출범한 후 1992년 문헌정보학과로 개칭되었다. 문헌정보학(Library and Information Science)이란 정보사회에서 생산되는 문헌정보를 중심으로 한 각종 정보를 효율적으로 수집하여 가공, 처리, 유통시킬 수 있는 원리와 기술을 개발하여 응용하는 학문이다. 문헌정보학과에서는 학문의 특성상 정보처리를 위한 컴퓨터의 운영방법, 인터넷정보검색 등의 첨단 메커니즘의 활용 및 주요 외국어의 능력배양에 주력하고 있다. 졸업과 동시에 2급 정사서 자격증을 취득할 수 있고, 소정의 교직과정을 이수하면 사서교사 자격증을 취득할 수 있다. 또한 정보사회를 선도할 수 있는 유망직종으로 졸업 후 각종 도서관 및 정보센터, 언론사 내 조사부서, 기업체 정보자료실 등으로 진출하고 있다.

▷ 교육목표

문헌정보학은 정보사회에서 폭증하는 과거 및 현재의 모든 문헌정보를 체계적으로 조직하고 처리하여 학문과 인류생활에 유용한 자원으로 활용하기 위한 지식구조의 이해 및 정보관리의 제반 사항에 대하여 연구하는 학문이다. 특히 문헌정보학은 정보사회에서의 정보처리와 활용을 위하여 문헌정보와 데이터베이스 관리 및 인터넷정보검색 등에 중점을 두는 미래지향적인 학문으로 발전하고 있다. 문헌정보학전공의 교육목표는 정보조직, 정보서비스, 도서관, 정보센터경영, 서지학, 정보학 분야의 학습을 통하여, 정보사회에서 다양한 정보를 조직하고 체계화하는 정보처리전문가 및 정보검색전문가(사서)로서의 자질을 함양하고 육성시키는 데 있다. 졸업과 동시에 2급 정사서 자격증을 취득할 수 있으며, 소정의 교직과정 이수로 사서교사 자격증을 취득할 수 있다. 졸업 후에는 정보사회를 선도할 유망한 직종으로 각종 기술정보실, 정보센터 및 각종 도서관의 사서로 진출할 수 있으며, 본인의 능력에 따라 각종 포털의 콘텐츠전문가나 문화콘텐츠전문가, 각종 기록관의 기록관리사, 박물관의 학예사 등으로 진출할 수 있다.

▷ 교수진

· 곽동철	정보학	kwackdc@chongju.ac.kr	043 – 229 – 8407
· 김성수	정보제공	muyo@chongju.ac.kr	043 – 229 – 8406
· 박문열	서지학	parkmoon@chongju.ac.kr	043 – 229 – 8405
· 윤정옥	정보학	jade@cju.ac.kr	043 – 229 – 8404
· 이엽	독서지도	yeoplee@cju.ac.kr	043 – 229 – 8414
· 김영균		kimyk@cju.ac.kr	043 – 229 – 8415
· 송재국		360change@cju.ac.kr	043 – 229 – 8416
· 박승억		seungug@cju.ac.kr	043 – 229 – 8417

▷ 대학원의 설치 여부

청주대학교 대학원은 문헌정보학이라는 이름으로 석사과정과 교육대학원을 설치하고 있다.

▷ 학과 연락처

- 홈페이지　　　　http://cjlis.net/
- 학과 전화번호　　043 – 229 – 8402

학 부 교 과 과 정

학년	구분	교과목명	학점	시간
1	전공 탐색	고인쇄출판문화의 이해 (History of Early Printing & Publication)	3	3
		문헌정보학의 이해 (Introduction to information Policies & Strategies)	3	3
		정보정책전략의 이해 (Introduction to Digital & Information Science)	3	3
		정보학의 이해 (Introduction to Information Science)	3	3
2	전공 심화	도서관정보센터경영론 (Library & information Center Management)	3	3
		서지학개론 (Introduction to Bibliography)	3	3
		자료목록론 (Cataloging)	3	3
		자료분류론 (Classification)	3	3
		장서개발론 (Collection Development)	3	3
		정보검색론 (Information Retrieval)	3	3
		정보조사제공론 (Information Services)	3	3
		정보처리연습 (Information Process Practice)	2	3
		서양고전의 이해 (Understanding of Western Classics)	3	3
		동양고전의 이해 (Understanding of Eastern Classics)	3	3
3	전공 심화	도서관자동화론 (Library Automation)	3	4
		도서관정보네트워크론 (Library Information Network)	3	3
		동양서지학 (Bibliography of Oriental Materials)	3	3
		자료조직연습 (Classification & Cataloging Practice)	2	3
		주제별정보자료론 (Information Resource in Subject Areas)	3	3

학년	구분	교과목명	학점	시간
3	전공 심화	학교·공공도서관경영론 (Management of School &Public Libraries)	3	3
		학술정보센터경영론 (Management of Academic & Research Libraries)	3	3
		한국서지정보 (Bibliography of Korean Materials)	3	3
		독서지도론 (Reading Instruction)	3	3
4	전공 심화	고전자료조직론 (Organization of Old Oriental Materials)	3	3
		기록관리와 정보매체 (Record Management & information Media)	3	3
		도서관교육실습 (Library Field Work)	2	2
		문헌정보학연구방법론 (Research Methods in Library & Information Science)	3	3
		동양문화콘텐츠 (Eastern Cultural Contents)	3	3
		도서관정보협력론 (Library Information Cooperator)	3	3
		서양문화콘텐츠 (Westurn Cultural Contents)	3	3

학 부 교 과 내 용

고인쇄출판문화의 이해(Introduction to Old Printing & Publication Culture)

문헌정보학의 주된 매체인 인쇄와 문헌에 대한 종합적인 이해는 물론 고인쇄와 고문헌에 대한 전문적 지식을 습득함으로써 문헌정보학의 기초배양을 목표로 한다. 강의를 통하여 기록물의 발생과 필사본 및 서적제도 등의 기초 지식과 목판인쇄술, 비금자활자인쇄술, 금속활자인쇄술 등의 고인쇄술의 발전은 물론, 청주의 고인쇄 출판문화와 직지문화 등의 전문주제 분야에 이르기까지 고인쇄 출판문화의 전반에 관하여 학습하며, 박물관과 도서관 등의 견학을 병행하여 학습한다. 이를 통하여 문헌정보학에서의 문헌자료의 생성원리와 전적문화를 조명하며, 나아가 '온고지신'을 통하여 미래의 전적문화에 대한 새로운 위상의 설계를 도모한다.

고전자료조직론(Organization of Old Oriental Materials)

고문헌자료를 중심으로 도서관자료조직법의 중요한 부문인 고전자료조직법에 대한 전문지식을 습득하게 함으로써 자료조직을 위한 전문사서로서의 자질함양을 목표로 한다. 강의를 통하여 고문헌자료에 관한 전반적인 이해를 돕고 이들 고문헌자료들에 대한 분류법과 목록법을 자세하게 이해할 수 있도록 하며, 실습을 통하여 고문헌자료들을 조직하는 방법을 스스로 익힘으로써 실무에 접근할 수 있도록 한다. 이를 통하여 도서관자료조직의 중요성을 이해하게 하고 전문사서로서의 자부심을 갖도록 하며, 자료조직의 극대화와 문헌정보학의 발전을 강구한다. 또한 고전자료의 활용법을 통해 '온고지신'을 체득하게 함으로써 선조들의 문헌관리에 관한 사상을 체득하게 한다.

기록관리와 정보매체(Record Management & information Media)

도서관 및 자료관에서 취급하는 각종 기록물의 수집, 정리, 보존, 이용에 관한 이론과 방법을 숙지하고, 국가기록물과 민간기록물의 관리 및 정책을 이해하며, 각종 디지털정보매체의 활용과 방법론을 숙지시킴으로써, 정보센터와 자료관에서의 업무내용을 숙지하고, 나아가 기록관리 전문가로서의 자질을 함양시킨다. 그 구체적인 학습방법으로, 기록물을 처리하는 자료관 및 자료관 시스템에 관한 전반적인 이해를 위한 강의를 진행하고, 자료관의 실제 업무를 간접적으로 체험할 수 있도록 각종 기록물에 대한 관리요령과 정보매체의 조작 능력을 숙지시킴으로써, 기록관리 전문가의 소양을 함양한다.

도서관교육실습(Library Field Work)

문헌정보학의 교육과정을 통해 습득한 이론을 실제 도서관 및 정보센터 현장에 적용하는 능력을 배양하는 데 교육목표를 두고, 도서관현장에서 4주일간 교육실습을 위한 이론적인 연구와 실습을 통하여 도서관 운영관리법의 전반에 관한 실무를 익히고, 전문사서의 자질을 함양시킨다. 이러한 과정을 통해 문헌정보학 교육과정을 이수하고 졸업과 동시에 도서관 및 정보센터에 취업하여 실무능력을 인정받을 수 있도록 한다.

도서관자동화론(Library Automation)

도서관과 정보센터의 자동화 및 전자도서관의 구축 등에 관해 이해하도록 하는 데 교육목표를 두고 있다. 구체적으로 도서관과 정보센터의 자동화시스템 구축 및 이를 위한 이론과 실제의 지식을 함양시키기 위해 도서관자동화시스템의 전반에 대한 기본적인 이론과 원리를 강의 중심으로 진행하고, 세부 도서관 시스템의 구축 및 자동화에 대해서는 실습을 실시하여 이론과 실제를 접목시키도록 한다. 이러한 과정을 통해 도서관 및 정보센터의 지식정보관리시스템에 대한 이해와 활용능력을 제고한다.

도서관정보네트워크론(Library Information Network)

도서관정보망에 대한 전반적인 이해를 증진하고 전문직 사서 또는 정보전문가로서 정보활용능력을 배양하는 데 교육목표를 두고 구체적으로는 국내외 도서관정보시스템 및 서지유틸리티의 유형과 기능 등을 다룬다. 수업의 진행은 인터넷을 통해 국가별, 주제별, 국가도서관 관련 단체별 주요 도서관정보네트워크를 직접 검색하고 그 자료를 중심으로 비교·분석·평가하는 능력을 함양한다.

도서관정보센터경영론(Library & information Center Management)

도서관 및 정보센터 및 디지털도서관에서 정보이용자들이 요구하는 새로운 첨단정보를 신속하고 체계적으로 조사·제공하는 방법을 연구하는 정보조사제공학의 이론과 목적 및 기능 등을 고찰하고, 이에 따른 이용자와의 커뮤니케이션 기법, CD-ROM 데이터베이스 및 인터넷 등을 이용한 정보의 즉시검색 등을 비롯한 정보 조사제공을 위한 실제적인 여러 방법론과 기법 등을 학습하여, 정보조사제공학에 대한 이해와 전문정보사서의 소양을 함양시킨다.

독서지도론(Reading Instruction)

도서관 이용자들을 위한 도서관자료의 올바른 이용지도에 관하여 학습함으로써 도서관 이용자지도의 완결을 목표로 한다. 학교도서관과 공공도서관의 아동 및 청소년 이용자들에 대한 독서지도의 중요성과 독서의 의의, 독서의 심리적 측면, 독서교육의 계획과 방법, 독서요법, 독서조사와 평가 등에 관하여 구체적이고 포괄적인 내용을 이해하여 아동 및 청소년 이용자들의 정서함양과 가치관 확립을 통한 인격완성의 기반형성에 조력할 수 있는 독서법을 실습한다. 오늘날 정보사회에 필요한 문제해결 능력을 위한 학습독서뿐만 아니라 일반 독서의 전반에 새로운 변화가 일고 있어, 이에 걸맞은 정보와 지식의 활용을 위한 독서지도법의 개발이 요구되고 있다.

동양서지학(Bibliography of Oriental Materials)

한국, 중국, 일본 등 동양 여러 나라의 주요한 문헌서지 및 서지학 관련의 저술들을 중심으로 동양서지학에 관한 전문지식을 습득하게 함으로써 도서관자료봉사를 위한 전문사서로서의 자질함양을 목표로 한다. 강의를 통하여 한국, 중국, 일본 등 동양 여러 나라의 서지 및 서지학 관계의 주요한 저술의 내용을 소개하고 원전을 해제하여 동양서지들을 자세하게 이해할 수 있도록 하고, 서목과 도서관의 소장 자료를 중심으로 실습을 통하여 스스로 서지를 작성하는 방법에 접근할 수 있도록 한다. 이를 통하여 동양서지학의 중요성을 이해하게 하고 서양서지학과의 대비를 통하여 동양학의 기초와 우수성을 이해할 수 있도록 하여 동양인으로서의 긍지와 자부심을 고양시킴은 물론 문헌정보학의 발전을 강구한다.

문헌정보학사상사(History of Library & Information Science)

문헌정보학의 사상과 발전의 조명을 통하여 문헌정보학 전공자들에게 문헌정보학에 대한 새로운 인식과 자부심을 고취시키는 것을 목표로 한다. 기술적인 성격이 강한 서양의 문헌정보학을 통해서는 결코 문헌정보학을 통해서는 결코 문헌정보학의 철학과 역사가 규명될 수 없으나, 동양의 문헌정보학은 학문적인 성격이 강하여 문헌정보학의 철학과 역사를 규명할 만한 근거들이 많다. 강의를 통하여 동양과 서양의 문헌정보학의 과거와 현재를 조명하고 그 사상과 발전의 차이를 이해함으로써 문헌정보학의 현상과 미래의 문헌정보학이 지향해야 할 바를 고찰하며 동양 문헌정보학의 우수성은 물론 인문과학적인 미래상을 개괄한다.

문헌정보학연구방법론(Research Methods in Library & Information Science)

문헌정보학의 이론적 측면과 도서관현장의 실무적 측면을 동시에 고려하여, 문헌정보학 분야의 제반 문제를 인식하고, 그 해결방안을 제시하는 능력을 함양하기 위한 다양한 연구방법론을 고찰한다. 그리하여 도서관 및 정보센터 현장의 업무능력을 배양시키고, 문헌정보학의 각 영역에서 차후 개발되고 개선되어야 할 문제점들이 무엇인가를 파악하게 한다. 강의의 진행방법은 문헌정보학 각 영역의 개괄적인 연구방법을 강의하고, 각 영역의 실질적인 문제 하나를 학생들이 직접 선택하여 그 문제를 심층적으로 연구 고찰하게 한다. 그리하여 문헌정보학이 지녀야 할 문헌정보학의 철학에 대한 기반을 공고히 하게 된다.

문헌정보학의 이해(Introduction to Digital & Information Science)

정보사회에서 요구되는 문헌자료와 각종 정보를 처리하고 관리하는 문헌정보학의 개념을 숙지시키는 것을 교육의 목표로 한다. 구체적으로는 도서관과 정보센터의 기능, 정보전문가로서의 사서직의 역할 및 정보서비스의 여러 방법론은 고찰하고 문헌정보학의 교과내용 및 정보사회의 관정과 각종 정보시스템들을 개괄적으로 학습한다. 강의의 진행 방법은 강의를 위주로 하면서 주어진 주제에 대한 토론도 병행한다. 그리하여 강의의 결과 정보전문가로서의 사서로 성장할 수 있는 전문가의 자질을 함양시킨다.

서지학개론(Introduction to Bibliography)

문헌정보의 기본 대상이 되는 책을 비롯하여 정보처리의 기본요소가 되는 정보와 지식의 소재인 문헌정보의 통정(Control)을 목적으로 하는 서지학에 대한 전반적인 이해를 그 교육목표로 한다. 학습방법은 서지학의 각 영역에 대한 이론과 실제를 통하여 서지학 일반의 지식을 함양하고, 서지학의 연구방법론의 제 이론을 고찰한다. 강의의 진행방법은 강의를 위주로 하고, 각 영역별 시청각자료의 학습을 통하여 교육의 실제성을 고양시킨다. 강의결과, 본 과목의 교육목표에 합치되는 교육의 효과의 성취를 그 목표로 한다.

자료목록론(Cataloging)

근대 및 현행의 문헌자료를 중심으로 도서관자료조직법의 중요한 부문인 자료목록법에 대한 전문적 지식을 습득하게 함으로써 자료조직을 위한 전문사서로서의 자질함양을 목표로 한다. 강의를 통하여 〈한국목록규칙〉, 〈영미목록규칙〉, 〈국제표준서지기술법〉, 〈한국문헌자동화목록법〉 등 세계적인 목록법들을 자세하게 이해할 수 있도록 하고, 근대 및 현행의 문헌자료들을 목록하는 실습을 통하여 스스로 실무에 접근할 수 있도록 한다. 이를 통하여 도서관자료조직의 중요성을 이해하게 하고 전문사서로서의 자부심을 갖도록 하며, 나아가 자료조직의 극대화와 문헌정보학의 발전을 강구한다.

자료분류론(Classification)

근대 및 현행의 문헌자료를 중심으로 도서관자료조직법의 중요한 부문인 자료분류법에 대한 전문적 지식을 습득하게 함으로써 자료조직을 위한 전문사서로서의 자질함양을 목표로 한다. 강의를 통하여 〈한국십진분류법〉, 〈일본십진분류법〉, 〈듀이십진분류법〉, 〈국제십진분류법〉 등 세계적인 분류법들을 자세하게 이해할 수 있도록 하고, 실습을 통하여 근대 및 현행의 문헌자료들을 분류하는 실습을 통하여 스스로 실무에 접근할 수 있도록 한다. 이를 통하여 도서관자료조직의 중요성을 이해하게 하고 전문사서로서의 자부심을 갖도록 하며, 나아가 자료조직의 극대화와 문헌정보학의 발전을 강구한다.

자료조직연습(Classification & Cataloging Practice)

근대 및 현행의 문헌자료를 중심으로 도서관자료조직법의 중요한 부문인 자료분류법과 자료목록법에 대한 전문지식을 습득하게 함으로써 자료조직의 완결을 도모하고 전문사서로서의 자질함양을 목표로 한다. 이미 〈자료분류론〉과 〈자료목록론〉을 통하여 습득한 〈한국십진분류법〉과 〈듀이십진분류법〉 등의 분류법 및 〈한국목록규칙〉과 〈한국문헌자동화목록규칙〉 등의 목록법을 중심으로 근대 및 현행의 문헌자료조직을 위한 철저한 실습을 통하여 전문사서로서의 완벽한 실무를 체득하게 한다. 이를 통하여 자료조직의 중요성을 이해하게 하고 전문사서로서의 자부심을 갖도록 하며, 문헌정보학의 발전방안을 강구한다.

장서개발론(Collection Development)

도서관 및 정보센터에서 다루는 다양한 도서관자료들에 대한 기본적인 지식과 자료별 제반 관리상의 특징을 이해하도록 하는 데 교육목표를 두고 구체적으로는 도서관 및 정보센터의 장서개발이론, 도서선택도구, 장서개발정책 수서업무 장서평가 등을 이룬다. 나아가 국내외 도서관의 장서개발정책을 조사, 분석하면서 각 관종별 장서개발정책의 수립에 대한 기본적인 요건과 기법 등을 고찰한다. 수업의 진행은 장서개발에 대한 이론 강의를 중심으로 하고 도서관과 정보센터의 실제사례의 조사 및 분석을 실시한다. 이러한 과정을 통해 전문직 사서로서 도서관자료의 선정, 평가, 장서개발정책 수립들에 대한 실무능력을 함양한다.

정보검색론(Information Retrieval)

정보검색에 대한 전반적인 이해를 증진하고, 전문직 사서로서 정보검색능력을 배양하는 데 교육목표를 두고, 구체적으로는 정보의 축척 및 검색기법과 관련된 이론 및 실제를 고찰하고 도서관과 정보센터에서 다루는 각종 색인, 초록, 시소러스 작성 등을 다루며 주요 정보검색시스템의 설계 및 평가, 제반 정보검색기법과 사례를 연구한다. 수업의 진행은 정보검색에 대한 전반적인 이론과 기법에 대한 강의와 함께 도서관정보센터에서 정보전문가로서의 정보검색능력을 함양시킨다.

정보정책 · 전략의 이해(Introduction to information Policies & Strategies)

지식정보사회에서 지식과 정보의 중요성에 대한 인식 제고와 함께 정보정책 및 전략에 대해 전반적으로 이해하도록 하는 데 교육목표를 두고 지식정보의 생산, 배포, 이용에 관한 제반 정보정책의 이론적 연구와 최근 동향을 파악하고 정보관리 분야의 전국적, 국가적, 국제적 정보정책을 고찰하며 나아가 국제간 도서관 및 정보 관련 협력 활동 등을 포함한 정보정책을 다루도록 한다. 수업의 진행은 국내외 정보정책 및 전략에 대한 강의를 중심으로 하면서 최근 동향에 대한 조사, 분석 과제를 부여하여 발표와 토론도 유도하고자 한다. 이러한 과정을 통해 정보정책과 전략 및 지식정보의 재생산 기관으로서 도서관 및 정보센터에 대한 기본적인 지식을 함양한다.

정보조사제공론(Information Services)

문헌정보학 내에서 정보조사제공학의 이론과 목적 및 기능들을 고찰함으로써, 정보조사제공학에 대한 전문정보사서의 소양을 함양시킴을 그 교육목표로 한다. 학습방법은 정보센터 및 디지털도서관에서 정보이용자들이 요구하는 정보의 행태를 고찰하고 첨단 정보를 활용할 수 있도록 강의와 학습자의 실제 정보검색을 병행하면서 강의를 진행한다. 구체적으로 이용자와의 커뮤니케이션기법, 데이터베이스 및 인터넷을 활용한 각종 정보조사제공의 기법을 숙지시킨다. 강의의 결과 수강자들의 전문정보사서로서의 자질을 성장시킴을 목적으로 한다.

정보처리연습(Information Process Practice)

정보학 관련 심화 교과목의 학습과 도서관 및 정보센터의 경영에 기본적으로 활용되는 컴퓨터 프로그래밍언어를 습득하는 데 교육목표를 두고, 도서관 및 정보센터에서 운영하는 데이터베이스의 개념과 이론을 고찰하고, 컴퓨터 프로그래밍언어를 사용하여 데이터베이스 구축 기법을 다룬다. 도서관, 정보센터에서 가장 많이 사용하는 프로그래밍언어를 습득할 수 있도록 실습 중심으로 수업을 진행한다. 이러한 과정을 통해 도서관에서 다루는 실제 정보자료의 데이터를 중심으로 프로그래밍언어를 통해 데이터베이스를 구축하는 능력을 배양한다.

정보학의 이해(Introduction to Information Science)

정보학에 대한 기본적인 내용과 문헌정보학 교육과 정보학의 관계 등을 살펴보고 추후 정보학 관련 심화과목의 학습을 위해 필요한 이론들을 이해하도록 하는 데 교육목표를 두고 구체적으로 정보학의 개념과 발달과정, 정보의 분석, 가공, 축적, 탐색에 관한 기본 지식을 개괄적으로 다루며 정보관리시스템 운용과 데이터베이스와 정보네트워크를 소개한다. 수업의 진행은 강의를 중심으로 하면서, 제반 정보학 관련 이론들의 도서관정보센터 현장 적용사례들을 조사 분석하여 발표와 토론을 유도한다. 이러한 과정을 거쳐 정보학에 대한 전반적인 이해를 추진시키고자 한다.

주제별정보자료론(Information Resource in Subject Areas)

정보조사제공학의 후속과목으로, 전문주제전공사서의 배출을 위한 각 주제별 정보자료의 이해와 전문지식의 함양을 그 교육목표로 한다. 학습방법은 정보조사 제공의 실질적인 정보봉사업무를 수행하기 위하여 기본 참고정원과 각종 주제 분야의 정보자료와 서지정보원을 CD-ROM 및 데이터베이스 등에 의해서 조사, 파악함으로써 정보서비스의 실제적인 능력을 함양시키고 나아가 특정주제전문 정보사서의 자질을 함양시킨다. 강의의 진행은 각 주제 분야의 개괄을 강의를 이해하고 학생들이 직접 각 주제별 전문 분야 중 하나를 선택하여 해당 주제 분야의 전문 정보 등을 직접 파악하는 실습을 위주로 한다. 그리하여 이 과목의 수강 후 특정주제의 전문정보사서의 등장을 기대한다.

학교공공도서관경영론(Management of School & Public Libraries)

학교도서관과 공공도서관의 경영 전반에 관해 이해하도록 하는 데 교육목표를 두고, 구체적으로는 학교 및 공공도서관 운영을 위한 기준과 지침, 관련 법규, 사서의 자격요건, 배치, 훈련, 기술업무 등 제반 경영관리 기법들을 다룬다. 나아가 학교도서관 운영의 활성화 및 공공도서관과의 연계 활용 방안 등을 고찰한다. 수업의 진행은 강의를 주로 하되, 각 세부업무별 사례 조사 및 현장 조사 등을 부가하여 발표와 토론을 유도하고자 한다. 이러한 과정을 통해 학교도서관과 공공도서관에 대한 이해와 학습능력의 향상 및 도서관현장 적용 능력을 고취한다.

학술정보센타경영론(Management of Academic & Research Libraries)

연구 개발 정보를 중심적으로 다루는 대학도서관과 전문도서관의 경영 전반에 관해 이해하도록 하는 데 교육목표를 두고 구체적으로는 학술정보센터(대학 및 전문도서관)의 기능, 조직, 인사관리, 장서구성, 정보조직, 이용자업무, 도서관건물, 재무관리, 협동업무, 업무평가를 다룬다. 수업의 진행은 강의와 사례조사 및 현장 조사 등을 병행하여 도서관업무별 주제발표와 토론을 실시한다. 이러한 과정을 통해 대학도서관과 전문도서관에 대한 이해와 학습능력의 향상 및 도서관현장 적응능력을 고취한다.

한국서지학(Bibliography of Korean Materials)

서지학개론과 동양서지학 등의 기초 위에 한국학 및 한국서지학과 관련하는 제반 주제, 서지정보에 관하여 연구하며 세계화 속에서 한국 고유의 한문에 관한 데이터베이스 구축과 정보조사제공 등, 세계 속에서 한국을 드러낼 수 있는 한국학 관련 주제에 관한 이론을 강의하고 실제 각 주제별 영역 중 하나를 학생들이 직접 선택하여 그 주제에 대한 DB를 구축하고 이에 관한 정보조사제공의 실제를 체험하게 한다. 그리하여 본 강의의 교육목표에 일치하는 한국학 주제전문 정보사서의 배출을 기다린다.

석 사 교 과 과 정

구분	교과목명	학점
전공기초	도서관정보센터경영특론 (Advanced Administration of Library & Information Center)	3
	문헌정보학사연구 (History of Library & Information Science)	3
	문헌정보학연구방법론 (Research Methods in Library & Information Science)	3
	정보시스템연구 (Seminar in Information Management System)	3
	정보조사제공론 (Information Services)	3
	정보조직연구 (Advances in Classification Catalog)	3
전공공통	계량정보학연구 (Seminar in Informetrics)	3
	공공도서관경영기법론 (Studies in Management Techniques of Public Library)	3
	대학도서관경영론 (Seminar in Management of Academic Libraries)	3
	산업정보시스템론 (Studies in Industrial Information System)	3
	서지학연구방법론 (Research Methods of Bibliography)	3
	원문서지학연구 (Study of Textual Bibliography)	3
	정보검색이론연구 (Seminar in Information Retrieval Theory)	3
	정보정책론연구 (Seminar in Information Policy)	3
	주제전문정보원 (Seminar in Information Research of Subject Specialization)	3
	체계서지학연구 (Study of Systematic Bibliography)	3
	한국서지학특강 (Studies in Korean Bibliography)	3
	형태서지학연구 (Study of material Bibliography)	3

구분	교과목명	학점
전공선택	도서관정보네트워크연구 (Seminar in Library and Information Networks)	3
	도서관협동론 (Library Cooperation)	3
	멀티미디어론 (Studies in Multimedia)	3
	색인초록이론연구 (Seminar in Abstracting and Index)	3
	서적사연구 (Study of Historical Bibliography)	3
	이용자행태연수론 (Research Method User in Behavior)	3
	정보센터운영평가론 (Measurement and Evaluation of Information Center)	3
	정보조사제공세미나 (Seminar in Information Services)	3
	정보조직특론 (Special Seminar for Classification Catalog)	3
	정보학특론 (Studies in Information Science and Information Theory)	3
	중국서지학연구 (Bibliographies of Chinese)	3
	한국학서지정보 (Seminar in Bibliography of Korean Studies)	3

석 사 교 과 내 용

계량정보학연구(Seminar in Informetrics)

정보자료의 수량학적 분석을 통해 지식과 정보의 속성 및 학문의 발달과정을 고찰한다.

공공도서관경영기법론(Studies in Management Techniques of Public Library)

공공도서관의 경영 전반에 관한 기준과 지침, 관련 법규, 사서의 자격요건, 배치, 훈련, 기술업무 등을 다루며, 아울러 각 세부업무별로 사례조사 및 현장조사를 부가하여 발표와 토론을 유도하여 공공도서관에서 적용 가능한 기법을 적용시켜 다면적으로 고찰한다.

대학도서관경영론(Seminar in Management of Academic Libraries)

대학도서관의 경영 전반에 관한 기준과 지침, 관련 법규, 사서의 자격요건, 배치, 훈련, 기술업무 등을 다루며, 아울러 각 세부업무별로 사례조사 및 현장조사를 부가하여 발표와 토론을 유도하여 공공도서관에서 적용 가능한 기법을 적용시켜 다면적으로 고찰한다.

도서관정보네트워크연구(Seminar in Library and Information Networks)

컴퓨터네트워크에 대한 기술적 지식과 도서관네트워크 구축방법, 학술정보망 이용사례와 도서관 및 정보센터에서의 텔레커뮤니케이션과 지역, 전국, 국제 도서관전산망을 효과적으로 이용하기 위해 이를 계획, 평가, 유지, 관리하는 문제를 다룬다.

도서관정보센터경영특론(Advanced Administration of Library & Information Center)

도서관 및 정보센터의 경영관리에 대한 기본적인 내용을 살펴보고, 추후 각 관종별 도서관 경영 교과목의 학습을 위해 필요한 이론과 기법, 도서관 및 정보센터의 경영활동과 기획, 조직, 인사, 통제, 재정, 평가에 관련된 문제를 다룬다.

도서관협동론(Library Cooperation)

도서관 협동 프로그램의 형태와 기능, 정보자원공유를 위한 상호대차 및 국제기구 활동 네트워크와 관련된 문제점 등을 분석하고, 선진국 협력현황 및 관련 정보기술의 전망, 사례를 연구한다.

멀티미디어론(Studies in Multimedia)

하이퍼텍스트와 멀티미디어의 개념, 새로운 멀티미디어와 그 응용, 이용자를 위한 소프트웨어로서의 멀티미디어와 도서관정보관리로서의 멀티미디어를 연구한다.

문헌정보학연구(History of Library & Information Science)

문헌정보학의 과거와 현재를 조명하여 과거와 현재의 문헌정보학의 위상을 고찰하고 미래의 문헌정보학은 어디로 지향하여야 할 것인지를 연구함으로써, 동양 문헌정보학이 우수성은 물론 문헌정보학의 인문과학적인 미래상을 관견한다.

문헌정보학연구방법론(Research Methods in Library & Information Science)

문헌정보학 연구의 제 방법론의 종류와 그 장단점을 토론하고, 각 영역별 연구추세 및 현황을 비교, 고찰하고, 그 개척 분야를 논의한다.

산업정보시스템론(Studies in Industrial Information System)

과학정보의 관리와 순환에 관한 기본원리 및 정보처리기관을 통한 문헌적 연구방법과 Data Base 및 Tool을 소개한다.

색인초록이론연구(Seminar in Abstracting and Index)

색인 및 초록에 관한 이론을 연구하고 사례를 검토한다.

서적사연구(Study of Historical Bibliography)

문자 및 서사재료의 발전과정을 통하여 서적제도 및 역사에 관하여 고찰한다.

서지학연구방법론(Research Methods of Bibliography)

서지학 연구의 목적 및 효용을 고찰하고, 각 영역별 연구현황과 그 추세를 비교, 고찰한 다음 그 개척 분야를 토론한다.

원문서지학연구(Study of Textual Bibliography)

원문서지적 측면에서 교감학 발전 과정에 관하여 연구한다.

이용자행태연수론(Research Method User in Behavior)

정보의 효과적 전달과 응용을 위한 이론과 이용자중심 시각에서 정보인지, 욕구, 정보특성을 규명, 실제적인 이용자 행태 및 정보서비스 평가를 다룬다.

정보검색이론연구(Seminar in Information Retrieval Theory)

다양한 정보검색모형과 그와 관련된 이론적 배경을 연구하고 토의한다.

정보센터운영평가론(Measurement and Evaluation of Information Center)

도서관과 정보센터의 각종 업무를 측정하고 평가하는 방법과 지침, 기준 등을 다룬다. 조직, 자료구성, 이용자, 비용 대 효과 분석, 정보서비스, 배포형태, 출판 등을 포함한다.

528

정보시스템연구(Seminar in Information Management System)
도서관과 정보센터의 자동화 업무를 세부적으로 수행하기 위하여 그 개발과정을 다루며, 국내외 자동화 시스템의 사례를 비교 분석한다. 아울러 도서관과 정보센터의 자동화시스템을 설계하고 효율성을 분석할 수 있는 능력을 배양하고자 실제 운영하는 정보시스템을 중심으로 그 설계, 분석 및 평가에 대한 이론과 실제를 토의하고 연구한다.

정보정책론연구(Seminar in Information Policy)
정보의 생산, 배포, 기록, 소유, 이용에 관한 제반 정보정책의 이론적 연구와 최근 동향을 파악하고, 정보관리 분야의 전국적, 국가적, 국제적 정보정책을 고찰하며, 나아가 국제간 도서관 및 정보 관련 협력 활동과 국제기구의 도서관을 포함한 정보정책을 연구한다.

정보조사제공론(Information Services)
문헌정보학 내에서 정보제공학의 위치 및 먼저 조망하고 정보조사제공학의 이론과 목적 및 기능들을 고찰함으로써, 정보조사제공학에 대한 전문정보사서의 소양을 함양시킴을 그 교육목표로 한다. 학습방법은 정보센터 및 디지털도서관에서 정보이용자들이 요구하는 정보의 행태를 고찰하고 첨단 정보를 활용할 수 있도록 강의와 학습자의 실제 정보검색을 병행하면서 강의를 진행한다. 구체적으로 이용자와의 커뮤니케이션기법, 데이터베이스 및 인터넷을 활용한 각종 정보조사제공의 기법을 숙지시킨다. 강의의 결과 수강자들의 전문정보사서로서의 자질을 성장시킴을 목적으로 한다.

정보조사제공세미나(Seminar in Information Services)
정보업무를 수행하기 위한 정보조사제공 이론 분석, 정보조사제공 영역, 정보사서의 자격, 이용자연구, 정보면담, 평가문제를 심층적으로 연구한다.

정보조직연구(Advances in Classification Catalog)
정보자료조직의 이론을 바탕으로 한국십진분류법, 듀이십진분류법 등의 분류법과 한국목록규칙, 한국문헌자동화목록규칙, 국제표준서지기술법 등의 목록법을 통한 지식의 체계화와 검색은 물론 정보자료조직의 극대화를 위한 완결을 도모한다.

정보조직특론(Special Seminar for Classification Catalog)
정보조직연구를 바탕으로 하여 정보조직의 실습능력 배양을 위한 세미나와 실습을 위주로 한다.

정보학특론(Studies in Information Science and Information Theory)
정보의 개념, 지식구조 규명을 위한 계량서지학적 이론, 색인이론, 검색이론 등을 다룬다.

주제전문정보원(Seminar in Information Research of Subject Specialization)
인문, 사회, 과학기술 분야의 각 주제별 서지정보원에 관한 고도의 지식과 그 처리 등에 관하여 고찰한다.

중국서지학연구(Bibliographies of Chinese)
고대 문헌정보학의 발상지인 중국을 중심으로, 서지 및 서지학 관계의 중요한 저술의 내용을 소개하고 원전의 주요한 것을 해제한다. 이를 통하여 중국서지학에 관한 일반적인 이해는 물론 나아가 중국학의 기초를 이해하게 함으로써, 동양인으로서의 긍지와 자부심을 가질 수 있도록 하고자 한다.

체계서지학연구(Study of Systematic Bibliography)
목록과 목록학의 발전과정을 통하여 체계서지학은 물론 동서양 문헌정보학의 발전과정에 관하여 연구한다.

한국서지학특강(Studies in Korean Bibliography)
한국서지학의 발전과정을 분석하고, 중요한 한국전적을 연구, 검토하며, 연구의 전개 및 효과를 예측하여 그 발전방안을 모색한다.

한국학서지정보(Seminar in Bibliography of Korean Studies)
한국학에 관한 주요 서지와 한국학 관계의 각종 서지류의 파악에 유념하고, 한국학에 관한 정보서비스의 방법론을 연구한다.

형태서지학연구(Study of material Bibliography)
지적 소산을 담은 책의 물리적 형태의 여러 특징과 그 변천과정을 실증적인 방법으로 분석, 조사, 비평, 연구, 종합하여 책의 간사성격과 간사시기를 고증하고 그 우열을 식별시켜 주며, 고서에 관한 제반 문제점을 연구한다.

교 육 대 학 원 교 과 과 정

	교과목명	학점
공통	도서관전산화 (Library Automation)	2
	목록학 (Cataloging)	2
	분류학 (Classification)	2
	사서교육론 (Theory of Library & Information Science Education)	2
	사서교재연구 및 지도법 (Studies of Library Information Science Text and Teaching)	2
	정보검색 (Information Retrieval)	2
	정보봉사론 (Theory of Information Service)	2
선택	교육정보네트워크 (Studies in Networks of Educational Information)	2
	교육정보서비스론 (Studies in Educational Information Service)	2
	교육정보자료사 (History of Educational Information Materials)	2
	교육정보평가론 (Studies in Evaluation of Educational Information)	2
	독서지도론 (Reading Instruction)	2
	문헌정보학사 (History of Library & Information Science)	2
	색인초록작성론 (Abstracting and Indexing)	2
	정보매체론 (Theory of Information Materials)	2
	정보센터관리론 (Management of Libraries and Information Center)	2
	커뮤니케이션과 이용자연구 (Mass Communication and User Study)	2
	한국교육학서지정보 (Studies in Educational Bibliographical Information of Korea)	2
	학교도서관운영 (Management of School Libraries)	2

교 육 대 학 원 교 과 내 용

교육정보네트워크(Studies in Networks of Educational Information)

교육정보네트워크 자원의 기술을 위해 개발된 각종 네트워킹 기술, 데이터베이스의 기술요소와 구조, 기법들을 검토하고 상이한 교육네트워크 간의 연결구조를 연구한다.

교육정보서비스론(Studies in Educational Information Service)

교육정보서비스의 이론과 목적 및 기능 등에 관한 전반적인 내용을 살펴보고, 이에 필요한 온라인서비스 및 네트워크와 교육정보시스템을 고찰한다.

교육정보자료사(History of Educational Information Materials)

교육정보자료의 과거와 현재를 조명하여 미래의 교육정보자료가 나아갈 방향을 제시하고 교육정보자료와 관련된 다양한 기록을 연구한다.

교육정보평가론(Studies in Evaluation of Educational Information)

교육정보의 수집·축적·배포·이용 등의 활동을 고찰하고, 각종 교육정보를 평가하는 방법과 척도는 물론 목록, 장서, 이용, 효과분석 등에 관하여 연구한다.

도서관전산화(Library Automation)

도서관과 정보센터의 자동화시스템 구축 및 운영을 위한 이론과 실제의 지식을 함양시키기 위해 도서관자동화시스템의 개관, 전자도서관의 구축 및 활용, 시스템의 선정 및 인적, 재정적, 기술적 관리문제 등을 다룬다.

독서지도론(Reading Instruction)

학교, 공공도서관에 있어서 아동 및 청소년에 대한 중요한 도서관봉사 중의 하나인 독서교육의 방향과 내용을 고찰함으로써 도서관이용자의 정서함양과 가치관 확립을 통한 인격완성의 기반을 제공하고, 나아가 정보사회에서의 지식과 정보획득을 위하여 필요한 문제해결 능력을 위한 학습독서의 원리와 방법 및 내용과 계획 등 독서교육 전반에 대하여 살펴본다. 구체적으로 독서의 의의, 독서의 심리적 측면, 독서교육의 계획과 방법, 독서요법, 독서조사와 평가 등에 대하여 포괄적으로 다룬다.

목록학(Cataloging)

목록법 이론을 중심으로 자료조직의 중요성을 이해하고 한국목록규칙, 영미목록규칙, 한국문헌자동화목록법 등 세계적인 목록법의 학습과 실습을 통하여 자료조직의 극대화 방안을 강구한다.

문헌정보학사(History of Library & Information Science)

문헌정보학은 동양과 서양에 있어 적지 않은 차이가 있다. 문헌정보학의 과거와 현재를 조명하여 과거와 현재의 문헌정보학의 위상을 고찰하고 미래의 문헌정보학은 어디로 지향하여야 할 것인지를 연구함으로써, 동양 문헌정보학의 우수성은 물론 문헌정보학의 인문과학적인 미래상을 관견한다.

분류학(Classification)

분류법 이론을 중심으로 자료조직의 중요성을 이해하고 한국십진분류법, 듀이십진분류법 등 세계적인 분류법의 학습과 실습을 통하여 자료조직의 극대화 방안을 강구한다.

사서교육론(Theory of Library & Information Science Education)

문헌정보학의 제 이론을 역사적, 철학적, 사회적 측면에서 분석하고 문헌정보학 교육과정의 목표설정의 원리와 과정에 관하여 고찰한다.

사서교재연구 및 지도법(Studies of Library Information Science Text and Teaching)

문헌정보학 교육담당자를 위하여 문헌정보학 교재의 분석, 지도안의 작성 등 문헌정보학 교수에 필요한 일체의 문제에 관하여 고찰한다.

색인초록작성론(Abstracting and Indexing)

색인과 초록에 관한 정의·목적·기능 등을 고찰하고 올바른 작성방법에 대하여 연구한다.

정보검색(Information Retrieval)

교육정보검색과 정보검색시스템에 관한 다양한 모형과 그와 관련된 이론적 배경 및 실제를 고찰한다. 도서관과 정보센터에서 다루는 각종 색인과 색인어의 선정문제, 정보검색시스템의 설계 및 평가 등을 포함하며, 교육정보검색을 위한 제반 정보검색시스템과 사례를 연구한다.

정보매체론(Theory of Information Materials)

도서관과 정보센터에서 다루는 멀티미디어자료의 정의·분류·목록 등을 연구하고 멀티미디어의 구조 혹은 시스템을 개발·조직·활용하는 문제를 다룬다.

정보봉사론(Theory of Information Service)

도서관 및 정보센터의 정보봉사 업무의 조직, 운영, 봉사에 있어서 발생하는 제반 문제를 조사·분석·평가하고 정보사서의 자질을 기른다.

정보센터관리론(Management of Libraries and Information Center)

도서관 및 정보센터 경영 업무의 세밀한 기준과 지침, 사서의 자격요건, 배치, 훈련, 기술업무 등의 합리적 운영에 대하여 고찰하고, 도서관, 산업체 자료실, 연구소 기술정보실 등의 특수 업무 및 이용자그룹에 관한 기술적 정보봉사와 최신 경영기법 등 제반 문제를 연구한다.

커뮤니케이션과 이용자연구(Mass Communication and User Study)

매스미디어의 발달로 정보를 전달하는 과정과 공통성의 수립과정, 정보의미의 전달과정 외에 정보의 영향을 미치는 관계를 분석한다. 정보메세지의 전달과정에 따른 유통과 배포의 정확성·전달성·기술성·효과성 등을 고찰하고 그 대상이 되는 이용자의 형태를 연구한다.

학교도서관운영(Management of School Libraries)

학교도서관매체센터의 효율적인 운영을 위한 조직·관리·평가 등 학교도서관을 행정적인 측면에서 연구하고 실제 학교현장에서 요구되는 기능적이며 활동적인 도서관 기술을 익힌다.

한국교육학서지정보(Studies in Educational Bibliographical Information of Korea)

서지학개론과 중국서지학 등의 기초 위에서 한국교육학과 관련된 제반 주제 서지정보에 관하여 연구하며, 한국교육학에 관한 데이터베이스 구축과 정보조사제공 등에 대하여 고찰한다.

▷ 전공 소개

　문헌정보학은 어떤 특정학문의 영역에 속하는 것이 아니라 모든 학문에 공통되거나 우선하는 독자적인 체계를 지니고 있는 기초과학인 동시에 종합과학이라 할 수 있다. 정보원에 관한 지식과 정보원을 응용할 수 있는 이론과 기술, 정보의 전달과 조직에 관한 이론, 방법 및 응용력, 정보시스템과 정보관리시스템의 설계, 개발, 평가 및 응용력, 컴퓨터와 그 밖의 도서관 전산화와 관련된 기기를 다루며, 데이터베이스 관리, 정보검색기술 등을 습득하여 도서관의 업무 및 기타 정보관리 업무에 효율적으로 대처할 수 있는 능력을 갖추도록 교육한다. 졸업 후 2급 정사서 자격증이 부여되며, 교직과정 이수자는 사서교사 자격증도 취득할 수 있다. 본 학과의 졸업생들은 각종 도서관 및 연구소, 그리고 공공기관의 정보센터의 사서로 재직하고 있고, 기업체, 신문사, 방송국의 정보실 및 기획실뿐만 아니라 IT 관련 벤처기업에서 정보전문가로 활약하고 있다.

▷ 교육목표

　문헌정보학은 현대의 학술 및 전문정보의 홍수 속에서 자료의 선택과 조직 내의 개인적, 사회적 문제 해결을 위한 학문의 하나로 인정받고 있다. 문헌정보학은 어떤 특정학문의 영역에 속하는 것이 아니라 모든 학문에 공통되거나 우선하는 독자적인 체계를 지니고 있는 기초과학인 동시에 종합과학으로서 각 분야에 필요한 정보를 보다 효율적이고 창의적으로 인지, 수집, 처리, 축적, 유통 및 배포할 수 있는 지식과 기술을 갖춘 미래 정보사회의 주된 역할을 수행하여 21세기 정보사회를 대비하는 정보전문가 육성 및 정보자원의 조직, 축적 전달의 능력을 통해 사회에 봉사하는 전문사서 양성을 교육목표로 하고 있다.

▷ 교수진

· 곽승진	문헌정보학	sjkwak@cnu.ac.kr	042 - 821 - 6359
· 김순희	서지학	siva@cnu.ac.kr	042 - 821 - 6356
· 박옥화	도서관학	owpark@cnu.ac.kr	042 - 821 - 6357
· 이성숙	자료조직	infolee@cnu.ac.kr	042 - 821 - 6360
· 이응봉	정보학	eblee@cnu.ac.kr	042 - 821 - 6358
· 한복희	도서관학	hanbh@cnu.ac.kr	042 - 821 - 6355

▷ 대학원의 설치 여부

충남대학교 대학원은 문헌정보학이라는 이름으로 석·박사과정을 설치하고 있다.

▷ 학과 연락처

· 홈페이지	http://cnulis.cnu.ac.kr/
· 학과 전화번호	042 - 821 - 6351

학 부 교 과 과 정

학년	구분	교과목명	학점	시간
1	전필	문헌정보학개론 (Introduction to Library and Information Science)	3	3
		정보전산화입문 (Introduction to Automated Information System)	3	3
		정보자료분류론 (Classification of Information Resources)	3	3
	전선	정보문화사 (History of Information Media)	3	3
2	전필	도서관경영 (Library Management)	3	3
		정보자료목록론 (Cataloging of Information Resources)	3	3
	전선	서지학개론 (Introduction to Bibliographical Science)	3	3
		정보문해 (Information Literacy)	3	3
		아동/청소년자료 (Literature on Children and Youth)	3	3
		전자출판 (Electronic Publishing)	3	3
		정보이용자연구론 (Information and User Studies)	3	3
		지식조직론 (Knowledge Organization)	3	3
		기록의 이해 (Study on Archives)	3	3
		멀티미디어론 (Multi-Media)	3	3
		정보매체론 (Information Media)	3	3
		독서지도론 (Reading Education)	3	3
		정보자료보존론 (Preservation of Information Resources)	3	3
3	전필	정보서비스론 (Information Services)	3	3
		정보검색론 (Information Retrieval)	3	3
	전선	장서개발론 (Collection Development)	3	3
		정보네트워크론 (Information Network Systems)	3	3
		디지털도서관시스템 (Digital Library System)	3	3

학년	구분	교과목명	학점	시간
3	전선	독서치료 (Reading Clinic)	3	3
		고문헌의 이해 (Study on Old Materials)	3	3
		기록관리제도 (Archival Management System)	3	3
		비도서자료 (Nonbook Materials)	3	3
		인터페이스설계 (Interface Design)	3	3
		메타데이터 (Metadata)	3	3
		주제별정보서비스 (Subject Information Service)	3	3
		과학기술정보관리론 (Information Management of Science and Technology)	3	3
		기록관리시스템 (Archival Management System)	3	3
		공공 및 학교도서관경영 (Management of Public and School Library)	3	3
		디지털정보자원활용 (Using of Digital Information Resources)	3	3
		유비쿼터스도서관 (Ubiquitous Library)	3	3
4	전선	대학 및 전문도서관경영 (Management of University and Subject Library)	3	3
		정보자료조직연습 (Practices in Organizing Information Resources)	3	3
		사서실습 (Field Work)	3	3
		데이터베이스이용론 (Database Management)	3	3
		정부자료 (Government Information Resources)	3	3
		정보시스템계획 및 분석 (Information System Design and Analysis)	2	4
		문헌정보학특강 (Advanced Studies in Library and Information Science)	3	3
		기록관리학특강 (Advanced Studies in Archives)	3	3
		정보학세미나 (Seminar in Information Science)	3	3
		웹데이터베이스구축론 (Web Database Design)	3	3
		정보유통론 (Information Flow)	3	3

석 사 교 과 과 정

구분	교과목명	학점
공통과정	논문연구 Ⅰ, Ⅱ (Thesis Research Ⅰ, Ⅱ)	3
전공과정	정보검색특론 (Seminar in Information Retrieval)	3
	문헌정보학연구법 (Research Method of Library and Information Science)	3
	도서관평가특론 (Seminar in Library Evaluation)	3
	장서개발론 (Theory of Collection Development)	3
	공공도서관 및 미디어센터특론 (Seminar in Public Library and Media Center)	3
	정보자료조직론 (Organization of Information Resources)	3
	대학도서관특론 (Seminar in Academic library)	3
	전자도서관 (The Electronic Library)	3
	전자매체특론 (Seminar in Electronic Media)	3
	계량정보학 (Infometrics)	3
	정보사회학 (Information Sociology)	3
	정보이용자연구론 (Information User Studies)	3
	도서관경영특론 (Seminar in Library Management)	3
	전문도서관특론 (Seminar in Special Library)	3
	정보시스템특론 (Seminar in Information System)	3
	정보네트워크연구 (Study on Information Network)	3
	정보유통론 (Information Flow)	3
	정보정책특론 (Seminar in Information Policies)	3
	디지털콘텐츠개발론 (Seminar in Digital Contents Development)	3
	기록학특강 (Seminar in Archival Science)	3
	주제별정보제공론 (Seminar in Information Services in Subject Field)	3

구분	교과목명	학점
전공과정	정보자료분류특강 (Seminar in Library & Information Classification)	3
	목록학특강 (Seminar in Cataloging)	3
	자동화목록법 (Seminar in Automatic Cataloging)	3
	대학도서관발전책 (Seminar in University Library Development)	3
	정보이용자연구특론 (Advanced Studies in Information User)	3
	이론정보학 (Information Theory)	3
	정보전문직의 최근동향연구 (Current Trends and Issues in Information Profession)	3
	문헌정보학사연구 (Advanced Studies in History of Library and Information Science)	3
	디지털도서관연구 (Advanced Studies in Digital Libraries)	3
	도서관정보센터경영연구 (Advanced Studies in Management of Library and Information Center)	3
	도서관봉사평가론 (Measurement and Evaluation of Library Service)	3
	공공도서관경영론 (Advanced Studies in Management of Public Library)	3
	학교도서관경영론 (Advanced Studies in Management of School Media Center)	3
	전문도서관경영론 (Advanced Studies in Management of Research Library)	3
	학술도서관경영론 (Advanced Studies in Management of Academic Library)	3
	특수도서관경영론 (Advanced Studies in Management of Special Library)	3
	장서개발연구 (Advanced Studies in Collection Development)	3
	자료보존론 (Conservation for Library Materials)	3
	도서관협동론 (Advanced Studies in Library Cooperation)	3
	도서관건축론 (Advanced Studies in Library Buildings)	3
	멀티미디어시스템연구 (Advanced Studies in Multimedia System)	3

구분	교과목명	학점
전공과정	메타데이터연구 (Advanced Studies in Metadata)	3
	응용정보학 (Applied Infomatics)	3
	지능형정보검색시스템연구 (Advanced Studies in Intelligent Information System)	3
	정보검색이론연구 (Advanced Studies in Information Retrieval Theory)	3
	정보시스템분석연구 (Advanced Studies in Information Systems Analysis)	3
	정보시스템평가연구 (Advanced Studies in Information System Evaluation)	3
	정보유통연구 (Advanced Studies in Information Flow)	3
	정보이용행태연구 (Advanced Studies in Information Seeking Behavior)	3
	정보커뮤니케이션시스템연구 (Advanced Studies in Information & Communication System)	3
	서지학연구방법론 (Research Methodology in Bibliography)	3
	고문서학특강 (Advanced Studies in Paleography)	3
	판본학특강 (Advanced Studies in Physical Bibliography)	3
	한국서지연구 Advanced Stu(dies in Korean Bibliography)	3
	연구지도 I, II, III (Individual Study I, II, III)	3
	고전자료론 (Seminar in Old Materials)	3
	도서관사상론 (Seminar in Library Ideology)	3
	도서관·정보센터경영연구 (Advanced Studies in Management of Libraries and Information Centers)	3
	디지털콘텐츠개발론 (Seminar in Information Content Development)	3
	도서관·정보센터마케팅연구 (Studies on Marketing for Libraries and Information Centers)	3
	디지털정보자원론 (Digital Information Resources)	3
	메타데이터특강 (Seminar in Metadata)	3

구분	교과목명	학점
전공과정	기록관경영론 (Study on Archives Management)	3
	전자기록관리론 (Electronic Resources Management)	3
	지식구조론연구 (Advanced Studies in Knowledge Structure)	3
	정보표준화연구 (Advanced Studies in Information Standards)	3
	이론목록학특론 (Advanced Studies in Theory of Cataloging)	3
	지식관리시스템연구 (Advanced Knowledge Management System)	3
	정보공학연구 (Information Engineering)	3
	정보문해연구 (Advanced Information Literacy)	3
	인터페이스디자인특강 (Seminar on Interface Design)	3
	독서치료특론 (Seminar in Reading Clinic)	3
	독서교육특론 (Seminar in Reading Education)	3
	정보서비스특론 (Seminar in Information Service)	3
	정보서비스연구 (Advanced Studies in Information Service)	3
	서지학특강 (Seminar in Bibliography)	3
	기록관리시스템연구 (Study on Archives System)	3
	정보문화사연구 (Infoculture: Theory and Methods in the History and Socialogy of Information Technology)	3
	문헌정보학연구특론 Research Method in Library and Information Science	3

한남대학교   문과대학 문헌정보학과

▷ 전공 소개

한남대학교 문헌정보학과는 1981년에 개설되었다. 현대를 정보화 사회라 일컫는 것은 인류의 사회활동에 있어서 정보가 사회의 모든 부분, 분야에서 영향을 끼쳐 변화하게 하기 때문이다. 또한 정보의 홍수라 함은 기하급수적 정보생산, 즉 폭발적 정보의 발생을 의미한다. 이러한 정보화 사회에서는 인간의 경제·사회·예술·학술활동의 성공을 위해 정보를 효율적으로 수집·관리하고 제공하며 중계하는 전문인의 도움이 절대적으로 필요하다. 그 전문인을 육성하며 배출하는 데 원천이 되는 학문이 문헌정보학이다.

▷ 교육목표

· 기독교 봉사정신에 입각한 인격과 정보사회에서 필요한 정보활동에 대하여 전문이론과 지식을 고루 갖춘 유능한 사서를 양성한다.
· 정보화시대에 부응하는 각 주제 및 각종 분야의 전문직 소양을 갖춘 전문사서를 양성한다.
· 오늘날 급변하는 정보환경에서 필요로 하는 최신의 정보처리 이론과 기술을 겸비한 정보처리전문가를 양성한다.

▷ 교수진

· 김영신	도서관학	hnukysb@mail.hannam.ac.kr	042-629-7354
· 노정순	정보학	jsr@mail.hannam.ac.kr	042-629-7356
· 신동민	도서관학	domishin@mail.hannam.ac.kr	042-629-7360
· 한경신	자료조직	hks0330@mail.hannam.ac.kr	042-629-7357

▷ 대학원의 설치 여부

한남대학교 대학원은 문헌정보학과라는 이름으로 석사과정만을 설치하고 있다.

▷ 대학원의 교육목표

· 문헌정보학의 제반 이론을 이해하도록 하여 전문 연구능력으로 양성한다.
· 도서관·정보센터의 실무문제 해결능력과 환경 변화에 민감하게 대응하는 고급 전문 인력을 양성한다.

▷ 학과 연락처

· 홈페이지   http://lis.hannam.ac.kr/
· 학과 전화번호   042 - 629 - 7353

학 부 교 과 과 정

학년	구분	교과목명	학점	시간
1	전필	문헌정보학개론 (Introduction to Library & Information Science)	3	3
	전선	DB시스템 (Database Management System)	3	3
		도서관문화사 (History of Libraries & Culture)	3	3
		인터넷자원 (Internet Resources & Technology)	2	2
2	전필	도서관정보센터경영원론 (Library & Information Center Management)	3	3
		자료조직론 Ⅱ (Material Organization Ⅱ)	3	3
		참고정보봉사론 (Reference & Information Services)	3	3
	전선	서지학개론 (Introduction to Bibliography)	3	3
		인문과학정보론 (Information Resources of humanities)	3	3
		정보자료구성론 (Collection Development)	3	3
		자료조직론 Ⅰ (Material Organization Ⅰ)	3	3
		정보처리연습 (Information Processing by Computer)	3	3
		정보시스템론 (Information System Analysis & Design)	3	3
		문헌정보조사통계 (Statistical Methods of and Information)	3	3
		한국서지 (Korean Bibliography)	3	3
3	전필	전자도서관구축론 (Digital Library Systems)	3	3
	전선	과학기술정보론 (Information Resources of Science & Technology)	3	3
		대학전문도서관 (Academic & Special Library Management)	3	3
		비도서자료조직론 (Organization of Nonbook Materials)	3	3

학년	구분	교과목명	학점	시간
3	전선	사회과학정보론 (Information Resources of Social Sciences)	3	3
		색인 및 시소라스 (Indexing & Thesaurus)	3	3
		연속간행물 (Serials)	2	2
		인터넷서비스구축론 (Internet Service Systems)	3	3
		출판유통과 저작권 (Publishing & Copyrights)	2	2
		학교공공도서관 (School Media Centers & Public Libraries)	3	3
4	전필	도서관실무실습 (Library Field Work)	2	2
	전선	뉴미디어 (New Media)	3	3
		도서관과 사회특강 (Seminar in Libraries & Societies)	3	3
		문헌정보학연구방법론 (Research Methods in Library & Information Science)	2	2
		온라인탐색연습 (Practice in Online Searching)	3	3
		자료조직연습 (Practice in Cataloging & classification)	3	3
		정보검색론 (Information Storage & Retrieval)	3	3
		정부정보서비스론 (Government Information Services)	3	3
		학술정보네트워크 (Library & Information Network)	3	3

학 부 교 과 과 정

DB시스템(Database Management System)

문헌정보자료 및 일상의 데이터를 데이터베이스화하여 관리하는 것은 원 정보를 이용하기 위한 접근점을 제공한다는 점에서 중요하다. 따라서 데이터베이스의 개념, 종류, 정보의 개념과 표현, 범용 DBMS의 종류, DB생성, 파일 및 데이터관리, 보고서 작성, 스크린 디자인 등을 학습하여 데이터베이스 운용능력을 함양시킨다.

과학기술정보론(Information Resources of Science & Technology)

경제성장의 근간이 되는 과학기술의 발전을 위해서는 관련 정보 활용을 통한 연구가 필수적이다. 따라서 과학기술정보의 원활한 유통과 이용, 이를 가능케 하는 정보정책과 정보시스템, 분야별 필수서지 등을 파악하고, 필요정보를 수집할 수 있는 능력과 문헌조사방법 연구를 통한 정보제공 능력을 함양시킨다.

뉴미디어(New Media)

정보기록매체가 과거의 단일매체로부터 다중매체로 전환되는 시점에서 자료의 변천, 뉴미디어에 대한 개념과 종류, 생산, 이용에 이르는 전 과정에 대해 학습하게 하고 멀티미디어 저작도구에 대한 실습을 병행한다. 이를 통해 변화하는 도서관 환경에서 새로운 기술에 적응하게 하며, 도서관자료로서 뉴미디어의 운영능력을 함양시킨다.

대학전문도서관(Academic & Special Library Management)

대학 및 전문도서관 이용자들의 정보요구는 주로 학술적이며 전문주제배경을 필요로 하는 전문정보들이다. 정보서비스 또한 다양하고 복잡하며 전문성을 요하는 것들로서 담당사서의 전문성과 확고한 직업의식이 필요하다. 따라서 대학 및 전문도서관의 기능과 역할, 자료의 선택과 가공, 서비스 제공에 이르는 일련의 업무, 조직 및 인력관리, 도서관 간 협력활동의 전반에 대한 이론과 실제를 익힘으로써 전문정보 사서로서의 자질을 함양시킨다.

도서관과 사회특강(Seminar in Libraries & Societies)

변화하는 정보환경에서 새롭게 요구되는 도서관의 역할과 정보서비스 개발을 위해 전문사서의 예측과 대비능력을 개발한다. 주요 내용으로는 도서관의 환경, 인구변동에 따른 서비스의 변화, 정보전달매체의 발전에 따른 관리상의 문제, 새로운 정보요구에 대한 대응, 요구변화에 따른 자원의 배분, 정보요구와 도서관 자원의 연결과 확장, 기술발달로 인한 새로운 정보접근 가능성과 이에 따른 정보전문인 교육과 정보관의 관리문제들을 다룬다.

도서관문화사(History of Libraries & Culture)

한 사회의 정보전달기관인 도서관과 그 시대의 정보요구 환경의 상호관계를 문화사적 시각으로 살펴본다. 도서와 도서관의 형성 및 발전과정을 문자, 도서, 사회의 정보요구와의 상호관계에서 문화사적 시각을 가지고 살펴봄으로써 오늘날 정보전달기관으로서 도서관이 새롭게 수행해야 할 역할과 기능에 대한 인식을 제고한다.

도서관실무실습(Library Field Work)
문헌정보학 각 교과목을 통해 습득한 전문지식을 근간으로 하여 도서관·정보센터에서 실무에 직접적으로 적용되는 이론 방법, 기술을 종합하고, 실무에서 수행하고 있는 각종 서비스 및 전산프로그램 등을 실습한다. 이를 통해 도서관 실무 수행능력을 배양한다.

도서관정보센터경영원론(Library & Information Center Management)
도서관·정보센터의 과학적 경영을 통해 본래의 기능과 역할을 다할 수 있도록 조직경영의 다양한 이론을 배운다. 경영이론의 발달과 도입, 각종 경영이론의 내용과 도서관 사상적 기반, 도서관·정보센터의 경영자원, 서비스, 마케팅, 운영계획수립, 조직의 개념, 유형, 조직도, 인력자원관리, 지휘·통솔, 통제의 기능·내용·요건, 예산계획과 도서관의 평가를 다루며 미래도서관의 경영요건을 포함한다.

독서지도론(Reading Guidance)
독서교육의 원리와 방법, 내용과 계획 등 독서교육 전반에 대하여 공부한다. 독서의 의의, 독서의 심리적 측면, 독서교육의 계획과 방법, 독서요법, 독서조사와 평가, 독서흥미와 태도, 다양한 독서 지도, 각급 도서관에서 자료 이용과 독서 증진을 위한 프로그램, 출판 활동과 경향 등을 다룬다. 각 학생은 어린이, 청소년, 성인 중 하나를 선택하여 이들을 위한 양서 및 서평소개, 지도대상별, 연령별 도서지도 계획안을 개발하여 발표하여야 한다.

문헌정보조사통계(Statistical Methods of and Information)
도서관정보센터 경영의 과학화를 위해 필요한 의사결정을 위해서는 정확한 운영 결과자료와 이용자 요구분석 및 자료이용현황 등의 조사와 통계처리가 필수적이다. 따라서 도서관·정보센터에 필요한 통계 및 통계학적 접근, 통계분석과 자료수집, 표본조사의 개념, 설문조사법, 자료의 그래프적·숫자적 표현 및 요약, 집합이론 및 확률의 기초 이론 등 수리통계 기초와 가설검정과 분석의 개념 및 정산통계기초 등을 다룬다.

문헌정보학개론(Introduction to Library & Information Science)
문헌정보학 학문 영역의 범위, 학문의 특성, 개요를 인식하고, 학문연구의 대상인 정보자료와 정보관리기관의 개념·본질·기능을 이해함으로써, 도서관을 비롯한 정보관리기관에서의 전문직 사서의 역할을 다할 수 있는 이론 및 능력을 함양한다.

문헌정보학연구방법론(Research Methods in Library & Information Science)
문헌정보학의 현상을 파악하고 보편타당한 원리를 끌어내어 미래를 예측하는 데 필요한 각종 연구방법(실험연구, Survey, 문헌적 연구, 사례연구 등)을 익혀 전문사서로서 도서관현장의 문제를 해결하고 발전을 주도하는 능력을 키우는 데 목적이 있다. 이를 위해 각종 연구방법을 이해시키며, 주제선정 및 선정된 연구과제에 대한 문헌수집, 연구방법설계, 연구계획서 작성을 실습하며, 논문작성법을 익히도록 한다.

비도서자료조직론(Organization of Nonbook Materials)

비도서자료의 특성과 의의를 비롯하여 각종 비도서자료, 즉 녹음자료, 화상 및 영상자료, 마이크로자료, 지도자료, 전자자료, 악보 등 각 자료유형에 다른 조직 및 관리에 대한 이론과 실제를 다룸으로써 비도서자료의 효율적인 관리 및 이용자봉사의 제공능력을 기른다.

사회과학정보론(Information Resources of Social Sciences)

사회과학의 전반적인 정보유통체계와 정보봉사현황을 이해하고, 각 소주제, 즉 사회학·통계학·경제학·정치학·법률학·교육학·인류학·심리학·지리학 등의 분야의 연구배경과 각종 서지 및 데이터베이스를 이해함으로써 도서관 및 정보관리기관에서의 정보서비스에 효율적으로 응용할 수 있는 능력을 기른다.

색인 및 시소라스(Indexing & Thesaurus)

효과적인 정보검색시스템을 설계하는 능력을 개발하기 위해 필요한 기본적인 정보축적에 관한 이론과 실제를 연구한다. 각종 색인언어(전 조합, 후 조합)의 특징을 연구하여 파셋 분류와 시소라스 작성 능력을 개발하며, 각종 색인지와 온라인 색인시스템 작성에 필요한 자동색인과 자동초록, 한글자동색인, 텍스트 파일의 가공처리 및 색인 파일 작성을 연구하며, 서지참조정보 이외에도 창작물과 멀티미디어, 인터넷정보의 색인도 논의함으로써, 각종 색인시스템 개발과 운영 및 웹정보 콘텐츠 개발능력을 기르는 것을 목표로 한다.

서지학개론(Introduction to Bibliography)

서지학의 정의와 그 연구범위, 문헌의 역사, 우리나라 금속활자본의 명칭 및 특성, 책의 판식·용어·명칭·장정 및 종류를 이해함으로써 참고사서로서의 자질을 함양할 수 있는 능력을 기른다. 원문서지학, 체계서지학, 형태서지학을 개관하며, 우리나라 금속활자본의 명칭과 개별 활자본의 특성에 대한 판별력도 기른다.

연속간행물(Serials)

연속간행물의 특성 및 중요성을 인식하고, 연속간행물의 효율적인 선정조직 및 관리능력과 연속간행물의 자동화를 위한 기초 이론을 이해할 수 있는 능력을 기른다.

온라인탐색연습(Practice in Online Searching)

정보검색에서 습득한 정보검색이론이 실제 정보검색시스템에서 어떻게 활용되는지를 연구한다. 각종 정보원과 검색시스템의 특성을 연구하고, 탐색기법과 전략, 탐색평가 등을 연구하고 실습한다. 또한 인터넷상의 온라인정보의 효율적인 검색과 이용을 목적으로 정보검색사를 양성하는 것을 목표로 이론을 정리하고 탐색을 실습한다.

인문과학정보론(Information Resources of humanities)

인문과학의 전반적인 정보유통체계와 정보봉사현황을 이해하고, 각 소주제, 즉 철학·종교·언어·문학·예술·역사 등의 분야의 연구배경과 각종 서지 및 데이터베이스를 이해함으로써 도서관 및 정보관리기관에서의 정보서비스에 효율적으로 응용할 수 있는 능력을 기른다.

인터넷서비스구축론(Internet Service Systems)

인터넷을 통한 각종 정보서비스를 제공하기 위한 이론과 기술을 익힌다. HTML이나 XML을 이용한 텍스트 작성, Web 데이터베이스 구축, 인터페이스시스템 설계, Web 서버 구축 및 운영 등을 다룬다.

인터넷자원(Internet Resources & Technology)

인터넷자원을 이용하고 구축하는 데 필요한 이론과 최신기술에 대한 기본지식을 다룬다. 웹 브라우저, 웹 탐색엔진, 메일링시스템, 웹 서버 설치, HTML과 XML을 사용한 Webpage 구축, 인터넷 프로그래밍(스크립 언어), 보안시스템 등을 다룬다.

자료조직론 Ⅰ, Ⅱ(Material Organization Ⅰ, Ⅱ)

자료 분류와 목록의 중요성과 이론적인 체계를 이해시키며, 분류체계의 특성과 목록의 편성 이론 및 분류의 기본도구인 DDC와 KDC, 현행 목록규칙에 대해 비교 검토하여 자료조직의 이론적 기초를 확립한다.

전자도서관구축론(Digital Library Systems)

도서관의 각종 자료에 대한 수서, 목록, 대출, 이용자 관리 및 정간물 관리업무를 전산화하는 데 필요한 이론과 방법을 익히고, 전자도서관으로서의 도서관을 운영하는 데 필요한 이론과 기술을 익힌다. 다양한 정보자료의 전자화, 비소장 인터넷 전자자료의 통합운영, 인쇄자료와 전자자료의 통합운영 등을 위한 전자도서관 구축 기술을 포함한다.

정보검색론(Information Storage & Retrieval)

정보검색 분야의 전반적인 내용 및 최근의 발전, 연구동향에 관하여 이론적으로 접근하고, 각종 정보검색시스템에 대한 포괄적인 이해력을 갖도록 한다. 컴퓨터를 사용한 각종 정보검색시스템의 구조와 특징, 주제 분석과 색인언어, 색인기법, 텍스트가공처리, 각종 검색이론과 시스템언어, 탐색 및 평가를 논의한다. 인공지능과 HCI(Human-Computer Interaction)을 응용한 정보검색시스템에서의 정보요구의 표현과 해석, 탐색식 작성, 매칭알고리즘, 적합성피드백 알고리즘, 랭킹알고리즘 등에 대한 기본이론, 한글자연어 처리 알고리즘에 대해서 논의하며, CD-ROM과 WWW, 벤더시스템, 도서관시스템, 전자도서관(DL) 등 각종 현행시스템을 통하여 이론을 실습한다.

정보시스템론(Information System Analysis & Design)

이용자 중심이 행동과학적 측면의 정보검색시스템에 대한 요구를 분석하여 시스템을 설계하는 데 필요한 각 기종의 시스템 분석기법, 플로우 기법, RFP 작성, 의사결정기법, 시스템모델링, DB모델링, HCI인터페이스설계기법 등을 교육하여 새로운 시스템을 설계하여 운영할 수 있도록 한다.

정보자료구성론(Collection Development)

장서구축과정의 이론과 실제 수서업무의 절차와 지식을 습득한다. 개별 도서관의 특성 및 이용자 수준과 요구를 반영하는 수서정책 수립의 원리, 자료의 질적 평가와 선택기준, 사용가능한 국·내외 선택 보조자료의 활용, 출판과 유통과정, 장서관리, 새로운 매체와 전자출판, 자원공용의 전망을 포함한 장서개발의 전 과정에 관한 이론과 실무를 익힌다.

정보처리연습(Information Processing by Computer)

컴퓨터를 사용한 정보검색시스템의 설계와 프로그래밍 능력의 양성을 목표로 한다. 정보검색시스템 구축에 적절한 개체 기반 프로그래밍언어를 선택하여 프로그래밍을 익히고, 데이터베이스를 구축하고 GUI 기반 인터페이스를 개발하여 데이터베이스 응용프로그램을 구축하는 것을 실습한다.

정부정보서비스론(Government Information Services)

연구자료로서 가치가 큰 정부간행물이 실제로 어떻게 생산·유통·관리·봉사되는지 이론과 실제를 조사·연구함으로써 유능한 정부간행물 전문사서로 활동할 수 있도록 한다. 정부간행물의 발행기관, 특징, 종류, 배포에 관해 조사하며, 정부간행물의 바람직한 이용자 봉사와 자료 제공을 위한 시스템과 방법들을 연구한다. 자료에 대한 노출과 실제 서비스 현황에 대한 관찰과 토론을 통해 정부간행물 전문사서로서의 기본지식을 습득한다.

조사통계론(Statistical Methods)

도서관정보센터 경영의 과학화를 위해 필요한 의사결정을 위해서는 정확한 운영 결과자료와 이용자 요구 분석 및 자료 이용현황 등의 조사와 통계 처리가 필수적이다. 따라서 도서관, 정보센터에 필요한 통계 및 통계학적 접근, 통계 분석과 자료수집, 표본조사의 개념, 설문조사법, 자료의 그래프적·숫자적 표현 및 요약, 집합이론 및 확률의 기초 이론 등 수리통계 기초와 가설검정과 분석의 개념 및 전상통계 기초를 다룬다.

참고정보봉사론(Reference & Information Services)

다양한 이용자가 각기 다른 상황에서 제기하는 정보요구에 대한 탐색에 있어 여러 가능성에 대한 이해를 갖도록 한다. 참고·정보봉사의 영역과 여러 가능성에 대한 이해를 도모하고 참고업무에서 실제로 사용하게 되는 자료들을 익힌다. 참고실에서 사용하는 자료들을 체계적으로 다룸으로써 자료를 익히고, 탐색기법에 대한 지식을 습득하여 유능한 정보중개인의 자질을 키운다.

출판유통과 저작권(Publishing & Copyrights)

출판과 관련된 문화적 현상, 영상매체, 뉴테크놀로지의 도입으로 현실화되어 가는 현대 출판문화의 존립조건에 관한 관점을 파악한다. 과학적 지식의 생성, 연구수행 과정에서의 학술커뮤니케이션의 역할, 커뮤니케이션과 학술정보처리, 출판과정과 정보처리, 공식·비공식 커뮤니케이션의 역할, 저작권 문제를 살핀다.

학교공공도서관(School Media Centers & Public Libraries)
새로운 교과과정의 개발과 수행을 지원하도록 요구받는 학교매체센터의 기능, 매체, 이용자의 필요, 봉사 프로그램의 유형, 조직, 운영의 이론과 공공도서관의 이념적 기반과 발전사, 주민에 대한 서비스 활동의 변천추세, 공공도서관 장서의 특성, 향토자료의 보존과 활용, 독서인구의 개발, 새로운 형태의 서비스, 장애자와 보호기관 수용인에 대한 봉사확장과 관련된 주제들을 다룬다.

학술정보네트워크(Library & Information Network)
변화하는 도서관 환경에 대처하고, 특히 도서관 간 협력활동을 통해서 이용자의 정보요구를 만족시키는 방법을 배운다. 따라서 도서관 협력활동의 범위, 조직, 운영 및 관련 이론과 기술, 네트워크의 기능과 조직을 논하고, 현행 네트워크 시스템의 분석, 평가와 인터넷 환경의 도서관 이용실습을 한다.

석 사 교 과 과 정

구분	교과목명	학점
전공필수	문헌정보학연구방법론 (Research methods in Library and Information Science)	3
전공선택	공공도서관연구 (Seminar in Public Library Service)	3
	뉴미디어연구 (Studies in New Media)	3
	도서관자원개발론 (Collection Development)	3
	도서관·정보네트워크연구 (Seminar in Library and Information Network)	3
	동양서지학연구 (Studies in Oriental Bibliography)	3
	디지털도서관구축론 (Digital Libraries)	3
	문헌분류론 (Studies in Library Classification)	3
	목록조직론 (Studies in Library Cataloging)	3
	석사논문연구 Ⅰ (Research for the Masters Degree Ⅰ)	0
	석사논문연구 Ⅱ (Research for the Masters Degree Ⅱ)	0
	이론정보학 (Theories of Information Science)	3
	전문정보센터경영론 (Studies in Specialized Information Centers)	3
	정보검색론 (Theories of Information Storage and Retrieval)	3
	정보공학 (Information Technology)	3
	정보시스템설계 (Information System Design)	3
	정부정보특강 (Seminar in Government Information)	3
	조사통계와 계량정보학 (Statistics & Informetrics)	3
	참고정보서비스특강 (Advanced Reference and Information Service)	3
	특수자료연구 (Studies in Special Materials)	0

석 사 교 육 내 용

공공도서관연구(Seminar in Public Library Service)

공공도서관은 사회의 기억장치로서 한 사회의 지식자원을 관리유통하며, 그 지역사회가 부여한 정보·문화·교육의 장 기능을 수행하여 왔다. 본 과목에서는 공공도서관의 기반 철학 성립, 사회변화에 따른 발전과정과 역할의 변화를 고찰하고, 현재 지식정보사회에서 지역주민을 위한 정보서비스 기관으로의 기능을 제대로 수행하기 위한 새로운 개념의 장서개발, 독서인구 개발, 프로그램 개발·운영 및 평가를 포함한 공공도서관서비스 전반에 걸친 면들을 조사하고 연구한다.

뉴미디어연구(Studies in New media)

도서관자료의 매체 변환이 급속하게 이루어지는 현실에서 뉴미디어에 대한 이해와 운영능력을 함양시킴을 목적으로 한다. 이를 위해 뉴미디어의 종류, 생산, 이용에 이르는 과정을 학습하며, 특히 멀티미디어 저작도구에 대한 실습을 통해 수강자로 하여금 전자도서관 구현을 위한 이론과 실제를 겸비하도록 한다.

도서관자원개발론(Collection Development)

도서관자원개발의 근거인 장서개발 원리와 이론을 연구한다. 동시에 개별 도서관 환경에서의 특정 이용자군의 요구, 장서기준, 예산, 가용 선택보조도구, 출판유통 환경, 예산, 정책 등과 관련된 환경적 제약 아래 최적의 장서구축을 시도할 때 발생할 수 있는 실제 문제들에 관해 논의한다. 조사 연구대상이 될 세부 분야는 정보자원의 생산과정으로부터 자료의 평가와 선택, 입수, 유통체계, 자원공유, 관리와 폐기, 평가정책의 수정에 이르기까지 장서구축의 전 과정이 포함된다.

도서관·정보네트워크연구(Seminar in Library and Information Network)

자원 공유와 망라적 정보제공을 위한 정보네트워크의 구축 의의, 역사적 발전과정, 네트워크의 구조 및 표준화 등에 관한 이론적 배경을 다루고, 도서관네트워크의 설계 및 운영을 위해서 국내·외의 실제 사례를 조사·분석하고 전자도서관 형태에서의 컴퓨터 통신과 상호협력, 네트워크 모형 등을 다룬다.

동양서지학연구(Studies in Oriental Bibliography)

동양, 즉 중국, 한국, 일본의 서지학과 그 연구동향 전반에 대하여 고찰하는 교과목으로서 다음과 같은 세부 영역에 대하여 연구한다. 목록과 목록학의 발전과정을 연구한 체계서지학, 원문서지적 측면에서 교감학, 사본을 포함한 목판본, 활자본의 발전과정과 판본의 감정법을 다루는 판본학, 동양 전통 분류법의 역사와 각 분류법 간의 비교 분석, 문자 및 서사재료의 발전과정, 역대 왕조에서의 서적제도, 고대에서 현대에 이르기까지의 시대별·지역별 도서관의 발전과정, 한국학 관련 서목에 대한 고찰과 그 분석, 한국서지학의 전개과정에 대한 고찰 및 주요한 한국전적의 연구 등이다.

디지털도서관구축론(Digital Libraries)

디지털도서관 구축에 필요한 지식습득을 목표로 디지털도서관 구축사례를 연구하고, 자료의 디지털화와 디지털장서의 구축, 전자출판 및 보존, 디지털자료의 표준 및 메타데이터 등 디지털도서관 구축에 필요한 기술을 배운다.

목록조직론(Studies in Library Cataloging)

문헌검색을 위한 목록 및 목록학의 이론과 역대 동서양의 주요 목록법의 이론 및 실제를 연구하되, 특히 이들의 현대적 의미와 시대변천에 따른 제반 문제의 해결방안을 다룬다. 따라서 현대의 표준화된 국제표준서지기술법의 발전과 이에 관련된 목록규칙, 그리고 자동화목록법으로서의 LCMARC · UNIMARC · KORMARC 등의 포맷 및 기술규칙을 비교 분석하여 이들의 문제점들에 대해 논의한다. 또한 최근에 논의되고 있는 전자정보원의 목록작성 문제와 메타데이터를 다룬다.

문헌분류론(Studies in Library Classification)

자료조직 중 가장 기본적인 문헌분류의 이론과 역대 동서양의 주요 문헌분류법의 이론 및 실제를 연구하고 평가한다. 이를 위하여 현대의 주요 일반 문헌분류법 중 열거식 분류표로서 LCC, 준열거식 분류표로서 DDC와 UDC, 그리고 분석 합성식 분류표로서 CC에 대한 이론과 실제를 다루며, 이들 분류법을 분석 · 평가한다. 또한 학부에서 다루지 못한 세계의 주요 특수 분류법들을 찾아 주제별 자료의 유형별로 분석 · 평가한다.

문헌정보학연구방법론(Research methods in Library and Information Science)

문헌정보학에서 일어나는 각종의 현상을 객관적으로 설명하고 예측하여 문제를 해결하기 위한 각종 과학적 연구방법을 연구한다. 가설설정, 연구방법 설계, 데이터 수집, 가설검증을 위한 각종 통계분석 및 해석, 연구결과의 논리적 전개 및 표현 등을 다룬다.

석사논문연구 Ⅰ(Research for the Masters Degree Ⅰ)

석사과정 3학기생이 처음 받는 논문지도이다.

석사논문연구 Ⅱ(Research for the Masters Degree Ⅱ)

석사논문연구 Ⅰ을 이수하고 마지막 학기 또는 논문심사를 받고자 하는 학기의 논문지도이다.

이론정보학(Theories of Information Science)

정보의 개념, 이용자의 정보요구, 정보의 생산과 분포 및 이용 등을 규명하기 위한 계량서지학적 이론, 색인이론, 검색이론 등을 주축으로 연구한다.

전문정보센터경영론(Studies in Specialized Information Centers)

도서관 운영의 제반 문제와 이론을 다루고, 경영학, 행정학 등 조직의 경영관리에 관련된 학문의 이론 소개와 전용을 병행하여 도서관 경영의 전반적인 이론적 배경을 살펴본다. 또한 학술정보와 주제전문 정보를 다루는 정보센터 경영에 관한 실제적인 문제를 대상으로 분석 · 평가해 봄으로써 이론과 실제를 함께 다룬다.

정보검색론(Theories of Information Storage and Retrieval)

정보검색시스템 운영을 위한 주제색인, 데이터베이스 조직, 이용자모델 및 정보요구, 비불리언 검색 및 랭킹알고리즘, 적합성 피드백 알고리즘을 사용한 탐색평가 및 재수행 모델, 탐색모델(전략), 이용자 중심 인터페이스 설계 등에 관한 이론적, 실제적 문제를 연구한다.

정보공학(Information Technology)

자연언어처리, 지능형 전문가시스템, 이미지정보 축적 및 검색, WEB에서의 정보축적 및 검색, Filtering System, 인터넷 탐색엔진 등에 사용되는 최신 정보공학을 연구한다.

정보시스템설계(Information System Design)

각종 텍스트 및 멀티미디어검색시스템의 설계를 위하여 텍스트 및 멀티미디어 정보의 데이터 모델링, 데이터베이스 설계, 이용자 인터페이스 설계 및 시스템 내부의 구조를 연구하며, 인터넷 네트워크를 통한 시스템 운영을 위해 표준통신 및 검색 프로토콜의 응용 및 설계를 연구한다.

정부정보특강(Seminar in Government Information)

국가나 국제정부기구의 활동에서 생산되는 다양한 형태의 공공 정보자료를 국민이 이용할 수 있는 정보자료로 제공하는 과정을 연구한다. 정부정보의 성격, 생산·수집·관리·서지통정 체계의 특수성, 기탁도서관제도, 국제정부기구의 정보자료와 가용성, 통계자료, 정보기술의 적용 등을 포함한다.

조사통계와 계량정보학(Statistics & Informetrics)

도서관의 과학적인 경영과 정보유통의 과학적인 해석과 통제를 위하여 과학적으로 자료를 수집하고, 통계학과 수학을 응용하여 자료를 처리하고 분석·해석하는 데 필요한 지식을 배우고 실습한다.

참고정보서비스특강(Advanced Reference and Information Service)

도서관서비스 활동의 핵심인 정보조사제공업무의 이론과 실제를 연구한다. 논의될 세부 영역은 정보서비스의 철학적 기반, 업무의 영역과 조직, 일반 및 특수 이용자군을 위한 서비스 유형 및 독자상담 형태, 정보탐색에 있어 기본지식인 서지조직의 원리 등이다. 새로운 전자 환경에서의 이용자의 정보이용능력 증대를 위한 다양한 정보이용교육 사서의 계속교육, 전자자원의 문제뿐 아니라 실제 상황에서 일어나는 서비스 현장의 문제들을 조사하여 분석·평가하는 작업도 병행한다.

특수자료연구(Studies in Special Materials)

도서관자료 중 특수자료의 종류 및 특성과 이들 각 특수자료의 선정·수집·조직·관리 그리고 이용자 봉사에 대한 이론과 실제를 연구한다. 따라서 연속간행물을 비롯하여 팸플릿·클리핑·그림·사진 등의 파일자료, 오디오디스크·오디오테이프 등의 오디오자료, 슬라이드·필름·비디오테이프·비디오디스크 등의 영상자료, 마이크로필름·마이크로피시 등의 마이크로형태자료, 그리고 컴퓨터파일자료 등 각종 특수자료에 대한 이론과 실제를 다룬다.

▷ 전공 소개

한성대학교 문헌정보학과는 1981년에 개설되었다. 문헌정보학은 정보가 폭증하는 현대사회에서 필요한 정보를 정확하고 신속하게 전달하는 데 관련된 사실과 현상을 논리적이고 과학적 방법으로 연구하는 학문이다. 정보를 담은 매체가 과거에는 대부분이 도서였으나, 현재 정보사회에서는 인쇄매체를 포함한 데이터베이스, CD-ROM, 각종 Network 등 뉴미디어를 통해 저장된 정보가 다양하게 폭증하고 있다. 인구증가 및 다른 현상의 규칙적인 증가에 비해 정보는 기하급수적으로 증가하고 있는 것이 현실이다. 이에 따라서 정보를 효과적으로 수집·정리·가공·축적·배포하는 일이 이제는 하나의 중요한 업무가 되었으며 이에 대한 이론과 실제를 연구하여 정보전문가를 배출하는 것이 문헌정보학과의 목표이자 특성이다.

▷ 교육목표

· 논리적 사고 및 학술적 지식탐구능력을 함양한다.
· 문헌정보학 관련 전문이론과 지식을 함양한다.
· 정보관리 및 처리능력을 갖춘 창의적이며 전문적인 인재를 양성한다.
· 정보네트워크 기반 사회에서의 정보교류능력을 지닌 정보전문가를 양성한다.

▷ 교수진

이름	전공	이메일	전화
· 이용남	도서관학	lyn0802@hansung.ac.kr	
· 이우범	정보학	moon0610@hansung.ac.kr	02-760-4081
· 정진식	정보학	jschung@hansung.ac.kr	02-760-4082
· 조인숙	정보학	ischo@hansung.ac.kr	02-760-4083
· 서은경	정보학	egseo@hansung.ac.kr	02-760-4084
· 강순애	서지학	h4085@hansung.ac.kr	02-760-4085
· 김양우	정보학	ykim@hansung.ac.kr	02-760-5871
· 최석두	정보학	sdchoi@hansung.ac.kr	02-760-5881
· 정경희	정보학	khjoung@hansung.ac.kr	02-760-4080

▷ 대학원의 설치 여부

한성대학교 대학원은 문헌정보학이라는 이름으로 석·박사과정을 설치하고 있다.

▷ 대학원의 교육목표

· 학술적 지식탐구능력 및 실제에서의 응용능력 함양
· 창의적이며 종합적 사고능력을 갖춘 정보전문가 양성
· 정보관리 및 처리능력을 함양하여 정보네트워크 기반 사회에서 필요한 정보 전문 인력
  육성

▷ 학과 연락처

· 홈페이지   http://edu.hansung.ac.kr/~kis/
· 학과 전화번호   02 – 760 – 4087

학 부 교 육 과 정

학년		교과목명	학점	시간
1	전기	문헌정보학의 이해 (Introduction to Library & Information Science)	3	3
		정보학의 기초 (Introduction to Information Science)	3	3
		지식정보사회론 (Understanding Knowledge and Information Society)	3	3
	전지	서지학 (Introduction to Bibliography)	3	3
2	전지	자료분류론 (Theory of Classification)	3	3
		자료편목론 (Cataloging in Theories & Practices)	3	3
	전선	공공도서관론 (Public Libraries)	3	3
		기록관리개론 (Introduction to Archive and Record Management)	3	3
		기록정보수집 및 평가 (Selection and Acquisition of Archival Documents)	3	3
		기록정보조직론 (Arrangement of Archival Documents)	3	3
		도서관경영론 (Management of Library & Information Organizations)	3	3
		독서교육론 (Reading Education)	3	3
		메타데이터의 이해 (Metadata Fundamentals)	3	3
		색인초록론 (Indexing and Abstracting)	3	3
		자료편목론 (Theory of Cataloging)	3	3
		장서관리론 (Collection Management)	3	3
		정보커뮤니케이션론 (Information and Communication)	3	3
		콘텐츠관리론 (Contents management)	3	3
		학교도서관론 (School Libraris)	3	3
3	전지	디지털도서관론 (Digital Libraries)	3	3
		정보검색론 (Information Storage and Retrieval)	3	3

학년		교과목명	학점	시간
3	전선	과학기술정보원 (Literature of Science and Technology)	3	3
		기록관리시스템론 (Archival Management Systems)	3	3
		기록보존론 (Preservation of Archives)	3	3
		대학도서관론 (The Management of Academic and School Libraries)	3	3
		데이터베이스이용론 (Using of Database)	3	3
		디지털정보서비스론 (Reference and Information Services)	3	3
		비도서자료조직론 (Nonbook Materials Management)	3	3
		웹문서구축론 (Design of Development in Web)	3	3
		이용자인터페이스론 (User Interface)	3	3
		인문사회정보원 (Information Sources in Humanities and Social Science)	3	3
4	전선	고전자료조직론 (Oriental Classics Management)	3	3
		문헌정보학연구 (Issues on Library & Information Sciences)	3	3
		정보센터론 (Management of Information Centers)	3	3
		정보이용자연구론 (Information Use and Users)	3	3
		지적재산권론 (Introduction to Intellectual Property)	3	3
		특수기록물관리론 (Special Archives & Records Management)	3	3

학 부 교 과 내 용

고전자료조직론(Oriental Classics Management)

서지학 동양의 고전자료에 대한 특성을 강설하고 고서분류의 개념 및 범위, 사부분류법과 한국십진분류법을 비교하여 고서를 분류하는 이론과 실제를 강독하며, 고서목록은 국제서지기술원칙이 적용되는 것은 그에 따라 조직하는 법, 그리고 적용이 어려운 것은 독자적으로 개발하여 조직하는 법의 이론과 실제를 강독한다.

공공도서관론(Public Libraries)

공공도서관봉사의 기반구축 단계로서 이념과 본질, 행정의 문제를 검토한 후 공공도서관 고유의 봉사활용을 직접봉사(공중봉사)와 간접봉사(기술봉사)의 영역으로 나누어 효율적인 운영방안을 모색한다.

과학기술정보원(Literature of Science and Technology)

과학기술정보의 이론 및 연구개발에서의 기술정보의 이용문제를 연구하고 정보사회에서 필요한 다양한 과학기술정보매체를 개관하며, 각 매체별 중요정보원에 대한 지식배양을 목적으로 한다.

기록관리시스템론(Archival Management Systems)

기록정보의 수집, 정리, 분석, 축적 및 제공시스템 구축과 기록정보관리체계에 대한 운영기법을 다룬다.

기록관리의 이해(Introduction to Archive and Record)

모든 기록의 수집 및 평가, 정리 및 보존에 대한 이론을 제시하고 기록 보존관리의 역사와 제도적인 측면을 다루어서 기록물의 평가, 선택 및 이에 부수되는 제반 활동을 원활하게 수행할 수 있도록 한다.

기록보존론(Conservation and Preservation)

각종 기록물의 과학적 보존을 위한 보존과학의 기초적 지식과 기록물 보존의 실무에 대해 다룬다. 문서자료의 보존, 필름자료의 보존, 전자 기록물자료의 보존 등 원본자료의 보존과 마이크로필름자료의 제작, 광디스크 제작 등 2차 자료 제작의 각종 방법을 익히고, 아울러 이와 관련된 보존과학에 대해 기본적인 지식을 익힌다.

기록정보수집 및 평가(Selection and Acquisition of Archival Documents)

정부기관이나 기록 보존소에서 이루어지는 기록정보물의 평가·선별·보존·폐기를 위한 원리와 방법론을 전반적으로 다룬다. 특히 기록의 평가 선발(appraisal)에 대한 이론적 개념과 실질적 방법론을 이해시키고 기록정보 선택에 있어서 전문 기록관리자의 기초를 마련하고자 한다.

기록정보조직론(Arrangement of Archival Documents)

기록정보조직의 가장 핵심적인 분류법 및 목록법 등에 대한 지식을 갖추도록 한다. 특히 분류법으로는 정부공문서 분류법, 행정자료 분류법, 미국문서관리국 분류 시스템, 국제연합 문서분류 시스템, 유럽연합 자료 분류표 등을 중심으로 일반 주요 문헌분류법 및 목록규칙 등을 다룬다.

대학도서관론(The Management of Academic and School Libraries)

대학도서관 및 학교도서관 미디어센터 운영에 필요한 제반 요소를 다루며, 이용자에 대한 전문서비스 내용을 분석하여 미래지향적인 대학도서관 및 학교도서관 미디어센터의 모델과 운영기법을 익힌다.

데이터베이스이용론(Using of Database)

국내·외 데이터베이스의 구성과 내용을 파악하고 온라인 및 CD-ROM 검색 방법을 통하여 다양한 정보원을 활용할 수 있는 능력을 배양한다.

도서관경영론(Management of Library & Information Organizations)

도서관 경영의 기본적인 기능으로서 계획·조사·인사·지휘·통제기능을 살피고 이를 도서관 및 자료관의 특성에 맞추어 적용시킴으로써 합리적 조직 운영의 바탕을 마련한다.

문헌정보학의 이해(Introduction to Library & Information Science)

정보조직, 도서관 등 정보기관, 정보이용 등 문헌정보학의 주요 영역에 대한 개괄적 이해를 높인다.

비도서자료조직론(Nonbook Materials Management)

정보학 일상생활과 관련된 다양한 내용을 포함하고 있는 시청각자료, 파일자료 등 학술정보미디어의 가치를 재인식시키며 이를 수집, 처리, 평가하여 실무 적용 시 구체적으로 대응해 나가는 접근방법을 연구한다.

색인초록론(Indexing and Abstracting)

정보가공매체로서의 색인초록의 이론, 작성방법의 연구 및 세계 주요 색인지, 초록지 등의 구조를 조사, 분석하여 정보자료처리 가공능력 육성에 중점을 두어 교육함으로써 이상적인 색인 또는 초록을 설계할 수 있는 정보전문가로서의 소양과 지식을 배양하고자 한다.

서지학(Introduction to Bibliography)

한국 및 동양 자료의 관종과 간행·필사시기를 고증하고, 선본 여부를 식별하는 이론과 실제를 교육시켜 전통자료의 평가 선택, 분류목록 및 문헌정보 활동을 원활하게 수행할 수 있는 기초 지식을 부여한다.

웹문서구축론(Design of Development in web)

정보학 기록정보를 네트워크를 통하여 공유할 수 있도록 웹문서로 구현할 수 있는 기법을 다룬다.

인문사회정보원(Information Sources in Humanities and Social Science)
인문사회 분야 자료의 평가 선택, 분류목록 및 문헌정보활동을 원활하게 수행할 수 있도록 하기 위하여
조사, 분석하여 정보자료 처리 가공능력 육성에 중점을 두어 교육함으로써 이상적인 색인 또는 초록을
설계할 수 있는 정보전문가로서의 소양과 지식을 배양하고자 한다.

자료분류론(Theory of Classification)
학문 및 자료 분류 원리를 개관하고 세계 주요 분류표의 구조 및 특징을 분석하며 국내·외에서 많이
사용되고 있는 자료 분류표를 선정, 다양한 분류실습문제에 의한 분류실습 연구로 정보처리능력 배양에
중점을 둔다.

자료편목론(Theory of Cataloging)
도서관의 입력 및 축적되는 문헌정보자료의 효율적 검색을 위한 편목의 원칙과 이론을 습득시키고
AACR2, KCR2, KCR3 규칙을 ISBD에 의한 편목의 실제를 강의한다.

전자도서관구축론(Digital Library Development)
도서관업무와 전산화 및 전자도서관 구축에 대한 개요파악과 접근방법 등을 습득함으로써 전자도서관시
스템에 대한 적응력과 응용력을 높인다.

정보검색론(Information Storage and Retrieval)
정보검색전문가로서의 자질 육성을 위한 정보검색의 이론, 모형, 수단, 검색방법 등을 연구하며 정보검색
시스템의 구조, 설계 및 운영에 대한 설계 및 평가를 다룬다.

정보센터론(Management of Information Centers)
정보학 최신정보의 요구에 따른 신속한 정보유통이 필요한 조직으로서 정보센터 및 전문연구 도서관의
운영체계와 정보관리기법 사례를 중심으로 다룬다.

정보이용자연구론(Information Use and Users)
정보학 정보이용자의 정보추구 및 정보이용의 행태를 분석하는 기법인 이용자 연구방법론에 대한 기초
개념을 소개하고 주로 행해지고 있는 연구방법과 분석방법을 기초로 한 이용자 연구를 수행한다.

디지털정보서비스론(Reference and Information Services)
디지털참고정보서비스의 이론을 중심으로 봉사의 목적과 기능, 계획, 조직, 조사 및 정보이용 질의에 대
한 탐색방법과 Web에 의한 이용자교육, 정보서비스 네트워크 등을 조사 분석한다.

정보커뮤니케이션론(Information and Communication)
개인을 현실의 구체적인 사회적 과정에 도입시켜 사회적 인간으로 활동하게 하는 기초적 과정인 커뮤니

케이션의 개념으로 이해시키며 사회구성원 간의 지식, 정보, 의견 등을 공유화시키는 행동과정을 분석한다.

정보학의 기초(Introduction to Information Science)

정보의 속성 및 형태를 지배하는 요인과 정보에 대한 최적의 이용을 가능하게 하는 정보의 처리 수단, 정보유통, 정보시스템, 그리고 정보환경 등을 개괄적으로 다룸으로써 정보학을 이해하고 정보학 연구의 기초를 확립한다.

지식정보사회론(Understanding Knowledge and Information Society)

정보의 개념과 필요성을 이해하고 인류사회 발전과정을 통하여 정보의 가치변화에 따른 정보사회의 제반 현상과 뉴미디어에 의한 정보기술을 파악함으로써 미래사회에 대처할 수 있는 적응력을 기른다.

지적재산권론(Introduction to Intellectual Property)

특허권, 상표권 등의 산업재산권과 저작권에 대한 이론 및 역사에 대하여 학습하고, 국내 저작권법의 내용을 분석함으로써 도서관서비스 과정에서 발생하는 저작권 문제에 대한 이해를 높인다.

콘텐츠관리론(Contents management)

E－books, E－resources 등 변화하는 온라인 콘텐츠 관리 환경에 대한 기본 지식을 습득한다. 자료 선정과 제공을 위한 이론 및 기술적인 측면을 다룬다.

특수기록물관리론(Special Archives & Records Management)

대통령기록물, 비밀기록물, 시청각기록물 등 특수기록물관리에 관한 이론 및 실무 지식을 다룬다.

학교도서관론(School Library Management)

학교도서관 운영에 필요한 제반 요소를 다룬다. 관련 주제는 학교도서관의 역할, 자료관리, 활용수업 등을 포함한다.

석 박 사 교 과 과 정

구분	교과목명	학점
공통과정	문헌정보학연구방법론 (Research Methods in Library and Information Science)	3
	도서관정책연구 (Studies on Library and Information Policy)	3
	메타데이터세미나 (Seminars in Metadata)	3
	참고정보서비스정책론 (Policies for Reference and Information Service)	3
	정보이용자연구특강 (Studies in Information Use and Users)	3
	메타데이터세미나 (Seminars in Metadata)	3
	정보검색론특강 (Advanced Information Retrieval)	3
	한국형태서지학세미나 (Seminar in Physical Bibliography)	3
	디지털도서관세미나 (Seminar in Digital Library)	3
석사과정	도서관건축환경세미나 (Seminar in Library Building and Environment)	3
	도서관경영론특강 (Management of Library & Information Organizations)	3
	도서관평가론 (Advanced Library Evaluation)	3
	분류학특강 (Seminar on Classification Principle)	3
	목록학특강 (Seminar on Cataloging)	3
	장서개발론특강 (Advanced Collection Development)	3
	정보조사제공특강 (Advanced Reference and Information Services)	3
	데이터베이스특강 (Topics in Databases)	3
	멀티미디어시스템 (Multimedia Systems)	3
	색인시스템특강 (Advanced Indexing Systems)	3
	이론정보학 (Theory of Information Science)	3

구분	교과목명	학점
석사과정	정보케뮤니케이션특강 (Advanced Information Communication)	3
	고문헌관리론 (Organization of Old Books)	3
	도서관 및 인쇄문화사특강 (Advanced History of Library and Printing)	3
	이론서지학 (Theory of Bibliographic Science)	3
	자료보존특강 (Preservation of Library Materials)	3
	저작권관리론 (Studies on Copyright)	3
	연속간행물관리세미나 (Seminar on Management of Serials)	3
	주제별정보원특강 (Seminar on Information Sources)	3
박사과정	이용자인터페이스설계 (User Interface Design)	3
	정보검색언어연구 (Studies on Information Retrieval Language)	3
	데이터베이스운영특강 (Seminar on Database Management)	3
	계량정보학특강 (Advanced Informatrics)	3
	정보공학세미나 (Seminar on Information Engineering)	3
	멀티미디어시스템세미나 (Seminar on Multimedia Systems in Libraries and Information Centers)	3
	도서관자동화시스템세미나 (Seminar on Automated Systems of Libraries)	3
	지식정보처리특강 (Knowledge Based Information Processing)	3
	자동색인연구 (Seminar on Computer-based Indexing)	3
	웹정보처리특강 (Studies on of Web Information Processing)	3
	이론서지학세미나 (Seminar on Theory of Bibliographic Science)	3
	중국형태서지학세미나 (Seminar on Physical Bibliography of Chinese Classics)	3
	고문헌감정특강 (Seminar on Connoisseur of Old Books)	3

구분	교과목명	학점
박사과정	고문헌보존특강 (Preservation of Old Books)	3
	기록정보관리시스템특강 (Seminar on Archives and Records Management System)	3
	디지털기록보존 특강 (Seminar on Preservation of Digital Records)	3
	기록정보조직세미나 (Seminar on Arrangement of Archival Documents)	3
	기록정보수집 및 평가세미나 (Seminar on Selection and Acquisition of Archival Documents)	3
	도서관운동 및 사상연구 (Studies on Library Movement and Philosophy)	3
	도서관평가세미나 (Seminar on Library Evaluation)	3
	정보자원협력특강 (Seminar on Resource Sharing and Information Network)	3
	도서관건축환경세미나 (Seminar in Library Building and Environment)	3
	비교분류학 (Comparative Classification)	3
	지식구조이론특강 (Seminar on Theory of Knowledge Classification)	3
	이론목록학 (Theory of Cataloging)	3
	장서관리세미나 (Seminar on Collection Management)	3
	서지제어론 (Bibliographic Control)	3
	시소러스개발론 (Thesaurus Construction)	3
	정보커뮤니케이션세미나 (Seminar on Information Communication)	3
	정보서비스평가론특강 (Seminar on Evaluation of Information Service)	3
	학교공공도서관경영세미나 (Seminar in Management of Public Library and school library)	3
	대학정보센터운영세미나 (Seminar in Management of academic library Information Centers)	3
	관종별사례연구 (Case study)	3

교 과 내 용

문헌정보학연구방법론(Research Methods in Library and Information Science)

문헌정보학 전반에 걸쳐 정보의 수집, 분석, 판단을 통해 논문작성을 할 수 있는 연구방법론을 강의한다. 특히 사회과학적 측면에서 연구설계, 데이터수집 및 통계처리 등에 관련된 다양한 정향적, 정상적 연구방법론을 다룬다.

정보검색론특강(Advanced Information Retrieval)

정보검색의 원리, 정보검색시스템을 비교·연구하고 색인어휘, 시소러스, 파일조직방법, 검색전략 및 평가 등을 종합적으로 연구한다.

정보검색언어연구(Studies on Information Retrieval Language)

정보검색과정에서의 효율적인 탐색어 및 색인어의 형태를 이용자요구, 행태, 검색전략, 시스템 특징 및 정보전문가의 개입과 연결하여 연구한다.

데이터베이스운영특강(Seminar on Database Management)

정보검색을 위한 데이터베이스 구조 및 운영의 실제를 연구한다.

계량정보학특강(Advanced Informatrics)

정보의 발생, 유통, 관리, 이용에 관한 제반 정보현상을 중심으로 인용분석, 계량정보법칙, 정보수학 등 문헌정보이론과 실무의 계량적 측정과 응용기법을 연구한다.

정보공학세미나(Seminar on Information Engineering)

정보검색시스템의 개발 및 구현을 위해 필요한 검색이론 및 모형을 연구, 검토하고 이들을 응용한 정보시스템의 구현을 가능하게 한다.

멀티미디어시스템세미나(Seminar on Multimedia Systems in Libraries and Information Centers)

도서관과 정보센터에서 멀티미디어를 이용한 정보처리 및 이를 응용한 멀티미디어시스템의 구축에 관련된 문제를 다룬다.

도서관자동화시스템세미나(Seminar on Automated Systems of Libraries)

도서관자동화시스템의 개관, 자동화시스템의 선정 및 설계 척도의 개발과 응용, 상호교환용 표준포맷, 자동화시스템의 기술적 관리 문제를 다룬다.

디지털도서관세미나(Seminar on Digital Libraries)
디지털도서관의 개념, 구축을 위한 기술요소, 구축사례 등 디지털도서관 구축을 위한 문제를 다룬다.

지식정보처리특강(Knowledge Based Information Processing)
지식의 획득방법, 프레임, 생성규칙, 술어논리, 스크립트, 의미망 등의 지식표현방법, 그리고 이들의 응용
방법에 관하여 연구한다.

자동색인연구(Seminar on Computer - based Indexing)
컴퓨터에 의한 다양한 색인 이론과 최신 기술적 방법론을 습득한다.

웹정보처리특강(Studies on of Web Information Processing)
웹정보에 대한 색인 및 초록 작성방법을 자연언어, 통제어휘, 언어이론, 자동색인, 자연어처리 등의 측면
에서 이론과 실제를 다룬다.

이론서지학세미나(Seminar on Theory of Bibliographic Science)
동서양 문헌의 원문서지학, 체계서지학의 성립, 발전과 내용을 개관하고, 특정 자료를 중심으로 원문서지
학의 실제를 다루며, 중요 서목을 역조, 유형별, 주제별로 구분하여 그 체계 및 특징을 다룬다.

중국형태서지학세미나(Seminar on Physical Bibliography of Chinese Classics)
중국문헌의 형태서지학적인 측면을 시대별로 개관하고 서적의 발달, 유통, 집산, 책지, 목판, 활자 및 주
자, 장서, 인쇄문화, 판식, 서체 등에 관하여 이론과 실사를 병행하여 다룬다.

고문헌감정특강(Seminar on Connoisseur of Old Books)
고문헌의 감정과 관련된 제반 이론과 실제를 개관하고 인쇄방법, 서지요소 등을 중심으로 고문헌 감정의
형태적인 측면을 실물에 의거하여 다룬다.

고문헌보존특강(Preservation of Old Books)
고문헌의 관리와 보존에 관한 이론과 실제를 개관하고 고문헌의 복원, 관리 및 보존시설, 보존체재 구축
에 관한 전반을 다룬다.

기록정보관리시스템특강(Seminar on Archives and Records Management System)
레코드와 아카이브즈의 특징, 기능, 이용, 가치, 차이점을 이해하고, 전체 관리과정에서 각 단계별 관리
영역에서 요구되는 각종 관리이론, 원칙, 실무에 관한 심도 깊은 연구를 수행한다.

디지털기록보존특강(Seminar on Preservation of Digital Records)
기록정보의 정리 및 기술에 관한 주요 원칙 및 개념을 검토하고 기록물의 계층성 및 유기적 관련성에

따른 구조적 기술방법, 색인법 등 실질적 기록자료조직상의 문제점들에 관해 연구한다.

기록정보조직세미나(Seminar on Arrangement of Archival Documents)
기록정보의 효율적인 접근을 위한 다양한 분류방법과 기술방법에 대하여 심층적인 연구를 수행한다.

기록정보수집 및 평가세미나(Seminar on Selection and Acquisition of Archival Documents)
기록관리기관에서의 평가의 의미와 중요성을 이해하고, 선별 및 입수와 관련된 각종 평가이론, 실질적인 평가과정 및 방법론, 고려점 등에 관해 연구한다.

도서관운동 및 사상연구(Studies on Library Movement and Philosophy)
세계 주요국의 도서관운동 사례와 함께 우리나라 도서관운동을 비교하면서 앞으로의 발전방향을 모색하고, 도서관현장과 학문의 발전을 이끈 국내외 주요 사상가의 이론을 비교 분석한다.

도서관정책연구(Studies on Library and Information Policy)
각급 도서관과 정보환경을 대상으로 하는 국가단위 도서관정책의 이론과 현실을 비교 분석하며 우리의 미래를 모색한다.

도서관평가세미나(Seminar on Library Evaluation)
각급 도서관 운영의 효과성 및 효율성 평가의 기법을 연구한다.

정보자원협력특강(Seminar on Resource Sharing and Information Network)
전자화되어 가는 정보환경 속에서 다양화, 복잡화되어 가고 있는 자원협력시스템의 구조와 유형 및 운영 원리 및 최근의 협력사례들을 분석한다.

도서관건축환경세미나(Seminar in Library Building and Environment)
도서관 설립에 있어서 건축, 설비, 디자인에 관한 전반적인 내용을 다룬다.

비교분류학(Comparative Classification)
다양한 정보자료 분류 시스템 구조를 비교 분석하고 각 주제별 계층구조, 분류항목 등을 중점 비교 분석한다.

지식구조이론특강(Seminar on Theory of Knowledge Classification)
전체 지식체계에 대한 조직과 복합적인 주제 표현에 관한 제 문제를 심층적으로 다룬다.

이론목록학(Theory of Cataloging)
목록기술의 방법과 기준의 변천 및 그 특징을 연구하고 각 목록편찬자의 목록학에 끼친 업적을 분석ㆍ

토론함으로써 목록과 목록학자들에 대한 깊이 있는 지식을 배양한다. 특히 도서관자료의 목록을 위한 제반 이론을 연구한다.

장서관리세미나(Seminar on Collection Management)
지식정보자원의 선택, 수집, 보존, 정책수립, 평가 기법 등 효과적인 장서 개발과 관리를 위한 이론과 실제를 연구하고 전자 환경 속에서의 장서 관리의 미래를 예측 논의한다.

서지제어론(Bibliographic Control)
서지기술과 표목의 표준화를 통한 서지제어활동의 목표와 그 내용을 역사적으로 검토하고, 기계가독목록에서 전거파일을 통한 전거제어기법과 서지레코드와의 관계, 새로운 전거형식과 기법을 통해 국내 적용 가능성을 검토한다.

시소러스개발론(Thesaurus Construction)
목록에서 사용되는 주제명표목의 구조와 시소러스의 구조를 비교함으로써, 주제명전거파일에서 사용되는 색인 어휘의 효과적 제어방법을 이해하고, 특정 주제 영역에 적용할 시소러스 개발능력을 기른다.

메타데이터세미나(Seminar in Metadata)
네트워크 자원 기술을 위해 개발된 여러 종류의 메타데이터의 정의와 특성, 각각의 기술요소, 구조, 태깅 및 매핑기법을 검토한 후, 시스템에서의 메타데이터 활용에 대하여 강의한다.

정보커뮤니케이션세미나(Seminar on Information Communication)
정보커뮤니케이션의 기본적인 이론과 모형, 유형 등을 다룬다.

정보이용자연구특강(Studies in Information Use and Users)
도서관 및 정보센터에서 정보를 효과적으로 전달하고 응용하기 위한 이론 및 실제적 이용자의 요구와 행태 등에 관하여 다룬다.

참고정보서비스정책론(Policies for Reference and Information Service)
디지털 환경하에서의 정보서비스에 대한 실제와 정보제공 정책방안 등 봉사업무의 원리를 다룬다.

정보서비스평가론특강(Seminar on Evaluation of Information Service)
도서관 및 정보센터가 제공하는 서비스의 질을 측정, 평가하고 서비스 질의 개선을 위한 다양한 방안을 다룬다.

한국형태서지학세미나(Seminar in Physical Bibliography)
한국문헌의 형태서지학적 측면을 시대별로 개관하고 서적의 전래, 유통, 집산, 책지, 활자 및 주자, 장서,

인쇄문화, 판식, 서체 등에 관하여 이론과 실사를 병행하여 다룬다.

학교공공도서관경영세미나(Seminar in Management of Public Library and School Library)

학교도서관과 공공도서관의 직접 봉사 영역과 간접 봉사 영역에서 제기되는 제반 문제점을 현장 사례 중심으로 심층 분석한다.

대학정보센터운영세미나(Seminar in Management of Academic Library Information Centers)

대학도서관과 전문정보센터의 사례를 중심으로 효율적인 운영체계와 정보서비스를 체계적으로 다룬다.

관종별사례연구(Case Study: Individual Study)

여러 가지 사례를 통하여 관종별 도서관의 기구, 서비스 등의 상이성과 유사성을 연구한다.

도서관건축환경특강(Seminar on Library Building and Environment)

도서관 설립 및 증축, 개축에 필요한 건축설계, 설비, 디자인에 관한 전반적인 내용을 다룬다.

도서관경영론특강(Advanced Library Management)

도서관과 정보센터의 효율적인 경영을 위해 여러 관종별 현장사례를 적용하여 도서관 운영의 기본 기능을 심층적으로 연구한다.

도서관평가론(Advanced Library Evaluation)

도서관서비스를 다양한 각도에서, 특히 장서개발, 정보제공, 정보검색, 문헌전달 등을 평가하기 위하여 사용되는 평가기준 및 제 방법론을 심층적으로 다룬다.

분류학특강(Seminar on Classification Principle)

현대 주요 분류체계의 구조를 UDC, CC를 중심으로 검토하고 체계분류표와의 비교를 통하여, 주제의 결합능력과 표현능력을 평가한다.

목록학특강(Seminar on Cataloging)

주요 편목규칙을 비교 분석하고 자동화편목법의 이론과 실제를 연구한다.

장서개발론특강(Advanced Collection Development)

도서관장서 구축을 위한 선택이론, 정책개발, 장서평가 등을 고찰함으로써 장서개발에 응용될 수 있는 이론과 실제를 연구하며, 장서개발에 있어서 발생되는 제반 문제점들을 분석·평가한다.

정보조사제공특강(Advanced Reference and Information Services)

정보봉사에 관련된 이론 및 철학을 분석하며, 개인의 정보요구, 사회적 정보수요 및 개인적, 사회적 정보행위 이론에 근거하는 정보봉사의 모델을 연구하며, 요구에 대응하는 과정에서 발생되는 방법과 기술을 연구·논의한다.

데이터베이스특강(Topics in Databases)

도서관 데이터베이스 활용 및 탐색기법과 최근 동향에 대해 강의한다.

멀티미디어시스템(Multimedia Systems)

멀티미디어 정보처리에 대한 기본적 이해를 토대로 텍스트, 음성, 화상, 연상정보처리에 관련된 다양한 기술적 방법에 대한 이해와 최신 동향에 대해 강의한다.

색인시스템특강(Advanced Indexing Systems)

다양한 형태의 문헌에 대한 색인작성방법의 이론과 실제를 다룬다. 특히 디지털 형태의 텍스트는 물론 멀티미디어 형태의 문헌에 대한 자동 색인 기법 및 응용을 중점적으로 연구한다.

이론정보학(Theory of Information Science)

정보이론, 정보처리, 정보검색, 정보이용 등 정보학에 관련된 모든 이론적 개념 및 정보기술 응용과 실제 등에 대하여 논한다.

정보커뮤니케이션특강(Advanced Information Communication)

커뮤니케이션의 기본이론과 모형을 연구하고, 조직커뮤니케이션의 이론과 모형 및 통신기술에 의한 학술 정보커뮤니케이션 유형을 분석한다.

고문헌관리론(Organization of Old Books)

고문헌관리에 대한 이론을 설명하고 실제로 문헌을 선별하여 그 특성에 따른 관리 전반을 다룬다.

도서관 및 인쇄문화사특강(Advanced History of Library and Printing)

세계의 도서관 및 인쇄문화의 발생배경, 성립, 발달사에 대한 내용을 역사적, 문화적 시각에서 다룬다.

이론서지학(Theory of Bibliographic Science)

한국서지학의 성립과 발달, 연구 영역, 연구유형에 관련된 서지학의 이론 모형을 제시하고, 원문서지학, 체계서지학, 형태서지학, 응용서지학 등을 다룬다.

자료보존특강(Preservation of Library Materials)

자료보존의 역사적 배경, 보존실태와 현황, 보존기술과 대책, 보존체재 구축, 교육들에 관한 문제를 체계적으로 다룬다.

저작권관리론(Studies on Copyright)

저작권법의 내용을 분석하고 도서관현장의 적용범위를 연구한다.

연속간행물관리세미나(Seminar on Management of Serials)

연속간행물의 선택, 수서, 편목, 소장, 이용과 연속간행물 부서 관리를 다룬다.

주제별정보원특강(Seminar on Information Sources)

인문과학, 사회과학, 과학기술 분야의 주제별정보원을 다룬다.

이용자인터페이스설계(User Interface Design)

이용자 행태와 정보시스템의 기능적 측면을 고려한 이용자인터페이스의 설계를 다룬다.

자료분류론(Theory of Classification)

학문 및 자료 분류 원리를 개관하고 세계 주요 분류표의 구조 및 특징을 분석하며 국내외에서 많이 사용되고 있는 자료 분류표를 선정, 다양한 분류실습문제에 의한 분류실습 연구로 정보처리능력 배양에 중점을 둔다.

자료편목론(Theory of Cataloging)

도서관에 수집 및 축적되는 문헌정보자료의 효율적인 검색을 위한 편목의 원칙과 이론을 습득시키고 ISBD에 의한 AACR2, KCR3 규칙을 적용, MARC 변환 등의 편목실제를 강의한다.

도서관경영론(Management of Library & Information Organizations)

도서관경영의 기본적인 기능으로서 계획, 조직, 인사, 지휘, 통제기능을 살피고, 이를 도서관의 특성에 맞추어 적용시킴으로써 합리적인 도서관 운영의 바탕을 마련한다.

정보검색론(Information Storage and Retrieval)

정보검색전문가로서의 자질 육성을 위한 정보검색의 이론, 모형, 수단, 검색방법 등을 연구하며 정보검색시스템의 구조, 설계 및 운영에 대한 설계 및 평가를 다룬다.

서지학(Introduction to Bibliography)

한국 및 동양자료의 판종과 간행·필사시기를 고증하고 선본 여부를 식별하는 이론과 실제를 교육시켜 전통자료의 평가선택, 분류목록 및 문헌정보 활동을 원활하게 수행할 수 있는 기초 지식을 부여한다.

정보조사제공론(Information Services)

전자참고정보서비스의 이론을 중심으로 봉사의 목적과 기능, 계획, 조직, 조사 및 정보이용 질의에 대한 탐색방법과 web에 의한 이용자교육, 정보서비스 네트워크 등을 조사 분석한다.

기 록 관 리 학 석 사 교 과 과 정

구분	교과목명	학점
전공필수	기록관리연구방법론 (Research Methods in Archives & Records Management)	3
	기록관리학특강 (Studies on Archives & Records Management)	3
전공선택	기록정보수집 및 평가특강 (Issues on Archival Appraisal & Acquisition)	3
	기록정보조직특강 (Studies on Arrangement for Archives and Records)	3
	기록정보서비스특강 (Topics on Archival Reference Services)	3
	기록보존세미나 (Seminar on Archival Preservation)	3
	디지털기록보존세미나 (Topics on Digital Preservation)	3
	기록정보관리시스템세미나 (Seminar on Electronic Records Management Systems)	3
	전자기록물관리특강 (Studies on Electronic Records Management)	3
	기록관경영특강 (Studies on Managing Archives and Records Center)	3
	기록실무분석론 (Practice on Records Management)	3
	기록관리관련법연구 (Legal Issues in Managing Records)	3
	기록관리제도사연구 (Historical Issues in Reformation of Records Management)	3
	특수기록물관리특강 (Issues on Managing Special Records)	3
	해외기록관리체계 (Records Management in Foreign Countries)	3
	기록관리윤리 (Ethics for Archivists and Archives)	3
	기록관리실습 (Field Experience for Records Management)	3
	기록물저작권세미나 (Seminar on Archival Copyright)	3
	고문서관리특강 (Issues on Organization of Korean Historical Documents)	3
	기록물공개세미나 (Seminar on Access to Archival Information)	3

구분	교과목명	학점
	정부문서관리론 (Advanced Government Publications)	3
전공선택	기록문화사특강 (History of Archives & Records Management)	3
	기록물메타데이터특강 (Studies on Metadata for Records)	3
	정부조직형태론 (Governmental Organization)	3

교 과 과 정

기록관리연구방법론(Research Methods in Archives & Records Management)

기록정보의 생산, 수집, 평가, 조직, 서비스 등 기록관리학 각 영역에 따른 연구방법론을 강의하여 학위논문 및 연구논문 작성에 필요한 기초적인 방법론을 습득하도록 한다. 특히 사회과학 분야의 연구 설계 방법, 데이터 수집 및 통계처리방법 등 정량적, 정성적 연구방법론을 다룬다.

기록관리학특강(Studies on Archives & Records Management)

기록관리학의 개념과 범위를 설명하고, 기록의 선별과 평가, 조직과 기술, 정보서비스, 전자기록관리, 보존관리, 법제도, 전문직, 관리기관 및 단체 등에 대해 종합적으로 연구한다.

기록정보수집 및 평가특강(Issues on Archival Appraisal & Acquisition)

기록정보수집 및 평가에 대한 이론과 실제를 다루고, 기록정보의 수집/평가/선별/폐기에 관련된 원리와 방법론을 심층 분석한다.

기록정보조직특강(Studies on Arrangement for Archives and Records)

기록정보조직의 원칙과 특성에 대한 이해를 기반으로 기록정보의 분류, 목록, 기술에 대한 표준 및 메타데이터 표준 등을 이론 및 실무적 관점에서 연구한다.

기록정보서비스특강(Topics on Archival Reference Services)

기록정보서비스와 관련된 이론과 실제를 다룬다. 특히 기록정보 이용자에 대한 연구를 포함하여 웹상에서의 기록정보서비스 방법, 기록관 홍보와 전시, 교육프로그램 등을 체계적으로 연구한다.

기록보존세미나(Seminar on Archival Preservation)

기록보존에 관한 전반적인 이론과 실제를 살펴보고 보존계획, 보관 및 취급, 저장 및 보존, 환경 등에 관한 전문적이고 기술적인 지식을 연구한다.

디지털기록보존세미나(Topics on Digital Preservation)

디지털기록물에 대한 이해와 보존에 대해 다룬다. 생산되는 디지털기록물의 다양한 형태를 파악하고 그 특성을 고려하여 보존기술방법을 모색한다.

기록정보관리시스템세미나(Seminar on Electronic Records Management Systems)

기록정보관리시스템의 분석을 통해 그 특징과 중요성, 이론을 이해한다. 이를 바탕으로 기록정보관리시스템의 설계, 구현과정을 다룬다.

전자기록물관리특강(Studies on Electronic Records Management)

정보기술의 발달과 보급으로 인해 급격히 증가하고 있는 전자기록물에 대해 이해한다. 전자기록물의 특성을 파악함으로써 전자기록보존의 중요성을 인식하고 그 방법에 대해 탐구한다.

기록관경영특강(Studies on Managing Archives and Records Center)

경영의 기본적인 기능을 살피고, 이를 기록관의 특성에 맞추어 적용시킴으로써 합리적인 기록관 운영의 바탕을 마련한다.

기록실무분석론(Practice on Records Management)

기록관리 실무를 이해할 수 있도록 기록정보의 생산, 수집, 선별 및 평가, 조직, 공개 및 서비스, 폐기와 보존 등 기록관리 업무의 실제적 측면을 다룬다.

기록관리관련법연구(Legal issues in Managing Records)

공공기록물관리법의 내용을 면밀히 분석하고, 그 외 기록관리와 관련된 법 규정을 파악함으로써 법적 관점에서 국내 기록관리체제를 이해한다.

기록관리제도사연구(Historical issues in Reformation of records management)

기록관리와 관련한 법과 정책의 변천사를 특히 근대 이후를 중심으로 고찰함으로써, 현재의 기록관리제도에 대한 이해와 향후의 발전방향을 연구한다.

특수기록물관리특강(Issues on Managing Special Records)

대통령기록물, 비밀기록물, 시청각기록물 등 특수기록물관리에 관한 이론 및 실무 지식의 전반을 심층적으로 연구한다.

해외기록관리체계(Records Management in Foreign Countries)

미국과 중국, 일본 및 유럽 여러 나라의 선진적인 기록관리체계를 살펴보고 장, 단점을 분석한다. 분석을 통해 이를 한국의 기록관리에 어떻게 응용할 것인지 모색하도록 한다.

기록관리윤리(Ethics for Archivists and Archives)

기록정보관리 과정 및 서비스 과정에서 전문직으로서의 아키비스트에게 요구되는 윤리의 문제를 다룬다. 특히 진본성과 무결성의 보호, 이용권과 프라이버시 등을 윤리적 관점에서 고찰한다.

기록관리실습(Field Experience for Records Management)

기록의 수집, 평가, 선별, 분류, 정리, 보존처리, 배열, 정보제공 등 기록관리의 전반적 과정을 직접 실습함으로써 실무능력을 배양한다.

기록물저작권세미나(Seminar on Archival Copyright)
저작권법의 내용을 체계적으로 학습하고, 이를 기반으로 기록물의 보존과 서비스 과정에서 발생하는 저작권의 문제를 면밀히 분석한다.

고문서관리특강(Issues on Organization of Korean Historical Documents)
고문서의 개요 및 특성을 설명하고, 고문서 분류의 이론과 실제를 다룬다. 국제서지기술원칙이 적용되는 것은 그에 따라 조직하는 법, 그리고 적용이 어려운 것은 독자적으로 개발하여 조직하는 법의 이론과 실제를 강독한다.

기록물공개세미나(Seminar on Access to Archival Information)
기록정보공개의 의미와 필요성 및 원칙을 이해하고, 정보공개와 관련된 국내외 법의 규정을 비교 연구한다.

정부문서관리론(Advanced Government Publications)
정부기관에서 발행하는 공·사문서의 의미, 종류, 보존 및 관리 등을 연구하며 정부문서관리의 조직, 운영과 문헌관리사의 양성문제 등을 광범위하게 연구한다.

기록문화사특강(History of Archives & Records Management)
기록의 개념 및 성격을 역사적인 측면에서 살펴보고, 현대 기록관리의 흐름을 국별로 비교하며, 기록관의 역사문화적 측면을 시대별로 고찰한다.

기록물메타데이터특강(Studies on Metadata for Records)
기록물메타데이터의 종류, 기술요소와 구조, 태깅 및 매핑기법을 이해하고, 나아가 상이한 메타데이터의 통합, 메타데이터 간의 연결구조 및 국제적인 공유를 위한 메커니즘에 대해 연구한다.

정부조직형태론(Governmental Organization)
한국 정부의 조직 형태 및 특성, 각 정부기관 간 상호관계, 업무의 유기적 관련, 정부조직의 법적 토대에 대하여 연구한다.

한양대학교교육대학원   사회과학계열 사서교육

▷ 전공 소개

한양대학교교육대학원 사서교육은 1980년에 개설되었다. 도서관 성립의 역사는 학교교육의 역사만큼이나 오래된다. 더욱이 현대사회에 있어서의 학문 연구의 발전은 도서관의 기능과 역할을 제외하고는 생각할 수 없는 것이다. 정보화시대에 있어서의 도서관은 대학 및 여러 연구기관을 비롯하여 그 밖의 사회 기구에 있어서 중추적 역할을 담당하고 있음은 널리 알려진 사실이다. 도서관은 자료의 수집, 정리, 활용과 시설이 그 기본적인 구성요인으로 되어 있으며, 이와 같이 구성요인으로부터 야기되는 일체의 도서관업무를 포괄 처리하는 이론적이며 기술적인 능력의 주체가 곧 사서인 것이다. 정보의 수집, 정리 및 제공을 기본으로 하고 있는 도서관의 전문직과 보다 유능한 사서 교사의 배양을 위하여 심오한 도서관학의 이론을 터득하고 도서관에서 봉사할 수 있는 자질을 갖추도록 하기 위하여 전공과목의 문헌적인 연구와 실습을 더욱 강화한다. 특히 현대사회는 정보화시대로서 정보의 생산과 활용에 관련된 과목을 이론과 실기를 병행하여 중점적으로 다루고, 문헌정보학 대두에 따른 새로운 학문을 개척하며 교육방법 및 실습 교재 개발을 위하여 연구에 전념을 다한다.

▷ 교육목표

본 전공과정에서는 과학으로서의 도서관학과 교육학에 대한 전문적인 연구를 통하여 사서 및 사서 교육담당 전문가를 양성하는 것을 목적으로 한다.

교 육 대 학 원 교 과 과 정

구분	교과목명	학점
전공선택	기록관리학특강	2
	데이터베이스운영론	2
	도서관경영론	2
	독서지도방법 및 실제	2
	디지털도서관특강	2
	목록법특강	2
	문헌정보학특강	2
	분류법특강	2
	사서교육론	2
	색인 · 초록연구	2
	아동 및 청소년문학	2
	연구방법론	2
	웹자원관리특강	2
	이용자연구	2
	장서관리론	2
	정보검색론	2
	정보검색연구	2
	정보네트워크연구	2
	정보매체론	2
	정보봉사론	2
	정보활용교육론	2
	학교도서관교육특강	2

교 육 대 학 원 교 과 내 용

기록관리학특강

도서관 및 관련 기관에서 생산되는 다양한 기록물의 성격과 관리방법을 연구한다.

데이터베이스운영론

데이터베이스의 내용과 레코드의 구조 및 접근 방법과 운영의 실제를 연구한다.

도서관경영론

도서관의 효율적인 운용을 위해 필요한 각종 경영기법의 이론 및 실제를 분석한다.

독서지도방법 및 실제

독서 및 독서교육의 기본원리 및 방법을 이해하고, 독서자료의 선택과 평가에 관한 기준 및 방법에 대한 실제 적용을 연구한다.

디지털도서관특강

도서관정보의 전자화 또는 전자도서관 구축을 위한 이해 및 방법 등을 연구한다.

목록법특강

도서관의 환경에 적합한 목록의 원리와 작성규칙 및 MARC 형식을 연구한다.

문헌정보학특강

지식기반 사회에서 도서관과 사서의 역할, 정보전문직의 윤리 및 정보봉사 모형 등 문헌정보학 분야의 관심사를 주제중심으로 연구한다.

분류법특강

지식의 주제별 분류이론과 개념을 이해하고, 도서관의 장서구성에 적합한 분류규칙 등을 연구한다.

사서교육론

학교도서관 등을 통한 정보이용 및 수업을 지도하는 사서교사로서 갖추어야 할 지식을 교육한다.

색인 · 초록연구

데이터베이스의 효율적 구축과 정보검색을 위한 필수요소인 주제어의 색인방법과 주제의 표현방식인 초록을 작성하는 방법의 이론과 실제를 연구한다.

아동 및 청소년문학

학교도서관의 중심 이용자인 아동 및 청소년을 이해하기 위하여 아동 및 청소년 문학 교수법의 동향과 문제점을 분석·연구한다.

연구방법론

문헌정보학의 연구를 위해 필요한 제반 연구방법론을 이해하고, 연구논문 작성방법 등을 검토한다.

웹자원관리특강

웹사이트에서 제공되는 정보원을 이용하는 방법과 정보의 사용에 따른 예절 및 윤리의식 등을 교육한다.

이용자연구

도서관이 보다 효율적인 봉사를 하기 위하여 도서관 이용자의 구성, 성분, 요구 등을 조사 분석하는 방법을 연구한다.

장서관리론

도서관자료 구성의 이론과 장서 관리의 제반 문제점을 분석 평가한다.

정보검색론

학교교육현장에서의 정보 이용행태와 기능적 측면을 고려한 정보검색기법을 검토하고, 정보시스템의 평가 및 활용방법을 연구한다.

정보검색연구

도서관 등에서의 정보 이용자를 위한 검색기법과 정보검색시스템에 관한 이론 및 실제를 연구한다.

정보네트워크연구

학교도서관 이용자에게 효과적인 정보서비스를 제공할 수 있는 정보네트워크의 필요성과 네트워크 구조 및 사례 등을 연구한다.

정보매체론

지식기반 사회로의 환경변화에서 도서관 등이 다루는 다양한 정보매체에 대한 지식과 교수학습활동을 지원할 수 있는 방안을 연구한다.

정보봉사론

참고봉사 업무수행을 위한 이론 및 기술을 이해하고, 정보전문가로서 사서교사의 역할을 연구한다.

정보활용교육론

교과목별 수업모형 개발 및 수업지원을 위한 정보교육프로그램 운영과 지도방법을 연구한다.

학교도서관교육특강

학교도서관교육에서 요구되는 교과이론과 방법 및 학교도서관 환경으로 인해 발생하는 문제에 관하여 연구한다.

▷ 전공 소개

대림대학 문헌정보학과는 1994년에 개설되었다. '도서관학'과 '정보학'이 융합되어 '문헌정보학'이 태어났다. '문헌＋정보'의 병립적인 합성어가 아니라 '문헌정보학'이라는 새로운 학문 분야를 만든 것이다. 문헌정보학은 문헌과 관련된 모든 사실이나 현상을 논리적 및 과학적으로 규명하고, 사회적 적용가능성을 추구하는 학제적인 성격을 띤 독자적인 학문이라 할 수 있으며, 사회현장과 밀접한 관계를 갖는 학분 분야이다. 내용을 정보의 처리기능이라는 측면에서 보면 크게 문헌의 수집, 색인, 이용의 세 가지 기능으로 대별할 수 있다. 이용자는 수집된 정보를 이용하여 새로운 정보를 창출하게 되며, 이 결과는 다시 수집의 대상이 될 것이다. 그러나 문헌정보학의 모든 과정은 마지막 단계인 이용을 위해서 존재한다.

▷ 교육목표

지식사회를 대비한 정보자원의 관리자, 정보자원을 관리·운영하는 능력을 갖춘 전문사서 양성과 초·중·고등학생들의 독서교육을 담당할 사서실기교사 양성

▷ 교수진

· 박재혁	도서관학	Jhpark@daelim.ac.kr	031 – 467 – 4961
· 이노국	서지학	nglee@daelim.ac.kr	031 – 467 – 4962
· 한상길	자료조직	skhan@daelim.ac.kr	031 – 467 – 4963
· 황금숙	도서관학	gshoang@daelim.ac.kr	031 – 467 – 4964

▷ 학과 연락처

· 홈페이지	http://lis.daelim.ac.kr/
· 학과 전화번호	031 – 467 – 4969

교 과 과 정

학년	구분	교과목명	학점	시간
1	전공 선택	독서교육 (Reading Education)	3	3
		디지털도서관 (Digital Library)	3	3
		문헌정보학개론 (Introduction to Library & Information Science)	3	3
		색인초록법 (Abstracting & Indexing)	3	3
		자동화목록 (Seminar in Automatic Cataloging)	3	4
		자료선택구성론 (Digital Collection Development)	3	3
		정보조직론(목록론) (Information Organization (Cataloging))	3	4
		정보조직론(분류론) (Information Organization (Classification))	3	4
		컴퓨터활용 Ⅰ	3	3
		컴퓨터활용 Ⅱ	3	3
		한서자료 (漢書資料/Material of Chinese)	3	3
		홈페이지구축실습 (홈페이지構築實習/Practice of Homepage Design)	3	4
2	전공 선택	문헌데이터관리론(文獻데이터管理論/Management of Library and Information Science Data)	3	3
		도서관정보센터운영론 (Management of Library and Information Center)	3	3
		독서논술	3	3
		독후활동지도	3	3
		멀티미디어콘텐츠제작 (멀티미디어콘텐츠製作/Production of Multimedia Contents)	3	3
		서지학개론 (書誌學/Introduction to Bibliography)	3	3
		일본자료 (日本資料/Material of Japanese)	3	3
		자료조직 (資料組織實習/Practice of Material Organization)	3	3

학년	구분	교과목명	학점	시간
2	전공 선택	정보검색론 (Information Retrieval)	3	4
		정보봉사론 (情報奉仕論/ Information Service)	3	4
		졸업작품 (卒業作品/Graduate Works)	3	4
		학교도서관운영론 (Management of School Library)	3	4
		현장실습 (現場實習/Practice of Fields)	2	0

교과내용

문헌데이터관리론(文獻데이터管理論/Management of Library and Information Science Data)
인터넷과 웹의 개요, HTML 태그 및 XML을 제작하기 위한 기본 지식을 습득한 후, 웹 시스템을 구현하는 데 필요한 프로그래밍 능력을 배양한다.

독서교육(讀書敎育/Reading Education)
독서교육의 필요성과 독서교육 방법론에 대한 이론적 지식을 습득시키며, 이를 바탕으로 실제 공공도서관 및 초·중·고등학교도서관 환경에서 직접 독서교육을 할 수 있는 능력을 배양시키기 위한 독서교육 교안작성 및 독서지도방법들에 대해 실습한다.

디지털도서관(디지털圖書館/Digital Library)
전자도서관 구축에 필요한 컴퓨터에 대한 기본지식과 도서관자동화 접근방법 및 시스템분석, 설계에 대한 지식을 습득시키며, 도서관 단위별 자동화시스템과 전자도서관 개념 및 구축에 대한 실제적인 지식과 기술을 습득시키고자 한다.

멀티미디어콘텐츠제작(멀티미디어콘텐츠製作/Production of Multimedia Contents)
VOD, AOD, 3D 프로젝트로 디지털미디어콘텐츠를 실무와 같은 환경에서 스스로 기획하고 제작할 수 있는 능력을 배양한다.

색인초록법(索引抄錄/Index and Abstracting)
정보검색시스템의 기반을 형성하는 색인과 초록의 작성에 대하여 기초적인 원리, 기법, 이론을 공부하고 실제적인 색인 초록작성 경험을 가짐으로써, 장차 색인 및 초록시스템의 기획, 설계, 실행, 평가할 수 있는 능력을 기른다.

서지학개론(書誌學/Introduction to Bibliography)
문자 및 도서의 발달, 인쇄술의 발달 등을 포함한 서지학 전반에 걸친 이론 및 판본, 활자, 고서지 등을 익힘으로써 현장에서의 고서정리를 쉽게 하도록 한다.

일본자료(日本資料/Material of Japanese)
국외 자료 중 다수를 점유하는 일본어 자료를 효율적으로 정리, 조직할 수 있는 능력을 배양하기 위해 일본어 해독연습 및 실제 Sample 자료를 대상으로 자료조직 및 입력을 실습한다.

자동화목록(自動化目錄實習/Practice of MARC)
도서관 전산화의 일환으로 국내에 가장 널리, 일반적으로 보급되어 사용되고 있는 MARC 기술규칙에 의한 Data 입력업무를 숙달한다.

자료선택구성론(資料選擇/Digital Collection Development)

디지털자료의 선택이론·선택정책·선택도구 등의 학습을 바탕으로 자료의 주제별, 형태별, 관종별 선정 및 평가능력을 기르고 나아가 효율적인 장서구성 및 유지의 방법을 익힌다.

자료조직(資料組織實習/Practice of Material Organization)

분류, 목록, 자동화목록 등의 메타데이터 형식 및 구조를 학습하고 통합 메타데이터 DB에 대한 구축 실습을 한다.

정보자료목록(情報資料目錄/Cataloging of Information Materials)

동서양의 주요 목록규칙의 발전과정, 이론의 체계적 습득, 그리고 도서관현장에서 적용할 수 있도록 현대의 주요 목록규칙 및 그 이론을 이해시키고, 실제 목록작성 업무에 숙달되도록 실습한다.

정보자료분류(分類法/Theory of Classification)

정보자료분류의 의의 및 원리, 동서양의 주요 자료 분류표의 발전과정 및 비교, DDC 및 KDC 등 현대의 주요 분류표의 이론 및 실제 적용 능력을 학습한다.

정보봉사론(情報奉仕論/ Information Service)

이용자들의 참고질문과 문헌조사 요구에 대해 효율적으로 대처할 수 있는 능력을 배양하기 위해서 문헌탐색방법, 각종 서지활용법, 참고문헌의 체계적인 지식을 습득함과 아울러 디지털 참고정보원의 활용법을 강의한다.

졸업작품(卒業作品/Graduate Works)

분류법 등 각 과목에서 익힌 이론과 학생 스스로의 관심 있는 분야의 실제 현장을 방문하여 얻은 지식을 체계적으로 조사, 분석하게 함으로써 문헌정보학 전반을 종합적으로 이해시킨다.

컴퓨터활용(컴퓨터活用/Computer Application)

컴퓨터에 의한 정보검색과 도서관 일련의 업무의 자동화, 그리고 서지 데이터베이스와 관련된 내용을 주지시켜 현장의 도서관 전산업무에 익숙하도록 한다.

한서자료(漢書資料/Material of Chinese)

한자에 대한 기초 지식을 토대로 하여 기본적인 漢文에 대한 해석법을 익힘으로써 도서관자료 중 漢文을 사용한 자료에 대한 정리 및 정보처리능력을 배양하고자 한다.

현장실습(現場實習/Practice of Fields)

전 교과과정을 통하여 익힌 이론 및 실기내용을 각 현장에서 직접 실무를 익혀 취업에 대비토록 한다.

홈페이지구축실습(홈페이지構築實習/Practice of Homepage Design)

홈페이지 설계, 구축, 활용할 수 있는 각종 기법을 소개하고 실무 응용프로그램을 학습, 그리고 웹에디터 사용법을 숙달한다.

▷ 전공 소개

동원대학 아동문헌정보과는 1997년에 개설되었다. 아동문헌정보과는 도서관 및 정보센터의 정보관리업무를 담당할 사서직을 양성한다. 아울러 어린이집을 비롯한 아동보육시설에서 근무할 보육교사(2급)를 양성하는 복수전공 제도를 실시한다.

▷ 교수진

- 김태문   도서관학   tmkim@tongwon.ac.kr   031 - 763 - 6520
- 안인자   도서관학   ijahn@tongwon.ac.kr   031 - 763 - 8541

▷ 학과 연락처

- 홈페이지   http://home.tongwon.ac.kr/library/
- 학과 전화번호   031 - 760 - 0459

교 과 과 정

학년	구분	교과목명	학점	시간
1	전필	문헌정보학개론 (Introduction to Library & Information Science)	3	3
		보육학개론 (Introduction to Child nurture & Care)	3	3
		아동복지론 (Child Welfare)	3	3
		아동발달론 (Child Development)	3	3
		보육과정 (Child Nurture & Care Program)	3	3
	전선	자료조직법 (Introduction to Information Resource Organization)	2	2
		전공영어 (Reading Library & Information Science Books)	2	2
		전산실무 (Computer Application Program Practice)	2	3
		가족복지론	3	3
		체험독서(1)	2	3
		디지털도서관	3	3
		문헌분류법 (Introduction to Library Classification)	2	2
		정보서비스론	2	3
		아동미술 (Arts and Crafts Education for Child)	3	3
		자원봉사론	2	2
		놀이지도	2	3
		아동음악과동작	2	2
		정보자료개발론	2	3

학년	구분	교과목명	학점	시간
2	전필	어린이독서지도론	3	3
		졸업작품	1	2
		보육실습	2	2
	전선	학교도서관경영 (Management of School Library)	3	3
		언어지도 (Child Language Instruction)	2	3
		아동상담	3	3
		아동관찰 및 행동연구	2	2
		아동수·과학지도	2	3
		도서관경영	3	3
		인터넷정보자원	2	3
		자동화목록실습 (Machine Readable Cataloging Practice)	3	3
		아동건강교육	3	3
		정신건강론	3	3
		영유아프로그램개발과 평가	3	2
		체험독서(2)	3	3
		유아정보관리	3	3

교 과 내 용

문헌정보학개론(Introduction to Library & Information Science)

문헌정보학의 학문적 특성 및 역사와 제반 학문 분야에 대한 소개를 개론적으로 다루어 입문자에 대한 문헌정보학의 기초 소양을 습득하도록 한다.

보육학개론(Introduction to Child nurture & Care)

아동보육과 관련한 기본적인 이론 및 아동발달과 지도, 영유아 교육, 건강, 영양, 가족 및 지역사회와의 협력 등을 개론적으로 다루어 보육학의 기본 소양을 습득한다.

아동발달론(Child Development)

인간의 육체적, 심리적, 지적, 사회적 발달과정 중 가장 중요한 시기인 아동기의 발달 과정에 대한 이론 및 실제를 다룬다.

아동복지론(Child Welfare)

사회복지 분야 중 아동을 대상으로 한 복지이론 및 제반 법규, 시설의 운영 등 아동복지의 기초 지식 및 소양을 습득한다.

보육과정(Child Nurture & Care Program)

어린이집 수탁아동의 기본적인 욕구 충족뿐만이 아닌 안전하고, 건강하게 아동들을 보호하고 조화로운 발달을 촉진시킬 수 있는 교육을 위하여 보육의 목표와 내용, 보육교사의 역할 등을 제시한 것으로 프로그램의 내용을 크게 건강, 안전, 영양, 교육의 4부분으로 나누어 제시하였다.

자료조직법(Introduction to Information Resource Organization)

도서관이 수집하는 다양한 자료들에 대한 이해 및 이를 효과적으로 이용하기 위한 자료목록법을 이론과 실무 중심으로 다룬다.

문헌분류법(Introduction to Library Classification)

도서관이 수집하는 다양한 자료들에 대한 주제적 접근과 배열을 가능케 하는 대표적인 도서관 분류시스템에 대한 소개 및 분류 실제를 다룬다.

아동미술(Arts and Crafts Education for Child)

아동들의 예술적 창의성과 지적 발달을 돕기 위한 다양한 작품 구성 및 제작과정 등을 실습 위주로 습득하게 한다.

학교도서관경영(Management of School Library)

초·중·고등학교의 학교도서관 경영을 위한 사서교사의 제반 업무 소개 및 관리기법을 기본업무부터 전문적인 업무 분야까지 총괄적으로 다룬다.

비도서자료조직(Non-Book Material Organization)

시청각자료, 디지털자료 등 비도서 분야의 다양한 정보자원에 대한 이해 및 정리방안을 실무 중심으로 다룬다.

전공영어(Reading Library & Information Science Books)

전공과 관련 기초적인 전문 용어의 습득과 전공원서에 대한 이해 및 독해 능력을 향상시킨다.

자동화목록실습(Machine Readable Cataloging Practice)

도서관자동화목록시스템인 KORMARC에 대한 기초 이론 및 서지레코드의 구조, 서지데이터의 식별 및 입력방법 등 자동화목록업무를 실무중심으로 연습한다.

언어지도(Child Language Instruction)

아동기에서 특히 기본적인 언어를 습득하게 되는 시기를 중심으로 올바른 언어습득의 기법과 언어발달의 제반 과정을 기초 이론과 사례중심으로 이해하고 습득한다.

전산실무(Computer Application Program Practice)

도서관 및 어린이집 등의 실무현장에서 요구되는 기본적인 컴퓨터 활용능력을 습득하고 숙달시킨다.

부산여자대학

아동계열 교육서비스 문헌정보학과

▷ 전공 소개

부산여자대학 문헌정보학과는 1970년에 개설되었다. 도서관자료의 분류·목록·열람 등의 업무를 위한 기술 습득과 초·중·고등학교 학생들에게 학습·교육·독서 등 다양한 정보를 제공하는 사서실기교사를 양성한다. 영·유아들의 보육 및 교육에 관한 기초 이론 습득과 어린이집 운영을 위한 이론과 기술의 습득과 보육능력 배양을 위한 실습중심 교육을 한다. 어린이들의 이해력·표현력·사고력·창의력을 길러 주는 아동독서 지도자를 양성한다. 또한 유아 및 초등학생들의 방과 후 교과학습 지도에 필요한 교과목 학습과 학습 지도방법에 관한 이론과 기술을 습득한다.

▷ 교육목표

· 학생 및 지역주민에게 학습·교육·독서 서비스를 전담하는 사서 양성
· 지역사회의 복지에 기여하는 우수한 사회복지사 양성
· 영·유아들의 보육 및 교육 분야를 전문적으로 지도하는 보육교사 및 보육기관 운영자 양성
· 아동의 교과학습을 지도하는 학습지교사 양성

▷ 교수진

· 최순희	문헌정보학	soon388@bwu.ac.kr	011 – 9526 – 3046
· 정영재	도서관학	jyjae@selsong.pws.ac.kr	051 – 850 – 3135
· 전창호	정보조직	chjeon@bwu.ac.kr	017 – 541 – 3117
· 한세영	도서관경영	sy30h@naver.com	010 – 8486 – 3030
· 이명숙	보육학	kj7458@yahoo.co.kr	019 – 9370 – 7458
· 박영주	지역사회복지론	ok690804@hanmail.net	010 – 4594 – 9454
· 임미경	장애인복지론	practice815@hanmail.net	011 – 878 – 2818
· 안함순	보육과정	anhamsun@naver.com	011 – 854 – 1949

· 김향숙	아동복지론	ari8297@naver.com	010 - 4196 - 1007
· 이상욱	사회복지정책론	mobedik@hanmail.net	011 - 589 - 5456
· 임상규	아동미술	sg6290@yahoo.co.kr	010 - 8000 - 9534
· 안성부	아동안전관리	angting@hanmail.net	016 - 205 - 0557
· 이인숙	아동수 · 과학지도	urjin@korea.com	011 - 764 - 2479
· 김경자	아동간호학	rudwk741@naver.com	016 - 577 - 7170

▷ 학과 연락처

· 홈페이지   http://info.pwc.ac.kr/
· 학과 전화번호   051 - 850 - 3046

학 부 교 육 과 정

학년	구분	교과목명	학점	시간
1	전필	도서관경영론 (Library Management)	3	3
		문헌정보학개론 (Introduction to Library and Information Science)	3	3
		보육학개론 (Introduction of Nurse and Care)	3	3
		아동발달론 (Child Development)	3	3
		정보조직론(분류론) (Information Organization (Classification))	3	3
		정보조직론(목록론) (Information Organization (Cataloging))	3	3
		사회복지개론 (Community Welfare)	2	2
		사회복지실천기술론 (Skills and Techniques for Social Work Practice)	2	2
		인간행동과 사회환경 (Human Behavior and Social Environment)	3	3
		사회복지행정론 (Social Welfare Administration)	2	2
	전선	아동미술 (Children's Art)	3	3
		정보자원관리 (Information Resources Management)	3	3
		언어지도 (Child Language Guidance)	2	2
		장애인복지론 (Social Welfare for the Disabled)	2	2
		노인복지론 (Social Service for the Elderly)	2	2
2	전필	보육과정 (Curriculum for Nurse and Care)	3	3
		보육실습 (Care Practice)	2	0
		아동복지론 (Child Welfare)	3	3
		지역사회복지론 (Community Welfare)	3	3
		사회복지조사론 (Research Methods for Social Welfare)	2	2

학년	구분	교과목명	학점	시간
2	전필	사회복지현장실습 (Social Work Practicum)	2	0
		정보검색론 (Information Retrieval)	3	3
		사회복지법제 (Social Welfare and Law)	2	2
		사회복지정책론 (Social Welfare Policy)	2	2
	전선	아동안전관리 (Security Guidance of Children)	2	3
		학교도서관경영론 (School Library Management)	3	3
		아동수·과학지도 (Mathematics & Science Guidance for Children)	2	2
		정신건강론 (Mental Hygiene)	2	2
		정보봉사론 (Reference and Information Service)	3	3
		사서실무실습 (Practice in Cataloging and Classification)	3	3
		아동간호학 (Child Nursing)	2	2
		현장실습 (Field Practice)	1	0
		도서관자동화론 (Computer-based Library Information System)	3	3

학 부 교 육 내 용

문헌정보학개론(Introduction to Library and Information Science)
문헌정보학의 개념과 그 영역 및 발전과정을 이해시키고 정보의 홍수시대를 맞이하여 무수히 생산되고 있는 정보자료를 소개하고, 이들 자료의 인식, 수집, 분석, 정리, 검색 등 에 관한 이론적 배경을 확립하여 Information Scientist로서의 자질을 갖추기 위한 기초를 익히도록 한다.

도서관경영론(Library Management)
각종 도서관의 조직, 관리, 서비스 등에 관한 이론적 배경의 습득을 통하여 정보전문가로서의 자질을 갖추도록 하여 정보봉사라는 대전제를 달성할 수 있게 한다.

정보조직론(분류론)(Information Organization (Classification))
도서관에서의 필수업무인 정보자료의 분류법을 이해하고, 국내외에서 사용되고 있는 현대의 주요 문헌분류법을 학습하여 분류 실무능력을 배양한다.

정보조직론(목록론)(Information Organization (Cataloging))
편목의 개념, 역사 및 각종 편목규칙을 이해하고, 자동화목록법에 따라 도서관자료의 편목을 숙달함으로써 편목 실무능력을 배양한다.

자료선택론(Materials selection)
도서관에 입수되는 자료들의 옥석을 가려서 도서구입을 하는 기술을 습득한다. 자료의 소장 유무와 복본의 구입 여부를 결정하는 지식을 습득한다.

정보검색론(Information Retrieval)
정보화사회의 개념 및 환경을 전달하고 그 사회에서 생산되는 정보를 수집, 조직하고 컴퓨터에 축적하여 DB를 생산하는 과정을 익히도록 한다.

정보자원관리(Information Resources Management)
도서관의 원정보자원, 인터넷자원 등을 응용프로그램과 연계하여 체계적으로 축적, 관리하고, 또 효율적으로 활용하기 위하여 워드, 파워포인트, 엑셀 등의 프로그램을 습득하도록 한다.

독서지도론(Reading Guidance)
독서지도의 기초가 되는 이론과 개념을 이해하고, 아동 및 청소년을 대상으로 현장에서 독서지도를 능률적으로 수행할 수 있는 방법과 기능을 익힌다.

도서관자동화(Computer - based Library Information System)

서지데이터를 중심으로 한 도서관 일상업무(수서시스템, 편목시스템, 대출시스템, 정간물시스템, 기사색인시스템)의 이론교육 및 실습, 멀티미디어(Audio, Video, CD……)자료의 사용법, 외부망(Internet, 상용망……) 사용법, DataBase Bank(DIALOG, JOIS……) 사용법 등을 교육하여 일반도서관 및 전자도서관(Digital Library)에서의 업무수행 능력을 높이는 데 목적이 있다.

학교도서관경영론(School Library Management)

학교도서관의 역할과 기능을 살펴보고 초·중·고에서의 과제중심교육과 토론식 교육의 중심으로서의 학교도서관을 이해시키며 책임자로서의 자질을 함양한다.

정보봉사론(Reference and Information Service)

정보봉사의 원리와 이념을 이해시켜 참고조사방법에 대한 일반적인 기술과 각종 전자매체 및 정보자료의 활용방법에 대한 체계적 지식을 습득하게 함으로써 정보전문가로서의 자질을 배양한다.

사서실무실습(Practice in Cataloging and Classification)

분류와 편목의 기초 지식을 바탕으로 도서관자료의 실제적인 분류업무 및 편목업무를 통해 정리사서로서의 실무능력을 배양한다.

현장실습(Field Practice)

3학기에 걸쳐서 배운 문헌정보학 지식을 도서관현장에 접목시킨다. 도서관봉사의 철학을 실제로 체험해보고 각 부서의 업무지식을 현장에서 습득한다.

보육학개론(Introduction to Nurse and Care)

아동의 보호와 교육적 기능에 곤란을 갖는 가정을 위해 영아 및 유아의 건강한 심신을 위한 건전한 교육을 통해 바람직한 사회성원으로 육성하며 가정복지 증진에 기여할 수 있도록 하는 보육을 이해한다.

아동발달론(Child Development)

아동발달에 대하여 올바른 이해를 주지시키며, 아동발달의 가변성을 최대한으로 신장시킬 수 있는 전문적 지식을 탐구한다.

보육과정(Curriculum for Nurse and Care)

보육과정의 개념과 철학적, 사회적, 심리적 기초 이론들을 알며 보육과정을 구성하는 요소인 목적, 목표, 내용, 방법, 환경, 평가 등을 파악하고 우리나라와 외국의 대표적 보육 프로그램의 비교를 통하여 스스로 보육과정을 편성, 개발하게 한다.

아동복지론(Child Welfare)

아동복지의 이론, 발달사, 서비스 분야 및 특성을 고찰하고, 청소년에 대한 이해를 통해서 이들을 선도할 방법을 모색해 보고 현행 복지제도의 문제점을 살펴 앞으로의 방향을 모색한다.

보육실습(Nurse and Care Practice)

영·유아 교육이론을 바탕으로 보육교육기관에 직접 참여하여 양질의 보육교사자질을 향상시키고 보육 실무를 익힌다.

아동미술(Children's Art)

21세기 아동미술 교육은 세계화·정보화시대를 주도할 자율적이고 창의력을 발휘하는 아동중심의 교육, 즉 열린 미술로 지도한다.

언어지도(Child Language Guidance)

유아 및 아동 언어에 대한 이해와 관심을 높이고 적절한 지도방법과 태도를 가지며, 바람직한 유아 및 아동 언어 프로그램을 개발하여 적응하는 능력을 키운다.

놀이지도(Instruction of Young Children's Play)

유아의 놀이에 대한 이해와 놀이의 교육적 가치 및 지도방법을 살펴봄으로써 보다 효율적인 놀이지도와 풍부한 학습경험을 제공할 수 있도록 한다.

아동수·과학지도(Mathematics & Science Guidance for Children)

유아의 수학적 개념 발달에 대한 이론을 고찰하고 변화된 수학교육과정과 수학 교육방법의 최근 동향을 반영하여, 유아의 발달에 적합한 교육활동을 계획·구안 및 적용하는 능력을 기른다. 유아의 과학적 사고를 함양시켜 합리적이고 행복한 전인으로 성장할 수 있도록 돕기 위해 유아과학교육의 이론적 배경을 기반으로 실제적인 과학교수방법을 탐색한다.

아동간호학(Child Nursing)

아동의 발달단계에 따른 건강증진과 간호에 필요한 안전관리, 예방접종, 응급처치, 아동호스피스 등에 관한 지식과 기술을 습득한다.

아동안전관리(Security Guidance of Children)

위급한 상황 및 각종 안전사고가 발생 시 당황하지 않고 대처하는 요령과 예방교육을 이론적 배경은 물론 실기 실습을 통하여 기술을 숙달함으로써 근본적으로는 안전사고의 예방에 그 목표를 둔다.

정신건강론(Mental Hygiene)

인간의 발달이나 생활에서 발생하는 정신의 왜곡, 정신박약, 정신병 등의 원인과 양상, 치료법에 대한 지식과 치료기법을 습득하여 이를 예방하고 치료할 수 있는 능력을 배양한다.

사회복지개론(Introduction to Social Welfare)

사회복지에 관한 기본 개념과 목적, 주체와 객체, 발달사, 사회복지실천의 방법 및 정책적 접근, 사회복지의 영역 등에 대해 개괄적으로 탐색한다.

사회복지실천론(Theories of Social Work Practice)

사회복지실천 전반에 대한 기초 지식을 습득하여 개인과 가족, 집단을 대상으로 한 사회복지실천모델에 관련된 관계론, 면접론, 사례관리 등을 학습한다.

인간행동과 사회환경(Human Behavior and Social Environment)

인간행동의 발달과 사회환경과의 역학적 관계에 대한 이론을 습득하여 이상행동에 대한 원인과 해결방법을 학습한다.

사회복지행정론(Social Welfare Administration)

사회복지행정 특성을 개괄하고 사회복지조직과 사회복지전달체계를 이해함으로써 사회복지조직을 관리운영하는 데 필요한 지식과 기술을 습득한다.

사회복지실천기술론(Skills and Techniques for Social Work Practice)

개인과 가족, 집단의 사회적 기능을 향상시키기 위해 사회복지사가 숙지해야 할 다양한 실천기술, 기법, 지침 등을 습득한다.

지역사회복지론(Community Welfare)

지역사회에 대한 이해와 지역사회복지 및 지역사회복지실천에 대한 개념, 역사와 모델, 원칙과 실천기술을 학습한다.

사회복지정책론(Social Welfare Policy)

사회복지정책의 개념 및 사회복지실천과의 관계를 살펴 다양한 정책이론들을 검토하고, 사회복지정책의 형성과정과 분석틀 등을 학습한다.

사회복지법제(Social Welfare and Law)

사회복지와 관련한 사회보장기본법, 사회보험법, 공공부조법, 사회복지서비스법 등의 목적과 등장배경, 법적 지위와 타 법과의 관계를 학습한다.

사회복지조사론(Research Methods for Social Welfare)

과학적 연구방법으로서의 사회복지조사의 기본적인 개념과 기초 이론을 습득하고, 실무에서의 총체적 응용을 목표로 조사연습을 수행한다.

사회복지현장실습(Social Work Practicum)

사회복지실천 현장에서 직접적인 체험을 통해 전문적인 지식을 습득하고 사회복지사로서의 올바른 태도와 전문적 기술을 계발한다.

장애인복지론(Social Welfare for the Disabled)

장애 및 장애인에 대한 올바른 이해를 통해 장애인이 자립적인 생활을 영위하고 사회에 기여할 수 있게 하기 위한 이론적 지식과 실용적 기술을 학습한다.

노인복지론(Social Service for the Elderly)

노인 문제의 경제적, 의료적, 사회적, 심리적 측면의 여러 문제들을 파악하고 그에 대한 대책으로서의 소득보장, 의료보장, 사회복지서비스 등을 학습한다.

▷ 전공 소개

　　문헌정보과는 정보화, 국제화시대에 대처하여 각종 도서관 및 정보자료실의 운영과 정보조사, 처리 및 정보봉사를 수행하는 데 필요한 실제적인 전문지식을 갖춘 사서와 실기사서교사로서의 자격을 구비한 전문직을 양성 배출한다. 1972년도에 설치된 학과로서, 서울 소재의 유일한 전문대학 문헌정보과이며, 전국 39개 대학의 문헌정보학과 중 6번째로 설치된 전통 있는 학과이다. 따라서 현재 다수의 본과 출신들은 전공 분야에서 높은 인정을 받고 있으면서 만족스럽게 전문직을 수행하고 있다. 본과에서는 각종 자료의 수집, 정리, 보존, 이용에 필요한 문헌정보학 관련 교과목과 정보전산처리 및 검색에 필요한 컴퓨터와 정보학 관련 교과목을 실무중심으로 심도 있게 교육하고 있다.

▷ 교수진

· 김명옥	자료조직	kimm@sewc.ac.kr	02 – 3709 – 9210
· 노문자	자료조직	lomj@sewc.ac.kr	02 – 3709 – 9212
· 양병훈	정보학	ybhsaah@sewc.ac.kr	02 – 3709 – 9321
· 이경민	도서관학	kmlee@sewc.ac.kr	02 – 3709 – 9215
· 이승원	정보학	lswnsj@sewc.ac.kr	02 – 3709 – 9214

▷ 학과 연락처

· 홈페이지　　　http://www.sewc.ac.kr/board/board_list.asp
· 학과 전화번호　02 – 3708 – 9104/5

학 부 교 육 과 정

학년	구분	교과목명	학점	시간
1	전필	독서지도론 (Reading Guidance)	3	3
		문헌정보학원론 (Introduction to Library & Information Science)	3	3
		정보검색론 (Information Retrieval & Technology)	3	3
	전선	일서강독 (Reading of Japanese Materials)	2	2
		장서개발론 (Collection Development)	3	3
		정보봉사론 (Information Service)	3	3
		정보전산학입문 (An Introduction of Information and Computer Science)	3	3
		정보조직: 목록론 (Cataloging)	2	2
		정보조직: 분류론 (Classification)	3	3
		정보조직목록실습 Ⅰ (Practice of Cataloging Ⅰ)	2	2
		정보처리기초 (Basic Information Processing Technology)	3	3
		한서강독 (Chinese Text)	2	2
2	전필	문헌정보시스템경영론 (Library and Information System Management)	3	3
		사서업무실습 (Librarianship Management Practice)	2	3
		정보조직: 목록실습 Ⅱ (Practice of Cataloging Ⅱ)	2	2
		정보조직: 분류실습 (Information organization: Practice of classification)	3	3
	전선	기록관리론 (Archives & Record Management)	3	3
		논술독서지도법 (Practice of Writing & Reading)	3	3
		대학・전문도서관 (University and Research Library Administration)	2	2

학년	구분	교과목명	학점	시간
2	전선	데이터베이스구축실무 (Practice in Database)	3	3
		독서교육심리 (Reading and Educational Psychology)	3	3
		문헌정보시스템전산화 (Library & Information System Automation)	3	3
		비도서자료 (Non-book materials)	2	2
		주제별온라인정보검색 (Online Subject Information Retrieval Systems)	3	3
		진로취업설계 (Archival Management)	2	2
		학교·공공도서관 (School and Public Library Administration)	2	2
		학술논문작성과 출판 (Writing Treatise & Publish)	3	3

학 부 교 육 내 용

기록관리론

기록물을 효과적으로 관리·보존하는 데 필요한 실제적인 관리기법에 대한 지식과 정부의 기관 및 제도와 생산되는 문서에 대한 광범위한 지식을 습득하는 데 있다.

논술독서지도법(Practice of Writing & Reading)

독해력, 속독법, 언어교육, 문장론, 수사법에 대한 기초 이론과 실제를 다루어 논술과 독서지도기법을 다룬다.

대학·전문도서관

대학·전문도서관의 합리적인 운영을 위하여 조직, 인사, 자료, 시설, 평가 등 조직관리의 이론과 실제를 다룬다.

데이터베이스구축실무(Practice in Database)

디지털도서관 구축을 위한 실무과정으로, 데이터베이스 종류와 특성, 구조 등을 이해하고 정보봉사를 위한 정보시스템의 분석과 설계, 웹 프로그래밍(HTML, XML, JAVA 등), 웹 서버의 구축, 지식관리시스템의 이해, 전자출판 등을 실습 위주로 학습하며, 단계별 워크숍 과정을 통해 실무 위주의 웹데이터베이스 또는 전자도서관을 실제 구축한다.

독서교육심리(Reading and Educational Psychology)

독서행위를 통한 심리적 치료요법을 교육학과 심리학 측면에서 다룬 것으로 다양한 계층별 상담기법과 이론, 현장에서의 적용과정을 다룬다.

독서지도론

아동, 청소년 독서지도의 원리와 방법 및 독서자료의 선택, 평가 문제를 다룬다.

문헌정보시스템경영론(Library and Information System Management)

도서관 및 정보시스템에서의 최적의 효율성과 이익을 추구하기 위하여 계획·조직·인사·지도·평가 등의 경영이론들을 고찰하는 것이다.

문헌정보시스템전산화(library & Information System Automation)

도서관업무의 합리적 처리방안으로서 도서관 제반 업무의 전산화 능력을 기르기 위하여 문헌정보시스템의 전산화의 이론, 컴퓨터에 의한 수서, 대출, 관리, 연속간행물관리 등에 대하여 도서관용 프로그램의 사례를 중심으로 강의한다.

문헌정보학원론(Introduction to Library & Information Science)

문헌정보학의 이론적 기초를 확립하여 각론 교과목을 효과적으로 학습할 수 있는 기저를 마련하기 위하여 문헌정보학의 원론과 정보학 등 인접학문에 관한 기초를 이해시킨다. 아울러 문헌정보시스템과 사서직에 대한 확신을 가질 수 있도록 하여 자격과 능력을 갖춘 전문직으로서 성장할 수 있는 신념을 갖게 한다.

비도서자료

도서관, 정보센터 등에서 활용되는 비도서자료, 뉴미디어, 멀티미디어 등 최신정보제공, 특수자료의 종류와 특성, 기능과 작성법, 유통과 수집, 이용, 자료 제작법 등을 연구·학습한다.

사서업무실습(Librarianship Management Practice)

문헌정보학이론을 바탕으로 각종 도서관, 자료실, 정보실 등 문헌정보 관련 기관의 현장실습을 통하여 사서업무의 지식과 기술을 연마하고 전문사서로서의 기술을 습득하게 한다.

일서강독(Reading of Japanese Materials)

일본어 자료를 효율적으로 정리, 조직할 수 있는 능력을 배양하기 위해 일본어 해독연습 및 실제 Sample 자료를 대상으로 자료조직 및 입력을 실습한다.

장서개발론(Collection Development)

자료선택론·이용자연구·장서평가·자원분배·장서의 보존 및 폐기 등을 포함한 도서관장서의 개발에 관련된 제반 활동들을 고찰한다.

정보검색론(Information Retrieval & Technology)

정보검색과 정보검색시스템에 관한 이론 및 실제를 다룬다. 각종 색인에 관한 고찰, 색인어 선정문제, 정보검색시스템의 설계 및 평가 등이 포함된다. 현재 통용되고 있는 온라인정보검색시스템을 대상으로 다양한 정보검색기법을 실제로 적용, 비교할 수 있는 능력을 습득한다.

정보봉사론(Information Service)

정보시스템의 가치를 최종적으로 평가하는 핵심적 요소인 이용자에 대한 정보제공 봉사를 유능하게 수행할 수 있는 능력과 자질을 갖추기 위하여 이에 대한 기초 이론과 면담요령, 정보탐색전략, 정보봉사시스템운영 등 다양한 정보원에 대한 전문적 처리지식을 다룬다.

정보전산학입문(An Introduction of Information and Computer Science)

도서관업무의 합리적 처리방안으로서 도서관 제반 업무의 전산화 능력을 기르기 위하여 도서관전산화의 이론, 컴퓨터에 의한 수서, 대출, 관리, 연속간행물 관리 등에 대하여 도서관용 프로그램의 사례를 중심으로 강의한다.

정보조직: 목록론(Cataloging)

정보자료의 검색을 위한 목록의 기초 이론, 목록의 기입법과 기술론을 학습하고, 동·서양서 자료를 KCR, AACR, ISBD 등의 편목을 적용하여 문헌목록에 의한 정보조직의 과학적 처리능력을 기른다.

정보조직: 목록실습 Ⅰ(Practice of Cataloging Ⅰ)

KORMARC 등을 이용하여 각종 동양서 문헌 목록작성의 실무연습을 통하여 동·양서 정보조직 목록의 처리능력을 기른다.

정보조직: 목록실습 Ⅰ, Ⅱ(Practice of Cataloging Ⅰ, Ⅱ)

US MARC 등을 이용하여 각종의 서양서 문헌목록작성의 실무연습을 통하여 서양서 정보조직 목록의 처리능력을 기른다.

정보조직: 분류론(Classification)

정보자료의 검색을 위한 분류의 기초 이론, 분류사, 분류표의 종류와 특성, 각종 문헌의 종류와 정리방법, KDC의 체계, 발달과정, 색인사용법 등을 학습하여 문헌분류에 의한 정보조직의 과학적 처리능력을 기른다.

정보조직: 분류실습(Practice of Classification)

KDC, DDC분류표 사용법 및 저자기호 작성 이론과 기술을 바탕으로 청구기호 작성연습을 통하여 정보조직분류의 실무능력을 기른다.

정보처리기초(Basic Information Processing Technology)

워드프로세스, 윈도우, 엑셀, 파워포인트 등 컴퓨터의 기본 소프트웨어의 사용, 운영 및 정보처리방법을 습득하여 도서관 전산화에 필요한 기초 능력을 배양한다.

주제별온라인정보검색(Online Subject Information Retrieval Systems)

1차 자료, 2차 자료의 주제별 주요 데이터베이스, CD-Net검색 등 온라인정보검색을 강화하여 국내외 정보검색 심화교육을 실시한다.

진로취업설계(Archival Management)

전공 분야 진로와 취업에 필요한 내용들을 학과장 중심으로 전통 분야에 근무하고 있는 선배 및 전문가와 관련 강사님들을 모시고 교육용비디오, 강의, 특강 등 다양한 방법으로 학습한다.

학교·공공도서관(School and Public Library Administration)

대학·전문도서관의 전반적인 활동에 관한 내용을 고찰한다. 즉 대학·전문도서관 활동의 이론적 배경, 조직, 직원, 자료, 시설, 예산 평가에 관한 이론 및 실제를 고찰한다.

학술논문작성과 출판(Writing Treatise & Publishing)

문헌정보학에 관한 이론과 실제를 연구하기 위하여 주제설정, 연구계획, 자료수집 및 분석, 보고서 및 학술논문작성법과 출판문제를 교수함으로써 문헌정보학의 문제점을 파악하는 능력과 논문준비, 연구방법 및 논문작성의 실제를 통하여 학문연구방법을 습득하게 한다.

한서강독(Chinese Text)

도서관자료 중 漢文을 사용한 자료에 대한 정리 및 정보처리능력을 배양하기 위해, 한자의 기초 지식과 기본적인 漢文에 대한 해석법을 익힌다.

인천전문대학   인문사회학부 문헌정보학과

▷ 전공 소개

본 학과는 1981년에 도서관과라는 명칭으로 설치되어 1995년에 문헌정보과로 개칭되었으며 1997년에는 산업체 위탁과정이 개설되어 운영되고 있다. 문헌정보학은 수많은 정보와 지식 가운데 최적의 것을 선택하고 수집하여, 이를 체계적으로 정리하여 편리하게 이용하기 위한 수단과 방법을 구명하고, 이를 실제 적용하기 위한 학문으로 전통적인 도서관학 분야와 컴퓨터와 더불어 발전한 정보학 분야가 통합 발전한 것이다. 현재 학과의 자료조직 및 전산실습실에는 최신형 컴퓨터와 각종 실습기자재가 확보되어 있어 이론적으로 배운 자료조직의 실습이 가능하며, 또한 최신 정보검색에 필요한 이론과 실습을 병행하는 데 이용되고 있다. 문헌정보학과 학생들은 자료조직, 도서관경영, 정보학, 정보봉사 및 서지학 등의 필요한 교과과정을 이수하여 문헌정보학 분야에서 책임 있는 업무를 이행하는 데 요구되는 충분한 지식과 숙련된 기술을 갖추고 전문학사 학위와 준사서 자격증 및 실기교사(사서) 자격증을 취득한다. 졸업 후에는 국·공립도서관, 초·중등학교도서관, 대학도서관, 각종 기업체 연구소, 언론기관 등의 기술정보실 및 DB개발 관련 분야에서 정보전문가로서 활동하게 된다.

▷ 교육목표

정보량의 급증과 세분화 및 정보매체의 변화로 인하여 도서관이 자동화되어 가고 있는 정보화 사회에서 정보를 수집, 제공하고 각종 도서관 및 정보센터를 관리, 운영, 봉사할 수 있는 지식을 교수하며 실제적인 기술을 훈련시켜 도서관 발전에 기여할 수 있는 전문 중견 직업인을 양성함에 목표를 둔다.

▷ 교수진

· 강숙희	정보학	shkang@www.icc.ac.kr	032 - 760 - 8808
· 조재인	정보학	chojane@icc.ac.kr	032 - 760 - 8807
· 오용섭	서지학	woojook@www.icc.ac.kr	032 - 760 - 8810
· 정옥경	자료조직	okjung@www.icc.ac.kr	032 - 760 - 8809

▷ **학과 연락처**

- 홈페이지   http://www.icc.ac.kr/class/library/library.htm
- 학과 전화번호   032 – 760 – 8550

교 과 과 정

학년	구분	교과목명	학점	시간
1	전필	도서분류실습 (Practice in Classification)	3	3
		도서목록실습 (Practice in Cataloging)	3	3
		문헌정보학개론 (Introduction to the Library and Information Sciences)	3	3
	전선	분류법 (Classification)	3	3
		목록법 (Cataloging)	3	3
		도서관사 (History of Libraries)	3	3
		독서지도법 (Reading Guidance)	3	3
		정보학개론 (Introduction to Information Science)	3	3
		서지학개론 (Introduction to Bibliography)	3	3
		일본도서 (Japanese Books)	2	2
		기록관리론 (Records Management and Archives)	2	2
2	전필	자료선택 (Selection of Library Materials)	3	3
		현장실습 (On Site Training)	1	
	전선	정보봉사 (Reference Service)	3	3
		도서관자동화 (Library Automation)	3	3
		도서관실무 (Practice of Librarianship)	1	1
		도서관경영 (Library Management)	3	3
		비도서자료조직론 (Systematization Nonbook Materials)	3	3
		자료조직연습 (Systematization to Materials)	3	3

학년	구분	교과목명	학점	시간
2	전선	학교도서관경영 (School Library Management)	3	3
		공공도서관경영 (Public Library Management)	3	3
		주제별서지 (Subject Bibliography)	3	3
		영서강독 (Readings in English Texts)	3	3
		한서강독 (Readings in Chinese Texts)	3	3
		정보검색 (Information Retrieval)	3	3
		문헌데이터베이스론	3	3

교 과 내 용

분류법(Classification)

분류의 의의 및 원리의 효과, 각종 분류표의 비교, KDC, DDC를 실습교재로 하여 정리해 봄으로써 실제 적용력을 배양한다. 다양한 정보자료를 체계적으로 분류하기 위한 기초 이론과 동·서양의 분류역사, 현대의 주요 분류표의 선정 및 적용을 위한 기초 지식 등을 습득하여 모든 정보자료의 주제를 분석 파악하여 분류하는 방법론을 익혀 실무에 적용하게 한다.

목록법(Cataloging)

정보자료의 검색을 위한 편목법의 이론과 실제, 목록의 역사, 목록의 기입과 기술, 편성이론 등을 배우며, 동·서양의 자료의 목록법을 비교·검토하면서 실제 자료편목에 적용할 수 있는 기술 습득에 중점을 둔다.

문헌정보학개론(Introduction to the Library and Information Sciences)

문헌정보학의 입문서로서 문헌정보학의 의의와 역사적 배경 및 문헌정보학 전반에 걸친 각 교과목의 개요와 그 개체를 해석한다.

도서관사(History of Libraries)

인류역사의 상징인 도서관의 역사적 흐름을 이해하기 위하여 도서관의 발달과정을 시대별로 발생배경, 기원, 변천, 특징 등을 조사, 분석, 연구한다.

도서분류실습(Practice in Classification)

문헌분류의 이론을 기초로 하여 각종 분류법의 구조와 사용방법, 도서기호 사용방법 등을 익혀, 다양한 정보자료를 분류할 수 있도록 한다.

도서목록실습(Practice in Cataloging)

편목전산화 및 분담목록이라는 편목작업의 발전경향에 따라 편목규칙 및 문헌자동화목록형식을 교수하고 편목전산화 프로그램을 이용하여 자동화목록작성을 실습하게 한다.

정보봉사(Reference Service)

참고 및 정보봉사를 수행하는 데 필요한 기초 이론을 익히고 참고정보원의 선택, 조사 및 평가, 온라인 참고봉사, 전자정보서비스, 도서관네트워크를 통한 정보자원 활용방안 등의 체계적인 지식을 쌓아 정보전문가인 참고사서로서의 능력을 갖추도록 한다.

도서관자동화(Library Automation)

정보기술에 대한 이해를 넓히고 그 활동능력을 키우기 위하여 도서관 및 문헌정보시스템 전산화에 관한 기초 이론, 전산화 실무, 시스템 운용, 디지털도서관의 구축 등을 강의하며, 각종 도서관 전산화 소프트웨어 패키지의 운용을 실습하고 국내외의 디지털도서관 구축사례를 소개한다.

도서관실무(Practice of Librarianship)

사서로서 필요한 실무상의 예비지식 및 기술을 습득하게 한다.

도서관경영(Library Management)

도서관경영의 본질과 이론, 기법, 직원, 자료, 시설, 예산, 봉사 등을 포함한 제반 업무의 조직과 관리를 다룬다.

자료선택(Selection of Library Materials)

도서관 및 문헌정보센터에서 필요한 정보를 신속하게 수집하여 적절한 정보를 이용자에게 적시에 제공할 수 있는 지식을 함양한다.

비도서자료조직론(Systematization Nonbook Materials)

도서 이외의 각종 인쇄 및 전자정보매체에 대한 이론과 합리적인 정리 및 관리방법, 봉사방법에 대한 지식과 기술을 교수하여 도서관 실무에 적용할 수 있도록 한다.

현장실습(On Site Training)

사서로서의 예비적 경험을 갖게 하기 위하여 각종 도서관 및 관련 기관에서 2주 동안 실제로 현장실습을 한다.

서지학개론(Introduction to Bibliography)

문헌의 기원과 장정형태의 변천과정, 필사, 목판, 활자본 등의 고서에 대한 식별능력을 함양하여, 우리나라의 고전적 및 국학자료, 중국도서, 영인본도서 등을 정리 관리할 수 있는 자질을 함양한다.

일본도서(Japanese Books)

일본문헌을 정리하는 데 필수적으로 요구되는 일본어 독해능력을 향상시키기 위하여 중급 이상의 강독을 한다.

정보학개론(Introduction to Information Science)

정보학의 기초 이론 및 정보기술의 발달로 인한 정보관리의 발전, 정보기술, 전자정보서비스, 전자도서관 등을 강의함으로써 정보관리자로서 필요한 기본능력과 응용력을 배양한다.

문헌데이터베이스론

데이터베이스의 개념적 이해를 바탕으로 웹기반의 데이터베이스저작틀을 활용하여 단행본, 연속간행물, 클리핑정보, 멀티미디어정보 데이터베이스를 실험적으로 설계해 봄으로써 문헌정보 데이터베이스 기획, 설계, 운용능력을 향상시킨다.

자료조직연습(Systematization to Materials)

분류법의 이해와 문헌의 주체분석을 통하여 실제 정보자료의 분류능력을 습득하고, 서지자료의 검색도구인 목록의 작성기법을 표준화된 목록규칙과 형식을 통하여 습득함으로써 정보자료의 체계적 조직과 서지적 관계의 표현능력을 습득하도록 한다.

정보검색(Information Retrieval)

도서관 및 정보센터의 궁극적인 목적구현을 위하여 각종 정보검색시스템의 검색기법과 보조탐색방법, 인터페이스의 기능과 개념을 강의하여 기술발전으로 인한 정보검색의 변화에 대응할 수 있도록 하며, 특히 온라인 검색기법에 중점을 두어 이론과 실제를 병행하여 강의한다.

기록관리론(Records Management and Archives)

기록관리의 핵심 영역인 수집, 선별, 평가, 정리기술 및 기록정보서비스, 기록전문가, 디지털보존 등에 관한 기본 내용을 학습한다. 국내의 기록관리학 동향과 함께 선진국에서 수행되고 있는 최신연구 영역도 함께 파악한다.

독서지도법(Reading Guidance)

독서 전반에 걸친 문제를 해결하는 데 필요한 독서지식을 습득하고, 단체 및 개인을 대상으로 하는 독서교육에 대한 이론과 방법 및 문제점 등을 과학적으로 연구하는 방법론을 다룬다.

학교도서관경영(School Library Management)

초·중등학교 학습자료원으로서 시청각자료실과 통합 운영되는 학교도서관의 조직과 관리를 다룬다.

공공도서관경영(Public Library Management)

공공도서관을 합리적으로 운영하기 위하여 공공도서관의 기능, 행정, 예산, 인사, 자료, 봉사 등 조직과 관리를 다룬다.

주제별서지(Subject Bibliography)

동서양의 현행정보원을 주 대상으로 하여, 인쇄매체는 물론 전자매체화된 정보원의 조사, 일반서지 및 주제서지 작성법과 평가방법을 익히고, 각 주체별 서지의 대강과 검색방법을 익혀 주제전문가로서의 기초적인 지식을 함양한다.

영서강독(Readings in English Texts)
서양자료를 정리하는 데 필요한 독해능력을 배양하기 위하여 전공 관련 영문원서를 강독한다.

한서강독(Readings in Chinese Texts)
동양의 고전자료를 정리하는 데 필요한 한문의 독해능력을 향상시키기 위한 교과목으로, 동양고전의 강독을 그 내용으로 한다.

창원전문대학   인문사회계 문헌정보학과(교육서비스)

▷ 전공 소개

창원전문대학 문헌정보학과는 1980년에 개설되었다.

▷ 교육목표

지식정보자원을 체계적으로 분석·정리·검색할 수 있는 정보 전문직인 전문사서 양성과 영·유아들의 보육 및 교육 분야를 창의적이며 전문적으로 지도할 보육교사 및 보육기관 운영자 양성, 어린이 독서지도 및 어린이 학습지도, 특기적성교육을 지도할 전문지도사 양성함을 목표로 한다.

▷ 교수진

- 서휘   정보학   drs733m@changwon‒c.ac.kr   055‒279‒5251
- 양재한   자료조직   yjha@changwon‒c.ac.kr   055‒279‒5250

▷ 학과 연락처

- 홈페이지   http://hakgwa.changwon‒c.ac.kr
- 학과 전화번호   055‒279‒5142

학 부 교 육 과 정

학년	구분	교과목명	학점	시간
1	전필	도서분류실습	3	4
		어린이독서지도론	3	3
		정보봉사론	3	3
	전선	문헌정보학원론	3	3
		정보처리론	3	4
		평생교육론	3	3
		청소년교육론	3	3
		독서와 정신건강	3	3
		온라인정보탐색	3	3
		평생교육방법론	3	3
		평생교육프로그램	3	3
		개발론	3	3
2	전필	도서목록실습	3	4
		도서관정보센터경영	3	3
		정보검색론	2	3
		전자도서관구축	2	3
		평생교육실습	3	3
	전선	논술과 신문활용교육	3	3
		평생교육경영론	3	3
		정보조직연습	3	3
		공공도서관운영	3	3
		장서관리론	3	3
		지역사회교육론	3	3

참고문헌

구본영, 2003, 『문헌정보학입문』, 서울: 한국도서관협회.

김명옥, 1997, "문헌정보학의 교육방향에 관한 고찰", 『한국문헌정보학회지』, 31(2): 121-138.

김성수, 1998, "문헌정보학의 교육목적 및 교과과정에 관한 연구", 한국도서관·정보학회 하계 학술발표회, 40-80.

김성수, 1998, "학부제 관련 문헌정보학 교육목적 및 교과과정 연구", 『도서관학논집』, 28(1): 355-383.

노동조·안인자·노영희·김성진, 2008, "주제전문사서 인력 수급 전망 및 제도화 방안 연구", 서울: 국립중앙도서관.

노영희·최원태, 2004, 『2004 한국문헌정보학 교과과정』, 서울: (주)구미무역.

노영희·최원태, 2005, 『2005 한국문헌정보학 교과과정』, 파주: (주)한국학술정보.

노영희·최원태, 2006, 『2006 한국문헌정보학 교과과정』, 파주: (주)한국학술정보.

노영희·한미경, 2007, 『2007 한국문헌정보학 교과과정』, 파주: (주)한국학술정보.

노영희, 2005, "문헌정보학 교과과정의 발전현황에 대한 비교·분석 연구", 『한국도서관·정보 학회지』, 36(1): 479-503.

이은철, 1996, "학부제 도입에 따른 문헌정보학 교육의 제문제", 1996년도 한국문헌정보학과교 수협의회 정기총회 및 하계세미나 발표논문요지, 서울: 한국문헌정보학과교수협의회.

이재철, 1990, "문헌정보학의 학명에 관한 고찰", 『정보관리학회지』, 7(2): 3-34.

조찬식, 한만호, 2002, "문헌정보학과 경영정보학의 교과과정 비교 연구", 『산업연구』, 8: 31-54.

한복희, 1998, "학부제하의 문헌정보학과 교육과정 개발연구", 『한국문헌정보학회지』, 32(4): 5-29.

한상완, 1986, "한국의 대학도서관 정보서비스에 있어서 주제전문사서의 현황과 기능에 관한 조사연구", 『정보관리학회지』, 3(2): 42-74.

한상완, 1996, "학부제 실시와 문헌정보학의 진로", 1996년도 한국문헌정보학과교수협의회 정 기총회 및 하계세미나 발표논문요지, 서울: 한국문헌정보학과교수협의회.

한순정, 1985, "최근 미국의 정보전문가 교육의 동향과 한국 사서교육과정 개정의 기본 방향", 『도서관학』, 12: 149-161.

·저자·

노영희
(魯榮姬)

·약 력·

연세대학교 문헌정보학과 정보학 박사
한국과학기술연구원(KIST) 자료실 연구원
한국정보공학(KIES) 정보검색엔진개발팀 팀장
이화여대 국제정보센터 자료실장
현) 건국대학교 문헌정보학과 교수
    교육인적자원부 대학도서관 정책자문위원
    DLS 표준관리위원회 위원

·주요 저서 및 논문·

「개념기반 검색을 위한 시소러스 관계의 효과적 활용방안에 관한 연구」
「주제별 분산 지식베이스에 의한 개념기반 정보검색시스템의 성능향상에 관한 연구」
「A Study on Automatic Text Categorization of Internet Documents」
「A Study on the Estimation of Performance of Concept Based Information Retrieval Model Using the Web」
「기계학습 기반 피드백 과정을 통한 SDI 시스템의 성능향상에 관한 연구」
「문헌정보학 교육과정의 특성화된 프로그램 개발 및 활용에 관한 연구」
『디지털콘텐츠의 이해』
『인문과학과 예술의 핵심 지식정보원』
『경제학의 핵심 지식정보원』
『한국문헌정보학 교과과정』
『개념기반 정보검색기법』
『인터넷정보검색과 학술정보자원의 활용』
『국제기구 지식정보원 시리즈』
『기록관리학의 이해』
외 다수

안인자
(安仁子)

•약 력•

　중앙대학교 문헌정보학과 정보학 박사
　현) 동원대학 아동문헌정보과 교수

•주요 저서 및 논문•

　「주제전문사서를 위한 능력중심 교육과정 개발 연구」
　「국내 도서관 자원봉사자 활동 현황 분석」
　「공공도서관 문화프로그램 모형 및 운영매뉴얼에 관한 연구」
　「주제전문서비스 운영실태 분석 연구」
　「국내 주제전문사서의 직무분석 연구」
　「공공도서관 문화프로그램 지원방안 연구」
　「직무분석을 통한 공공도서관 사서 직무에 관한 연구」
　「대학도서관 통계항목과 평가항목의 상관적 관계에 관한 연구」
　「국내·외 전문사서 수요분석 연구」
　「직무분석을 통한 국립중앙도서관사서의 핵심업무 및 전문사서 유형 개발에 관한 연구」
　「관종별 한국도서관통계 실용안개발 현안 및 개발방향」
　「문화분류와 문화콘텐츠산업분류에 관한 연구」
　「예비사서의 경력 미결정 요인에 관한 연구」
　「정보관리 및 서비스분야 직업간 직무 관련도 및 직업변화 동향에 관한 연구」
　「사서직 업무변화에 관한 연구」
　「한국도서관 통계 및 지표개발에 관한 기초연구」
　「사서교사(사서)의 직무분석을 통한 양성기관의 교과과정 개발에 관한 연구」
　「문화예술 통계자료의 체계적 생산에 관한 연구」
　「경쟁정보에 관한 정보학적 접근」
　「디지털도서관 웹마스터 양성을 위한 교과과정 개발에 관한 연구」
　「정부정보에 대한 정보원개발과 검색모형 연구-메타사이트와 메타DB개발에 대하여-」
　「전자환경하에서의 정부정보에 관한 관리와 과제」
　「전자도서관의 WWW 데이터 평가기준에 대한 연구」
　「공공도서관 문화프로그램 모형 및 운영매뉴얼에 관한 연구」
　『학교도서관 사서교사(사서) 직무분석』
　『인터넷 자원 활용론』
　『인터넷 정보검색』
　『인터넷 예술정보』
　『도서관 자동화 프로그램』

최원태
(崔元泰)

•약 력•

　연세대학교 문헌정보학과 정보학 박사
　산업연구원 책임연구원
　한국과학기술정보연구원 책임연구원
　Florida State University 방문교수
　현) 건국대학교 문헌정보학과 교수

•주요 저서 및 논문•

　「A Digital Library Prototype for Access to Diverse Collections」
　「The Development of Digital Libraries in South Korea」
　「디지털도서관에서의 전자도서 운영 방안에 관한 연구」
　「디지털 아카이브의 현황과 구성 요소에 관한 연구」
　「정보 조사 제공에서 지능형 정보시스템 응용에 관한 연구」 등 30여 편
　『문헌정보학의 이해』
　『컴퓨터의 이해』
　외 다수

2009

한국문헌정보학

교과과정

초판인쇄 | 2009년 7월 31일
초판발행 | 2009년 7월 31일

지은이 | 노영희·안인자·최원태
펴낸이 | 채종준
펴낸곳 | 한국학술정보㈜
주 소 | 경기도 파주시 교하읍 문발리 파주출판문화정보산업단지 513-5
전 화 | 031) 908-3181(대표)
팩 스 | 031) 908-3189
홈페이지 | http://www.kstudy.com
E-mail | 출판사업부 publish@kstudy.com

등 록 | 제일산-115호(2000. 6. 19)
가 격 | 39,000원

ISBN   978-89-268-0195-6 93060(Paper Book)
          978-89-268-0196-3 98060(e-Book)